高速铁路基础研究与技术创新丛书

编　委　会

国家出版基金项目
"十四五"时期国家重点出版物出版专项规划项目

高速铁路基础研究与技术创新丛书

工程施工与组织系列

高速铁路路基沉降分析与控制技术

本丛书编委会　总主编
宋绪国　郭帅杰　编　著
张千里　主　审

中国铁道出版社有限公司

2023年·北　京

内容简介

本书为“高速铁路基础研究与技术创新丛书”之分册。内容基于国家科技支撑计划、国铁集团重大课题等科研项目成果和研发团队于高速铁路路基设计建造领域的长期技术积累，在作者提出的高速铁路路基本体-加固区-下卧层竖向荷载传递路径和桩土协同工作机制的基础上，深入分析高速铁路路基沉降的深层次诱因和精准控沉方法，从理论、仿真、监测、应用等多个层面系统阐释了高速铁路路基沉降分析与控制技术。具体包括铁路路基本体、高铁桩网复合地基、桩承式路基沉降分析与控制技术，既有高铁路基附加沉降评估，高铁层状地基固结沉降特性，高铁新型路基结构研发，高铁路基沉降监测与评估。

本书适合高速铁路科研院所相关科研人员、高速铁路设计与管理人员以及高校相关专业师生参考。

图书在版编目(CIP)数据

高速铁路路基沉降分析与控制技术 / 宋绪国，郭帅杰编著. —北京：中国铁道出版社有限公司，2023.5

(高速铁路基础研究与技术创新丛书. 工程施工与组织系列)

“十四五”时期国家重点出版物出版专项规划项目

ISBN 978-7-113-30154-5

Ⅰ.①高… Ⅱ.①宋…②郭… Ⅲ.①高速铁路-铁路路基-路基沉降-研究 Ⅳ.①U213.1

中国国家版本馆 CIP 数据核字(2023)第 064860 号

书　　名： 高速铁路路基沉降分析与控制技术
作　　者： 宋绪国　郭帅杰

策　　划： 刘　霞
责任编辑： 冯海燕　　**编辑部电话：** (010)51873017
封面设计： 高博越　刘　莎　　**封面摄影：** 王明柱　　**丛书标识设计：** 崔丽芳
责任校对： 苗　丹
责任印制： 樊启鹏

出版发行： 中国铁道出版社有限公司(100054，北京市西城区右安门西街 8 号)
网　　址： http://www.tdpress.com
印　　刷： 北京联兴盛业印刷股份有限公司
版　　次： 2023 年 5 月第 1 版　2023 年 5 月第 1 次印刷
开　　本： 787 mm×1 092 mm 1/16　**印张：** 23.5　**字数：** 484 千
书　　号： ISBN 978-7-113-30154-5
定　　价： 140.00 元

高速铁路基础研究与技术创新丛书

编　辑　组

序

我国高速铁路起步晚、发展快、后劲足，经过几代人的不懈努力，通过原始创新、集成创新、引进消化吸收再创新，成功地走出了一条符合中国国情路情、具有中国特色的自主创新之路。我国已系统掌握各种复杂地质和气候条件下高速铁路建造成套技术；在工务工程、列车运行控制、牵引供电、动车组等高速铁路核心技术方面实现自主化；形成了复杂路网条件下处理跨线运行的运营管理成套技术，构建了人防、物防、技防三位一体的主动安全保障机制。我国已成为全球高速铁路运营里程最长、在建规模最大、运营速度最快、技术体系最全、运营和管理经验最丰富的国家。我国高速铁路技术已走在世界前列，成为推动世界高速铁路发展的重要力量。

为贯彻落实中共中央、国务院《交通强国建设纲要》，推进国铁集团《新时代交通强国铁路先行规划纲要》的落地，系统总结、梳理我国高速铁路各领域前沿理论和技术，向我国乃至世界高速铁路科研工作者和工程技术人员提供一套前沿性的参考书，中国国家铁路集团有限公司铁道出版社公司特组织编著出版“高速铁路基础研究与技术创新丛书”。

丛书以习近平新时代中国特色社会主义思想为指导，以国家自然科学基金课题、国家基金委-国铁集团高铁联合基金课题、国家“973”课题、国家重点研发计划课题等科研成果为支撑，从高速铁路前沿研究、补短板技术、核心技术、技术发展趋势等方向组织选题，涵盖动车组、供电、通信与信号、列控与检测、工程勘察与设计、智能建造、运营与管理、现代信息技术、安全和维护等领域，规模为 100 册，是全面系统论述我国高速铁路基础研究与技术创新成就的大型系列原创性科技著作。

丛书力求突出制高点、原创性、权威性、全覆盖特色。丛书各册内容以作者团队长期从事高速铁路科学研究的成果为依托，多数成果居于国内领先水平甚至世界先进水平，多种成果荣获国家科学技术奖一等奖、二等奖，国家技术发明奖一等奖、二等奖，茅以升科学技术奖，詹天佑铁道科学技术奖，铁道科技进步奖等奖项，丛书内容体现了我国当今最新、最前沿以及展现未来发展趋势的高速铁路相关研究成果和应用技术。丛书包括动车组、供电、工程施工与组织等十个系列，基本实现高速铁路各领域全覆盖。

丛书由编委会总负责。编委会阵容强大，认真负责。编委会各成员都是长期从事我国高速铁路科研、技术、生产和管理的一流专家学者，是所从事领域的翘楚，其中包括高速铁路及其相关领域的四位院士。编委会多次开会商讨丛书的体系、内容特色、作者条件及质量保障机制；分工负责，精心审订和修改各册编写提纲；多次遴选选题，先从150多个选题意向中遴选出100个选题，后又剔除了内容特色不太鲜明的8个选题，还对10多个选题提出了较大的改进意见，补充了8个关键技术和弥补技术空白的选题；最后邀请专人对各册内容进行审定，从而保证了各册内容的正确性和先进性。

2021年年底，国家新闻出版署经过严格评审，“高速铁路基础研究与技术创新丛书”（100册）成功入选“‘十四五’时期国家重点出版物出版专项规划——重大出版工程”。这是对本丛书项目的认可，也是对编委会、作者和编辑等人员前期工作的认可，更是一种鞭策。我们相信，本丛书的出版，将助力于《交通强国建设纲要》的贯彻落实，推动我国乃至世界高速铁路事业的发展，也将为铁路领域的科研工作者、工程技术人员、管理人员，以及高校相关专业师生提供一套高水平、原创性、权威性、全覆盖的大型高铁科技精品著作。

中国工程院院士
“高速铁路基础研究与技术创新丛书”编委会主任 卢春房

2022年2月

前　　言

本书为“高速铁路基础研究与技术创新丛书”之分册，按丛书要求，力图体现高速铁路路基沉降分析与控制技术研究的前沿性、原创性特色。

随着我国高速铁路工程建设的快速发展，高速铁路路基工程也日益面临着更为复杂的技术挑战，如深厚软弱土地基的加固处理、路基沉降变形分析、并线高铁安全性评估、新型路基结构研发、高铁路基工业化与智能化建造等方面。但是，未来的高速铁路路基工程设计始终绕不开路基沉降分析与控制的核心问题，大部分的路基病害均由路基沉降引起。现阶段，高速铁路沉降控制主要从地基加固方式方面进行创新，采用桩网、桩筏板以及桩板结构，以提高地基承载力，降低工后沉降。对于高速铁路刚性桩复合地基沉降分析，主要基于刚性桩加固区复合模量法，但该方法并未有效考虑不同地基加固方式的影响，不能反映桩土协同工作效应，也不能反映桩土荷载分担及转移过程，使得现有高速铁路路基沉降分析主要基于既有经验，存在评估难度大、分析结果变异大、结果修正无依据等弊端，导致现有高速铁路路基沉降分析仍缺少科学有效的评估手段。因此，开展高速铁路路基沉降分析与控制技术方面的研究非常重要。

中国铁路设计集团有限公司是国内最先开展高速铁路路基工程设计的铁路设计院，最早承担了国内第一条时速 350 km 的京津城际铁路设计；在高速铁路路基工程地基加固中，最早引进桩网、桩板路基结构形式，承担了京津城际、京沪高铁、京沈高铁等多条高速铁路建设项目，积累了丰富的高速铁路路基工程设计、施工、建设与管理经验。先后承担了多项国家、国铁集团、天津市以及集团公司科研课题的铁路路基沉降分析与控制研究工作，包括“十二五”国家科技支撑计划项目“轴重 30 吨以上煤炭运输重载铁路关键技术与核心装备研制”(2013BAG20B00)、国铁集团“高速铁路软土复合地基长期变形规律及维护技术研究”(2014G003)，集团公司科技开发课题“临近既有高铁的新建铁路路基设计关键技术研究”(721743)等科研项目。主要研究内容包括：

(1)高速铁路路基本体沉降分析与控制技术。

(2)高速铁路刚性桩复合地基沉降分析与控制技术。

(3)邻近既有高铁的新建铁路设计关键技术。

(4)新型路基结构研发与工程应用。

(5)高速铁路路基沉降监测与评估技术。

本书基于国家863课题"重载铁路桥梁和路基检测与强化技术"、国家科技支撑计划"路基强化及服役性能"、国铁集团重大课题、天津市重大专项以及中国铁路设计集团有限公司系列科技开发课题的科研成果,在系统总结高速铁路路基沉降病害工程问题的基础上,着重从不同结构形式的路基沉降分析方法和沉降控制技术方面提出相关的理论模型与工程措施。聚焦高速铁路地基和路基本体沉降分析与控制技术的创新和应用,重点阐释考虑桩土协同工作的桩网、桩板形式高速铁路路基沉降分析模型,对地基附加应力、附加沉降、影响范围、群桩效应等进行了深入研究,论述了邻近既有高速铁路附加沉降分析评估模型,并对高速铁路路基沉降仿真分析技术和现场监测评估技术做了系统阐释。除此之外,引入了悬臂U形路基、箱形路基、架空式桩板路基等新型路基结构,提出了对应的基于极限状态理论的设计分析方法。希望对今后从事高速铁路路基工程基础理论研究、工程设计、建设管理等领域的科研、技术人员有所帮助。

本书由宋绪国负责制定全书编写大纲,郭帅杰负责各章节内容的编著,肖世伟参与第1章撰写,陈洪运、黄建川参与第2章撰写,刘晶磊、董捷参与第3章撰写,张海洋参与第4章撰写,王亚坤、李一峰参与第5章撰写,王铸、任庆昌参与第6章撰写,王武刚、闫穆涵参与第7章撰写,张凤维、刘飞参与第8章撰写,孙宏伟、张磊参与第9章撰写。全书由宋绪国统稿、定稿,由张千里主审。

编著者

2023年3月

目　　录

第 1 章　绪　　论 …… 1
1.1　高速铁路路基沉降分析与控制技术概述 …… 1
1.1.1　我国高速铁路建设运营情况 …… 1
1.1.2　我国高速铁路路基工程设计面临的问题 …… 1
1.2　高速铁路路基工程研究意义与挑战 …… 3
1.2.1　高速铁路路基工程研究意义 …… 3
1.2.2　高速铁路路基工程面临的挑战 …… 4
1.3　高速铁路路基工程研究现状 …… 5
1.3.1　高速铁路国内外发展现状 …… 5
1.3.2　路基本体动力承载性能研究现状 …… 8
1.3.3　高速铁路路基结构类型设计应用情况 …… 10
1.3.4　桩土相互作用研究现状 …… 14
1.3.5　铁路路基极限状态设计方法 …… 20
1.3.6　高速铁路路基固结沉降分析技术 …… 21
1.4　高速铁路路基工程发展展望 …… 22
1.4.1　时速 350 km 以上的高速铁路路基结构设计 …… 22
1.4.2　新型路基结构研发 …… 23
1.4.3　高速铁路路基病害整治 …… 23
1.4.4　列车循环荷载作用下的长期累积塑性变形 …… 24
第 2 章　高速铁路路基沉降分析基本理论 …… 25
2.1　高速铁路路基沉降分析基本流程 …… 25
2.1.1　铁路路基动静荷载的简化等效 …… 25
2.1.2　地基压缩层厚度 …… 27
2.1.3　地基土层压缩模量 …… 29
2.1.4　地基沉降分析 …… 31
2.2　Boussinesq 理论及应用优化 …… 32
2.2.1　Boussinesq 理论基本原理 …… 32
2.2.2　Boussinesq 理论应用的优化分析 …… 35
2.3　Mindlin 理论及应用优化 …… 36

2.3.1 Mindlin 理论基本原理 …… 36
2.3.2 Mindlin 理论应用的优化分析 …… 38
第 3 章 铁路路基本体沉降分析与控制技术 …… 42
3.1 路基本体动应力荷载条件分析 …… 42
3.1.1 动应力荷载条件的理论分析方法 …… 42
3.1.2 动应力荷载条件的数值分析方法 …… 43
3.1.3 列车轮载力轨枕上分布规律研究 …… 47
3.2 路基动变形及累积变形分析方法 …… 52
3.2.1 传递矩阵法基本原理 …… 52
3.2.2 四层基床结构应力应变分析 …… 53
3.2.3 路基本体动应力应变算例验证分析 …… 56
3.2.4 基床结构塑性累积变形特征与模型试验 …… 57
3.3 水平/斜向加筋水泥土桩路基本体强化加固技术 …… 67
3.3.1 加筋水泥土桩加固技术概述 …… 67
3.3.2 简化设计分析计算模型 …… 68
3.3.3 施工工艺流程 …… 70
第 4 章 高速铁路桩网复合地基沉降分析技术 …… 74
4.1 土拱模型优化分析 …… 74
4.1.1 桩网复合地基承载模式 …… 74
4.1.2 Hewlett 土拱模型 …… 75
4.1.3 楔形土拱模型 …… 77
4.1.4 加筋垫层 …… 82
4.2 基于荷载传递的桩网复合地基沉降分析模型 …… 88
4.2.1 桩网复合地基沉降计算思路 …… 88
4.2.2 刚性桩加固区附加应力计算 …… 89
4.2.3 加固区沉降变形计算模型的建立 …… 92
4.2.4 加固区桩土沉降方程的推导和解答 …… 96
4.2.5 下卧层沉降模型 …… 102
4.2.6 桩网复合地基沉降算例 …… 102
4.3 桩网复合地基沉降群桩效应分析 …… 107
4.3.1 加固区附加应力计算中的荷载叠加范围 …… 107
4.3.2 下卧层附加应力叠加范围 …… 111
4.3.3 群桩效应的沉降解析模型计算分析 …… 113
4.3.4 群桩效应的数值模型计算分析 …… 113

第 5 章 高速铁路桩承式路基结构沉降及稳定性分析技术 …… 122
5.1 桩土荷载分担分析方法 …… 122
5.1.1 桩筏板及桩板结构路基作用模式 …… 122
5.1.2 筏板路基 Winkler 方法解析计算 …… 124
5.1.3 多跨连续梁模型的建立与求解 …… 127
5.1.4 等效桩基刚架模型的建立与求解 …… 129
5.2 桩筏板及桩板结构路基桩土荷载分析算例 …… 131
5.2.1 桩筏板复合地基多跨连续梁算例 …… 131
5.2.2 桩板路基结构多跨连续梁算例 …… 134
5.2.3 等效桩基刚架算例 …… 139
5.3 桩承式路基沉降分析技术 …… 142
5.3.1 桩承式路基复合模量法沉降分析 …… 142
5.3.2 桩承式路基 Mindlin 方法沉降分析 …… 146
5.3.3 两类方法分析结果对比 …… 156
5.4 刚性桩复合地基稳定性分析方法 …… 159
5.4.1 桩承式路基桩土相互作用机制 …… 159
5.4.2 被动基桩桩身轴力分析 …… 160
5.4.3 被动基桩水平荷载分布及桩土荷载分析 …… 161
5.4.4 被动基桩桩后反力分析 …… 165
5.4.5 被动基桩应力应变模型及其差分求解 …… 168
5.4.6 算例分析计算 …… 173
第 6 章 既有高速铁路路基附加沉降评估技术 …… 182
6.1 新旧路基临界间距分析方法 …… 182
6.1.1 现有评价方法概述 …… 182
6.1.2 新旧路基临界间距的统一定义 …… 184
6.1.3 基于附加沉降控制的分析方法 …… 185
6.1.4 基于附加应力控制的分析方法 …… 190
6.2 有限元分层总和法基本原理及应用 …… 196
6.2.1 基本思路 …… 196
6.2.2 地基附加应力影响因素分析 …… 196
6.2.3 既有高速铁路附加沉降有限元分层总和法评估流程 …… 199
6.2.4 工程算例分析验证 …… 199
6.3 实体基础 Mindlin 方法原理与应用 …… 202
6.3.1 高速铁路复合地基实体基础等效方法 …… 202

6.3.2 刚性桩复合地基附加应力计算 …… 205
6.3.3 实体基础 Mindlin 方法附加沉降评估流程 …… 206
6.4 高铁路基沉降分析软件开发 …… 207
6.4.1 附加沉降评估软件架构及基本功能 …… 207
6.4.2 附加沉降评估软件的技术特点 …… 208
6.4.3 附加沉降评估软件操作界面 …… 208
6.5 邻近既有高铁附加沉降安全评估工程算例 …… 209
6.5.1 日兰高铁引入曲阜东站沉降安全评估 …… 209
6.5.2 石济高铁引入德州东站沉降安全评估 …… 215
6.5.3 邻近既有高铁附加沉降评估算例的几点分析 …… 221
第 7 章 高速铁路层状地基固结沉降特性及分析预测技术 …… 223
7.1 高速铁路路基沉降机理 …… 223
7.1.1 研究方法及技术路线 …… 223
7.1.2 高速铁路路基结构地基沉降机理 …… 224
7.2 层状地基一维固结沉降特性分析 …… 225
7.2.1 一维固结方程的基本形式 …… 225
7.2.2 状态变量传递矩阵法 …… 226
7.2.3 Laplace 变换及逆变换 …… 227
7.2.4 单层地基一维固结方程初参数解 …… 227
7.2.5 层状地基一维固结方程传递矩阵数值解 …… 229
7.2.6 层状地基一维固结理论模型的分析验证 …… 233
7.3 层状地基固结压缩特性的仿真分析 …… 235
7.3.1 有限元数值模拟过程 …… 235
7.3.2 仿真模拟结果 …… 236
7.3.3 理论计算和有限元计算对比分析 …… 242
7.4 典型层状地基固结沉降特征的现场监测 …… 243
7.4.1 固结沉降监测方案 …… 243
7.4.2 固结沉降监测结果整理 …… 245
7.4.3 固结沉降预测分析 …… 250
7.4.4 现场监测结果的有限元对比分析 …… 251
第 8 章 高速铁路新型路基结构研发及其在沉降控制中的应用 …… 253
8.1 高速铁路新型路基结构形式及工业化建造技术 …… 253
8.1.1 高速铁路悬臂 U 形路基结构 …… 253
8.1.2 高速铁路半悬臂 U 形路基结构 …… 255

8.1.3　高速铁路悬臂箱形路基结构 …… 256
8.1.4　高速铁路悬臂 U 形路基工业化建造方案 …… 259
8.2　悬臂 U 形路基极限状态设计方法 …… 265
8.2.1　高速铁路悬臂 U 形路基极限状态设计方法 …… 266
8.2.2　高速铁路悬臂 U 形路基荷载类型及确定方法 …… 268
8.2.3　高速铁路悬臂 U 形路基上部结构内力分析模型 …… 275
8.3　悬臂 U 形路基沉降与稳定性分析 …… 282
8.3.1　复合地基加固的悬臂 U 形路基沉降分析方法 …… 282
8.3.2　桩基加固的悬臂 U 形路基沉降分析方法 …… 285
8.3.3　高速铁路悬臂 U 形路基稳定性分析 …… 288
8.4　悬臂 U 形路基结构优化 …… 295
8.4.1　趾板的影响 …… 295
8.4.2　侧壁板倾角及形式的影响 …… 297
8.5　昌景黄高速铁路悬臂 U 形路基工程设计案例 …… 299
8.5.1　试验段工程概况 …… 300
8.5.2　U 形槽结构受力特征 …… 300
8.5.3　悬臂 U 形路基极限状态设计 …… 301
8.5.4　试验段沉降分析 …… 308
第 9 章　高速铁路路基沉降监测与评估方法 …… 311
9.1　高速铁路路基沉降监测方法 …… 311
9.1.1　高速铁路路基沉降监测方案设计的总体原则 …… 311
9.1.2　常规沉降监测方法 …… 311
9.1.3　传感器监测方法 …… 313
9.2　路基沉降监测数据处理分析方法 …… 317
9.2.1　路基沉降监测误差概述 …… 317
9.2.2　原始监测数据序列粗差剔除方法研究 …… 317
9.2.3　位移监测数据的平滑降噪方法 …… 323
9.2.4　基于正态分布的监测数据动态预警域模型 …… 328
9.3　路基沉降监测数据趋势预测方法 …… 331
9.3.1　灰色系统理论模型基本研究思路 …… 331
9.3.2　传统 GM(1,1)模型建模方法 …… 332
9.3.3　基于背景值修正的无偏 GM(1,1)区段新息模型 …… 334
9.4　高速铁路路基沉降监测案例分析 …… 340
9.4.1　忻州西站并站工程概况 …… 340

9.4.2 忻州西站现场监测方案 …………………………………………………… 340
9.4.3 忻州西站既有大西高速铁路路基沉降监测结果 ………………………… 340
9.5 基于沉降监测的高速铁路运营安全性评估方法 ……………………………… 343
9.5.1 基于纵向不平顺分析的高速铁路路基纵向不平顺特征及评估思路 … 343
9.5.2 基于纵向不平顺分析的高速铁路路基附加沉降评估方法 …………… 344
参考文献………………………………………………………………………………… 346

第1章　绪　　论

1.1　高速铁路路基沉降分析与控制技术概述

1.1.1　我国高速铁路建设运营情况

2008年,我国第一条真正意义上时速350 km的高速铁路京津城际开通运营,标志着我国铁路建设运营正式进入了高速铁路时代,并在随后的十多年间得到迅猛发展。根据国家中长期、"十二五"、"十三五"铁路路网规划,我国高速铁路网规划已由初始的"四纵四横"快速客运铁路网拓展为"八纵八横"高速铁路网主骨架。截至2022年底,我国高速铁路已建成运营通车里程4.2万km,是当前世界运营里程最长、在建规模最大、运营场景最丰富、商业运行速度最高的高速铁路网。

高速铁路运营速度的提高,除车辆、机车、供电、信号、轨道等面临全新的技术革新外,对铁路路基本体与下卧地基的工程设计及建造也提出了全新要求。高速铁路建设运营应以高安全性和高可靠性为设计目标,为实现列车高速运营下的这一控制标准,必须全方位地保障轨道结构的高平顺性和高稳定性。高速铁路路基结构作为轨道支撑基础,路基结构的强度、刚度、稳定性以及对上部支撑轨道的状态保持能力,是确保高速列车高速、安全、舒适、平顺运营的首要条件。但与此同时,我国幅员辽阔,不同地域的气候、环境以及地质条件差异极大,深厚淤泥质软土、湿陷性黄土、膨胀土、季节性冻土、盐渍土、高液限黏土等呈区域性分布,这也必然导致我国高速铁路路基工程建设面临着复杂应用场景下的全新考验。

1.1.2　我国高速铁路路基工程设计面临的问题

随着我国国民经济的快速发展,铁路工程建设的规模不断扩大,建设的标准也在不断提高,高速铁路路基沉降控制已经达到毫米级水平,新建高速铁路路基工后沉降控制一般不超过15 mm,这为高速铁路路基工程建设带来了新的挑战。中国高速铁路历经原始创新、集成创新和引进消化吸收再创新,经近二十年的发展,已经成为世界上高速铁路规模最大的国家。但是,高速铁路路基工程设计与建设中也暴露了部分路基沉降分析与控制方面的问题,由于设计手段、勘察技术、分析模型、工程措施等多方面的限制,高速铁路路基沉降表现为"算不准、控不住",工后沉降严重超标,影响高速铁路线路的平顺性,导致高速铁路高速运行安全性失控。归结起来，高速铁路路基沉降分析与控制主要暴露出以下几个方面的问题：

(1)路基本体沉降分析与控制

高速铁路路基本体沉降是引起高速铁路路基沉降的原因之一，主要表现为列车动荷载以及路基填土自重下的压缩变形。一般情形下，高速铁路路基对路基填料类型、压实度以及K_{30}系数等均严格限制，路基本体沉降变形很小。但是，高速铁路在动荷载作用下，路基本体长期服役性能可能出现劣化，导致路基本体由于强度、稳定性不足而出现局部沉降失稳。现阶段，高速铁路路基本体设计主要依赖于填料类型和压实标准，面临的设计分析与控制问题主要有如下几点：高速列车动载引起的路基本体动应力分布及衰减规律缺少深入研究；列车动载引起的路基本体动应力分布及深度方向上的衰减规律尚缺少行之有效的理论分析方法；考虑动载效应的路基填料填筑质量控制标准也缺少与之匹配的理论分析和试验数据支撑，也未形成路基本体长期服役性能分析评价模型；对于已经产生沉降病害的路基本体结构缺少针对性的病害整治方法；新型路基结构研发仍处于原型设计和试验段论证阶段，工程化应用和推广任重道远。

(2)地基沉降分析与控制

高速铁路路基本体以及上部列车荷载作用下，地基承载结构的压缩变形是引起新建高速铁路路基沉降的最主要来源。为控制软弱地基压缩变形，通常采用搅拌桩、灰土桩、CFG桩、管桩、灌注桩等加固措施进行地基处理，需要对高速铁路路基工程地基加固方案进行专项设计。地基加固方案设计中，通常采用总沉降量指标确定地基加固方案，应用分层总和法进行地基加固区和下卧层沉降变形分析。《高速铁路设计规范》(TB 10621—2014)、《铁路路基设计规范》(TB 10001—2016)、《铁路工程地基处理技术规程》(TB 10106—2010)等现行规范中，引入地基沉降经验修正系数以综合考虑地基条件、荷载强度、加荷速率等因素。但是，新建高速铁路地基沉降分析中一般将桩体加固区作为均质体，不能有效考虑桩土协同工作效应，也不能反映加固区、下卧层土体附加应力转移传递过程的差异。另外，我国高速铁路工程建设中出现了越来越多的新建铁路同既有高速铁路的交叉、并行情形，但当前针对既有高速铁路路基附加沉降的分析评估仍沿用新建铁路相关规定，既有高速铁路附加沉降分析与控制过程中存在一定的盲目性。

(3)路基工后沉降分析与控制

高速铁路路基工程沉降是影响运营阶段安全性的主控因素，无砟轨道路基工后沉降一般要求不高于 15 mm，路桥或路隧交界处差异沉降不应大于 5 mm，过渡段沉降造成的路基与桥梁、隧道的折角不应大于 1/1 000。工程设计中，路基工后沉降分析主要基于土层类型、加固区类别及加固深度，通过给定的施工期沉降完成系数估算地基工后沉降量，尚处于经验设计阶段。我国多座高速铁路车站路基通车运营前出现了工后沉降超标的问题，其原因多同邻近站房、站前广场基坑施工、井点降水、帮宽施工等因素相关，现有路基工后沉降分析手段显然无法考虑上述因素的影响。如何通过考虑复杂因素影响的地基土层固结模型，建立层状地基一维固结沉降模型,综合考虑地基固结沉降的施工效应和时间效应,是现阶段高速铁路路基工程工后沉降分析中应解决的核心技术问题。

(4)路基沉降变形监测与评估

重点地段的高速铁路路基沉降通常实施线路纵断面沉降监测,根据测点沉降时程曲线判定施工期沉降并预测地基未来总沉降。现场监测获取的路基沉降时程曲线通常包含各类误差,需要通过数据预处理方法获取相对真实的沉降位移数据序列。现阶段,针对路基沉降监测数据工程价值的深层次挖掘还不充分,总沉降预测主要基于指数曲线和双曲线等确定性预测曲线,灰色理论及相关改进模型在路基沉降预测中的应用还不完善。因此,针对路基沉降监测数据的分析处理、误差分析、趋势预测、线路不平顺性评估及工程应用价值的深层次挖掘仍是当前需要重点关注和解决的问题。

1.2 高速铁路路基工程研究意义与挑战

1.2.1 高速铁路路基工程研究意义

传统填土路基是伴随铁路第一次出现而发展起来的路基结构形式,具有适用范围广、工程造价低、工艺简单、可维护性强的突出优势,长期以来在普速铁路建设中占据主流地位。随着我国高速铁路技术的发展,列车运营速度的提高对铁路路基的工后沉降以及线路平顺性提出了全新要求。传统填土路基采用分层压实的梯形路基本体结构,路基本体自重大、占地宽,为了更好地控制工后沉降,必须进行大规模的地基加固处理,导致传统路基工程造价不断攀升。但对于软弱土地段,虽进行高等级的地基加固,高铁路基工后沉降仍难以控制,甚至影响高速铁路运营期的安全性。因此,为提高高速铁路路基工程的适用性,需要在设计阶段入手,重点解决高速铁路路基沉降分析与控制中的系列技术难题,提出适用于高速铁路路基工程特点的沉降分析模型,研发路基沉降控制措施。开展高速铁路路基工程研究,主要有以下几个方面的意义:

(1)有助于提高高速铁路路基沉降分析的理论水平。路基工程沉降分析与工程设计长期以来主要基于经验设计方法,使得路基工程设计成果具有一定的随意性,缺少严密的理论基础支撑。本书在路基本体变形分析、桩网及桩筏板沉降分析、被动隔离桩稳定性分析、既有高速铁路附加沉降分析以及层状地基固结沉降分析中均采用严密的理论支撑体系,最终形成一套相对完整的、针对路基沉降分析设计的高速铁路路基沉降分析技术体系,有助于提升高速铁路路基沉降分析的理论水平,并形成相关设计分析技术标准。

(2)有助于极限状态设计方法在路基工程中的应用推广。基于可靠度理论的工程结构设计方法在传统工民建领域已经得到大规模推广,但铁路路基工程设计仍沿用容许应力法,极限状态设计方法并未在高速铁路路基沉降分析、桩网桩筏板路基结构设计中得到大规模推广。研究中,结合新型路基结构的形式研发与实际工程项目设计,提出了基于极限状态设计理论的 U 形路基结构工程设计方法流程,极大丰富了高速铁路路基工程设计手段,提高了路基工程结构物设计的合理性和科学性。

(3)有助于新型路基结构的工程应用和推广。高速铁路路基沉降问题的核心在于路基本体的自重控制问题,为提高高速铁路路基生命力、拓展传统路基结构的工程适用性能,基于高速铁路工业化、智能化建造理念,在岩土工程和结构工程深度专业融合的基础上,研发以钢筋混凝土结构为主体的新型路基结构势在必行。本书在新型路基结构研发方面,在既有桩网、桩筏板及桩板路基结构的基础上,梳理了各类新型路基结构形式及工程应用前景,并针对高速铁路新型路基结构设计应用问题,研发了悬臂 U 形路基结构和箱形路基结构,结合昌景黄铁路 U 形路基设计项目,开展了悬臂 U 形路基结构施工图设计,形成了详细完备的 U 形路基结构设计流程。相关研究成果及试点项目的工程验证有助于新型路基结构在高速铁路建设项目中的推广应用。

1.2.2 高速铁路路基工程面临的挑战

近年来,我国高速铁路工程建设取得了巨大成绩,高速铁路运营里程和在建项目均居世界第一位,但列车的高速运营也为高速铁路路基工程带来了全新挑战,主要表现为以下几点:

(1)路基工程在高速铁路建设中的占比越来越小,地位日趋边缘化。传统路基工程以散粒体路基填料为主要填筑对象,具有路基断面大、自重高、占地面积大的特点,对建设项目的场地适应性高,工程造价低,是重载铁路、普速铁路以及低等级铁路的主要建造形式,在一般项目中的路基占比甚至超过了 90%。但是,高速铁路对线路的平直、平顺要求高,需要严格控制线路的工后沉降,导致对地基沉降控制效应相对较差的传统路基工程经济性特点几乎完全丧失,一般只用于站场路基、路桥过渡段等特殊工点,而工程造价甚至超过桥梁工程,使得高速铁路实际工程建设中以桥梁、隧道为主,桥隧占比超过了 80%。与此同时,国外高铁建设中的路基占比仍居 80%以上,工程建造性价比较高。在此背景下,我国高速铁路路基工程面临着日益严重的工程应用瓶颈,如何通过技术创新方式拓展高速铁路路基工程的国内应用场景和范围,是现阶段路基工程专业面临的重大技术挑战。

(2)高速铁路路基病害多,工程整治相对困难。现有运营高速铁路病害分布中,以路基沉降病害最为突出,部分路段在盐胀、冻融、路基填料及膨胀土地基的作用下甚至出现了上拱,路基病害种类繁多,现场整治较为困难,整治费用高。因此,如何有效开展高速铁路工程的优化设计,解决运营高速铁路出现的各类路基病害问题,也是现阶段路基工程面临的重大技术挑战。

(3)高速铁路路基工程容许应力法向极限状态设计分析方法转变。现阶段,高速铁路路基工程设计全面转向极限状态法,先后发布了《铁路路基设计规范(极限状态法)》(Q/CR

9127—2018)、《铁路路基支挡结构设计规范》(TB 10025—2019)、《铁路桥涵设计规范(极限状态法)》(Q/CR 9300—2018)。但实际工程设计中,在传统设计思维惯性的主导下,诸多高速铁路工程设计项目仍沿用容许应力法。特别是对于高速铁路路基工程,主要涉及路基结构、支挡结构等构筑物的沉降分析、稳定性计算内容,如何在保障设计成果安全性、合理性的条件下,快速实现设计方法、设计理念的转变并实际应用于工程设计项目,是当前高速铁路设计中面临的一大技术挑战。

(4)高速铁路路基土工结构物设计理念的转变。传统铁路路基工程主要研究对象为散粒体填料,但由于高速铁路对路基沉降更为严格和苛刻的沉降控制标准,高速铁路路基通常采用桩网、桩筏板、桩板路基结构,设计中需综合考虑路基填料、加筋垫层(板)、支撑桩体及桩周、桩下土体的协同工作效应,整个路基系统转变为以钢筋混凝土土工结构物为设计核心的承载系统。因此,高速铁路路基工程设计理念应向土工结构物转变,将各种类型的混凝土构件作为设计核心重点关注,并以此引起路基工程设计内容和分析方法的转变。

1.3　高速铁路路基工程研究现状

1.3.1　高速铁路国内外发展现状

全球第一条高速铁路是日本的东海道新干线,于 1964 年正式运营,速度最高可达 210 km/h。截至 2010 年底,日本拥有高速铁路 2 176 km,构成了贯通全日本的新干线网络,采用的有砟轨道和无砟轨道横断面形式如图 1-1 所示。

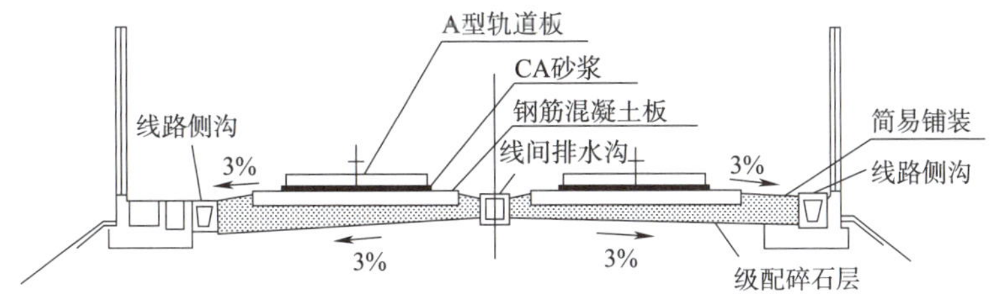

(a)无砟轨道基床表层横断面

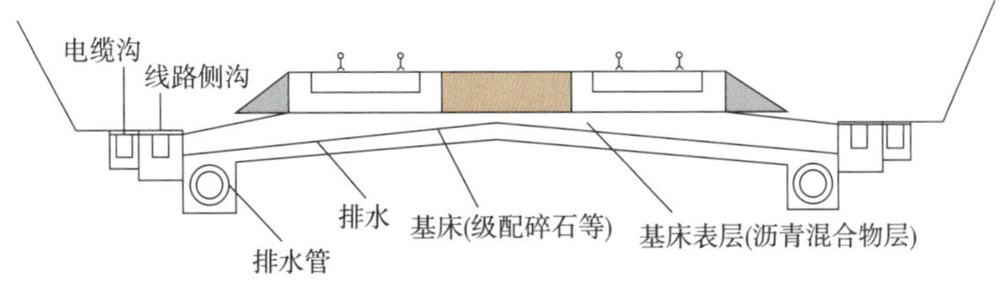

(b)有砟轨道沥青基床表层横断面

图 1-1　日本新干线典型路基横断面

随后，高速铁路在欧洲得到了快速发展，且势头强劲，并迅速赶超日本。1981 年法国开通了巴黎—里昂的 TGV 东南线，2001 年 TGV 地中海线的开通运营宣告法国完成了通达全法国的高速铁路干线网络。法国在行车速度上不断打破纪录，1990 年进行了 TGV 在不带旅客车厢时的试验运行，试验速度为 515.3 km/h，2007 年又创造了 574.8 km/h 的新纪录，TGV 于 2003 年在地中海线的部分区间开行了最高速度为 320 km/h 的列车。德国于 1982 年开始研制高速列车，1985 年 7 月动力集中式的 ICE 研制成功，1987 年 ICE 开始在汉诺威—维尔茨堡线已建成的长 94 km 的线路中运行，1988 年 ICE 在汉诺威—维尔茨堡线行驶速度的最高记录为 406.9 km/h，1991 年 ICE1 型列车开始以最高行车速度 280 km/h 在汉诺威—维尔茨堡线（全长 327 km）和曼海姆—斯图加特线（全长 107 km）全线运营，随后 ICE2、ICE3 被相继推出，2000 年运行速度为 300 km/h 的 ICE3 投入运营。西班牙于 1992 年开通了全长 471 km、最高运行速度 300 km/h 的马德里—塞维利亚线，随后开通了最快行车速度可达 350 km/h 的马德里—巴塞罗那线。欧洲各国还计划将各国之间的高速铁路线路联网，最终形成总里程为 3.5 万 km 的欧洲高速铁路运行网络，预计将新建 2 万 km 的高速铁路线路。其中，典型欧洲高速铁路路基横断面如图 1-2 所示。

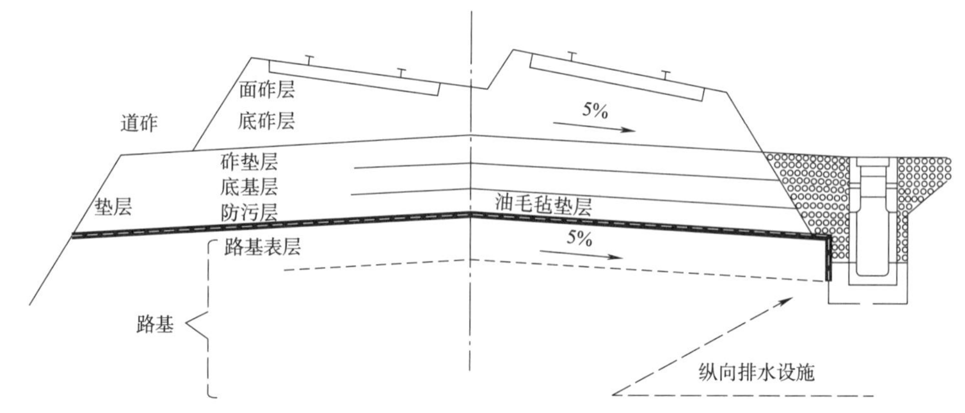

(a)法国高速铁路路基基床结构

上部结构
路基面
土路基面
≥2.50
KG2
K=1.00
KG1
下部结构
K=1.00
K=1.00于GU、GT、SU、ST
K=1.00用于GU、GT、SU、ST
K=0.97和n_a≤0.12用于GU*、GT*、SU*、ST*、UL、UM、TL
K=0.98用于GW、GI、GE、SE、SW、SI
0.50~1.00
必要时作为底层：K=0.98用于GW、GI、GE、SE、SW、SI
地基
地基压实或采用特殊措施改良地基
采用粗颗粒土的路堤结构
采用混合的和细颗粒土的路堤结构

(b)德国高速铁路有砟轨道路基横断面

图 1-2

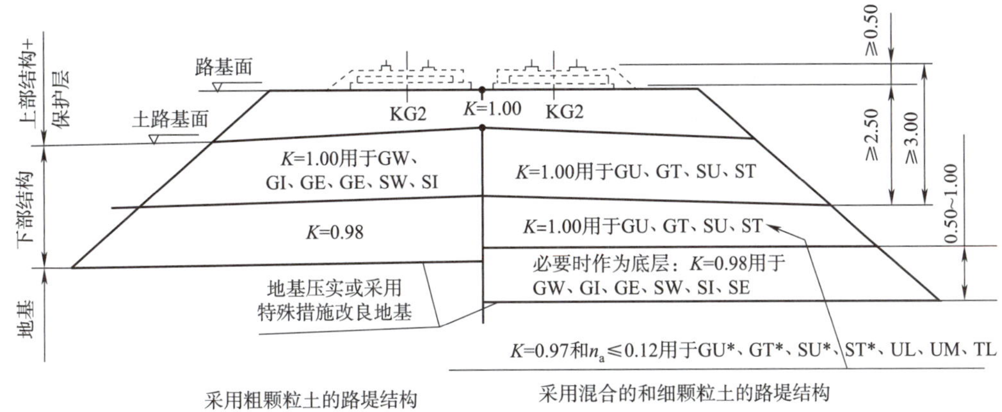

(c)德国高速铁路无砟轨道路基横断面

图 1-2 欧洲高速铁路路基横断面(单位:m)

20 世纪 90 年代开始,中国的高速铁路建设经历了跨越式的发展。为积累高速铁路建造的技术经验,1999 年 8 月开始兴建我国第一条客运专线——秦沈(秦皇岛—沈阳)客运专线,线路全长 404 km,于 2002 年 12 月竣工,使秦皇岛至沈阳的路程耗时由 4.5 h 减至 2.5 h。国家发改委以运行速度 160 km/h 以上标准批复修建,当时的铁道部以运行速度 200 km/h 标准实施,其中基础设施预留了运行速度为 250 km/h 的条件,另外在山海关至绥中北的一段里程长度为 66.8 km 的线路,采用了运行速度为 300 km/h 的标准修建,进行了行车试验,最高行车速度达 321.5 km/h。2005 年京津城际铁路正式开工建设,总运营里程 119.4 km,2008 年 CRH3 的试验运行速度达到 394.3 km/h,列车最小追踪间隔为 3 min,全程运行时间为 30 min,极大地促进了京津两地的经济发展。2008 年京沪高速铁路全线开工,线路全长 1 318 km,设计运行速度为 350 km/h;2010 年在京沪高速铁路枣庄—蚌埠的先导段诞生了行驶速度为 486.1 km/h 的中国高速铁路列车运营试验新纪录。其中,我国高速铁路路基工程建设中采用的标准路基断面形式如图 1-3 所示。

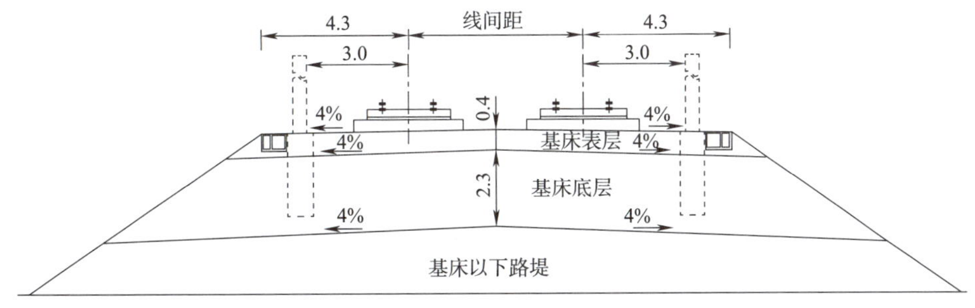

(a)无砟轨道路基断面

图 1-3

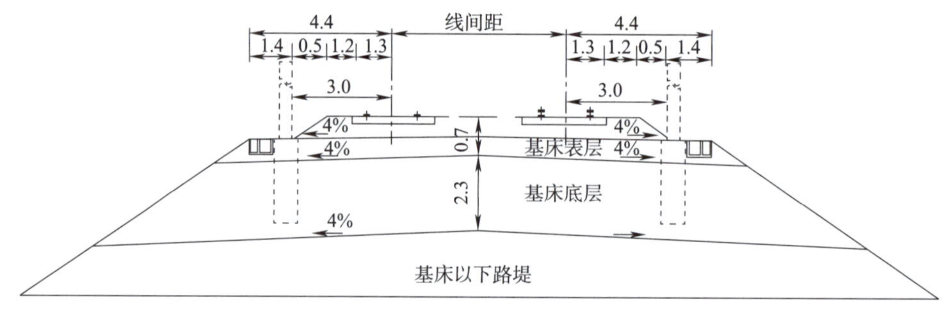

(b)有砟轨道路基断面

图 1-3　我国高速铁路路基标准断面形式(单位:m)

1.3.2　路基本体动力承载性能研究现状

1. 路基动力特性

路基的动力特性包括路基土的动变形、动应力及加速度等,而路基动力响应的大小及其过程直接影响铁路路基的设计、建造、运营和维护,并关系到路基的强度疲劳特性、累积变形及其动力稳定特性。

动荷载作用下路基土的疲劳特性有两方面的含义,一是土的强度疲劳失稳,二是土的变形疲劳失稳。强度疲劳失稳还是现行规范静力基础上考虑动荷载作用下土的强度大小及破坏问题,而变形疲劳失稳则已突破了现行规范的强度控制思路,转向了针对高速铁路的特点,考虑列车行进的稳定性、安全性前提下的允许动弹性变形和累积残余变形或称塑性变形问题。因此,高速铁路路基的疲劳问题需研究动强度、动变形以及两者的相互作用问题。

已有研究表明,在一定的含水率和密度条件下,土的动强度随着振动次数、振动频率、动应力的大小等动力因素的作用而有所降低。一般而言,持续应力水平或初始剪应力水平越小,振动效应越显著,土的疲劳强度越低。当其他条件一定时,土的动强度显然随着动荷载作用次数的增加而降低,但当振动次数达到一定程度后,土的动强度指标将趋于稳定。因此,对于高速路基而言,可以选定某一确定的疲劳振次所对应的强度作为路基土的设计强度。土的变形通常包括弹性变形和塑性变形,疲劳变形通常是指塑性变形。当列车动荷载较小且运营时间较短时,基床土将在低应力和小应变条件下工作,此时因塑性变形相对微小,基床土将显示出近似弹性体的特征。当列车动荷载较大且运营时间较长时,由于土颗粒间的相对滑移,形成新的排列关系,产生压密作用,即出现了不可恢复的永久变形,也就是塑性变形。

2. 路基动力响应

(1)试验研究方面

国外对列车荷载作用下路基的动力响应测试,集中在研究交通荷载引起的环境振动。

Dawn 和 Stanworth 对英国铁路路基动力响应进行了测试，主要就行车速度、激振频率和轨道参数的相关关系以及共振现象进行了研究。Lang 试验了混凝土浮置板和隔振沟对位于铁路线附近结构物的隔振效果，结果表明两种方法均非常有效，但隔振沟对减小铁路附近振动的效果比减小远场振动的效果好。Okuma 和 Kuno 通过对日本 8 条铁路线路 79 个工点的现场测试数据进行回归分析，研究了铁路振动的影响因素，认为距轨道的距离、轨道结构形式、列车类型、行车速度、列车长度以及路基自振特性是影响路基振动水平的 6 个主要因素，其中距轨道的距离影响最大，其次为与路基土有关的路基自振特性。瑞典国家铁路局测试了 X2000 高速列车在软土路基上不同速度运行时的路堤及地面振动，发现当列车速度为 200 km/h 时，列车和轨道中的最大振动位移达到了 14 mm，超过了保证铁路安全运营的界限，测试中明确发现了临界速度的存在。

铁科院、西南交大、中南大学、北京交大等单位还对 300 km/h 以上高速客运专线路基及过渡段的动力特性进行了测试分析。测试结果表明，基床表层自振主要为低频振动，基床表层振动频率在 200 Hz 范围内，其频率随速度提高而增大，频率的能量分布与列车速度有关；基床表层动应力、动变形、加速度峰值随列车速度提高而增大，总体趋势为速度每提高 10 km/h，动应力增大 0.4 kPa，速度最大时动应力达到最大值，基床动变形最大值不超过 1 mm，车速为 200 km/h 左右时动应力与加速度略有波动，其余部位动应力随速度增长趋势不明显；对过渡段路基，相同行车速度下，纵向动响应曲线呈“V”形变化，动响应增量曲线呈不规则“N”形变化，而垂向则是随深度的增加动响应呈衰减趋势，并且在基床面浅处(0.6 m 左右)衰减幅度较大；纵向、垂向上的动响应都有随车速提高而减小的趋势，并且其减小幅度与车速高低紧密相关。

(2)路基动力响应的理论研究

在路基动力响应的理论解析方面，主要通过波动理论求解弹性半空间体在各类荷载作用下的力学响应解析式，很多学者将列车引起的振动问题简化为移动荷载作用下的地基梁问题。到目前为止，移动荷载作用下半空间响应和移动荷载作用下地基梁动力响应的基本解均已求得。

数值计算方法上，主要有边界元、有限元和其他方法，边界元法的优点是在采用合适的基本解后，可以很精确地考虑弥散阻尼，但不能模拟几何和材料的不规则；有限元法适用于任意几何条件的问题，可以考虑土的多层性，其缺点是不能模拟半无限空间地基土体，而由于波的传播引起的弥散阻尼，代表着能量的消散，不能很好地用有限元法模拟。为克服这种缺点，一种所谓的混合法被用来模拟无限区域，另外还有很多方法被用来模拟远场区域，包括传统的边界元法、连续边界、传递边界、黏性边界、叠加边界、无限元、无限-有限元法等。

建立合适的路基土动应力-应变关系，是计算路基动力响应的基础性工作。土在循环荷载作用下，其应力-应变关系呈现非线性、滞后性和变形累积等几个特点。描述土的动应力-应变关系常见的本构模型主要有非线性弹性动力模型和弹塑性动力模型等，非线性弹性动力模型中具有代表性的主要有双线性模型、Ramberg-Osgood 模型、Hardin-Drnevich 模型等;弹塑性动力模型中具有代表性的有修正静力模型、套叠屈服面模型、边界面模型。由于循环荷载作用下,岩土材料的变形机理和计算方法很复杂,即使在传统弹塑性力学基础上提出了多种对其塑性累积变形进行计算的方法,但目前的模型仍不能完整地描述土体各向异性和循环加载的特性,且模型在应用上存在较大的困难。

1.3.3 高速铁路路基结构类型设计应用情况

1. 桩网复合地基

刚性桩复合地基中的刚性桩主要是刚度较大的竖向增强体,包括灌注桩、PTC 预应力管桩、CFG 桩以及低强度素混凝土桩。与常规建筑物桩基础不同,刚性桩复合地基设计计算中需要考虑桩间土的承载作用。为此,龚晓南院士对刚性桩复合地基进行了定义:刚性的桩与土共同承担上部荷载,考虑桩土间共同作用的复合地基。宰金珉进一步将这类地基定义为复合桩基,即按大间距(不小于 5～6 倍桩径)疏桩布置的低承台摩擦群桩或端承作用较小的端承桩与承台底土体共同承载的、纯桩基与天然地基之间过渡型的新型基础形式。刚性桩复合地基具体应用于高速公路、铁路等路基工程,通常有三种形式:桩(帽)网结构、桩筏结构以及桩板结构。但考虑经济性指标,铁路路基中的刚性桩复合地基通常采用桩(帽)网结构,通过路堤填土土拱效应和加筋垫层作用将填土荷载转移至刚性桩体,并最终传递给桩侧及桩端土体。

刚性桩复合地基是伴随复合地基技术的不断进步而逐渐发展起来的。其中,英国的 Burland 最早提出"减沉桩"概念,即增大桩间距后,利用较少数量的刚性桩基即可将筏板或承台的沉降量控制到可以接受的程度。Hain 和 Lee 则采用理论分析方法验证了减沉桩设计思想的可行性;Hooper 应用有限元分析方法证明具有较大竖向刚度的桩体在复合地基中的数量并不是越多越好;而 Cooke 通过室内模型试验,也得到类似的结论,这是根据试验结果成功验证了减沉桩设计思路。瑞典的 J & W 设计咨询研究院将减沉桩的设计思想进一步推广,应用于具体工程中;Poluos 就减沉桩承载机理提出了刚性桩复合地基沉降计算方法。

1975 年,日本北海道石狩河的堤岸改造工程因雨季防汛赶工期而最先采用"桩网工法",随后日本迅速将该法推广应用于其他领域。据统计,60%的日本软弱土地基采用深层搅拌桩桩承路堤结构,北欧则有 85%应用深层搅拌桩桩承路堤结构加固软弱土路基,东南亚桩承路堤结构亦被广泛用于支承软弱土地基上的路堤。20 世纪 80 年代英国扩建伦敦斯坦斯特机场时,需修建 London-Combridge 干线的新铁路,由于经过地下水位很高而承载力很低的深厚软黏土层,最终也采用"带帽钢筋混凝土预制桩+土工织物"的路堤填筑技术。此外,桩承式加筋路堤在德国高速铁路地基处理中也得到大量应用,取得较好处理效果。

国内方面,沪宁与杭甬高速公路拓宽工程,上海 F1 赛车场软弱土地基加固工程均采用刚性桩加土工织物的处理形式。2001年铁道部科学研究院深圳分院的设计人员，在深圳市宝安区固戌开发区市政道路工程的软基处理方案中采用桩承路堤结构；温福铁路在国内客运专线上首次采用了预应力管桩桩承路堤结构加固铁路软弱土地基；2006年，遂渝线首次在国内无砟轨道综合试验段土质路基段的加固试验中，多处应用钢筋混凝土桩桩承路堤结构加固软弱土地基。此外，我国在郑西高速铁路、武广高速铁路、京津城际铁路、京沪高速铁路等多条线路上均采用了桩承路堤结构。为了改善桩顶垫层的受力以及减小工程造价，目前桩承路堤结构多采用桩顶设置桩帽的桩网复合地基结构形式。

2. 桩筏板复合地基

桩筏基础于2005年首先以桩筏复合地基的形式应用于我国京津城际铁路的松软土地基处理，主要是为了使该段路基工后沉降满足高速铁路无砟轨道工后沉降限值要求。当时也有人称之为"新型桩板结构"。目前的桩筏基础主要可分为三种形式，包括桩筏复合地基、桩筏整体结构（也有称为桩筏复合结构）和桩板结构，在高速铁路上应用的比较普遍的是预应力管桩＋钢筋混凝土筏板组成的桩筏整体结构。桩筏整体结构的筏板一般采用一定厚度的钢筋混凝土板，筏板可均化上部传递到地基的荷载，同时筏板的设置也可对桩的侧向变形起到较好的约束作用，可避免局部应力集中和整体沉降问题。桩与筏板刚性连接，荷载通过桩基传递至地基土中的持力层，因此桩筏整体结构具有承载力高、整体性好、刚度大、不均匀沉降少等特点，适用于荷载较大、稳定性要求高、地基承载力较低的地基加固。

桩筏整体结构与桩板结构、桩筏复合地基虽然相似，但又有区别。桩板结构是把每一个横断面上的桩分别用连系梁连接起来，再根据现场实际要求在梁上整体浇筑底板，一般应用于地基承载力不均匀或者承载力特别低的情况。桩板结构可分为深埋式、浅埋式和非埋式，其中，深埋式桩板结构与桩筏整体结构比较类似。桩板结构和桩筏整体结构的主要区别在于：一是桩与板的连接方式不同，桩筏整体结构的桩顶深入筏板一定长度，并设置钢筋与筏板整体浇筑、锚结在一起；而桩板结构的桩则是与梁刚性连接在一起，板设置在梁上，与梁并没有直接连接。二是受力方式不一样，桩板结构受力方式比较明确，桩体是竖向承载的主体结构；而桩筏结构则在一定状态下，筏板与地基土、桩共同受力。另外，一般情况下桩板结构的承载板厚度比桩筏结构的筏板厚度更厚，承载能力相对也更强。

桩筏复合地基则是由桩与桩间土、褥垫层、筏板构成，桩与筏板没有直接连接，中间隔着一层褥垫层。桩筏复合地基与桩筏整体结构的主要区别：一是桩与筏板的连接方式不同，桩筏复合地基的桩与筏板没有直接连接，筏板对桩没有横向约束；而桩筏整体结构的桩与筏则是刚性连接。二是受力形式不一样，桩筏复合地基主要由桩与地基土组成复合地基进行承载，筏板更多起到均布荷载的作用；桩筏整体结构一般情况下由桩承受荷载，但在一定状态下，筏板和地基土也参与承担荷载。另外，在抵抗上部结构水平荷载的作用方面，桩筏整体结构与桩筏复合地基要更强。

3. 桩板结构路基

桩板结构是铁路地基处理的一种新型方法，也是用来支撑铁路上部结构和路堤填方的一种新型结构，主要由钢筋混凝土桩基、托梁和承台板或桩基和承台板组成。桩基可采用机械成孔或人工挖孔灌注桩，也可采用预制打入(压入)桩。预制桩可选用实心方桩，也可选用预应力空心管桩。

桩板结构适用于基础变形控制严格的深厚软弱地基、湿陷性黄土地基低路堤和路堑，桥隧间短路基过渡段，岔区路基及既有路基加固。主要工作机理是，通过承台板将上部荷载传到桩体，桩体把荷载扩散到桩间土、下卧硬土或桩底岩石层，从而达到快速稳定和控制路基沉降变形的目的。与常规的地基处理方法相比，桩板结构具有整体性能好、刚度大、变形小、处理不良土层深度大、沉降变形控制优良等特性。

国外于 20 世纪 90 年代开始在高速铁路建设工程中将桩板结构应用于铁路路基工程。德国纽伦堡—英戈尔施塔特线(1998—2005)修建桩板结构路基总长 3.543 km。该段地基由第四纪上层和下面的中侏罗纪早期土层组成，层厚 5～20 m 不等，下卧层为硬层，黏性土内部有砂质土。这种黏性土易于下沉，还具有膨胀性。所采用的桩板结构钻孔直径 0.9 m，桩端深入硬层，桩顶现浇 0.6 m 厚钢筋混凝土板。荷比高速铁路阿姆斯特丹至布鲁塞尔线(2000—2008)，全线铺设无砟轨道，采用了无沉降桩板结构。无沉降桩板结构由钻孔灌注桩和现浇钢筋混凝土板构成，一联共 6 跨，每跨 4 m，全长 26 m，横向桩间距 3 m。

我国于 2005 年在遂渝线无砟轨道综合试验段地基沉降及工后沉降的控制中采用了钢筋混凝土桩板结构。试验段表层地基土为 0.5～0.8 m 的松软土，其下为基岩。桩板结构由下部钢筋混凝土桩基、路基本体与上部钢筋混凝土承载板组成。承载板直接与轨道结构连接，承载板的尺寸为 4.4 m×0.6 m×30 m，一联 6 跨，跨度为 5 m，横向桩间距 2.5 m，在相邻联处由托梁支承。目前，我国高速铁路建设中，郑西、武广、成灌、兰渝等客运专线路基地基处理工程中相继采用了桩板结构。实践证明，桩板结构技术可行、经济合理、施工便捷，与桩网结构等地基处理措施相比具有一定的技术、经济优势。随着高速铁路建设的飞速发展，桩板结构作为新型的路基结构，将得到更广泛的应用与发展。

总体而言，经过近二十年的发展，刚性桩复合地基结构在国内高速铁路路基工程建设中得到广泛应用，在有效降低地基沉降变形的同时，大幅缩短工程建设周期，是高速铁路路基加固处理中最为有效的地基处理方式。但是，刚性桩复合地基沉降分析方法、稳定性分析方法等方面的机理性分析尚不完善，桩土协同作用机制、共同沉降机理、桩土荷载分担方式及量化计算方法等方面仍存在诸多需要进一步完善的问题。

4. 其他形式的路基结构

(1)U 形以及悬挑 U 形路基结构研发与工程应用

肖宇松将 U 形结构用于路基结构，对结构和断面尺寸进行了计算，认为用于铁路路堤地段时，一般宽度在 6 m 以下单线铁路路堤在通过软弱地基地段时应用 U 形结构比较经济，双线及多线铁路路堤建议采用加筋土挡墙或箱形薄壁钢筋混凝土挡墙；当应用于公路路堤地段时，高 6 m 以下、宽 7 m 以内公路路堤在通过软弱地基地段时应用 U 形结构比较合理，路宽超过 7 m 的公路路堤建议采用加筋土挡墙或箱形薄壁钢筋混凝土挡墙。

U 形路基在铁路工程中的应用主要为 U 形槽结构，对于邻近既有铁路、软弱土地基以及接轨过渡等特殊区域，U 形槽路基方案在有效控制路基沉降的基础上，减小对周边环境的影响，具有一定的性价比优势。其中，中国铁设在商合杭铁路建设中的北东下行联络线采用 U 形槽＋轻质土路基方案。北东下行联络线与郑徐高铁桥梁并行，距离较近，北东下行联络线的实施将对郑徐高铁产生影响。北东下行联络线采用 U 形槽下钻郑阜下行联络线 12 号～15 号门式墩，往大里程继续以 U 形槽形式与郑徐客专并行，在郑徐桥台附近，北东下行联络线采用一节 U 形槽作为框构与路基之间的过渡段。

之后，中国铁设结合当前高速铁路、客运专线的路基结构形式，研究一种新型的路基结构——钢筋混凝土托盘式路基结构，旨在减少路堤地基加固范围及用地，使其具有良好的整体性，有利于地基沉降变形控制，有效地防止地基不均匀沉降，工程造价与放坡路堤和低桥墩桥梁有可比性。研究对比发现，托盘式路基结构比常规路基结构节约土地 56％左右，但工程费用高于常规路基结构，在很多土地资源缺乏的地方与采用桥梁结构相比，这种新型路基结构造价相对更低，具有独特的优势。

(2)箱形路基结构的工程应用

相较于 U 形路基，箱形路基结构是一种更为纯粹的混凝土结构物，路基结构的填土工程量趋近于零，主要通过混凝土箱体结构承载和传递轨道及列车荷载，能够有效控制路基自重，更好地满足铁路路基工后沉降控制与快速施工组织的要求。此外，通过对箱形路基结构体的进一步创新，将箱形路基逐段逐节离散，将有助于箱形铁路路基结构的预制拼装施工，达到工业化、智能化建造的最终目的。虽然箱形路基结构有诸多优点，但当前国内各设计院对箱形路基结构的研发仍存在基本设计理念阶段，由于缺少设计应用经验，在实际工程中的应用仍未有效开展。

铁路路基工程中的箱形路基结构研发方面，铁四院提出了一种双孔式薄壁箱形铁路路基结构，主体结构类似于双孔箱形梁，并申请了“一种铁路工程薄壁箱式路基结构”(ZL201721560674.2)专利。中铁二院研发了一种压力式箱形高速铁路路基结构，内部中空，但设置柔性气囊或刚性的封闭空腔，通过充填压缩空气的方式对顶板提供内部支承力，并申请了“一种压力式箱形高速铁路路基结构及施工方法”(201711245040.2)专利。

另外，部分设计院在铁路项目建设中，提出一种半埋式的空箱形路基结构，通过基坑开挖换填和控制结构自重方式，保证箱形路基结构的基底附加应力接近于 0，进而控制路基工后沉降。半埋式箱形路基埋入地面以下的高度为箱体总高度的 30％～40％，路基结构重心位置邻近地面位置以确保整个结构的稳定性。该路基结构形式能够很大限度地降低路基结构本体自重，通过基坑开挖方式使得路基结构基底附近应力趋近于 0，该结构具有较大的创新性，能为新型路基结构研发提供很好的指导和借鉴，并且尝试通过具体的铁路工程项目对新型路基结构的工程适用性进行验证。

(3)架空式桩板路基的工程应用

中铁二院结合铁路总公司重点课题“铁路箱式路基关键技术研究”(2017G008-C)和院内课题“高速铁路架空式桩板结构关键技术研究”(KYY2019058)，在贵南高铁工程项目中选取 DK447＋869.5～DK447＋932.5 区间路基作为试验工点，开展架空式桩板结构路基的现场试验研究。现场试验段设计中，架空式桩板结构路基采用三联九跨模式，每联 21 m (3×7 m)。架空式桩板结构由基桩、托梁、承载板、附属结构组成，均采用 C40 钢筋混凝土现浇。基桩为钻孔灌注桩，桩径 1.25 m，桩顶深入托梁不小于 0.1 m，桩顶打入完整基岩不小于 3 m，基桩采用并列式排列，沿线路方向布置两列，横向桩间距 6.0 m。每排桩桩顶均横向设置一片钢筋混凝土托梁，托梁宽 1.6 m，长 13.0 m，高 1.0 m。托梁与桩顶均刚性连接，桩主筋锚入托梁。边跨托梁与承载板采用滑动支撑，中跨托梁与承载板刚性连接，由托梁预埋钢筋与承载板锚固在一起。

承载板采用整块板，左右不分幅，板宽 12.6 m，中部 10.6 m 范围板厚 0.8 m，两侧各 1.0 m 范围板厚 0.4 m。防护墙、电缆槽、栏杆和接触网等附属结构均设置于板上。每联承载板间设伸缩缝，缝宽 2 cm，缝内填充沥青纤维板和高弹性聚氨酯。架空式桩板结构设置防排水系统，由防水层、保护层、泄水管组成，采用聚氨酯防水涂料、高聚物改性沥青防水卷材、钢筋混凝土或细石纤维混凝土保护层。

1.3.4 桩土相互作用研究现状

1. 土拱效应及加筋垫层

(1)路堤填土土拱效应

高速铁路桩网结构复合地基的桩间距一般都较大，桩间上部路堤填土和桩帽顶部土体由于沉降差异将使桩顶平面以上一定范围内的路堤填料出现应力重分布现象。其中，大主应力向桩顶偏转，最终表现为大致平行于相邻两桩帽之间的圆拱形链线，如图 1-4 所示，形成连续分布的拱状压密壳体，并将一部分桩间土上部的路堤重量传递至桩帽，这一桩间土体的荷载转移现象即为桩承式路堤的土拱效应。此外，关于土拱拱轴线形状研究方面，周龙翔也曾根据土拱形成的自然规律，假定合理拱轴线为悬链线形式，土拱内只传递轴向压力。

土拱作用过程中，路堤荷载向桩顶转移的相对大小与路堤填料性质、填料高度、桩间距以及桩帽尺寸有关。桩间距过大而桩帽过小情况下，土拱效应发挥不足，导致桩顶和桩间土差异沉降超出允许范围，路堤顶面出现不均匀沉降；反之，则达不到桩承式路堤应具备的经济效果，限制桩网复合地基在实际工程中的推广应用。

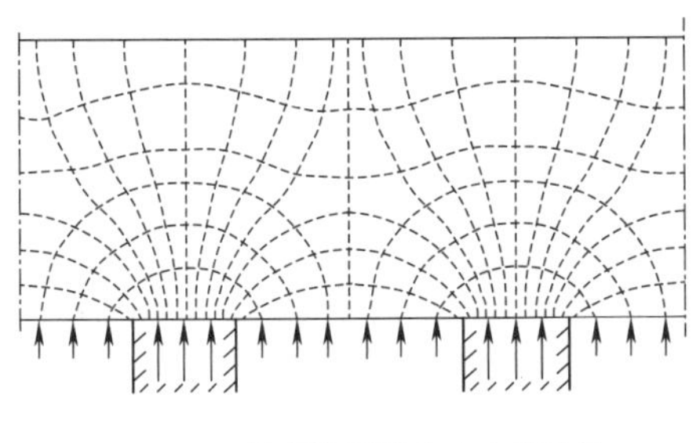

(a)桩顶路堤填土应力轨迹线

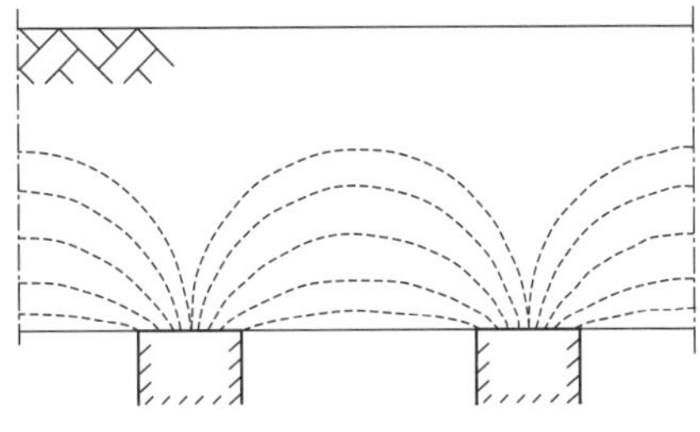

(b)理想状态的主应力轨迹线

图 1-4 土拱主应力轨迹线

国外关于土拱效应的研究最早出现于 1884 年,英国科学家罗伯特首次发现“粮仓效应”:仓底承受的压力在粮食堆积到一定高度后(2 倍底面直径)即保持不变,这一现象就是土拱效应的具体表现形式。土拱效应是由土颗粒不均匀位移引起,土拱的出现也一定程度上改变了土颗粒应力状态,产生应力重新分布现象,把作用于拱后或拱上的压力转移传递到拱脚及周围稳定的介质。土拱效应存在于多种土工结构之中,根据土拱传递力的方向可具体分为竖向土拱效应和水平向土拱效应。竖向土拱效应主要出现于填土荷载下桩土荷载的分担、桩基础中荷载传递和沟槽土拱效应。其中,1943 年,Terzaghi 通过著名的活动门试验系统研究了平面土拱效应,之后的 20 世纪 70 年代,也有部分学者开展隧道中的土拱效应现象的研究。在 Martin 等人的工作基础上,Low 假定刚性桩顶位置存在桩梁,通过室内模型试验研究砂填料在桩梁上的平面土拱效应。Hewlett 和 Randolph 通过模型试验,分析正方形布桩情形下的无黏性砂填料路堤的空间土拱效应,但是 Hewlett 的分析方法基于土体应力极限状态,并不严格满足路堤土体的竖向受力平衡条件,也未考虑桩顶位置处桩间土非均匀分布状态对桩土应力相对大小的影响。陈云敏、贾宁等基于单桩有效处理范围内的路堤竖向力平衡关系,改进了 Hewlett 空间土拱极限分析方法,得到桩帽大小、桩间距和路基填料内摩擦角等对桩体荷载分担比的影响规律。

国外设计规范中已存在的桩土应力计算方法(土拱效应)主要有英国国家标准 BS 8006、北欧 Nordic 手册、日本细则以及德国 EBGEO 规程,但四种设计规程对土拱形状(楔形体、圆形等)、土拱能否完全形成、拱高大小等的确定方法完全不同且存在较大差异。土拱的形成与路堤填土的力学性质、工程边界条件相关,在四个现行国外规程中,仅日本细则规定了土拱效应与填土及垫层的内摩擦角有关,其余均忽略桩顶加筋垫层对土拱形成及土拱效应发挥的影响。因此,路基填土土拱效应计算理论方面仍需深入细化研究。

总体来说,目前国内外在刚性桩复合地基土拱效应研究方面主要集中于证明填土土拱效应的存在性、土拱效应与垫层厚度、路堤高度、桩帽尺寸以及桩间距的相互关系等方面,主要研究方法为室内试验、数值模拟和理论分析。室内试验主要采用无黏性砂颗粒填料,使得基于室内试验的土拱计算模型也很少考虑填土黏聚力影响,这与实际情况下分层填筑压实的填土存在较大差别。数值模拟方面主要采用单桩和单桩影响范围为分析对象，对土拱形成机理尚无过多涉及。理论推导的解析公式一般均需要大量简化假定，最终得到的理论解答难以准确描述土拱效应与填土性质、桩体刚度间的相互影响关系。此外，德国 EBGEO 规程、Low 方法及 Hewlett 方法均假定土拱高度为最大桩间距的一半，而与填土种类、性质、厚度等因素无关，此假定显然忽略了路堤填土性质与土拱高度间的关系，缺少必要的合理性。四种国外规程对土拱能否完全形成和土拱形成高度计算方法不同，土拱形成不仅与桩、垫层形式及地基土体力学性质有关，也与桩承路堤结构布局，上部路堤填料性质及荷载形式有关。桩土荷载分担比计算中，桩间土应力计算直接采用中心位置处拱底土压力与拱下土体自重应力之和，忽略桩间土应力非均匀分布影响，导致桩间土应力取值偏大。因此，土拱模型后续研究中，必须考虑填土性质和加筋垫层的影响，反映出土拱高度与填土性质之间的相互关系。

(2)桩网复合地基加筋垫层

软弱土复合地基桩顶位置铺设的加筋垫层，可有效均化上部填土荷载，提高复合地基承载力，减小复合地基总体沉降量，因而被广泛应用于建筑及路基工程。

Han 等的研究结果表明，路堤荷载传递机理除土拱效应，还包括土工加筋材料的拉膜效应和应力集中效应。土拱效应使部分路堤荷载直接传递至桩体，剩余荷载将作用于土工加筋材料表面。桩土出现差异沉降后，筋材拉伸变形产生拉力，承担部分竖向路堤荷载，并通过拉力竖向分量传递到桩体，减少桩间土沉降及差异沉降。理想情况下，加筋垫层为绝对刚性时，桩土间将不产生差异沉降，筋材也不会被拉伸，也就不存在土拱效应和拉膜效应；但由于刚性桩和土间的刚度差异，仍然存在荷载向桩头集中现象，即表现为应力集中效应。

国外相关研究中，英国最早建立了一整套相对完整的桩承加筋复合地基设计方法，形成英国国家标准 BS 8006，在理论上填补了桩承加筋复合地基设计的空白。Low 等人通过室内试验验证和理论分析研究桩承加筋复合地基桩间土成拱性状，讨论土工加筋材料所起作用，为桩承加筋材料受力情况的理论分析研究做了基础性的工作。

国内方面，饶为国对桩-网复合地基展开较为系统的研究，在 Jones 基础上基于薄板变形理论和 Winkle 弹性地基模型进行加筋垫层内力求解，但 Jones 和饶为国均未考虑路堤填土—加筋垫层—桩—桩间土四者间的协同工作，忽略了土拱效应。李强等假定垫层筋材变形为抛物线，形成全新加筋垫层设计思路；张建勋采用有限元方法分析桩承加筋复合地基，研究结果表明：对于加筋垫层复合地基承载过程，垫层加筋使桩土应力分担比加大，降低桩土间的差异沉降，减小基础边界土体的侧移，桩顶垫层仍存在土拱效应，但土拱作用相对减弱。何结冰根据 Terzaghi 理论，讨论 CFG 复合地基垫层作用机理，得出 CFG 桩复合地基最佳桩间距、合理褥垫层厚度、桩土应力比以及置换率的解析表达式。丁桂伶等在对垫层厚度影响的现场试验中发现，桩帽荷载分担比随荷载增加而增大，且在 65%～85%范围内，无褥垫层桩帽荷载分担比是有褥垫层的 1.11 倍，而褥垫层厚度对桩帽荷载分担比影响并不明显。显然,其给出的褥垫层厚度对桩帽分担比影响不明显的结论并不合理,原因在于现场加载方式并不同于实际路基填土的加载,虽然设置橡胶板,但并不能模拟路基填土柔性荷载实际加载方式。

土工加筋垫层筋材拉力计算方面,主要基于土拱理论和张力膜理论,并且不同的土拱模型也先后被提出,如 Trench 模型,二维或三维棱锥模型,半球冠模型等,这些模型均只能用于分析一层加筋材料的情形。Card 与 Carter 在多层加筋材料拉力求解时建议,应考虑每一层加筋材料均传递土拱楔体荷载。但大部分土拱理论的共同缺陷为设计计算中均忽略楔形体下方土体的支承反力,假定桩间土反力为零;筋材拉力计算均基于处于容许拉伸变形范围内的张力膜理论。加筋垫层荷载传递机理方面,一般认为上部荷载能够从桩间土传递到桩上是由于路堤填土土拱、土工合成材料张力膜和加筋垫层等相互作用的综合结果。

总体来说,垫层和土工格栅具有降低桩间土应力水平、提高桩体荷载分担比的作用,已得到众多学者的认可,但对于桩网复合地基中路基填土的土拱效应与加筋垫层的共同作用研究很少;多层加筋垫层中的筋材拉力计算更是甚少涉及。现场试验方面,应用小范围单桩静载试验确定柔性路堤荷载作用下的桩土应力比是不合理的,即使设置橡胶垫层模拟柔性加载,刚性加载板的影响依然处于支配地位,现场静载试验得到的桩土应力比与路堤填土荷载下实际桩土应力比存在较大差别。此外,垫层自身性质(颗粒级配、厚度、内摩擦角、密实度等)对桩顶填土土拱的形成、拱脚位置处应力相对大小、土工加筋材料最大应变等的影响,仍需从理论上进行创新,在桩网复合地基设计中应充分考虑加筋垫层对桩土应力分担结果的影响。

(3)桩筏板结构桩土荷载计算

桩筏板作为一种复合地基结构,一般由桩、褥垫层、筏板三部分结构组成,部分情形下,取消板下褥垫层,仅有桩体和筏板两部分组成,桩顶直接同筏板嵌固连接。路堤填土荷载直接作用于筏板之上,并通过筏板、褥垫层传递至桩基和桩间土体。现阶段,工程上对桩承式路基的设计常常依靠经验进行,其上荷载分布常常简化为均布荷载,也不考虑地基反力作用,将筏板结构简化为桩上简支梁或连续梁,与实际受力情况有较大差距,设计结果常偏于保守,增加了桩承式筏板结构路基的建造成本,而在高速铁路路基工程中,这种成本差异更为明显。

近年来,不少学者对桩基托梁结构的受力和设计方法进行研究,而桩承式筏板结构的受力特征同桩基托梁几乎完全相同。对桩基托梁的研究主要从两方面进行:一是提出真实受力情况下托梁结构的传力模式;二是对影响托梁承载力的相关因素进行研究,如筏板厚度、配筋率等。张敏通过一般连续梁理论计算出最大弯矩和剪力后,按 Winkler 假定将托梁简化为两端自由、受弯矩和剪力作用的弹性地基梁,将梁上荷载分布视为均布荷载。刘黎等通过数值分析发现托梁上应力分布为曲线分布,桩与托梁接触位置应力值最大向两边逐渐降低,跨中应力值最小趋近于零。曾俊荃基于托梁顶面应力在桩与托梁接触部位以上和附近区域有较为明显的应力集中，托梁上表面的应力分布在桩基位置最大，并向两边逐渐减小的现象，对托梁的内力计算理论进行了优化，但并未考虑地基对托梁的支承作用。Morfidis 和 Avramidis 等在研究地基上梁的受力和弯曲问题时，均考虑了地基反力的影响。万里等通过对某桩基托梁挡土墙的原型观测，分析了桩基托梁挡墙的应力分布规律和传递机理，提出了托梁上荷载分布和简化计算方法。赖紫辉研究发现，托梁顶面竖直应力在桩顶及附近区域明显集中，按设计荷载相等原理将托梁上荷载分布简化为三角形分布。吴云峰着重研究了桩基托梁挡土墙中托梁截面的尺寸及支承条件对其内力、变形的影响，同时利用二维有限元研究了挡墙、托梁、桩体及地基相互作用下结构的内力和变形情况。胡雪将衡重式桩基挡土墙的桩与托梁作为一个整体考虑，进行二者协同工作的受力性状分析，并用 MIDAS GTS 有限元软件研究不同托梁厚度、桩间距、桩宽度、桩长条件下，托梁应力、桩内力、挡土墙水平位移的变化规律。

上述研究有些只考虑将托梁或筏板结构简化为弹性地基梁，不考虑托梁与桩基位置的应力集中现象，有些将托梁按一般连续梁理论设计，不考虑地基反力的作用。实际上托梁在竖向除了承受自重和上部结构传递下来的竖向荷载之外，由于搁置在具有一定弹性的地基上，各点与地基紧密相贴，还承受下部地基对它的反力作用。然而，相关设计规范中并未给出针对桩承式筏板路基的分析方法，不同设计者给出的结果差异较大，因此有必要对桩承式筏板的受力分析进一步开展研究。

2. 被动隔离桩技术

路堤填土以及新建路基堆载效应将引起地基土体的侧向变形，对邻近桩体产生深度方向上的水平推力。根据桩基与周围土体的相互作用，桩基分为主动桩和被动桩两类，被动桩的特点是桩并不直接承受外荷载，而是由于桩周土体在自重、外荷载或其他原因下发生变形或移动。产生被动桩的原因很多，Poulos 总结了如图 1-5 所示的几种可能导致土体产生水平位移的典型情况。

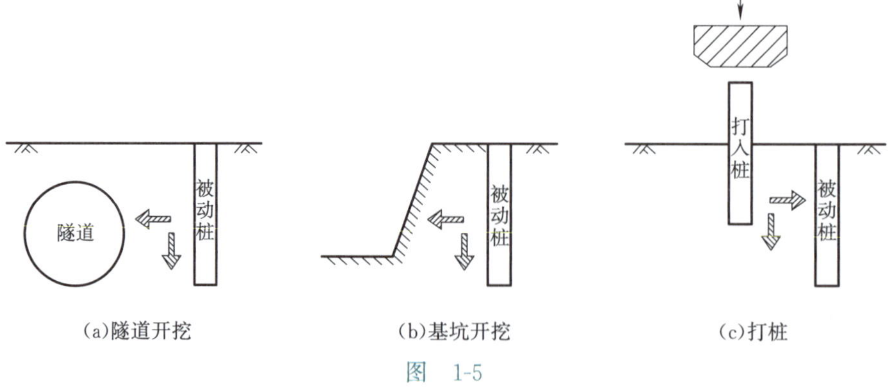

图 1-5

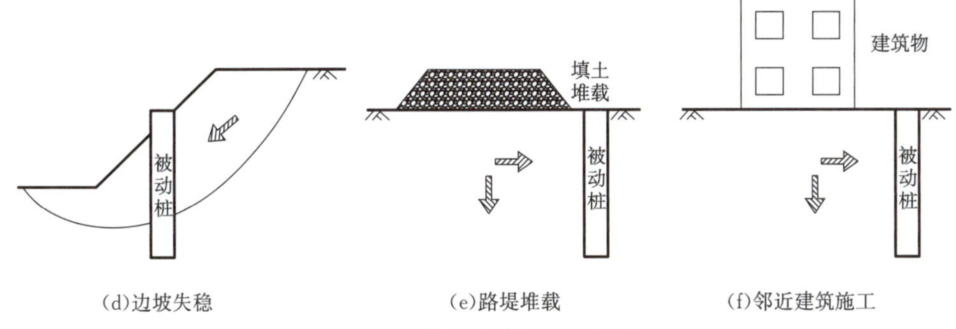

(d)边坡失稳　(e)路堤堆载　(f)邻近建筑施工

图 1-5 典型被动桩工程案例

在传统的桩基设计中,大多只考虑上部结构传递于桩顶的竖向荷载,这类桩承受土体侧向变形的能力相对较弱,使得桩基的安全受到威胁。杨敏等曾报道了上海某厂房受长期堆载导致土体和邻近桩基产生较大的侧移和变形累积而引起的坍塌事故;2009 年 6 月,上海某 13 层在建楼房在周边堆载和地下车库开挖作用下而整体倒塌。此外,因地震产生过大土体侧移而导致桩基破坏的事例也时有报道,据 Clough 等的报道,1989 年的 Loma Prieta 地震中桩也因地基土侧移而破坏。对于此类问题,目前缺乏有效分析手段,如何分析土体侧移对邻近桩基的影响,建立合理的设计依据与评判准则,深入开展相关研究工作是十分迫切的。

Poulos 针对双层地基中的单桩模型,分析了如图 1-6 所示的两种情况,即竖向荷载与竖向位移的耦合作用以及水平荷载与水平位移的耦合作用。显然,土体位移作用不能简单地等效为荷载作用。特别是对于轴向荷载与水平位移耦合作用的被动桩问题,目前还鲜有文献报道,其受力机理更为复杂。如何正确评估土体位移对邻近桩基的影响一直是被动桩研究的难点。对此,国内外学者运用了多种手段分析被动桩的性状。主要分为试验方法和理论方法两大类,针对被动桩的受力变形特征,应用两阶段法进行被动桩的变形及内力求解也是目前较为主流的方法。

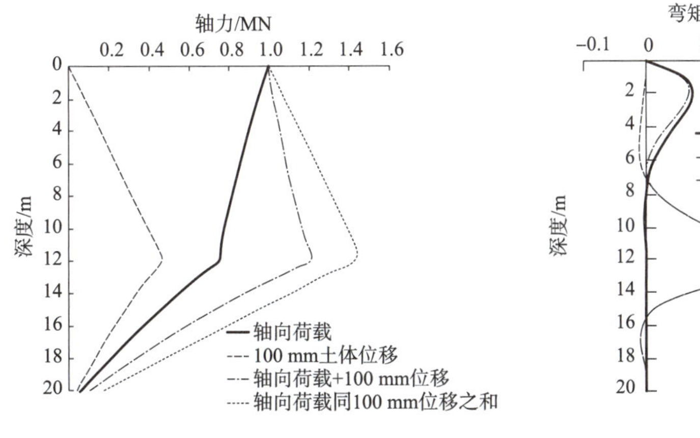

(a)竖向荷载和竖向位移的耦合作用　(b)水平荷载和水平位移的耦合作用

图 1-6 双层地基中单桩的耦合作用分析

被动桩的研究中涉及现场试验方面的成果较少，Goh 等通过现场测试分析了有支撑条件下基坑开挖对邻近桩基的影响，Guo 和 Ghee 则通过室内模型试验进行了初步研究。相比之下，土工离心模型试验对于被动桩更为有效，离心模型试验可以直观地模拟原型土工结构物的变形和应力的变化过程，具有其他试验手段无法比拟的优点。Leung 等通过离心机试验分析了无支撑条件下基坑开挖引起的侧向土体位移对邻近单桩、群桩的影响。

现有的理论研究方法大致分为四类：经验法、土压力法、整体法（有限元法）和土位移法。经验法是在对现场试验或室内模型试验观测的基础上，根据试验数据整理得到的图表提出确定桩侧土压力或桩顶位移和桩身最大弯矩的经验公式的一种方法，此法属于经验性质的范畴。土压力法是根据经验或者理论，假设沿着桩身的土压力分布形式，常用于计算桩身的最大弯矩的一种方法。整体法在开挖过程中将基坑与桩基视作一个整体，采用有限元作为分析手段，桩和土体均采用离散数值模型模拟，可以模拟各种复杂的工况。但是整体法用时及成本大，而且建模复杂。土位移法则直接依据自由土体位移计算桩身侧向位移及弯矩。Poulos 等基于土体地基模型把土位移法分为两种，分别为基床反力法与弹性理论法，其中基床反力法计算简便，目前通常采用两阶段方法进行求解，受到工程界的欢迎。

被动桩的两阶段分析法是土位移法的一种求解方法，此方法将被动桩的分析分为两个阶段。第一阶段假设基坑开挖引起的土体水平位移是一定值，该位移是在无桩条件下的土体自由水平位移。第二阶段将自由土体位移作为已知条件，施加于被动桩，计算被动桩的反应，自由土体位移可以采用实测或通过有限元计算得到。假设基坑开挖引起的自由土体位移为 $h_s(z)$，在桩基的作用下，土体的自由位移受到约束，设桩身的最终侧向位移为 $U(z)$，基于桩土变形协调，该位移也就是土体的最终侧向位移，根据 Winkler 弹性地基模型，直接得到桩周土体引起的侧向土压力。

1.3.5 铁路路基极限状态设计方法

国外研究方面，1940 年至 1950 年间，英国的 Pugsley 和美国的 Freudenthal 开始把统计数学引入到安全理论中来，很快在航空领域被接受，当时主要针对飞机航行的安全性进行研究。1963 年后，基于概率论的可靠度理论得到较快发展，并逐步从理论研究步入工程应用，为设计规范所采用。但这时对于结构可靠度的定义和计算，不论在理论上还是在实际应用上均未具体解决。1969 年美国的康乃尔提出了可靠指标作为度量结构安全度的统一标准，并建立了计算结构安全度的“二阶矩模式”，使结构可靠度理论开始进入实用阶段。1971 年加拿大的林德通过分离函数将可靠指标算式推演出分项系数的表达形式，为指导现行规范的修订提供了可行的方法。1971 年有关国际组织联合成立了结构安全度联合委员会（JCSS），专门研究结构安全度和设计方法的改进，通过广泛的国际合作，编制了《结构统一标准规范的国际体系》。1976 年，JCSS 采用了 Rackwitz 和 Fiessler 等人提出的“当量正态化”方法，以考虑随机变量的实际分布。至此，“二阶矩模式”的结构可靠度表达式和设计方法逐步达到完善。

我国从20世纪50年代开始，有关高校和科研单位开展了极限状态设计方法的研究和讨论，并用数理统计的方法研究荷载、材料强度的概率分布，确定超载系数及材料强度匀质系数。高大钊针对地基土的抗剪强度指标，提出系统的统计方法，一直作为各地基规范及其他有关规范编制的参考资料；祝玉学系统地分析了可靠性理论在矿山边坡中的应用，将概率统计理论与工程数据有机结合起来，深入浅出地阐述了直方图、概型检验、可靠性模型建立等的操作方法。近年来，可靠性分析在岩土工程领域的研究更为活跃。门玉明提出土坡的概率极限分析法，并用于抗滑桩设计；倪万魁、叶万军分析了陕北黄土强度指标的概率模型及其变异性，采用一次二阶矩法计算黄土边坡可靠度指标，并全面考虑工程风险和造价，提出优化设计方案。

铁路工程领域于1981年启动铁道部科技发展项目“铁道建筑安全度和设计原理”科研课题。1987年10月组成《铁路桥涵设计规范》编委会正式开展工作，隧道、路基、轨道和地基基础等基本规范进行可行性研究。桥梁结构于2000年编制形成报批稿，《铁路隧道设计规范》(TB 10003—2005)以《铁路工程结构可靠度设计统一标准》(GB 50216—1994)为基础采用了概率极限状态设计法与容许应力法设计规范并行使用。根据铁路建设发展需要，铁道部建设司于2008年立项，开始对《铁路工程结构可靠度设计统一标准》进行修编。并于2011年全面启动了铁路工程结构极限状态设计标准转轨工作，于2015年完成铁路工程结构基于可靠度理论的极限状态设计标准。

1.3.6 高速铁路路基固结沉降分析技术

1925年Terzaghi首次提出了著名的一维固结理论和有效应力原理。同时，为了便于分析和求解，Terzaghi对一维固结理论做出了一系列的简化假定。这些假定一部分是将实际情况理想化，一部分确实反映了近似的实际情况，如能近似地解决实际工程中的大面积堆载荷载作用下的地基固结问题。但在实际工程中，很多荷载的形式并不是大面积堆载，而是局部的荷载，如条形荷载、圆形荷载、矩形荷载等。

成层地基的一维固结问题，Gray、Sciffman和Stein等对土颗粒不可压缩的成层饱和土体固结特性进行了一定的研究，但他们研究过程中没考虑施工过程中荷载的变化，认为所有荷载是施工开始时一次全部瞬时施加。陈根媛、Lee和谢康和等针对单面排水和双面排水问题，考虑施工过程中荷载的变化，对双层和多层地基的固结理论做了大量研究工作，增强了解答的实用性。蔡袁强根据Terzaghi一维固结方程，运用积分变换和矩阵传递方法，研究了成层弹性地基变化荷载下的一维固结问题，得到了频域内的解析解。

虽然上述研究对成层地基的固结问题有了一定的解答，但是对于成层地基的成层特性的差异性描述不够，并且鉴于一维固结理论的局限性，使得成层地基一维固结问题求解同样存在一定的局限性。

Biot 从较为严格的固结机理出发，考虑土体固结过程中孔隙水压力的消散和土骨架变形之间的相互耦合作用，建立了三维比奥固结方程。比奥固结理论同时满足弹性材料的应力-应变和平衡条件、变形协调和水流连续方程条件，鉴于比奥固结理论方程的复杂性，其求解过程也是十分曲折、漫长。到目前为止，采用级数、位移函数和积分变换等方法只获得少数几种情况下的精确解：圆形区域上矩形均布荷载作用下半无限地基的固结解；条形均布荷载、圆形均布荷载以及长方形均布荷载作用下有限厚土层上的二维固结解；不透水光滑地面上半无限黏土层平面应变和轴对称问题的固结解和矩形均布荷载作用于半无限黏土层的三维固结解。

随着比奥固结理论的不断延伸，数学方法的不断发展，多层地基的比奥固结问题也通过不同的数学、数值方法得到了解答。可采用位移函数方法、有限层法及精确刚度法，研究多层地基的比奥固结问题。主要研究内容涉及横观各向同性地基的比奥固结问题、轴对称多层地基的比奥固结问题、多层地基的二维、三维比奥固结问题等。

综上所述，现有一维固结理论在解决不同荷载条件和边界条件下成层土的固结问题具有一定局限性，比奥固结理论在解决不同荷载和边界条件下成层土固结问题解析解的复杂性和不可实现性。因此，必须借助状态变量传递矩阵法和积分变换法等数学分析和数值分析方法，将不同荷载条件、边界条件及细颗粒含量等影响因素应用到现有固结理论中，并求解出成层地基解析解的显示解答，将解答结果应用于层状地基固结沉降计算中。

1.4 高速铁路路基工程发展展望

1.4.1 时速 350 km 以上的高速铁路路基结构设计

随着经济技术的不断发展，高速铁路未来将向更高速度、更大运量方向持续发展，包括真空管道高速列车技术、高速磁悬浮技术、400 km/h 以上高速轮轨列车技术等。其中，部分技术尚处于概念论证和初始研究阶段，高速轮轨列车技术在既有成熟技术的基础上，已经开展 400 km/h 高速铁路土建设计方面的研究。

中铁二院承担了莫斯科至喀山 400 km/h 高速铁路设计工作，根据莫喀高铁设计时速、轨距、气候环境特征等，开展了无砟轨道路基基床结构的适用性研究，包括沥青混凝土强化基床、级配碎石基床和桩板结构等多种形式，特别是沥青混凝土结构层的适应性与耐久性研究。根据工程资料、实地调研、数值计算、室内材料与模型试验的研究成果，开展了无砟轨道 400 km/h 高速铁路基床结构形式的综合研究。提出路基结构采用“防排疏渗”的防冻胀结构形式，由沥青混凝土封闭层、第一保护层、第二保护层、保护层以下路堤、边坡防护、排水系统等组成。

现阶段，关于更高速度等级的路基基床动应力分布特征、基床构成及设计分析方法、路基工后沉降控制标准、地基加固形式等方面尚缺少深入、系统的研究。另外，传统路基结构在更高速度等级(>350 km/h)的工程适用性、经济性问题等仍需进一步分析研究。

1.4.2 新型路基结构研发

传统梯形断面填土路基结构由于自重大、占地宽、地基加固处理措施强的特点,在新建高速铁路尤其是并行既有高速铁路情形,对工后沉降控制十分困难,在高速铁路工程建设中的应用相对有限。为提高路基结构在高速铁路建设中的适用性,未来研究中必须发展和创新高速铁路路基结构形式,将各类具有特殊承载功能的混凝土构件引入路基工程设计,形成相对统一的路基土工结构物理念,克服散粒体填料压缩变形不宜控制的问题。在这种思路引领下,当前已经出现了部分创新性高铁路基结构形式,通过混凝土构件收坡减少路基断面尺寸,控制路基填料用量,降低路基本体自重,减小地基总沉降变形和工后沉降。

另外,对于邻近既有高速铁路的新建铁路项目,新建铁路相关荷载将不可避免地引起既有高铁的附加沉降变形,极易突破 15 mm 工后沉降量控制标准。实际工程中,多采用被动隔离桩、轻质土填料予以控制,甚至在车站路基项目中引入图 1-7 所示的架空结构,将新建铁路的路基基床、站台等全部以混凝土结构物承载,最大程度地降低新建铁路加载对既有高速铁路运行的影响。

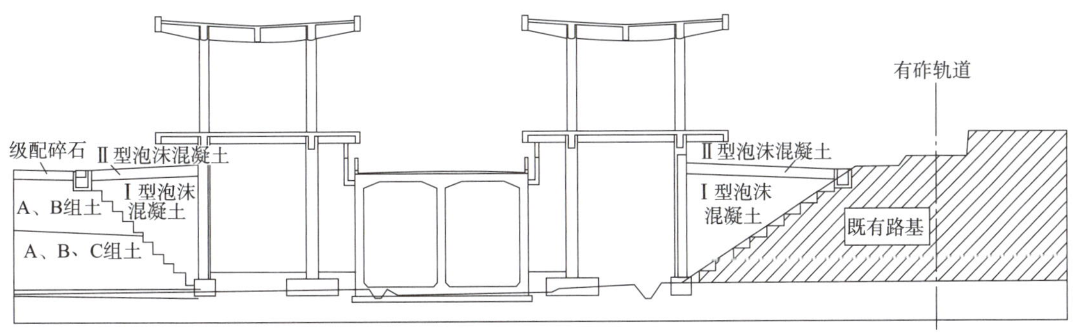

图 1-7 架空式车站路基断面

1.4.3 高速铁路路基病害整治

高速铁路路基工程的当前研究核心主要集中于新建铁路路基的设计建造技术,但随着我国“八纵八横”高速铁路网络骨架的建设完成,越来越多的高速铁路面临着运营阶段的长期运营维护问题。因此,在不影响高速铁路正常运营通车的前提下,快速修复各类病害,恢复线路的平顺性,是未来较长一段时间应重点关注和解决的问题。相较于高速铁路桥梁和隧道,高速铁路路基更易产生沉降病害,当路基工后沉降超标影响线路的纵向不平顺性并威胁高速铁路列车的安全运行时,必须通过调整扣件、注浆抬道等方式恢复线路的平顺性。在此基础上,研发各类适用的、相对经济的高速铁路路基病害整治技术对高速铁路的未来建设和发展意义重大。

1.4.4 列车循环荷载作用下的长期累积塑性变形

我国高速铁路主要采用无砟轨道基床结构形式，对路基沉降提出严格要求，设计中一般采用总沉降量分析方法，将列车动载等效为拟静力荷载，并根据相应的经验系数和施工工期估算路基工后沉降，设计方法过于粗略，精细化程度相对不足，不能很好地控制高速铁路路基工后沉降。另外，高速铁路具有列车运行速度快、行车密度高、运量大的特点，在长期列车循环运行荷载作用下，高速铁路路基本体以及下卧地基承载层将不可避免地发生累积沉降变形，进而引起路基工后沉降的失控，影响高速铁路的正常安全运营。因此，根据高速铁路路基基床承载特点，建立高速列车-轨道-路基-地基动力荷载耦合分析模型，发展考虑基床及地基构造、列车动荷载激励的高速铁路路基结构全过程动力学分析方法，是高速铁路路基结构设计由半理论、半经验转向精细化、科学化设计的理论基础，也是实现高速铁路路基基床结构优化和沉降控制的必要前提，更是高速铁路路基设计的未来发展趋势。

第 2 章　高速铁路路基沉降分析基本理论

高速铁路路基沉降整体分为路基本体受荷压缩变形和地基压缩层沉降两部分，其中，路基本体沉降通过分层碾压、振动压实等工程措施进行控制，相较之下，工程中对高速铁路路基的地基沉降更为关注。为进一步控制高速铁路地基沉降，通常采用桩网、桩筏以及桩板等桩承式路基结构形式，采用的沉降分析理论通常为 Boussinesq 理论和 Mindlin 理论。本章主要对高度铁路路基沉降分析基本流程、几种理论方法的基本原理、优化方式和工程应用方法等进行简要介绍。

2.1　高速铁路路基沉降分析基本流程

2.1.1　铁路路基动静荷载的简化等效

目前，我国铁路设计规范中对于路基自重引起的基底应力一般简化为近似荷载形式，具体分为比例荷载法和均布荷载法两种。根据试验工点测试成果，填土路堤基底采用 γH 比例荷载法确定的基底压力理论计算值与实测值差别不大。轨道及列车荷载引起的基底压力，目前有两种处理方式，一种是将列车荷载等效为路肩以上的填土静荷载，另一种是采用压力扩散法，列车荷载通过扩散角向基底扩散叠加。由于轨道及列车荷载分布范围相对有限，无论采用何种处理方式，其引起的地基附加应力分布并不会出现太大差异。归结起来，填土荷载以及列车动荷载简化方法主要有六种，具体如图 2-1 所示。

方法一：路基断面静荷载等效方法，将填土路堤沿边坡方向向上延伸，将列车荷载等效为路肩以上的全断面填土荷载。

方法二：列车荷载扩散叠加方法，将列车动荷载以一定扩散角在填土路堤范围内扩散为均布荷载，并同路堤荷载叠加。

方法三：Boussinesq 理论直接计算方法，路肩上列车荷载直接以 Boussinesq 理论计算路堤及地基内部附加应力。

方法四：荷载直接组合方法，相较于方法三，将列车荷载作用面直接移至地表。

方法五：梯形荷载等效方法，以轨道板两侧边缘为起点，以 45°角向下扩散形成新的合围区域，区域内荷载同路堤填土荷载和列车荷载等效。

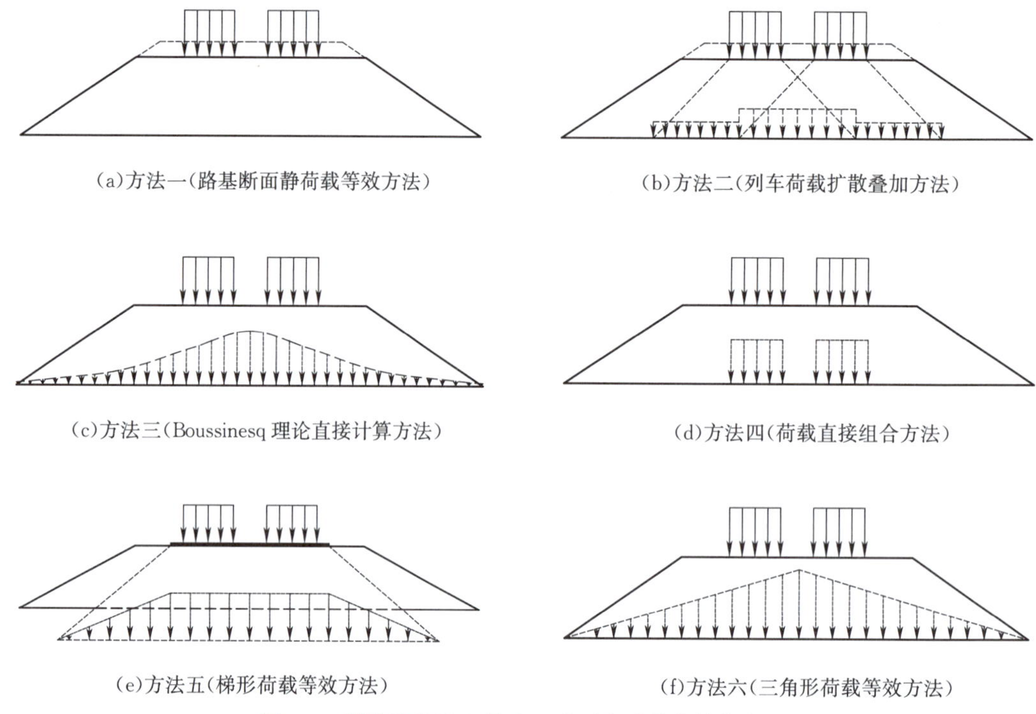

图 2-1 铁路路基填土荷载以及列车动荷载简化方法

方法六:三角形荷载等效方法,将路堤填土和列车荷载等效为三角形分布荷载。

根据上述高速铁路路堤填土荷载和列车荷载六种简化方法,对于标准双线高速铁路路基,进一步得到六种方法确定的填土路堤基底净压力分布以及路基中心位置、坡脚位置及坡外 10 m 位置处的附加应力分布,分别如图 2-2 和图 2-3 所示。

图 2-2 中,六种方法确定的路基基底净压力由于分布形式假定不同,其分布形状和相对大小存在明显区别,方法五(梯形荷载等效方法)确定的基底净压力分布范围较小,其余几种方法确定的基底净压力分布范围及最大净压力分布区域较为接近。图 2-3 为六种方法确定的路基中心、边坡坡脚以及坡外 10 m 位置处深度方向上的附加应力分布,从中可以看出,不同方法确定地基附加应力在 20 m 深度以下较为接近,但在小于 20 m 情形下存在明显差别。其中,方法三应用 Boussinesq 方法直接确定的地基附加应力在路基中心位置相对偏小,但在坡脚以及坡外位置相对偏大,其主要原因在于动荷载作用面为路肩平面位置,同其余方法的荷载作用位置存在差异,动荷载作用于路肩后,中心位置处的附加应力相对偏小,但坡脚以及坡外区域的附加应力将相应偏大。方法四直接采用荷载组合方法,未考虑动荷载的扩散效应,导致路基中心位置浅层区域附加应力计算偏小,但偏离区域很小。方法五与方法六分别采用梯形荷载和三角形荷载等效方法,两种等效方法均表现为中部分布荷载相对较大的特点,但方法五梯形荷载分布范围相应减小,这也导致两种方法确定的路基中心附加应力偏大,但方法五得到附加应力相对偏小。

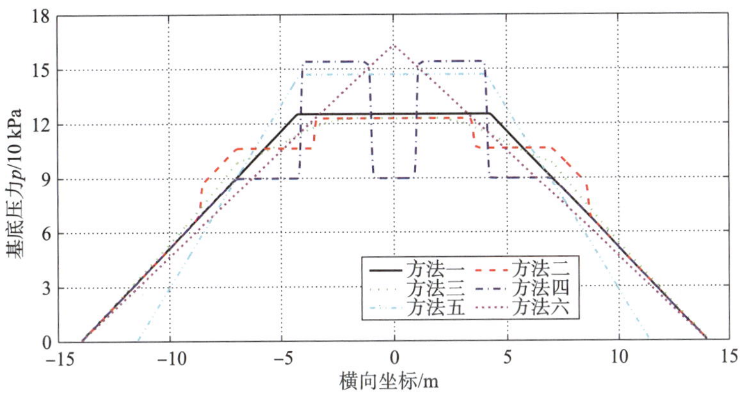

图 2-2 六种方法确定的填土路堤基底净压力分布

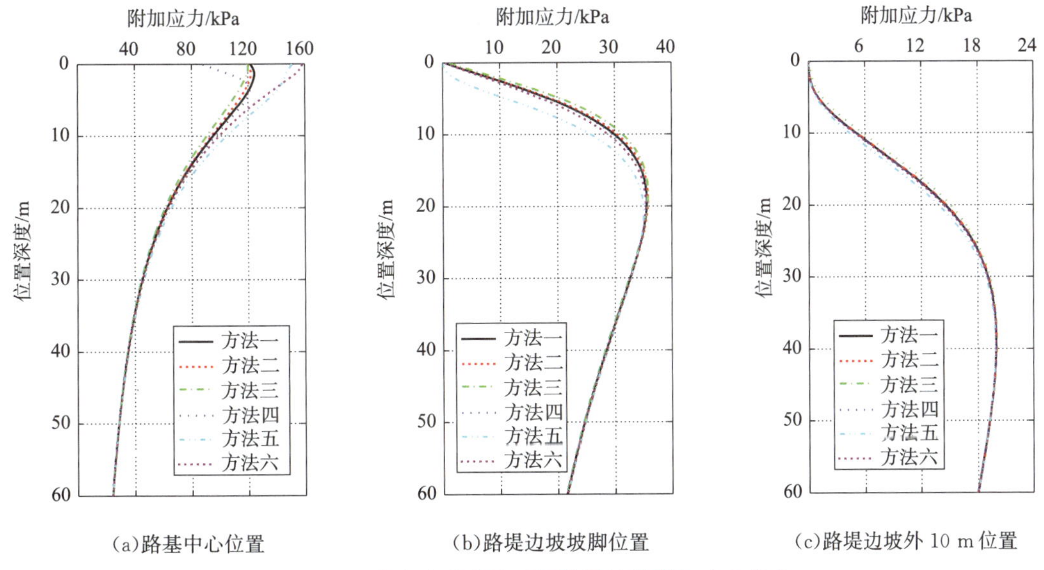

(a)路基中心位置 (b)路堤边坡坡脚位置 (c)路堤边坡外 10 m 位置

图 2-3 六种方法确定的不同位置地基附加应力分布

综合上述分析,高速铁路填土路基荷载以及列车动荷载简化推荐采用方法一、方法二以及方法四,分析结果简单有效,能够有效反映出填土荷载和列车荷载的组合效应。

2.1.2 地基压缩层厚度

1. 路基中心点地基压缩层厚度

根据我国《铁路路基设计规范》(TB 10001—2016),地基压缩层厚度的取值是直接影响沉降计算准确性的关键,也是确定地层勘探深度的基本依据,高速铁路、无砟轨道铁路地基压缩层厚度按式(2-1)附加应力等于 0.1 倍的自重应力确定,其他铁路地基压缩层厚度按照式(2-2)附加应力等于 0.2 倍的自重应力确定。当确定的要所持厚度范围以下仍存在软土时，应继续增大压缩层厚度。

$$\sigma_z = 0.1\sigma_t \tag{2-1}$$

$$\sigma_z = 0.2\sigma_t \tag{2-2}$$

式中 σ_z——沉降计算深度 z 处的竖向附加应力，kPa；

σ_t——沉降计算深度 z 处的地基自重应力，kPa。

2. 路基外侧地基压缩层厚度

《铁路路基设计规范》(TB 10001—2016)关于地基压缩层厚度的规定，主要针对新建铁路路基中心位置的沉降量检算，但对于铁路路堤坡脚以外的邻近区域，并不适宜采用此方法确定地基压缩层厚度。鉴于高速铁路路基沉降分布形式主要为锅底形以及椭圆形附加应力泡的分布特点，提出了两种适用于路基外侧地基压缩层厚度确定的方法，一是图 2-4(b)中的倒梯形地基压缩层厚度确定方法，二是图 2-4(c)中的锅底形地基压缩层厚度确定方法。图 2-4(b)中，以高速铁路填土路堤坡脚(没有坡脚时，取新建路基荷载边界)为界限，两坡脚以内的核心沉降区取相同的地基压缩层厚度，两坡脚以外区域的地基压缩层厚度线性递减，压缩层底边界的竖向夹角 α 一般取 45°～60°之间数值。图 2-4(c)中，以填土路堤坡脚为圆心，以高速铁路路堤核心区地基压缩层厚度为半径形成 1/4 圆形区域，作为高速铁路路堤坡脚以外的地基压缩层厚度。

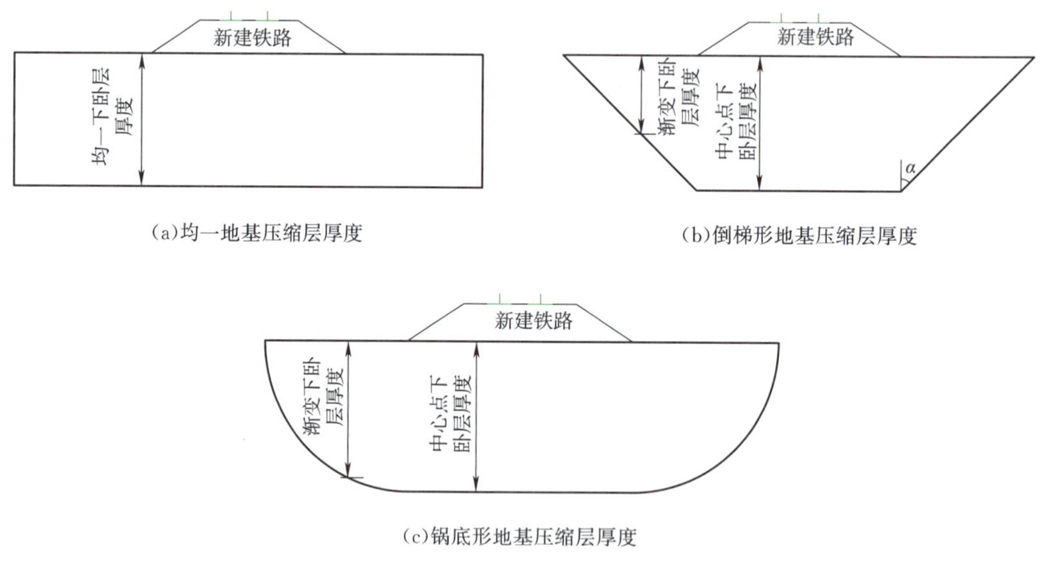

图 2-4 高铁路基地基压缩层厚度确定方法

为对比分析两种地基压缩层厚度确定方法对新建高速铁路邻近区域附加沉降分析结果的影响，并优化确定倒梯形地基压缩层厚度夹角参数 α 的数值，采用 14 m 顶宽、96 m 顶宽以及存在既有铁路的三个路堤断面进行数值仿真和理论分析计算。数值仿真分析中，通过数值反演方法确定地基土层弹性模量，保证两类方法关于路基中心位置沉降分析结果的统一性。采用不同地基压缩层处理方法的高速铁路路基坡脚以外区域沉降数值仿真与理论分析结果如图 2-5 所示。

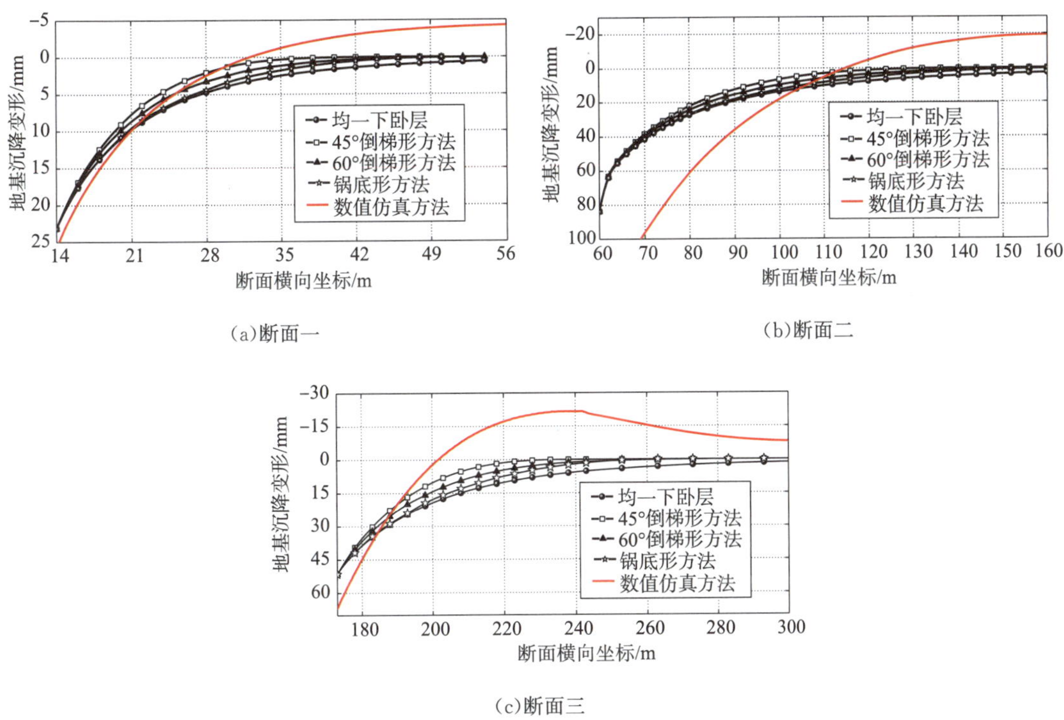

(a)断面一

(b)断面二

(c)断面三

图 2-5　高速铁路路基邻近区域附加沉降分析结果

根据图 2-5，应用理论分析方法进行地基沉降分析中，地基附加应力在水平方向上衰减较慢，特别是新建路基坡脚以外区域附加应力随地基深度增大，坡脚以外区域地基压缩层厚度越厚，对应的沉降计算结果也越大，这也导致采用均一地基压缩层厚度时的坡脚以外区域沉降分析结果偏大，确定新旧路基的临界间距时的判定结果也偏大。采用图 2-4(b)、图 2-4(c)中的倒梯形和锅底形地基压缩层厚度时，45°倒梯形方法确定的坡脚以外区域沉降分析结果同数值仿真方法最为接近，而 60°倒梯形和锅底形方法同均一地基压缩层厚度确定的坡脚外区域沉降结果最为接近，确定的附加沉降影响范围也相对较大。

基于上述分析，高速铁路路基坡脚以外区域的地基压缩层厚度确定时，建议采用 45°倒梯形，对应的既有高铁附加沉降分析结果同数值仿真分析结果将更为接近。

2.1.3　地基土层压缩模量

1. 天然地基压缩模量

天然地基土层压缩模量一般通过压缩试验获取，工程中，为了便于统计和比较，习惯上采用 100 kPa 和 200 kPa 范围内的土体压缩模量或压缩系数来衡量土层压缩性的高低。铁路地质勘查报告中通常也仅提供 $E_{s0.1\sim0.2}$ 压缩模量数据，但是，高速铁路路基引起的地基附加应力在深度方向上逐渐变化，不同深度处土层的初始应力状态也存在较大差别，如果直接采用 $E_{s0.1\sim0.2}$ 压缩模量进行地基沉降计算将存在较大的误差。实际应用中，通常直接采用 e-p 曲线数据或者通过 e-p 曲线转换为该点实际应力状态下的压缩模量。

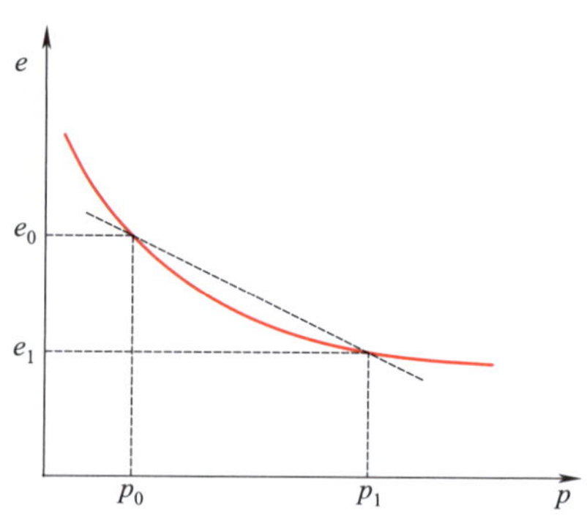

图 2-6 地基土层压缩曲线

对于图 2-6 中的土层压缩曲线，某一深度土层对应的应力初始状态为 e_0 和 p_0，在路基荷载引起的附加应力作用下，其应力状态变化为 e_1 和 p_1，则该土层计算位置处的实际压缩模量采用式(2-3)确定。

$$E_s=(1+e_0)\frac{p_1-p_0}{e_0-e_1} \tag{2-3}$$

式中 E_s——计算点位置处的土层压缩模量；

e_0，e_1——计算点位置处土层的初始孔隙比和加载后的孔隙比；

p_0，p_1——计算点位置处土层的初始应力和加载后的应力。

2. 复合地基压缩模量

《复合地基技术规范》(GB/T 50783—2012)规定，地基加固区复合模量由于桩体的存在，需要综合考虑桩体对土体的加固和置换效应。

对于柔性桩复合地基，采用式(2-4)形式的面积置换率方法进行加固区复合模量确定。

$$E_{sp}=mE_p+(1-m)E_s \tag{2-4}$$

式中 E_{sp}——复合地基加固区复合模量；

m——单桩等效范围内的桩体面积置换率；

E_p——复合地基内部桩体(柔性桩)的压缩模量；

E_s——天然地基压缩模量。

对于刚性桩复合地基，由于桩体和桩间土体性质差异明显，直接采用面积置换率方法确定加固区复合模量将导致加固区模量严重偏大，不能反映桩体与桩间土体的性质差异。为此，刚性桩复合地基加固区复合模量应按《建筑地基处理技术规范》(JGJ 79—2012)中的承载比方法进行加固区复合模量确定，对应的计算公式见式(2-5)。

$$E_{sp}=\zeta E_s \tag{2-5}$$

式中 ζ——地基压缩模量提高倍数，定义为式(2-6)中复合地基承载力 f_{spk} 和天然地基承载力 f_{ak} 的比值。其中，复合地基承载力确定时充分考虑桩基和桩间土体的承载效应，采用式(2-7)进行计算。

$$\zeta=f_{spk}/f_{ak} \tag{2-6}$$

$$f_{spk}=m\frac{R_a}{A_p}+\beta(1-m)f_{ak} \tag{2-7}$$

式中　A_p——桩体横截面面积；

R_a——单桩承载力特征值，采用式(2-8)计算；

β——桩间土承载力折减系数，宜按地区经验取值，如无经验时可取 0.75～0.95，天然地基承载力较高时取大值。

$$R_a = u_p\sum_{i=1}^{n}q_{si}l_{pi} + \alpha_p q_p A_p \tag{2-8}$$

式中　u_p——复合地基中的刚性桩桩体周长；

n——加固区范围内的天然地基土层总数；

q_{si}——桩周第 i 层土的侧阻力特征值，可按地区经验进行确定；

l_{pi}——桩长范围内第 i 层土的厚度；

α_p——桩端端阻力发挥系数，应按地区经验确定；

q_p——桩端端阻力特征值，按地区经验确定。

2.1.4　地基沉降分析

根据《铁路路基设计规范》(TB 10001—2016)，天然地基总沉降量按照式(2-9)计算确定。

$$S=\psi_s S_j \tag{2-9}$$

式中　S——地基总沉降量；

ψ_s——地基沉降经验修正系数，与地基条件、荷载强度和加荷速率等有关，根据地基压缩层厚度范围内土的压缩模量当量值 $\overline{E}_s$，一般按表 2-1 采用；

S_j——第 j 层土的压缩变形量。

复合地基沉降一般分为加固区沉降和下卧层沉降两部分，地基总沉降量按式(2-10)计算确定。

$$S=\psi_{Js}S_1+\psi_{Xs}S_2 \tag{2-10}$$

式中　ψ_{Js}——加固区沉降经验修正系数，与地基条件、荷载强度、地基处理措施及路基填筑完成放置时间等因素相关，无经验时，可根据加固区复合模量当量值按表 2-1 采用；

S_1——加固区沉降计算值；

ψ_{Xs}——下卧层沉降经验修正系数，与地基条件、荷载强度、加载速率等因素相关，无经验时，同样可根据下卧层地层压缩模量当量值按表 2-1 采用；

S_2——下卧层沉降计算值。

地基沉降计算深度范围内的土层压缩模量当量值按照式(2-11)确定。

$$\overline{E}_s = \frac{\sum_{i=1}^{n} A_i}{\sum_{i=1}^{n} \frac{A_i}{E_{si}}} \tag{2-11}$$

式中 A_i——第 i 层土的附加应力系数沿土层厚度的积分值；

E_{si}——地基土层第 i 层土的压缩模量，加固区范围内的复合土层按照复合地基压缩模量取值。

表 2-1 地基土层沉降修正系数

$\overline{E}_s$/MPa	2.5	4.0	7.0	15.0	20.0
ψ_s	1.1	1.0	0.7	0.4	0.2

天然地基或复合地基沉降计算一般采用分层总和法，根据地基压缩层范围内的附加应力分布以及地基土层压缩模量，逐层计算相应地层的压缩变形，通过逐层叠加方式得到总沉降量。

其中，天然地基(未加固下卧层)的沉降量计算采用式(2-12)，复合地基加固区压缩层沉降量采用式(2-13)。

$$S_2 = \sum_{i=1}^{n} \frac{\Delta P_i}{E_{si}} \Delta h_i \tag{2-12}$$

$$S_1 = \sum_{i=1}^{n} \frac{\Delta P_i}{E_{spi}} \Delta h_i \tag{2-13}$$

式中 ΔP_i——第 i 层地基土层的附加应力增量；

Δh_i——第 i 层地基土层的厚度；

n——计算压缩层厚度范围内的土层数目。

2.2 Boussinesq 理论及应用优化

2.2.1 Boussinesq 理论基本原理

附加应力是上部建筑物或结构物自重荷载作用在地基上，引起的地基内部新增应力。确定地基内部附加应力的基本公式主要来源于半无限平面表面位置作用集中力时的弹性解。1885 年，Boussinesq 应用弹性分析方法，得到了垂直集中力作用时半无限弹性体内部的应力解，这为路基荷载引起的地基内部附加应力分析计算提供了重要的理论支撑，对地基沉降分析具有特别重要的实用意义。Boussinesq 理论是我国地基基础沉降设计计算的基本方法，不同荷载条件及地基基础形式下的地基内部附加应力系数计算表格早已纳入我国各类地基基础设计规范。Boussinesq 方法将地基视为均质弹性体，借助计算机编程技术，通过迭代和积分方法能够得到任意形状和荷载分布的地基内部附加应力分布。

根据 Boussinesq 理论应力求解的基本原理，竖向集中力作用下的地基内部附加应力状态如图 2-7 所示，竖向集中应力作用下的地基内部任意一点六个方向的附加应力分量列于式(2-14)。

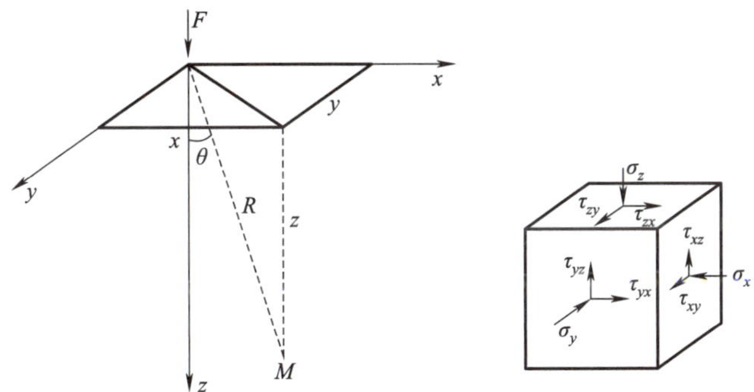

图 2-7　竖向集中力作用下地基内任一点附加应力状态示意图

$$
\begin{cases}
\sigma_x=\dfrac{3F}{2\pi}\left\{\dfrac{x^2z}{R^5}+\dfrac{1-2\nu}{3}\left[\dfrac{1}{R(R+z)}-\dfrac{(2R+z)x^2}{(R+z)R^5}-\dfrac{z}{R^3}\right]\right\}\\
\sigma_y=\dfrac{3F}{2\pi}\left\{\dfrac{y^2z}{R^5}+\dfrac{1-2\nu}{3}\left[\dfrac{1}{R(R+z)}-\dfrac{(2R+z)y^2}{(R+z)R^5}-\dfrac{z}{R^3}\right]\right\}\\
\sigma_z=\dfrac{3F}{2\pi R^2}\cos^3\theta=\dfrac{3F}{2\pi}\dfrac{z^3}{R^5}\\
\tau_{xy}=\tau_{yx}=\dfrac{3F}{2\pi}\left[\dfrac{xyz}{R^5}+\dfrac{1-2\nu}{3}\cdot\dfrac{(2R+z)xy}{(R+z)^2R^3}\right]\\
\tau_{xz}=\tau_{zx}=\dfrac{3F}{2\pi}\dfrac{xz^2}{R^5}\\
\tau_{yz}=\tau_{zy}=\dfrac{3F}{2\pi}\dfrac{yz^2}{R^5}
\end{cases}
\tag{2-14}
$$

式中　ν——土体泊松比；

θ——集中力作用点同附加应力计算点连线与 z 坐标轴之间的夹角；

R——集中力作用点同附加应力计算点间距离，$R=(x^2+y^2+z^2)^{1/2}$。

应用 Boussinesq 解进行地基沉降计算时，一般只应用竖直方向上的附加分力 σ_z，采用点荷载积分方法，得到均匀分布以及线性分布荷载条件下，矩形基底及圆形基底下地基内部任意一点的附加应力，通过角点附加应力叠加方法，即可得到规则或不规则基础在地基内部引起的附加应力分布。其中，矩形或三角形分布荷载作用下，基底角点下的附加应力计算图示如图 2-8 所示，附加应力系数分别为式(2-15)和式(2-16)形式。

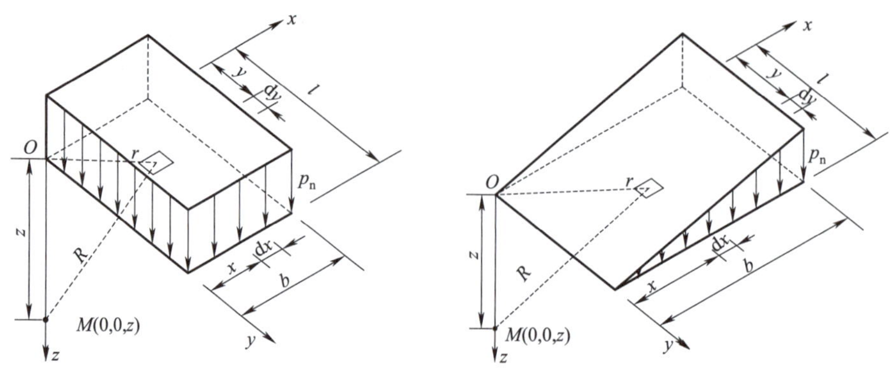

(a)均匀分布荷载　　(b)三角形分布荷载

图 2-8　矩形基底下均匀及三角形分布荷载附加应力计算示意图

$$K_{s1}=\frac{1}{2\pi}\left[\frac{mn}{\sqrt{1+m^2+n^2}}\left(\frac{1}{m^2+n^2}+\frac{1}{1+n^2}\right)+\arctan\left(\frac{m}{n\sqrt{1+m^2+n^2}}\right)\right] \tag{2-15}$$

$$K_{t1}=\frac{mn}{2\pi}\left[\frac{1}{\sqrt{m^2+n^2}}-\frac{n^2}{(1+n^2)\sqrt{1+m^2+n^2}}\right] \tag{2-16}$$

式中　K_{s1}——均匀分布荷载在矩形基底角点深度范围内的附加应力系数；

K_{t1}——三角形分布荷载在矩形基底角点深度范围内的附加应力系数；

m——矩形基底的长宽比，$m=l/b$；

n——附加应力计算点的深度系数比，$n=z/b$；

l——矩形基底的长边(三角形分布荷载情形为荷载恒定方向边长)；

b——矩形底短边(三角形分布荷载情形为荷载变化方向边长)。

对于铁路、公路等交通工程的条形分布路基结构物，填土路基荷载作用底面并非有限范围内的矩形，荷载作用底面沿荷载长度方向无限延伸，此种情况下应将其简化为平面问题，通过分布荷载表达式积分方法得到地基深度范围内任意一点处的附加应力。其中，均布或三角线性分布荷载作用下的基底角点下的附加应力计算图示分别如图 2-9 所示，附加应力系数分别为式(2-17)和式(2-18)形式。

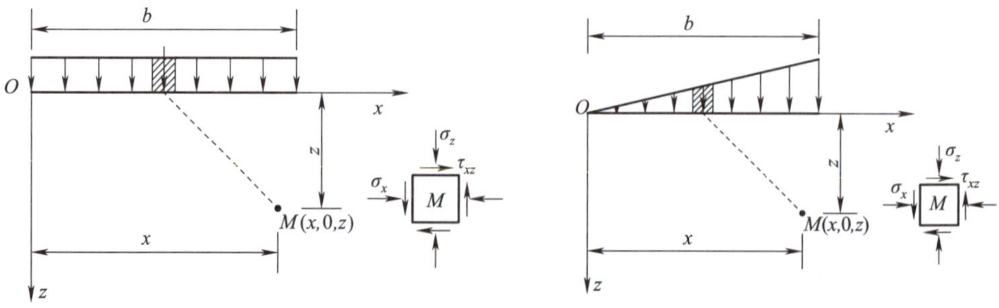

(a)均匀分布条形荷载　　(b)三角形分布条形荷载

图 2-9　条形荷载均匀及三角线性分布情形下的附加应力计算示意图

$$K_s=\frac{1}{\pi}\left[\arctan\left(\frac{m}{n}\right)-\arctan\left(\frac{m-1}{n}\right)+\frac{mn}{m^2+n^2}-\frac{n(m-1)}{n^2+(m-1)^2}\right] \tag{2-17}$$

$$K_t=\frac{1}{\pi}\left\{m\left[\arctan\left(\frac{m}{n}\right)-\arctan\left(\frac{m-1}{n}\right)\right]-\frac{n(m-1)}{n^2+(m-1)^2}\right\} \tag{2-18}$$

式中 K_s——均匀分布条形荷载引起的地基附加应力系数；

K_t——三角形分布条形荷载引起的附加应力系数；

m——附加应力计算点横坐标同条形荷载宽度比值，$m=x/b$；

n——附加应力计算点深度同条形荷载宽度比值，$n=z/b$；

b——条形分布荷载宽度。

2.2.2 Boussinesq 理论应用的优化分析

确定铁路路基基底净压力分布后，由于大多基底净压力分布并非规则形状，需要进行复杂组合才能通过查表或解析公式实现不同位置处地基深度范围内的附加应力计算。为实现 Boussinesq 应力解复合模量方法的程序化，将路基基底净压力分布荷载等效为系列集中线荷载，提出了线荷载积分叠加方法，通过编程实现地基内部任意位置处附加应力计算，其基本原理和流程如图 2-10 所示。

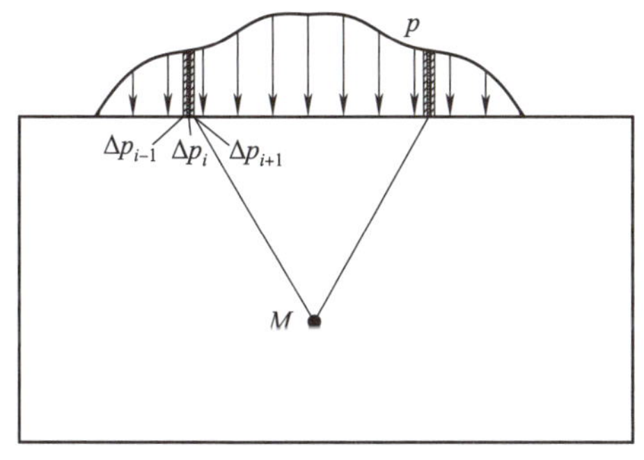

(a)路基等效线荷载简化

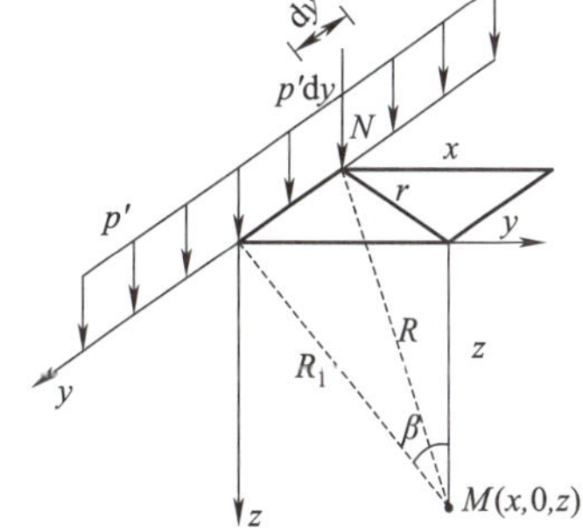

(b)线荷载附加应力计算

图 2-10 路基等效线荷载简化及线荷载引起的附加应力计算图示

路基基底净压力分布确定后，在荷载作用范围内进行面积等分，按图 2-10(a)中的方式将路基净压力荷载等分为一系列的集中线荷载；之后，对每一集中线荷载依照图 2-10(b)线荷载附加应力图示进行地基内任意位置处附加应力计算，计算点坐标取为相对于线荷载的位置坐标；最后，将所有线荷载在地基内部附加应力计算点的计算结果叠加，得到最终的地基附加应力分布。上述过程通过编程方法自动实现，其中，单一线荷载作用下的地基竖向及水平向附加应力表达式分别为式(2-19)和式(2-20)。

$$\sigma_z=\frac{2p'}{\pi R_1}\cos^3\beta \tag{2-19}$$

$$\sigma_x = \frac{2p'}{\pi R_1} \cos\beta \sin^2\beta \tag{2-20}$$

式中 p'——集中线荷载；

R_1——附加应力计算点同集中线荷载之间的距离；

β——附加应力计算点与集中线荷载最短连线同竖向坐标之间的夹角。

基于 Boussinesq 理论，分别应用线荷载积分叠加方法以及仿真方法，得到高速铁路路基引起的地基附加应力分布，如图 2-11 所示。

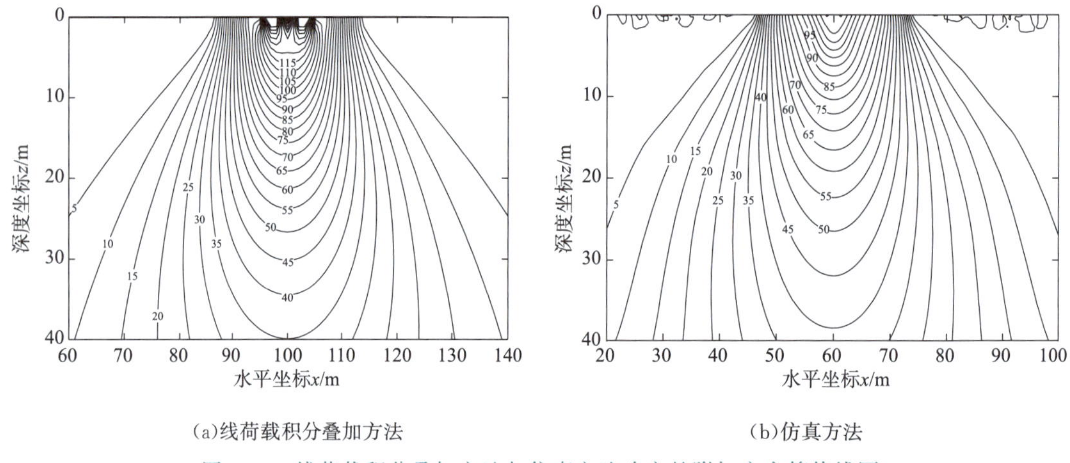

图 2-11 线荷载积分叠加方法与仿真方法确定的附加应力等值线图

根据图 2-11，仿真方法和线荷载积分叠加方法关于地基附加应力分布等值线图十分接近，说明基于线荷载叠加分析的地基附加应力分析是有效的，能够根据相对简单的 Boussinesq 理论，实现复杂荷载分布情形的地基附加应力分析。

2.3 Mindlin 理论及应用优化

2.3.1 Mindlin 理论基本原理

1936 年，美国学者 Mindlin 提出了在各向同性半无限空间弹性均质体表面下某一深度处的垂直和水平集中力影响下的应力场与位移场的理论解，推导出了半无限弹性体内受集中力作用所引起土中应力分量的公式。Mindlin 的研究结果表明：当荷载作用于半空间无限弹性体内部时，荷载面之下某一深度的应力值明显小于 Boussinesq 公式计算结果，这一成果已被用于桩基础的分析中。同时，Mindlin 计算方法假定基础板是柔性的，即允许基础板的中心和边缘处变形不一致。复合地基中，由于上部加固层和下卧层模量相差较大，而且加固层本身也有压缩变形，因此，作用在弹性半空间内部集中力的 Mindlin 应力解，比集中力作用在弹性半空间表面的 Boussinesq 应力解更为合理。但是长期以来，Mindlin 解之所以没有得到广泛应用，是因为其计算参数众多、公式繁杂和冗长。但在计算机技术已如此发达的今天，Mindlin 解的应力计算已完全不成问题，因此，如何利用 Mindlin 解更好地为建设事业服务成为关键问题。

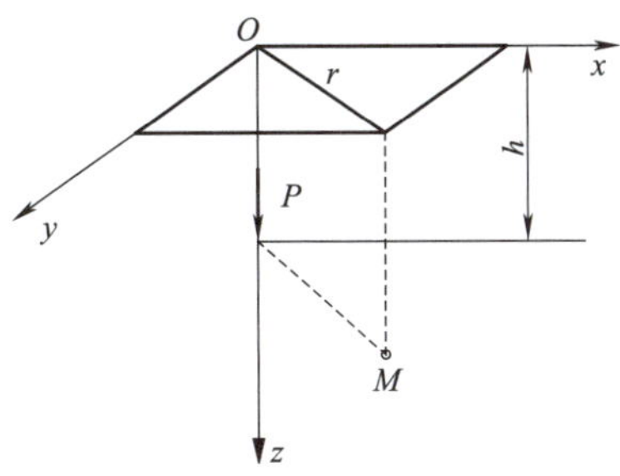

图 2-12　土体内部作用的集中荷载附加应力计算示意图

根据图 2-12 中 Mindlin 于 1936 年给出的地基内部某一点集中荷载 P 作用于半无限空间弹性体内部时弹性体内任意一点 M 位置的应力解答，可以得到地基内部六个方向的应力解析解，其表达式见式(2-21)～式(2-26)。

$$\sigma_x=\frac{P}{8\pi(1-\nu)}\left\{-\frac{(1-2\nu)(z-h)}{R_1^3}+\frac{3x^2(z-h)}{R_1^5}-\frac{(1-2\nu)[3(z-h)-4\nu(z+h)]}{R_2^3}+\frac{3(3-4\nu)x^2(z-h)-6h(z+h)[(1-2\nu)z-2\nu h]}{R_2^5}+\frac{30hx^2z(z+h)}{R_2^7}+\frac{4(1-\nu)(1-2\nu)}{R_2(R_2+z+h)}\left(1-\frac{x^2}{R_2(R_2+z+h)}-\frac{x^2}{R_2^2}\right)\right\} \tag{2-21}$$

$$\sigma_y=\frac{P}{8\pi(1-\nu)}\left\{-\frac{(1-2\nu)(z-h)}{R_1^3}+\frac{3y^2(z-h)}{R_1^5}-\frac{(1-2\nu)[3(z-h)-4\nu(z+h)]}{R_2^3}+\frac{3(3-4\nu)y^2(z-h)-6h(z+h)[(1-2\nu)z-2\nu h]}{R_2^5}+\frac{30hy^2z(z+h)}{R_2^7}+\frac{4(1-\nu)(1-2\nu)}{R_2(R_2+z+h)}\left(1-\frac{y^2}{R_2(R_2+z+h)}-\frac{y^2}{R_2^2}\right)\right\} \tag{2-22}$$

$$\sigma_z=\frac{P}{8\pi(1-\nu)}\left\{\frac{(1-2\nu)(z-h)}{R_1^3}-\frac{(1-2\nu)(z-h)}{R_2^3}+\frac{3(z-h)^3}{R_1^5}+\frac{3(3-4\nu)z(z+h)^2-3h(z+h)(5z-h)}{R_2^5}+\frac{30hz(z+h)^3}{R_2^7}\right\} \tag{2-23}$$

$$\tau_{yz}=\frac{Py}{8\pi(1-\nu)}\left[\frac{(1-2\nu)}{R_1^3}-\frac{(1-2\nu)}{R_2^3}+\frac{3(z-h)^2}{R_1^5}+\frac{3(3-4\nu)z(z+h)-3h(3z+h)}{R_2^5}+\frac{30hz(z+h)^2}{R_2^7}\right] \tag{2-24}$$

$$\tau_{zx}=\frac{Px}{8\pi(1-\nu)}\left[\frac{(1-2\nu)}{R_1^3}-\frac{(1-2\nu)}{R_2^3}+\frac{3(z-h)^2}{R_1^5}+\frac{3(3-4\nu)z(z+h)-3h(3z+h)}{R_2^5}+\frac{30hz(z+h)^2}{R_2^7}\right] \tag{2-25}$$

$$\tau_{xy}=\frac{Pxy}{8\pi(1-\nu)}\left[\frac{3(z-h)}{R_1^5}+\frac{3(3-4\nu)(z-h)}{R_2^5}-\frac{4(1-\nu)(1-2\nu)}{R_2^2(R_2+z+h)}\left(\frac{1}{R_2+z+h}+\frac{1}{R_2}\right)+\frac{30hz(z+h)}{R_2^7}\right] \tag{2-26}$$

其中，$R_1=[r^2+(z-h)^2]^{1/2}$，$R_2=[r^2+(z+h)^2]^{1/2}$，$r^2=x^2+y^2$，ν 为土体泊松比。

桩基荷载引起的地基附加应力主要包括两部分：一是桩端荷载引起的地基附加应力；二是桩侧荷载引起的地基附加应力。两部分荷载均可简化为集中荷载应用式(2-23)进行任意位置处的附加应力叠加计算，而实现此求解过程的关键在于确定桩端和桩侧荷载的占比以及桩侧荷载沿桩长的分布形式。

2.3.2 Mindlin 理论应用的优化分析

1. Mindlin-Geddes 方法

Mindlin-Geddes 附加应力分析求解中，假定桩顶竖向荷载 Q 在土中形成的三种荷载作用形式，分别为桩端荷载、桩侧均匀分布荷载和桩侧线性分布荷载，分布形式如图 2-13 所示。其中，以集中力形式表示的桩端阻力荷载 $Q_b=\alpha Q$，沿深度均匀分布形式的桩侧阻力荷载 $Q_u=\beta Q$，以及沿深度线性增长分布的桩侧阻力荷载 $Q_v=(1-\alpha-\beta)Q$，α、β 分别为桩端阻力和桩侧均匀分布阻力分担桩顶竖向荷载的比例系数。

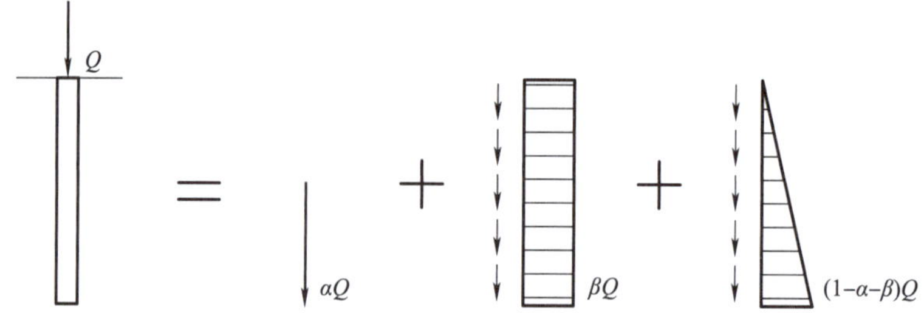

图 2-13 Mindlin-Geddes 方法单桩荷载分配示意图

在图 2-13 中单桩荷载作用下，土体中任意一点(r,z)处附加应力为式(2-27)的形式。

$$\sigma_z=\sigma_{zb}+\sigma_{zu}+\sigma_{zv}=I_b(Q_b/L^2)+I_u(Q_u/L^2)+I_v(Q_v/L^2) \tag{2-27}$$

式中 I_b——桩端阻力集中荷载引起的地基内部附加应力系数，表达式为式(2-28)；

I_u——桩侧均匀分布阻力荷载引起的地基内部附加应力系数，表达式为式(2-29)；

I_v——桩侧线性增长分布阻力荷载引起的地基土体任意位置竖向附加应力系数，其表达式为式(2-30)。

$$I_b=\frac{1}{8\pi(1-\nu)}\left\{-\frac{(1-2\nu)(m-1)}{[n^2+(m-1)^2]^{3/2}}+\frac{(1-2\nu)(m-1)}{[n^2+(m+1)^2]^{3/2}}-\frac{3(m-1)^3}{[n^2+(m-1)^2]^{5/2}}-\right.$$
$$\left.\frac{3(3-4\nu)m(m+1)^2-3(m+1)(5m-1)}{[n^2+(m+1)^2]^{5/2}}-\frac{30m(m+1)^3}{[n^2+(m+1)^2]^{7/2}}\right\} \tag{2-28}$$

$$I_u=\frac{1}{8\pi(1-\nu)}\left\{\frac{2(2-\nu)}{[n^2+(m-1)^2]^{1/2}}+\frac{2(2-\nu)+2(1-2\nu)\frac{m}{n}\left(\frac{m}{n}+\frac{1}{n}\right)}{[n^2+(m+1)^2]^{1/2}}-\frac{2(1-2\nu)\left(\frac{m}{n}\right)^2}{(m^2+n^2)^{1/2}}+\right.$$
$$\frac{n^2}{[n^2+(m-1)^2]^{3/2}}+\frac{4m^2-4(1+\nu)\left(\frac{m}{n}\right)^2m^2}{(m^2+n^2)^{3/2}}-\frac{4m(1+\nu)\frac{(m+1)^3}{n}-(4m^2+n^2)}{[n^2+(m+1)^2]^{3/2}}+$$
$$\left.\frac{6m^2\left(\frac{m^4-n^4}{n^2}\right)}{(m^2+n^2)^{5/2}}+\frac{6m\left[mn^2-\frac{1}{n^2}(m+1)^5\right]}{[n^2+(m+1)^2]^{3/2}}\right\} \tag{2-29}$$

$$I_v=\frac{1}{4\pi(1-\nu)}\left\{-\frac{2(1-\nu)}{[n^2+(m-1)^2]^{1/2}}+\frac{2(2-\nu)(4m+1)-2(1-2\nu)\left(\frac{m}{n}\right)^2(m+1)}{[n^2+(m+1)^2]^{1/2}}-\right.$$

$$\frac{2(1-2\nu)\frac{m^3}{n^2}-8(2-\nu)m}{(m^2+n^2)^{1/2}}+\frac{mn^2+(m-1)^3}{[n^2+(m-1)^2]^{3/2}}+\frac{4\nu n^2m+4m^3-15n^2m}{[n^2+(m+1)^2]^{3/2}}-$$

$$\frac{2(5+2\nu)\left(\frac{m}{n}\right)^2(m+1)^3+(m+1)^3}{[n^2+(m+1)^2]^{3/2}}+\frac{2(7-2\nu)nm^2-6m^3+2(5+2\nu)\left(\frac{m}{n}\right)^2m^3}{(m^2+n^2)^{3/2}}+$$

$$\frac{6nm^2(n^2-m^2)+12\left(\frac{m}{n}\right)(m+1)^5}{[n^2+(m+1)^2]^{5/2}}-\frac{12\left(\frac{m}{n}\right)^2m^5+6nm^2(n^2-m^2)}{(m^2+n^2)^{5/2}}-$$

$$\left.2(2-\nu)\ln\left(\frac{[n^2+(m-1)^2]^{1/2}+m+1}{(m^2+n^2)^{1/2}+m}\cdot\frac{[n^2+(m+1)^2]^{1/2}+m+1}{(m^2+n^2)^{1/2}+m}\right)\right\} \tag{2-30}$$

式中　n——附加应力计算点至桩体轴线间水平距离同桩长比值，$n=r/L$；

m——附加应力计算点深度坐标同桩长比值，$m=z/L$；

ν——土体泊松比；

L——刚性桩桩长；

r——附加应力计算点至桩体中心轴线之间的水平距离（附加应力计算点径向坐标）。

2. 点荷载叠加方法

（1）桩侧摩阻附加应力

桩侧摩阻力作用于桩体外表面，计算桩侧摩阻产生的附加应力时，可沿桩长方向离散为一系列桩单元。桩单元上桩侧摩阻力合力 ΔP_i 为桩侧摩阻力 $\tau(h)$ 与桩单元微段侧表面积 $2\pi r_0$ 的乘积，如图 2-14 所示。

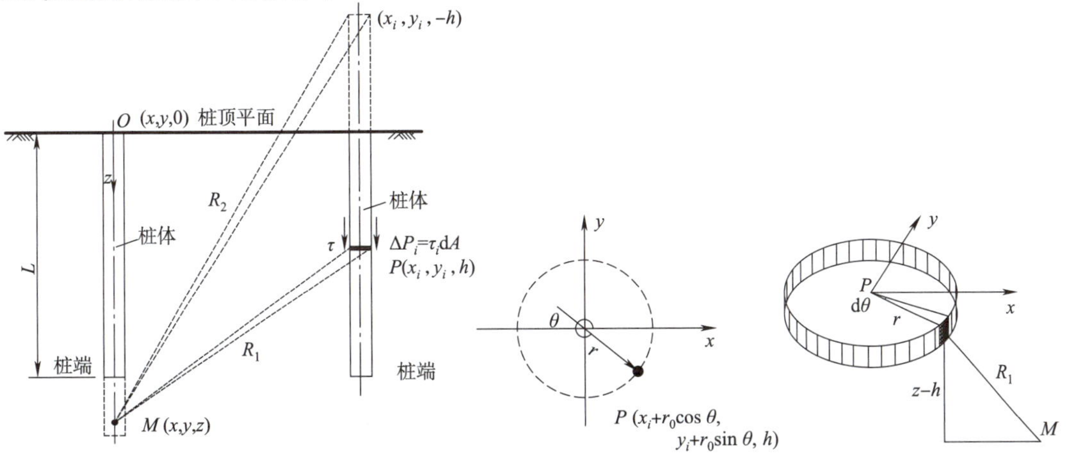

图 2-14　桩侧摩阻力引起的地基土附加应力计算简图

不考虑桩径影响的附加应力表达式：

$$\sigma_{zr_0}=\frac{r_0}{4(1-\nu)}\int_0^L\tau(h)\Big[\frac{(1-2\nu)(z-h)}{R_1^3}-\frac{(1-\nu)(z-h)}{R_2^3}+\frac{3\,(z-h)^3}{R_1^5}+\frac{3z(3-4\nu)\,(z+h)^2-3h(z+h)(5z-h)}{R_2^5}+\frac{30zh\,(z+h)^3}{R_2^7}\Big]\mathrm{d}h \tag{2-31}$$

$$\begin{cases}R_1^2=(x-x_i)^2+(y-y_i)^2+(z-h)^2\\R_2^2=(x-x_i)^2+(y-y_i)^2+(z+h)^2\end{cases} \tag{2-32}$$

考虑桩径影响的附加应力表达式：

$$\sigma_{zr_1}=\frac{r_0}{8\pi(1-\nu)}\int_0^L\int_0^{2\pi}\tau(h)\Big[\frac{(1-2\nu)(z-h)}{R_1^3}-\frac{(1-\nu)(z-h)}{R_2^3}+\frac{3\,(z-h)^3}{R_1^5}+\frac{3z(3-4\nu)\,(z+h)^2-3h(z+h)(5z-h)}{R_2^5}+\frac{30zh\,(z+h)^3}{R_2^7}\Big]\mathrm{d}\theta\mathrm{d}h \tag{2-33}$$

$$\begin{cases}R_1^2=[x-(x_i+r_0\cos\theta)]^2+[y-(y_i+r_0\sin\theta)]^2+(z-h)^2\\R_2^2=[x-(x_i+r_0\cos\theta)]^2+[y-(y_i+r_0\sin\theta)]^2+(z+h)^2\end{cases} \tag{2-34}$$

(2)桩端阻附加应力

桩顶集中荷载作用下，通过桩身侧摩阻力与桩间土协同工作，桩端底面作用端阻集中力。端阻力引起的地基土体下卧层附加应力计算中，根据是否考虑桩体直径影响，与桩侧摩阻力引起附加应力计算过程类似，分为不考虑桩体直径影响的集中端阻力作用和考虑桩体直径影响的桩端阻力在桩端面积域内的积分两种方法。桩端阻力在地基土体中引起附加应力的计算简图如图 2-15 所示。

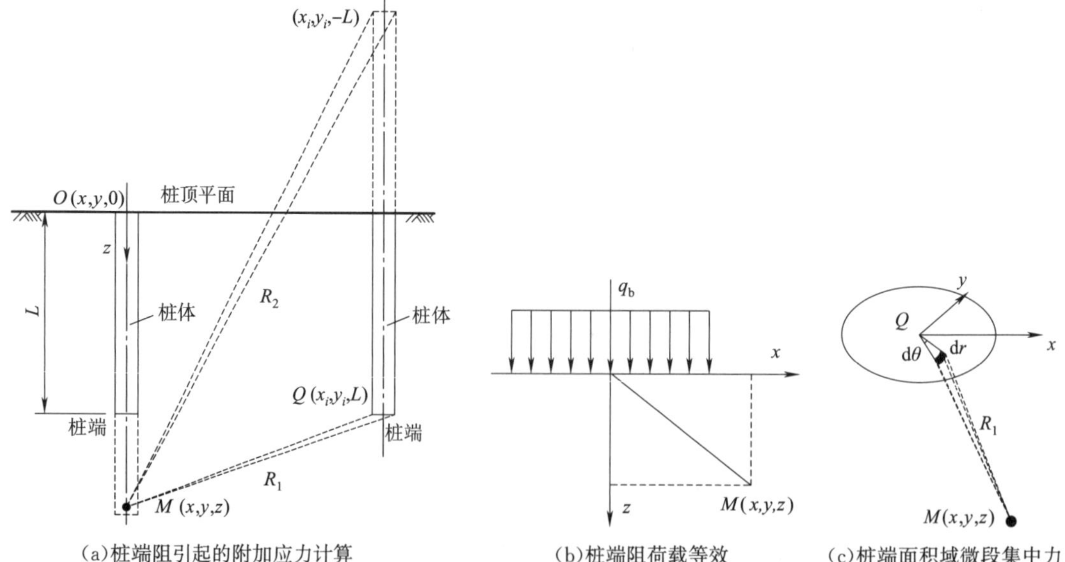

图 2-15　桩端阻力引起的地基土附加应力计算简图

不考虑桩径影响的附加应力表达式：

$$\sigma_{zR_0}=\frac{q_b r_0^2}{8(1-\nu)}\left[\frac{(1-2\nu)(z-L)}{R_1^3}-\frac{(1-\nu)(z-L)}{R_2^3}+\frac{3\,(z-L)^3}{R_1^5}+\right.$$
$$\left.\frac{3z(3-4\nu)(z+L)^2-3L(z+L)(5z-L)}{R_2^5}+\frac{30zL\,(z+L)^3}{R_2^7}\right] \tag{2-35}$$

$$\begin{cases} R_1^2=(x-x_i)^2+(y-y_i)^2+(z-L)^2 \\ R_2^2=(x-x_i)^2+(y-y_i)^2+(z+L)^2 \end{cases} \tag{2-36}$$

考虑桩径影响的附加应力表达式：

$$\sigma_{zR_1}=\frac{q_b}{8\pi(1-\nu)}\int_0^{r_0}\int_0^{2\pi}\left[\frac{(1-2\nu)(z-L)}{R_1^3}-\frac{(1-\nu)(z-L)}{R_2^3}+\frac{3\,(z-L)^3}{R_1^5}+\right.$$
$$\left.\frac{3z(3-4\nu)\,(z+L)^2\quad 3h(z+L)(5z-L)}{R_2^5}+\frac{30zL\,(z+L)^3}{R_2^7}\right]r\mathrm{d}\theta\,\mathrm{d}r \tag{2-37}$$

$$\begin{cases} R_1^2=[x-(x_i+r\cos\theta)]^2+[y-(y_i+r\sin\theta)]^2+(z-L)^2 \\ R_2^2=[x-(x_i+r\cos\theta)]^2+[y-(y_i+r\sin\theta)]^2+(z+L)^2 \end{cases} \tag{2-38}$$

基于 Mindlin 理论，分别应用点荷载积分叠加方法以及仿真方法，得到高速铁路路基引起的地基附加应力分布如图 2-16 所示，两种方法的分析结果十分接近，说明基于 Mindlin 理论点荷载叠加分析地基附加应力的结果是有效的。

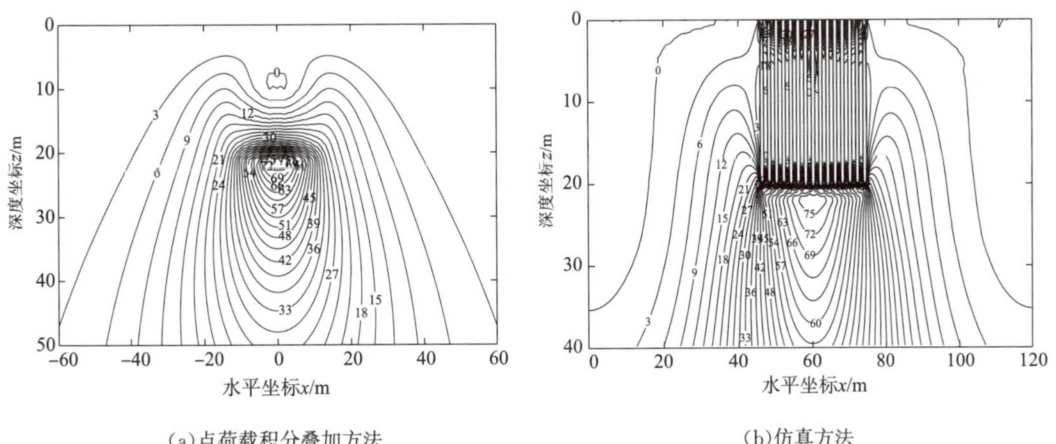

(a)点荷载积分叠加方法　　(b)仿真方法

图 2-16　点荷载积分叠加方法与仿真方法确定的附加应力等值线图

第3章 铁路路基本体沉降分析与控制技术

路基作为铁路的重要组成部分，不但承受线路上部结构重量，并且还要受到列车荷载的重复作用。轨道及列车自重属于静荷载，其大小取决于上部轨道结构形式，后者是随轮轴移动、重复变化的动应力，其大小与列车轴重、车辆类型、行车速度及运行方向等有关。列车循环荷载作用下路基表现出来的动力特性（动应力、弹塑性变形、加速度等）是引起高速铁路线路运行条件恶化的主要原因。随着高速铁路运输能力要求的提高，以及准高速、高速铁路的发展，加剧了列车/线路系统的动力相互作用，增加了路基承受动荷载与振动频率的水平，提高了路基的振动加速度，加快了路基的累积变形和疲劳破坏，特别是原有路基病害处，动应力加大致使病害加重，病害加重又致使轨道状态恶化，造成线路承载性能劣化的恶性循环，直接影响线路的正常使用和养护维修。这就要求路基基床应具有在动荷载作用下长期的稳定性，具有一定刚度以满足路基变形限制和承载力要求。

路基填料及压实质量的好坏直接影响运输的安全和效能，但由于“重桥隧轻线路、重线路轻路基”设计思想的长期偏向影响下，没有把路基作为重要的土工构筑物来对待，对填料要求不高，填筑压实标准低，检测频率少，致使既有运营铁路路基状态不佳，已成为铁路运输的主要薄弱环节，严重威胁铁路运输安全。因此，路基动力特性的研究已成为路基设计中的重要研究方向。

3.1 路基本体动应力荷载条件分析

3.1.1 动应力荷载条件的理论分析方法

列车荷载作用是影响路基动力响应研究结果正确与否的关键因素之一。作为研究环节中的重要初始条件之一，列车荷载被广泛关注，众多学者从现场实测、室内外试验和理论计算等方面陆续开展了相关工作。

梁波、蔡英用一个激振力函数模拟列车荷载，其中包括静荷载和一系列正弦函数叠加而成的动荷载。他们采用一个与高、中、低频相应的，反映不平顺、轨面波磨效应和附加动载的激振力来模拟轮轨间的相互作用力，即列车荷载。其表达式为

$$F(t)=P_0+P_1\sin\omega_1 t+P_2\sin\omega_2 t+P_3\sin\omega_3 t \tag{3-1}$$

式中 P_0——车轮静载；

P_1,P_2,P_3——某一典型值的振动荷载。

梁波、罗红、孙常新又在充分考虑振动荷载产生机理(车辆因素、轨下基础因素等)的基础上，对已有列车荷载表达式进行了修正和完善，得到式(3-2)。完善后的表达式，既考虑了相邻轮对间轮轨力的相互叠加和轨枕的分散作用，又考虑了由于轨道不平顺所产生的振动激励及其他要素。

$$F(t)=k_1k_2(P_0+P_1\sin\omega_1 t+P_2\sin\omega_2 t+P_3\sin\omega_3 t) \tag{3-2}$$

式中 k_1——与轮载产生反应的叠加有关的叠加系数；

k_2——与轨枕分担作用有关的分散系数(k_1、k_2均由作者定义)。

边学成将列车荷载假设为由一系列的轴重荷载组成，并给出列车荷载计算式(3-3)。

$$P_M=\sum_{i=1}^{M}f_i(x-ct) \tag{3-3}$$

右边表达式中的元素表示第 i 节车厢轴重在移动时对钢轨产生的竖向荷载。

对于移动荷载作用下弹性体内的波动传播问题一般通过积分变换方法来求解。比较有代表性的是 Eason 在三维半无限弹性体中的解。Barros 等采用波数积分方法求解了空间变换领域的解。Dieterman 等研究了弹性土层表面作用均布简谐荷载的动力问题。Fryba 用三角傅立叶积分变换方法分析了移动点荷载作用下无限弹性体动力响应的闭合解。Grund-mann 等研究了分层半空间在单一移动荷载和简化列车荷载作用下的动力响应。

3.1.2 动应力荷载条件的数值分析方法

为进一步研究列车轮轨动力荷载引起的轨枕荷载分担规律，采用大型有限元分析软件建立有砟轨道路基结构模型，进行空间线弹性有限元数值模拟，分析不同基床表层填料、轮载作用以及不同轴重条件下，列车轮载力在轨枕上的分布规律。

1. 荷载条件

仿真分析中，针对单轮轴、双轮轴和四轮轴情况进行计算，单轴、多轴情况下的荷载施加位置如图 3-1 所示，施加荷载大小根据式(3-4)确定。

$$P_d=P_s(1+\alpha v) \tag{3-4}$$

式中 P_d——轮轨动载，kN；

P_s——静轴重，kN；

α——轮轨动力冲击系数或称速度影响系数，货车取 0.004；

v——行车速度，km/h。

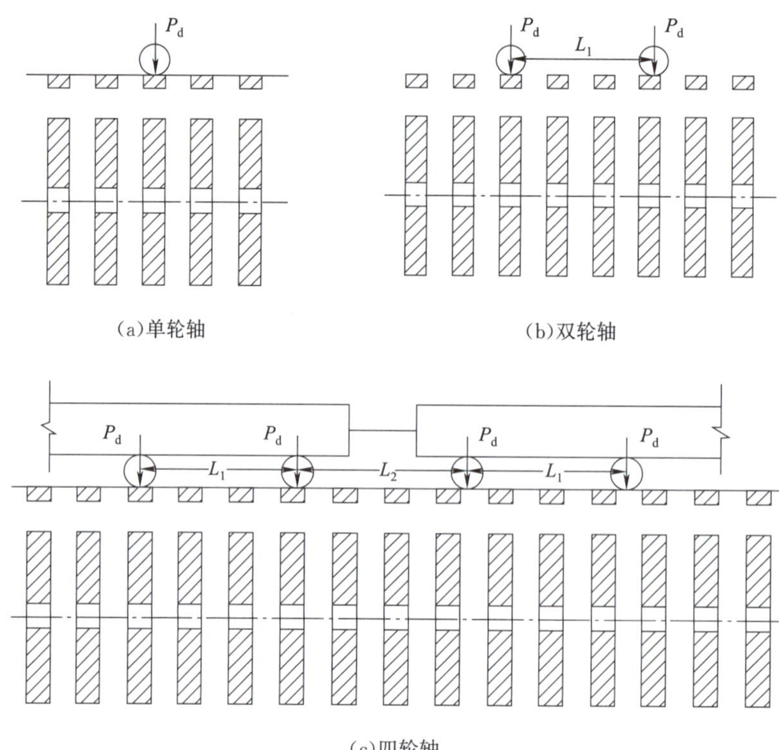

(a)单轮轴　(b)双轮轴

(c)四轮轴

图 3-1　数值模型荷载施加位置

2. 仿真分析结果

根据有限元仿真分析结果，单轮轴、双轮轴以及四轮轴作用下的轨枕竖向应力分布如图 3-2 所示，根据每一根轨枕上的竖向应力积分，得到相应轨枕分担的竖向荷载合力，进而确定表 3-1 中各轨枕位置处的桩体荷载分担比。

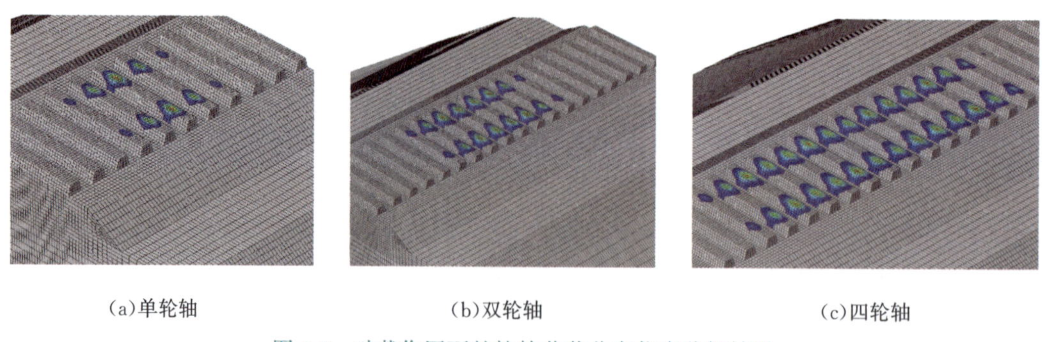

(a)单轮轴　(b)双轮轴　(c)四轮轴

图 3-2　动载作用下的轨枕荷载分布仿真分析结果

根据表 3-1 和图 3-2，当单轮轴作用且轮轴作用在轨枕正上方时，无论基床表层的填料是 A 组填料还是级配碎石，轮载力均由 5 根轨枕承担；双轮轴作用且第一个轮轴作用在轨枕正上方时，无论基床表层填料是 A 组填料还是级配碎石，轮载力均由 8 根轨枕承担；当四轮轴作用且第一个轮轴作用在轨枕正上方时，无论基床表层的填料是 A 组填料还是级配碎石，轮载力均由 15 根轨枕承担。并且，无论轮轴作用何种情形，基床表层填料的差异(即基床表层材料弹性模量 E 的差异)对轨枕上荷载分担比的影响一般不超过 1%，几乎可以忽略基床表层填料的影响。

表 3-1　不同轮轴作用下的轨枕荷载分担比计算结果

轮轴荷载作用形式	轨枕位置编号	轨枕荷载分担比		轮轴荷载作用形式	轨枕位置编号	轨枕荷载分担比	
		基床表层A 组填料	基床表层级配碎石			基床表层A 组填料	基床表层级配碎石
单轮轴	1	10.34%	10.47%	四轮轴	1	9.03%	9.13%
	2	23.22%	23.21%		2	22.33%	22.30%
	3	32.87%	32.65%		3	34.56%	34.37%
	4	23.22%	23.21%		4	31.87%	31.90%
	5	10.34%	10.47%		5	31.55%	31.61%
双轮轴	1	9.03%	9.13%		6	35.64%	35.54%
	2	22.45%	22.45%		7	29.22%	29.30%
	3	35.01%	34.85%		8	27.18%	27.32%
	4	32.83%	32.89%		9	34.08%	34.02%
	5	32.66%	32.73%		10	33.48%	33.48%
	6	35.20%	35.05%		11	30.87%	30.96%
	7	23.24%	23.23%		12	34.65%	34.52%
	8	9.57%	9.68%		13	28.16%	28.04%
	—				14	13.59%	13.65%
					15	3.76%	3.86%

进一步为了研究轮轴力作用于两轨枕间时轨枕上的荷载分担比，参照图 3-1(a)中的计算方案，分别考虑轮轴力作用于两轨枕 1/2、1/3、1/4、1/5 和 1/6 处，其中，单轮轴荷载作用下的轨枕竖向应力分布如图 3-3 所示，不同轮轴荷载作用位置时的轨枕荷载分担列于表 3-2。

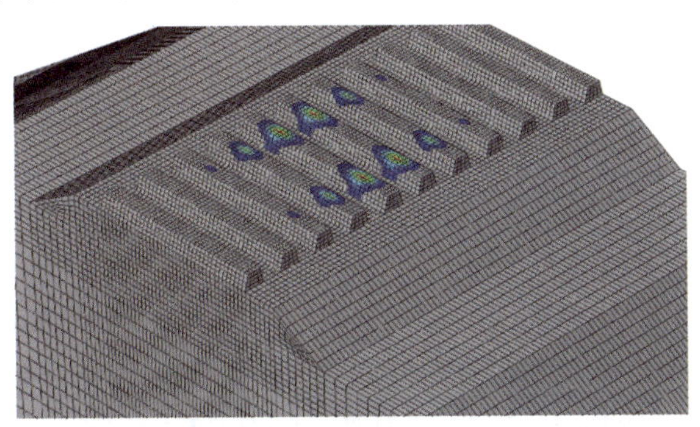

图 3-3　单轮轴荷载作用于轨枕间时的轨枕应力分布

表 3-2　不同轮轴荷载作用位置时的轨枕荷载分担比

轨枕位置编号	轮轴荷载作用位置					
	正上方	1/2 轨枕间距	1/3 轨枕间距	1/4 轨枕间距	1/5 轨枕间距	1/6 轨枕间距
1	10.34%	5.71%	6.60%	7.08%	7.38%	7.58%
2	23.22%	15.94%	17.39%	18.13%	18.58%	18.89%
3	32.87%	28.71%	29.78%	30.26%	30.52%	30.69%
4	23.22%	28.61%	27.39%	26.74%	26.34%	26.07%
5	10.34%	15.64%	14.26%	13.58%	13.19%	12.93%
6	—	5.39%	4.58%	4.21%	3.99%	3.85%

根据图 3-3 和表 3-2，当轮轴力作用于两轨枕之间时，轮轴力的影响范围均为 6 根轨枕，轮轴力的影响范围不受轮轴力在两轨间的相对作用位置的影响，但是每一根轨枕上分担的荷载存在一定差异，除作用位置位于 1/2 轨枕间距外，6 根轨枕分担荷载不再对称。进一步将表 3-2 中数据转化为图 3-4 坐标图，可以看出轨枕分担荷载的分布规律几乎完全满足 Gauss 函数一般正态分布。

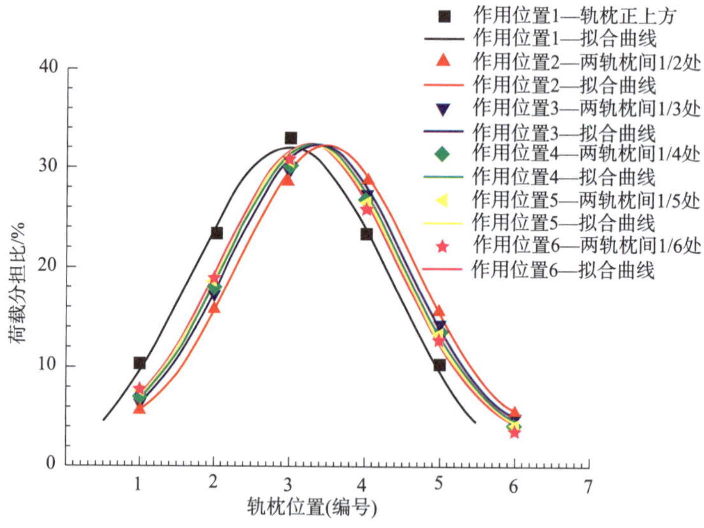

图 3-4　荷载分担比拟合结果

根据图 3-4，无论轮轴力作用于轨枕正上方还是两轨枕之间，轨枕上的荷载分担比满足 Gauss 函数曲线，且 Gauss 函数曲线的形式一致。因此，可以得出以下结论：无论轮轴力作用于轨枕正上方还是两轨枕间的任何位置，其荷载分担比经 Gauss 函数拟合后的 Gauss 函数曲线形状、大小以及性质都保持不变，只是随轮轴力的移动而移动。

3.1.3　列车轮载力轨枕上分布规律研究

1. 基本思路

轮轴荷载引起的轨枕荷载分布规律的仿真分析结果表明，轨枕荷载空间分布满足 Gauss 函数分布。因此，以 Gauss 函数分布为载体，建立一种荷载分担比简化分析模型，以解析解的方式明确轮轴力作用在任意位置时的荷载分担比。其中，荷载分担 Gauss 函数法的一般分析流程如图 3-5 所示。

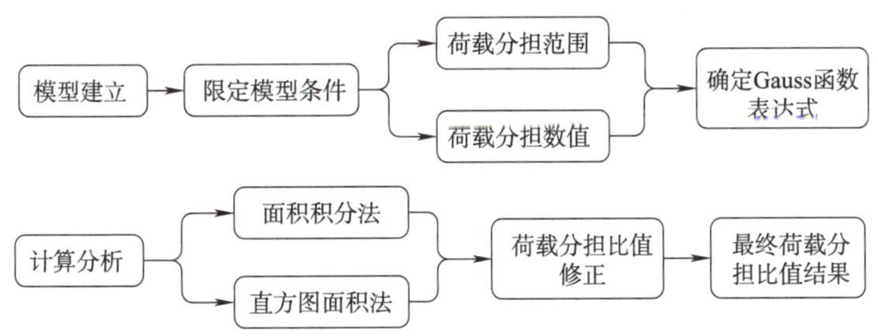

图 3-5　荷载分担 Gauss 函数法模型建立与计算分析流程

2. 轨枕荷载 Gauss 函数分布模型

根据荷载分担 Gauss 函数法的基本思路与模型建立时的限定条件，对其数学表达式通解进行分析。对轮轴力作用在轨枕正上方时的一般情况，计算模型取 Gauss 函数峰值点对应的位置为 μ 点，则 Gauss 函数的方程为式(3-5)形式，图 3-6 为基于 5 根轨枕荷载分担的 Gauss 函数模型等效示意图。

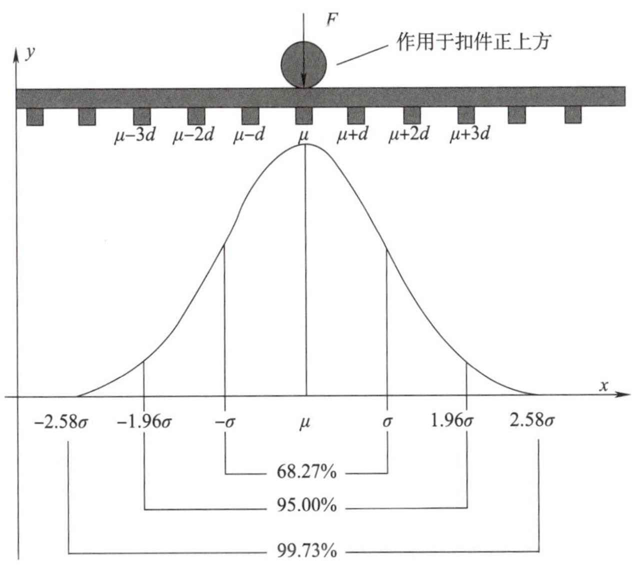

图 3-6　轮轴力作用于轨枕正上方时模型示意图

$$f(x)=y=\frac{1}{\sqrt{2\pi}\sigma}e^{-\frac{(x-\mu)^2}{2\sigma^2}} \tag{3-5}$$

式中 μ——位置参数；

σ——形状参数。

图 3-6 中，假设 5 根轨枕分担了轮轴力的 $q\%$，设两轨枕之间的间距为 d，根据 Gauss 函数曲线的分布特性，Gauss 函数分布曲线积分面积为 $q\%$时的分布宽度为$(-n\sigma, +n\sigma)$。因此，可以建立 5 根轨枕实际荷载分担范围与 5 根轨枕分担了轮轴力 $q\%$时对应的 Gauss 函数分布曲线宽度之间的关系，这两者是相等的，即 $2n\sigma=5d$。进而，建立适用于轨枕荷载分析求解的 Gauss 函数等效模型，其形式为式(3-6)。

$$f(x)=y=\frac{0.4n}{\sqrt{2\pi}d}e^{-\frac{2n^2(x-\mu)^2}{25d^2}} \tag{3-6}$$

式中 n——通过积分面积为 $q\%$时的标准正态分布表确定；

d——轨枕之间的间距。

式(3-6)的求解主要基于 Gauss 函数面积积分方法，其中，图 3-7 中红、黄、绿颜色面积条分别为对应轨枕下的荷载分担比值，其面积的横坐标区域可以代表该轨枕下荷载分担的范围。Gauss 函数分布曲线面积积分主要有两种方法：一种是面积积分法，需对轨枕下荷载分担范围进行积分，需要查标准正态分布表，但计算结果比较精确；第二种是直方图面积法，根据位置坐标反代到 Gauss 函数中求得位置坐标相应的 y 值，同荷载分担宽度直接相乘即可求解，计算过程相对简单，分析结果也较为精确。

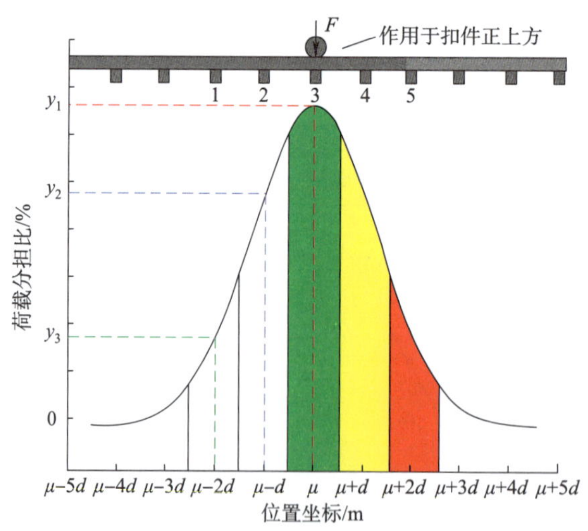

图 3-7 轮轴力作用于轨枕正上方时模型计算示意图

综上分析，不同轨枕位置处分别采用面积积分法和直方图面积法的轨枕荷载分担表达式列于表 3-3。

表 3-3　基于 Gauss 函数法的轨枕荷载分担表达式

位置坐标	$\mu-2d$	$\mu-d$	μ	$\mu+d$	$\mu+2d$
面积积分法	$\Phi(n)-\Phi\left(\frac{3n}{5}\right)$	$\Phi\left(\frac{3n}{5}\right)-\Phi\left(\frac{n}{5}\right)$	$2\Phi\left(\frac{n}{5}\right)-1$	$\Phi\left(\frac{3n}{5}\right)-\Phi\left(\frac{n}{5}\right)$	$\Phi(n)-\Phi\left(\frac{3n}{5}\right)$
直方图面积法	$\frac{0.4n}{\sqrt{2\pi}}e^{-\frac{8n^2}{25}}$	$\frac{0.4n}{\sqrt{2\pi}}e^{-\frac{2n^2}{25}}$	$\frac{0.4n}{\sqrt{2\pi}}$	$\frac{0.4n}{\sqrt{2\pi}}e^{-\frac{2n^2}{25}}$	$\frac{0.4n}{\sqrt{2\pi}}e^{-\frac{8n^2}{25}}$

对于图 3-8 中轮轴力作用于两轨枕之间任意位置时荷载分担比的情况，同样可以根据上述方法进行计算分析。在计算过程中 Gauss 函数表达式的基本形式不变，只是位置参数会随着轮轴的移动而有所不同，并且当轮轴力作用于两轨枕之间任意位置时荷载的分担范围扩大到了 6 根轨枕，因此在相同的荷载分担 Gauss 函数分布下，荷载分担范围的增大也必然导致各轨枕荷载分担比之和超过限定的 $q\%$。因此，需要对轮轴力作用于两轨枕之间的荷载分担比值进行修正，使其荷载分担比之和为模型建立时限定的 $q\%$。

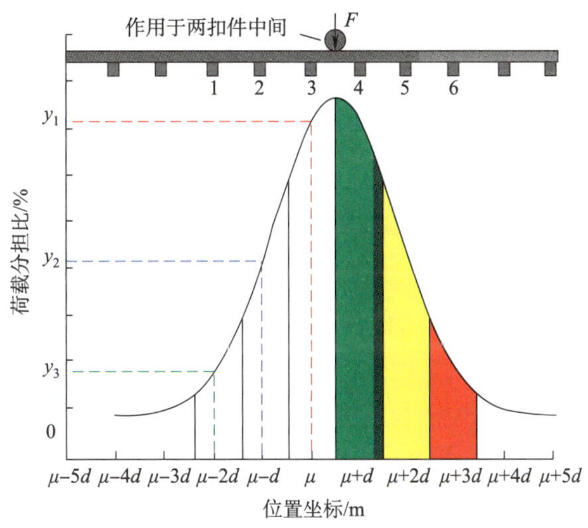

图 3-8　轮轴力作用于两轨枕之间任意位置时模型计算示意图

3. 算例分析验证

(1)单轮轴作用分析

假设轮轴力作用于轨枕正上方时主要由 5 根轨枕荷载分担，并且这 5 根轨枕分担了全荷载的 95%，即 $q=95$。分别采用面积积分法与直方图面积法对轮轴力作用于轨枕正上方时的各轨枕初次荷载分担比值进行求解，分析结果列于表 3-4。

表 3-4　单轮轴作用的轨枕荷载分担结果

分析方法	轨枕位置编号	轮轴荷载作用位置					
		正上方	1/2 轨枕间距	1/3 轨枕间距	1/4 轨枕间距	1/5 轨枕间距	1/6 轨枕间距
面积积分方法	1	9.4%	4.91%	6.17%	6.99%	7.48%	7.68%
	2	22.93%	15.81%	18.29%	19.23%	19.94%	20.64%
	3	30.34%	28.35%	29.39%	30.17%	30.36%	30.11%
	4	22.93%	28.35%	26.69%	25.72%	25.13%	25.05%
	5	9.40%	15.81%	13.68%	12.43%	11.80%	11.33%
	6	—	4.91%	3.80%	3.38%	3.11%	2.91%
	总和	95.00%	97.72%	97.82%	97.92%	98.02%	98.13%
直方图面积法	1	9.15%	4.58%	5.87%	6.60%	7.07%	7.39%
	2	23.00%	15.6%	18.11%	19.35%	20.09%	20.59%
	3	31.28%	28.96%	30.23%	30.68%	30.90%	31.01%
	4	23.00%	28.96%	27.28%	26.31%	25.69%	25.27%
	5	9.15%	15.66%	13.32%	12.20%	11.56%	11.13%
	6	—	4.58%	3.52%	3.06%	2.81%	2.65%
	总和	95.58%	98.04%	98.11%	98.21%	98.33%	98.42%

根据表 3-4，轮轴力作用在轨枕正上方时，荷载分担比之和基本等于模型限定值 95%，但是当轮轴力作用于两轨枕之间任意位置时，荷载分担比之和都要大于模型限定值。主要原因为当轮轴力由轨枕正上方移动到两轨枕之间时，荷载范围扩大了，因此基于相同的 Gauss 函数分布下，荷载范围的增大也就等于 Gauss 函数积分范围的增大，对应的荷载分担比之和也就增大了。虽然随着轮轴力的移动荷载分担比之和增大，但其增大幅度十分有限，最大值在 3%左右。因此，模型限定的无论轮轴力作用于任何位置，其荷载分担规律始终保持不变，并随着轮轴力的移动，其经 Gauss 函数拟合的荷载分担比曲线也随之移动这一规律是合理的。

(2)多轮轴作用分析

采用荷载分担 Gauss 函数法计算多轮轴作用下各轨枕的荷载分担比，计算结果如图 3-9 所示。通过不同轮轴作用下采用 Gauss 函数法计算得到的轨枕荷载分担与有限元法计算结果进行比较，无论是单轮轴作用，还是双轮轴、四轮轴作用，两种方法的计算结果均吻合较好，采用 Gauss 函数法确定轮轴力引起的轨枕荷载分担是合理有效的。

4. 现场实测结果分析验证

2013 年 6 月，采用加载车进行单轮轴力作用下的轨枕荷载分担测试验证，轮轴力作用于轨枕正上方，通过传感器测得的轨枕正下方路基面的应力值。其中，测试传感器布设位置以及现场试验图片如图 3-10 所示，得到的不同位置处传感器竖向应力测试结果以及转化为轨枕荷载分担比的实测结果、仿真结果以及 Gauss 函数分析结果列于表 3-5。

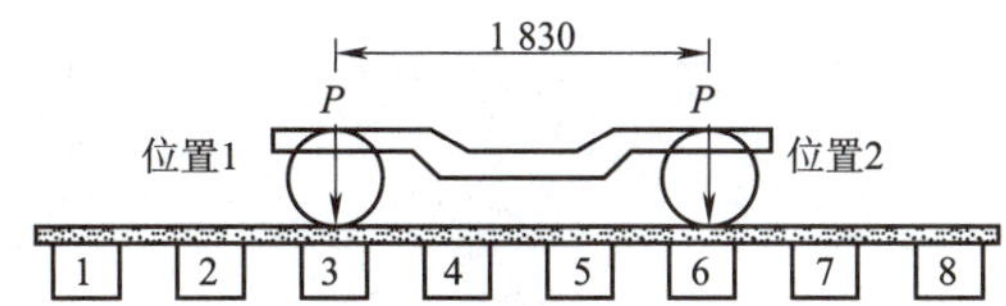

(a)双轮轴作用位置

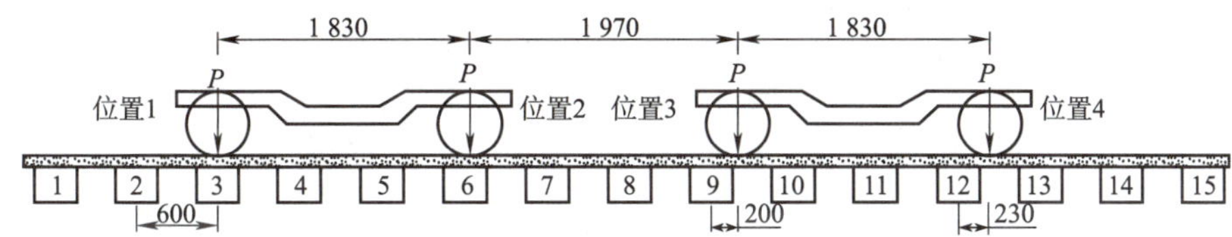

(b)四轮轴作用位置

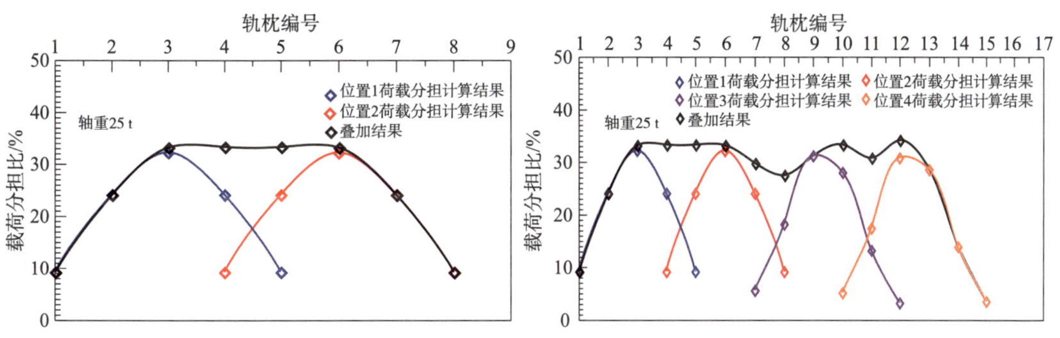

(c)双轮轴作用轨枕分担荷载　　(d)四轮轴作用轨枕分担荷载

图 3-9　多轮轴作用位置及轨枕荷载分担计算结果

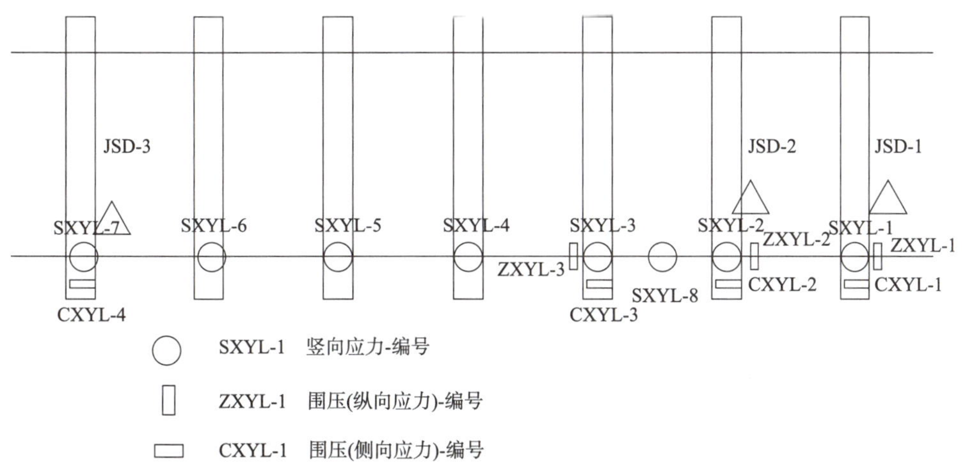

(a)测试传感器布置

图　3-10

(b)加载车模拟单轮轴力加载试验

图 3-10 轨枕荷载分担现场测试

表 3-5 荷载分担比测试结果与计算结果比较

类别	轨枕应力测试结果/kPa	荷载分担比		
		测试结果	有限元仿真分析	Gauss 函数法
传感器 1	4.00	1.43%	0	0
传感器 2	29.90	10.69%	10.34%	9.24%
传感器 3	54.28	19.41%	23.22%	24.14%
传感器 4	104.00	37.18%	32.87%	33.24%
传感器 5	55.40	19.81%	23.22%	24.14%
传感器 6	28.00	10.01%	10.34%	9.24%
传感器 7	4.11	1.47%	0	0

根据表 3-5，最外侧轨枕正下方路基面的应力值相对最小，转化为荷载分担比仅为 1% 左右，可以忽略，单轮轴作用下的轮轴力基本由 5 根轨枕承担，测试结论同有限元计算结果保持一致。对比轨枕荷载分担比，基于实测分析的荷载分担比与有限元法、Gauss 函数法计算结果比较接近，这也说明采用 Gauss 函数方法进行轨枕荷载分担的分析流程是合理有效的。

3.2 路基动变形及累积变形分析方法

3.2.1 传递矩阵法基本原理

对于相当广泛的一类工程问题，比如在连续梁、传动轴系统、电路等体系中，往往存在这样的系统，这些系统是可以转化成由一系列具有同类性质的元素先后连接而成的链式系统。在这个链式系统中，描写每个元素性质的一组物理量，称为该元素的状态参量，或组成该元素的状态矢量。由于各个元素之间的相互作用，前一个元素状态矢量的变化将影响和它相连的下一个元素的状态矢量，下一个元素状态矢量的变化又将影响下下一个元素的状态矢量，这样，初始端元素状态矢量的变化就会一直传到末端元素。设第 i 个元素的状态矢量是 $\boldsymbol{Z}_i$，$\boldsymbol{Z}_i$ 是一个列向量，而第 $i+1$ 个元素和第 i 个元素之间的相互作用往往可以用一个方阵 $\boldsymbol{T}_i$ 来表示，表达式为式(3-7)。

$$\boldsymbol{Z}_i=\boldsymbol{T}_i\boldsymbol{Z}_{i-1} \tag{3-7}$$

T_i 的列数等于 Z_i 行数，而 Z_i 的行数等于元素的状态参量的个数。如果系统由 n 个元素组成，则有式(3-8)。

$$\boldsymbol{Z}_n=\boldsymbol{T}_n\boldsymbol{T}_{n-1}\cdots\boldsymbol{T}_1\boldsymbol{Z}_0=\boldsymbol{T}\boldsymbol{Z}_0 \tag{3-8}$$

$\boldsymbol{T}_i$ 称作第 i 个子传递矩阵，而 $\boldsymbol{T}$ 称作总传递矩阵。如果把层状土体系看作一个系统，把深度 z 作为自变量，也就是说，初始状态向量沿深度方向传播。

这里通过传递矩阵将上下两层接触面的应力分量、位移分量联系起来，再考虑接触面的连续条件及边界条件，最终可以利用传递矩阵表示出地基表面的初始状态分量与所求深度处的应力、位移状态分量的物理关系。

3.2.2　四层基床结构应力应变分析

铁路路基本体本质上是一个包含多个填料层的层状结构，基床表层承担的轨枕荷载也以一定形式对其下的各层填料产生影响，因此，也适用于传递矩阵法进行路基基床本体的应力应变分析。列车轮轴荷载作用于钢轨，并通过钢轨、轨枕传递至道床表面，设作用于道床表面的矩形荷载为 p_0，矩形荷载的长度和宽度分别为 l 和 b，道床和路基共分为四层，第 i 层的层底埋深为 z_i，其层厚为 h_i，弹性力学参数为 E_i、ν_i，图 3-11 为对应的层状地基以及荷载简化分析计算示意图。

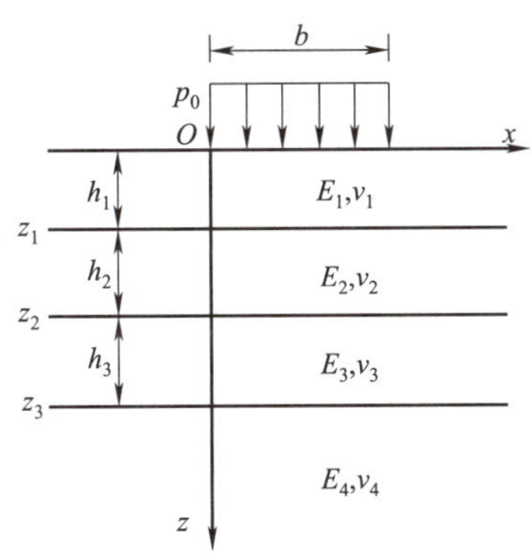

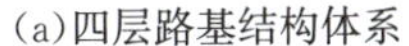
(a)四层路基结构体系

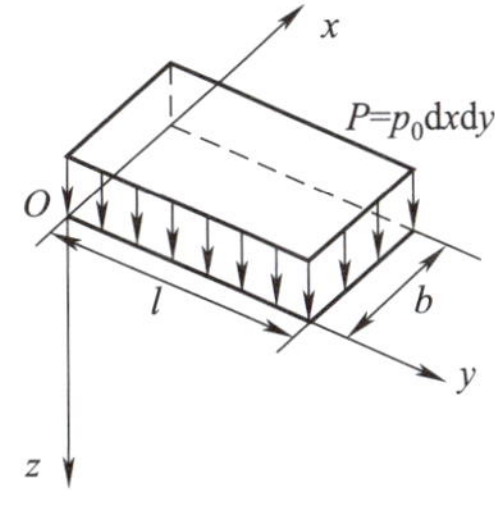

(b)基床表层矩形荷载分布

图 3-11　四层路基结构体系及矩形荷载分布形式

为方便求解，需将该问题置于轴对称坐标系下进行理论推导，并将径向位移 $u(r,z)$、轴向位移 $\omega(r,z)$、轴向应力 $\sigma_z(r,z)$、剪应力 $\tau_{rz}(r,z)$ 经过 Hankel 转换变为 $\overline{u}(\alpha,z)$、$\overline{\omega}(\alpha,z)$、

$\bar{\sigma}_z(\alpha,z)$、$\bar{\tau}_{zr}(\alpha,z)$，在变换空间中进行求解。根据传递矩阵法的基本原理：

$$\begin{pmatrix}\bar{u}(\alpha,z)\\ \bar{\omega}(\alpha,z)\\ \bar{\sigma}_z(\alpha,z)\\ \bar{\tau}_{zr}(\alpha,z)\end{pmatrix}=\begin{pmatrix}T_{11} & T_{12} & T_{13} & T_{14}\\ T_{21} & T_{22} & T_{23} & T_{24}\\ T_{31} & T_{32} & T_{33} & T_{34}\\ T_{41} & T_{42} & T_{43} & T_{44}\end{pmatrix}\begin{pmatrix}\bar{u}(\alpha,0)\\ \bar{\omega}(\alpha,0)\\ \bar{\sigma}_z(\alpha,0)\\ \bar{\tau}_{zr}(\alpha,0)\end{pmatrix}\tag{3-9}$$

各层传递矩阵 $\boldsymbol{T}=\boldsymbol{T}(E,\nu,z,\alpha)$ 为对应层的弹性模量 E、泊松比 ν 和深度 z 的函数，α 为 Hankel 积分变量，传递矩阵中的各层元素表达式分别为式(3-10)～式(3-13)。

$$\begin{cases}T_{11}=\text{ch}\,\alpha z+\dfrac{1}{2(1-\nu)}\alpha z\text{sh}\,\alpha z; & T_{12}=\dfrac{1}{2(1-\nu)}[(1-2\nu)\text{sh}\,\alpha z+\alpha z\text{ch}\,\alpha z]\\ T_{13}=\dfrac{1+\nu}{2(1-\nu)E}z\,\text{sh}\,\alpha z; & T_{14}=\dfrac{1+\nu}{2(1-\nu)E}\dfrac{1}{\alpha}[(3-4\nu)\text{sh}\,\alpha z+\alpha z\text{ch}\,\alpha z]\end{cases}\tag{3-10}$$

$$\begin{cases}T_{21}=\dfrac{1}{2(1-\nu)}[(1-2\nu)\text{sh}\,\alpha z-\alpha z\text{ch}\,\alpha z]; & T_{22}=\text{ch}\,\alpha z-\dfrac{1}{2(1-\nu)}\alpha z\text{sh}\,\alpha z\\ T_{23}=\dfrac{1+\nu}{2(1-\nu)E}\dfrac{1}{\alpha}[(3-4\nu)\text{sh}\,\alpha z-\alpha z\text{ch}\,\alpha z]; & T_{24}=-T_{13}\end{cases}\tag{3-11}$$

$$\begin{cases}T_{31}=-\dfrac{E}{2(1-\nu^2)}\alpha^2 z\text{sh}\,\alpha z; & T_{32}=\dfrac{E}{2(1-\nu^2)}\alpha(\text{sh}\,\alpha z-\alpha z\text{ch}\,\alpha z)\\ T_{33}=T_{22}; & T_{34}=-T_{12}\end{cases}\tag{3-12}$$

$$\begin{cases}T_{41}=-\dfrac{E}{2(1-\nu^2)}\alpha(\text{sh}\,\alpha z+\alpha z\text{ch}\,\alpha z); & T_{42}=-T_{31}\\ T_{43}=-T_{21}; & T_{44}=T_{11}\end{cases}\tag{3-13}$$

四层路基结构体系总传递矩阵 $\boldsymbol{G}$ 的表达式为式(3-14)，顶层至第 k 层任意深度 z 处的传递矩阵 $\boldsymbol{G}'$ 为式(3-15)形式。

$$\boldsymbol{G}=\boldsymbol{T}_4(E_4,\nu_4,z_4-z_3,\alpha)\big|_{z_4\to\infty}\prod_{i=1}^{3}\boldsymbol{T}_i(E_i,\nu_i,h_i,\alpha)=\begin{pmatrix}G_{11} & G_{12} & G_{13} & G_{14}\\ G_{21} & G_{22} & G_{23} & G_{24}\\ G_{31} & G_{32} & G_{33} & G_{34}\\ G_{41} & G_{42} & G_{43} & G_{44}\end{pmatrix}\tag{3-14}$$

$$\boldsymbol{G}'=\boldsymbol{T}_k(E_k,\nu_k,z-z_{k-1},\alpha)\prod_{i=1}^{k-1}\boldsymbol{T}_i(E_i,\nu_i,h_i,\alpha)=\begin{pmatrix}G'_{11} & G'_{12} & G'_{13} & G'_{14}\\ G'_{21} & G'_{22} & G'_{23} & G'_{24}\\ G'_{31} & G'_{32} & G'_{33} & G'_{34}\\ G'_{41} & G'_{42} & G'_{43} & G'_{44}\end{pmatrix}\tag{3-15}$$

根据边界条件：当 $z=0$ 时，有 $\sigma_z(r,0)=p_0$，$\tau_{zr}(r,0)=0$；当 $z\to\infty$时，有 $u(r,z)\big|_{z\to\infty}=0$，$\omega(r,z)\big|_{z\to\infty}=0$，进而可求得对应的应力和位移分量表达式。

(1)第一层(道床)内任意深度 $z(0<z\leqslant z_1)$的竖向应力和竖向位移。

$$\begin{pmatrix}\bar{u}(\alpha,z)\\ \bar{\omega}(\alpha,z)\\ \bar{\sigma}_z(\alpha,z)\\ \bar{\tau}_{zr}(\alpha,z)\end{pmatrix}=\boldsymbol{G}'\begin{pmatrix}\bar{u}(\alpha,0)\\ \bar{\omega}(\alpha,0)\\ \bar{\sigma}_z(\alpha,0)\\ \bar{\tau}_{zr}(\alpha,0)\end{pmatrix}=\boldsymbol{T}_1(E_1,\nu_1,z,\alpha)\begin{pmatrix}\bar{u}(\alpha,0)\\ \bar{\omega}(\alpha,0)\\ \bar{\sigma}_z(\alpha,0)\\ \bar{\tau}_{zr}(\alpha,0)\end{pmatrix} \tag{3-16}$$

其中，$\boldsymbol{G}'=\boldsymbol{T}_1(E_1,\nu_1,z,\alpha)$。

进而得到矩形荷载角点下第一层(道床)内任意深度 z 竖向附加应力表达式(3-17)。

$$\begin{aligned}\sigma_z(z)=&\frac{-bp_0}{2\pi}\int_0^{\infty}\left(-G'_{31}\frac{G_{22}G_{13}-G_{12}G_{23}}{G_{11}G_{22}-G_{12}G_{21}}-G'_{32}\frac{G_{11}G_{23}-G_{21}G_{13}}{G_{11}G_{22}-G_{12}G_{21}}+G'_{33}\right)\cdot\\&\left[\int_0^{\arctan\frac{l}{b}}J_1\left(\frac{\alpha b}{\cos\theta}\right)\frac{\mathrm{d}\theta}{\cos\theta}+\int_0^{\frac{\pi}{2}-\arctan\frac{l}{b}}J_1\left(\frac{\alpha l}{\cos\theta}\right)\frac{l\,\mathrm{d}\theta}{b\cos\theta}\right]\mathrm{d}\alpha\end{aligned} \tag{3-17}$$

得到矩形荷载角点下第一层(道床)内任意深度 z 下的竖向位移表达式(3-18)。

$$\begin{aligned}\omega(z)=&\frac{-bp_0}{2\pi}\int_0^{\infty}\left(-G'_{21}\frac{G_{22}G_{13}-G_{12}G_{23}}{G_{11}G_{22}-G_{12}G_{21}}-G'_{22}\frac{G_{11}G_{23}-G_{21}G_{13}}{G_{11}G_{22}-G_{12}G_{21}}+G'_{23}\right)\cdot\\&\left[\int_0^{\arctan\frac{l}{b}}J_1\left(\frac{\alpha b}{\cos\theta}\right)\frac{\mathrm{d}\theta}{\cos\theta}+\int_0^{\frac{\pi}{2}-\arctan\frac{l}{b}}J_1\left(\frac{\alpha l}{\cos\theta}\right)\frac{l\,\mathrm{d}\theta}{b\cos\theta}\right]\mathrm{d}\alpha\end{aligned} \tag{3-18}$$

(2)第二层(基床表层)内任意深度 $z(z_1<z\leqslant z_2)$ 的竖向应力和竖向位移。

$$\begin{pmatrix}\bar{u}(\alpha,z)\\ \bar{\omega}(\alpha,z)\\ \bar{\sigma}_z(\alpha,z)\\ \bar{\tau}_{zr}(\alpha,z)\end{pmatrix}=\boldsymbol{G}'\begin{pmatrix}\bar{u}(\alpha,0)\\ \bar{\omega}(\alpha,0)\\ \bar{\sigma}_z(\alpha,0)\\ \bar{\tau}_{zr}(\alpha,0)\end{pmatrix}=\boldsymbol{T}_2(E_2,\nu_2,z-z_1,\alpha)\cdot\boldsymbol{T}_1(E_1,\nu_1,h_1,\alpha)\begin{pmatrix}\bar{u}(\alpha,0)\\ \bar{\omega}(\alpha,0)\\ \bar{\sigma}_z(\alpha,0)\\ \bar{\tau}_{zr}(\alpha,0)\end{pmatrix} \tag{3-19}$$

其中，$\boldsymbol{G}'=\boldsymbol{T}_2(E_2,\nu_2,z-z_1,\alpha)\cdot\boldsymbol{T}_1(E_1,\nu_1,h_1,\alpha)$。

矩形荷载角点下第二层(基床表层)内任意深度 z 下的竖向应力和竖向位移表达式与第一层相同。

(3)第三层(基床底层)内任意深度 $z(z_2<z\leqslant z_3)$ 的竖向应力和竖向位移。

$$\begin{pmatrix}\bar{u}(\alpha,z)\\ \bar{\omega}(\alpha,z)\\ \bar{\sigma}_z(\alpha,z)\\ \bar{\tau}_{zr}(\alpha,z)\end{pmatrix}=\boldsymbol{G}'\begin{pmatrix}\bar{u}(\alpha,0)\\ \bar{\omega}(\alpha,0)\\ \bar{\sigma}_z(\alpha,0)\\ \bar{\tau}_{zr}(\alpha,0)\end{pmatrix}=\boldsymbol{T}_3(E_3,\nu_3,z-z_2,\alpha)\cdot\boldsymbol{T}_2(E_2,\nu_2,h_2,\alpha)\cdot\boldsymbol{T}_1(E_1,\nu_1,h_1,\alpha)\begin{pmatrix}\bar{u}(\alpha,0)\\ \bar{\omega}(\alpha,0)\\ \bar{\sigma}_z(\alpha,0)\\ \bar{\tau}_{zr}(\alpha,0)\end{pmatrix} \tag{3-20}$$

其中，$\boldsymbol{G}'=\boldsymbol{T}_3(E_3,\nu_3,z-z_2,\alpha)\cdot\boldsymbol{T}_2(E_2,\nu_2,h_2,\alpha)\cdot\boldsymbol{T}_1(E_1,\nu_1,h_1,\alpha)$。

矩形荷载角点下第三层(基床底层)内任意深度 z 下的竖向应力和竖向位移表达式与第一层相同。

(4)第四层(基床以下路堤)任意深度 $z(z>z_3)$ 的竖向应力和竖向位移。

$$\begin{pmatrix} \bar{u}(\alpha,z) \\ \bar{\omega}(\alpha,z) \\ \bar{\sigma}_z(\alpha,z) \\ \bar{\tau}_{zr}(\alpha,z) \end{pmatrix} = \boldsymbol{G}' \begin{pmatrix} \bar{u}(\alpha,0) \\ \bar{\omega}(\alpha,0) \\ \bar{\sigma}_z(\alpha,0) \\ \bar{\tau}_{zr}(\alpha,0) \end{pmatrix} = \boldsymbol{T}_4(E_4,\nu_4,z-z_3,\alpha)\cdot\boldsymbol{T}_3(E_3,\nu_3,h_3,\alpha)\cdot\boldsymbol{T}_2(E_2,\nu_2,h_2,\alpha)\cdot \boldsymbol{T}_1(E_1,\nu_1,h_1,\alpha)\begin{pmatrix} \bar{u}(\alpha,0) \\ \bar{\omega}(\alpha,0) \\ \bar{\sigma}_z(\alpha,0) \\ \bar{\tau}_{zr}(\alpha,0) \end{pmatrix} \tag{3-21}$$

其中，$\boldsymbol{G}'=\boldsymbol{T}_4(E_4,\nu_4,z-z_3,\alpha)\cdot\boldsymbol{T}_3(E_3,\nu_3,h_3,\alpha)\cdot\boldsymbol{T}_2(E_2,\nu_2,h_2,\alpha)\cdot\boldsymbol{T}_1(E_1,\nu_1,h_1,\alpha)$。

矩形荷载角点下第四层（基床以下路堤）内任意深度 z 下的竖向应力和竖向位移表达式与第一层相同。

综上所述，用积分的方法求得了四层路基结构体系在矩形荷载面角点下的竖向附加应力 $\sigma_z(z)$ 和竖向变形 $\omega(z)$，进一步，可以运用角点法求得矩形荷载下任意点的竖向附加应力 $\sigma_z(z)$ 和竖向变形 $\omega(z)$。

3.2.3　路基本体动应力应变算例验证分析

为验证传递矩阵法求解路基本体动应力与动变形的合理性，进行单轮轴作用下均质土路基结构的竖向动应力计算，并与 Boussinesq 公式的计算结果进行比较。参照图 3-12 给出的计算简图，每根轨枕上的荷载分担比按照 Gauss 函数荷载分担法分配。

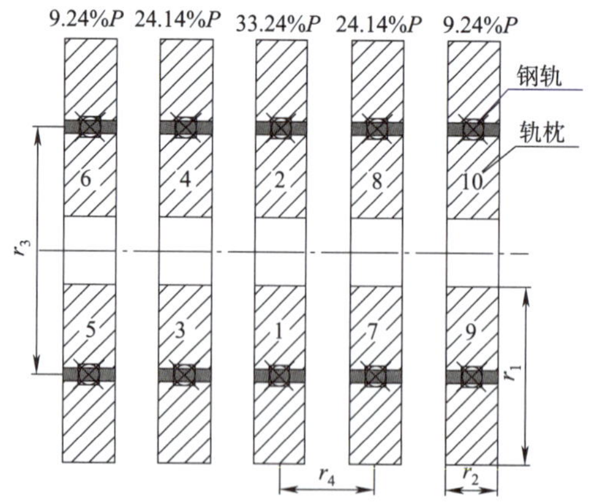

图 3-12　单轮轴作用计算简图

传递矩阵法计算参数如下：①1～4 层的弹性模量 $E_1=E_2=E_3=E_4=180$ MPa，泊松比为 $\nu_1=\nu_2=\nu_3=\nu_4=0.25$，矩形荷载长 $l=1.09$ m，宽 $b=0.32$ m，任意两轨枕间中心线距 0.6 m，分别计算 0.5 m、1.1 m、3 m 和 6 m 处的竖向动应力值；②1～4 层的弹性模量 $E_1=$

$E_2=E_3=E_4=300$ MPa，泊松比为 $\nu_1=\nu_2=\nu_3=\nu_4=0.25$，矩形荷载长 $l=1.09$ m，宽 $b=0.32$ m，任意两轨枕间中心线距 0.6 m，分别计算 0.5 m、1.1 m、3 m 和 6 m 处的竖向动应力值。对于 Boussinesq 公式，计算参数主要有：矩形荷载长 $l=1.09$ m，宽 $b=0.32$ m，任意两轨枕间中心线距 0.6 m，分别计算 0.5 m、1.1 m、3 m 和 6 m 处的竖向动应力值。

矩阵传递法、有限元法以及 Boussinesq 理论关于路基本体动应力分析结果列于表 3-6。对比不同方法关于动应力分析结果，采用传递矩阵法计算均质土路基结构时，虽然弹性模量不同，但是计算结果一致，同 Boussinesq 公式、有限元法的计算结果吻合较好，该方法用于路基本体动应力分析是相对合理的。

表 3-6　均质土路基结构竖向动应力计算结果　kPa

计算深度/m	传递矩阵法		有限元法		Boussinesq 公式
	弹性模量 180 MPa	弹性模量 300 MPa	弹性模量 180 MPa	弹性模量 300 MPa	
0.5	77.76	77.76	77.23	77.23	77.03
1.1	42.70	42.70	42.57	42.57	42.81
3.0	13.26	13.26	13.14	13.14	13.71
6.0	4.16	4.16	4.09	4.09	4.40

矩阵传递法、有限元法关于路基本体动变形分析结果列于表 3-7。对比两类方法关于动变形分析结果，两种方法的计算结果相比存在一些细微的差异，主要是由于两种方法的边界条件存在一些差异。对于传递矩阵法，在线路纵向是无限的，不存在边界，而有限元法在线路纵向是有边界限定的。整体上来看，两种方法计算结果吻合较好。

表 3-7　均质土路基结构竖向动变形计算结果　mm

荷载类型	传递矩阵法		有限元法	
	A 组填料	级配碎石	A 组填料	级配碎石
单轮轴	1.246	1.283	1.024	1.048
双轮轴	2.150	2.200	1.678	1.751
四轮轴	3.299	3.345	2.455	2.472

3.2.4　基床结构塑性累积变形特征与模型试验

3.2.4.1　长期累积塑性变形演化基本规律

路基填料是典型的弹塑性材料，每一次加卸载过程的总变形一般认为由弹性变形和塑性变形两部分组成。一般情况下，在土体结构没有发生显著变化条件下，外部循环荷载引起的路基本体弹性变形变化不大，但塑性变形将不断的积累，随循环次数的增加而不断增大。循环动荷载作用下，路基填料累计变形随循环次数变化规律如图 3-13 所示。

当物理状态（颗粒级配、压实度、含水率等）相同，在不同偏应力水平的循环加载条件下，其累积塑性变形随着荷载作用次数发展的一般规律如图 3-14 所示。因应力水平的不同,累积塑性变形将呈现出不同的发展规律,在较小的应力水平下,累积塑性变形很快趋于稳定,其累积塑性变形的曲线形态如曲线①所示;当应力水平较高的情况下,累积塑性变形快速发展直至发生破坏,其累积塑性变形的曲线形态如曲线⑧所示;当应力水平介于二者之间时,其累积塑性变形的曲线形态诸如曲线②~⑦所示。

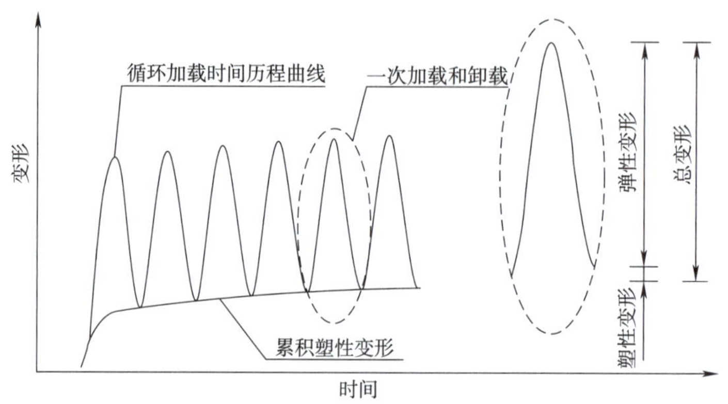

图 3-13 循环加载下的变形曲线

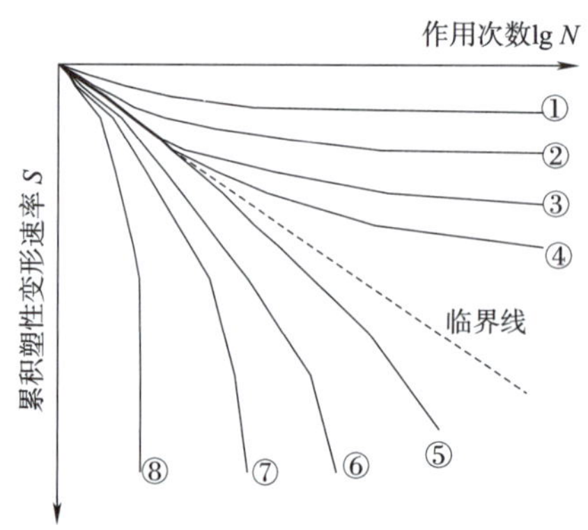

图 3-14 循环荷载作用下累积塑性变形速率随荷载作用次数的发展

不同的应力水平下,累积塑性变形的发展随着荷载作用次数增加将呈现出不同状态特征,已有研究成果列于表 3-8。

表 3-8 累积塑性变形不同状态特征的划分

提出者	状态划分		
Heath、蔡英等	衰减区间		破坏区间
王龙	稳定区间	衰减区间	破坏区间
S Werkmeister	塑性安定	塑性蠕变(最终趋于破坏)	增量崩溃(破坏)
G H Minassian	稳定	临界状态	不稳定
I Hoff	近似弹性状态	塑性变形,趋于稳定	破坏

表3-8中，较低应力水平下累积塑性变形最终趋于稳定与较高应力水平下发生破坏这两个状态特征的存在是不容置疑的，但在中等应力水平下，其累积塑性变形最终是趋于稳定还是破坏状态的描述却不尽相同，如王龙、Hoff描述为最终趋于稳定状态，Werkmeister描述为最终趋于破坏状态，Minassian认为稳定与破坏最终状态难以确定。

总结各方观点，稳定与破坏是岩土材料在循环荷载作用下其累积塑性变形变化规律的两个基本状态特征，且两者之间存在理论上的临界点。对于稳定与破坏，存在快速稳定和长期稳定、快速破坏和长期破坏，如Werkmeister在对级配碎石（花岗闪长岩）的三轴试验中，围压为σ_c＝140 kPa，当动应力幅σ_d＝280 kPa时，80万～90万次的循环荷载之后，试样发生破坏；当σ_d＝840 kPa时，仅约100次循环荷载作用试样即发生破坏。因而，可采用四个状态来描述不同应力水平下累积塑性变形的状态特征，即快速稳定、长期稳定、长期破坏、快速破坏状态，如图3-15所示。

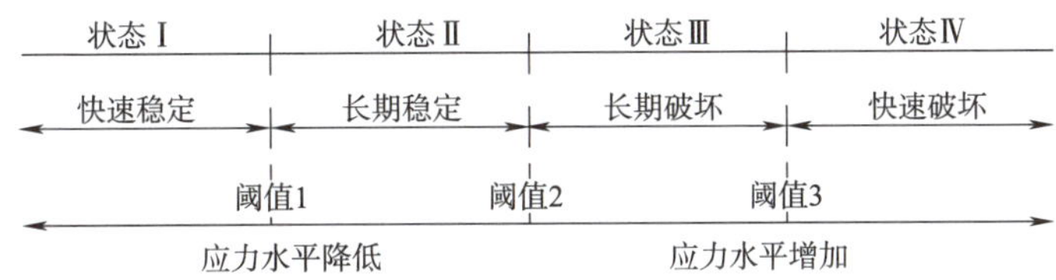

图3-15 累积塑性变形状态特征示意图

3.2.4.2 基于长期累积塑性变形速率表达的判别准则

1. 变形状态稳定与破坏判定

通过对粗颗粒基床填料动三轴试验结果的分析，在半对数坐标下，可通过累积塑性变形（应变）的"凹凸"变化趋势区分最终的状态是稳定还是破坏，如图3-16所示。

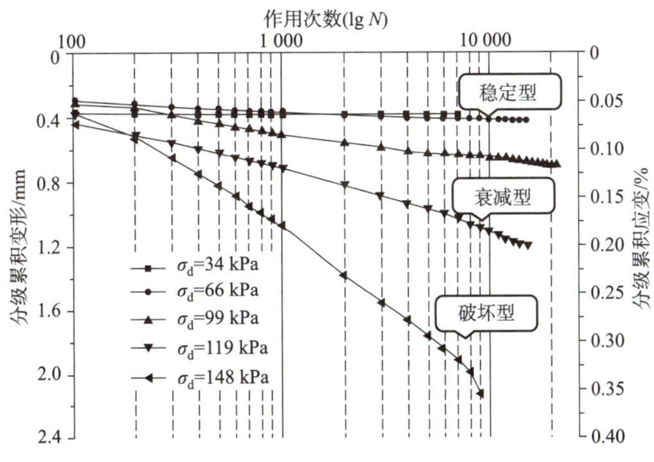

图3-16 循环累积变形与作用次数关系

在半对数坐标下，若凹曲线形态表示累积塑性变形最终趋于稳定，而凸曲线形态表示累积塑性变形最终将发展至破坏，那么，在由凹至凸的转换过程中，应该存在一条直线，即 S 与 $\lg N$ 呈线性关系，为累积塑性变形由稳定向破坏过渡的临界线，如图 3-14 所示。同时，该临界线在半对数坐标下的斜率随荷载作用次数 N 的变化应为一条水平线，如图 3-17 所示，即斜率 $\Delta S/\Delta\lg N$ 为常数。

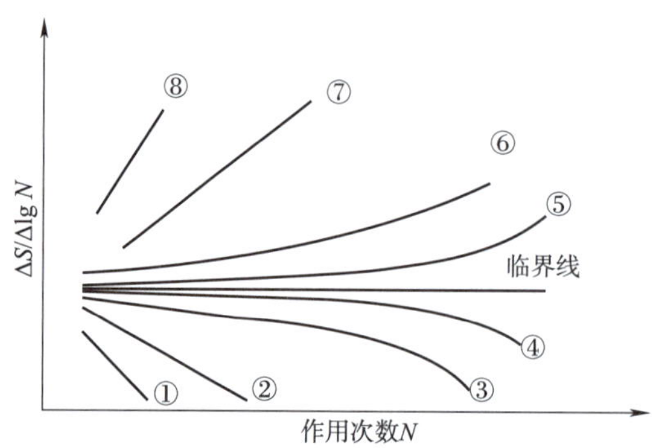

图 3-17　半对数坐标下累积塑性变形速率与作用的关系曲线

在半对数坐标下，临界线的累积塑性变形的斜率可表示为式(3-22)。

$$g(N)=\frac{\Delta S}{\Delta\lg N}=\frac{S_{i+1}-S_i}{\lg N_{i+1}-\lg N_i}=A \tag{3-22}$$

由式(3-22)可得式(3-23)。

$$S_{i+1}-S_i=A(\lg N_{i+1}-\lg N_i)=A\lg\frac{N_{i+1}}{N_i} \tag{3-23}$$

在直角坐标系中，累积塑性变形曲线的斜率可表示为式(3-24)。

$$f(N)=\frac{\Delta S}{\Delta N}=\frac{S_{i+1}-S_i}{N_{i+1}-N_i} \tag{3-24}$$

将式(3-23)代入式(3-24)，由于 ΔN 也为定值，则有式(3-25)。

$$f(N)=B\lg\frac{N_{i+1}}{N_i} \tag{3-25}$$

将($i=1,2,\cdots,n$)代入式(3-25)，并绘制 N_{i+1} 与 $B\lg(N_{i+1}/N_i)$ 的关系曲线，通过拟合发现，$f(N)$ 也近似满足式(3-26)形式的关系式。

$$f(N)=B'N^{-1} \tag{3-26}$$

即图 3-14 中所示的临界线在直角坐标系下的累积变形速率可用式(3-26)表示。假定直角坐标系下，累积塑性变形速率随荷载作用次数的变化可用负幂函数表达，见式(3-27)。

$$f(N)=CN^{-P} \tag{3-27}$$

因此，累积塑性变形可以表示为式(3-28)的形式。

$$S(N)=\sum_{N+1}^{N}CN^{-P} \tag{3-28}$$

$S(N)$为 P 级数，当 $P>1$ 时，级数收敛；当 $P\leqslant 1$ 时，级数发散。

由此可见，从数学表达上，当累积塑性变形速率随荷载作用次数的变化用负幂函数表达时，幂指数 $P=1$ 是稳定与破坏的临界值。

2. 变形收敛与发散快慢判定

根据既有经验，若累积塑性变形发展趋势没有收敛趋势，呈近似线性增加，试样或结构将很快发生明显破坏，所对应的累积塑性变形速率为常数，也即是 $P=0$。当累积塑性变形速率按负幂函数规律发展，即 $P\leqslant 0$ 时，累积塑性变形将呈现线性或“上凹”的加速发展趋势，定义为快速破坏。当 $P>1$ 时，累积塑性变形将趋于稳定，若要满足累积塑性变形的快速稳定，其累积塑性变形速率理应加速收敛。当 $P=2$，其累积塑性变形速率为从稳定到破坏的临界状态的 $1/N$，即随着 N 增加，累积塑性变形速率衰减越快。因此，当 $P\geqslant 2$ 时定义为快速稳定。

3. 基于负幂指数表达的长期累积变形演化状态分类阈值

综上所述，循环荷载作用下粗粒土填料累积塑性变形状态的划分其相应的判别准则归纳为表 3-9，累积塑性变形速率的状态划分如图 3-18 所示。但应当指出的是，这仅仅是从数学上表示的判别准则。对于岩土材料，其累积塑性应变若超过材料的极限累积塑性应变，也将会发生破坏。因此，结合极限累积塑性应变进行综合判定更为合理，尤其对稳定与破坏状态的判定。

表 3-9 循环荷载作用下累积塑性变形状态的划分

编号	状态名称	P 值
Ⅰ	快速稳定	$P\geqslant 2$
Ⅱ	长期稳定	$1<P<2$
Ⅲ	长期破坏	$0<P\leqslant 1$
Ⅳ	快速破坏	$P\leqslant 0$

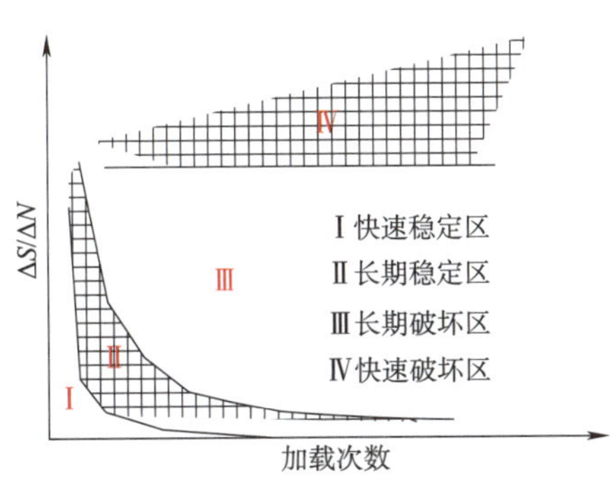

图 3-18 基于累积变形速率表达的状态划分示意图

3.2.4.3 粗颗粒基床填料模型试验

为了获得基床底层粗颗粒填料长期累积变形演化状态控制设计的关键材料参数,进行粗颗粒基床填料在室内填筑的单元模型,开展循环荷载作用下的长期累积变形演化特性研究,分析粗颗粒填料在循环荷载作用下长期累积塑性变形的基本规律,获得区分不同累积变形演化状态类型的荷载阈值。

1. 试验方法和装置

粗颗粒填料动载下累计塑性变形试验采用单元模型试验,模型槽采用四角相互不搭接的砖墙砌筑,模型槽内边长 70 cm×70 cm,高度 100 cm,填土高度 90 cm。模型分 4 层填筑,人工夯实,将填料按最佳含水率 5%进行配制,压实度分别控制为 90%、95%和 100%。模型试验如图 3-19 所示。

(a)模型槽试验装置

(b)加载装置

图 3-19 模型试验

模型填筑完成后,首先进行地基系数 K_{30} 检测,分级加载过程中,第一级荷载为 50 kPa,以相邻两级荷载的差值为 50 kPa 递增至 400 kPa,之后以 100 kPa 差值递增,直至土体结构达到破坏试验终止。根据 K_{30} 检测试验的荷载强度-下沉量曲线试验结果,据此计算得到三种压实度条件下的 K_{30} 值分别为 137 MPa/m、214 MPa/m 和 380 MPa/m。

2. 累积塑性变形随循环荷载次数的变化规律

一般情况下,通过直角坐标系和半对数坐标系表示累积塑性变形随荷载作用次数变化规律。图 3-20~图 3-22 分别为压实度为 90%、95%和 100%时,不同荷载水平下累积塑性变形随荷载作用次数的变化规律。当荷载水平较低时,累积塑性变形很快趋于稳定;当荷载水平较高时,累积塑性变形快速累积直至破坏。其中,半对数坐标系下的累积塑性变形呈现出凹曲线和凸曲线两种形态。根据压实度 95%和 100%、荷载水平为 50~300 kPa 时的半对数坐标下累积塑性变形曲线,累积塑性变形曲线由凹至凸变化的荷载范围分别为 200~250 kPa、150~200 kPa、150~200 kPa。

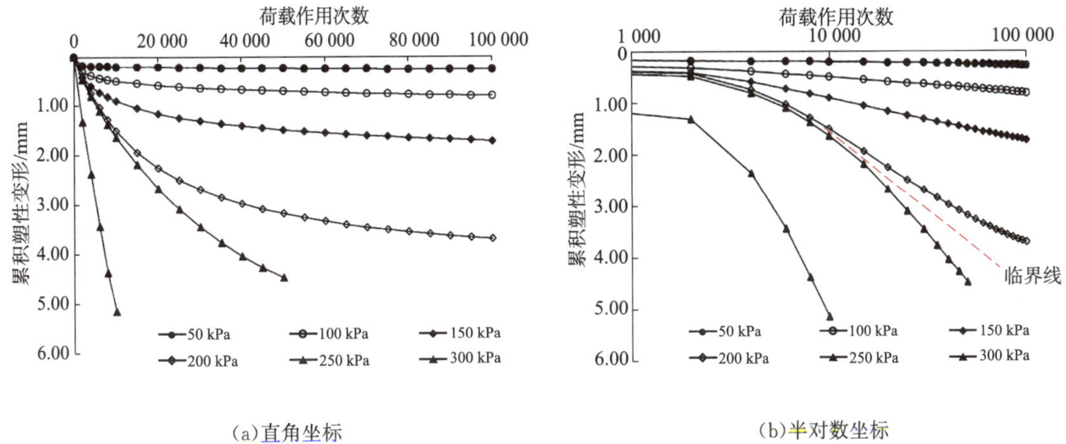

(a)直角坐标

(b)半对数坐标

图 3-20　90%压实度累积塑性变形随循环荷载作用次数的变化

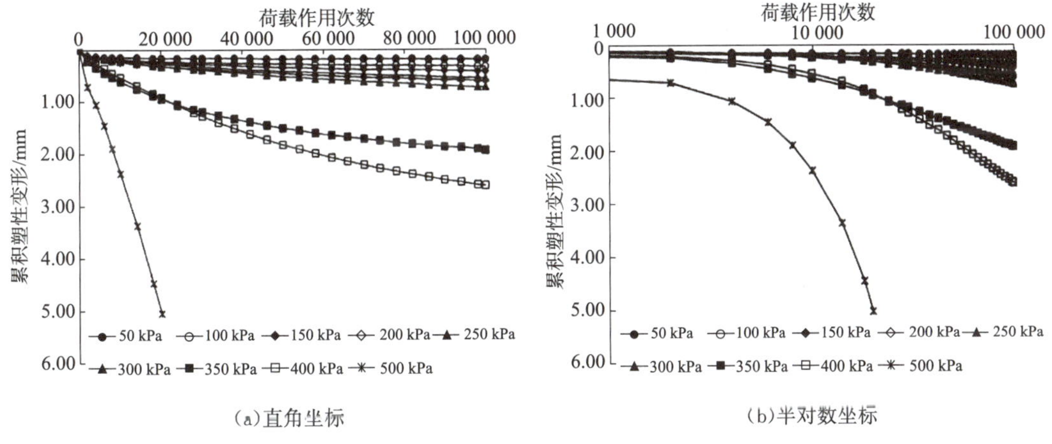

(a)直角坐标

(b)半对数坐标

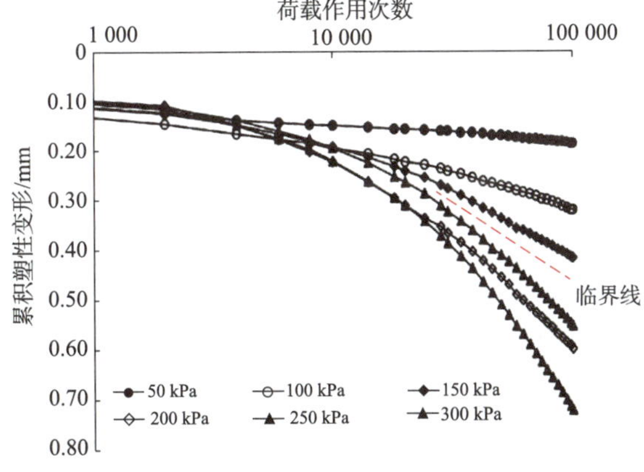

(c)半对数坐标(50～300 kPa)

图 3-21　95%压实度累积塑性变形随循环荷载作用次数的变化

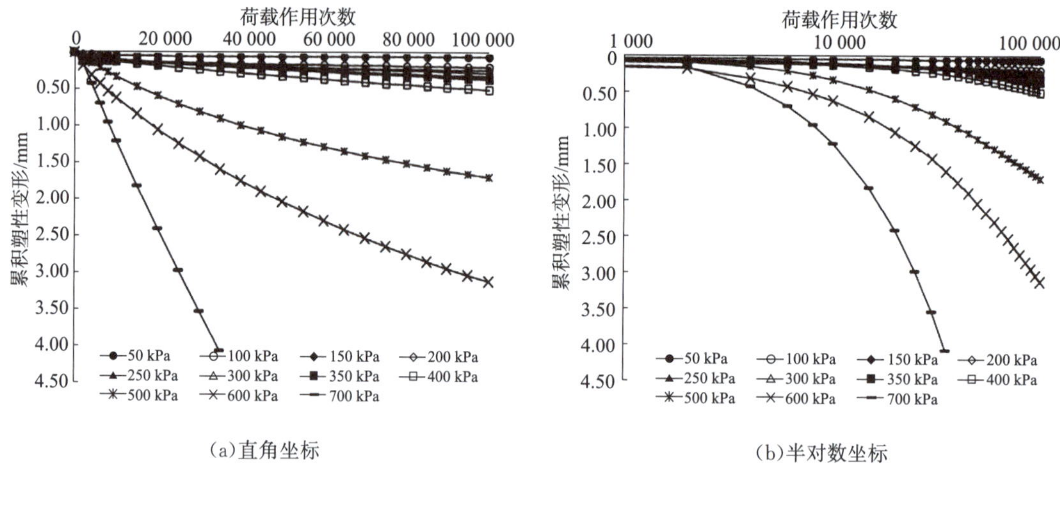

(a)直角坐标　　(b)半对数坐标

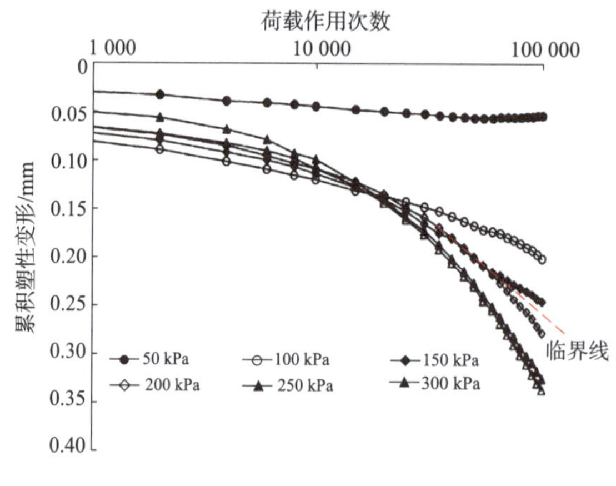

(c)半对数坐标(50～300 kPa)

图 3-22　100%压实度累积塑性变形随循环荷载作用次数的变化

3. 累积塑性变形速率随循环荷载次数的变化规律

鉴于每一次加卸载作用所产生的塑性变形及其微小，以 1 万次为单位计算累积塑性变形速率。图 3-23 为直角坐标系下，三种压实度试验中累积塑性变形速率随荷载作用次数的变化规律。随着荷载水平的增加，其累积塑性变形速率衰减趋势将越来越缓。压实度分别为 90%、95%和 100%时，当荷载水平分别为 300 kPa、500 kPa 和 700 kPa 时，其累积塑性变形速率近似为常数，即累积塑性变形按等速率增加，模型填土很快达到破坏状态。

为清晰反映不同荷载水平下累积塑性变形速率演化规律，纵轴用半对数表示。图 3-24 为半对数坐标下累积塑性变形速率($\Delta S/\Delta \lg N$)随循环荷载作用次数的变化，临界线以上的累积塑性变形速率曲线呈单调增加的变化规律，临界线以下累积塑性变形速率曲线呈单调递减的变化趋势。临界线对应的荷载范围分别为 200～250 kPa、150～200 kPa、150～200 kPa，与累积塑性变形曲线由凹至凸的分界线所对应的荷载范围一致。

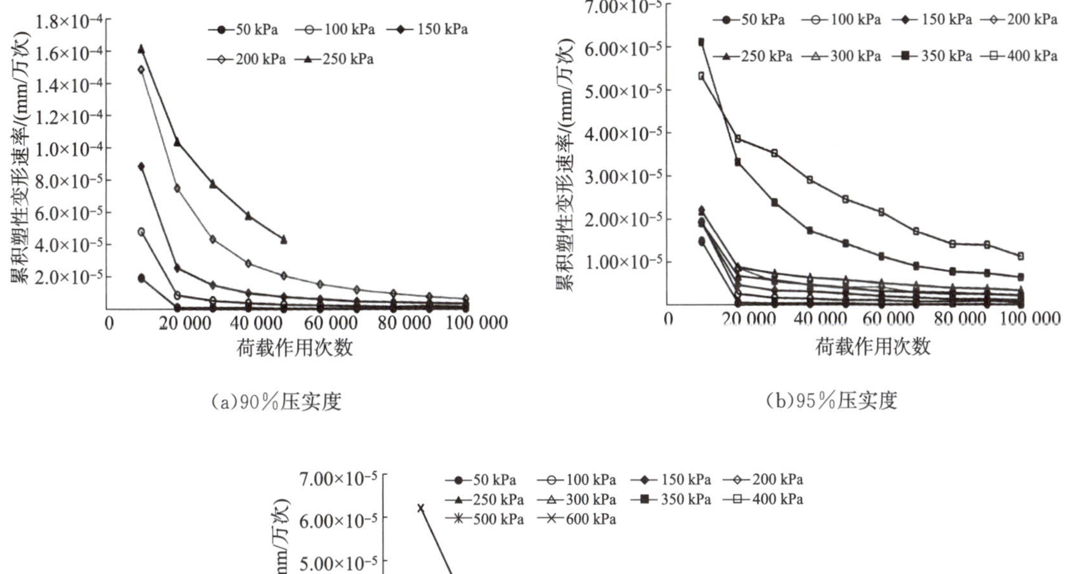

(a)90％压实度

(b)95％压实度

(c)100％压实度

图 3-23　累积塑性变形速率随循环荷载作用次数的变化(直角坐标)

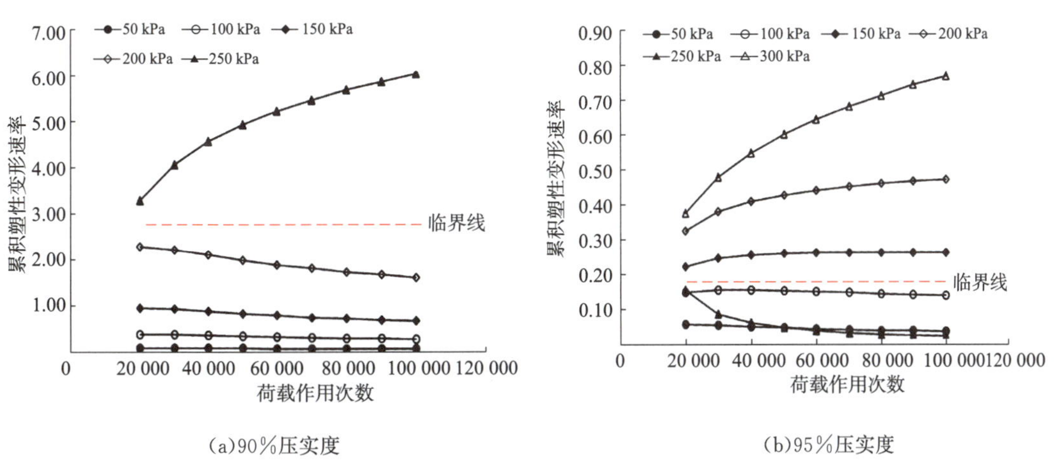

(a)90％压实度

(b)95％压实度

图　3-24

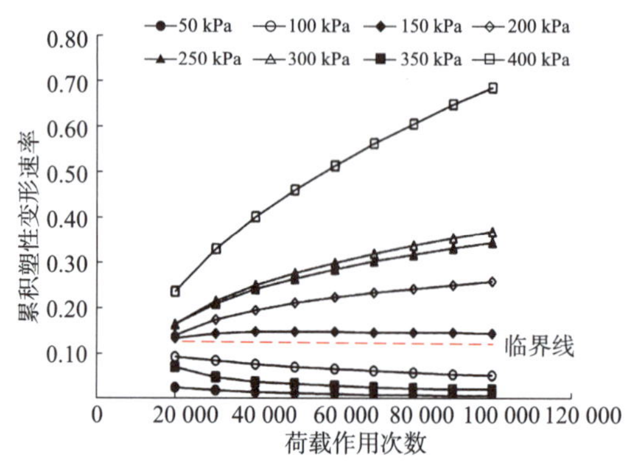

(c)100%压实度

图 3-24 累积塑性变形速率随循环荷载作用次数的变化(半对数坐标)

4. 长期累积变形演化状态的荷载阈值分析

将每级荷载作用下累积塑性变形速率随循环荷载作用的变化曲线用负幂函数 $f(N)=CN^{-P}$进行回归拟合,得到每级荷载水平对应的 P 值。图 3-25 为压实度 100%,荷载水平为 50 kPa、150 kPa、500 kPa 和 700 kPa 时累积塑性变形速率的拟合曲线。荷载水平为 50 kPa 时,对应的 P 值为 1.98,接近于判定快速稳定和长期稳定的阈值Ⅰ($P=2$);荷载水平为 700 kPa 时,对应的 P 值为 0.06,接近于判定快速破坏和长期破坏的阈值Ⅲ($P=0$)。荷载水平 150 kPa 时,对应的 P 值为 1.12,大于长期稳定和长期破坏的分类阈值Ⅱ($P=1$),累积塑性变形的演化状态最终将趋于稳定;相反,荷载水平为 500 kPa 时,对应的 P 值为 0.58,小于长期稳定和长期破坏的分类阈值Ⅱ,累积塑性变形的演化状态最终将趋于破坏。

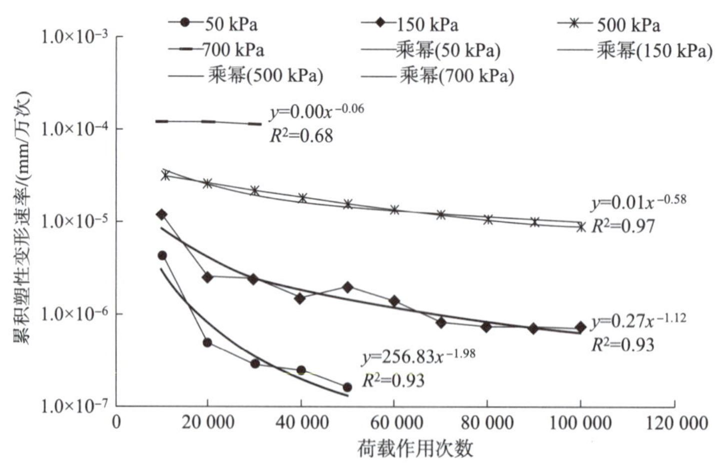

图 3-25 累积塑性变形速率的拟合曲线

按上述方法,统计得到表 3-10 中三组试验不同荷载水平对应的 P 值随荷载水平变化规律。对负幂指数 P 随荷载的变化曲线进行拟合，得到压实度100%、95%和90%时对应的长期承载力稳定阈值分别为168 kPa、114 kPa和74 kPa。

表3-10 不同荷载水平下 P 值的变化

荷载水平/kPa	P 值			荷载水平/kPa	P 值		
	压实度为100%	压实度为95%	压实度为90%		压实度为100%	压实度为95%	压实度为90%
50	1.98	1.43	1.4	350	0.55	0.66	—
100	1.52	1.20	1.37	400	0.51	0.18	—
150	1.12	1.07	1.39	500	0.59	—	—
200	0.79	0.94	1.38	600	0.53	—	—
250	0.71	0.84	0.79	700	0.06	—	—
300	0.67	0.99	0.28	—	—	—	—

3.3 水平/斜向加筋水泥土桩路基本体强化加固技术

3.3.1 加筋水泥土桩加固技术概述

水平/斜向水泥土桩是由单管高压旋喷机施工，高压喷射注浆又称旋喷法注浆，它是用浆液作为高压射流，同时进行旋转和提升，浆液借助于高压作用渗透到土颗粒间孔隙中，使其同土颗粒混合，并产生凝胶作用，使土体强度增加，同时加固后的土体透水系数很小，形成一不透水层，起到截水堵漏作用。根据相关工程实践，旋喷桩大多采用垂直或水平喷射注浆形式实施，很少采用水平或斜打旋喷桩方式用于路基病害整治工程。

需要特别指出的是，在既有线路基加固工程中，中国铁路设计集团有限公司首先尝试采用斜向水泥土桩技术取得了良好的效果，加固现场及施工设备如图3-26所示。应用工程包

(a)现场加固施工

(b)加固设备三维模型

图3-26 水泥土桩加固技术整治路基病害

括在朔黄铁路 K332＋221 158 号桥、K361＋521 169 号桥、K361＋904 170 号桥、K269＋881 盖板涵、保衡路中桥等桥涵的过渡段以及 DK269＋200～DK273＋000 等路段的路基病害整治工程，另外，在石太客运专线路基加固中也采用该技术，提高了路基承载力，减少了路基下沉引起的病害，实践证明效果良好，说明该加固技术具有更广阔的应用前景，值得进一步推广应用。

3.3.2 简化设计分析计算模型

1. 弹性地基梁模型

从加筋水泥土排桩加固机理出发，结合结构设计原理，研究提出了加筋水泥土排桩加固路基设计方法。加筋水泥土排桩受力复杂，为简化计算便于工程应用，做如下假定。

路基中加筋水泥土排桩认为是分布于路基本体内的一层连续（排桩连续设置）或非连续钢筋水泥土板，钢筋水泥土板的应力应变按钢筋混凝土结构设计理论计算，截面受拉区的拉力全部由加筋体承担，不考虑水泥土抗拉作用，水泥土排桩等效如图 3-27(a)所示。加筋水泥土排桩具有改善路基应力分布的效果，能使路基内附加应力分布更加均匀，钢筋水泥土板的板下地基反力按弹性地基梁计算，钢筋水泥土板的上部附加应力分布按照列车荷载边缘呈 30°或 45°扩散，假定为均布条形荷载，如图 3-27(b)所示。

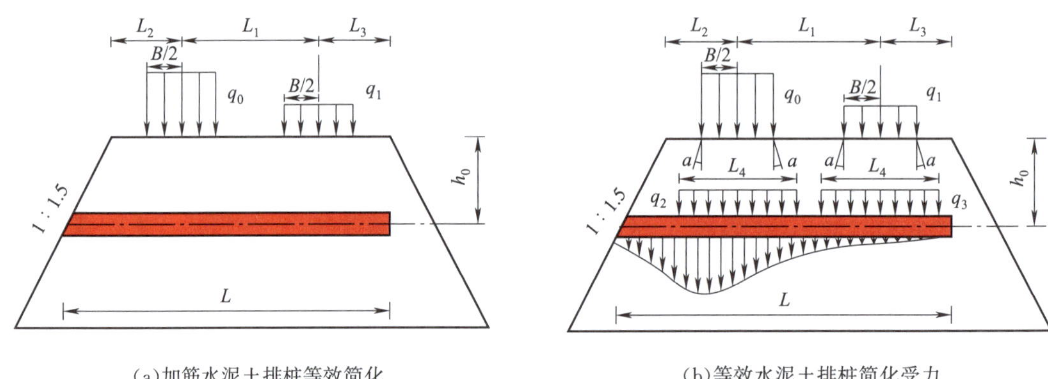

(a)加筋水泥土排桩等效简化　　(b)等效水泥土排桩简化受力

图 3-27　加筋水泥土排桩等效简化与受力示意图

如图 3-27(a)所示，加筋水泥土排桩简化为等效钢筋水泥土板（图中红色阴影部分），重车等效水泥板范围为路基边坡至对侧边坡，轻车等效水泥板范围为路基边坡至对侧路肩或轻车线换算土柱外边缘。图中 h_0 表示加筋水泥土排桩中心至路基面的距离，B 为列车荷载的分布宽度，L_1 为线间距，L 为加筋水泥土排桩的长度，q_0、q_1 分别为重车线和轻车线换算土柱荷载，L_2、L_3 分别为重车线中心和轻车线中心至路肩的宽度。

钢筋水泥土板上部附加应力分布按照两个条形面积竖直均布荷载计算，板下部应力（即板底地基反力）按弹性地基梁计算，其受力情况如图 3-27(b)所示。图中 q_0、q_1 为重车线和轻车线列车换算荷载，q_2、q_3 为列车荷载按照应力扩散角 α 扩散到该层板上的换算均布条形荷载，应力扩散角应根据土质情况选取，一般取 30°～45°，L_4 为重车线和轻车线在板上的矩形荷载分布宽度，由列车荷载按照应力扩散角计算得到，D 为桩体直径。

参照弹性地基梁计算基本公式，计算单个均布荷载在荷载作用段内及荷载作用段外对梁体造成挠曲变形的弯矩，然后将各荷载所引起弯矩值沿梁体长度方向进行叠加，即可得到梁体全长的弯矩变化情况。其中，上部荷载作用下，单个水泥土排桩弯矩分布、剪力分布以及竖向挠度变形如图 3-28 所示。水泥排桩的弯矩最大值为 12.21 kN·m，最大剪力为 19.93 kN，最大竖向挠度变形缝为 2.49 mm。整体而言，利用弹性地基梁方法确定的水泥土排桩内力相对较小，排桩整体受力可控，结构设计简单有效。

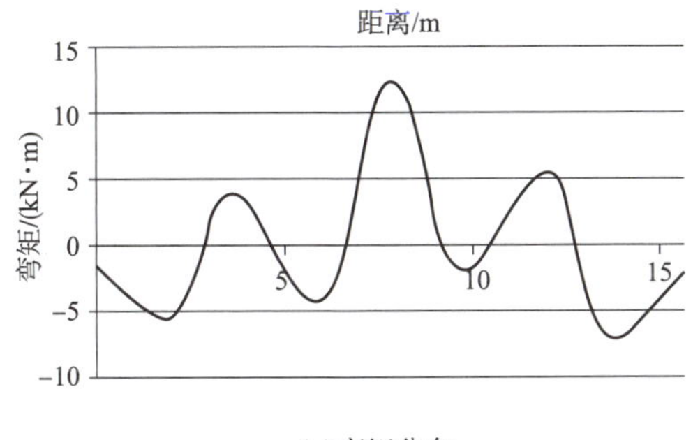

(a)弯矩分布

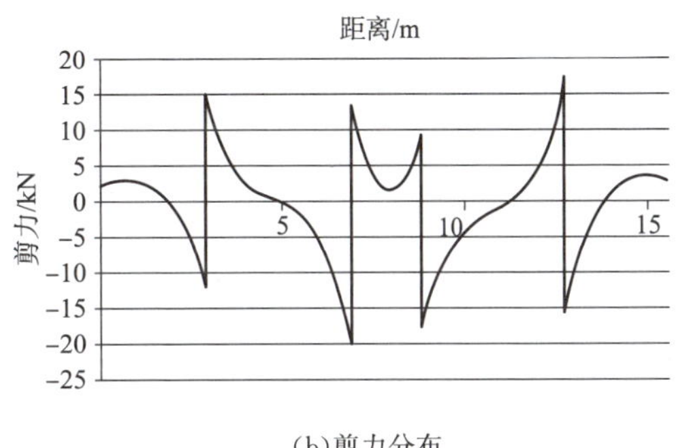

(b)剪力分布

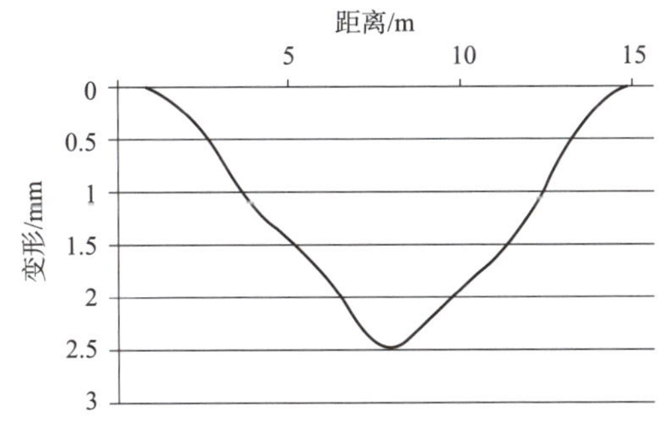

(c)挠度变形分布

图 3-28　加筋水泥土桩结构内力及挠度变形分析结果

2. 传递矩阵模型

传递矩阵模型适用于成层地基的变形和应力计算，算例分析中主要针对未加固路基、1 排水泥土桩(未加筋)加固以及 1 排水泥土桩(加筋)加固情形，考虑四种不同的设计轴重，计算路基顶面沉降值。通过挠度变形与应力分析结果，评价设置水泥土桩(未加筋和加筋)对路基沉降的影响。不同荷载分布情形的计算结果以及与有限元法计算结果比较见表 3-11。路基中设置水泥土桩通过桩土摩擦作用约束土体水平位移，在桩土接触面上形成了拉压应力分布。同工况和设计轴重下桩体拉、压应力值见表 3-12。

表 3-11　不同荷载计算情形下的路基最大沉降

计算情形	传递矩阵法计算结果/mm			有限元法计算结果/mm		
	路基未加固	1 排水泥土桩（未加筋）	1 排加筋水泥土桩	路基未加固	1 排水泥土桩（未加筋）	1 排加筋水泥土桩
情形 1	43.43	32.72	30.63	45.41	35.75	33.95
情形 2	46.64	35.64	33.30	49.08	38.60	36.65
情形 3	49.53	37.26	34.75	51.53	40.51	38.30
情形 4	55.32	41.19	37.43	55.20	43.41	40.92

表 3-12　1 排水泥土桩加筋前后最大应力值

计算情形	传递矩阵法计算结果/10^5 Pa				有限元法计算结果/10^5 Pa			
	1 排桩未加筋		1 排桩加筋		1 排桩未加筋		1 排桩加筋	
	拉应力	压应力	拉应力	压应力	拉应力	压应力	拉应力	压应力
情形 1	9.030	3.952	7.105	6.949	9.104	3.900	7.150	6.989
情形 2	8.966	4.303	7.537	7.466	9.069	4.261	7.595	7.522
情形 3	9.031	4.535	7.824	7.825	9.136	4.501	7.891	7.892
情形 4	9.033	5.180	8.254	8.363	9.138	5.166	8.335	8.447

计算结果表明，未加筋时水泥土桩的最大拉应力已经超出了水泥土的容许拉应力，说明加筋是必须的；加筋后桩体受到的最大压应力明显增大，而最大拉应力明显减小，加筋材料承担着较大的拉应力，说明加筋可以明显地分散水泥土桩的拉应力，有效提高了水泥土桩的整体性。

3.3.3　施工工艺流程

加筋水泥土桩加固技术，主要施工过程是先从路堤一侧水平打设水泥土桩，再插入工字钢、钢管等加筋材料。

路基水泥土桩采用高压旋喷成桩工法，其主要施工工序是水平给进钻孔→回拉旋喷成桩→插筋。主要施工工艺流程如图 3-29 所示。

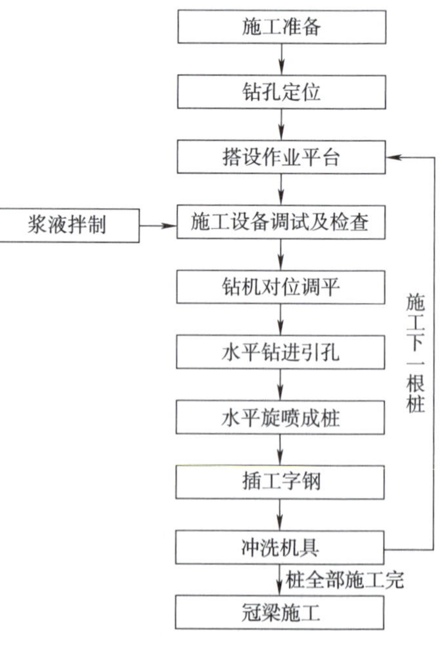

图 3-29　加筋水泥土桩施工工艺流程图

1. 施工准备

(1)技术准备

详细了解加固试验段路基填料状况、施工图和运营单位要求，组织对图纸的学习、会审，把图纸上的疑问在施工前解决；编制和修订施工组织设计、施工方案，报运营单位审批、认可。

(2)场地准备

进场前考察场地条件,主动与当地居民洽谈,协商好施工临时用地的租用问题,方便设备、材料的摆放和施工人员的安置;对施工作业面进行清理,清除路堤边坡表面的杂草及灌木。

(3)物资准备

预先落实主要材料、设备的货源供应,按计划采购、供应,保证物资有序进场。

2. 钻孔定位

正式施工作业前,首先做好孔位的定位放线工作,确定各个作业孔的位置并做好标记。孔位须避开施工障碍物,不影响线路的正常运营。如图 3-30(a)所示,现场确定好钻孔在水平方向的位置后,在路肩用钢钎做好标记(两侧均做标记),施工完后即拔掉相应钢钎。钻孔在水平方向位置确定后,还需要确定钻孔竖直方向位置,现场具体操作如图 3-30(b)所示,钢管横置,中间放置水平尺保证钢管水平,卷尺由钢管垂下,卷尺读数即为钻孔实际高度。

(a)水平定位

(b)竖向定位

图 3-30　孔位的水平与竖向定位

3. 搭设作业平台

路堤两侧搭设作业平台,作业平台形式为钻机作业平台或工字钢焊接作业平台,其中钻机作业平台可采用两套方案。

4. 施工设备调试及检查

钻机各分体模块吊放到位后,按照编号插接好油管,连接好钻机动力系统,接通电源,点接接通按钮随即按停止按钮,查看电机是否正时针转动,如反转,任意倒换两根火线即可。电源接好后,启动电机油泵,进行旋转、提拉、拧卸操作,检查油路密封性。

连接好高压管,用清水进行高压试验,试验时注意喷嘴切勿对着有人方向,如有泄漏,必须检查修复。

5. 钻机对位调平

推动钻机至指定钻孔位置,钻机对位、调平后,动力头给进,使钻头贴着边坡,固定滚轮,开始钻进作业。

6. 浆液拌制

施工现场拌制水泥浆，泵送至旋喷钻机。浆液配比选定后，首先将水加入桶内，再将水泥和外加剂倒入，开动搅拌机搅拌 10～20 min，然后拧开搅拌桶底部阀门，放入第一道过滤筛(孔径为 0.8 mm)，过滤后流入泥浆池，然后通过泥浆泵抽入第二道过滤筛(孔径为 0.8 mm)，进行第二次过滤后，流入泥浆桶备用。泥浆桶的浆液，通过高压泵加压后，经高压管送至钻机用于旋喷。

7. 水平钻进引孔

钻机对位、调平后，固定滚轮，开始钻孔作业。钻孔采用底部出浆的三翼钻头[图 3-31(a)]进行全面钻进，应避免直接用旋喷钻头[图 3-31(b)]钻孔，因旋喷钻头侧喷浆使钻杆侧向受力，容易钻偏，影响钻孔成孔精度。

(a)钻孔钻头

(b)旋喷钻头

图 3-31　钻机施工钻头

为保证钻孔的定位精度，采用先引孔、后旋喷成桩的施工工艺，引孔采用前喷浆图 3-31(a)中的引孔钻头，浆液从钻头前方喷嘴喷出，迅速软化前方土体，保证钻孔呈水平直线，这样可以较好地控制桩体在路堤对侧出孔处的偏移量。

钻孔过程中，为保证路堤内部土体结构的稳定性，确保行车安全，钻进过程严禁使用清水，使用水泥浆液钻进，钻进水泥浆液与旋喷浆液通用。需要根据土层情况调好转速，钻进速度手动控制，第一根钻杆钻进时应放慢速度，保证钻架稳定，钻入第一根钻杆后，可适当加快，钻进过程中应观察给进回转压力表，判断土层软硬情况，遇软硬互层时，应及时调整钻孔速度，采用轻压慢转工艺，防止钻偏，保证钻孔精度。

8. 水平旋喷成桩

钻孔穿过路基到另一侧后更换为旋喷钻头，钻机回拉进行旋喷作业，形成水平旋喷桩。引孔作业在路堤内开辟了一条通道，使得接下来的旋喷成桩作业可以沿着这条通道顺利进行。旋喷成桩过程中，钻杆每推进 2 m，回拉旋喷成桩，再向前钻进 2 m，再回拉旋喷成桩的工艺，直至打穿整个路基，凝固后形成桩体。

旋喷工艺参数应根据土层情况、挤土效应、返浆情况确定，遇土层变化、返浆异常、挤土明显等工况应及时调整喷浆压力、回拉速度、旋转速度，施工工艺参数回拉速度、旋转速度和喷浆压力始终要保持匹配，保证旋喷质量和施工安全。为保证旋喷桩初始的形态特征，具体采用如下两类成桩方案：

方案一：如图 3-32 所示，钻孔两头 0.5 m 范围内应减小压力，使两头桩体变小，形成口袋形，防止浆液流出，发生脱空现象，两头成桩大小要能刚好使工字钢顺利插入为宜。此法简单易行，但有可能引起孔内浆体憋压，导致桩头土体挤鼓。

方案二：如图 3-33 所示，钻穿路基本体后，孔口固定一特制的围槽，围槽上部敞开，其余三边紧贴路基边坡，形成围堰，使旋喷后的水泥土浆液只从围槽上部流出，围槽上边高度略高于桩径上端，保证旋喷桩体中水泥土浆液不致脱空桩体，同时置换浆液返出通畅，孔内憋压减小，路基本体不易鼓起变形。

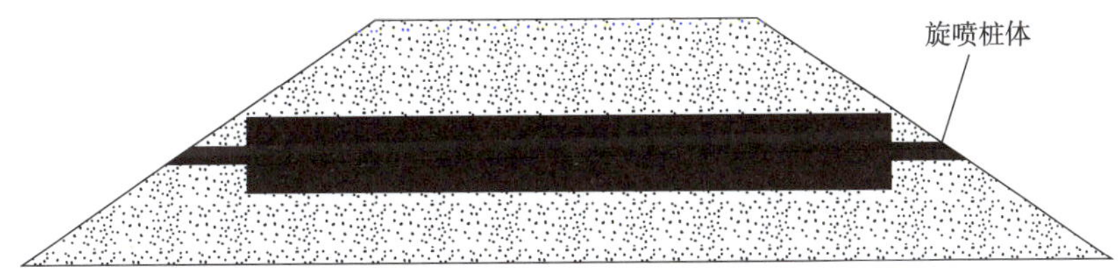

图 3-32　口袋形约束水泥土浆液

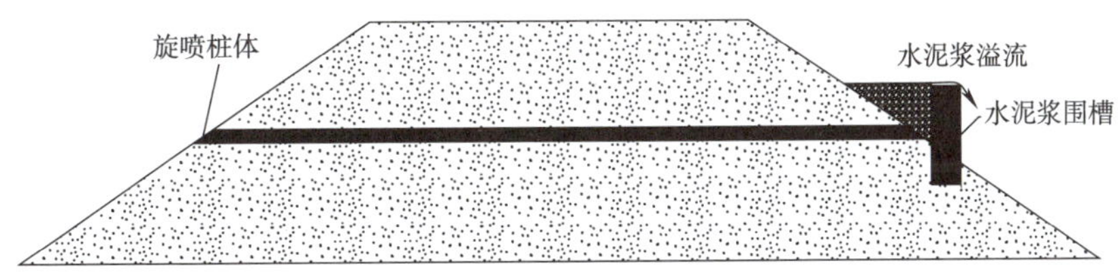

图 3-33　围堰形挡阻水泥土浆液

9. 插工字钢

按照设计要求，在每根水泥土桩内插入加筋材料，可采用 10 号工字钢，截面高度 100 mm，截面宽度 63 mm，腹板厚度 4.5 mm，翼缘厚度 4.5 mm。为保证工字钢插入过程导向准确，防止插偏导致插入困难，采用卷扬机钢丝绳拉穿的方法。

10. 冲洗机具

按照上述操作，钻机完成单孔注浆将钢丝绳拉过路堤后，应及时移动钻机为卷扬机提供作业空间，并用清水冲洗钻具、管路、高压泵等浆液输送系统，如间隔时间不长，可进行简短冲洗。

11. 冠梁施工

所有加筋水泥土桩施工完，在桩两端采用加筋水泥土冠梁连接，形成加筋水泥土排桩结构，提高加固结构的整体稳定性，增强加固效果。

第4章 高速铁路桩网复合地基沉降分析技术

桩网结构形式的刚性桩复合地基作为一种软弱地基处理措施，具有沉降变形小、变形稳定历时短、施工质量易控、经济性好等优点，在软弱土区域的路基加固中备受关注。但由于现阶段的技术规程对铁路桩网复合地基的设计，只进行基本设计原则方面的规定，实际操作性不强，导致高速铁路桩网复合地基设计过程中存在较大的盲目性和主观性，仍处于经验设计阶段。根据目前关于桩网复合地基的研究成果，还没有形成一整套科学合理的理论分析方法用于桩网结构复合地基沉降计算，这也严重制约了桩网复合地基技术在高速铁路建设中的推广应用。因此，本章主要围绕高速铁路桩网复合地基沉降分析中涉及的核心技术问题开展系列研究。

4.1 土拱模型优化分析

4.1.1 桩网复合地基承载模式

路堤结构中的桩网复合地基存在路堤填土、土工格栅加筋垫层、刚性桩体、桩间土体以及下卧层土体共五个组成部分，而路堤结构各组成部分的各自沉降变形及相互间的耦合变形是桩网复合地基总沉降变形产生和发展的根本原因，但由于复合地基中填土、垫层、桩体、桩间土体和下卧层协同工作的复杂性，导致直接建立桩网复合地基沉降计算模型变得十分困难。

按照桩网复合地基从上至下各组成结构的变形特点，将桩网复合地基路堤结构依次划分为路堤填土区、刚性桩加固区及桩端下卧层三个部分。其中，土工格栅加筋垫层位于路堤填土区和刚性桩加固区分界面位置，作为两区域的过渡区和分界区，如图4-1所示。

桩网结构通过路堤填土土拱效应和加筋垫层作用，将填土荷载转移至刚性桩体，并最终传递给桩侧及桩端土体。桩顶平面上的桩体及桩间土应力的确定，是基于桩土荷载分担比建立桩网复合地基沉降模型的基础。路堤中的填料一般采用分层填筑压实的粗颗粒填料，其在自重和外荷载作用下的沉降很小，因此路堤填土区计算的重点在于填土中土拱效应的计算，综合土工格栅加筋垫层的影响，最终确定桩体和桩间土体分别分担的荷载。其中土拱模型是填土路堤结构中最常应用的桩土应力计算方法，一般基于拱顶和拱脚位置处的极限应力状态完成桩顶及桩间土应力计算。为控制桩顶位置处的桩土差异沉降和应力集中问题,桩顶一般铺设一定厚度的加筋垫层。上部荷载能够从桩间土传递到桩上是由于路堤填土土拱、土工材料张力膜和加筋垫层等相互作用的综合结果。

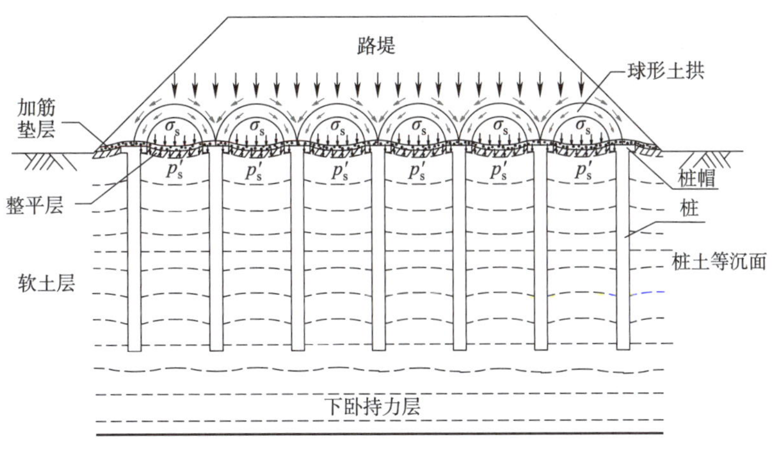

图 4-1　桩网复合地基沉降变形(球形土拱)

4.1.2　Hewlett 土拱模型

正方形布桩情形下的 Hewlett 模型计算中,假定桩体截面或桩帽截面为正方形,若其为圆形,则根据面积等效原则将圆形截面等效为正方形。根据 Hewlett 土拱模型基本假定,球形土拱拱顶位置土体将首先进入塑性工作状态,故先分析球形土拱拱顶位置处的单元土体应力状态,拱顶土体单元三向应力状态及对角线方向剖面如图 4-2 所示。

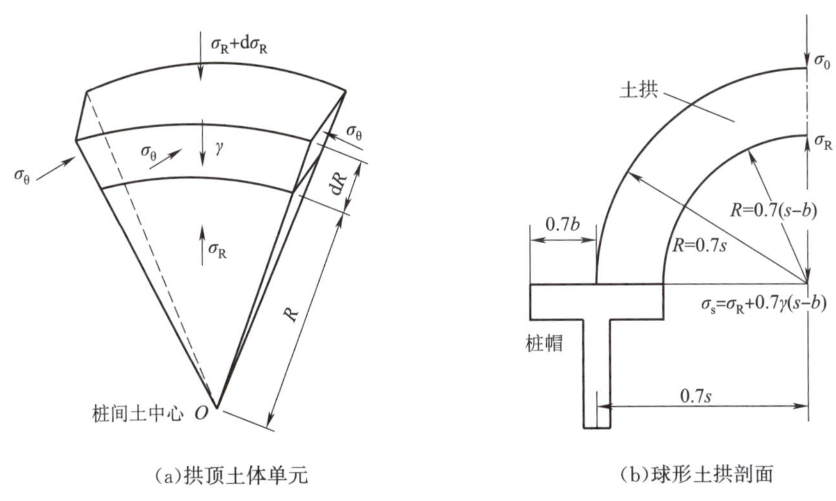

(a)拱顶土体单元　　(b)球形土拱剖面

图 4-2　土拱拱顶土体受力分析

根据单元土体竖向力平衡条件,得到式(4-1)拱顶土体单元竖向力平衡微分方程。

$$\frac{\mathrm{d}\sigma_{\mathrm{R}}}{\mathrm{d}R}+2\,\frac{\sigma_{\mathrm{R}}-\sigma_{\theta}}{R}=-\gamma \tag{4-1}$$

式中 γ——路堤填土容重；

R——土体单元与球形土拱中心位置之间距离(极坐标)；

σ_{R}——土体单元径向应力；

σ_{θ}——土体单元切向应力。

球形土拱拱顶土体单元达到塑性工作状态后，由 Mohr-Coulomb 强度准则，不考虑路堤填土黏聚力对土体极限状态的影响，得到应力极限平衡状态下拱顶单元土体切向应力与径向应力间关系式(4-2)。

$$\sigma_{\theta}=K_{\mathrm{p}}\sigma_{\mathrm{R}} \tag{4-2}$$

式中 K_{p}——路基填料被动土压力系数，其中，$K_{\mathrm{p}}=\tan^2(45°+\varphi/2)$，$\varphi$ 为填土内摩擦角。

正方形布桩形式下的球形土拱拱顶位置处单元土体外侧边缘位置处的径向应力，为土拱拱高以上土体自重应力，对应的应力边界条件为式(4-3)。

$$\sigma_{\mathrm{R}}\big|_{R=s/\sqrt{2}}=\gamma(H-s/\sqrt{2})+q_0 \tag{4-3}$$

式中 H——路堤填土总高度；

s——桩间距。

联立式(4-1)～式(4-3)，得到式(4-4)中球形土拱径向应力。

$$\sigma_{\mathrm{R}}=\frac{\gamma}{2K_{\mathrm{p}}-3}R+\left(\gamma H-\gamma\frac{s}{\sqrt{2}}+q_0\right)\left(\frac{s}{\sqrt{2}}\right)^{2(1-K_{\mathrm{p}})}R^{2K_{\mathrm{p}}-2}-\frac{\gamma}{2K_{\mathrm{p}}-3}\left(\frac{s}{\sqrt{2}}\right)^{3-2K_{\mathrm{p}}}R^{2(K_{\mathrm{p}}-1)} \tag{4-4}$$

进而根据拱下填土体高度范围内的自重应力，得到球形土拱中心位置处桩间土竖向应力表达式(4-5)。

$$\sigma_{\mathrm{s}}=\sigma_{\mathrm{R}}\big|_{R=\frac{s-b}{\sqrt{2}}}+\frac{\gamma(s-b)}{\sqrt{2}}=\gamma\left(H+\frac{q_0}{\gamma}-\sqrt{2}s\,\frac{K_{\mathrm{p}}-1}{2K_{\mathrm{p}}-3}\right)\left(1-\frac{b}{s}\right)^{2(K_{\mathrm{p}}-1)}+\sqrt{2}\gamma(s-b)\frac{K_{\mathrm{p}}-1}{2K_{\mathrm{p}}-3} \tag{4-5}$$

式中 b——矩形桩体或桩帽边长。

根据桩顶位置处桩体分担荷载、桩间土分担荷载 P_{p} 与路堤填土总荷载之间的平衡条件，得到球形土拱应力极限状态下的桩体荷载分担比表达式(4-6)。

$$E_1=\frac{P_{\mathrm{p}}}{q_0 s^2+\gamma H s^2}=1-\frac{\sigma_{\mathrm{s}}}{q_0+\gamma H}\left(1-\frac{b^2}{s^2}\right) \tag{4-6}$$

桩网复合地基采用矩形桩帽和正方形布桩条件下，桩顶或桩帽顶部位置处的平面土拱形态、拱脚平面以及桩顶土体单元应力极限状态示意图如图 4-3 所示。

根据四个平面土拱拱脚土体单元应力状态[图 4-3(c)]，由竖向力平衡条件，得到平面土拱拱脚位置处的土体单元竖向力平衡微分方程式(4-7)。

$$\frac{\mathrm{d}\sigma_{\mathrm{R}}}{\mathrm{d}R}+\frac{\sigma_{\mathrm{R}}-\sigma_{\theta}}{R}=0 \tag{4-7}$$

当 $R=0.5(s-b)$ 时，单元土体处于应力极限状态，径向应力 σ_R 与土拱下方桩间土应力 σ_s 间关系仍满足应力极限状态平衡方程式(4-8)。必须指出的是，式(4-8)并未考虑桩间土应力非均匀分布的影响，认为拱脚与中心位置处的竖向桩间土应力均相等。

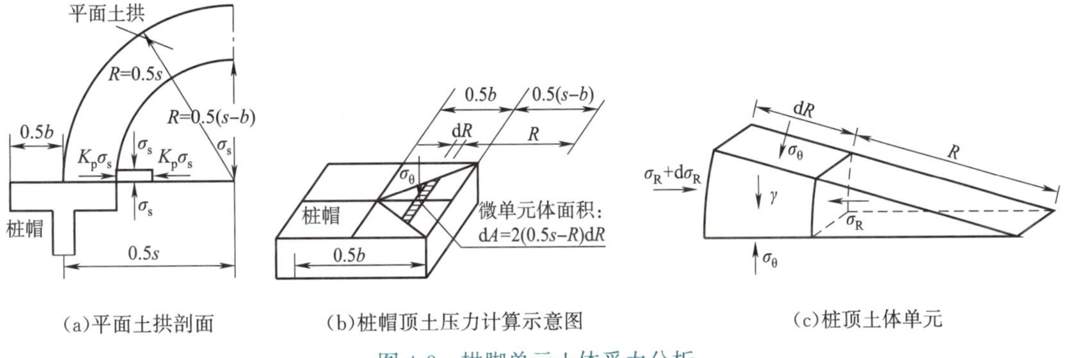

(a)平面土拱剖面　(b)桩帽顶土压力计算示意图　(c)桩顶土体单元

图 4-3　拱脚单元土体受力分析

$$\sigma_R = K_p \sigma_s \tag{4-8}$$

由式(4-2)和式(4-7)、式(4-8)得平面土拱径向应力表达式(4-9)。

$$\sigma_R = K_p \sigma_s \left[0.5(s-b)\right]^{1-K_p} R^{K_p-1} \tag{4-9}$$

根据图 4-3(c)中切向应力与径向应力间关系，由式(4-2)得到切向应力表达式(4-10)。

$$\sigma_\theta = K_p^2 \sigma_s \left[2R/(s-b)\right]^{K_p-1} \tag{4-10}$$

将 σ_θ 在图 4-3(b)中桩帽范围内逐条积分，由对称条件得到桩帽承担的四个平面土拱拱脚传递的总荷载 P_p。

$$P_p = 4\int_{\frac{s-b}{2}}^{\frac{s}{2}} 2(0.5s-R)\sigma_\theta \mathrm{d}R = \frac{2K_p}{K_p+1} s^2 \sigma_s \left[\left(1-\frac{b}{s}\right)^{1-K_p} - \left(1-\frac{b}{s}\right)\left(1+\frac{b}{s}K_p\right)\right] \tag{4-11}$$

根据平面土拱拱脚位置处的土体单元应力极限平衡状态，得到对应桩体荷载分担比关系式(4-12)。

$$E_2 = P_p / \left[P_p + \sigma_s (s^2 - b^2)\right] \tag{4-12}$$

4.1.3　楔形土拱模型

楔形土拱模型计算中，桩体或桩帽截面形状分为两种，即正方形桩帽和圆形桩帽。楔形土拱模型采用压力扩散角方法，以桩顶或桩帽顶边缘为起点，空间楔形面将路堤填土划分为桩顶棱台状和拱下桩间锥形体两部分。假定滑动面位置切向和法向作用力合力在竖直方向上平衡，桩间土应力即为楔形拱下锥形体自重，拱上荷载全部传递至桩体。采用楔形土拱的北欧手册和日本细则中，北欧手册规定楔形体顶角固定为 30°，日本细则考虑了垫层与上层填土性质差异，取垫层压力分散角为 45°，路堤填土压力分散角为 30°。根据日本细则中分散角形成的楔形土拱范围，由垫层和填土分散角、桩间净距和填土高度，自重荷载计算中将楔形拱下锥形土体具体分为 A、B、C 三个区段，对应的楔形土拱三维示意图如图 4-4 所示。

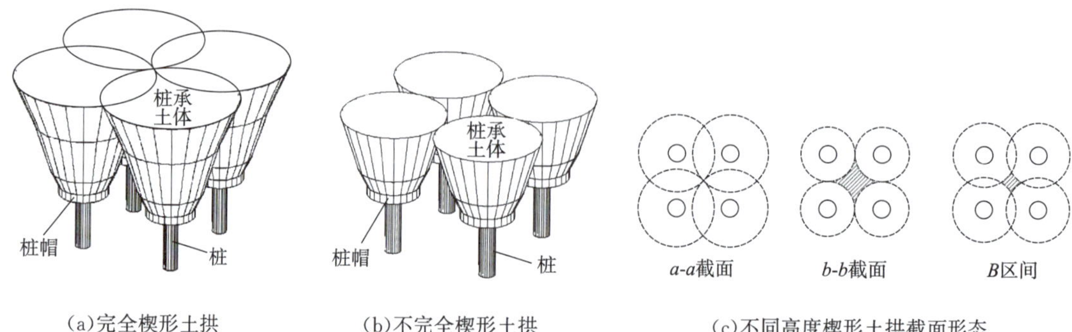

(a)完全楔形土拱　(b)不完全楔形土拱　(c)不同高度楔形土拱截面形态

图 4-4　圆形桩帽楔形土拱示意图

其中，矩形布桩和圆形桩帽条件下，不同路堤填土高度楔形土拱截面示意图如图 4-4(c)所示，根据路堤填土高度与楔形土拱拱高的相对大小，确定楔形土拱拱下锥形土体范围。

1. 桩土荷载分担计算

楔形土拱模型桩土荷载计算中，路堤填土高度超过楔形土拱拱高时，楔形土拱完全形成；桩间土承担荷载即为楔形土拱下锥形土体自重，由式(4-13)计算楔形土拱下锥形体自重荷载。若路堤填土高度小于楔形土拱拱高，楔形土拱尚未完全形成，外部荷载部分传递至桩间土，由式(4-14)计算楔形拱下土体自重和路堤表面传递的外部荷载。

$$W_0=\gamma V \tag{4-13}$$

$$W_0=\gamma V_H+q_0 A_H \tag{4-14}$$

式中　W_0——桩间土承担荷载；

V——楔形拱下锥形土体体积；

γ——垫层和填土层的加权容重；

A_H——路堤填土高度为 H 位置处的拱下锥形土体横截面面积；

V_H——楔形土拱未完全形成情形下的锥形土体体积；

q_0——路堤填土表面位置作用的外荷载。

相应的土体分担的荷载 P_s 和桩体分担荷载 P_p 分别由式(4-15)和式(4-16)计算。

$$P_s=W_0 \tag{4-15}$$

$$P_p=(\gamma H+q_0)s^2-W_0 \tag{4-16}$$

桩体荷载分担比表达式为

$$E=P_p/(P_p+P_s)=P_p/[(\gamma H+q_0)s^2] \tag{4-17}$$

2. 楔形拱下锥形体体积计算

楔形土拱模型中的桩土应力计算中，关键在于楔形拱下锥形土体体积的积分计算。桩承式路堤工程中实际采用的桩帽存在圆形(图 4-4)和方形(图 4-5)两种形式,两种桩帽形状下的楔形土拱完全形成后的拱下锥形土体示意图如图 4-6 所示。

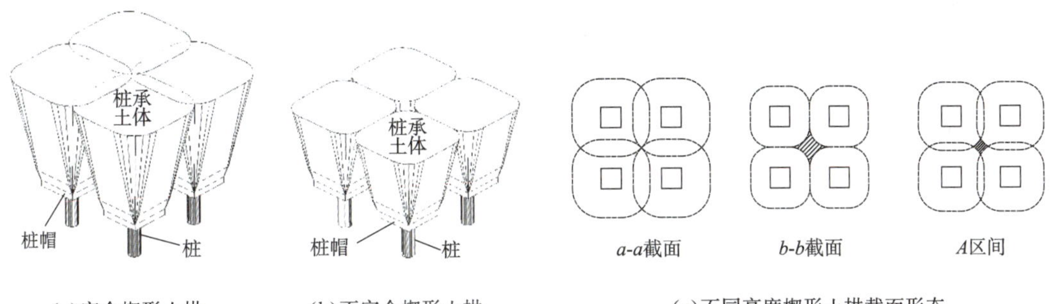

图 4-5　矩形桩帽楔形土拱计算示意图

根据垫层厚度、填土高度以及填土压力分散角,可确定锥形土体 C 区间、B 区间以及 A 区间的范围,通过体积积分方法得到各区间土体体积分别为 V_1、V_2、V_3。

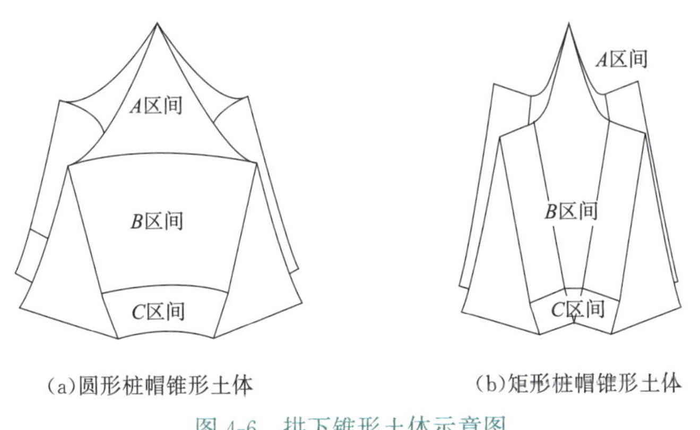

图 4-6　拱下锥形土体示意图

(1)楔形土拱拱高

图 4-5 中矩形布桩情形下,根据路堤垫层及填土压力分散角与填土高度间的相互关系,当楔形土拱完全形成时,得到圆形和矩形桩帽两种情形下锥形土体 C 区高度 H_1、B 区高度 H_2 和 A 区高度 H_3 表达式。确定楔形拱下三区域高度后,三者之和即为楔形土拱总高度 H_g。圆形桩帽和矩形桩帽的 H_1、H_2、H_3 表达式分别为式(4-18)和式(4-19)。

$$\begin{cases} C\text{ 区}:H_1=h_1 \\ B\text{ 区}:H_2=0.5(s-d-2H_1\tan\alpha_1)/\tan\alpha_2 \\ A\text{ 区}:H_3=0.5(\sqrt{2}s-d-2H_1\tan\alpha_1)/\tan\alpha_2-H_2 \end{cases} \tag{4-18}$$

$$\begin{cases} C\text{ 区}:H_1=h_1 \\ B\text{ 区}:H_2=0.5(s-b-2H_1\tan\alpha_1)/\tan\alpha_2 \\ A\text{ 区}:H_3=0.5(\sqrt{2}s-\sqrt{2}b-2H_1\tan\alpha_1)/\tan\alpha_2-H_2 \end{cases} \tag{4-19}$$

式中 h_1——垫层厚度；

s——桩间距；

d——桩帽直径；

b——矩形桩帽边长；

α_1——垫层压力分散角；

α_2——填土压力分散角。

圆形桩帽和方形桩帽的 H_g表达式分别为式(4-20)和式(4-21)。

$$H_g = H_1 + H_2 + H_3 = [\sqrt{2}s - d + 2h_1(\tan\alpha_2 - \tan\alpha_1)]/(2\tan\alpha_2) \tag{4-20}$$

$$H_g = H_1 + H_2 + H_3 = [\sqrt{2}s - \sqrt{2}b + 2h_1(\tan\alpha_2 - \tan\alpha_1)]/(2\tan\alpha_2) \tag{4-21}$$

式(4-20)、式(4-21)中，楔形土拱高度为关于垫层厚度 h_1 和路堤填料压力扩散角 α_1、α_2 的函数，当填土扩散角与填土高度相关时，楔形土拱高度也将随填土高度发生变化。即使对同一种填土，式(4-20)中楔形土拱高度也将随填土高度改变，并不同于传统土拱模型拱高不变假定情形，可反映出垫层厚度 h_1 和填土性质对楔形土拱高度相对大小的影响。

(2)C 区垫层体积 V_1

路堤填土总高度 H 一般大于等于垫层厚度，可得到垫层部分体积 V_1 的表达式(4-22)。

圆形桩帽 V_1：

$$V_1 = (s^2 - 0.25\pi d^2)H_1 - 0.5\pi d\tan\alpha_1 H_1^2 - \pi\tan^2\alpha_1 H_1^3/3 \tag{4-22}$$

C 区上表面面积：

$$S_1 = s^2 - \pi(0.5d + H_1\tan\alpha_1)^2 \tag{4-23}$$

方形桩帽 V_1：

$$V_1 = (s^2 - b^2)H_1 - 2bH_1^2\tan\alpha_1 - \pi H_1^3\tan^2\alpha_1/3 \tag{4-24}$$

C 区上表面面积：

$$S_1 = s^2 - b^2 - bH_1\tan\alpha_1 - \pi H_1^2\tan^2\alpha_1 \tag{4-25}$$

(3)B 区填土体积 V_2

根据填土高度 H 的相对大小，楔形土拱可能完全形成，也可能只是部分形成，故采用 H_2' 表示 B 区实际高度，进而得到 B 区体积表达式(4-26)。

圆形桩帽 V_2：

$$V_2 = [s^2 - \pi(0.5d + H_1\tan\alpha_1)^2]H_2' - 0.5\pi d\tan\alpha_2 H_2'^2 - \pi\tan\alpha_1\tan\alpha_2 H_1 H_2'^2 - \pi\tan^2\alpha_2 H_2'^3/3 \tag{4-26}$$

B 区截面面积：

$$S_2 = s^2 - \pi(0.5d + H_1\tan\alpha_1 + H_2'\tan\alpha_2)^2 \tag{4-27}$$

方形桩帽 V_2：

$$V_2 = [s^2 - (b + 2H_1\tan\alpha_1)^2]H_2' - 2(b + 2H_1\tan\alpha_1)H_2'^2\tan\alpha_2 - \pi\tan^2\alpha_2 H_2'^3/3 \tag{4-28}$$

B 区截面面积：

$$S_2=s^2-4(0.5b+H_1\tan\alpha_1+H_2'\tan\alpha_2)^2+(4-\pi)H_2'^2\tan^2\alpha_2 \tag{4-29}$$

式中　H_2'——拱下 B 区土体实际高度，当 $H<H_2$ 时，$H_2'=H-H_1$；$H\geqslant H_2$ 时，$H_2'=H_2$。

(4)A 区填土体积 V_3

根据路堤填土楔形土拱是否完全形成的判定条件，进行 A 区锥尖部分土体的体积计算，具体采用四棱锥和棱台体积公式(4-30)，完成两种情形下的 A 区体积计算。

$$V_3=\begin{cases}S_0H_3/3 & H\geqslant H_1+H_2+H_3\\(S_0+S_3+\sqrt{S_0S_3})(H-H_1-H_2)/3 & H<H_1+H_2+H_3\end{cases} \tag{4-30}$$

式中　S_0——图 4-4(c)或图 4-5(c)中 b-b 截面积；

S_3——填土高度 H 位置处对应的 A 区土体截面积，若填土高度高于楔形土拱高度，$S_3=0$。

圆形桩帽界限面积 S_0：

$$S_0=(1-0.25\pi)s^2 \tag{4-31}$$

方形桩帽界限面积 S_1：

$$S_1=(1-0.25\pi)(s-b)^2 \tag{4-32}$$

圆形或方形桩帽 S_2：

$$S_2=S_0(H_1+H_2+H_3-H)^2/H_3^2 \tag{4-33}$$

根据路堤填土实际高度和楔形土拱高度相对大小关系，得到 C 区间、B 区间及 A 区间土体体积后，由式(4-34)得楔形拱拱下锥形土体总体积 V。

$$V=V_1+V_2+V_3 \tag{4-34}$$

矩形桩帽情形下的桩土应力计算中，矩形桩帽上部桩承土体截面为圆角矩形，拱下锥形体体积计算中应根据圆角矩形面积积分进行确定。

3. 路堤填土压力扩散角确定方法

楔形土拱模型求解的关键在于楔形土拱横向和竖向范围的确定，而楔形土拱高度和半径(圆角矩形边长)由垫层及填土压力扩散角 α_1、α_2 决定。楔形土拱模型为综合反映黏性填土黏聚力对楔形土拱效应发挥的影响，根据我国相关规范关于黏性填土压力扩散角范围的规定，将综合内摩擦角指标的一半作为黏性填土的压力扩散角；由于粗粒土垫层一般不存在黏聚力，垫层压力扩散角可以根据内摩擦角值线性插值确定。

(1)填土综合内摩擦角

《铁路路基支挡结构设计规范》(TB 10025—2019)在挡土墙后路堤填土土压力计算中，推荐采用式(4-35)综合内摩擦角指标计算墙后填土土压力。综合内摩擦角与路堤填土内摩擦角、黏聚力相关，随两参数的增加而增大，可综合反映填土黏聚力及内摩擦角指标对填土性质的影响。

$$\phi=\arctan[\tan\varphi+c/(\gamma H)] \tag{4-35}$$

式中 ϕ——路堤填土综合内摩擦角。

《铁路路基支挡结构设计规范》(TB 10025—2019)关于填土综合内摩擦角取值范围列于表4-1。

表4-1 黏性土综合内摩擦角

填土种类	填土高度	填土综合内摩擦角 ϕ
黏性土	墙高 $H\leqslant 6$ m	35°
	6 m<墙高 $H\leqslant 12$ m	30°~35°

表4-1填土综合内摩擦角取值范围主要针对挡土墙后填土。类似的，路堤填土综合内摩擦角取值可采用相同处理方法，具体原则：以填土高度 $H=6$ m 为限，$H>6$ m 时，采用式(4-35)计算填土综合内摩擦角，若 $\phi>35°$ 则取 $\phi=35°$；当 $H\leqslant 6$ m 时，式(4-35)计算的填土综合内摩擦角 $\phi>40°$ 情况下，取 $\phi=40°$。

(2)垫层及填土压力扩散角确定方法

路堤填土压力扩散角主要与填土种类相关(填土强度指标)，日本细则在压力扩散角确定中，取土工格栅加筋垫层的分散角 $\alpha_1=45°$，一般的黏性填土取 $\alpha_2=30°$。我国已颁布实施的《建筑地基处理技术规范》(JGJ 79—2012)中给出的不同种类垫层压力扩散角取值范围列于表4-2。

表4-2 压力扩散角

z/b	换填材料		
	中砂、粗砂、砾砂、圆砾、角砾、石屑、卵石、碎石、矿渣	粉质黏土、粉煤灰	灰土
0.25	20°	6°	28°
≥0.50	30°	23°	

注：1. 当 $z/b<0.25$，除灰土取28°外，其余材料压力扩散角均取为0°，必要时由试验确定。
2. 当 $0.25<z/b<0.5$ 时，压力扩散角可内插求得。

垫层与路堤填土压力扩散角确定原则：根据表4-2中垫层和黏性填土压力扩散角范围，垫层压力扩散角(20°~30°范围)根据其内摩擦角实际大小(20°~45°范围)进行线性插值，且保证垫层压力扩散角不超过30°；上部黏性填土压力扩散角取综合内摩擦角一半且其压力扩散角不超过23°。垫层和黏性填土压力扩散角分别为式(4-36)和式(4-37)。

$$\alpha_1=\frac{\varphi_1-20°}{45°-20°}(30°-20°)+20°=0.4\varphi_1+12°,\qquad \text{且 } \alpha_1\leqslant 30° \tag{4-36}$$

$$\alpha_2=0.5\phi,\qquad \text{且 } \alpha_2\leqslant 23° \tag{4-37}$$

式中 φ_1——垫层内摩擦角。

4.1.4 加筋垫层

1. 加筋垫层等效复合板模型

路堤填土在其内部土拱效应作用下，部分荷载向桩顶集中并转移，拱下荷载将直接作用于位于桩(帽)顶的加筋垫层。加筋垫层本身具有一定的刚度和抵抗变形能力，在拱下土体自重荷载作用下，加筋垫层将发生弯曲变形，通过土工格栅张拉效应，将其中的一部分荷载继续转移至桩顶。因此，当路堤填土高度保持不变时，加筋垫层的设置将进一步增加桩顶分担的荷载。假定多层加筋垫层为仅能抵抗正弯矩作用的柔性复合板结构，拱下路堤填土竖向作用力均匀分布，单向复合板边缘简支，板底存在 Winkler 弹性地基反力作用。加筋垫层上下表面位置处的受力如图 4-7 所示。为简化计算，参照钢筋混凝土结构关于双向板的荷载传递方式，假定加筋垫层顶部的均布荷载 σ_s 最终传递至桩顶条形复合板，正方形布桩情形下的复合板荷载有效传递范围如图 4-8 所示。

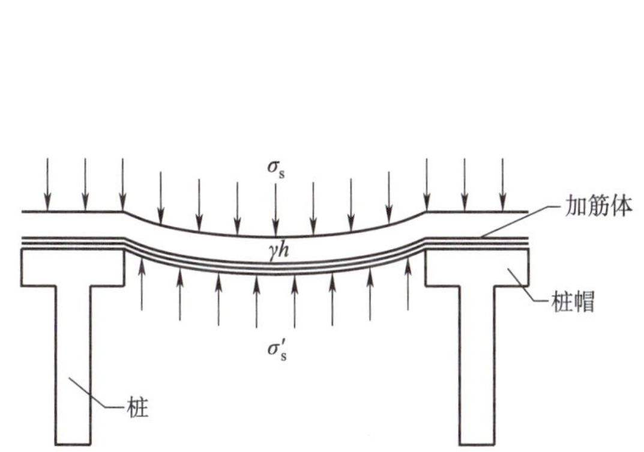

图 4-7　加筋垫层受力图示

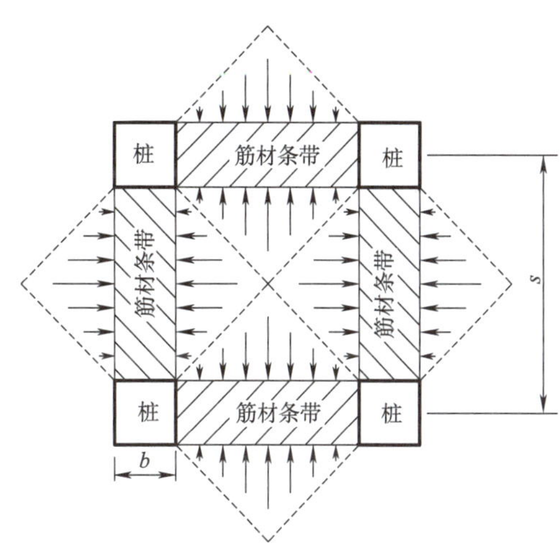

图 4-8　土工格栅条带荷载传递示意图

根据加筋垫层复合板板跨方向上的表面荷载垂直于板跨方向的传递范围，复合板板跨范围内的上表面荷载满足梯形分布特征，加筋垫层复合板表面线荷载分布形式以及复合板变形后的形状如图 4-9 所示。

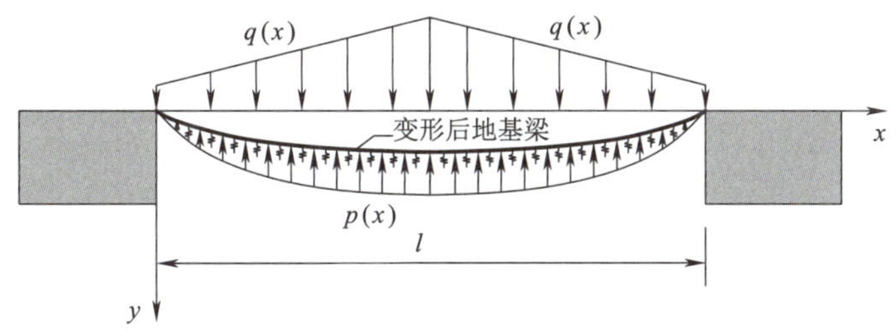

图 4-9　加筋垫层荷载简化简图

根据选用的土拱计算模型，拱下桩间土应力 σ_s 作用位置一般为桩顶平面，因此 σ_s 中已经包括加筋垫层自重应力 γh。将桩间土应力作用面位置上移至加筋垫层上表面，根据正方形桩(帽)或面积等效的正六边形边长 b，得到加筋垫层宽度上加筋垫层复合板在正方形和三角形两种布桩形式下的复合板表面作用线荷载 $q(x)$ 表达式(4-38)。

$$q(x)=\begin{cases}2(s-b)\sigma_s x/l+b\sigma_s=Ax+B & 0\leqslant x\leqslant\dfrac{l}{2}\\ 2(s-b)\sigma_s(l-x)/l+b\sigma_s=A(l-x)+B & \dfrac{l}{2}\leqslant x\leqslant l\end{cases}\tag{4-38}$$

式中 A,B——常数,$A=2(s-b)\sigma_s/l$,$B=b\sigma_s$;

s——桩间距;

b——正方形桩或桩帽尺寸;

l——桩间净距,$l=s-b$;若刚性桩或桩帽为圆形,根据面积等效原则,将圆形截面桩或桩帽等效为矩形,$b=0.886d$。

多层加筋垫层复合板结构变形与内力计算采用弹性地基梁模型进行计算,Winkler 地基模型主要应用于弹性地基上的地基梁板结构在外荷载作用下的变形及内力计算。若 Winkler 弹性地基上的梁板受到位于梁平面上外荷载作用,地基梁挠度曲线如图 4-9 所示。

地基梁为有限长度,两端铰支,以地基梁左铰支点为坐标原点,建立坐标系,y 轴正方向竖直向下,x 轴正方向水平向右。设地基梁的宽度为 b,在梁上荷载 $q(x)$ 作用下,地基梁挠度曲线及梁下地基反力线性相关,根据地基系数和地基梁挠度方程,得到梁下地基反力。图 4-10 为图 4-9 中任意位置处的梁板单位微段。

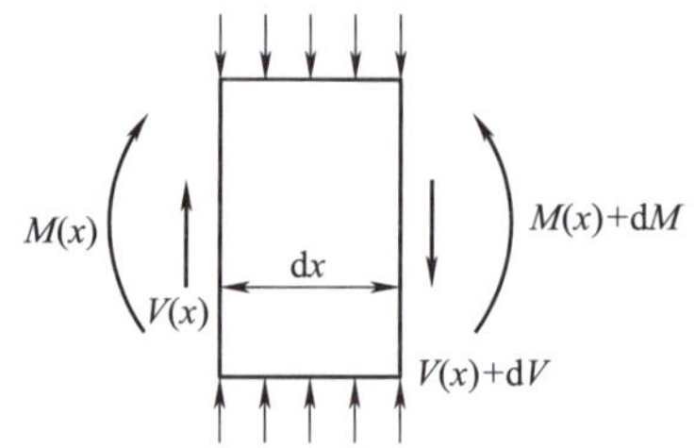

图 4-10 Winkler 地基上梁微段受力示意图

取长度为 dx 微段梁单元进行受力分析,微段截面上弯矩为 $M(x)$,剪力为 $V(x)$,上部荷载为 $q(x)\mathrm{d}x$,地基反力为 $p(x)\mathrm{d}x$。考虑梁单元微段的竖向静力平衡,得到地基梁微段竖向力平衡方程式(4-39)。

$$V(x)-[V(x)+\mathrm{d}V]+p(x)b\mathrm{d}x-q(x)\mathrm{d}x=0\tag{4-39}$$

式中 b——梁的宽度。

式(4-39)整理后得式(4-40)。

$$\frac{\mathrm{d}V}{\mathrm{d}x}=bp(x)-q(x)\tag{4-40}$$

根据材料力学关于梁结构变形曲率与弯矩间关系的相关理论,得到地基梁挠度微分方程与梁上弯矩 $M(x)$ 的关系式(4-41)。

$$E_m I\frac{\mathrm{d}^2 y}{\mathrm{d}x^2}=-M(x)\tag{4-41}$$

式中 $E_m I$——地基梁的抗弯刚度。

根据剪力与弯矩之间的微分关系,可以得到地基梁挠度与荷载间关系式(4-42)。

$$E_m I\frac{\mathrm{d}^4 y}{\mathrm{d}x^4}=-\frac{\mathrm{d}^2 M}{\mathrm{d}x^2}=-\frac{\mathrm{d}V}{\mathrm{d}x}=-bp(x)+q(x)\tag{4-42}$$

地基梁与地基间满足变形协调条件，即梁与地基之间始终保持接触，两者在任意接触面上任意点的竖向位移均相等，可得到相对应位置处的地基反力表达式(4-43)。

$$p(x)=k_0by(x) \tag{4-43}$$

式中　k_0——地基系数。

将式(4-43)代入式(4-42)整理为式(4-44)形式。

$$E_mI\frac{d^4y}{dx^4}+k_0by=q(x) \tag{4-44}$$

根据地基梁上荷载 $q(x)$表达式，可以得到完整的地基梁挠度 $y(x)$关于 x 的四阶非齐次微分方程式(4-45)。

$$\begin{cases}E_mI\dfrac{d^4y}{dx^4}+k_0by=Ax+B & 0\leqslant x\leqslant 0.5l\\ E_mI\dfrac{d^4y}{dx^4}+k_0by=A(l-x)+B & 0.5l\leqslant x\leqslant l\end{cases} \tag{4-45}$$

根据地基梁挠度微分方程式(4-45)，首先可得到其特解表达式(4-46)。

$$y^*(x)=\begin{cases}(Ax+B)/(k_0b) & 0\leqslant x\leqslant 0.5l\\ [A(l-x)+B]/(k_0b) & 0.5l\leqslant x\leqslant l\end{cases} \tag{4-46}$$

地基梁挠度 $y(x)$四阶偏微分方程式(4-45)对应的齐次方程在 $0\leqslant x\leqslant l$ 范围内的表达式相同，见式(4-47)。

$$E_mI\frac{d^4y}{dx^4}+k_0by=0 \tag{4-47}$$

进一步整理为标准形式的 Winkler 弹性地基梁的基本微分方程式(4-48)。

$$\frac{d^4y}{dx^4}+4\lambda^4y=0 \tag{4-48}$$

式中　λ——综合反映梁土体系统抵抗变形能力的参数，称为柔度系数或特征系数。其与地基系数 k_0 和梁的抗弯刚度 E_mI 相关，λ 的量纲为 m^{-1}，$1/\lambda$ 为梁的特征长度。特征长度越大则梁的相对刚度越大，λ 值是影响梁曲线形状的一个重要参数。

微分方程式(4-48)是四阶齐次常系数线性微分方程，其解为式(4-49)。

$$y=e^{\lambda x}(C_1\cos\lambda x+C_2\sin\lambda x)+e^{-\lambda x}(C_3\cos\lambda x+C_4\sin\lambda x) \tag{4-49}$$

式中　C_1,C_2,C_3,C_4——积分常数，可以根据图4-9中地基梁的边界条件确定。

根据弹性地基梁挠度方程式(4-45)的齐次方程解(4-49)和特解(4-46)，得到挠度方程最终通解的表达式(4-50)。

$$\begin{cases}y=e^{\lambda x}(C_1\cos\lambda x+C_2\sin\lambda x)+e^{-\lambda x}(C_3\cos\lambda x+C_4\sin\lambda x)+(Ax+B)/(k_0b) & 0\leqslant x\leqslant 0.5l\\ y=e^{\lambda x}(C_1\cos\lambda x+C_2\sin\lambda x)+e^{-\lambda x}(C_3\cos\lambda x+C_4\sin\lambda x)+[A(l-x)+B]/(k_0b) & 0.5l\leqslant x\leqslant l\end{cases} \tag{4-50}$$

确定多层加筋垫层复合板挠度方程 $y(x)$后，根据挠度方程关于横坐标的微分，可依次得到复合板轴线转角表达式 $\tan\theta(x)$，复合板的截面弯矩表达式 $M(x)$，复合板的截面剪力表达式 $V(x)$，复合板底地基反力表达式 $p(x)$。

其中，复合板弯矩方程为式(4-51)。

$$M(x)=-E_{\mathrm{m}}I\frac{\mathrm{d}^2y}{\mathrm{d}x^2}=-E_{\mathrm{m}}I\cdot 2\lambda^2[\mathrm{e}^{\lambda x}(C_2\cos\lambda x-C_1\sin\lambda x)+\mathrm{e}^{-\lambda x}(-C_4\cos\lambda x+C_3\sin\lambda x)] \tag{4-51}$$

复合板剪力方程为式(4-52)。

$$V(x)=-E_{\mathrm{m}}I\frac{\mathrm{d}^3y}{\mathrm{d}x^3}=-E_{\mathrm{m}}I\cdot 2\lambda^3\{\mathrm{e}^{\lambda x}[(C_2-C_1)\cos\lambda x-(C_1+C_2)\sin\lambda x]+\mathrm{e}^{-\lambda x}[(C_3+C_4)\cos\lambda x+(C_4-C_3)\sin\lambda x]\} \tag{4-52}$$

复合板下弹性地基反力方程为式(4-53)。

$$p(x)=\begin{cases}k_0b[\mathrm{e}^{\lambda x}(C_1\cos\lambda x+C_2\sin\lambda x)+\mathrm{e}^{-\lambda x}(C_3\cos\lambda x+C_4\sin\lambda x)]+Ax+B & 0\leqslant x\leqslant 0.5l\\ k_0b[\mathrm{e}^{\lambda x}(C_1\cos\lambda x+C_2\sin\lambda x)+\mathrm{e}^{-\lambda x}(C_3\cos\lambda x+C_4\sin\lambda x)]+A(l-x)+B & 0.5l\leqslant x\leqslant l\end{cases} \tag{4-53}$$

图 4-9 中，弹性地基梁的边界条件为式(4-54)。

$$\begin{cases}y(0)=y(l)=0\\ M(0)=M(l)=0\end{cases} \tag{4-54}$$

根据弹性地基梁的四个边界条件，可以得到 C_1、C_2、C_3、C_4 四个积分常数的表达式(4-55)。确定地基梁各项系数 C_1、C_2、C_3、C_4 后，得到荷载 $p(x)$ 作用下的加筋垫层复合板挠度方程，进而得到加筋垫层复合板的转角方程、弯矩方程和挠度方程。根据多层土工格栅加筋垫层复合板剪力分布方程，分别得到 $x=0$ 和 $x=l$ 位置处的复合板剪应力 $V(x)$，其大小与四分之一桩帽支持力相等，得到加筋垫层转移至桩帽上总荷载 Q 表达式(4-56)。

$$\begin{cases}C_1=D[\cos 2\lambda l-\mathrm{e}^{-2\lambda l}-(\mathrm{e}^{\lambda l}-\mathrm{e}^{-\lambda l})\cos\lambda l]/[(\mathrm{e}^{\lambda l}+\mathrm{e}^{-\lambda l})^2-4\cos^2\lambda l]\\ C_2=D[\sin 2\lambda l-(\mathrm{e}^{\lambda l}+\mathrm{e}^{-\lambda l})\sin\lambda l]/[(\mathrm{e}^{\lambda l}+\mathrm{e}^{-\lambda l})^2-4\cos^2\lambda l]\\ C_3=D[\cos 2\lambda l-\mathrm{e}^{2\lambda l}+(\mathrm{e}^{\lambda l}-\mathrm{e}^{-\lambda l})\cos\lambda l]/[(\mathrm{e}^{\lambda l}+\mathrm{e}^{-\lambda l})^2-4\cos^2\lambda l]\\ C_4=D[\sin 2\lambda l-(\mathrm{e}^{\lambda l}+\mathrm{e}^{-\lambda l})\sin\lambda l]/[(\mathrm{e}^{\lambda l}+\mathrm{e}^{-\lambda l})^2-4\cos^2\lambda l]\end{cases} \tag{4-55}$$

$$Q=4V(0)=-8E_{\mathrm{m}}I\lambda^3(C_2-C_1+C_3+C_4)=8E_{\mathrm{m}}I\lambda^3(C_1-C_2-C_3-C_4) \tag{4-56}$$

路堤填土土拱效应主要由桩顶以上填土体的不均匀沉降引起，具体可采用 Hewlett 土拱模型初步计算桩顶位置处桩体和桩间土体分担的填土荷载，如图 4-11 所示。

根据土拱效应分析模型确定初始的桩体荷载分担比 E 后，根据桩帽面积和单桩影响面积确定加筋垫层表面荷载 q_{T}，且表面荷载 q_{T} 中已包含垫层本身的自重荷载，具体采用式(4-57)进行计算。

$$q_{\mathrm{T}}=[q_0+\gamma_1H+(\gamma_2-\gamma_1)h_{\mathrm{d}}]A(1-E)/(A-A_{\mathrm{c}}) \tag{4-57}$$

式中　γ_1——路堤填土容重；

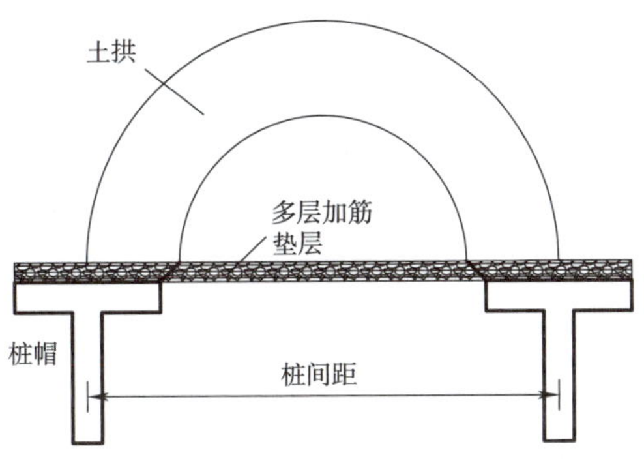

图 4-11　Hewlett 球形土拱模型计算桩体荷载分担比

γ_2——加筋垫层容重；

H——路堤填土高度(桩顶以上)；

h_d——加筋垫层厚度；

A——单桩处理面积；

A_c——桩帽面积(若未设置桩帽,$A_c=A_p$,A_p为桩体截面积)；

E——桩体荷载分担比。

确定加筋垫层表面荷载 q_T后,根据加筋垫层表面荷载传递路径,得到支撑于相邻桩之间的加筋垫层表面线荷载的分布形式,根据弹性地基梁模型的解析解,由计算简图 4-12 依次得到多层加筋垫层的挠度变形方程、截面弯矩方程、截面剪力方程,截面中性轴转角方程等指标,进而确定地基反力分布曲线;其中,图 4-12 中加筋垫层跨中最大挠度变形为 w_{max},平均挠度变形为 w_{avg}。

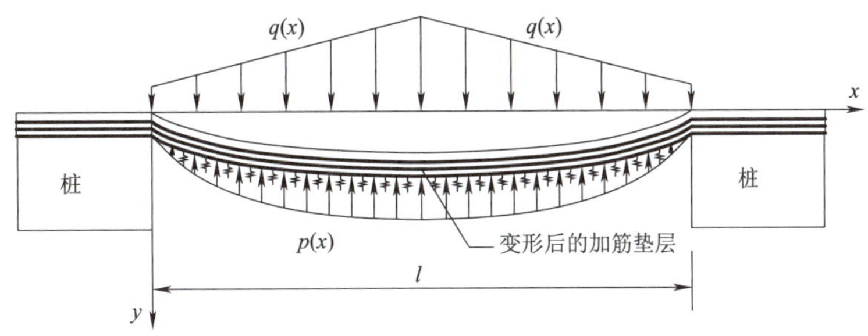

图 4-12　加筋垫层挠度变形及截面内力计算简图

根据加筋垫层向桩顶转移荷载的相对大小,数值上与桩顶支撑位置处截面剪力相等,最终得到路堤填土荷载在内部土拱和加筋垫层荷载转移综合作用下的桩体荷载分担比 E'。

根据桩体荷载分担比 E'的大小,按照式(4-58)得到桩顶分担荷载 P_{p0}。

$$P_{p0}=[q_0+\gamma_1 H+(\gamma_2-\gamma_1)H_d]AE' \tag{4-58}$$

2. 加筋垫层对桩土荷载分担的影响

现有研究关于桩顶铺设加筋垫层作用方面的结论并不统一，一般认为碎石垫层可以减小桩顶位置处的应力集中，将上部荷载部分转移至桩间土体，进而提高桩间土分担荷载，从而实现桩土复合地基的共同承载，这是关于刚性桩复合地基垫层作用的主流结论。但有必要指出的是，垫层作用对桩土荷载分担的影响不仅与垫层设置本身相关，也决定于桩顶以上基础形式。对于刚性基础而言（桩板、桩-承台结构），若未设置垫层，刚性基础传递的上部荷载将直接传递至桩体，桩间土承担荷载几乎为0；而当刚性基础下设置垫层后，通过垫层的变形协调作用，刚性基础荷载将部分转移传递至桩间土，从而提高桩间土分担荷载，就此而言，加筋垫层减小桩体应力集中，降低桩体分担荷载。但是对于路堤填土复合地基而言，路堤本身为柔性荷载，若未设置加筋垫层，桩体表现为明显的“上刺”效应，桩体本身分担荷载极为有限；但当设置加筋垫层后，由于垫层强度的提高，桩体“上刺”效应得到一定程度抑制，部分路堤荷载将通过垫层向桩体转移，因此，加筋垫层的设置提高了桩体分担荷载。

综上分析，刚性桩复合地基桩顶加筋垫层作用效果与基础刚度相关（图 4-13）：刚性基础下设置柔性垫层，可减小桩土荷载分担比，充分利用桩间土承载力，且在一定范围内随垫层厚度增大，桩体荷载分担比减小，更有利于桩间土承载能力的发挥；柔性基础下设置垫层，可增大桩体荷载分担，充分发挥桩的承载力，提高地基整体承载效应，减小沉降。

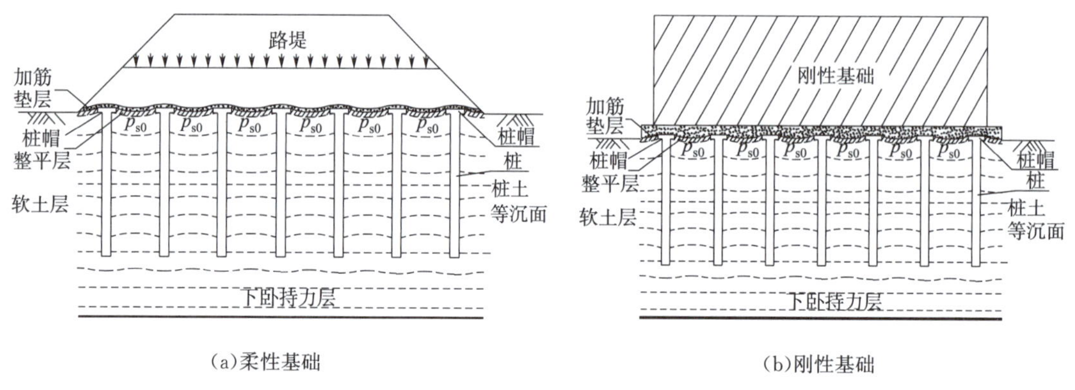

图 4-13 加筋垫层作用与基础刚度间关系示意图

4.2 基于荷载传递的桩网复合地基沉降分析模型

4.2.1 桩网复合地基沉降计算思路

基于荷载传递的桩网复合地基沉降分析模型建立的基础在于如何准确区分和计算桩体和桩间土体分担荷载，根据前述建立的土拱效应分析模型和加筋垫层模型，综合考虑垫层以及土工格栅对路基填土荷载传递效应的影响，实现桩体和桩间土体的荷载分担计算。桩网复合地基沉降计算的核心在于刚性桩加固区及桩端下卧土层压缩变形分析，为进一步考虑桩土协同工作效应，建立基于桩土荷载传递理论的桩土沉降分析模型，实现加固区刚性桩和桩间土体的沉降位移解析计算。桩端下卧层应用 Boussinesq 和 Mindlin 联合方法计算附加应力分布，通过分层总和法计算下卧层沉降。通过上述流程，即可实现桩网复合地基加固区和下卧层沉降位移的统一求解。其中，采用楔形土拱模型的路堤结构桩网复合地基三个沉降变形计算区域如图 4-14 所示，球形土拱模型则参见前面图 4-1。

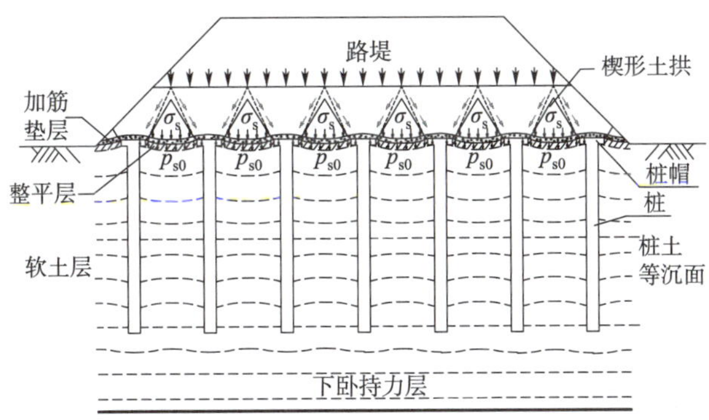

图 4-14 采用楔形土拱的桩网复合地基沉降计算区域

4.2.2 刚性桩加固区附加应力计算

1. 路堤填土荷载产生的附加应力

(1)条形分布荷载附加应力

根据路堤断面中心是否布置刚性桩体，其存在图 4-15 中两种桩网复合地基的路堤断面形式。

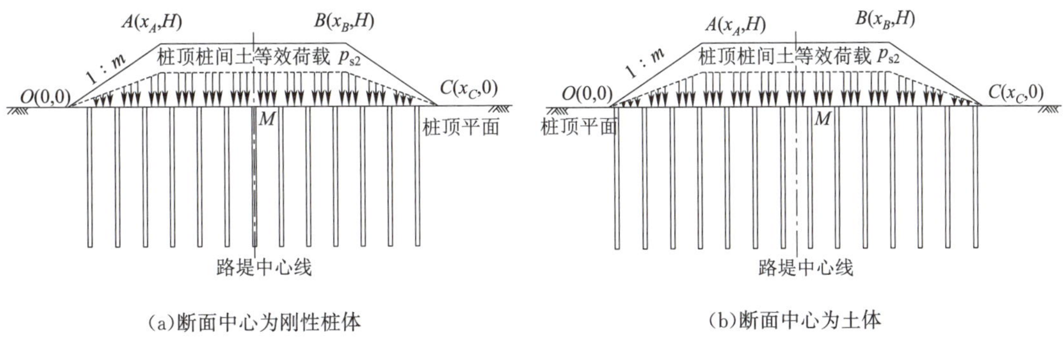

图 4-15 桩网复合地基路堤填土截面形式

加固区沉降计算模型建立过程中，以桩体及桩周土体为基本单元，假定单桩影响范围内的桩间土体沉降变形相等，在加固区桩间土附加应力计算中，仍以桩体位置处的附加应力分布代表单桩影响范围内桩间土体附加应力分布。

将图 4-15 中梯形分布的桩顶位置桩间土荷载 p_{s2} 依次分为 OA 范围的三角形荷载、AB 范围内的条形荷载和 BC 范围内的三角形荷载三部分，由 Boussinesq 公式可依次得到 OA、AB、BC 范围内荷载在加固区范围内任意点$(x,0,z)$位置处产生的附加应力系数。其中，OA 范围内三角形分布条形荷载产生的地基土附加应力系数为 K_{aT1}，AB 范围内矩形分布条形荷载产生的地基土附加应力系数为 K_{aT2}，BC 范围内三角形分布条形荷载产生的地基土附加应力系数为 K_{aT3}。

(2)刚性桩面积域内反向附加应力

图 4-15 中梯形分布线荷载为断面内 p_{s2} 满分布状态，但桩体面积域内的实际应力为桩身应力，刚性桩加固区范围内的附加应力计算应扣除桩身面积域内的竖向应力。根据 Boussinesq 方法关于平面问题中集中力作用下地基土中附加应力的解析解答，桩身面积域内荷载产生的附加应力采用数值积分方法进行计算。

根据图 4-16 中半径为 r_0 的圆形基底在均布荷载作用下地基内任意一点 M 处的附加应力计算简图，附加应力表达式为式(4-59)。

$$\sigma_z = \iint_D \mathrm{d}\sigma_z = \frac{3p_{s2}z^3}{2\pi}\int_0^{2\pi}\int_0^{r_0} r/\,(r^2+z^2+R^2-2Rr\cos\theta)^{5/2}\,\mathrm{d}r\mathrm{d}\theta \tag{4-59}$$

$$R=\sqrt{(x_i-x)^2+(y_i-y)^2+z^2} \tag{4-60}$$

式中 x,y,z——计算点的空间坐标；

R——圆形荷载中心点与计算点距离。

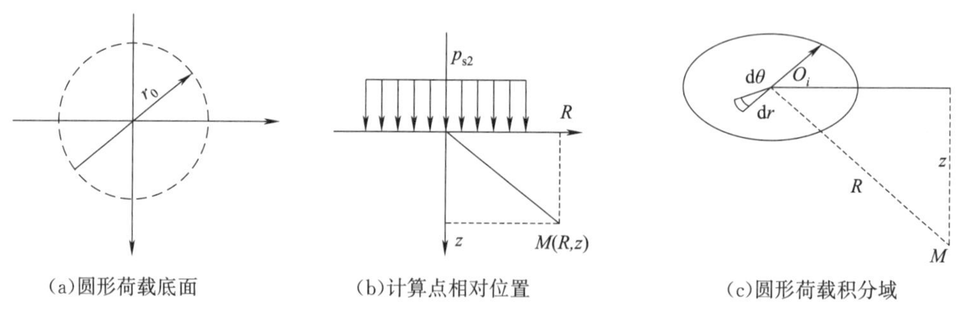

(a)圆形荷载底面　(b)计算点相对位置　(c)圆形荷载积分域

图 4-16　圆形基底均布荷载附加应力系数计算简图

相应的，得到圆形基底均布荷载下地基土体内部任意点附加应力系数表达式(4-61)。

$$K_{aZ} = \int_0^{2\pi}\int_0^{r_0} 3z^3 r/[2\pi(r^2+z^2+R^2-2Rr\cos\theta)^{5/2}]\mathrm{d}r\mathrm{d}\theta \tag{4-61}$$

(3)路堤填土荷载总附加应力

据以上分析，路堤填土荷载引起的加固区范围内的附加应力 $p_{aT}(z)$ 由两部分组成，在梯形荷载引起的附加应力基础上扣除计算范围中桩体面积域内反向附加应力，即为桩网复合地基加固区范围内路堤填土自重荷载引起的最终附加应力，其表达式为式(4-62)。

$$p_{aT}(z) = p_{s2}(K_{aT1}+K_{aT2}+K_{aT3}) - \left[\sum_{i=1}^{n_1} p_{s2}(x)K_{aZ} + 2\sum_{i=n_1+1}^{n} p_{s2}(x)K_{aZ}\right] \tag{4-62}$$

式中　n——计算区域内桩体编号数目；

n_1——计算断面上桩体数目。

根据 OA、AB 以及 BC 范围内线性荷载在加固区范围内的附加应力分布，可以得到加固区范围内的平均附加应力，并作为加固区沉降变形解析计算模型的应力边界条件，任意纵向断面 x 位置处的平均附加应力表达式为式(4-63)。

$$p_{\mathrm{avgT}}=\left(\int_0^L K_{\mathrm{aT1}}\mathrm{d}z+\int_0^L K_{\mathrm{aT2}}\mathrm{d}z+\int_0^L K_{\mathrm{aT3}}\mathrm{d}z\right)p_{\mathrm{s2}}/L-p_{\mathrm{s2}}(x)/L\cdot$$
$$\left[\sum_{i=1}^{n_1}\int_0^L\int_0^{2\pi}\int_0^{r_0}\frac{3z^3r\mathrm{d}r\mathrm{d}\theta\,\mathrm{d}z}{2\pi(r^2+z^2+R^2-2Rr\cos\theta)^{5/2}}+2\sum_{i=n_1+1}^{n}\int_0^L\int_0^{2\pi}\int_0^{r_0}\frac{3z^3r\mathrm{d}r\mathrm{d}\theta\mathrm{d}z}{2\pi(r^2+z^2+R^2-2Rr\cos\theta)^{5/2}}\right] \tag{4-63}$$

2. 临线堆载附加应力

桩网复合地基路堤临线一定范围内存在临线堆载时，根据堆载范围和相对大小，将其简化为条形分布荷载，根据条形分布荷载附加应力系数，确定式(4-64)加固区范围内的附加应力分布 $p_{\mathrm{aD}}(z)$，由式(4-65)确定其平均附加应力，并作为表面位置处应力边界条件。

$$p_{\mathrm{aD}}(z)=K_{\mathrm{aD}}p_{\mathrm{sD}} \tag{4-64}$$

$$p_{\mathrm{avgD}}=\int_0^L K_{\mathrm{aD}}p_{\mathrm{sD}}\mathrm{d}z/L \tag{4-65}$$

3. 加固区桩顶位置处应力边界条件

加固区范围内的附加应力分布如图 4-17 所示，加固区范围内的桩间土沉降变形主要由土层中附加应力引起，而单桩沉降模型表面位置处的应力边界条件相当于大面积堆载，为反

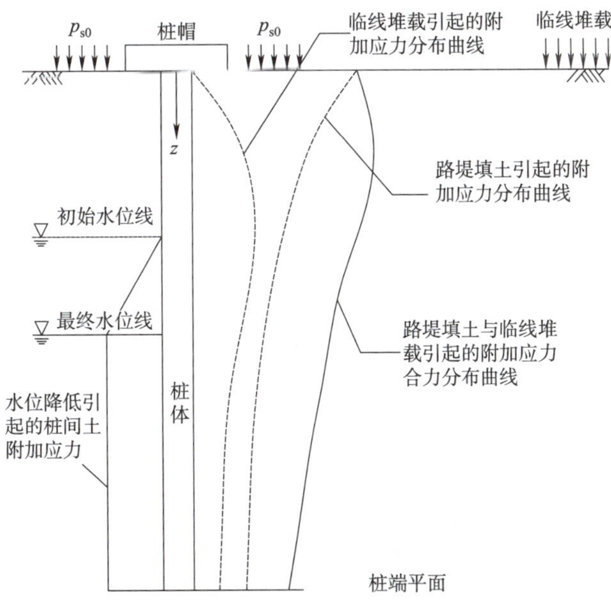

图 4-17　桩间土附加应力组成及分布形式

映出加固区范围内附加应力与桩间土沉降变形之间的对应关系，边界位置处应力边界条件进行一定程度的简化，应为各非线性分布附加应力在桩长范围内的平均附加应力。此时，桩顶 $z=0$ 位置处的桩间土附加应力边界条件为式(4-66)。

$$p_{s0}=p_{avgT}+p_{avgD}+p_{avgW} \tag{4-66}$$

4. 填土荷载和临线堆载附加应力拟合方程

路堤填土和临线堆载引起的桩间土附加应力均为关于桩间土深度 z 的函数，表现为非线性分布关系，为满足桩网复合地基加固区沉降变形模型解析计算的要求，将路堤填土和临线堆载引起的附加应力叠加，采用抛物线方程拟合叠加后的附加应力的实际竖向分布，并由最小二乘法确定加固区范围内的附加应力分布函数表达式，见式(4-67)。

$$p_{ad}(z)=p_{aT}(z)-p_{aZ}(z)+p_{aD}(z)=B_1z^2+B_2z+B_3 \tag{4-67}$$

4.2.3 加固区沉降变形计算模型的建立

刚性桩加固区表面位置处的桩顶荷载 P_{p0} 和桩间土应力 p_{s0} 确定后，加固区桩土沉降变形基于单桩沉降变形简化计算展开。根据桩网复合地基中刚性桩平面布置参数，根据图 4-18 分别确定正方形布桩和三角形布桩情形下的单桩沉降变形等效圆柱形滑移面。

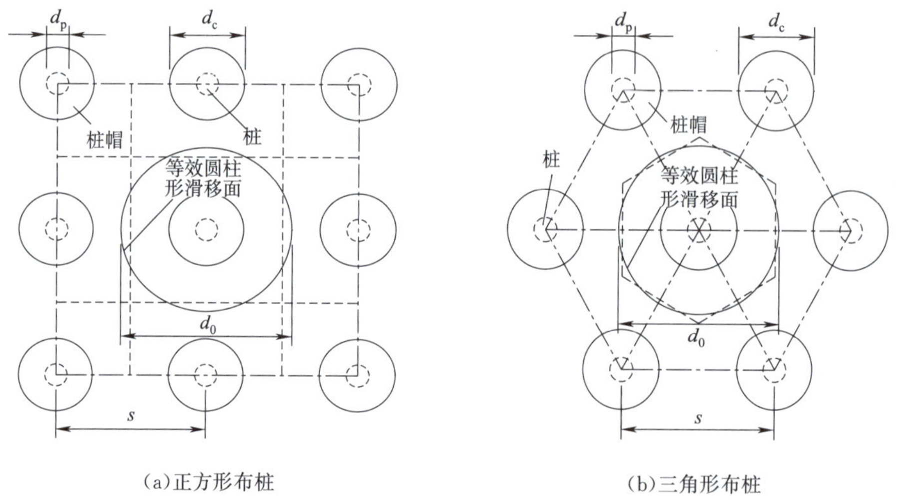

图 4-18　单桩沉降变形计算中的等效圆柱形滑移面

1. 基本假定

(1)路堤填料为均质各向同性的材料，内摩擦角为 φ，黏聚力为 c。

(2)桩体及桩间土体沉降变形均由桩体附加轴力或桩间土附加应力引起。

(3)桩间土体同一深度处桩间土应力相同，桩和桩间土仅发生垂向上的压缩变形。

(4)桩侧摩阻力、桩端阻力的发挥符合理想弹塑性模型。

(5)塑性状态下的桩侧摩阻力中的桩间土有效应力由地基土自重有效应力和路堤填土

荷载以及临近堆载引起的附加应力三部分组成。

(6)路堤填土荷载和临线堆载引起的桩间土附加应力满足抛物线分布。

2. 桩土相互作用分析

采用荷载传递法进行加固区刚性桩和桩间土相互作用的相关分析，以桩顶中心点为坐标零点，竖直向下为 y 轴正方向。加固区刚性桩和桩间土体在表面荷载作用下于不同深度位置存在沉降差，其中，中性点以上桩间土沉降量大于桩体结构，桩摩阻力表现为负摩阻力；中性点以下桩间土沉降量小于桩体结构，桩摩阻力表现为正摩阻力，图 4-19(a)为桩土相互作用计算简图。

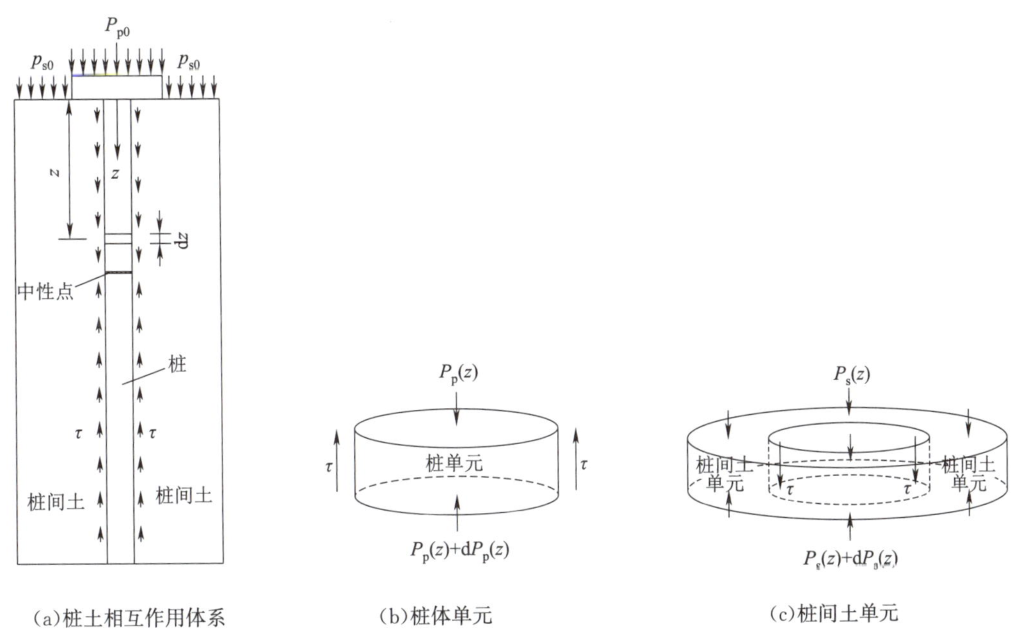

图 4-19　桩土相互作用简图及桩土单元体竖向力平衡条件示意图

图 4-19(b)中，不考虑桩体自身重力的桩体单元竖向力平衡条件，桩侧摩阻力 τ 以向上为正，得到桩体单元的竖向力平衡方程式(4-68)。

$$P_p(z)=\tau(z)U\mathrm{d}z+P_p(z)+\mathrm{d}P_p(z) \tag{4-68}$$

式中　$P_p(z)$——桩身轴力；

$\tau(z)$——刚性桩体表面侧摩阻力；

U——桩体周长，$U=\pi d_p$。

进一步整理为桩体附加轴力微分方程式(4-69)。

$$\frac{\mathrm{d}P_p(z)}{\mathrm{d}z}=-\tau(z)U \tag{4-69}$$

刚性桩单元体为线弹性体，得到 $\mathrm{d}z$ 厚度微段内的弹性压缩量表达式(4-70)。

$$\mathrm{d}W_p(z)=-P_p(z)/(E_pA_p)\mathrm{d}z \tag{4-70}$$

式中 $W_p(z)$——刚性桩体竖向变形量；

E_p——刚性桩体弹性模量。

将式(4-69)代入式(4-70)整理得：

$$\frac{d^2W_p(z)}{dz^2}=\tau(z)U/(E_pA_p) \tag{4-71}$$

对于图4-19(c)中的桩间土单元，根据基本假定，桩间土单元在同一深度位置处的附加应力和沉降变形均相等，由桩间土单元竖向力平衡条件，得到竖向平衡关系式(4-72)。

$$p_s(z)A_s+\tau(z)U\mathrm{d}z=p_s(z)A_s+\mathrm{d}p_s(z)A_s \tag{4-72}$$

式中 $p_s(z)$——桩间土体附加应力；

A_s——桩间土体的有效横截面积，$A_s=0.25\pi(d_0^2-d_p^2)$。

进一步整理为桩体附加轴力微分方程式(4-73)。

$$A_s\frac{\mathrm{d}p_s(z)}{\mathrm{d}z}=\tau(z)U \tag{4-73}$$

假定桩间土体处于线弹性变形状态，得到桩间土微段单元在该位置处附加应力作用下的弹性压缩变形表达式(4-74)。

$$\mathrm{d}W_s(z)=-p_s(z)A_s/(E_sA_s)\mathrm{d}z \tag{4-74}$$

式中 $W_s(z)$——桩间土体在深度 z 处的竖向变形量；

E_s——桩间土体弹性模量。

将式(4-73)代入式(4-74)整理得：

$$\frac{d^2W_s(z)}{dz^2}=-\tau(z)U/(E_sA_s) \tag{4-75}$$

式(4-71)和式(4-75)为桩网复合地基加固区段桩土沉降微分方程，桩体与桩间土沉降变形仅与桩侧摩阻力 $\tau(z)$ 相关，根据边界和初始条件得到加固区桩体和桩间土沉降变形。

3. 桩侧摩阻力确定方法

路堤填土荷载作用下，填土荷载较小时，桩侧摩阻力处于弹性阶段，即桩侧摩阻力同接触面上的桩土沉降差保持线性相关关系，桩侧摩阻力分布形式如图4-20(a)所示；随着路堤填土荷载或附加荷载的增大，刚性桩桩顶和桩脚附近侧摩阻力将先后达到塑性阶段，桩侧摩阻力分布分别如图4-20(b)、图4-20(c)所示；路堤填土荷载达到某一极限值后，刚性桩上部与底部均进入塑性工作阶段，桩侧摩阻力分布形式如图4-20(d)所示。

现有研究结果表明，不同材料的刚性桩体与土间的侧摩阻力均小于土体抗剪强度，且弹性状态下的桩土相对位移的极限值 δ_u 一般较小，正常均不超过5 mm。对铁路路堤而言，即使填土路堤为低矮路堤，路堤表面附加外荷载已足以使桩土接触面上相对位移超过5 mm，因此桩网复合地基桩侧摩阻力计算中，一般采用图4-20(d)中完全塑性状态下的侧摩阻力分布形式进行加固区桩土沉降变形计算。

桩侧摩阻力在弹性状态和塑性状态下的表达式为式(4-76)形式。

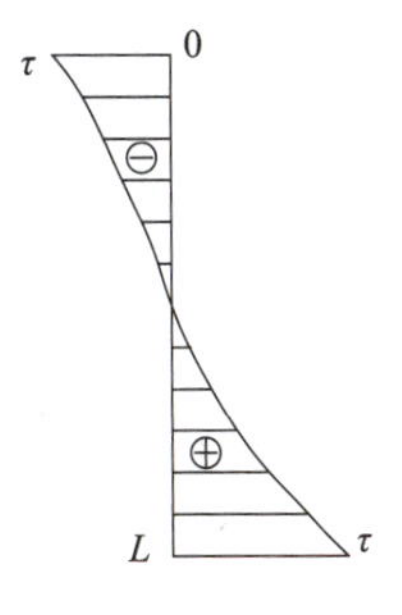

(a)弹性阶段

(b)上部塑性下部弹性

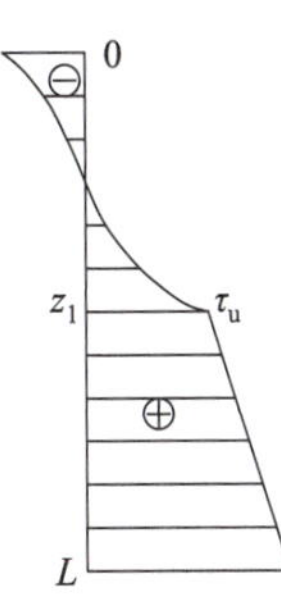

(c)上部弹性下部塑性

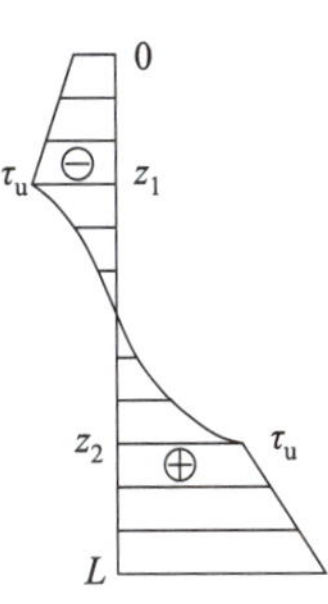

(d)完全塑性阶段

图 4-20　桩侧摩阻力分布

$$\tau(z)=\begin{cases}k_{\mathrm{f}}[W_{\mathrm{p}}(z)-W_{\mathrm{s}}(z)] & W_{\mathrm{p}}(z)-W_{\mathrm{s}}(z)\leqslant\tau_{\mathrm{u}}/k_{\mathrm{f}}\\ \tau_{\mathrm{u}} & W_{\mathrm{p}}(z)-W_{\mathrm{s}}(z)>\tau_{\mathrm{u}}/k_{\mathrm{f}}\end{cases}\tag{4-76}$$

式中　k_{f}——弹性状态下的桩侧摩阻力刚度系数；

τ_{u}——桩侧土的极限摩阻力。

塑性状态下的极限桩侧摩阻力主要与土体的有效应力相关，可采用式(4-77)中的有效应力法计算塑性状态下的极限侧摩阻力 τ_{u}。

$$\tau_{\mathrm{u}}=c_3+\sigma'\tan\varphi_3=\begin{cases}c_3+K_0\tan\varphi_3[\gamma_3 z+p_{\mathrm{ad}}(z)] & z<z_{\mathrm{w}}\\ c_3+K_0\tan\varphi_3[\gamma_3' z+\gamma_{\mathrm{w}}z_{\mathrm{w}}+p_{\mathrm{ad}}(z)] & z\geqslant z_{\mathrm{w}}\end{cases}\tag{4-77}$$

式中　c_3——桩间土有效黏聚力；

φ_3——桩间土有效内摩擦角；

σ'——桩间土深度方向上的有效应力；

K_0——桩间土侧压力系数；

γ_3——桩间土体容重；

γ_{w}——地下水容重；

z_{w}——地下水位位置深度；

γ_3'——地下水位下桩间土的浮容重；

$p_{\mathrm{ad}}(z)$——桩间土中由路堤荷载和临线堆载引起的附加应力；

z——加固区土层竖向坐标。

桩间土侧压力系数 K_0 计算中，考虑地基黏聚力的影响，采用式(4-78)计算。

$$K_0=1-\sin\varphi-c\cos\varphi/\sigma_1\tag{4-78}$$

式中　σ_1——桩间土抗剪强度指标测试中的第一主应力，可由围压 $\sigma_3=400$ kPa 时的第一主应力计算公式按照式(4-79)进行计算。

$$\sigma_1=\sigma_3\tan^2(45^\circ+0.5\varphi)+2c\tan(45^\circ+0.5\varphi)\tag{4-79}$$

弹性状态下的桩侧摩阻力刚度系数 k_{f} 确定，可由 Randolph 给出的各向同性均质弹性地基介质中单位高度上桩侧土刚度系数公式计算，k_f计算式采用式(4-80)确定。

$$k_f=2\pi G/[2\pi r_0(\ln r_m-\ln r_0)]=G/[r_0(\ln r_m-\ln r_0)] \tag{4-80}$$

式中　G——土体的剪切模量；

r_0——刚性桩半径；

r_m——单桩沉降变形影响半径。

$$r_m=2\rho(1-\nu)L \tag{4-81}$$

式中　ρ——桩中桩间土和桩端土剪切模量比值；

ν——桩间土泊松比；

L——桩长。

4. 桩端阻力

桩端阻力发挥程度与桩端桩土沉降差相关，可表示为桩端刺入变形的函数式(4-82)。

$$q_b=\begin{cases}k_b[W_p(L)-W_s(L)] & W_p(L)-W_s(L)\leqslant q_u/k_b\\ q_u & W_p(L)-W_s(L)>q_u/k_b\end{cases} \tag{4-82}$$

式中　k_b——桩端下卧层土体的刚度系数；

q_u——极限桩端阻力；

$W_p(L)-W_s(L)$——桩端位置处的桩土沉降差，即为桩脚的相对刺入变形。

桩端下卧层土体的刚度系数k_b反映了桩端土体的弹性变形性状，Randolph基于刚性体在外荷载作用下嵌入弹性半空间情形下的弹性半空间体嵌入变形与基底反力间关系，得到桩端土刚度系数表达式，由式(4-83)确定桩端应力刚度系数。

$$k_b=4Gr_0/[\pi r_0^2(1-\nu')]=4G/[\pi r_0(1-\nu')] \tag{4-83}$$

式中　ν'——桩端下卧层泊松比，区别于式(4-81)中的桩间土泊松比ν；软土泊松比一般取值0.3～0.4，土性较好的持力层取小值，土性较差的软土和下卧层泊松比取较大值。

桩端位置处下卧层长期极限承载力q_u采用Prandtl极限承载力公式(4-84)计算。

$$q_u=c'N_c+\sigma_v'N_q=c'N_c+[\gamma_3'L+\gamma_w z_w+p_{ad}(L)]N_q \tag{4-84}$$

式中　c'——桩端土体的有黏聚力；

N_c, N_q——桩端土体承载力系数，采用式(4-85)确定；

σ_v'——初始状态下的桩端位置处竖向有效应力。

$$\begin{cases}N_c=[e^{\pi\tan\varphi}\tan^2(45°+\varphi/2)-1]\cot\varphi=(N_q-1)\cot\varphi\\ N_q=e^{\pi\tan\varphi}\tan^2(45°+\varphi/2)\end{cases} \tag{4-85}$$

4.2.4　加固区桩土沉降方程的推导和解答

根据前述分析，加固区桩土沉降方程的解析求解需要预先确定桩侧摩阻力分布形式。

根据图 4-20，桩侧摩阻力可能处于完全弹性阶段、上部塑性下部弹性、上部弹性下部塑性以及完全塑性阶段，当桩侧摩阻力位于塑性分布阶段时，地下水位位置对塑性阶段的桩侧摩阻也将产生直接影响。为简化加固区桩土沉降方程求解，方程推导主要针对桩侧摩阻力完全弹性分布和完全塑性分布两种情形开展。

1. 桩侧摩阻力完全弹性分布情形

桩侧摩阻力完全弹性分布时，基于地下水位变化前后桩间土抗剪强度指标保持不变假定，不同地下水位情况下的桩侧摩阻力仅与桩土相对沉降差有关。

(1)桩土沉降方程及附加应力方程

根据图 4-20(a)中完全弹性状态下的桩侧摩阻力分布形式，将桩侧摩阻力方程代入刚性桩体和桩周土体桩土沉降微分方程式(4-71)和式(4-75)进行积分，得到桩侧摩阻力弹性状态下的刚性桩沉降方程和桩间土沉降方程。根据桩体和桩间土沉降分别同桩体附加轴力和桩间土附加应力间的关系，得到桩体轴向压应力和桩间土附加应力分布方程。

其中，式(4-86)为桩、土沉降及应力方程的解答。

$$\begin{cases} W_{\mathrm{p}}(z)=\beta_{\mathrm{p}}C_1\mathrm{e}^{\alpha_0 z}+\beta_{\mathrm{p}}C_2\mathrm{e}^{-\alpha_0 z}+C_3 z+C_4 & \text{(a)} \\ W_{\mathrm{s}}(z)=-\beta_{\mathrm{s}}C_1\mathrm{e}^{\alpha_0 z}-\beta_{\mathrm{s}}C_2\mathrm{e}^{-\alpha_0 z}+C_3 z+C_4 & \text{(b)} \\ p_{\mathrm{p}}(z)=-E_{\mathrm{p}}\dfrac{\mathrm{d}W_{\mathrm{p2}}(z)}{\mathrm{d}z}=-\beta_{\mathrm{p}}\alpha_0 C_1 E_{\mathrm{p}}\mathrm{e}^{\alpha_0 z}+\beta_{\mathrm{p}}\alpha_0 C_2 E_{\mathrm{p}}\mathrm{e}^{-\alpha_0 z}-C_3 E_{\mathrm{p}} & \text{(c)} \\ p_{\mathrm{s}}(z)=-E_{\mathrm{s}}\dfrac{\mathrm{d}W_{\mathrm{s2}}(z)}{\mathrm{d}z}=\beta_{\mathrm{s}}\alpha_0 C_1 E_{\mathrm{s}}\mathrm{e}^{\alpha_0 z}-\beta_{\mathrm{s}}\alpha_0 C_2 E_{\mathrm{s}}\mathrm{e}^{-\alpha_0 z}-C_3 E_{\mathrm{s}} & \text{(d)} \end{cases} \tag{4-86}$$

式(4-86)中参数表达式为式(4-87)形式。

$$\beta_{\mathrm{p}}=U/(E_{\mathrm{p}}A_{\mathrm{p}})；\quad \beta_{\mathrm{s}}=U/(E_{\mathrm{s}}A_{\mathrm{s}})；\quad \alpha_0=\sqrt{(\beta_{\mathrm{p}}+\beta_{\mathrm{s}})/k_{\mathrm{f}}} \tag{4-87}$$

(2)边界条件和协调条件

桩顶平面 $z=0$ 位置处，桩顶位置处的桩体及桩间土竖向应力均已知，可以分别得到对应的应力边界条件。

$z=0$ 位置处：

$$\begin{cases} p_{\mathrm{p}}(0)=p_{\mathrm{p0}}=E_{\mathrm{p}}[\beta_{\mathrm{p}}\alpha_0(C_2-C_1)-C_3] \\ p_{\mathrm{s}}(0)=p_{\mathrm{s0}}=E_{\mathrm{s}}[\beta_{\mathrm{s}}\alpha_0(C_1-C_2)-C_3] \end{cases} \tag{4-88}$$

桩端平面 $z=L$ 位置处，桩端截面应力与桩端土反力相等，并假定加固区范围内桩端平面位置处桩间土竖向位移为 0，可以分别得到对应的应力边界条件。

$z=L$ 位置处：

$$\begin{cases} W_{\mathrm{s}}(L)=-\beta_{\mathrm{s}}C_1\mathrm{e}^{\alpha_0 L}-\beta_{\mathrm{s}}C_2\mathrm{e}^{-\alpha_0 L}+C_3 L+C_4=0 \\ p_{\mathrm{p}}(L)=-\beta_{\mathrm{p}}\alpha_0 C_1 E_{\mathrm{p}}\mathrm{e}^{\alpha_0 L}+\beta_{\mathrm{p}}\alpha_0 C_2 E_{\mathrm{p}}\mathrm{e}^{-\alpha_0 L}-C_3 E_{\mathrm{p}}=q_{\mathrm{b}} \end{cases} \tag{4-89}$$

其中，桩端反力表达式为

$$q_b=\begin{cases}k_b[W_p(L)-W_s(L)] & W_p(L)-W_s(L)\leqslant q_u/k_b\\ q_u & W_p(L)-W_s(L)>q_u/k_b\end{cases} \tag{4-90}$$

(3)桩土沉降方程系数表达式

式(4-88)、式(4-89)、式(4-90)联立，根据桩端反力所处的弹性或塑性状态，可以依次得到 C_1、C_2、C_3及 C_4的表达式。其中，桩端反力为塑性状态时，得到相应的系数表达式(4-91)。

$$\begin{cases}C_3=-(\beta_s E_s p_{p0}+\beta_p E_p p_{s0})/[E_p E_s(\beta_p+\beta_s)]\\ C_1=\dfrac{(q_u+E_p C_3)e^{\alpha_0 L}}{\beta_p\alpha_0 E_p(1-e^{2\alpha_0 L})}+\dfrac{E_p p_{s0}-E_s p_{p0}}{\alpha_0 E_p E_s(\beta_p+\beta_s)(1-e^{2\alpha_0 L})}\\ C_2=C_1-(p_{s0}E_p-p_{p0}E_s)/[\alpha_0 E_p E_s(\beta_p+\beta_s)]\\ C_4=\beta_s e^{\alpha_0 L}C_1+\beta_s e^{-\alpha_0 L}C_2-LC_3\end{cases} \tag{4-91}$$

桩端反力为弹性状态时，得到相应的系数表达式(4-92)。

$$\begin{cases}C_1=\dfrac{k_b p_{s0}E_p-k_b p_{p0}E_s+\alpha_0 E_p E_s p_{p0}}{\alpha_0 E_s E_p[k_b(\beta_p+\beta_s)(e^{\alpha_0 L}+e^{-\alpha_0 L})+\alpha_0\beta_p E_p(e^{\alpha_0 L}-e^{-\alpha_0 L})]}\\ C_2=C_1-(p_{s0}E_p-p_{p0}E_s)/[\alpha_0 E_p E_s(\beta_p+\beta_s)]\\ C_3=-(\beta_s E_s p_{p0}+\beta_p E_p p_{s0})/[E_p E_s(\beta_p+\beta_s)]\\ C_4=\beta_s C_1 e^{\alpha_0 L}+\beta_s C_2 e^{-\alpha_0 L}-C_3 L\end{cases} \tag{4-92}$$

通过解析方法确定 $C_1\sim C_4$参数后，将其代入式(4-86)可以得到刚性桩加固区沉降位移方程和附加应力方程，同时得到桩侧摩阻力分布式(4-93)以及沉降中性点表达式(4-94)。

$$\tau(z)=\alpha_0^2(C_1 e^{\alpha_0 z}+C_2 e^{-\alpha_0 z}) \tag{4-93}$$

中性点方程：

$$z_0=\ln(-C_2/C_1)/(2\alpha_0) \tag{4-94}$$

2. 桩侧摩阻力完全塑性分布情形

(1)桩土沉降方程及附加应力方程

根据图 4-20(d)中第四种情形下的桩侧摩阻力分布形式，分别将 $0\sim z_1$、$z_1\sim z_2$、$z_2\sim L$区间的桩侧摩阻力方程代入刚性桩体和桩周土体桩土沉降微分方程式(4-71)和式(4-75)分区积分，根据桩体和桩间土沉降同附加应力间关系，得到桩体应力和桩间土附加应力分布。

①$z=0\sim z_1$区段。刚性桩和桩间土体沉降变形和竖向应力分布方程为式(4-95)形式。

$$\begin{cases}W_{p1}(z)=-\dfrac{\beta_{pc}}{2}z^2-\beta_{pk}\left(\dfrac{B_1}{12}z^4+\dfrac{B_2+\gamma_3}{6}z^3+\dfrac{B_3}{2}z^2\right)+G_1 z+G_2 & \text{(a)}\\ W_{s1}(z)=\dfrac{\beta_{sc}}{2}z^2+\beta_{sk}\left(\dfrac{B_1}{12}z^4+\dfrac{B_2+\gamma_3}{6}z^3+\dfrac{B_3}{2}z^2\right)+G_3 z+G_4 & \text{(b)}\\ p_{p1}(z)=-E_p\dfrac{dW_{p1}(z)}{dz}=E_p\left[\beta_{pc}z+\beta_{pk}\left(\dfrac{B_1}{3}z^3+\dfrac{B_2+\gamma_3}{2}z^2+B_3 z\right)-G_1\right] & \text{(c)}\\ p_{s1}(z)=-E_s\dfrac{dW_{s1}(z)}{dz}=-E_s\left[\beta_{sc}z+\beta_{sk}\left(\dfrac{B_1}{3}z^3+\dfrac{B_2+\gamma_3}{2}z^2+B_3 z\right)+G_3\right] & \text{(d)}\end{cases} \tag{4-95}$$

②$z=z_1\sim z_2$区段。将弹性阶段桩侧摩阻力表达式代入加固区桩土沉降微分方程，得桩侧摩阻力处于弹性阶段刚性桩体和桩周土体沉降变形方程和竖向应力方程式(4-96)。

$$\begin{cases} W_{p2}(z)=\beta_p G_5 e^{\alpha_0 z}+\beta_p G_6 e^{-\alpha_0 z}+G_7 z+G_8 & \text{(a)} \\ W_{s2}(z)=-\beta_s G_5 e^{\alpha_0 z}-\beta_s G_6 e^{-\alpha_0 z}+G_7 z+G_8 & \text{(b)} \\ p_{p2}(z)=-E_p\dfrac{dW_{p2}(z)}{dz}=-\beta_p\alpha_0 G_5 E_p e^{\alpha_0 z}+\beta_p\alpha_0 G_6 E_p e^{-\alpha_0 z}-G_7 E_p & \text{(c)} \\ p_{s2}(z)=-E_s\dfrac{dW_{s2}(z)}{dz}=\beta_s\alpha_0 G_5 E_s e^{\alpha_0 z}-\beta_s\alpha_0 G_6 E_s e^{-\alpha_0 z}-G_7 E_s & \text{(d)} \end{cases} \tag{4-96}$$

③$z=z_2\sim L$ 区段。刚性桩和桩间土体沉降变形和应力分布方程：

$$\begin{cases} W_{p3}(z)=\dfrac{\beta_{pc}}{2}z^2+\beta_{pk}\left(\dfrac{B_1}{12}z^4+\dfrac{B_2+\gamma_3}{6}z^3+\dfrac{B_3}{2}z^2\right)+G_9 z+G_{10} & \text{(a)} \\ W_{s3}(z)=-\dfrac{\beta_{sc}}{2}z^2-\beta_{sk}\left(\dfrac{B_1}{12}z^4+\dfrac{B_2+\gamma_3}{6}z^3+\dfrac{B_3}{2}z^2\right)+G_{11} z+G_{12} & \text{(b)} \\ p_{p3}(z)=-E_p\left[\beta_{pc}z+\beta_{pk}\left(\dfrac{B_1}{3}z^3+\dfrac{B_2+\gamma_3}{2}z^2+B_3 z\right)+G_9\right] & \text{(c)} \\ p_{s3}(z)=E_s\left[\beta_{sc}z+\beta_{sk}\left(\dfrac{B_1}{3}z^3+\dfrac{B_2+\gamma_3}{2}z^2+B_3 z\right)-G_{11}\right] & \text{(d)} \end{cases} \tag{4-97}$$

(2)边界条件和协调条件

①边界条件。桩顶 $z=0$ 处，桩体压应力及桩间土应力均已知，相应的应力边界条件列于式(4-98)。

$$\begin{cases} p_{p1}(0)=-G_1 E_p=P_{p0}/A_p=p_{p0} & \text{(a)} \\ p_{s1}(0)=-G_3 E_s=p_{s0} & \text{(b)} \end{cases} \tag{4-98}$$

桩脚平面 $z=L$ 位置处，根据桩端沉降变形，可以得到端承力大小，即

$$E_p\frac{dW_{p3}(z)}{dz}\Big|_{z=L}=\begin{cases} -k_b[W_{p3}(L)-W_{s3}(L)] & W_{p3}(L)-W_{s3}(L)\leqslant q_u/k_b \\ -q_u & W_{p3}(L)-W_{s3}(L)>q_u/k_b \end{cases} \tag{4-99}$$

加固区计算中的桩端端承力仅与桩端位置处桩土沉降差相关，故先假定桩端土体沉降量为 0，最终加固区沉降量应整体累加下卧层沉降量。

桩端位置处的桩间土沉降量表达式(4-100)。

$$W_{s3}(L)=-0.5\beta_{sc}L^2-\beta_{sk}[B_1 L^4/12+(B_2+\gamma_3)L^3/6+0.5B_3 L^2]+G_{11}L+G_{12}=0 \tag{4-100}$$

②连续性条件。根据 z_1、z_2位置处刚性桩体和桩间土体位移及应力连续条件，得到对应连续方程。

$z=z_1$位置处：

$$\begin{cases} W_{p1}(z_1)=W_{p2}(z_1); \quad W_{s1}(z_1)=W_{s2}(z_1) \\ p_{p1}(z_1)=p_{p2}(z_1); \quad p_{s1}(z_1)=p_{s2}(z_1) \end{cases} \tag{4-101}$$

式(4-95)和式(4-96)分别代入式(4-101)整理得：

$$\begin{cases}-\dfrac{\beta_{pc}}{2}z_1^2-\beta_{pk}\left(\dfrac{B_1}{12}z_1^4+\dfrac{B_2+\gamma_3}{6}z_1^3+\dfrac{B_3}{2}z_1^2\right)+G_1z_1+G_2=\beta_pG_5e^{\alpha_0z_1}+\beta_pG_6e^{-\alpha_0z_1}+G_7z_1+G_8 & \text{(a)}\\ \dfrac{\beta_{sc}}{2}z_1^2+\beta_{sk}\left(\dfrac{B_1}{12}z_1^4+\dfrac{B_2+\gamma_3}{6}z_1^3+\dfrac{B_3}{2}z_1^2\right)+G_3z_1+G_4=-\beta_sG_5e^{\alpha_0z_1}-\beta_sG_6e^{-\alpha_0z_1}+G_7z_1+G_8 & \text{(b)}\\ \beta_{pc}z_1+\beta_{pk}\left(\dfrac{B_1}{3}z_1^3+\dfrac{B_2+\gamma_3}{2}z_1^2+B_3z_1\right)-G_1=\beta_p\alpha_0(G_6e^{-\alpha_0z_1}-G_5e^{\alpha_0z_1})-G_7 & \text{(c)}\\ \beta_{sc}z_1+\beta_{sk}\left(\dfrac{B_1}{3}z_1^3+\dfrac{B_2+\gamma_3}{2}z_1^2+B_3z_1\right)+G_3=\beta_s\alpha_0(G_6e^{-\alpha_0z_1}-G_5e^{\alpha_0z_1})+G_7 & \text{(d)}\end{cases}\tag{4-102}$$

$z=z_2$位置处：

$$\begin{cases}W_{p2}(z_2)=W_{p3}(z_2); \quad W_{s2}(z_1)=W_{s3}(z_2)\\ p_{p2}(z_2)=p_{p3}(z_2); \quad p_{s2}(z_1)=p_{s3}(z_2)\end{cases}\tag{4-103}$$

式(4-96)和式(4-97)分别代入式(4-103)整理得：

$$\begin{cases}\beta_pG_5e^{\alpha_0z_2}+\beta_pG_6e^{-\alpha_0z_2}+G_7z_2+G_8=\dfrac{\beta_{pc}}{2}z_2^2+\beta_{pk}\left(\dfrac{B_1}{12}z_2^4+\dfrac{B_2+\gamma_3}{6}z_2^3+\dfrac{B_3}{2}z_2^2\right)+G_9z_2+G_{10} & \text{(a)}\\ -\beta_sG_5e^{\alpha_0z_2}-\beta_sG_6e^{-\alpha_0z_2}+G_7z_2+G_8=-\dfrac{\beta_{sc}}{2}z_2^2-\beta_{sk}\left(\dfrac{B_1}{12}z_2^4+\dfrac{B_2+\gamma_3}{6}z_2^3+\dfrac{B_3}{2}z_2^2\right)+G_{11}z_2+G_{12} & \text{(b)}\\ \beta_p\alpha_0G_5e^{\alpha_0z_2}-\beta_p\alpha_0G_6e^{-\alpha_0z_2}+G_7=\beta_{pc}z_2+\beta_{pk}\left(\dfrac{B_1}{3}z_2^3+\dfrac{B_2+\gamma_3}{2}z_2^2+B_3z_2\right)+G_9 & \text{(c)}\\ \beta_s\alpha_0G_5e^{\alpha_0z_2}-\beta_s\alpha_0G_6e^{-\alpha_0z_2}-G_7=\beta_{sc}z_2+\beta_{sk}\left(\dfrac{B_1}{3}z_2^3+\dfrac{B_2+\gamma_3}{2}z_2^2+B_3z_2\right)-G_{11} & \text{(d)}\end{cases}\tag{4-104}$$

同时根据假定，z_1和z_2位置处桩土相对滑移量与桩侧摩阻力刚好达到弹性状态下的极限侧摩阻力时的最大弹性位移相等，其表达式为式(4-105)，进一步整理为式(4-106)。

$$\begin{cases}k_f[W_{p2}(z_1)-W_{s2}(z_1)]+\tau_u=0\\ k_f[W_{p2}(z_2)-W_{s2}(z_2)]-\tau_u=0\end{cases}\tag{4-105}$$

$$\begin{cases}\alpha_0^2(G_5e^{\alpha_0z_1}+G_6e^{-\alpha_0z_1})+[c_3+K_0\tan\varphi_3(\gamma_3z_1+B_1z_1^2+B_2z_1+B_3)]=0\\ \alpha_0^2(G_5e^{\alpha_0z_2}+G_6e^{-\alpha_0z_2})-[c_3+K_0\tan\varphi_3(\gamma_3z_2+\gamma_wz_w+B_1z_2^2+B_2z_2+B_3)]=0\end{cases}\tag{4-106}$$

(3)桩土沉降方程系数表达式

根据以上分析，由式(4-98)、式(4-99)、式(4-100)、式(4-102)、式(4-104)和式(4-106)可以得到14个方程组，且只有$G_1\sim G_{12}$、z_1和z_2共14个未知数，方程组个数和未知量个数相等，整个方程组可解。

$$G_1=-p_{p0}/E_p\tag{4-107}$$

$$G_3=-p_{s0}/E_s\tag{4-108}$$

由式(4-106)联立，解得G_5和G_6表达式。

$$G_5=\frac{c_3+K_0\tan\varphi_3[B_1z_1^2+(\gamma_3+B_2)z_1+B_3]}{\alpha_0^2[e^{\alpha_0(2z_2-z_1)}-e^{\alpha_0z_1}]}+\frac{c_3+K_0\tan\varphi_3[B_1z_2^2+(\gamma_3+B_2)z_2+B_3]}{\alpha_0^2[e^{\alpha_0z_2}-e^{\alpha_0(2z_1-z_2)}]}\tag{4-109}$$

$$G_6=\frac{c_3+K_0\tan\varphi_3[B_1z_1^2+(\gamma_3+B_2)z_1+B_3]}{\alpha_0^2[e^{\alpha_0(z_1-2z_2)}-e^{-\alpha_0z_1}]}+\frac{c_3+K_0\tan\varphi_3[B_1z_2^2+(\gamma_3+B_2)z_2+B_3]}{\alpha_0^2[e^{-\alpha_0z_2}-e^{\alpha_0(z_2-2z_1)}]}\tag{4-110}$$

分别由式(4-102)(c)、式(4-104)(c)、式(4-104)(d)、式(4-100)、式(4-104)(b)、式(4-104)(a)、式(4-102)(a)和式(4-102)(b)得到G_7、G_9、G_{11}、G_{12}、G_8、G_{10}、G_2、G_4表达式。

$$G_7=G_1-\beta_p\alpha_0e^{\alpha_0z_1}G_5+\beta_p\alpha_0e^{-\alpha_0z_1}G_6-\beta_{pc}z_1-\beta_{pk}[B_1z_1^3/3+(B_2+\gamma_3)z_1^2/2+B_3z_1]\tag{4-111}$$

$$G_9=\beta_p\alpha_0e^{\alpha_0z_2}G_5-\beta_p\alpha_0e^{-\alpha_0z_2}G_6+G_7-\beta_{pc}z_2-\beta_{pk}\left(\frac{B_1}{3}z_2^3+\frac{B_2+\gamma_3}{2}z_2^2+B_3z_2\right)\tag{4-112}$$

$$G_{11}=-\beta_s\alpha_0e^{\alpha_0z_2}G_5+\beta_s\alpha_0e^{-\alpha_0z_2}G_6+G_7+\beta_{sc}z_2+\beta_{sk}\left(\frac{B_1}{3}z_2^3+\frac{B_2+\gamma_3}{2}z_2^2+B_3z_2\right)\tag{4-113}$$

$$G_{12}=-LG_{11}+\frac{\beta_{sc}}{2}L^2+\beta_{sk}\left(\frac{B_1}{12}L^4+\frac{B_2+\gamma_3}{6}L^3+\frac{B_3}{2}L^2\right)\tag{4-114}$$

$$G_8=\beta_se^{\alpha_0z_2}G_5+\beta_se^{-\alpha_0z_2}G_6-z_2G_7+z_2G_{11}+G_{12}-\frac{\beta_{sc}}{2}z_2^2-\beta_{sk}\left(\frac{B_1}{12}z_2^4+\frac{B_2+\gamma_3}{6}z_2^3+\frac{B_3}{2}z_2^2\right)\tag{4-115}$$

$$G_{10}=\beta_pe^{\alpha_0z_2}G_5+\beta_pe^{-\alpha_0z_2}G_6+z_2G_7+G_8-z_2G_9-\frac{\beta_{pc}}{2}z_2^2-\beta_{pk}\left(\frac{B_1}{12}z_2^4+\frac{B_2+\gamma_3}{6}z_2^3+\frac{B_3}{2}z_2^2\right)\tag{4-116}$$

$$G_2=-z_1G_1+\beta_pe^{\alpha_0z_1}G_5+\beta_pe^{-\alpha_0z_1}G_6+z_1G_7+G_8+\frac{\beta_{pc}}{2}z_1^2+\beta_{pk}\left(\frac{B_1}{12}z_1^4+\frac{B_2+\gamma_3}{6}z_1^3+\frac{B_3}{2}z_1^2\right)\tag{4-117}$$

$$G_4=-z_1G_3-\beta_se^{\alpha_0z_1}G_5-\beta_se^{-\alpha_0z_1}G_6+z_1G_7+G_8-\frac{\beta_{sc}}{2}z_1^2-\beta_{sk}\left(\frac{B_1}{12}z_1^4+\frac{B_2+\gamma_3}{6}z_1^3+\frac{B_3}{2}z_1^2\right)\tag{4-118}$$

最终,加固区桩体和桩间土沉降位移方程系数G_1～G_{12}均可表达为z_1和z_2的函数式,继而,由式(4-99)和式(4-102)(d)联立,采用数值方法得到z_1和z_2的解答。根据塑性及弹性状态下的桩端反力表达式,构建的数值求解方程式分别为式(4-119)和式(4-121),z_1和z_2应满足式(4-119)和式(4-121)中Δ_1和Δ_2同时为0。

$$\Delta_1=\beta_{pc}L+\beta_{pk}\left(\frac{B_1}{3}L^3+\frac{B_2+\gamma_3}{2}L^2+B_3L\right)+G_9+\frac{q_b}{E_p}\tag{4-119}$$

$$q_b=\begin{cases}k_b\left[\frac{\beta_{pc}+\beta_{sc}}{2}L^2+(\beta_{pk}+\beta_{sk})\left(\frac{B_1}{12}L^4+\frac{B_2+\gamma_3}{6}L^3+\frac{B_3}{2}L^2\right)+(G_9-G_{11})L+G_{10}-G_{12}\right] & \text{弹性}\\ c_4N_c+N_q(\gamma_3L+B_1L^2+B_2L+B_3) & \text{塑性}\end{cases}\tag{4-120}$$

$$\Delta_2=G_3+\beta_s\alpha_0 e^{\alpha_0 z_1}G_5-\beta_s\alpha_0 e^{-\alpha_0 z_1}G_6-G_7+\beta_{sc}z_1+\beta_{sk}[B_1z_1^3/3+(B_2+\gamma_3)z_1^2/2+B_3z_1] \tag{4-121}$$

通过数值方法确定 G_1～G_{12}参数及 z_1 和 z_2 数值后，可得到加固区沉降位移方程和附加应力方程，同时可得到桩侧摩阻力分布方程式(4-122)以及沉降中性点方程式(4-123)。

$$\tau(z)=\begin{cases}-c_3-K_0\tan\varphi_3(\gamma_3 z+B_1z^2+B_2z+B_3) & 0\leqslant z\leqslant z_1\\ \alpha_0^2(G_5e^{\alpha_0 z}+G_6e^{-\alpha_0 z}) & z_1<z\leqslant z_2\\ c_3+K_0\tan\varphi_3(\gamma_3 z+B_1z^2+B_2z+B_3) & z_2<z\leqslant L\end{cases} \tag{4-122}$$

中性点方程：

$$z_0=0.5\ln(-G_6/G_5)/\alpha_0 \tag{4-123}$$

4.2.5 下卧层沉降模型

桩网复合地基根据刚性桩加固范围可以分为加固区和下卧层两个组成部分，沉降变形计算应根据每一组成部分承载及变形特点进行建模计算。对于加固区沉降变形计算，由前述建立的加固区沉降变形计算模型可以得到加固区不同深度处上覆荷载产生的桩土附加应力以及沉降位移，同时亦可以得到计算断面内各桩体的桩侧摩阻力分布及桩端阻力。下卧层沉降变形的计算，应基于加固区桩体应力和位移条件，采用 Mindlin 和 Boussinesq 联合方法确定桩端下卧层的总附加应力深度方向分布，并由分层总和法确定下卧层沉降。计算流程参照 2.2 节 Boussinesq 理论及应用优化和 2.3 节 Mindlin 理论及应用优化。

4.2.6 桩网复合地基沉降算例

桩网复合地基沉降算例主要基于京沪高铁京徐试验段和徐沪试验段相关监测数据，通过现场监测结果与模型分析结果的对比，验证桩网复合地基沉降分析模型的合理性。

1. 京徐试验段场地情况及模型计算结果

京徐试验段 DK190＋124～DK190＋354 位于天津特大桥与青沧大桥之间，地形平坦，地势开阔，线路以填方通过，路堤填高为 6.8～7.69 m。各土层基本物理力学性质指标测试结果列于表 4-3。

表 4-3 刚性桩复合地基试验段地层物理力学性质指标参数

地层编号	地层名称	含水率 w	孔隙比 e	液限 w_L	塑限 w_P	回弹指数 C_s	压缩指数 C_c	固结压力 P_c/kPa	超固结比 OCR	$E_{s0.1-0.2}$/MPa	γ/(kN/m³)	c/kPa	φ	σ_0/kPa
1-1	黏土	31.2%	0.919	42.0%	22.8%	0.024	0.225	159.3	3.42	4.6	18.6	38.4	11.0°	100
1-2	粉质黏土	27.0%	0.786	34.4%	19.8%	0.021	0.212	177.6	4.40	4.9	19.4	45.3	10.2°	110
1-3	粉土	25.1%	0.724	27.4%	18.8%	0.009	0.130	247	2.95	9.4	19.7	24.7	26.7°	130
1-4	粉质黏土	—	—	—	—	—	—	—	—	4.0	19.3	13.0	10.0°	85

续上表

地层编号	地层名称	含水率 w	孔隙比 e	液限 w_L	塑限 w_P	回弹指数 C_s	压缩指数 C_c	固结压力 P_c/kPa	超固结比 OCR	$E_{s0.1\text{-}0.2}$/MPa	γ/(kN/m^3)	c/kPa	φ	σ_0/kPa
2-2	粉质黏土	30.8%	0.856	30.0%	18.0%	0.014	0.119	247	1.87	5.5	19.2	30.6	21.1°	100
2-3	粉土	26.3%	0.759	27.1%	18.8%	0.012	0.137	202.5	1.58	6.9	19.5	19.2	30.8°	140
2-10	粉砂	—	—	—	—	—	—	—	—	8.3	19.6	36.5	20.9°	110
2-11	细砂	24.1%	0.703	23.7%	15.8%	0.011	0.117	316.3	1.87	13.9	19.6	27.3	33.6°	210
3-1	粉质黏土	—	—	—	—	—	—	—	—	8.0	19.6	13.0	35.6°	150
3-3	粉土	—	—	—	—	—	—	—	—	7.2	19.7	20.3	31.8°	150
3-11	粉砂	23.1%	0.667	—	—	0.005	0.053	335.6	1.41	15.1	19.7	19.0	33.0°	200
4-2	粉质黏土	26.3%	0.735	31.6%	18.3%	0.027	0.251	314.3	1.04	5.4	19.9	44.0	9.1°	140
4-3	粉土	22.1%	0.618	23.8%	16.4%	0.011	0.143	341.0	0.96	9.4	20.4	20.3	25.0°	160
4-11	粉砂	20.2%	0.520	23.5%	17.3%	—	—	—	—	18.3	19.7	15.0	33.6°	200

试验段 DK190＋152.80 断面桩体布置参数以及地层参数如图 4-21 所示，为简化计算，以桩端平面为分界面将地基分为加固区和下卧层土体两部分，其工作机理类似端承桩，桩间土和桩端下卧土层均采用加权土层参数。

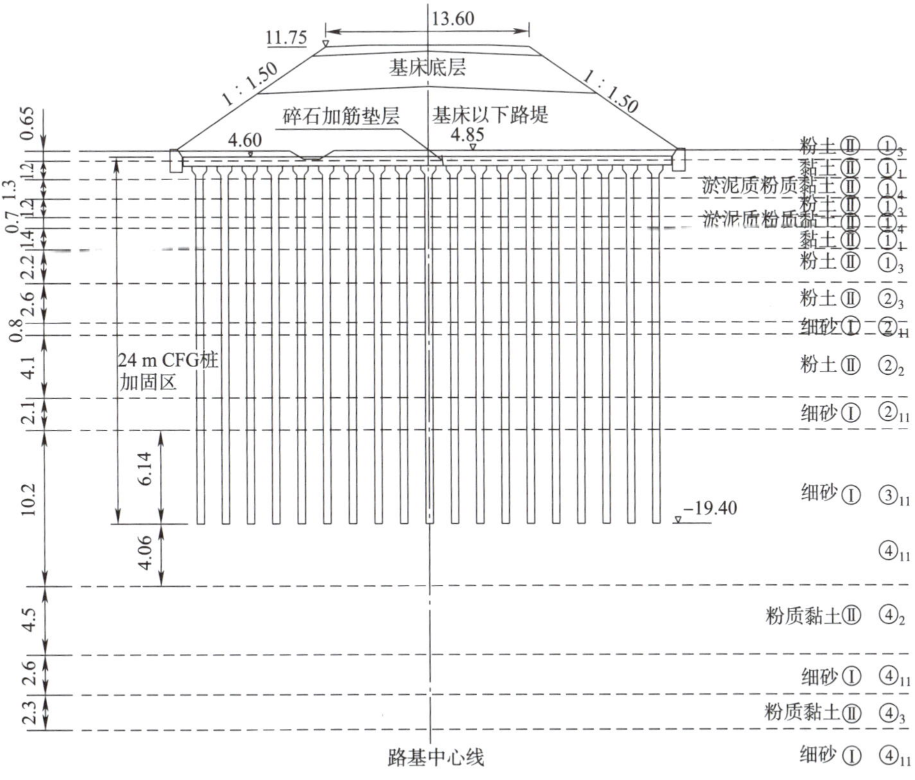

图 4-21　京沪高铁京徐试验段 DK190＋152.80 断面(单位:m)

根据前述基于荷载传递理论建立的加固区沉降模型和基于 Mindlin-Boussinesq 理论建立的下卧层沉降模型，完成刚性桩复合地基横断面沉降变形计算。桩端下卧层沉降计算采用分层总和法，将下卧层与加固区沉降变形叠加并进行桩端平面的桩土沉降变形相容性处理后得到最终刚性桩复合地基桩土位移曲线。根据模型计算结果，不同位置处桩间土及桩体位移、不同横断面桩土沉降位移如图 4-22 所示。

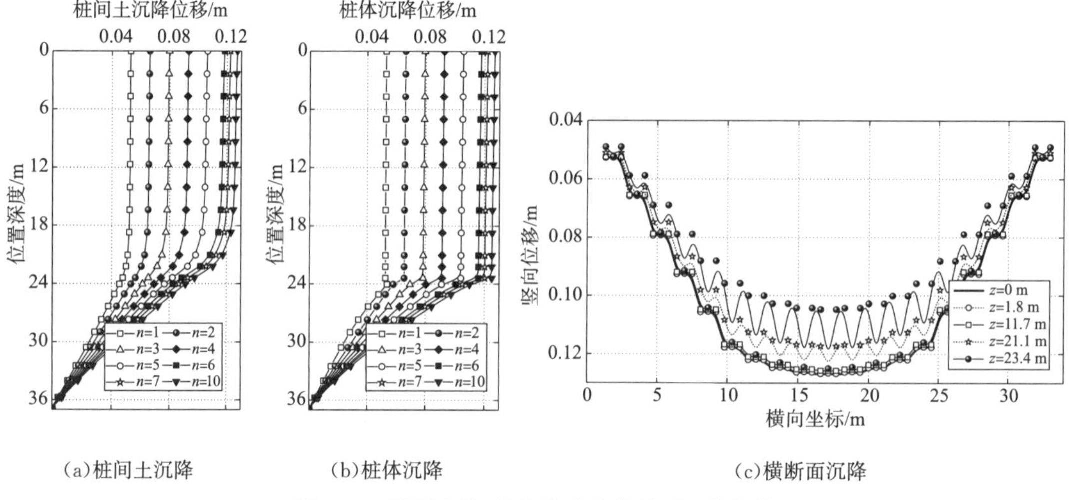

(a)桩间土沉降　　(b)桩体沉降　　(c)横断面沉降

图 4-22　桩间土体、桩体及地基横断面沉降位移

根据图 4-22 中京沪高铁试验段刚性桩复合地基沉降计算结果，桩顶 $z=0$ m 位置处桩体和桩间土体最大沉降位移为 126.7 mm 和 127.2 mm，桩端 $z=23.4$ m 位置处桩体和桩间土体最大沉降位移为 125.0 mm 和 104.8 mm，桩顶和桩端位置的桩土沉降差分别为−0.5 mm 和 20.2 mm，试验段刚性桩桩端较桩顶“刺入”效应更为明显。

施工期间，试验段断面实测沉降量为 60.3～69.3 mm，而沉降模型计算结果比实测结果高出近一倍。《建筑桩基技术规范》(JGJ 94—2008)关于试验段桩端下卧层沉降量经验系数 Ψ 取值为 0.777，沉降模型沉降量计算最大值调整为 105.4 mm，偏差 34.3%；《建筑地基基础设计规范》(GB 50007—2011)对试验段经验系数取值为 0.58，沉降模型计算最大值调整为 81.5 mm，偏差 15%，此结果与实测值较为接近。此外，模型关于桩土沉降计算结果为最终值，而实测值为试验过程最终值，实测值可能随时间逐渐增加，将进一步趋近计算结果，说明基于荷载传递理论的刚性桩复合地基沉降模型用于路堤断面沉降计算可行。

图 4-22 的桩土沉降计算结果也表明，自 $n=1$ 号桩至 $n=10$ 号桩，桩端下卧层沉降量占总沉降量的百分比由 90.3%变化至 76.6%，桩端下卧层沉降变形构成刚性桩复合地基总沉降量的 3/4 以上，即复合地基总沉降变形主要由桩端下卧层土体的沉降引起。但是，刚性桩复合地基沉降模型初始输入参数统一为表 4-3 中 $E_{s0.1\text{-}0.2}$ 数据，在原状土样扰动或当下卧层土体初始应力释放条件下，测定的 $E_{s0.1\text{-}0.2}$ 数值偏小，导致初始有效应力高于 200 kPa 时，统

一采用 $E_{s0.1\text{-}0.2}$ 参数偏保守，下卧层实际压缩模量可能远高于 $E_{s0.1\text{-}0.2}$ 参数。

2. 考虑压缩模量修正的京徐试验段计算结果

桩端下卧层土体压缩模量修正过程如下：地层有效自重应力小于 200 kPa 时，土层压缩模量不修正，采用 $E_{s0.1\text{-}0.2}$ 指标；若地基土层有效自重应力超过 200 kPa，根据地基土层有效应力与 150 kPa 之间的比值，对原土层压缩模量进行修正。

根据上述下卧层土体压缩模量修正方法，确定各层土体修正后压缩模量后，由各土层厚度确定加固区桩间土和桩端下卧层土体压缩模量加权值分别为 11.19 MPa 和 25.80 MPa，其余参数不变情形下，不同位置处桩间土及桩体位移、不同横断面桩土沉降位移计算结果如图 4-23 所示。

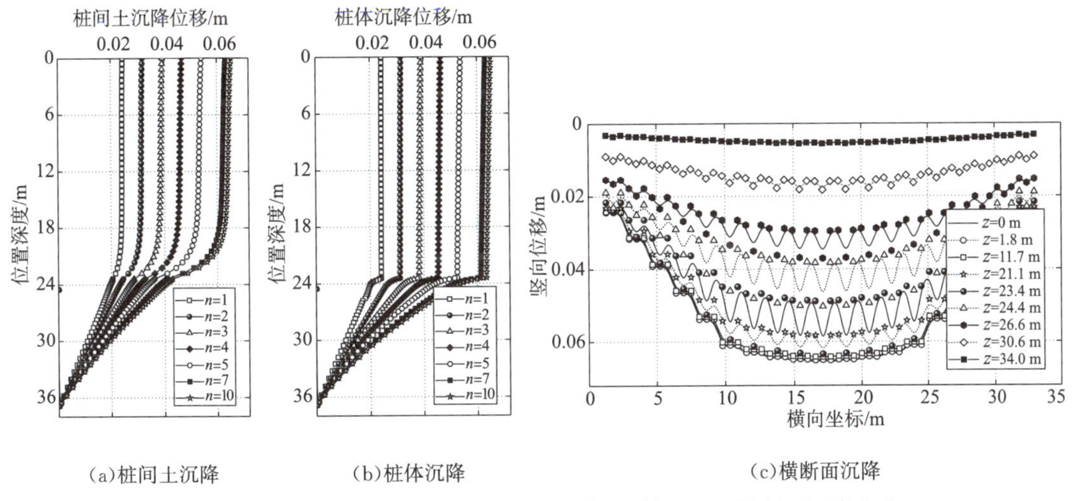

(a)桩间土沉降　(b)桩体沉降　(c)横断面沉降

图 4-23　压缩模量修正情形下的桩间土体、桩体及地基横断面沉降位移

根据图 4-23 中京沪高铁试验段刚性桩复合地基桩土沉降变形修正计算结果，桩顶 $z=0$ m 位置处的桩体和桩间土体最大沉降位移分别为 65.1 mm 和 65.4 mm，桩端 $z=23.4$ m 位置处桩体和桩间土体最大沉降位移为 63.4 mm 和 43.0 mm，桩顶和桩端位置的桩土沉降差分别为−0.3 mm 和 20.4 mm。对比试验段刚性桩复合地基桩土沉降实测结果，实测结果与模型计算结果之间偏差约 6%。这也充分说明，前述建立起的刚性桩复合地基加固区和下卧层沉降模型在适当的模型参数取值条件下，计算结果可以作为刚性桩复合地基初始设计的依据。

3. 京沪高铁算例计算结果对比分析

根据京沪高铁京徐试验段 K190＋152.8 与徐沪试验段 K854＋700、K854＋800、K854＋936.5 四断面沉降变形的模型计算结果以及不同方法理论修正结果，进一步综合 K190＋152.8 与 K854＋700 断面预压期计算结果，四断面沉降计算结果整理见表 4-4。其中，各断面压缩层厚度均基于《京沪高速铁路 CFG 桩复合地基设计理论研究阶段报告》中数据，并考虑各断面地层情况进行局部调整；各断面沉降实测值为试验段施工期间实际沉降监测数值，并可能继续发生工后沉降，沉降模型计算结果均为最终值。

表 4-4　京沪高铁四个断面算例计算结果整理

指标参数		计算断面					
		DK190＋152.8		DK854＋700		DK854＋800	DK854＋936.5
地基土层厚度参数	压缩层总厚度/m	36.86		24.5		24.9	24.5
	加固区厚度/m	23.4		10		16	16
	下卧层厚度/m	13.46		14.5		8.9	8.5
施工期各断面沉降实测值/mm		60.3～69.3		17.0～23.6		12.0～18.5	9.5～16.2
天然地基沉降	计算沉降量/mm	381.7		178.6		186.1	169.8
	《建筑地基基础设计规范》(GB 50007—2011)修正/mm	253.4		113.2		116.2	104.8
理论模型计算结果	总沉降量/mm	127.2	177.2	70.2	110.4	42.1	40.2
	相对于实测值偏差/mm	**＋57.9**	**＋107.9**	**＋46.6**	**＋86.8**	**＋23.6**	**＋24.0**
	加固区沉降量/mm	22.4	46.3	19.8	34.5	21.6	23.1
	加固区沉降量占比	17.6%	26.1%	28.2%	31.3%	51.3%	57.5%
	下卧层沉降量/mm	104.8	130.9	50.4	75.9	20.5	17.1
《建筑地基基础设计规范》(GB 50007—2011)修正	加固区沉降修正系数	0.61		0.68		0.64	0.63
	下卧层沉降修正系数	0.53		0.32		0.23	0.22
	单修正下卧层的总沉降量-1/mm	77.9	115.7	35.9	58.8	26.3	26.9
	相对于实测值偏差/mm	**＋8.6**	**＋46.4**	**＋12.3**	**＋35.2**	**＋7.8**	**＋10.7**
	双修正加固区和下卧层的总沉降量-2/mm	69.2	97.6	29.6	47.7	18.5	18.3
	相对于实测值偏差/mm	**－0.1**	**＋28.3**	**＋6.0**	**＋24.1**	**＋0.0**	**＋2.1**
《建筑桩基技术规范》(JGJ 94—2008)修正	加固区沉降修正系数	0.96		0.84		0.84	0.84
	下卧层修正系数	0.89		0.53		0.40	0.39
	单修正下卧层的总沉降量-1/mm	115.7	162.8	46.5	74.7	29.8	29.8
	相对于实测值偏差/mm	**＋46.4**	**＋93.5**	**＋22.9**	**＋51.1**	**＋11.3**	**＋13.6**
	双修正加固区和下卧层的总沉降量-2/mm	114.8	160.9	43.3	69.2	26.3	26.1
	相对于实测值偏差/mm	**＋45.5**	**＋91.6**	**＋19.7**	**＋45.6**	**＋7.8**	**＋9.9**

注：DK190＋152.8 与 DK854＋700 纵栏灰色背景为考虑预压荷载时的最终计算结果。

根据表 4-4 中四断面沉降数据，刚性桩复合地基沉降监测值仅为天然地基沉降计算结果的 1/10，说明刚性桩复合地基在软土地基沉降控制方面效果十分明显，可大幅度降低天然地基沉降。研究建立的刚性桩加固区和下卧层沉降模型关于四个断面沉降计算结果表明，采用原始桩土参数时，模型计算结果明显为实测值的 2.0 倍左右。

理论模型计算结果偏高的主要原因在于地基土层变形压缩模量参数取值较低，我国《建筑地基基础设计规范》(GB 50007—2011)和《建筑桩基技术规范》(JGJ 94—2008)均规定应采用桩基沉降经验系数进行修正。因此，应按照两规范关于沉降经验系数规定，对理论模型关于四断面沉降变形计算结果进行修正。此外，桩基规范关于沉降经验系数的取值高于地基基础规范，最终也导致按桩基规范修正后的沉降计算结果仍高于实测值。根据两规范修正后的刚性桩复合地基沉降位移计算结果，可以发现，地基规范修正后的沉降位移同实测值最为接近，与实测值的最大偏差为 6 mm，相当于实测沉降量的 25%，同时其他几组计算结果偏差均很小，约为实测值的 10%。

4.3　桩网复合地基沉降群桩效应分析

桩网复合地基群桩沉降变形的叠加效应具体研究中，主要从两方面展开：一是扣除桩体或桩帽面积的加固区附加应力计算中涉及的荷载叠加范围问题；二是下卧层附加应力计算中涉及的桩体荷载(桩端阻力与桩侧阻力)叠加范围问题。通过桩网复合地基沉降模型和数值模型软件完成群桩效应分析，在保证计算精度的情况下确定刚性桩复合地基沉降模型计算中的合理叠加范围。

4.3.1　加固区附加应力计算中的荷载叠加范围

桩体或桩帽面积域内荷载引起的附加应力计算过程中，路堤断面内桩体全部叠加，纵向断面内桩体依次叠加，通过式(4-124)中相邻桩体叠加后的加固区平均附加应力系数间的百分比差异，由加固区附加应力误差控制标准确定需要叠加的荷载范围。桩体或桩帽面积域内荷载附加应力计算中的桩体叠加方式如图 4-24 所示。

$$\delta_i = 2\frac{\frac{1}{L}\int p_{\mathrm{ad}(i)}(z)\mathrm{d}z - \frac{1}{L}\int p_{\mathrm{ad}(i+1)}(z)\mathrm{d}z}{\frac{1}{L}\int p_{\mathrm{ad}(i)}(z)\mathrm{d}z + \frac{1}{L}\int p_{\mathrm{ad}(i+1)}(z)\mathrm{d}z} = 2\frac{\int p_{\mathrm{ad}(i)}(z)\mathrm{d}z - \int p_{\mathrm{ad}(i+1)}(z)\mathrm{d}z}{\int p_{\mathrm{ad}(i)}(z)\mathrm{d}z + \int p_{\mathrm{ad}(i+1)}(z)\mathrm{d}z} \times 100\% \tag{4-124}$$

式(4-124)中，相邻两排桩平均附加应力差异百分比 δ_i 计算对象均为图 4-24 横向计算断面第一排桩的中心桩($n=7$ 号桩)。同时，图 4-24 中桩体叠加仅进行单一方向叠加，通过对称原理，完成路堤计算断面两侧桩体的叠加计算。

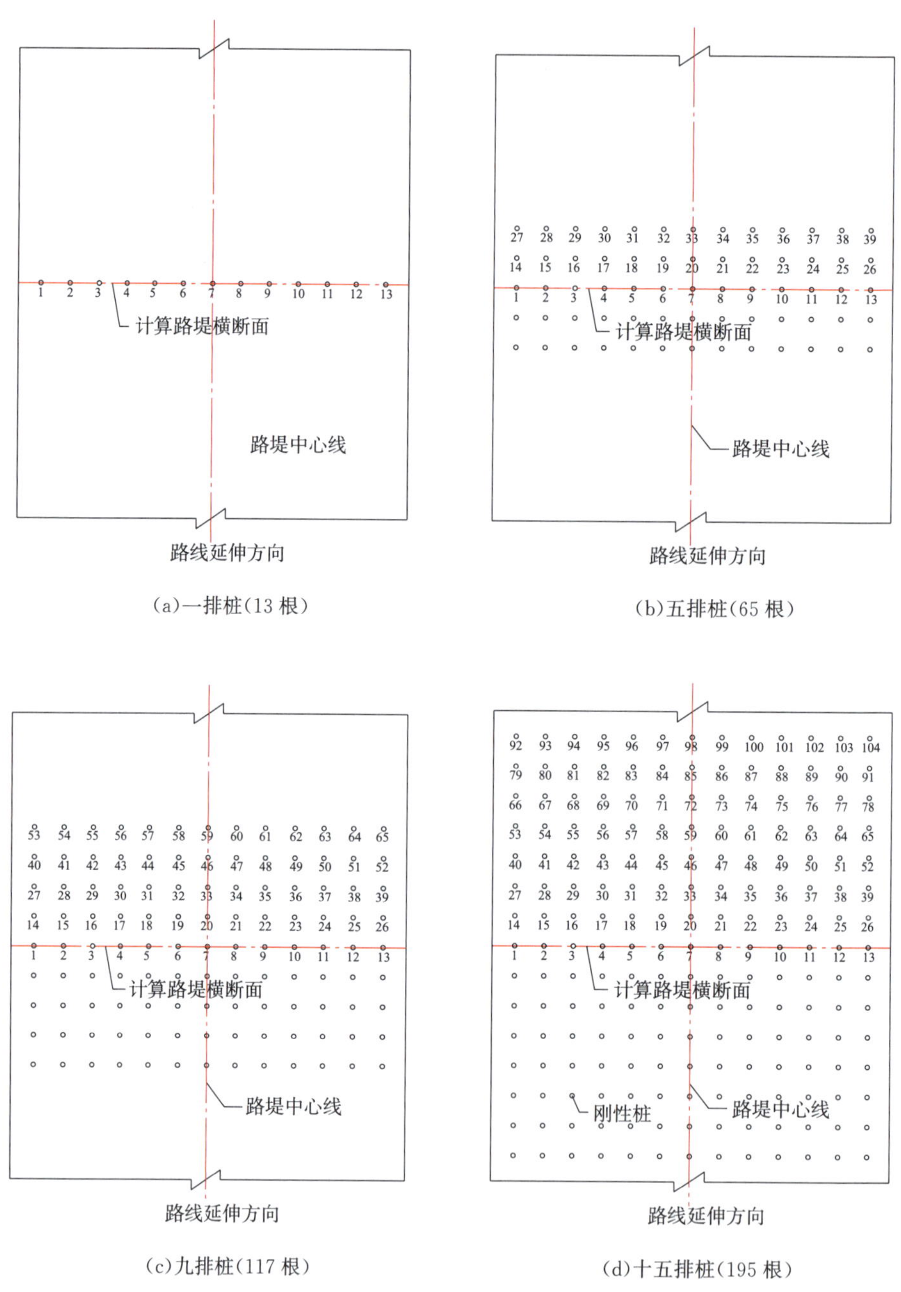

(a)一排桩(13 根)　(b)五排桩(65 根)

(c)九排桩(117 根)　(d)十五排桩(195 根)

图 4-24　加固区附加应力计算过程中的荷载叠加方法

加固区附加应力随荷载叠加范围的计算误差主要决定于桩间距和桩长，根据加固区附加应力随荷载叠加范围变化规律，确定 10%、5%和 1%误差标准下的荷载叠加范围 S，得到相应误差标准下的荷载叠加范围关于桩间距 s 的拟合曲线，如图 4-25 所示。

根据图 4-25 中加固区附加应力荷载叠加范围 S 关于桩间距 s 拟合曲线特点，各拟合曲线均表现出明显的线性分布特征，可采用式(4-125)形式的线性方程拟合。

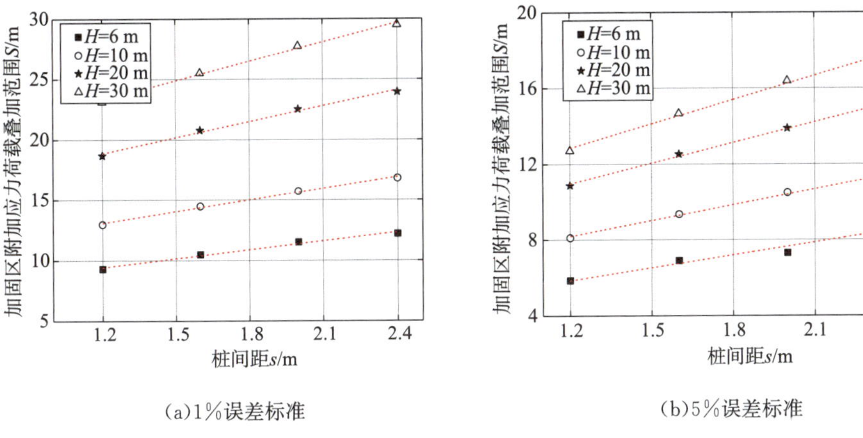

(a)1%误差标准　　(b)5%误差标准

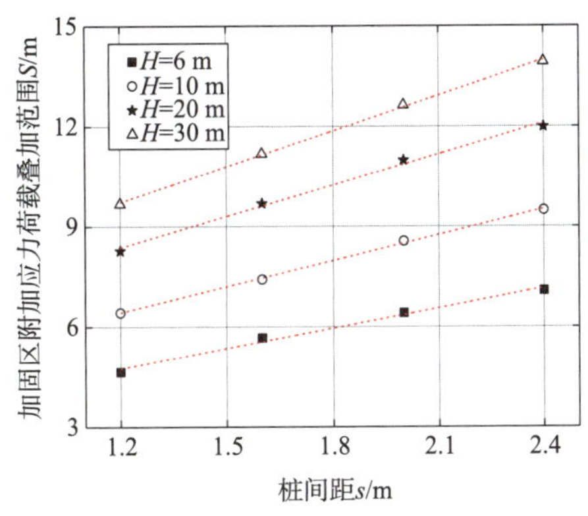

(c)10%误差标准

图 4-25　加固区附加应力荷载叠加范围关于桩间距 s 的拟合曲线

$$S=k_0 s+b_0 \tag{4-125}$$

进一步,不同误差控制标准下线性拟合方程斜率 k_0 和截距 b_0 均随桩长 L 表现为非线性变化规律,采用曲线拟合方法得到图 4-26 中线性拟合方程斜率 k_0 和截距 b_0 关于桩长 L 的幂函数拟合曲线,相应的幂函数拟合方程形式为式(4-126),各情形下的方程参数 A_0、A_{00} 和 B_0、B_{00} 拟合数值及幂函数相关系数列于表 4-5。

$$k_0=A_0 L^{B_0}\text{；}\ b_0=A_{00} L^{B_{00}} \tag{4-126}$$

表 4-5 中幂函数拟合方程的相关系数均高于 0.9,这也说明可采用幂函数方程确定图 4-26 线性拟合方程参数 k_0 和 b_0。式(4-126)代入式(4-125)后得到不同误差控制标准下的荷载叠加范围 S 和 S/L 关于桩长 L 和桩间距 s 的表达式(4-127)。

$$S=A_0 L^{B_0} s+A_{00} L^{B_{00}} \tag{4-127}$$

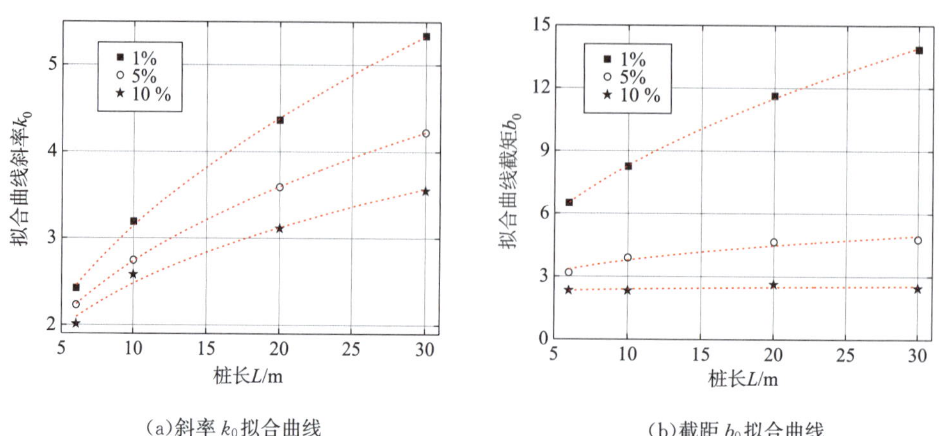

(a)斜率 k_0 拟合曲线　　(b)截距 b_0 拟合曲线

图 4-26　荷载叠加范围拟合曲线参数关于桩长变化趋势

表 4-5　幂函数拟合方程参数 A 和 B 数值

拟合对象	误差标准								
	系数 A_0 或 A_{00}			指数 B_0 或 B_{00}			相关系数 R^2		
	1%	5%	10%	1%	5%	10%	1%	5%	10%
拟合方程斜率 k_0	1.026	1.100	1.122	0.485	0.396	0.342	0.9989	0.9999	0.9835
拟合方程截距 b_0	2.786	2.075	2.101	0.474	0.257	0.056	0.9996	0.9487	0.9049

由表 4-5 数值，得到 10%、5%以及 1%误差控制标准下的加固区附加应力荷载叠加范围表达式，根据桩体长度 L 和桩间距 s 由式即可得到满足相应误差控制标准的荷载叠加范围，图 4-27 为加固区附加应力荷载叠加范围云图。

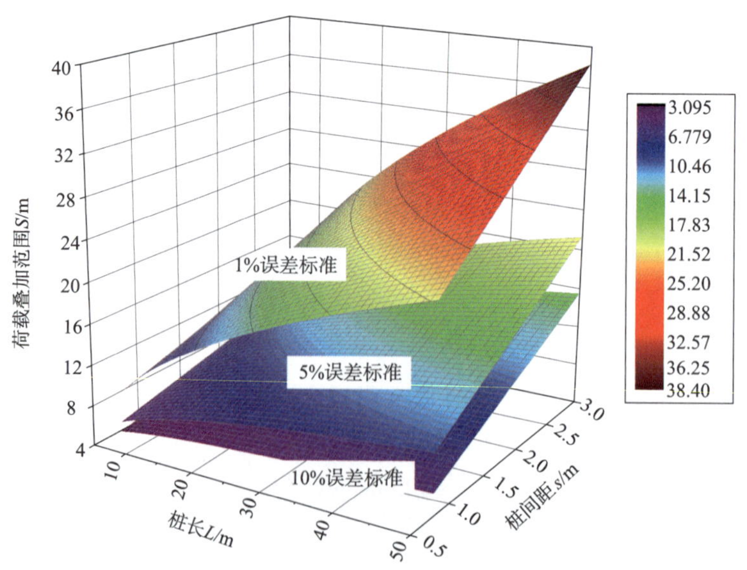

图 4-27　不同误差标准下的荷载叠加范围分布云图

4.3.2　下卧层附加应力叠加范围

下卧层附加应力计算中的桩体叠加范围确定方法同加固区附加应力荷载叠加范围确定过程基本相同(图 4-24)，但通过式(4-128)有限范围桩体叠加后的下卧层平均附加应力同叠加全部桩体后的下卧层最终平均附加应力间的绝对差异，确定能够满足下卧层沉降计算精度要求的桩体荷载叠加范围。其中，不同范围内桩体荷载叠加情形下的下卧层附加应力分布曲线如图 4-28 所示，下卧层附加应力随叠加桩体荷载排数的增加而增大，并最终趋于恒定。

$$\delta_{ix}=2\frac{\frac{1}{L_x}\int p_{\mathrm{adx}N}(z_x)\mathrm{d}z-\frac{1}{L_x}\int p_{\mathrm{adx}i}(z_x)\mathrm{d}z}{\frac{1}{L_x}\int p_{\mathrm{adx}N}(z_x)\mathrm{d}z+\frac{1}{L_x}\int p_{\mathrm{adx}i}(z_x)\mathrm{d}z}=2\frac{\int p_{\mathrm{adx}N}(z_x)\mathrm{d}z-\int p_{\mathrm{adx}i}(z_x)\mathrm{d}z}{\int p_{\mathrm{adx}N}(z_x)\mathrm{d}z+\int p_{\mathrm{adx}i}(z_x)\mathrm{d}z}\times 100\% \tag{4-128}$$

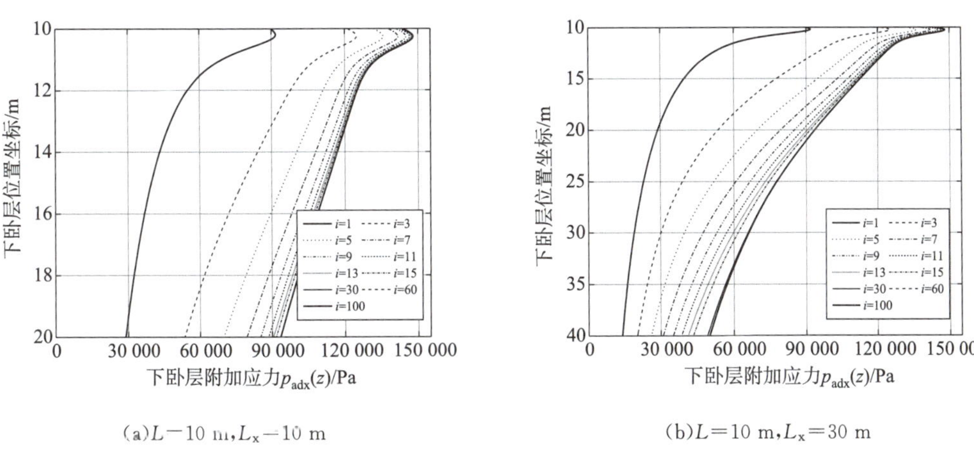

(a)$L=10$ m，$L_x=10$ m　　(b)$L=10$ m，$L_x=30$ m

图 4-28　下卧层附加应力分布曲线

根据前述关于下卧层附加应力荷载叠加范围的相关分析，桩长 L、下卧层厚度 L_x、桩径 d_p、桩间距 s 及路堤填土高度 H 五个因素均能显著影响桩体荷载叠加范围 S，因此，无法采用相对简单地拟合方程式确定桩体叠加荷载 S。为能相对简单地确定桩体荷载叠加范围，根据前述分析计算结果，将不同初始条件(影响因素)下桩体叠加荷载 S 分别汇总至表 4-6～表 4-8，通过桩网复合地基桩长和下卧层厚度参数进行插值查表，分别得到桩径、桩间距及路堤填土高度对应的桩体荷载叠加范围，并由式(4-129)取三者中最大值作为最终的桩体荷载叠加范围。

$$S=\max(S(d_p),S(s),S(H)) \tag{4-129}$$

表 4-6 不同桩径条件下的桩体荷载叠加范围 S 汇总(s=2.0 m,H=4.5 m)

桩径	L/m	10%误差标准				5%误差标准				桩径	L/m	10%误差标准				5%误差标准			
		L_x/m										L_x/m							
		10	20	30	40	10	20	30	40			10	20	30	40	10	20	30	40
d_p=0.3 m	10	10.9	14.4	17.6	20.7	15.2	19.8	24.5	29.3	d_p=0.8 m	10	12.3	16.3	20.1	23.7	16.8	21.9	27.1	33.2
	20	10.3	15.0	18.7	21.8	19.0	23.8	28.4	33.2		20	15.9	20.6	24.8	28.7	24.6	30.1	35.3	39.9
	30	9.5	15.3	20.0	23.9	20.5	27.5	33.7	37.9		30	17.3	23.4	28.5	33.5	31.2	36.7	42.4	47.2
	40	9.5	15.3	20.4	25.0	19.2	29.3	36.5	42.4		40	17.0	24.6	31.1	36.2	35.4	42.2	47.8	53.9
d_p=0.5 m	**10**	**11.4**	**15.2**	**18.7**	**21.9**	**15.8**	**20.7**	**25.5**	**31.0**	d_p=1.2 m	10	12.9	17.2	21.2	25.0	17.4	22.8	28.4	34.6
	20	**12.6**	**17.5**	**21.4**	**24.8**	**21.6**	**26.4**	**31.9**	**36.1**		20	18.0	22.9	27.3	32.2	26.4	32.8	37.4	43.2
	30	**12.3**	**18.7**	**23.8**	**28.0**	**26.0**	**32.4**	**37.4**	**42.7**		30	20.9	26.8	32.5	36.8	34.1	39.8	45.7	51.2
	40	**11.4**	**18.9**	**24.8**	**30.2**	**28.6**	**36.2**	**42.5**	**47.5**		40	21.6	29.0	35.3	40.4	38.8	45.9	52.3	57.7

注:表中粗体为标准工况(d_p=0.5 m,s=2.0 m,H=4.5 m)计算结果,下同。

表 4-7 不同桩间距条件下的桩体荷载叠加范围 S 汇总(d_p=0.5 m,H=4.5 m)

桩径	L/m	10%误差标准				5%误差标准				桩径	L/m	10%误差标准				5%误差标准			
		L_x/m										L_x/m							
		10	20	30	40	10	20	30	40			10	20	30	40	10	20	30	40
s=1.8 m	10	12.1	16.0	19.6	23.1	16.5	21.5	27.1	32.1	s=2.5 m	10	9.6	13.0	16.1	18.9	14.0	18.4	22.7	26.9
	20	14.6	19.3	23.3	27.3	23.4	29.0	33.4	38.4		20	7.2	12.1	15.8	18.8	15.2	20.9	25.4	29.4
	30	15.3	21.5	26.8	31.3	29.5	34.7	40.4	45.2		30	6.8	11.8	16.2	20.0	12.5	22.2	28.6	33.7
	40	14.2	21.7	28.3	33.2	32.5	39.3	45.3	50.7		40	7.0	11.9	16.4	20.5	11.8	21.6	29.8	36.6
s=2.0 m	**10**	**11.4**	**15.2**	**18.7**	**21.9**	**15.8**	**20.7**	**25.5**	**31.0**	s=3.0 m	10	7.5	10.6	13.1	15.4	11.8	15.9	19.7	23.3
	20	**12.6**	**17.5**	**21.4**	**24.8**	**21.6**	**26.4**	**31.9**	**36.1**		20	4.3	7.7	10.6	13.0	8.1	14.8	19.6	23.4
	30	**12.3**	**18.7**	**23.8**	**28.0**	**26.0**	**32.4**	**37.4**	**42.7**		30	4.4	7.6	10.5	13.2	6.7	12.9	19.3	24.6
	40	**11.4**	**18.9**	**24.8**	**30.2**	**28.6**	**36.2**	**42.5**	**47.5**		40	4.9	8.1	11.0	13.7	7.2	12.6	18.4	24.3

表 4-8 不同路基填高条件下的桩体荷载叠加范围 S 汇总(d_p=0.5 m,s=2.0 m)

路基填高	L/m	10%误差标准				5%误差标准				路基填高	L/m	10%误差标准				5%误差标准			
		L_x/m										L_x/m							
		10	20	30	40	10	20	30	40			10	20	30	40	10	20	30	40
H=2.0 m	10	7.0	11.1	14.0	16.5	12.3	16.5	20.5	24.1	H=7.0 m	10	12.6	16.6	20.4	23.9	16.9	22.1	27.4	33.5
	20	4.9	9.2	12.8	15.8	9.2	17.2	22.3	26.4		20	16.4	20.8	24.8	28.5	24.7	30.1	35.2	39.6
	30	5.0	9.1	12.9	16.3	7.8	16.1	23.6	29.6		30	18.0	23.7	28.6	33.5	31.6	36.8	42.3	47.0
	40	4.9	8.9	12.6	16.1	7.3	14.4	22.1	29.5		40	17.8	24.9	31.1	36.1	35.8	42.2	47.7	53.7
H=4.5 m	**10**	**11.4**	**15.2**	**18.7**	**21.9**	**15.8**	**20.7**	**25.5**	**31.0**	H=10.0 m	10	15.1	18.1	22.1	25.3	18.0	24.5	28.9	35.9
	20	**12.6**	**17.5**	**21.4**	**24.8**	**21.6**	**26.4**	**31.9**	**36.1**		20	18.2	22.5	26.6	31.0	26.0	32.0	36.6	41.9
	30	**12.3**	**18.7**	**23.8**	**28.0**	**26.0**	**32.4**	**37.4**	**42.7**		30	21.0	26.2	31.6	35.8	33.9	38.8	44.6	49.5
	40	**11.4**	**18.9**	**24.8**	**30.2**	**28.6**	**36.2**	**42.5**	**47.5**		40	21.6	28.1	34.3	38.7	38.7	45.1	49.9	56.3

4.3.3　群桩效应的沉降解析模型计算分析

根据前述建立的桩网复合地基加固区及下卧层沉降模型，通过桩体荷载的逐级叠加可一定程度上反映出大规模群桩效应对刚性桩复合地基沉降的影响。本节主要通过刚性桩复合地基沉降模型关于不同桩体荷载叠加范围内的地基沉降分析计算结果，分析桩网复合地基沉降计算中存在的群桩效应。

桩端下卧层模量取为 5 MPa，桩体长度 L 分别为 20 m 和 40 m，下卧层厚度 L_x 分别为 10 m、20 m、30 m、40 m，确定的桩顶平面上桩及桩间土沉降随桩体荷载叠加排数变化曲线如图 4-29 所示。

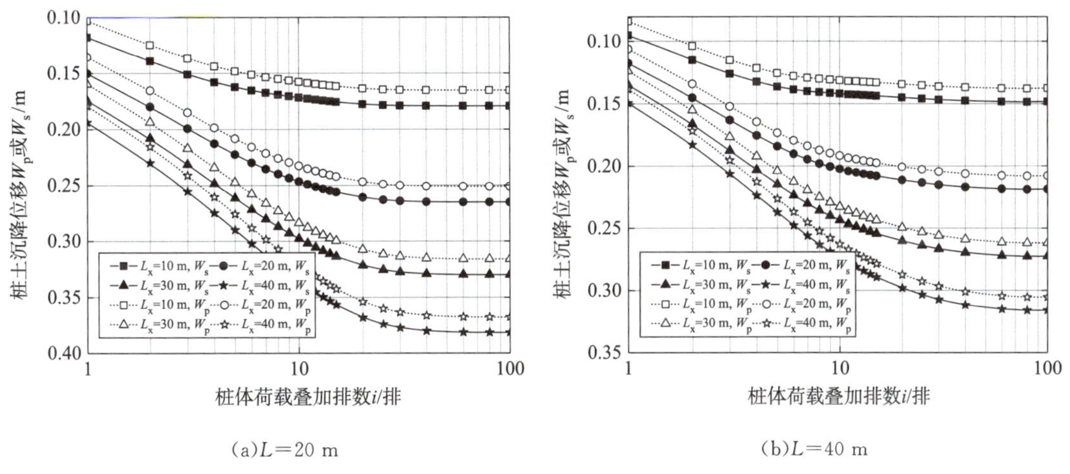

(a)L=20 m　　(b)L=40 m

图 4-29　桩土沉降随荷载叠加范围变化曲线

根据图 4-29，桩长分别为 20 m 和 40 m 条件下，桩及桩间土沉降变形均随桩体荷载叠加排数的增加而增大，但增加幅度趋缓；一般情况下，当桩体荷载叠加排数超过 20 排时，桩土沉降变形随荷载叠加范围变化曲线接近水平线，但是桩体荷载叠加范围同样取决于桩长、下卧层厚度等诸多因素，同表 4-6～表 4-8 中分析结果较为接近。此外，桩顶表面位置处的桩间土沉降变形略大于桩体，但两者随桩体荷载叠加范围的变化规律保持一致，均随桩体荷载叠加排数的增加而增大，最终趋于某一稳定值而保持不变。

4.3.4　群桩效应的数值模型计算分析

1. 基本思路及几何模型的建立

群桩效应的数值模型分析着重从三种分析情形展开：情形一为路堤填土与地基土体同比例外延，计算过程类似于平面应变简化模型；情形二为地基土体几何模型保持不变，仅改变路堤填土纵向几何尺寸，计算过程类似于有限范围地基的小范围加载；情形三为采用桩土荷载分算方法，逐级叠加桩体荷载引起的地基沉降。三种情形数值模型的建立均基于有限元软件，通过不同范围的路堤填土荷载确定荷载叠加范围与地基沉降间关系。

桩体荷载叠加排数依次设定为1、3、7、15、25、41、61、81、101排，通过不同排数路堤填土荷载和桩体荷载叠加计算，得到荷载叠加范围对刚性桩复合地基沉降的影响。数值模型建立过程中，由于涉及大规模群桩基础，为避免实体桩单元建立中产生过量单元数目，由内置桩单元模拟刚性桩，数值模型计算中建立的情形一和情形二有限差分分析模型如图4-30所示；情形三数值模型建模过程同情形二类似，但是将路堤填土荷载根据桩土荷载分担比 E 进行分配，在计算桩间土应力引起的地基沉降变形基础上逐级叠加计算桩体荷载引起的地基土体沉降。

仿真计算中，共进行20 m桩长、20 m厚下卧层和40 m桩长、40 m厚下卧层两种情况下的数值模拟计算，通过1、3、7、15、25、41、61、81、101排桩体叠加，完成路堤填土刚性桩复合地基群桩效应中荷载叠加范围分析。建立的最大仿真模型由230万单元、260万节点以及5万余结构单元构成，几何模型基本尺寸及填土路堤刚性桩复合地基基本参数列于表4-9。

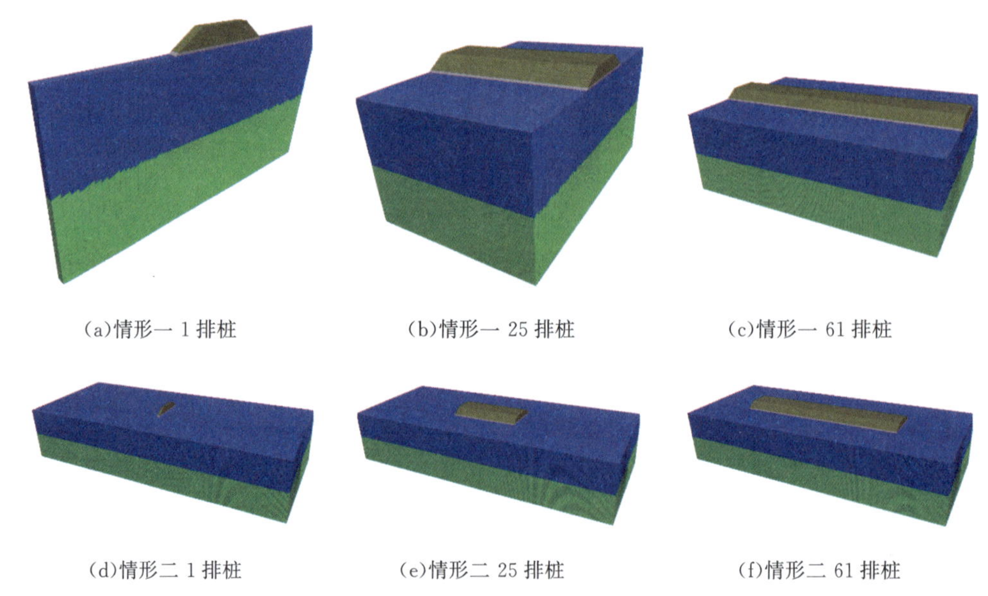

(a)情形一 1排桩　(b)情形一 25排桩　(c)情形一 61排桩

(d)情形二 1排桩　(e)情形二 25排桩　(f)情形二 61排桩

图4-30　两类计算模型(以1、25、61排桩为例)

表4-9　数值模型基本参数

桩长(下卧层厚度) $L(L_x)$/m	路堤高度 h/m	路堤宽度 a/m	桩径(桩帽) d_p/m	桩间距 s/m	断面桩体数目 n/根	布桩形式
20 (20),40 (40)	4.5	13.6	0.5	2.0	13	正方形
几何模型纵向最大长度/m	**几何模型横向宽度/m**	**最小网格尺寸/m**	**桩土荷载分担比 E**	**地基弹性模量 E/MPa**	**地基土内摩擦角 φ**	**黏聚力 c/kPa**
202	81.3	0.5、1.0	62.07%	10	15°	15

2. 三种情形下的群桩效应计算结果

(1)计算情形一

根据图 4-30(a)～图 4-30(c)中数值计算几何模型，分别得到叠加桩长 20 m 和 40 m 两种情况下，不同排数桩体的刚性桩复合地基沉降位移云图，其中，1 排桩、25 排桩及 61 排桩的沉降位移云图如图 4-31 所示。

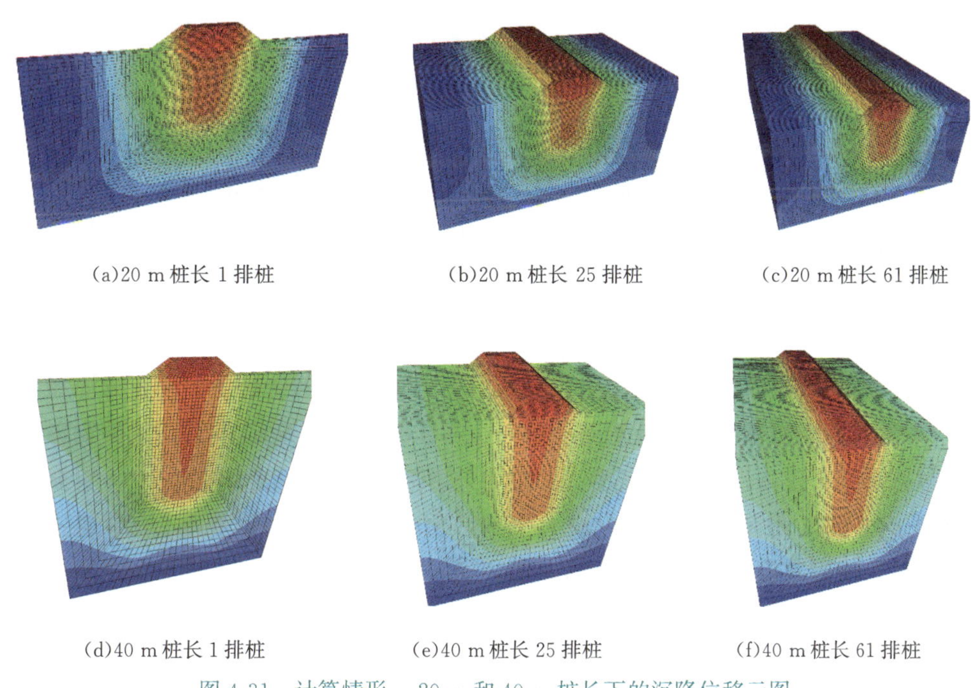

(a)20 m 桩长 1 排桩　(b)20 m 桩长 25 排桩　(c)20 m 桩长 61 排桩

(d)40 m 桩长 1 排桩　(e)40 m 桩长 25 排桩　(f)40 m 桩长 61 排桩

图 4-31　计算情形一 20 m 和 40 m 桩长下的沉降位移云图

计算情形一进行刚性桩复合地基沉降计算，土层厚度 40 m 和 80 m，叠加 1、3、7、15、25、41、61、81、101 排桩体或路堤填土长度，共 36 组地基沉降计算，根据前述图 4-31 中地基断面沉降位移计算结果，得到不同荷载叠加范围内的桩顶位置处(地基表面)横断面方向、纵断面方向以及计算中心点的沉降位移曲线，如图 4-32 所示。

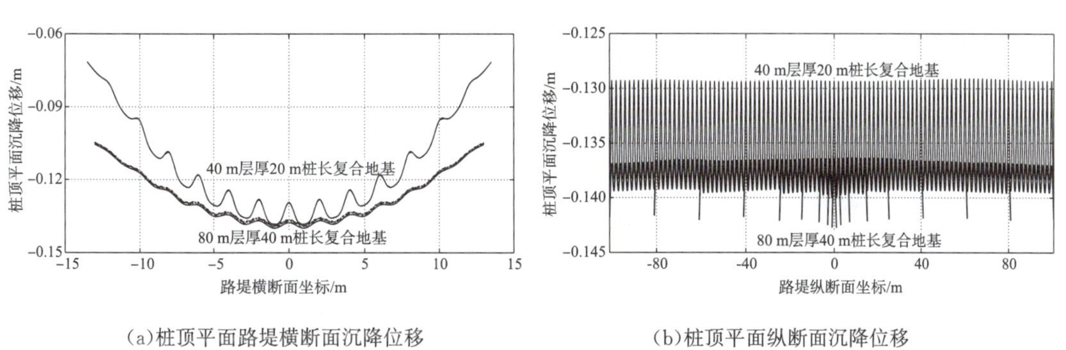

(a)桩顶平面路堤横断面沉降位移　(b)桩顶平面纵断面沉降位移

图　4-32

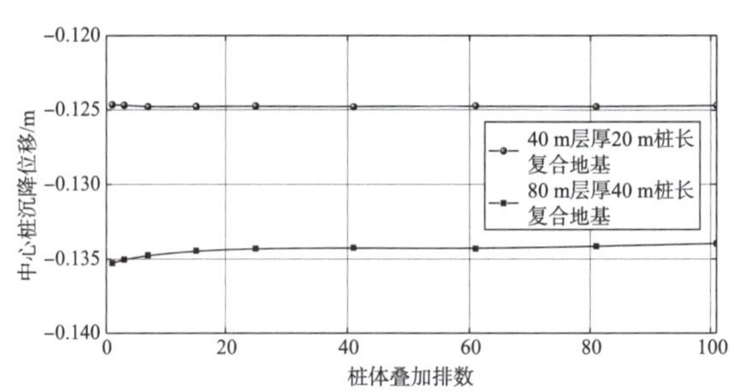

(c)地基中心点沉降位移

图 4-32　计算情形一不同荷载叠加范围下的路堤横断面、纵断面及中心点沉降位移

根据计算情形一图 4-32 关于刚性桩复合地基沉降位移计算结果，20 m 桩长和 40 m 桩长复合地基沉降量分别为各自对应天然地基沉降量的 54.6%和 45.6%，地基沉降量大幅降低，说明刚性桩复合地基加固方法在天然地基沉降控制中是十分有效的。此外，对于第一类计算情形，路堤填土、桩体纵向布置以及下卧地基在路基延伸方向上同比例扩展，刚性桩复合地基在填土荷载下的沉降变形问题求解类似于平面应变问题，即在纵向两端边界完全约束条件下，刚性桩复合地基沉降变形均不随路堤填土荷载纵向叠加范围的大小或桩体叠加计算数目的多少而发生改变，平面应变问题实质上是忽略地基土体在线路纵向上的应变。

根据图 4-32(c)中路堤断面计算中心点沉降位移随荷载叠加范围变化曲线也可以很好地说明平面应变假定下的地基沉降变形问题，当采用平面应变假定进行桩土沉降位移计算时，中心点沉降位移并不随填土荷载和下卧土层计算范围的扩大而发生明显改变，基本保持为定值，这也意味着可以建立有限宽度范围内地基土体模型进行平面应变假定条件下的路基沉降变形计算。

(2)计算情形二

根据图 4-30(d)～图 4-30(f)中数值计算几何模型，分别得到叠加桩长 20 m 和 40 m 两种情况下，不同排数桩体的刚性桩复合地基沉降位移云图，其中，1 排桩、25 排桩及 61 排桩的沉降位移云图如图 4-33 所示。

(a)20 m 桩长 1 排桩

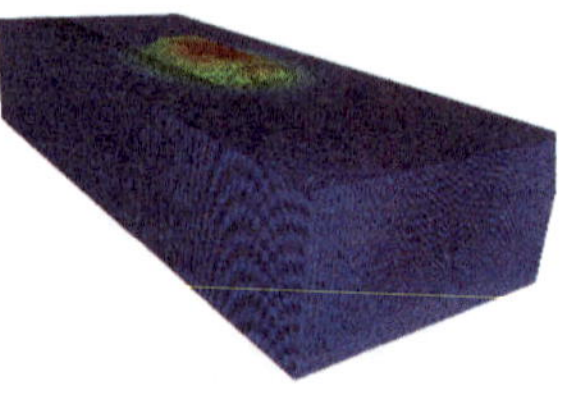

(b)20 m 桩长 25 排桩

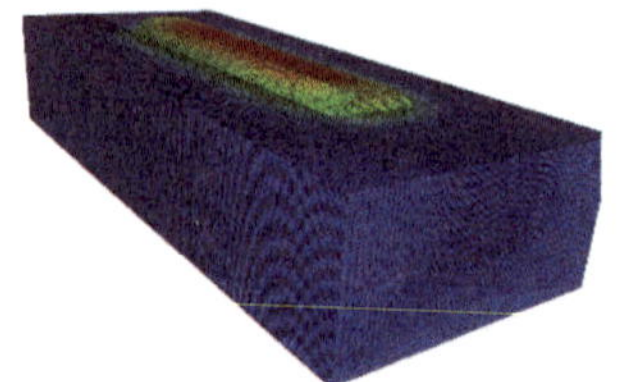

(c)20 m 桩长 61 排桩

图　4-33

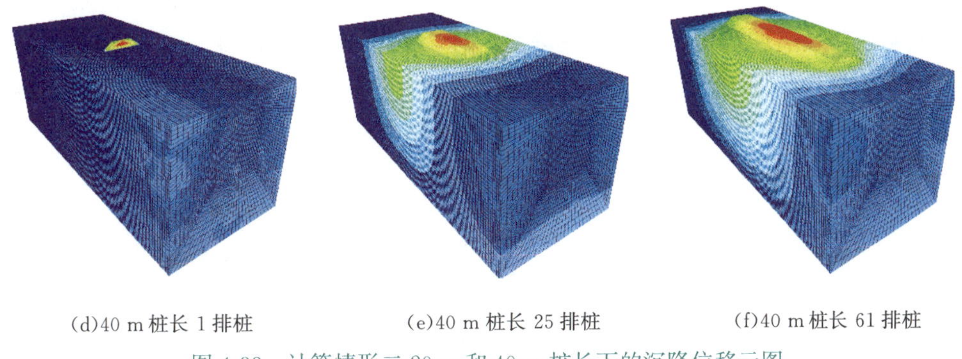

(d)40 m 桩长 1 排桩　　(e)40 m 桩长 25 排桩　　(f)40 m 桩长 61 排桩

图 4-33　计算情形二 20 m 和 40 m 桩长下的沉降位移云图

计算情形二同样进行刚性桩复合地基 40 m 和 80 m 土层厚度以及叠加 1、3、7、15、25、41、61、81、101 排桩体或路堤填土长度的共 36 组地基沉降计算，与情形一的不同之处在于下卧地基尺寸保持有限范围的尺寸 81 m×40 m×202 m 或 81 m×80 m×202 m 不变，单一增加路堤填土和刚性桩体在线路延伸方向上的尺寸和数目。根据图 4-33 中地基断面沉降位移计算结果，可得到不同荷载叠加范围的桩顶位置处横断面方向、纵断面方向沉降位移，如图 4-34 所示，图 4-35 为填土路堤中心点沉降位移随荷载叠加范围变化曲线。

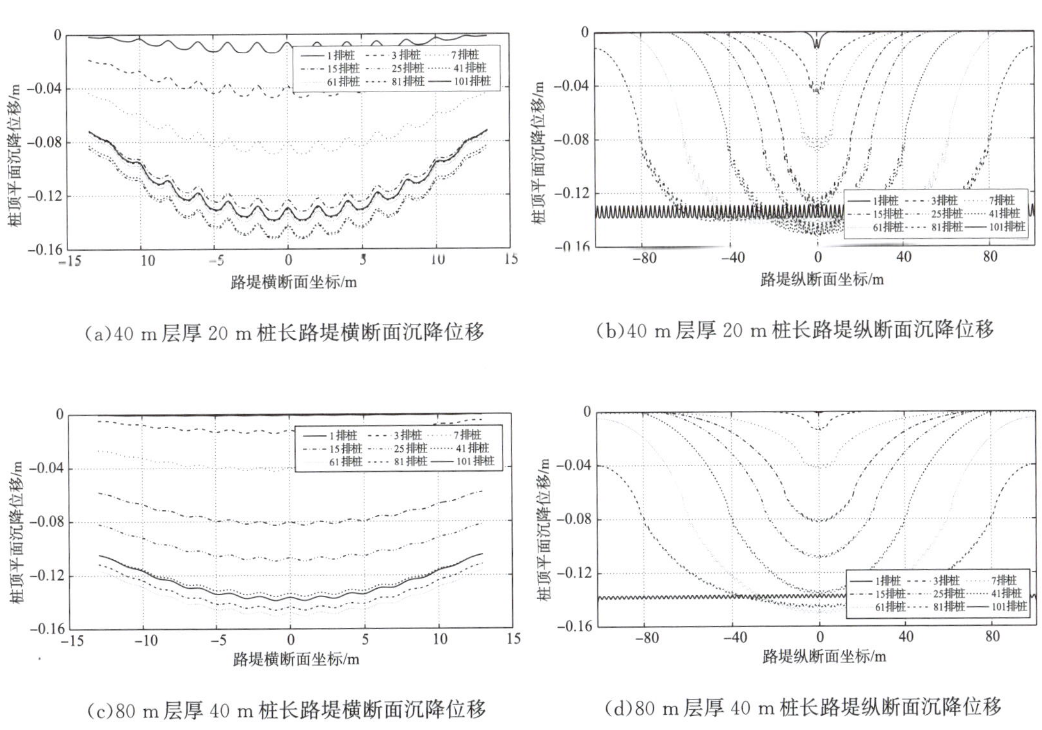

(a)40 m 层厚 20 m 桩长路堤横断面沉降位移　　(b)40 m 层厚 20 m 桩长路堤纵断面沉降位移

(c)80 m 层厚 40 m 桩长路堤横断面沉降位移　　(d)80 m 层厚 40 m 桩长路堤纵断面沉降位移

图 4-34　计算情形二不同荷载叠加范围下的路堤横断面、纵断面沉降位移

根据图 4-34 与图 4-35 中路堤横断面、纵断面以及计算中心点沉降位移曲线随荷载叠

加范围分布特点，其与前述第一种计算情形图 4-32 中计算结果存在明显差异，地基沉降变形随路堤填土荷载叠加范围的增加而逐渐增大，区别于计算情形一中的各荷载叠加范围下的位移重合现象。此外，路堤横断面和纵向断面沉降位移随荷载叠加范围的变化趋势并非单调，均表现为先增大后减小现象，即当路堤填土荷载超过 122 m(61 排桩)范围时，路堤横、纵断面沉降曲线整体上移。

进一步，由图 4-35 计算中心点沉降位移随荷载叠加范围变化规律也可以很好地说明荷载叠加范围对地基土体沉降变形的影响，40 m 及 80 m 层厚复合地基和天然地基计算中心点位移随荷载叠加范围的变化均存在拐点，而导致这一现象出现的原因主要在于纵向边界条件的影响。但是，当填土荷载超过一定范围时，路堤填土下卧地基的纵向变形将受纵向边界条件约束的影响，直接导致路堤填土下卧土层沉降变形的减小；当路堤填土与下卧地基尺寸完全重合时，其类似于平面应变问题，任意位置处的纵向沉降位移均被限制为 0，因此地基土体沉降位移将趋于同一稳定值。相较于计算情形一，计算情形二首先设置有限大地基土层，通过路堤填土荷载的逐渐增加获得荷载叠加范围对地基土体沉降变形的影响规律；填土荷载范围较小时，计算情形二可反映出纵向应变的影响，纵向位移的出现将导致路堤填土下卧地基沉降位移的增加，而计算情形一属于平面应变问题，预先假定纵向位移为 0。因此，在纵向边界条件影响较小时，计算中心点沉降位移高于受纵向边界影响情形。

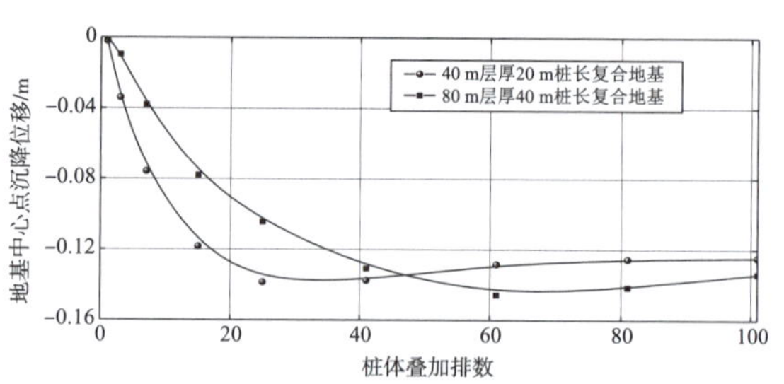

图 4-35 计算情形二不同荷载叠加范围下中心点沉降位移

(3)计算情形三

不同于计算情形一和计算情形二直接将路堤填土实体为上覆荷载，计算情形三首先基于桩土荷载分担比 E 确定桩间土应力和桩顶应力，其次计算桩间土应力作用下的地基沉降变形，最后将刚性桩承担荷载简化为集中力作用于桩顶，采用逐级叠加每一排桩体集中荷载方法，确定地基横断面、纵断面以及计算中心点沉降位移。情形三具体计算中，仍进行 40 m 土层厚度 20 m 桩长与 80 m 土层厚度 40 m 桩长两种情况下的地基沉降变形计算。其中，桩间土荷载作用下的地基沉降云图(对应 0 排桩)、25 排桩以及 61 排桩桩体荷载叠加情形下的地基沉降变形云图如图 4-36 所示。

相较于计算情形一和计算情形二，桩顶荷载直接以集中力施加，集中荷载影响范围相较于连续荷载影响范围相对有限，因此，伴随桩体集中荷载叠加范围的增加，地基计算中心点沉降位移将可能趋于某一稳定值，此稳定值对应的桩体荷载叠加范围即为满足路基沉降变形计算要求的最小荷载叠加范围，从而验证刚性桩复合地基沉降模型关于桩体荷载最小叠加范围的相关研究结论。

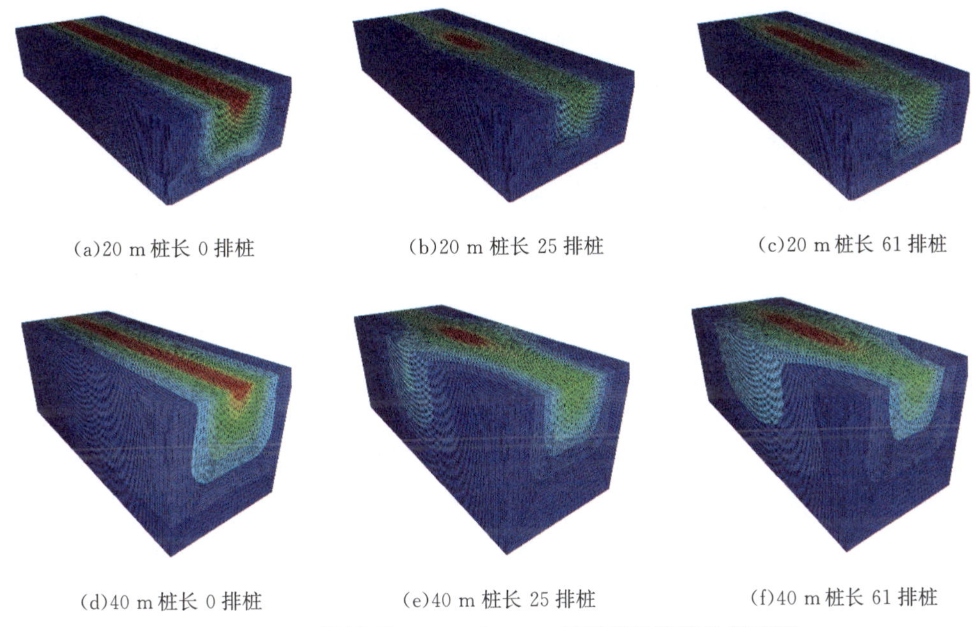

(a)20 m 桩长 0 排桩　(b)20 m 桩长 25 排桩　(c)20 m 桩长 61 排桩

(d)40 m 桩长 0 排桩　(e)40 m 桩长 25 排桩　(f)40 m 桩长 61 排桩

图 4-36　计算情形三 20 m 和 40 m 桩长下的沉降位移云图

同计算情形二对数值模型计算结果的处理过程类似，可得到不同荷载叠加范围内的桩顶位置处地基横断面、纵断面方向沉降位移曲线，如图 4-37 所示，在此基础上得到地基中心点沉降位移随桩体荷载叠加范围变化曲线，如图 4-38 所示。

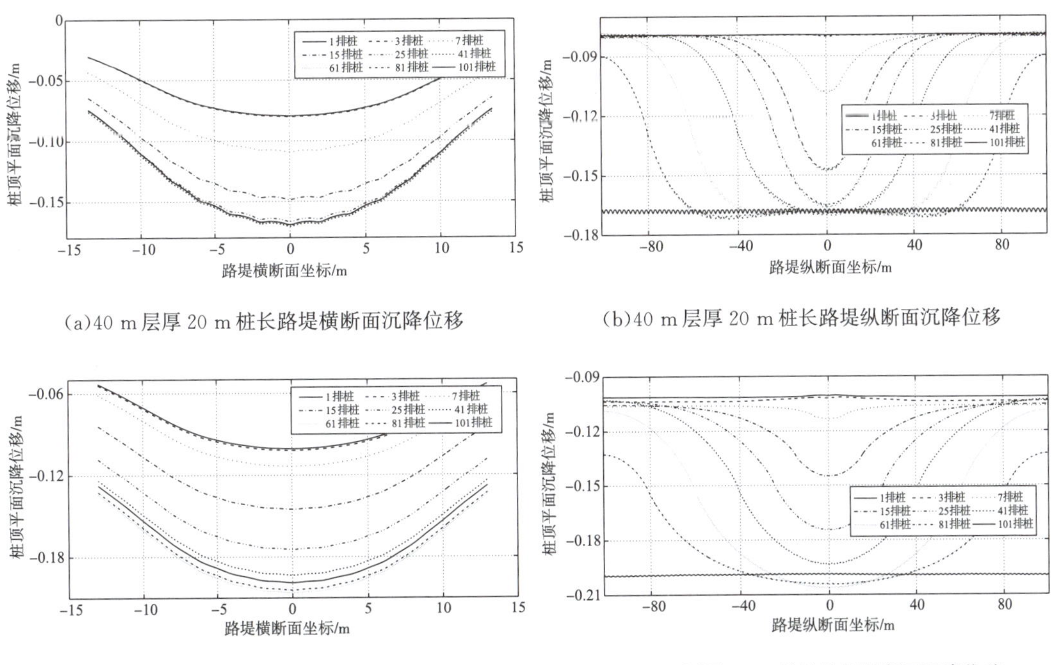

(a)40 m 层厚 20 m 桩长路堤横断面沉降位移　(b)40 m 层厚 20 m 桩长路堤纵断面沉降位移

(c)80 m 层厚 40 m 桩长路堤横断面沉降位移　(d)80 m 层厚 40 m 桩长路堤纵断面沉降位移

图 4-37　计算情形三不同荷载叠加范围下的路堤横断面、纵断面沉降位移

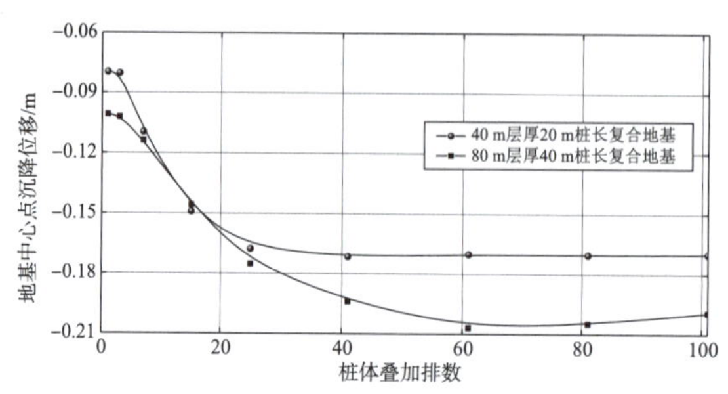

图 4-38　计算情形三不同荷载叠加范围下中心点沉降位移

图 4-37 中，40 m 和 80 m 土层厚度对应的地基横、纵断面沉降位移分布曲线随桩体荷载叠加范围的增加均表现出先逐渐下移继而整体上移的变化趋势，其中，40 m 层厚 20 m 桩长复合地基沉降位移在叠加 41 排桩体荷载时达到最大，80 m 层厚 40 m 桩长复合地基沉降位移在叠加 61 排桩体荷载时达到最大。根据图 4-38 中地基中心计算点沉降位移随桩体荷载地叠加排数的发展变化趋势，地基中心点沉降位移同样在桩体荷载叠加范围超过一定限度后存在反弹现象，但反弹的幅度小于计算情形二，主要原因在于叠加荷载为点荷载，点荷载作用效果主要决定于作用距离。

若以 41 排桩和 61 排桩作为桩体荷载最小叠加范围，则 20 m 桩长和 40 m 桩长对应的荷载叠加范围分别为 40 m 和 60 m，相较于表 4-6～表 4-8 中 5%误差标准情形下的桩长 L=20 m 下卧层厚度 L_x=20 m、桩长 L=40 m 下卧层厚度 L_x=40 m 对应的叠加范围 S 数值 27 m 和 48 m，数值计算结果较刚性桩复合地基解析计算模型计算结果稍大，偏差范围一般不超过 30%，这也说明由解析方法得到的桩体荷载最小叠加范围相对合理。

3. 三种计算情形计算结果比较分析

桩网复合地基群桩效应研究的核心在于地基沉降计算中的大规模群桩荷载叠加范围确定问题，在刚性桩复合地基沉降模型确定桩体荷载最小叠加范围研究成果基础上，通过仿真软件实现对群桩荷载叠加范围计算结果的部分验证，并从三个具体计算情形展开建模计算，且三种计算情形关于群桩效应计算结果差异明显。

第一种计算情形，由于填土荷载和下卧地基纵向边界条件完全相同，属于平面应变问题，即不考虑地基土体的纵向应变，地基沉降变形仅取决于上部填土荷载和横向应变，导致第一种计算情形计算结果并不能真实反映填土荷载叠加效应对地基沉降变形影响。

第二种计算情形，首先建立有限范围的地基土模型，通过路堤填土荷载和刚性桩排数的同比例增加以反映群桩效应的影响。计算过程中，计算中心点沉降变形随荷载叠加范围表现为先增大后减小趋势，其主要原因在于纵向和竖向边界条件的影响。对于连续荷载(面荷载或条形荷载)，在三个方向边界条件无限大的理想状态下，中心计算点沉降位移将随荷载叠加范围的增加而逐渐增大，但是边界条件相对有限时，地基沉降变形将表现出不同的变化趋势。

第三种计算情形，利用桩土荷载分担比分别计算桩体和桩间土体分担荷载，在确定桩间土应力引起的沉降变形后，通过逐级叠加桩体荷载方法完成桩体荷载叠加范围计算，计算机理方面与前述刚性桩复合地基沉降模型关于桩体荷载叠加范围计算过程最为相似。第三种计算情形的数值模型计算结果可以一定程度上反映桩体荷载叠加范围，但受限于竖向边界条件和横向边界条件的影响，数值模拟计算结果与沉降模型理论计算结果仍存在一定差异。

第5章 高速铁路桩承式路基结构沉降及稳定性分析技术

根据桩承式路基筏板和褥垫层的设置形式,具体分为桩网路基结构、桩筏路基结构以及桩板路基结构三种类型。由于支撑桩体同路堤本体荷载传递的差异,三种路基结构桩土荷载分担比、沉降位移计算方法也存在一定差异。其中,桩筏板路基以及桩板路基由于筏板为连续性整体结构,筏板结构的承载变形更接近于弹性地基梁,需要对不同约束条件的弹性地基梁方法进行桩顶筏板的应力应变求解,地基沉降采用 Mindlin 方法或 Boussinesq-Mindlin 联合方法分析计算相对更为合理。因此,本章主要研究桩板、桩筏板路基沉降分析理论模型,对比分析桩承式路基附加应力深层分布规律及相应沉降分布特征,为桩承路基桩土应力计算及地基沉降评估奠定基础。

5.1 桩土荷载分担分析方法

5.1.1 桩筏板及桩板结构路基作用模式

桩筏及桩板基础在铁路路基中得到了广泛应用,一般来讲,筏板下面存在具有一定承载能力的土体,相当大的一部分上部荷载可以通过筏板结构直接传至板下地基。在估计这种桩筏共同工作的能力时,常常忽略了土体的承载能力,这样做的结果就导致了不必要的高密度的群桩基础。为了使桩筏基础形式设计得更为合理,同时也减少群桩的桩数,就很有必要发展一种综合的分析方法。

1. 桩筏基础共同作用研究现状

近年来,随着高速铁路的大量兴建,桩筏基础被大量采用,筏板厚度一般为 0.5 m,桩径一般为 0.4～0.5 m,桩数一般也很密,常用的桩间距为 1.5～1.8 m,因此工程造价非常大。而常规设计方法有许多明显的不足,可能导致安全度的过高或偏低,因此考虑上部结构、基础和地基的共同作用,不仅具有理论上的价值,而且直接伴随着巨大的经济效益。随着我国在基础建设领域的持续投入,大量与共同作用相关的现场试验和模型试验得以开展,对筏板内力、桩顶反力、桩土荷载分担、基础沉降等进行了监测,积累了大量测试数据,为理论研究提供了有力支撑。

2. 桩筏基础桩土荷载分析计算方法概述

筏形基础受荷载作用后，是一置于地基上的弹性板，为一空间问题，应用弹性力学等方法精确求解时，计算比较复杂。为简化计算，将筏板划分为垂直于线路方向的板带，板带的分界线为相邻桩间的中线，再用位于板带轴线的多跨连续梁结构表示板带，计算内力，这种分析方法忽略了板带间剪力的影响，但计算简单方便。铁路路基刚性桩复合地基筏板结构同桩体及桩间土体的相互作用归结起来，主要有两种计算方案。

第一种计算方案：忽略桩体和桩间土体的独立承载作用，不考虑筏板与桩顶的嵌固连接，将复合地基作为均质体进行考虑，桩顶筏板结构承载变形等同于严格意义上的弹性地基梁，采用 Winkler 弹性地基梁理论进行两端自由的筏板结构求解，图 5-1 所示。

第二种计算方案：充分考虑桩顶筏板、刚性桩体及桩间土体的相互作用，考虑筏板结构同刚性桩体桩顶的嵌固或铰接连接，忽略桩体沉降的影响，基于纵向和横向板带等效，采用 Winkler 弹性地基梁进行连续多跨筏板求解，图 5-2 为桩筏板复合地基，图 5-3 为桩板结构路基。

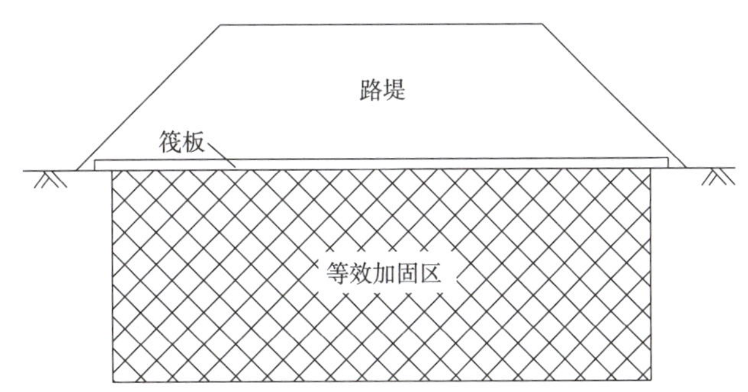

图 5-1　刚性桩加固区均质化假定的第一种计算方案

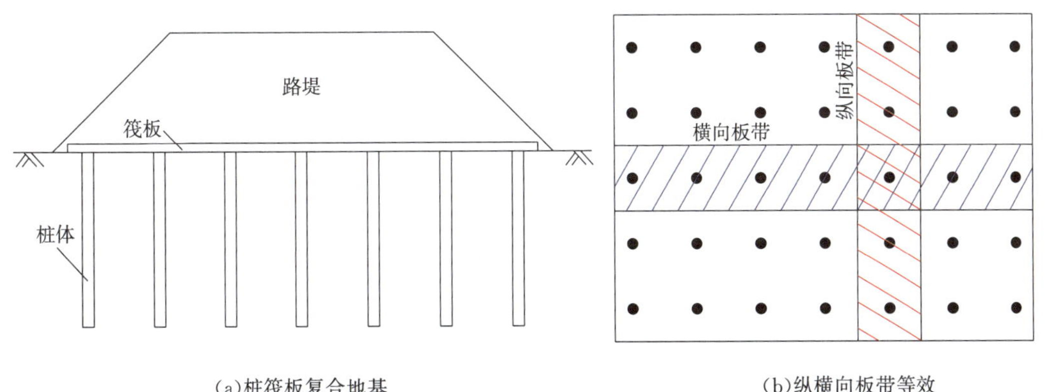

(a)桩筏板复合地基　　(b)纵横向板带等效

图 5-2　考虑筏板同地基共同承载的桩筏板地基第二种计算方案

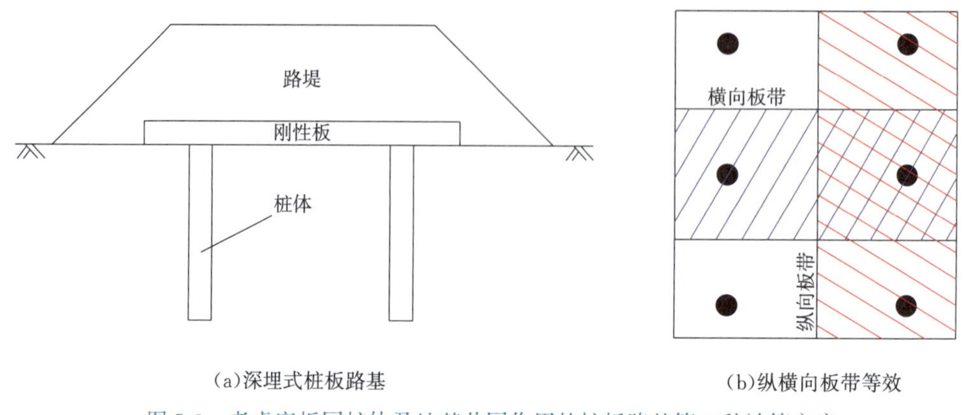

(a)深埋式桩板路基　　(b)纵横向板带等效

图 5-3　考虑底板同桩体及地基共同作用的桩板路基第二种计算方案

图 5-1 中，桩筏复合地基结构形式的桩承式路基在桩间距较密情形下，刚性桩加固区的桩体及桩间土体表现为共同沉降，加固区作为均质体，采用复合后的地基系数，即可实现筏板结构内力与变形的求解，但无法获取桩体分担荷载，也不能反映桩体位置处筏板结构内力与变形的突变。

图 5-3 中，桩板结构路基的筏板与桩顶嵌固，上部荷载通过筏板大部分传递至桩体，筏板变形很小，桩间土体几乎不分担荷载，并且支撑桩体的桩间距相对较大，桩体和桩间土体存在明显的差异沉降，采用简化刚架模型进行桩体以及筏板结构内力与变形求解。

5.1.2　筏板路基 Winkler 方法解析计算

1. 弹性地基梁基本计算理论

(1)弹性地基梁分析方法综述

弹性地基梁的计算问题，就是确定地基反力分布的问题。地基反力的分布受地基土物理力学性能、基础底面形状、基础刚度和荷载情况等因素的影响，很难精确计算。因此，必须对基础底面反力的分布或反力与沉降量的关系进行假设以便简化计算。求解地基反力的模型有三种，主要包括反力直线分布地基模型、Winkler 地基模型、半无限弹性体地基模型。

Winkler 地基模型是由捷克工程师 Winkler 提出，假定地基为一系列彼此独立的弹簧，界面上任一点的沉降与该点单位面积上所承受的压力成正比，满足式(5-1)。

$$p=k_0 y \tag{5-1}$$

式中　p——基底压力；

k_0——地基系数；

y——弹性地基梁计算点的竖向位移。

(2)Winkler 弹性地基解析理论及解答

根据图 5-4 中 Winkler 弹性地基梁计算图式，按照 Winkler 弹性地基梁的基本假定和地基梁、梁下土体变形协调条件，得到 Winkler 弹性地基上梁体挠曲微分方程式(5-2)。

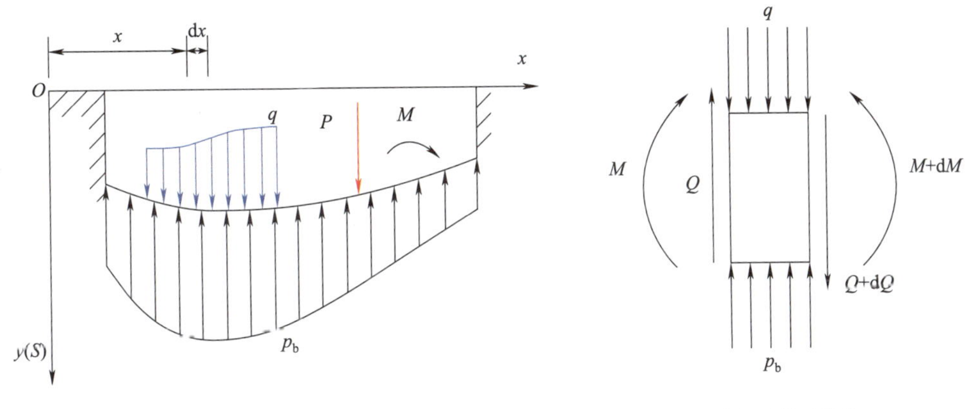

(a)弹性地基梁作用荷载　　(b)弹性地基梁微段

图 5-4　Winkler 弹性地基梁计算图式

$$EI\frac{d^4y}{dx^4}=-bk_0y+q(x) \tag{5-2}$$

式中　E——地基梁的弹性模量；

I——地基梁截面惯性矩；

b——地基梁截面宽度。

当地基梁上分布荷载 $q(x)=0$ 时，式(5-2)地基梁挠曲微分方程将简化为式(5-3)形式的齐次方程，其通解为式(5-4)。

$$\frac{d^4y}{dx^4}+4\lambda^4y=0 \tag{5-3}$$

$$y=e^{\lambda x}(C_1\cos\beta x+C_2\sin\beta x)+e^{-\lambda x}(C_3\cos\beta x+C_4\sin\beta x) \tag{5-4}$$

式中　λ——柔度指标，$\lambda=[k_0b/(4EI)]^{0.25}$，量纲为 m^{-1}；

C_1,C_2,C_3,C_4——待定积分常数。

Winkler 地基上的有限长梁的求解主要有叠加法、直接法和初参数法，其中初参数法最为简单实用。式(5-3)的通解式(5-4)中共含有四个待定系数，将四个待定系数也表示为图 5-4(a)梁左端起始处的位移和内力 y_0、θ_0、M_0、Q_0，则可以得到地基梁上没有荷载作用时的挠度曲线方程。根据地基梁挠度曲线同地基梁内力之间的关系，可进一步得到地基梁转角、弯矩和剪力分布方程，地基梁挠度曲线、转角、弯矩及剪力方程为式(5-5)。

$$\begin{cases} y(x)=F_1(\lambda x)y_0+\dfrac{F_2(\lambda x)}{\lambda}\theta_0-\dfrac{F_3(\lambda x)}{EI\lambda^2}M_0-\dfrac{F_4(\lambda x)}{EI\lambda^3}Q_0 \\ \theta(x)=\dfrac{\mathrm{d}y}{\mathrm{d}x}=-4\lambda F_4(\lambda x)y_0+F_1(\lambda x)\theta_0-\dfrac{F_2(\lambda x)}{EI\lambda}M_0-\dfrac{F_3(\lambda x)}{EI\lambda^2}Q_0 \\ M(x)=-EI\dfrac{\mathrm{d}^2y}{\mathrm{d}x^2}=4\lambda^2EIF_3(\lambda x)y_0+4\lambda EIF_4(\lambda x)\theta_0+F_1(\lambda x)M_0+\dfrac{F_2(\lambda x)}{\lambda}Q_0 \\ Q(x)=-EI\dfrac{\mathrm{d}^3y}{\mathrm{d}x^3}=4\lambda^3EIF_2(\lambda x)y_0+4\lambda^2EIF_3(\lambda x)\theta_0-4\lambda F_4(\lambda x)M_0+F_1(\lambda x)Q_0 \end{cases} \tag{5-5}$$

式中 F_1,F_2,F_3,F_4——克雷洛夫函数，$F_1(\lambda x)=\mathrm{ch}\,\lambda x\cos\lambda x$、$F_2(\lambda x)=(\mathrm{ch}\,\lambda x\sin\lambda x+\mathrm{sh}\,\lambda x\cos\lambda x)/2$、$F_3(\lambda x)=\mathrm{sh}\,\lambda x\sin\lambda x$、$F_4(\lambda x)=0.5(\mathrm{ch}\,\lambda x\sin\lambda x-\mathrm{sh}\,\lambda x\cos\lambda x)$，通过已知的边界条件，即可确定四个待定参数 y_0、θ_0、M_0、Q_0。

当地基梁上作用图 5-5 所示的集中力、弯矩以及分布力荷载时，应在式(5-5)的基础上加上该荷载引起的修正项，得到荷载右侧截面处的变形和内力计算表达式(5-6)，荷载左侧截面的变形与内力计算仍采用式(5-5)。

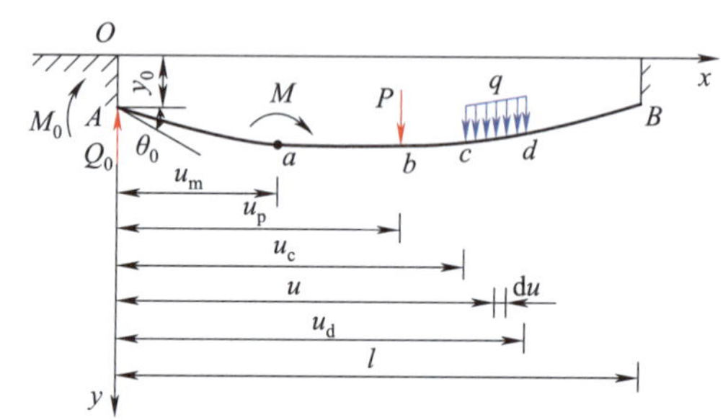

图 5-5 有限长度弹性地基梁计算图式

$$\begin{cases} y(x)=F_1(\lambda x)y_0+F_2(\lambda x)\theta_0/\lambda-F_3(\lambda x)M_0/(EI\lambda^2)-F_4(\lambda x)Q_0/(EI\lambda^3)- \\ \qquad F_3[\lambda(x-u_{\mathrm{m}})]M/(EI\lambda^2)+F_4[\lambda(x-u_{\mathrm{p}})]P/(EI\lambda^3)+q\int_c^x F_4[\lambda(x-u)]\mathrm{d}u/(EI\lambda^3) \\ \theta(x)=-4\lambda F_4(\lambda x)y_0+F_1(\lambda x)\theta_0-F_2(\lambda x)M_0/(EI\lambda)-F_3(\lambda x)Q_0/(EI\lambda^2)- \\ \qquad F_2[\lambda(x-u_{\mathrm{m}})]M/(EI\lambda)+F_3[\lambda(x-u_{\mathrm{p}})]P/(EI\lambda^2)+q\int_c^x F_3[\lambda(x-u)]\mathrm{d}u/(EI\lambda^2) \\ M(x)=4\lambda^2EIF_3(\lambda x)y_0+4\lambda EIF_4(\lambda x)\theta_0+F_1(\lambda x)M_0+F_2(\lambda x)Q_0/\lambda+ \\ \qquad F_1[\lambda(x-u_{\mathrm{m}})]M-F_2[\lambda(x-u_{\mathrm{p}})]P/\lambda-q\int_c^x F_3[\lambda(x-u)]\mathrm{d}u/\lambda \\ Q(x)=4\lambda^3EIF_2(\lambda x)y_0+4\lambda^2EIF_3(\lambda x)\theta_0-4\lambda F_4(\lambda x)M_0+F_1(\lambda x)Q_0- \\ \qquad 4\lambda F_4[\lambda(x-u_{\mathrm{m}})]M-F_1[\lambda(x-u_{\mathrm{p}})]P-q\int_c^x F_1[\lambda(x-u)]\mathrm{d}u \end{cases} \tag{5-6}$$

式中，地基上作用的集中弯矩 M、集中力 P 以及均布荷载 q 的作用位置已在图 5-5 简化计算图式中标出，并且分布荷载 q 和地基系数 k_0 均按照整个梁宽或等效板带的宽度进行考虑。

2. Winkler 弹性地基梁内力及变形的通用解法

Winkler 弹性地基梁解析解式(5-6)给出了集中弯矩、集中力以及分布荷载作用下的弹性地基梁的一般性解答，但必须指出的是，式(5-6)中的分布荷载必须为均布荷载，否则，解析解答中的积分式难以直接计算。因此，为提高 Winkler 弹性地基梁解析解的通用性，研究提出基于集中弯矩和集中荷载作用效果叠加的通用解法，其核心思想如下：

(1)将弹性地基梁上荷载离散，按荷载类型离散为集中弯矩和集中力。

(2)将离散后的集中弯矩和集中力单独作用于弹性地基梁，应用式(5-6)计算单一集中弯矩、集中力荷载作用下的地基梁内力与变形。

(3)叠加各级离散荷载产生的地基梁内力与变形，完成计算。

上述荷载离散以及各级荷载作用下弹性地基梁内力与变形计算均需要编程实现，提高弹性地基梁求解效率，程序实现流程如图 5-6 所示。

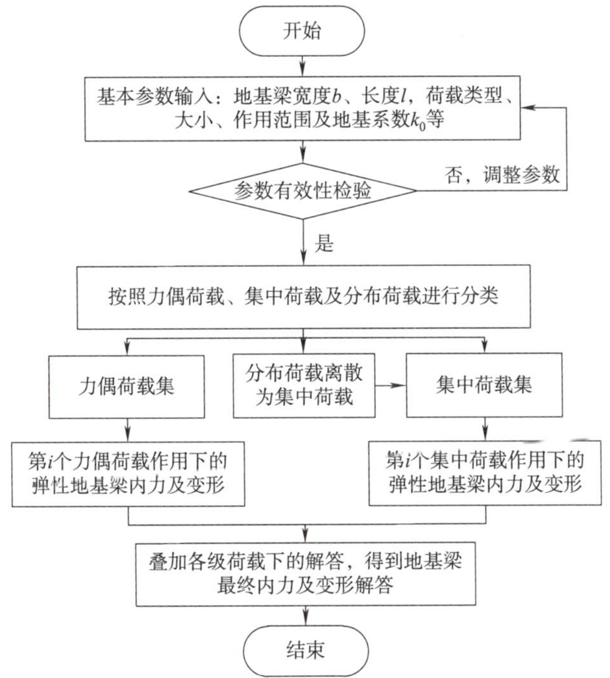

图 5-6　Winkler 弹性地基梁通用解法程序流程

5.1.3　多跨连续梁模型的建立与求解

1. 多跨连续梁模型的建立

多跨连续梁模型主要适用筏板接触同刚性桩桩顶非固接情形，桩基支撑简化为一系列的铰支座，桩顶筏板等效为横向或纵向的连续板带，通过荷载作用下的弹性地基梁应力应变求解，得到地基与桩基分担荷载，并进一步确定等效板带的弯矩、剪力分布。对于图 5-2 形式的桩筏板复合地基，板下设置褥垫层后，桩顶同筏板脱离，筏板结构在路堤填土荷载作用下，可简化为图 5-7 中的多跨连续梁模型。

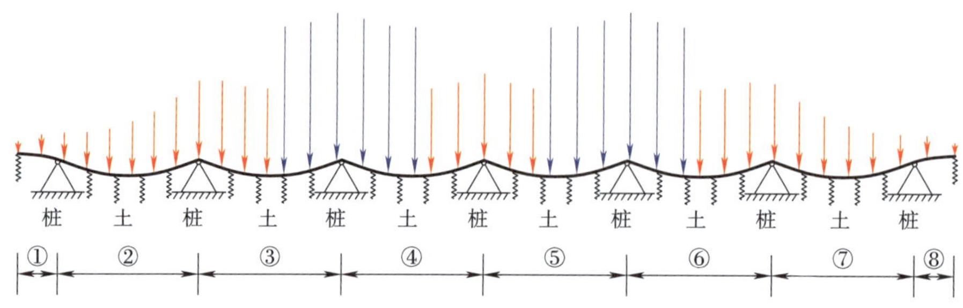

图 5-7　多跨连续梁简化计算模型

图 5-7 中，不考虑桩体沉降，板上荷载由桩体和桩间弹性地基土体共同承担，筏板变形同地基反力耦合相关，并且多跨连续梁在支座位置处位移为 0，转角与弯矩连续。多跨连续梁模型的基本思路：

(1)将桩筏基础简化为图 5-7 所示的多跨连续简支弹性地基梁，按照弹性地基梁的相关理论，根据已知边界条件，解得各支点处的变形与内力。

(2)根据桩体支点位置处左右两侧的剪力，可得到支点反力，即桩体分担荷载；

(3)根据各支点位置处变形与内力，即可求得各跨任意位置处的变形 $y(x)$，将变形 $y(x)$沿跨长积分，乘以地基系数，可求得各跨板下土体承担的荷载。

2. 多跨连续梁模型的解析求解

对于图 5-7 中的多跨连续梁模型，解析求解中首先按照支座约束位置和左右边界条件对每一跨地基梁进行离散，离散后的连续梁均为单跨，对应的地基梁模型的解析解为式(5-6)形式，确定每一跨的左端点位移 y_{0i}、转角 θ_{0i}、弯矩 M_{0i}和剪力 Q_{0i}后，建立线性求解方程，利用多跨地基梁的左右边界调节和节点位置处的连续性条件进行方程组的联立求解，即可确定对应跨地基梁的内力与变形。

其中，对于图 5-7 中 $n=8$ 跨的多跨连续梁模型具体求解分析过程如下：

(1)未知变量矩阵

根据前述分析，多跨连续梁模型的求解需要构建线性方程组，其中，线性方程组的未知量矩阵 $\boldsymbol{X}$ 是各跨的左端点边界四个物理量，为一维矩阵，具体为式(5-7)形式。

$$\boldsymbol{X}=(y_{01},\theta_{01},M_{01},Q_{01}\quad\cdots\quad y_{0i},\theta_{0i},M_{0i},Q_{0i}\quad\cdots\quad y_{0n},\theta_{0n},M_{0n},Q_{0n})^{\mathrm{T}} \tag{5-7}$$

式中　$y_{0i},\theta_{0i},M_{0i},Q_{0i}$——第 i 跨左端点的四个物理变量。

(2)线性方程组的构建

线性方程组系数矩阵为一个 $4n\times4n$ 的方阵，方阵的构造主要依赖于各跨边界条件合理选用式(5-6)中的物理量，对于图 5-7 中的第一跨，左端点自由，右端点固接连续，构造的线性方程为式(5-8)形式；第 2～7 跨左、右端点均为固接连续，构造的线性方程为式(5-9)形式；第 8 跨右端点自由，构造的线性方程为式(5-10)形式。

$$M_{01}=0;\quad Q_{01}=0;\quad y_{11}=0;\quad \theta_{11}=\theta_{02};\quad M_{11}=M_{02} \tag{5-8}$$

$$y_{0i}=0;\quad y_{1i}=0;\quad \theta_{1i}=\theta_{0i+1};\quad M_{1i}=M_{0i+1} \tag{5-9}$$

$$y_{08}=0;\quad M_{18}=0;\quad Q_{18}=0 \tag{5-10}$$

将式(5-6)中各跨左右端点各物理量的表达式分别代入式(5-8)、式(5-9)和式(5-10)可以得到 $4n$ 个方程组，对应的系数矩阵 $\boldsymbol{A}$ 为 $4n\times4n$ 阶，未知量为式(5-7)的一阶矩阵 $\boldsymbol{X}$，线性方程组移项后，得到的常数项为 $\boldsymbol{B}$。

(3)线性方程组的求解

根据构建的 $4n\times4n$ 阶线性方程组，确定对应的系数矩阵 $\boldsymbol{A}$、常数项矩阵 $\boldsymbol{B}$ 和未知变量矩阵 $\boldsymbol{X}$，通过矩阵运算由式(5-11)可直接求解所有未知变量。

$$\boldsymbol{X}=\boldsymbol{A}^{-1}\boldsymbol{B} \tag{5-11}$$

5.1.4　等效桩基刚架模型的建立与求解

1. 等效桩基刚架模型的基本建模思路

高速铁路桩筏整体结构和桩板结构，分纵横两个方向，建立等效桩基刚架模型。由于轨道列车荷载在纵向上为条带荷载，整个筏板横向上为非满布荷载，轨道铺设宽度内荷载最大，纵向等代框架则取轨道正下方对应的桩列取等代梁进行计算；荷载计算时取该等代梁宽度内的荷载；横向等代框架可取任一桩列进行计算，等代梁宽度即为相应方向上的桩间距，等代梁高度取为筏板厚度，桩长取换算桩长，忽略换算桩长范围内周围土体的约束影响。具体分析步骤如下：

(1)建立二维等效桩基刚架模型。梁宽取桩顶筏板的等效宽度(中心桩为桩间距，边桩为桩至板边缘距离)，桩长按桩端锚固假定取换算桩长，可为 1/3 桩长，桩顶和筏板的连接可根据实际嵌固形态取刚接或铰接。

(2)确定刚架作用荷载。根据简化后的横向框架及纵向框架，按照筏板上表面实际荷载分布条件，确定刚架外部荷载条件。

(3)刚架节点荷载求解。忽略板下地基反力影响，计算刚架上部荷载作用下各跨节点位置处的不平衡弯矩，并应用不平衡力矩分配法，计算节点位置处桩体以及筏板左右节点分配荷载，确定各支撑节点位置处节点弯矩、剪力。

(4)筏板各跨内力与变形的求解。解除支座节点位置处的全部约束，各跨左右两端点均视为自由边界，将各跨外部荷载以及利用不平衡力矩分配法确定的节点弯矩、剪力全部作为外荷载，应用 Winkler 弹性地基梁模型，进行各跨内力与变形的求解。

2. 等效桩基刚架模型的建立

根据图 5-3,桩板结构路基底板横断面和纵断面可简化为连续刚架支撑系统桩端固定,换算桩长为 $L/3$。横断面方向上,底板上表面荷载按照荷载实际分布范围简化等效,纵断面方向,底板上表面作用荷载按照荷载均布假定进行等效。根据上述桩板结构路基荷载计算断面以及荷载作用简化方法,得到底板横断面和纵断面方向上的荷载作用模式,如图 5-8 所示。

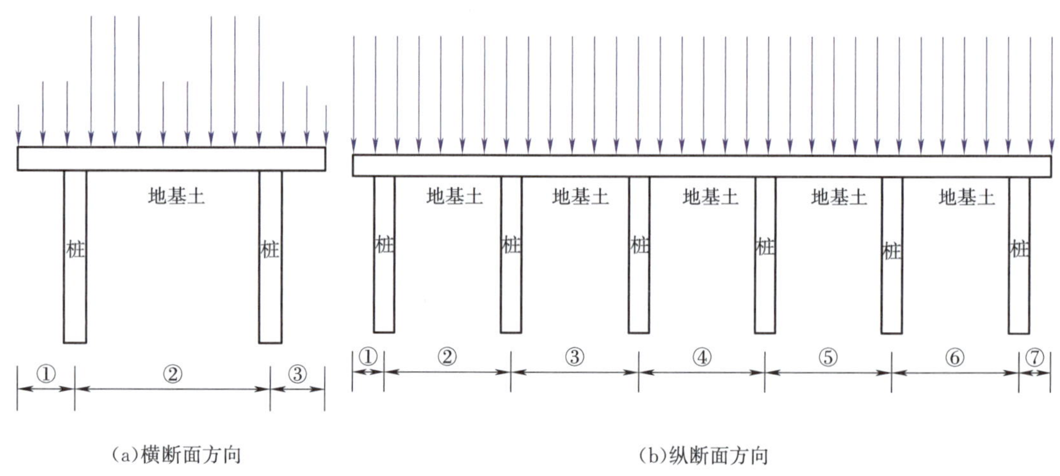

图 5-8　桩基加固的悬臂 U 形路基底板荷载作用模式

图 5-8 中等效桩基刚架的简化主要基于底板和桩体的中轴线以及中轴线的交点,桩板结构路基底板计算跨度和实际数值存在一定的差别,荷载作用范围根据简化荷载的实际作用位置确定。

3. 不平衡力矩分配法计算节点弯矩

桩板结构路基底板刚架系统的内力求解拟采用力矩分配法,通过刚架系统的离散和不平衡力的迭代求解,得到横断面方向和纵断面方向上的底板内力精确解。力矩分配法主要适用于连续梁和无侧移刚架的内力计算,也是工程中常用的计算方法,它以杆件的杆端弯矩为计算对象,采用“固定—放松—传递”的物理理念,并用逐次逼近的方法,求得杆端弯矩的精确解,计算过程中无需求解方程。

其基本思路:先把原连续梁各跨当作单跨超静定梁来计算,然后逐步修正使之最后满足与原结构相同的变形条件和平衡条件,将每个杆端所有固端弯矩、分配弯矩和传递弯矩相加,所得的代数和即为所求的杆端弯矩。

力矩分配法的理论基础为位移法,将结构的受荷状态分解为约束状态(固定节点)和放松状态(放松节点),分别求约束状态与放松状态下的杆端弯矩,两者的和即为结构受荷状态下的杆端弯矩。力矩分配法中对杆端转角、杆端弯矩、固端弯矩的正负号规定与位移法相同,即都假设对杆端顺时针旋转为正号。作用于节点的外力偶荷载、作用于附加刚臂的约束反力矩,也假定为对节点或附加刚臂顺时针旋转为正号。

4. 刚架横梁内力的二次计算

等效桩基刚架模型应用不平衡力矩分配法求解节点内力后,并未考虑板下弹性地基的影响,故应将得到的边界荷载作为边界约束条件,并进行两端自由的弹性地基梁内力与变形的求解。重新求解后,节点位置处的弯矩、剪力条件同不平衡力矩分配法分析结果保持一致,但是各跨地基梁的变形、转角以及跨中内力等将出现一定差异。

5.2　桩筏板及桩板结构路基桩土荷载分析算例

5.2.1　桩筏板复合地基多跨连续梁算例

对于桩筏板复合地基加固的路基结构,将刚性桩作为铰接支座提供支撑力,筏板结构可简化为纵向或横向的多跨连续梁,通过支座位置处的连续性条件和约束条件,应用前述建立的多跨连续梁模型,确定地基梁的变形与内力。桩筏板复合地基多跨连续梁算例中,设定路堤填土高度 4.5 m,边坡坡度 1∶1.5,筏板长度 25 m,筏板厚度 0.3 m,板下刚性桩桩间距分别为 2 m 和 3 m。路堤顶部荷载分别考虑列车荷载 36.8 kPa、轨道荷载 13.7 kPa、线间荷载 15.1 kPa。双线荷载作用模式下 2 m 桩间距和 3 m 桩间距的桩筏板路基断面以及对应的多跨连续地基梁模型如图 5-9 所示。

根据图 5-9 中两种桩间距情形下的多跨连续梁简化荷载条件,考虑单侧及双侧行车,分析不同行车条件下的地基梁内力与变形分布差异,进一步求解地基梁内力及变形的包络线,为地基梁的截面及配筋优化奠定基础。其中,上表面荷载计算结果如图 5-10 所示。

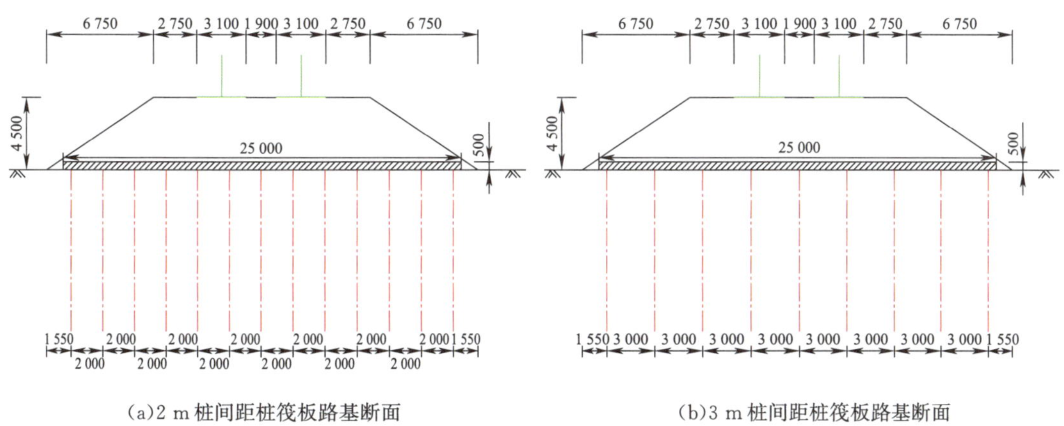

(a)2 m 桩间距桩筏板路基断面　　(b)3 m 桩间距桩筏板路基断面

图　5-9

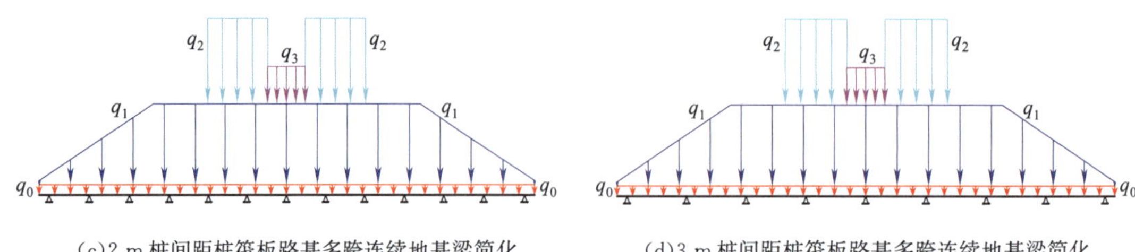

(c)2 m桩间距桩筏板路基多跨连续地基梁简化　　(d)3 m桩间距桩筏板路基多跨连续地基梁简化

图 5-9　不同桩间距情形下的桩筏板路基断面以及多跨连续梁简化模型(单位:mm)

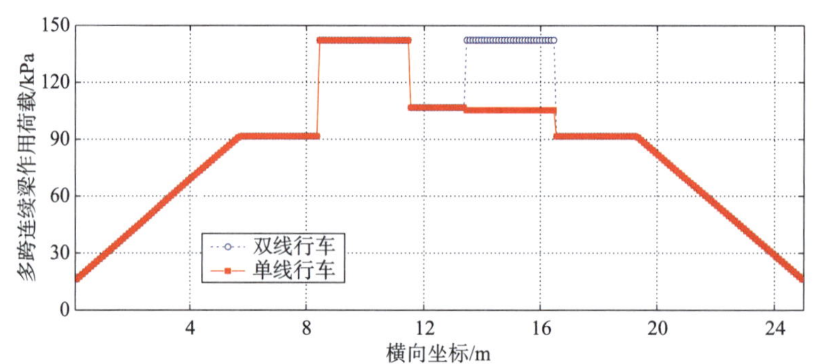

图 5-10　单线与双线行车时的多跨连续梁外部荷载分布

应用前述5.1.3节建立的多跨连续地基梁模型,进一步得到不同桩间距情形下的多跨连续梁挠度变形、截面转角、截面弯矩以及截面剪力分布,分别如图5-11～图5-14所示。

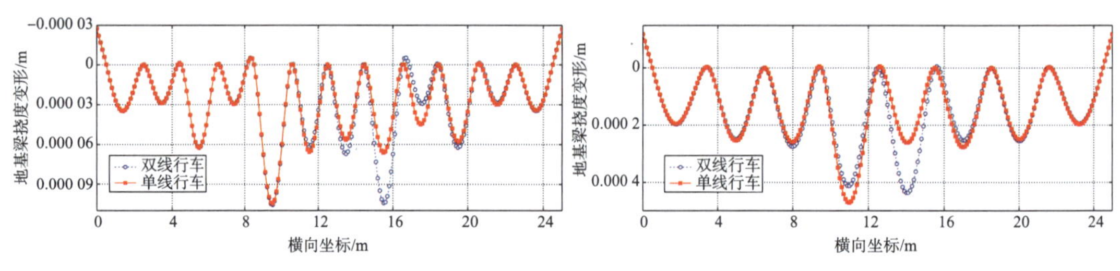

(a)2 m桩间距桩筏板路基断面　　(b)3 m桩间距桩筏板路基断面

图 5-11　单线与双线行车时的多跨连续梁挠度变形分布

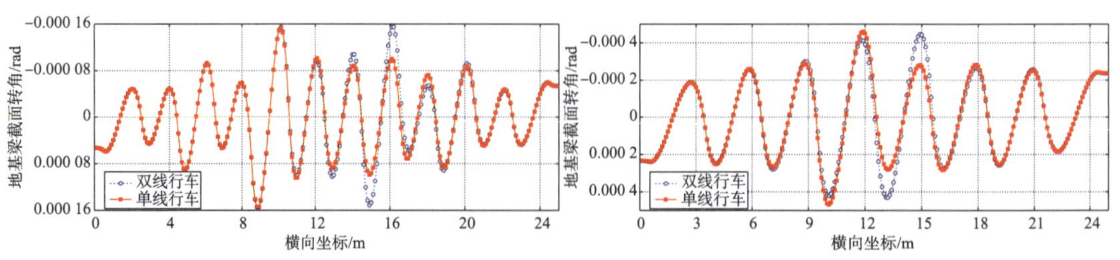

(a)2 m桩间距桩筏板路基断面　　(b)3 m桩间距桩筏板路基断面

图 5-12　单线与双线行车时的多跨连续梁截面转角分布

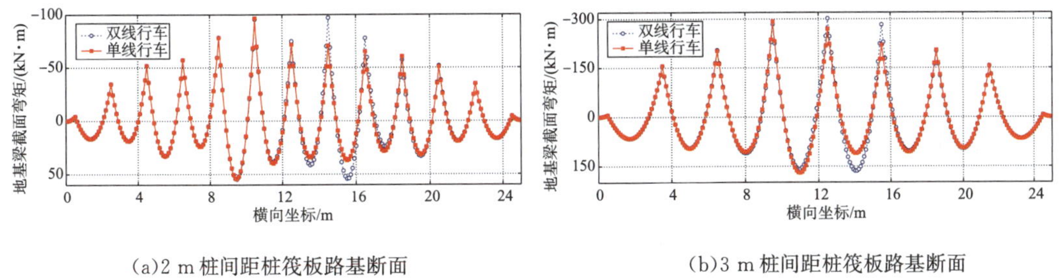

(a)2 m 桩间距桩筏板路基断面　　(b)3 m 桩间距桩筏板路基断面

图 5-13　单线与双线行车时的多跨连续梁截面弯矩分布

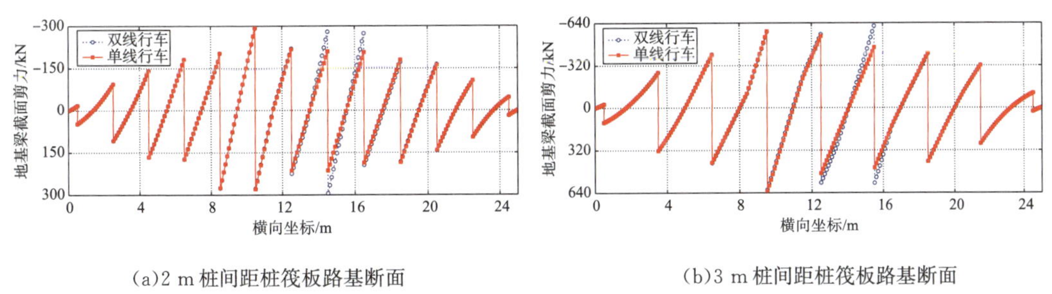

(a)2 m 桩间距桩筏板路基断面　　(b)3 m 桩间距桩筏板路基断面

图 5-14　单线与双线行车时的多跨连续梁截面剪力分布

根据图 5-11～图 5-14 桩筏板路基横断面方向上变形及内力的分析结果，研究建立的多跨连续梁模型计算结果是合理的，筏板结构在桩顶位置处位移为 0，剪力最大，并且各指标计算结果能够很好地反映桩筏板路基的筏板变形特征。此外，采用连续地基梁模型得到的桩筏板路基筏板结构变形很小，这也意味着地基反力很小，几乎可以忽略，板上荷载绝大部分通过地基梁的承载传递作用转移至桩顶，桩体分担荷载接近 100%。其主要原因在于多跨连续梁模型假定桩基支撑位置竖向位移为 0，桩基沉降引起的桩间土体压缩承载作用被忽略，使得桩间土分担荷载分析结果偏小。

此外，对于双线行车荷载，断面方向上的筏板结构变形与弯矩左右对称，转角和剪力中心对称；左侧单线行车条件下，相较于双线行车，右侧行车区筏板变形与内力存在明显差异，筏板结构右侧行车区的变形与内力在右侧均有明显加大。对比单侧及双侧行车结果，荷载变化仅对邻近的 2～3 跨产生明显影响，远离荷载变化区域的地基梁内力与变形几乎无改变。值得注意的是，根据 3 m 桩间距的筏板结构变形与内力分析结果，单侧行车条件下，左侧行车区的变形、转角与弯矩较双线行车均有明显增加，这也意味着单侧行车由于偏载作用，有可能引起对应行车区位置的地基梁受力加大，相较于双侧行车工况，成为更不利的荷载组合形式，设计分析中必须充分考虑单侧行车对底板受力承载的影响。

根据多种组合形式下的地基梁变形与内力分析结果，得到地基梁各位置处的弯矩及剪力包络图，并基于包络图结果进行地基梁截面验算和配筋。其中，桩间距 3 m 情形下，考虑单侧、双侧及无列车动载作用，桩筏板路基筏板结构的内力及变形包络图如图 5-15 所示。

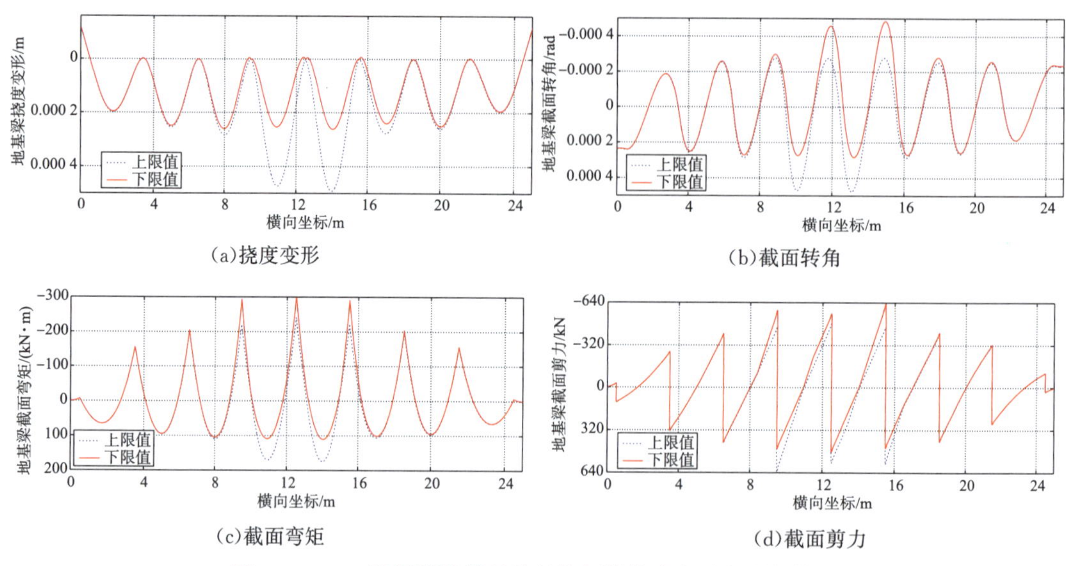

(a)挠度变形

(b)截面转角

(c)截面弯矩

(d)截面剪力

图 5-15　3 m 桩间距桩筏板路基筏板结构内力及变形包络图

5.2.2　桩板路基结构多跨连续梁算例

桩板路基结构多跨连续梁算例分析计算中，算例工况假定为深埋式桩板路基结构，设定路堤填土高度为 4.5 m，边坡坡度 1∶1.5，底板平面尺寸为 18.6 m×2.0 m(长×宽)，底板厚度为 1.0 m；板下刚性桩横向桩间距为 5 m、纵向桩间距为 6.2 m。路堤顶部荷载分别考虑列车荷载 36.8 kPa、轨道荷载 13.7 kPa、线间荷载 15.1 kPa，荷载分布宽度参照 CRTS Ⅰ型双块式无砟轨道。

双线荷载作用模式下，桩板路基结构横向计算断面及对应的多跨连续地基梁模型如图 5-16 所示，底板简化为两端自由的 3 跨连续梁。桩板路基结构纵向计算断面及对应的多跨连续地基梁模型如图 5-17 所示，底板可简化为两端铰支的 3 跨连续梁。

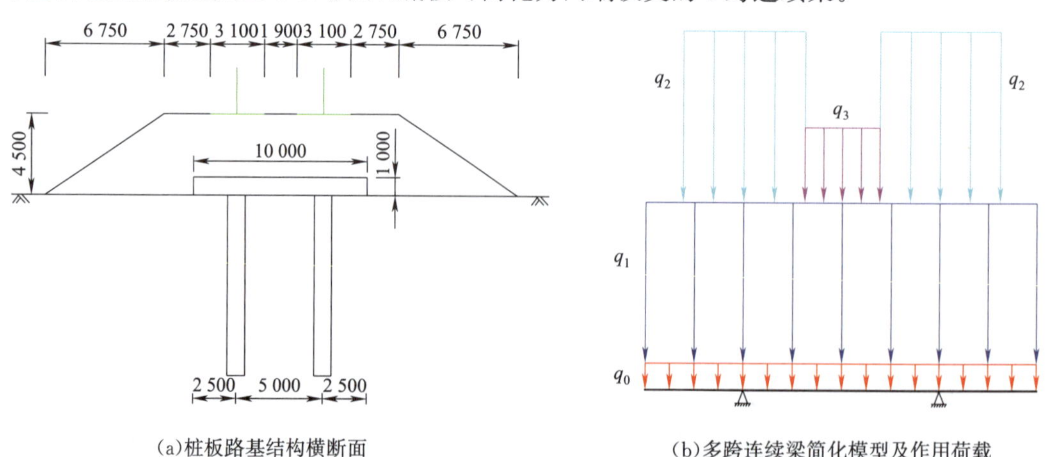

(a)桩板路基结构横断面

(b)多跨连续梁简化模型及作用荷载

图 5-16　桩板路基结构横断面及多跨连续梁简化模型(单位：mm)

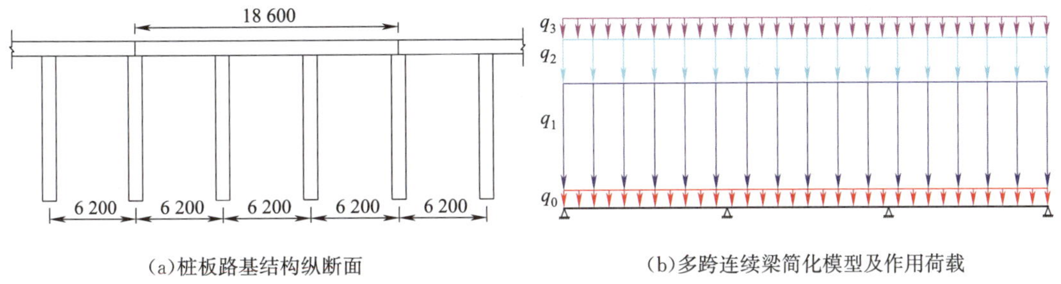

(a)桩板路基结构纵断面　　(b)多跨连续梁简化模型及作用荷载

图 5-17　桩板路基结构纵断面以及多跨连续梁简化模型(单位:mm)

1. 横断面方向上的桩板路基结构多跨连续梁分析求解

根据图 5-16 横断面方向上的桩板路基结构多跨连续梁简化模型,分别得到双线行车、左/右单线行车以及空载无行车条件下的横断面方向上底板地基梁上表面作用荷载,对应的地基梁荷载分布如图 5-18 所示。

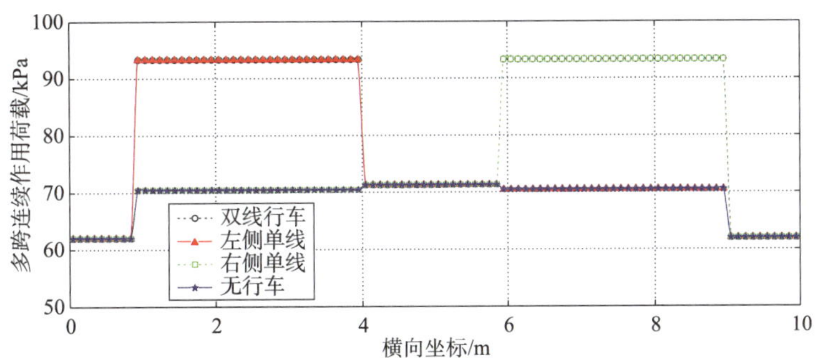

图 5-18　多种荷载组合模式下的横断面方向多跨连续梁外部荷载分布

根据图 5-18 中四种荷载作用模式,应用多跨连续梁模型进行各荷载作用模式下的横断面方向上底板内力与变形的求解,得到底板挠度变形、截面转角、截面弯矩以及截面剪力的断面分布,如图 5-19 所示,对应指标包络图如图 5-20 所示。

图 5-19 中,不同荷载组合模式下,两侧边跨地基梁位移竖向向下,中间跨出现略微向上的位移变形,但变形幅度很小,最大不超过 0.5 mm,说明 1 m 厚的底板具有较大的刚度,列车及填土引起的底板变形相对很小。此外,底板的过小变形也说明通过底板传递至板下的压力很小,可认为桩板路基结构板下土体分担荷载接近于 0,绝大多数荷载通过桩体向下传递。截面弯矩分布在支座位置处出现较大的负向弯矩,中间跨跨中正向弯矩很小,说明底板主要处于负向弯矩作用模式,上层钢筋处于受拉状态。另外,对于四种荷载组合模式,双线行车时地基梁内力与变形相对最大,而无行车情形下的截面内力及变形相对最小,可采用双线及无行车工况进行底板截面尺寸与配筋设计,简化计算工况。

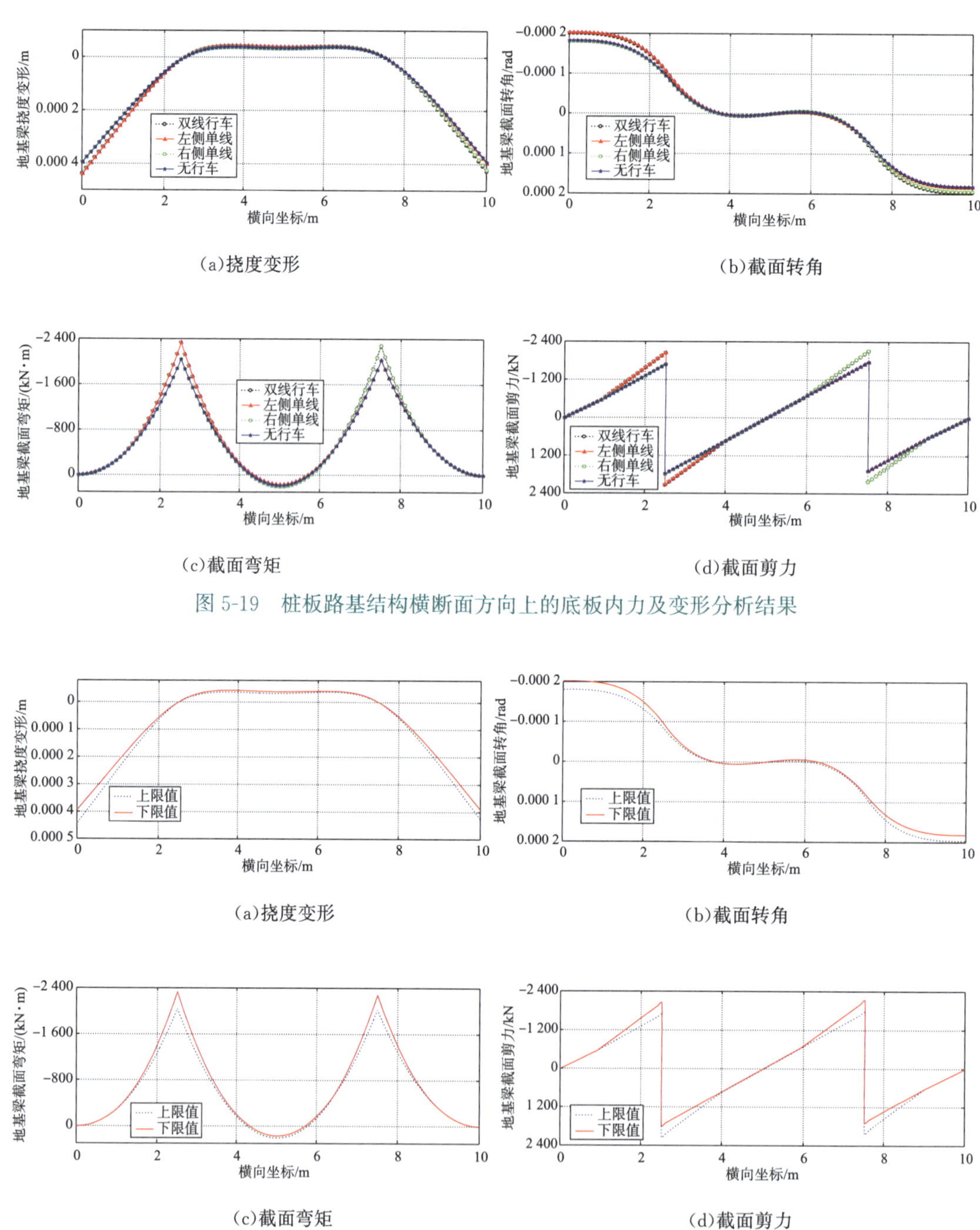

图 5-19　桩板路基结构横断面方向上的底板内力及变形分析结果

图 5-20　桩板路基结构横断面方向上的底板内力及变形包络图

另外，对于图 5-20 中的内力及变形包络图，各荷载组合工况引起的截面内力、变形差异相对较小，一般不超过截面最大指标的 13%，没有出现明显的截面内力方向变化，采用最大内力标准进行截面设计一般可满足要求。

2. 线路方向上的桩板路基结构多跨连续梁分析求解

根据图 5-17 纵断面方向上的桩板路基结构多跨连续梁简化模型，可以进行不同荷载组合模式下的地基梁内力与变形求解。纵断面方向上，底板分为三跨，支撑桩基均简化为铰支座。荷载组合模式方面，分别考虑列车的左向行车、右向行车以及对向行车工况（图 5-21），按照 0.5 跨间距布置行车荷载，共得到 18 种行车荷载组合模式，基本涵盖底板承载的不利荷载组合类型。

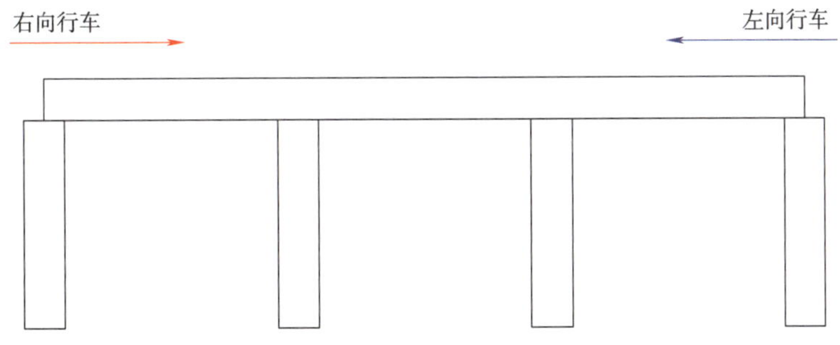

图 5-21　桩板路基结构纵断面方向上的行车示意图

桩板路基结构纵断面方向上的 18 种荷载组合模式确定后，应用多跨连续梁模型进行各荷载作用模式下的纵断面方向上底板内力与变形的求解，得到底板挠度变形、截面转角、截面弯矩以及截面剪力的断面分布，如图 5-22 所示，对应指标的包络图如图 5-23 所示。

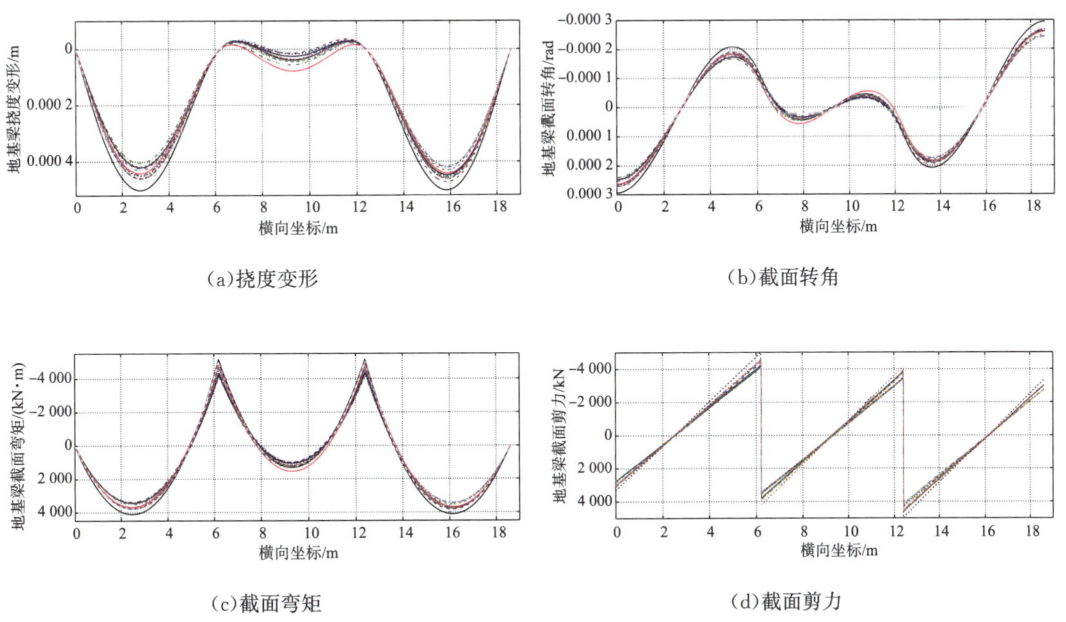

图 5-22　桩板路基结构纵断面方向上的底板内力及变形分析结果

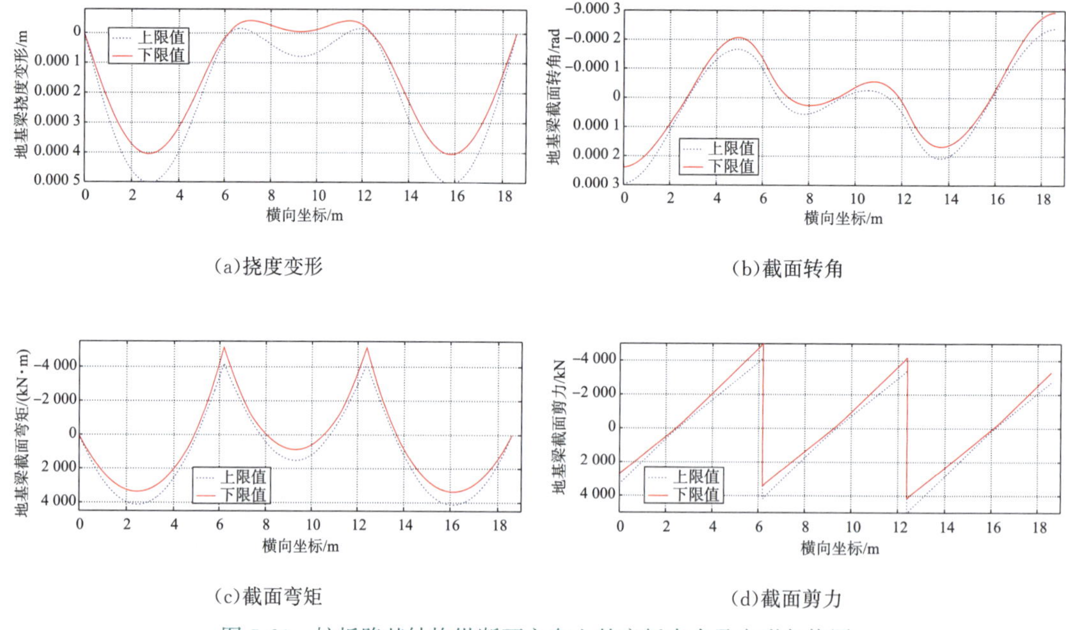

(a)挠度变形　　(b)截面转角

(c)截面弯矩　　(d)截面剪力

图 5-23　桩板路基结构纵断面方向上的底板内力及变形包络图

图 5-22 中，18 种荷载组合模式下，最大竖向位移均出现于两边跨的跨中，中间跨竖向位移相对较小，但纵向底板的整体变形仍处于较小范围，最大变形一般不超过 0.5 mm，这也说明在纵断面方向上，采用 1 m 厚的底板仍具有足够的抗变形刚度。由于底板边跨端点均采用桩基支撑，边跨跨中出现较大的正向弯矩，而中间跨支座位置处出现较大的负向弯矩，负弯矩数值略大于边跨跨中正弯矩。相较之下，底板在纵断面方向上的受力更为复杂，底板在纵向长度方向出现较大的弯矩变化，且弯矩方向出现反向，这也导致底板在不同位置均处于双向受弯状态，顶面与底面均需要布设双向受拉钢筋以承担弯矩荷载。

此外，根据图 5-22、图 5-23 纵断面方向上底板内力与变形分析结果，确定下述最不利的荷载组合：

(1)左边跨跨中的变形和弯矩：列车荷载双线通长布置时位移和弯矩最大，单线荷载布置于右侧两跨时变形和弯矩最小。

(2)中间跨跨中的变形和弯矩：列车荷载对开两跨布置时位移和弯矩最大，对开一跨布置时位移和弯矩最小。

(3)右边跨跨中的变形和弯矩：列车荷载双线通长布置时位移和弯矩最大，单线荷载布置于左侧两跨时位移和弯矩最小。

(4)中间跨左支座弯矩和剪力：列车荷载双线通长布置时弯矩和剪力最大，单线荷载布置于右侧一跨时弯矩和剪力最小。

(5)中间跨右支座弯矩和剪力：列车荷载双线通长布置时弯矩和剪力最大，单线荷载布置于左侧一跨时弯矩和剪力最小。

对于图5-23中纵断面方向上的筏板结构内力及变形包络图，由于列车可单向或对向逐跨通过，涉及的列车荷载组合类型更多，地基梁内力及变形的包络图相较于横断面方向的差异更为明显，说明列车荷载组合工况对于地基梁纵断面方向上的内力变形影响更为明显。此外，相较于中跨，边跨跨中以及中间跨支座位置处是较为不利的控制截面，设计中应重点考虑，通过优化边跨跨度等方式提高边跨截面承载能力，减小边跨跨中挠度变形。

双线行车荷载均布和无行车荷载作用下，横断面方向上多跨连续地基梁模型确定的桩体轴力分别为4 157 kN和3 449 kN，纵断面方向上多跨连续地基梁模型确定的桩体轴力分别为4 570 kN和3 793 kN，两者之间的差异约为9%，导致这种差异的原因主要同两个方向上地基梁荷载的分布假定相关。横断面方向上，列车荷载、轨道板荷载存在偏载效应，而纵断面方向上通过荷载分布的均化处理，最终得到的桩体承载荷载相对较大。

5.2.3 等效桩基刚架算例

1. 桩筏板复合地基结构

桩筏板复合地基等效桩基刚架算例中假定板下桩长为20 m，桩顶与底板铰接，通过等效桩基刚架模型进行桩筏板复合地基筏板结构内力与变形的求解。桩筏板复合地基等效刚架算例中，荷载组合条件同5.2.1节，通过等效刚架模型得到2 m和3 m桩间距情形下的多跨连续梁挠度变形、截面转角、截面弯矩以及截面剪力，如图5-24～图5-27所示。

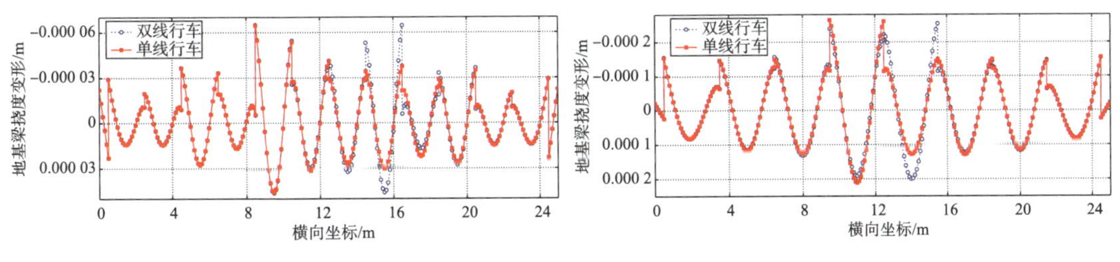

(a)2 m桩间距桩筏板路基断面　　(b)3 m桩间距桩筏板路基断面

图5-24 单线与双线行车时的桩基刚架筏板挠度变形分布

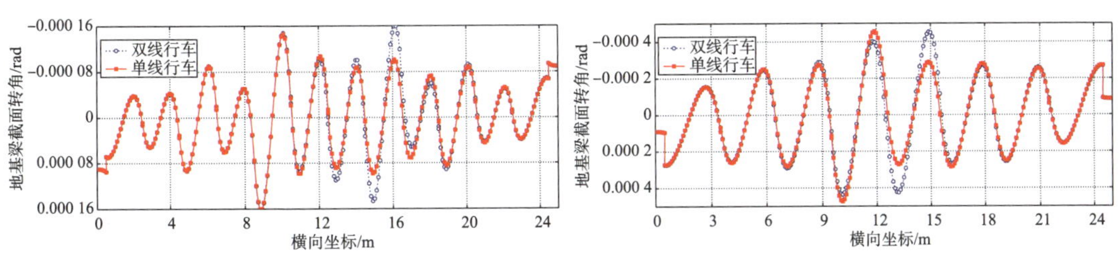

(a)2 m桩间距桩筏板路基断面　　(b)3 m桩间距桩筏板路基断面

图5-25 单线与双线行车时的桩基刚架筏板截面转角分布

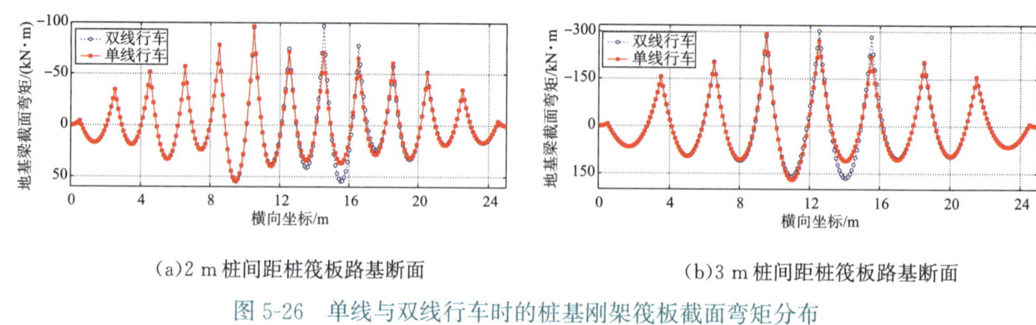

(a)2 m 桩间距桩筏板路基断面　　(b)3 m 桩间距桩筏板路基断面

图 5-26　单线与双线行车时的桩基刚架筏板截面弯矩分布

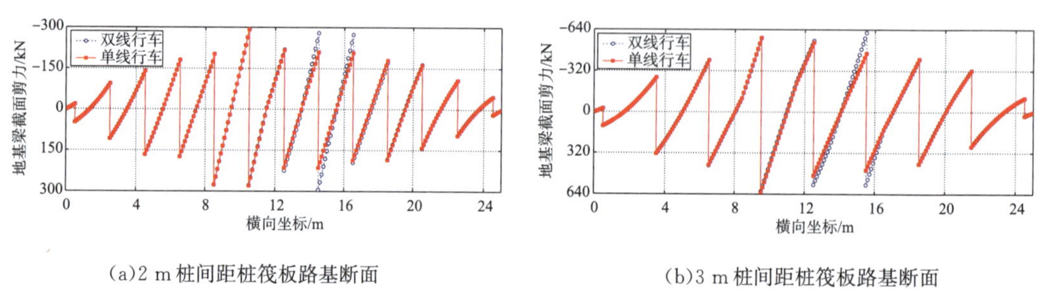

(a)2 m 桩间距桩筏板路基断面　　(b)3 m 桩间距桩筏板路基断面

图 5-27　单线与双线行车时的桩基刚架筏板截面剪力分布

其中,刚性桩桩间距 3 m 情形下,分别考虑单侧、双侧及无列车动载作用情形,应用等效桩基刚架模型得到的桩筏板路基筏板结构的内力及变形包络图如图 5-28 所示。

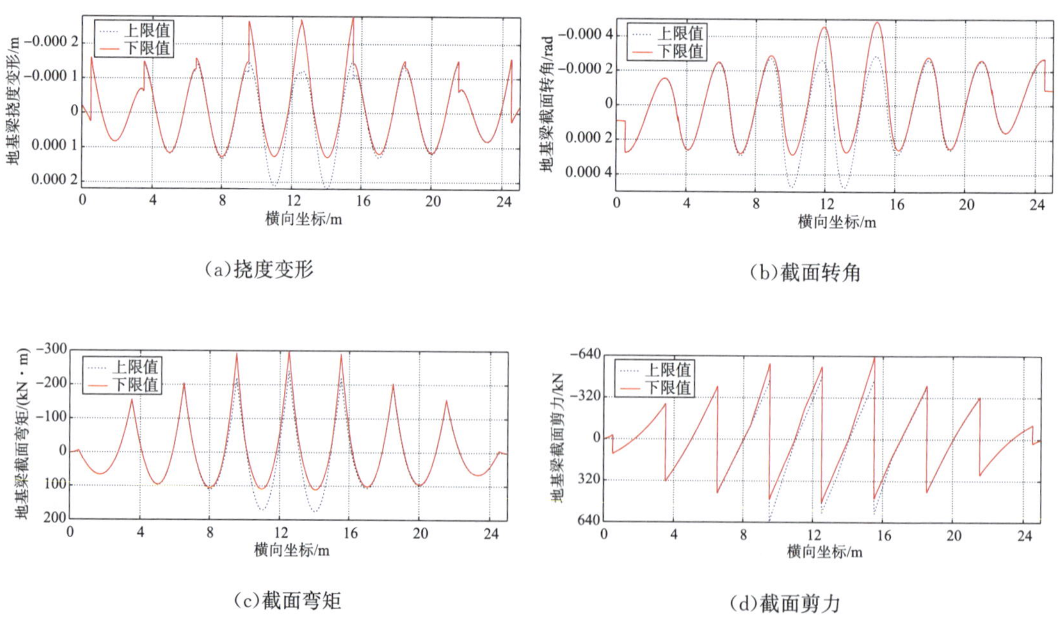

(a)挠度变形　　(b)截面转角

(c)截面弯矩　　(d)截面剪力

图 5-28　3 m 桩间距桩基刚架筏板结构的内力及变形包络图

根据等效桩基刚架模型关于桩板结构路基底板内力及变形的分析结果,双线行车时的筏板内力及变形几乎完全对称分布，单线行车引起的筏板最大内力及变形较双线行车略有增大，其主要是偏载作用引起的多跨连续梁内力重分布效应。另外，相较于筏板变形，等效桩基刚架模型关于筏板结构内力的分析结果相对更为合理有效。其主要原因为，模型计算中解除了桩基支撑节点位置的全部节点约束，各跨均为两端自由的弹性地基梁，虽然施加了边界位置处的反向弯矩、剪力荷载，但由于无法考虑相应的边界约束条件，等效桩基刚架模型关于筏板结构变形的分析结果仍存在一定的误差，在桩基支撑节点位置处可能出现变形突变。

2. 桩板路基结构等效桩基刚架算例

根据图 5-18 中四种荷载作用模式，应用等效桩基模型进行各荷载作用模式下的横断面方向上底板内力与变形的求解。假定桩基直径为 1.0 m，桩顶和底板铰接，桩长 20 m，根据建立的等效桩基刚架模型，得到底板挠度变形、截面转角、截面弯矩以及截面剪力的断面分布，如图 5-29 所示，对应各指标的包络图如图 5-30 所示。

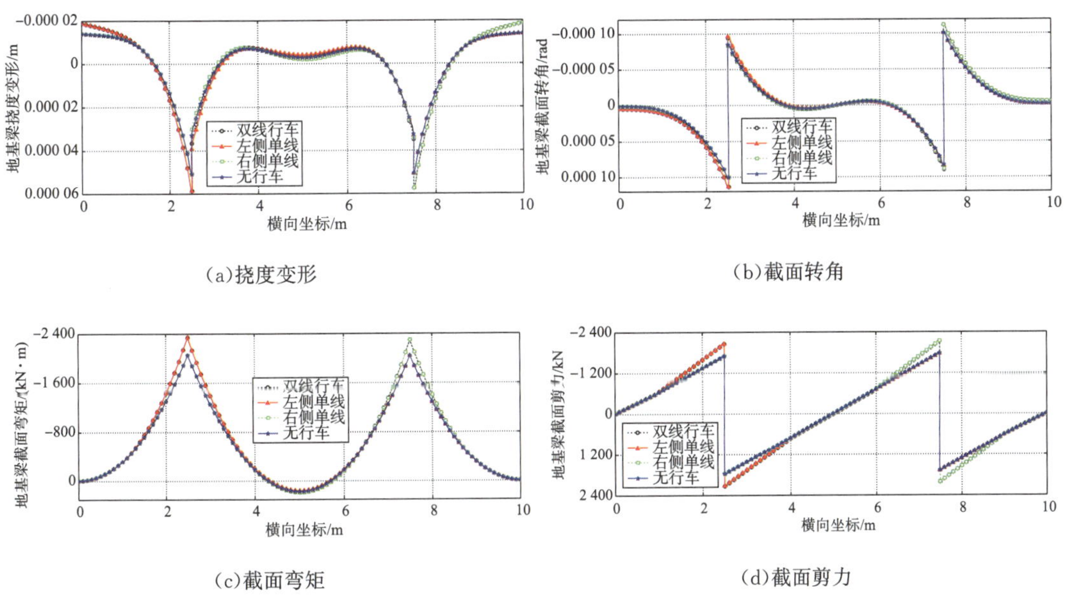

(a)挠度变形　　(b)截面转角

(c)截面弯矩　　(d)截面剪力

图 5-29　横断面方向桩板路基结构桩基刚架模型底板内力及变形分析结果

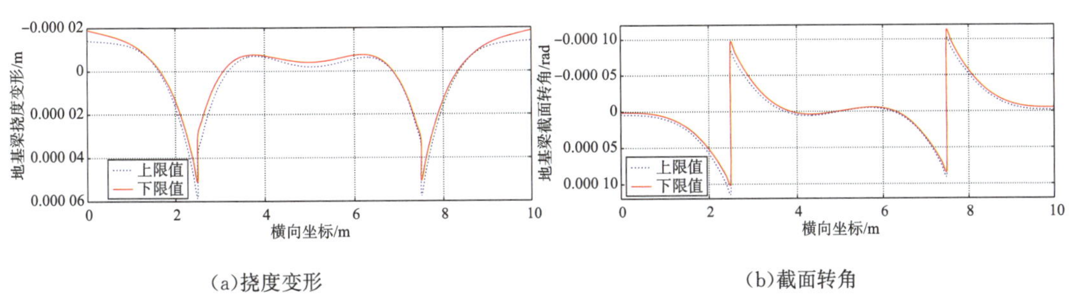

(a)挠度变形　　(b)截面转角

图　5-30

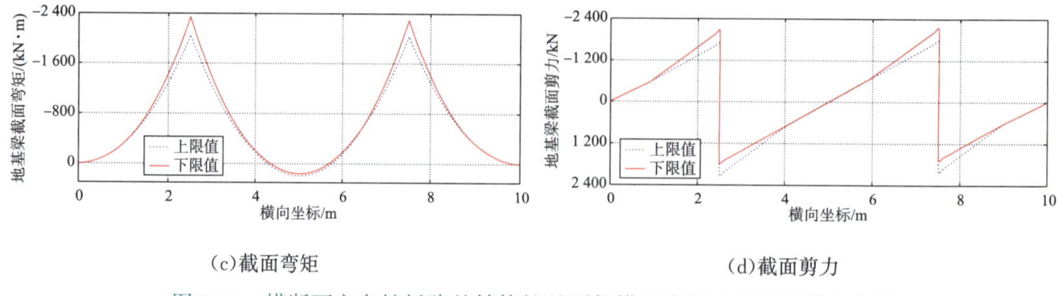

(c)截面弯矩　　(d)截面剪力

图 5-30　横断面方向桩板路基结构桩基刚架模型底板内力及变形包络图

5.3　桩承式路基沉降分析技术

5.3.1　桩承式路基复合模量法沉降分析

采用复合地基加固的桩网及桩筏板路基结构均可将刚性桩加固区视为均质体，通过刚性桩加固区的复合模量反映桩体加固对沉降的控制作用，应用复合模量进行地基沉降变形求解。桩网及桩筏板路基沉降变形分析过程中，主要涉及如下三个关键点：

• 加固区和下卧层内部附加应力的准确求解，推荐采用 Boussinesq 方法。

• 加固区复合模量的合理确定，柔性桩采用桩体面积置换率方法，刚性桩采用承载比方法。

• 加固区顶部作用荷载的精确计算，参照 2.1.1 节路基动静荷载的简化等效方法，推荐采用荷载直接组合法或列车荷载扩散叠加方法。

1. 基于 Boussinesq 理论的复合模量法

将刚性桩加固区作为均质体后，不考虑桩体和桩间土体的相互作用，通常采用 Boussinesq 理论进行地基内部任意位置的附加应力计算。Boussinesq 理论应用相对成熟，建议采用 2.2 节 Boussinesq 理论及应用优化中的内容，直接进行桩承式路基加固区和下卧层附加应力计算。

2. 桩网及桩筏板复合地基基本计算工况

桩网及桩筏板复合地基路基应用复合模量法进行地基沉降计算中，将刚性桩加固区作为均质体，加筋垫层作为散粒体柔性结构，忽略其对路基本体荷载的再分配效应，将路基本体荷载直接作用于加固区顶部。桩筏板复合地基的筏板结构具有一定刚度，对上部的路基本体荷载具有一定的再分配能力，采用 Winkler 地基梁模型进行加固区上表面外荷载的计算。

沉降计算中，未加固地基压缩模量 E_s 统一为 20 MPa，桩侧摩阻为 80 kPa，桩端阻为

1 500 kPa；天然地基承载力 $\sigma_0=100$ kPa，地基系数 k_0 为 1 000 kN/m^3，刚性桩为桩径 0.5 m 的 CFG 桩，桩长 20 m，筏板为 0.5 m 厚的钢筋混凝土板，并具体考虑 2 m 和 3 m 两种桩间距情形。加固区复合模量按照承载比方法确定，复合地基的地基系数按照复合地基模量提高系数进行同比例扩大。桩网及桩筏板计算中的基本参数列于表 5-1，不同桩间距情形的桩网、桩筏板路基计算断面如图 5-31 所示。

表 5-1　桩网及桩筏板复合地基计算参数

复合地基类型	压缩模量 E_s/MPa	地基系数 k_0/(kN/m^3)	桩间距/m	复合模量/MPa	复合地基系数/(kN/m^3)
桩网复合地基	20.0	1 000	2.0	45.59	—
			3.0	30.26	—
桩筏板复合地基			2.0	45.59	2 280
			3.0	30.26	1 513

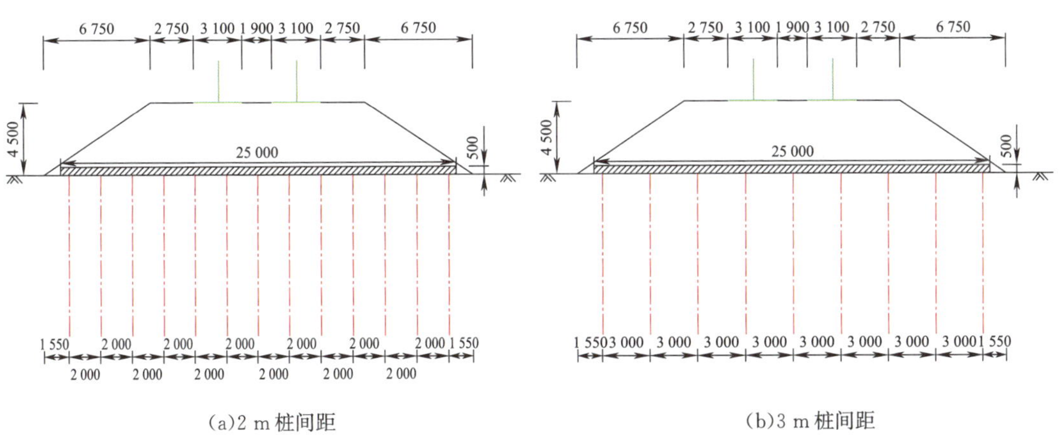

图 5-31　2 m 及 3 m 桩间距桩网与桩筏板复合地基断面示意图(单位：mm)

3. 桩网及桩筏板复合地基基底压力分析

桩网及桩筏板复合地基沉降分析均采用复合模量法，桩筏板复合地基的基底净压力应用 Winkler 弹性地基梁理论求解，得到底板的弹性变形和内力分布。同时，根据底板变形与 Winkler 地基系数 k_0，利用式(5-1)可以得到筏板反力，即路基上部结构和外部荷载引起的基底附加压力。其中，桩网复合地基及不同桩间距情形的断面范围内基底压力分布如图 5-32 所示。

根据图 5-32，桩网复合地基的地基荷载分布同路基本体以及土柱荷载基本保持一致；2 m 及 3 m 桩间距的桩筏板路基结构板底压力为连续状态，中间位置最大，两端相对最小，较桩网复合地基路基结构的基底净压力更为均化。其中，桩网复合地基平均基底压力为 80.2 kPa，2 m 桩间距桩筏板路基平均基底压力为 83.94 kPa，3 m 桩间距桩筏板路基平均基底压力为 83.96 kPa，三者间差异最大为 4.4%，基本保持一致，说明采用弹性地基梁方法确定的基底净压力分布是合理的。

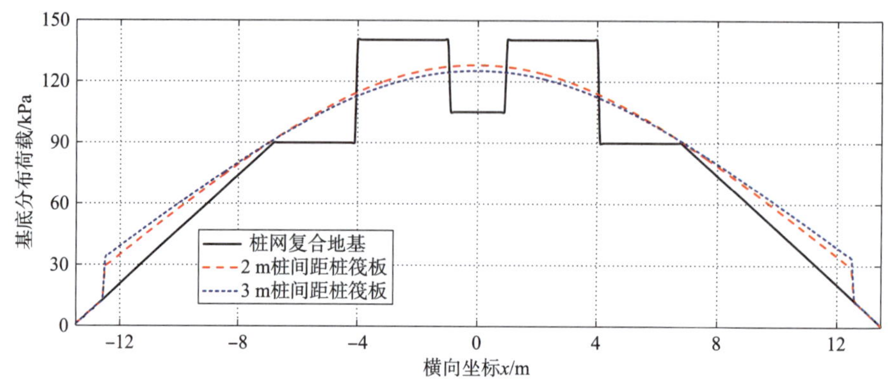

图 5-32 桩网及桩筏板路基底板附加荷载分布

4. Boussinesq 应力解深层附加应力对比分析

根据图 5-32 中的路基断面确定的基底荷载压力，利用 Boussinesq 方法可以得到任意位置处路基本体和列车荷载引起的地基附加应力，并得到不同深度位置处的地基附加应力。其中，2 m 以及 3 m 桩间距情形下的桩网复合地基附加应力分布完全相同，桩筏路基附加应力分布有所差异，最终得到的地层附加应力断面分布如图 5-33 所示，地基表面以及深度 $z=20$ m 位置处的附加应力对比结果如图 5-34 所示。

图 5-33 中，地表位置处的地基附加应力断面分布基本同基底压力保持一致，桩网路基的基底压力表现为明显的折线形特点，这主要同基底压力分布假定相关。随着地基深度的增加，路基断面中心区域的附加应力逐渐减小，但是坡脚和坡脚以外区域的附加应力表现为逐渐增加或先增加后减小的趋势。

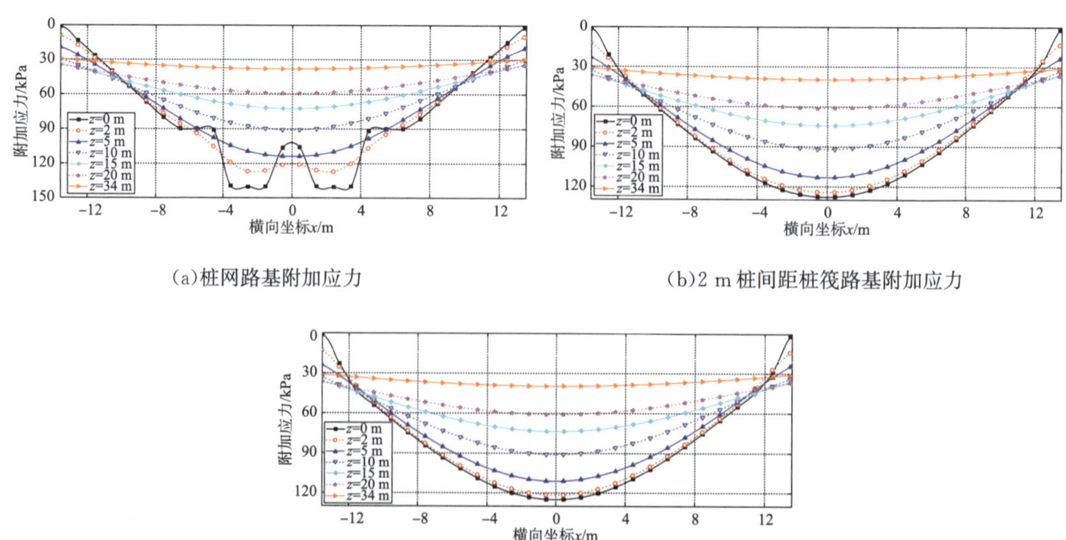

(a)桩网路基附加应力

(b)2 m 桩间距桩筏路基附加应力

(c)3 m 桩间距桩筏路基附加应力

图 5-33 桩网及桩筏路基附加应力分析结果

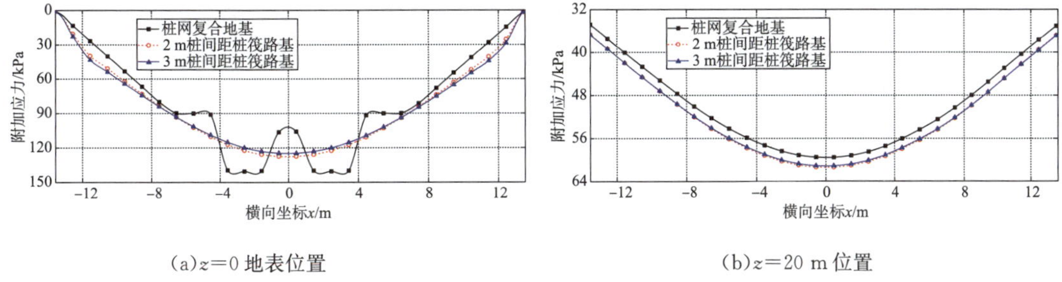

(a)$z=0$ 地表位置　　(b)$z=20$ m 位置

图 5-34　桩网及桩筏路基附加应力分布对比

对比图 5-34 地表以及地下 $z=20$ m 处不同路基结构形式的地基附加应力断面分布，地表位置处，断面中心区域的桩网复合地基附加应力相对最大，2 m 桩间距的桩筏路基附加应力略高于 3 m 桩间距桩筏路基，但在坡脚区域，附加应力的相对大小关系恰好相反，桩网复合地基相对最小，3 m 桩间距的桩筏路基结构附加应力相对最大。对于 $z=20$ m 位置处，桩筏路基较桩网路基附加应力偏大 3%左右，并且 2 m 桩间距与 3 m 桩间距的桩筏路基附加应力分布几乎完全重合。这也说明，筏板结构对板上路基本体荷载具有一定的荷载均化效应，将更多的路基本体荷载集中于断面中心区域，深度方向上的附加应力衰减相对更小。

5. Boussinesq 应力解深层附加沉降对比分析

根据上述桩网复合地基及桩筏板路基附加应力分析结果，依据地基沉降分层总和法的基本计算原理，可进一步得到横断面范围内深度方向上的地基沉降曲线，如图 5-35 所示，其中，地基表层及深度 $z=20$ m 位置处的沉降量对比如图 5-36 所示。

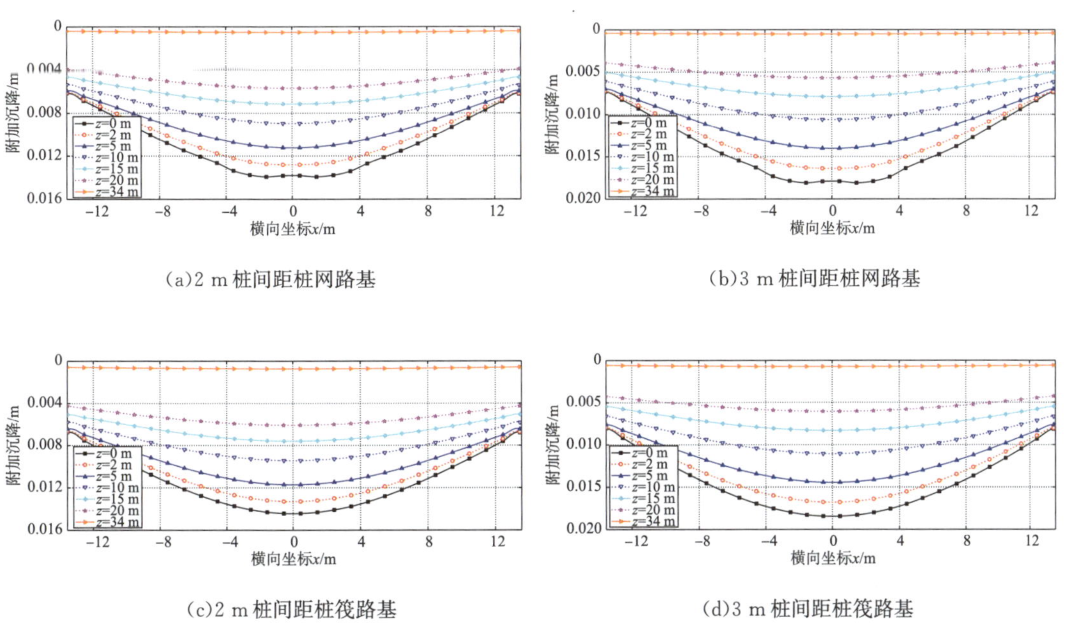

(a)2 m 桩间距桩网路基　　(b)3 m 桩间距桩网路基

(c)2 m 桩间距桩筏路基　　(d)3 m 桩间距桩筏路基

图 5-35　桩网及桩筏路基附加沉降分析结果

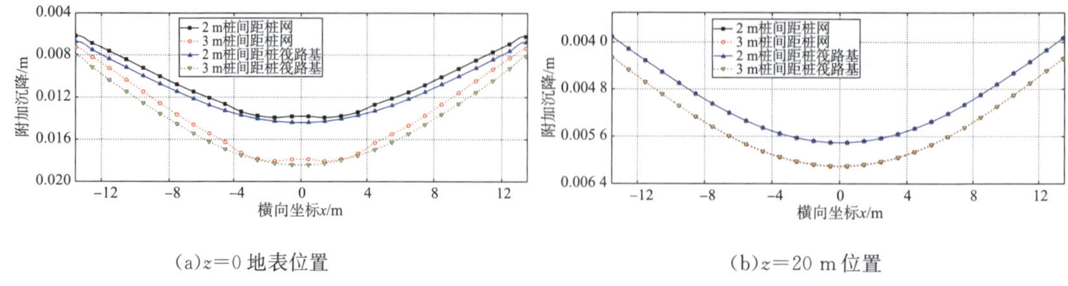

(a)z=0 地表位置　　　　(b)z=20 m 位置

图 5-36　桩网及桩筏路基附加沉降分布对比

图 5-35 中,不同桩间距的桩网复合地基及桩筏板路基断面沉降分布均为中间大、外围小的开口向上的抛物线分布,并且地基沉降大小主要同桩间距相关,筏板结构的存在对沉降影响相对较小。根据图 5-36 中地表和 z=20 m 深度位置处的沉降变形,桩间距对地表位置处的地基总沉降影响更为显著,z=20 m 以下的桩端下卧层区域,筏板影响几乎可以忽略,并且桩间距对下卧层沉降的影响相对减小,说明桩间距主要影响桩基加固区的压缩变形,并通过压缩区沉降影响地基整体沉降。

总体而言,采用复合模量方法进行桩网及桩筏板路基沉降计算,能够准确反映地基加固程度对地基沉降变形的影响,筏板结构能够均化路基本体荷载作用,使得地基附加应力分布更为均匀。

5.3.2　桩承式路基 Mindlin 方法沉降分析

1. 路基结构桩基荷载确定方法

(1)桩体荷载分担的确定

应用 Mindlin 方法进行地基沉降计算时,采用桩土荷载分算模式,首先需要确定桩体及桩间土体的荷载分担,确定桩体分担荷载。对于桩网复合地基,采用 Hewlett 土拱模型以及多层加筋模型计算桩体荷载分担比,进而确定不同位置处的桩顶分担荷载。对于桩筏板及桩板路基结构,桩体受力更为明确,采用多跨连续梁模型或等效桩基刚架模型,进行桩体支撑荷载的求解,并作为桩体分担荷载;桩间土荷载应用筏板变形同地基系数间的乘积确定,当筏板位移向上时,对应位置的桩间土分担荷载为 0。

(2)桩端及桩侧荷载的确定

桩基荷载传递至土体的过程主要是通过桩侧摩阻和桩端阻向周围土体传递的过程,桩顶荷载将最终同桩侧阻和桩端阻平衡。关于桩端阻力和桩侧阻力的分配主要通过经验参数方法确定,通过静力触探或规范查表法确定地基土层的侧摩阻力 q_{si} 和端阻力 q_{bi} 指标,根据图 5-37(a)和式(5-12)的桩体竖向力平衡条件,当桩侧阻力满足三角线性分布时,由式(5-13)确定桩侧阻力和桩端阻力分配数值。

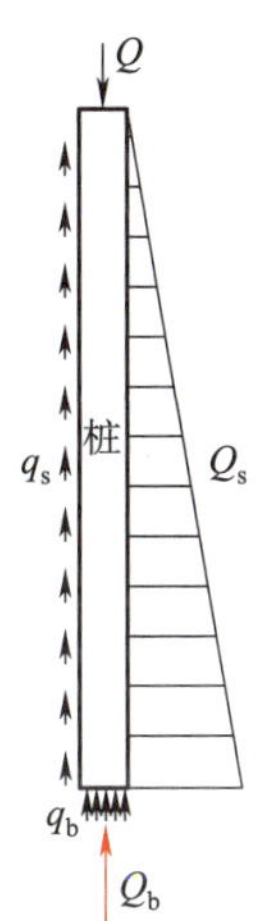

(a)桩侧摩阻三角形分布

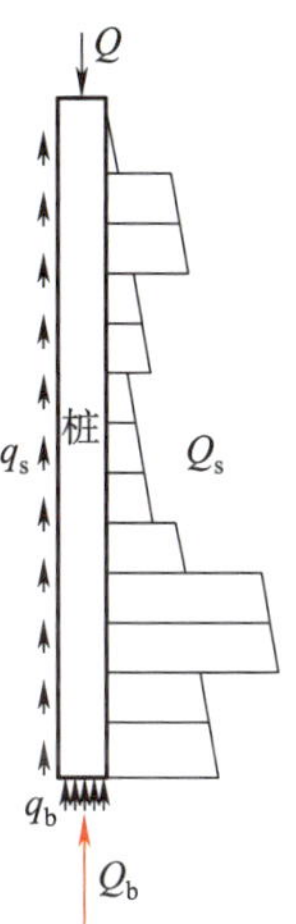

(b)层状地基非线性分布

图 5-37　桩端及桩侧荷载分配计算简图

$$Q=Q_b+Q_s \tag{5-12}$$

$$\frac{Q_b}{Q_s}=\frac{q_b A_p}{\sum q_s S\Delta L} \tag{5-13}$$

式中　Q——桩顶外荷载,kN;

Q_b——桩端阻力合力,kN;

Q_s——桩侧摩阻合力,kN;

q_b——桩端阻,kPa;

q_s——桁侧摩阻,kPa;

A_p——桩端截面积,m^2;

S——桩体截面周长,m;

ΔL——桩体竖向微段长度,m。

当地基土层为性质差异较大的层状地基时,桩侧摩阻不宜假定为三角线性分布,而表现为图 5-37(b)中同土层性质直接相关的非线性分布特征,需要在三角线性分布的基础上根据地层条件对桩侧等效线荷载进行修正,并应采用式(5-14)计算得到任意位置处的桩侧摩阻线荷载 $p_s(z)$。

$$p_s(z)=\frac{Q_s}{\sum_{i=1}^{n} q_{si} S\Delta L \frac{z_i}{L}}\cdot q_{si} S \frac{z_i}{L} \tag{5-14}$$

式中　$p_s(z)$——桩侧摩阻等效线荷载;

z_i——第 i 个微段的中心坐标;

L——桩长。

对于表 5-2 中的地层参数，地层侧摩阻在地层深度范围内的分布如图 5-38(a)所示，选用 20 m 长、桩径 1.0 m 的灌注桩，桩顶荷载 Q=1 000 kN，根据式(5-12)和式(5-13)可以得到桩端荷载集中力 Q_b=537.6 kN，桩侧摩阻合力 Q_s=462.4 kN，根据式(5-14)可以得到桩顶荷载引起的桩侧摩阻等效线荷载分布，如图 5-38(b)所示。

表 5-2 算例计算中的地层参数

层厚/m	容重/(kN/m³)	E_s/MPa	桩侧摩阻 q_s/kPa	桩端阻 q_b/kPa
1.5	19.0	8	30	1 500
2.0	19.0	8.17	40	2 000
7.5	18.5	3.5	24	1 200
1.5	19.0	8	30	1 500
1.5	20.0	11.73	70	4 000
1.0	19.0	8	30	1 500
10.5	19.0	8.26	32	1 550
2.5	20.0	11.73	70	4 000
10.0	19.0	8.26	32	1 550

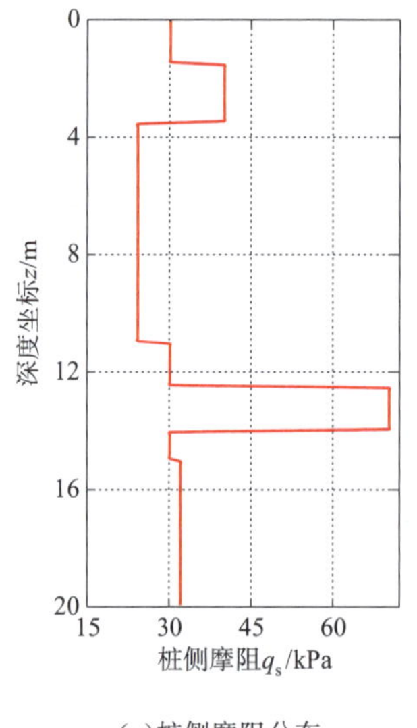

(a)桩侧摩阻分布

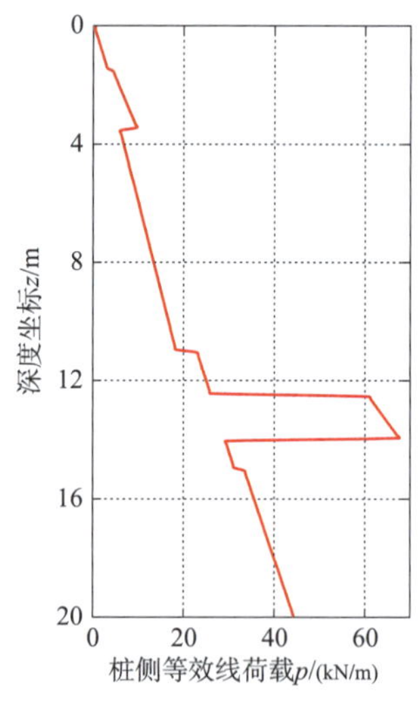

(b)层状地基等效线荷载

图 5-38 桩长范围内的地层摩阻以及桩侧等效线荷载分布

2. 桩网、桩筏板及桩板结构路基基本计算工况

桩网、桩筏板及桩板结构路基沉降计算中的地层情况与 5.3.1 节中桩网及桩筏板复合地基基本计算工况完全相同。其中，桩板结构采用深埋式桩板路基结构，桩径 1.0 m，桩长

20 m,横向桩间距 5.0 m,纵向桩间距 6.2 m,底板厚度 1.0 m。

(1)桩网复合地基桩体及桩间土荷载

根据前述土拱效应分析结果,2 m 桩间距的桩网复合地基桩体荷载分担比为 85.15%,3 m 桩间距的桩网复合地基桩体荷载分担比为 65.30%。对于图 5-31 中两类桩间距情形的路基计算断面,以断面中心为坐标原点,右向为正,2 m 桩间距桩网复合地基对应的桩体及桩间土体荷载列于表 5-3,3 m 桩间距桩网复合地基对应的桩体及桩间土体荷载列于表 5-4,桩体分担荷载及桩间土体荷载的断面分布如图 5-39 所示。

表 5-3　2 m 桩间距桩网复合地基桩体及桩间土体荷载分析

序号	桩位置坐标/m	基底荷载/kPa	左坐标/m	右坐标/m	桩体荷载分担比	纵向桩间距/m	横向桩间距/m	桩间土压力/kPa	桩体分担荷载/kN
1	−12.0	20.67	0.00	2.55	85.15%	2	2.55	3.07	89.15
2	−10.0	47.33	2.55	4.55	85.15%	2	2	7.03	159.84
3	−8.0	74.00	4.55	6.55	85.15%	2	2	10.99	249.89
4	−6.0	89.87	6.55	8.55	85.15%	2	2	13.35	303.47
5	−4.0	116.67	8.55	10.55	85.15%	2	2	17.33	393.98
6	−2.0	140.50	10.55	12.55	85.15%	2	2	20.86	474.45
7	0	107.44	12.55	14.55	85.15%	2	2	15.95	362.81
8	2.0	140.50	14.55	16.55	85.15%	2	2	20.86	474.45
9	4.0	116.67	16.55	18.55	85.15%	2	2	17.33	393.98
10	6.0	89.87	18.55	20.55	85.15%	2	2	13.35	303.47
11	8.0	74.00	20.55	22.55	85.15%	2	2	10.99	249.89
12	10.0	47.33	22.55	24.55	85.15%	2	2	7.03	159.84
13	12.0	20.67	24.55	27.10	85.15%	2	2.55	3.07	89.15

表 5-4　3 m 桩间距桩网复合地基桩体及桩间土体荷载分析

序号	桩位置坐标/m	基底荷载/kPa	左坐标/m	右坐标/m	桩体荷载分担比	纵向桩间距/m	横向桩间距/m	桩间土压力/kPa	桩体分担荷载/kN
1	−12.0	20.67	0.00	3.05	65.30%	3	3.05	7.17	122.07
2	−9.0	60.67	3.05	6.05	65.30%	3	3	21.05	352.40
3	−6.0	88.91	6.05	9.05	65.30%	3	3	30.85	516.47
4	−3.0	132.93	9.05	12.05	65.30%	3	3	46.12	772.14
5	0	118.46	12.05	15.05	65.30%	3	3	41.11	688.12
6	3.0	132.93	15.05	18.05	65.30%	3	3	46.12	772.14
7	6.0	88.91	18.05	21.05	65.30%	3	3	30.85	516.47
8	9.0	60.67	21.05	24.05	65.30%	3	3	21.05	352.40
9	12.0	20.67	24.05	27.10	65.30%	3	3.05	7.17	122.07

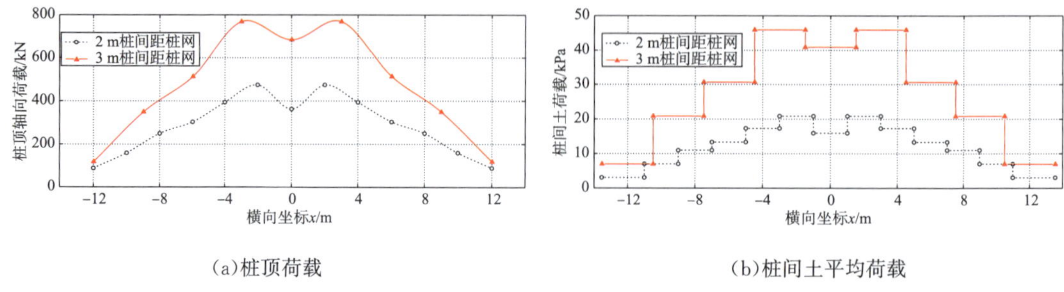

(a)桩顶荷载　　(b)桩间土平均荷载

图 5-39　桩网复合地基桩体分担荷载以及桩间土体荷载分布

根据表 5-3、表 5-4 以及图 5-39，应用土拱效应考虑桩网复合地基桩体及桩间土体的荷载分担，2 m 桩间距时的桩网复合地基桩体荷载分担大于 3 m 桩间距情形，但桩顶承担的竖向荷载绝对数值远小于 3 m 桩间距情形下的桩体，约为 3 m 桩间距桩体分担荷载的 60%，3 m 桩间距时桩体最大分担荷载约为 772 kN，一定程度上需要考虑桩体竖向承载力是否满足。此外，3 m 桩间距情形下的桩间土体分布荷载也远高于 2 m 桩间距情形，这也是导致 3 m 桩间距的桩网复合地基沉降变形高于 2 m 桩间距的主要原因。由于桩间距的影响，100 m 计算范围内的两类桩间距的刚性桩数目也存在一定差别，2 m 桩间距的复合地基共包括 650 根桩，约为 3 m 桩间距的复合地基 306 根桩的 2.12 倍。其中，100 m 范围内两种桩间距情形的桩体平面布置及计算断面如图 5-40 所示。

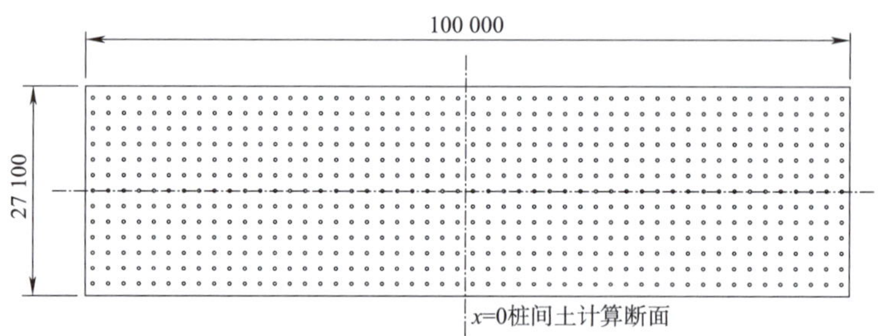

(a)2 m 桩间距情形

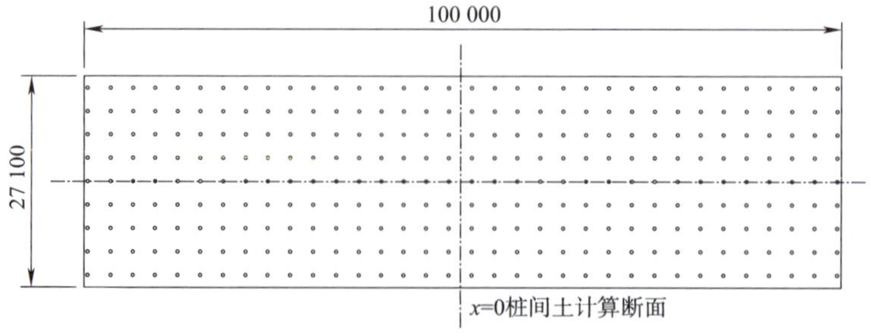

(b)3 m 桩间距情形

图 5-40　百米范围内的桩网复合地基桩体平面布置及计算断面(单位：mm)

(2)桩筏板复合地基桩体及桩间土荷载

根据多跨连续梁模型关于筏板结构内力分析结果,可以得到不同位置处桩体承担荷载,相较于土体,桩体几乎承担所有的上部荷载。其中,桩间土荷载根据筏板变形和地基系数确定,得到2 m桩间距桩筏板复合地基对应的桩体及桩间土体荷载,见表5-5,3 m桩间距桩筏板复合地基对应的桩体及桩间土体荷载列于表5-6,桩体分担荷载及桩间土体荷载的断面分布如图5-41所示。

表5-5 2 m桩间距桩筏板复合地基桩体及桩间土体荷载分析

序号	桩位置坐标/m	桩体分担荷载/kN	左坐标/m	右坐标/m	桩间土左荷载/kPa	桩间土右荷载/kPa
1	−12.0	65.78	−13.55	−12	0.000 0	14.000 0
2	−10.0	201.80	−12	−10	0.021 1	0.021 1
3	−8.0	306.74	−10	−8	0.015 4	0.015 4
4	−6.0	354.18	−8	−6	0.036 9	0.036 9
5	−4.0	478.94	−6	−4	0.013 8	0.013 8
6	−2.0	568.95	−4	−2	0.063 1	0.063 1
7	0	444.04	−2	0	0.033 5	0.033 5
8	2.0	574.07	0	2	0.037 0	0.037 0
9	4.0	467.73	2	4	0.062 1	0.062 1
10	6.0	354.27	4	6	0.013 9	0.013 9
11	8.0	306.71	6	8	0.036 9	0.036 9
12	10.0	201.81	8	10	0.015 4	0.015 4
13	12.0	65.78	10	12	0.021 1	0.021 1
14			12	13.55	14.000 0	0.000 0

表5-6 3 m桩间距桩筏板复合地基桩体及桩间土体荷载分析

序号	桩位置坐标/m	桩体分担荷载/kN	左坐标/m	右坐标/m	桩间土左荷载/kPa	桩间土右荷载/kPa
1	−12.0	137.89	−13.55	−12	0.000 0	14.000 0
2	−9.0	590.62	−12	−9	0.114 4	0.114 4
3	−6.0	818.81	−9	−6	0.140 0	0.140 0
4	−3.0	1 188.21	−6	−3	0.150 4	0.150 4
5	0	1 118.45	−3	0	0.230 6	0.230 6
6	3.0	1 182.08	0	3	0.247 3	0.247 3
7	6.0	811.38	3	6	0.136 3	0.136 3
8	9.0	592.30	6	9	0.144 5	0.144 5
9	12.0	137.62	9	12	0.112 9	0.112 9
10			12	13.55	14.000 0	0.000 0

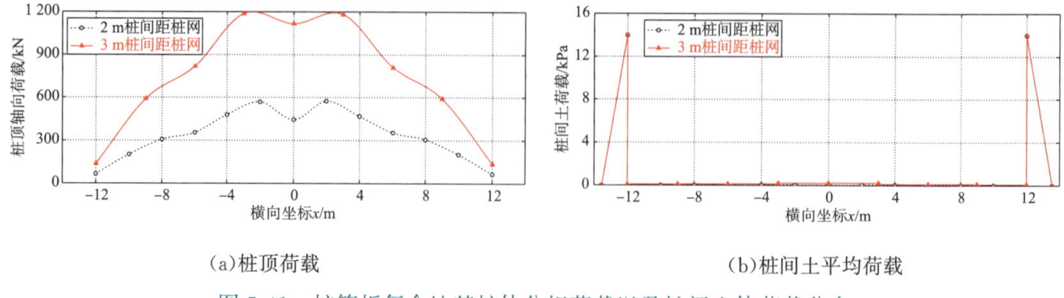

(a)桩顶荷载 (b)桩间土平均荷载

图 5-41 桩筏板复合地基桩体分担荷载以及桩间土体荷载分布

根据表 5-5、表 5-6 以及图 5-41，应用多跨连续梁模型，桩体几乎承担了所有荷载，桩间土分担荷载接近于 0，几乎可以忽略不计。3 m 桩间距时的单桩最大分担荷载接近 1 200 kN，需要从单桩承载力角度进行桩间距、桩长度、桩径等布桩指标的优化设计与控制。100 m 范围内两种桩间距情形的桩筏板路基桩体平面布置及计算断面同相同桩间距的桩网复合地基完全相同，可参照图 5-40 确定百米范围内的布桩数目和对应计算断面。

(3)桩板路基桩体及桩间土荷载

桩板路基桩间距相对较大，桩体承担全部上部荷载，需要选用承载能力更大的灌注桩桩体。桩板路基桩体分担荷载的计算同样可采用多跨连续梁模型。由于采用深埋式桩板路基，桩板宽度 10 m，主要布设于路基断面中心区域，外侧坡脚区域仍采用路基填土。其中，桩板结构路基桩体及桩间土体荷载分布列于表 5-7，桩间土体荷载的断面分布如图 5-42 所示。

表 5-7 深埋式桩板结构路基桩体及桩间土体荷载分析

序号	桩位置坐标/m	桩体分担荷载/kN	左坐标/m	右坐标/m	桩间土左荷载/kPa	桩间土右荷载/kPa
1	−2.5	4 178.17	−13.55	−6.80	0.000 0	90.000 0
2	2.5	4 135.92	−6.80	−5.00	90.000 0	90.000 0
3			−5.00	−2.50	0.207 8	0.207 8
4			2.50	5.00	0.202 2	0.202 2
5			5.00	6.80	90.000 0	90.000 0
6			6.80	13.55	90.000 0	0.000 0

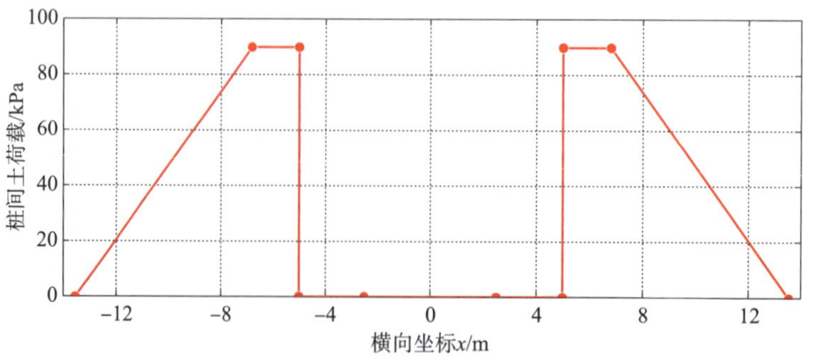

图 5-42 桩板路基桩间土荷载分布

根据表 5-7 以及图 5-42，横向 5 m、纵向 6.2 m 桩间距的桩板结构路基桩间距相对较大，百米范围内布桩共 32 根，远少于桩网复合地基及桩筏板复合地基，但桩板结构路基单桩承担的荷载超过 4 100 kN。因此，桩板结构路基桩体设计时需要着重考虑单桩承载力，针对桩体承载力控制标准和影响因素进行桩体优化分析。桩板结构路基底板相对较厚，竖向变形很小，使得两桩之间土体作用荷载较小，几乎可以完全忽略。另外，由于采用底板位于地表附近的深埋式桩板路基结构，底板外围的填土荷载仍相对较大，外围填土荷载同样会引起地基较大程度的沉降变形，并抵消部分桩板结构对地基沉降控制的有利影响。其中，100 m 范围内两种桩间距的桩体布置及计算断面如图 5-43 所示。

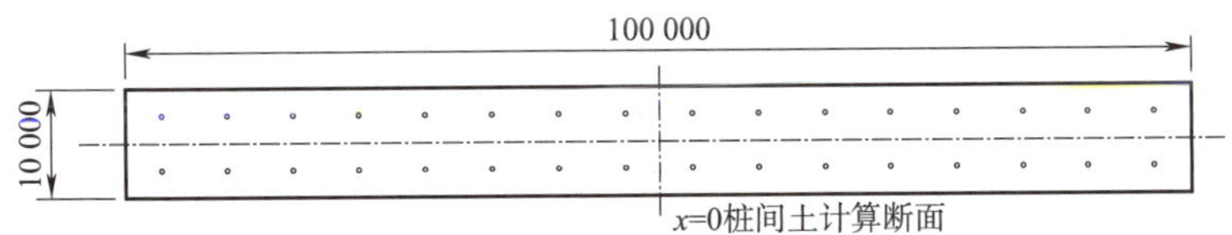

图 5-43　百米范围内的桩板结构路基桩体平面布置及计算断面(单位：mm)

3. Mindlin 应力解深层附加应力对比分析

根据 Hewlett 土拱模型、多跨连续梁模型，可分别计算得到不同桩间距情形的桩网、桩筏板以及桩板结构路基的桩体与桩间土体荷载分配，分别利用 Mindlin 同 Boussinesq 联合分析方法，得到地基内部任意位置处的附加应力分布。其中，三种路基结构不同地基深度位置处的附加应力断面分布如图 5-44 所示，地基表面以及深度 $z=20$ m 位置处的附加应力对比结果如图 5-45 所示。

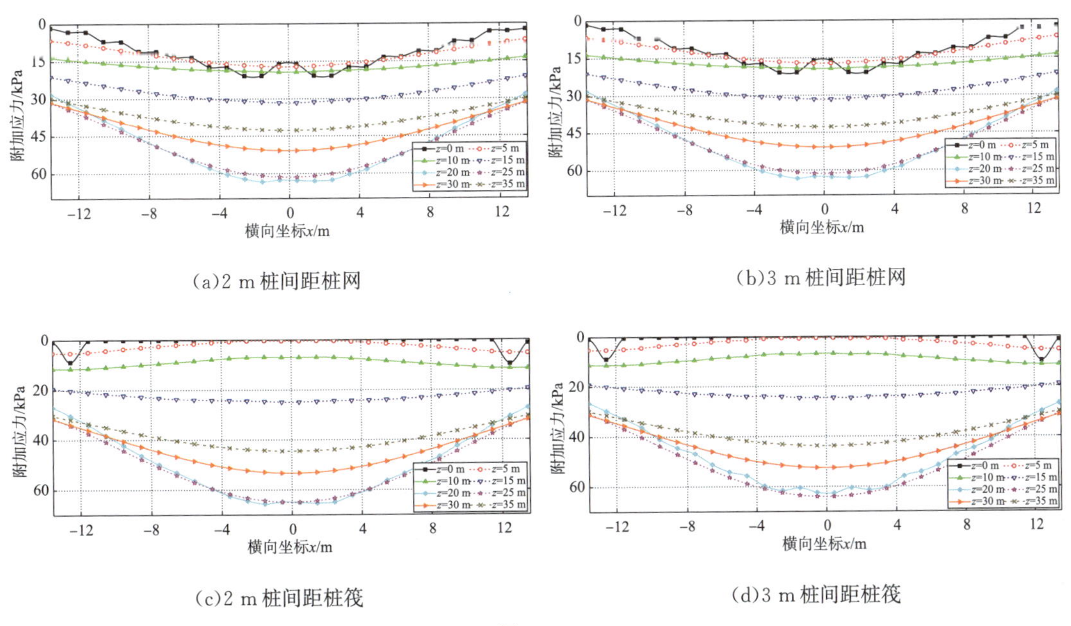

(a)2 m 桩间距桩网　(b)3 m 桩间距桩网

(c)2 m 桩间距桩筏　(d)3 m 桩间距桩筏

图　5-44

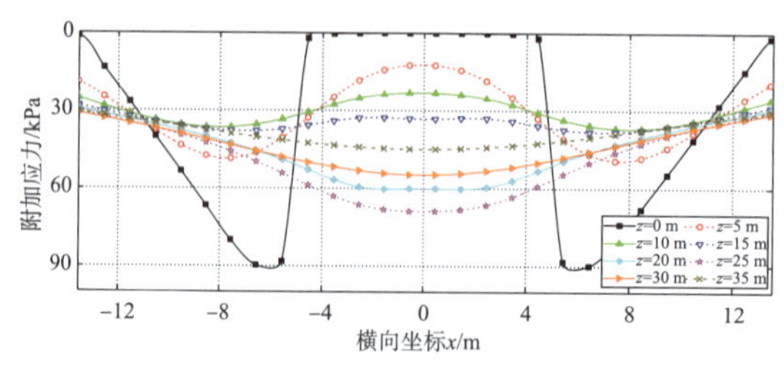

(e)桩板路基附加应力

图 5-44　三种路基结构地基附加应力分析结果

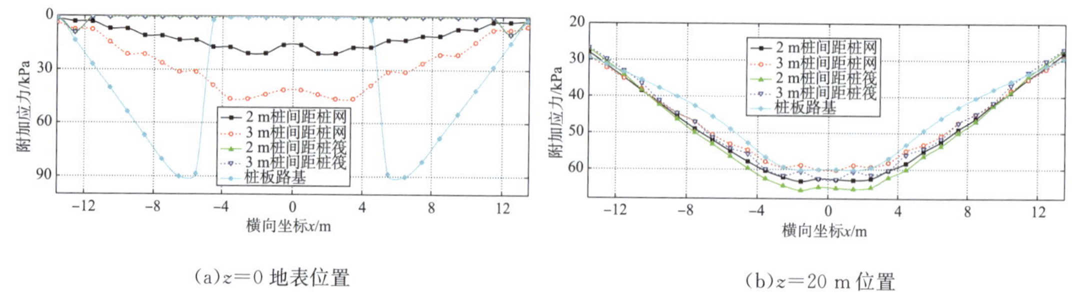

(a)$z=0$ 地表位置　　(b)$z=20$ m 位置

图 5-45　三种路基结构地基附加应力分布对比

三种路基结构附加应力计算横断面均为桩间土中心断面，受桩体的影响相对较小，相较于受荷桩体所在横断面，地基附加应力可能偏小，并且附加应力分布相对更为均匀。图 5-44 中，采用 Mindlin 方法计算桩基荷载引起的地基附加应力时，断面中心区域的附加应力沿深度方向表现为先增大后减小的整体趋势，并且在桩端附近达到最大值，之后沿深度方向递减。桩基加固的地基附加应力分布规律同实际情形最为相符，这也意味着桩基将桩顶附近荷载转移传递至桩侧与桩端，其中桩端附近土体承担了绝大部分荷载，表明桩基桩端邻近区域是引起地基附加应力的主要加载区域，该邻近区域的地基附加应力相应最大。此外，对于深埋式桩板路基结构，由于底板两侧填土荷载的影响，桩基长度范围内的地基断面附加应力主要受两侧填土荷载影响，表现为中间小、两端大的分布特点；当地基深度达到桩端附近时，桩体荷载引起的地基附加应力占据主要部分，表现为中间大、两端小的分布规律。

对比图 5-45 地表以及地下 $z=20$ m 位置处不同路基结构形式的地基附加应力断面分布，桩筏板及桩板结构路基地表位置处的附加应力接近于 0，上部荷载主要由桩体承担并向下传递；桩网复合地基由于土拱效应影响，桩体承担一部分荷载，并且桩间距越大，桩间土分担荷载相应越大。地下 $z=20$ m 位置处，不同路基结构引起的桩间土断面地基附加应力差异相对较小，2 m 桩间距的桩筏路基结构附加应力最大，桩板路基结构以及 3 m 桩间距的桩网路基结构附加应力相对最小。这也说明，应用 Mindlin 理论进行附加应力计算时，附加应力计算位置同桩体位置间距离是决定地基附加应力大小的重要因素，虽然桩板结构路基的桩体分担荷载最大，但由于桩间距为 6.2 m 时的两桩中心计算断面同桩体间的距离达到 3.1 m，其引起的地基附加应力也处于相对较低的水平。2 m 桩间距的桩筏路基结构桩体荷载相对较小，同样也由于计算断面同桩体位置间的距离较小，仅为 1 m，其引起的桩间土中心位置处地基附加应力相对最大。

4. Mindlin 应力解深层附加沉降对比分析

根据采用 Mindlin-Boussinesq 联合方法得到的两种桩间距下的桩网、桩筏板路基结构以及桩板结构地基附加应力分析结果，同样采用分层总和法，得到不同深度位置处的地基沉降位移，并统一采用沉降修正系数 0.2。其中，横断面范围内深度方向的地基沉降曲线如图 5-46 所示，地基表层及深度 z=20 m 处沉降如图 5-47 所示。

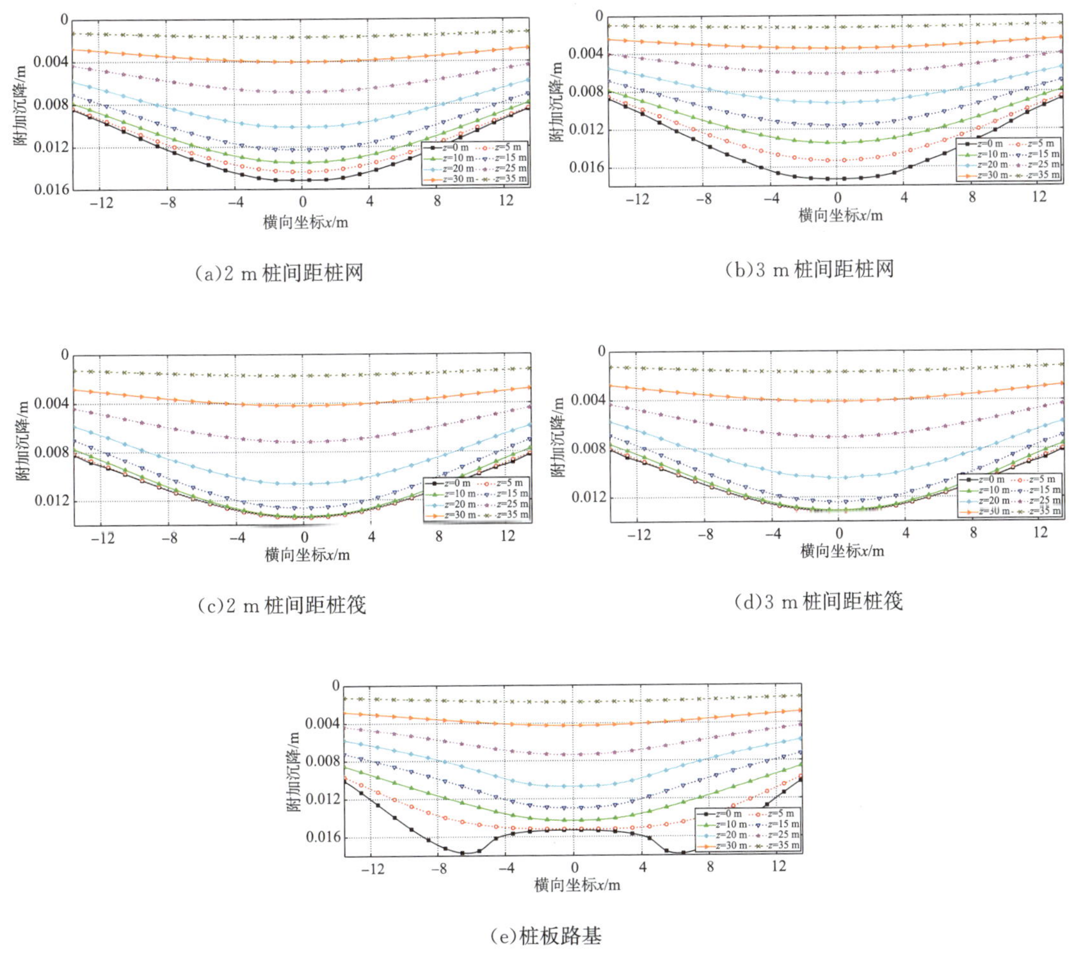

(a)2 m 桩间距桩网　(b)3 m 桩间距桩网

(c)2 m 桩间距桩筏　(d)3 m 桩间距桩筏

(e)桩板路基

图 5-46　三种路基结构地基附加沉降分析结果

图 5-46 中，不同桩间距的桩网复合地基、桩筏板路基以及桩板结构路基断面沉降分布均为中间大、外围小的开口向上的抛物线分布。其中，桩筏板路基结构的沉降变形主要集中

于桩端附近及以下区域的压缩变形，刚性桩加固区压缩变形相对较小；桩网复合地基由于桩顶位置处桩间土体分担部分荷载，刚性桩加固区桩间土体也产生了不可忽略的沉降变形。总体而言，桩网复合地基沉降要高于同等间距的桩筏板复合地基。在桩顶筏板结构作用下，桩间距对桩间土体沉降变形的影响相对较小，桩间土位置的 2 m 间距和 3 m 间距的桩筏板结构沉降变形差异相对较小，但在桩体位置断面，3 m 桩间距的桩体单桩荷载高于 2 m 桩间距单桩荷载，桩体沉降相对更大，同邻近桩间土之间的差异沉降也远高于 2 m 桩间距的桩筏结构路基。

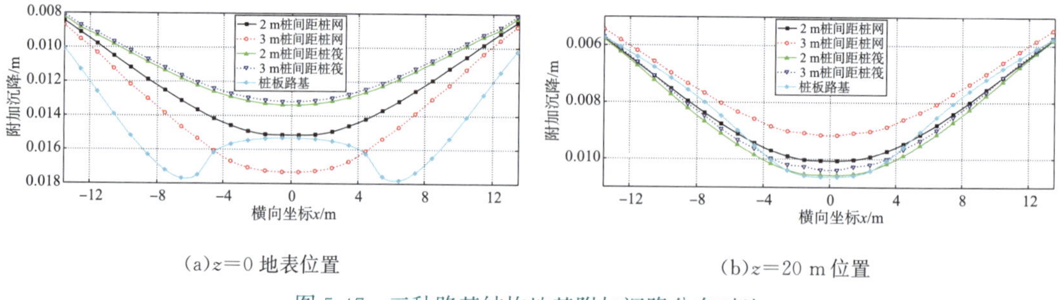

(a)$z=0$ 地表位置　　(b)$z=20$ m 位置

图 5-47　三种路基结构地基附加沉降分布对比

根据图 5-47 中地表和 $z=20$ m 深度位置处的沉降变形，对于路基断面中心区域，地表位置处 3 m 桩间距的桩网复合地基沉降变形相对最大，桩筏板结构沉降最小；而对于 $z=20$ m 的桩端位置，2 m 桩间距的桩筏路基及桩板路基沉降相对最大，这也意味着桩板路基的沉降主要由下卧地基的沉降变形引起，桩体加固区的沉降相对较小。3 m 桩间距的桩网复合地基沉降相对最小，这也证明了 3 m 桩间距的桩网复合地基在桩间土分担了相对较多的荷载，引起了更为明显的桩间土地基沉降，桩端以下地基沉降变形相对减弱。

总体而言，采用 Mindlin 和 Boussinesq 联合方法，能够相对合理地分析地基附加应力分布，同桩承路基附加应力的实际分布更为接近，应用于地基沉降分析时也更为合理有效。但必须注意的是，桩板路基结构单桩承担荷载超过 4 000 kN，必须针对单桩承载能力进行专门设计；此外，桩端附近的附加应力极大，如果单纯采用压缩模量指标，使得桩体刺入变形计算结果偏大。因此，应对高附加应力指标下的地基压缩模量取值方法进行合理的优化。

5.3.3　两类方法分析结果对比

1. Boussinesq 和 Mindlin 方法附加应力对比

对于 2 m 桩间距的桩网复合地基以及桩筏板路基，分别应用基于 Boussinesq 的复合模量法以及基于 Mindlin 理论的分层总和法进行地基附加应力、附加沉降计算，得到桩间土中心断面以及桩体中心断面的对应附加应力指标。其中，对于不同深度位置的桩网及桩筏板复合地基，两种方法确定的地基附加应力断面分布如图 5-48 所示。

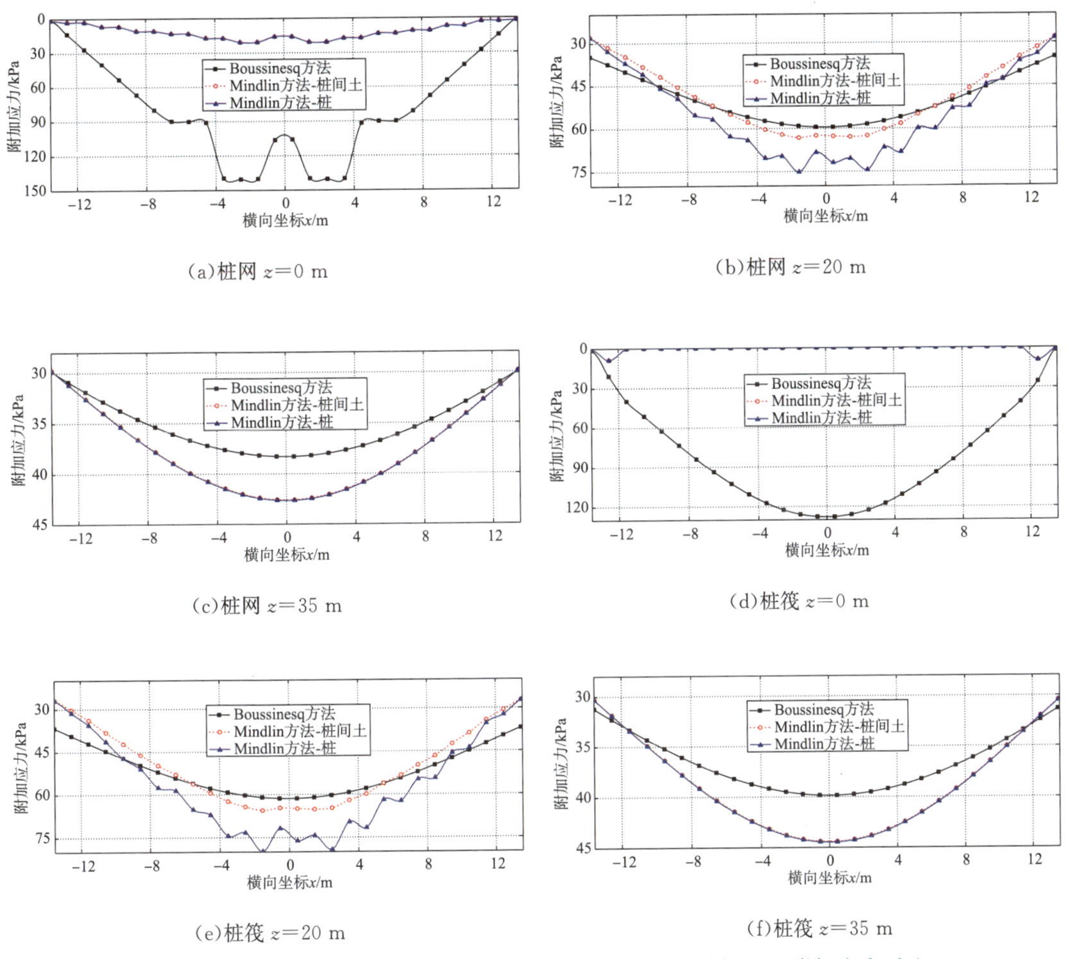

图 5-48　两种方法关于 2 m 桩间距的桩网及桩筏路基结构地基附加应力对比

图 5-48 中，关于桩网复合地基及桩筏板复合地基，Boussinesq 复合模量法确定的地基附加应力与 Mindlin 方法存在较大差别。浅层加固区范围内，Boussinesq 理论确定的地基附加应力一般大于 Mindlin 理论，但随着深度的增加，Boussinesq 理论得到的地基附加应力逐渐减小并小于 Mindlin 理论分析结果。由于计算模式和荷载作用面的差异，Boussinesq 理论确定的附加应力主要集中于接近于地面位置的浅层区域，深度方向上快速衰减，但 Mindlin 理论确定的地基附加应力在浅层加固区接近于 0，并于邻近桩端区域达到最大值，之后于桩端下卧层中快速衰减。因此，Boussinesq 理论复合模量法的核心压缩区位于邻近地表浅层，而 Mindlin 方法中的核心压缩区位于桩端附近的下卧层区域。

对于桩间土中心断面和桩体位置断面，Boussinesq 复合模量法关于附加应力的分析结果完全相同。但对于 Mindlin 理论，附加应力大小同计算点与荷载作用点间的位置直接相关，桩体位置断面处附加应力一般高于桩间土中心断面，并且这种差异在桩端平面位置处的表现最为明显，桩基位置处附加应力明显高于相同深度位置处的桩间土中心断面。

2. Boussinesq 和 Mindlin 方法附加沉降对比

根据两种方法关于 2 m 桩间距的桩网复合地基以及桩筏板路基附加应力分析结果，应用分层总和法得到不同深度位置处，桩间土中心断面以及桩体中心断面的对应附加沉降。其中，不同深度位置处桩网及桩筏板复合地基，两种方法确定的地基附加沉降断面分布如图 5-49 所示。

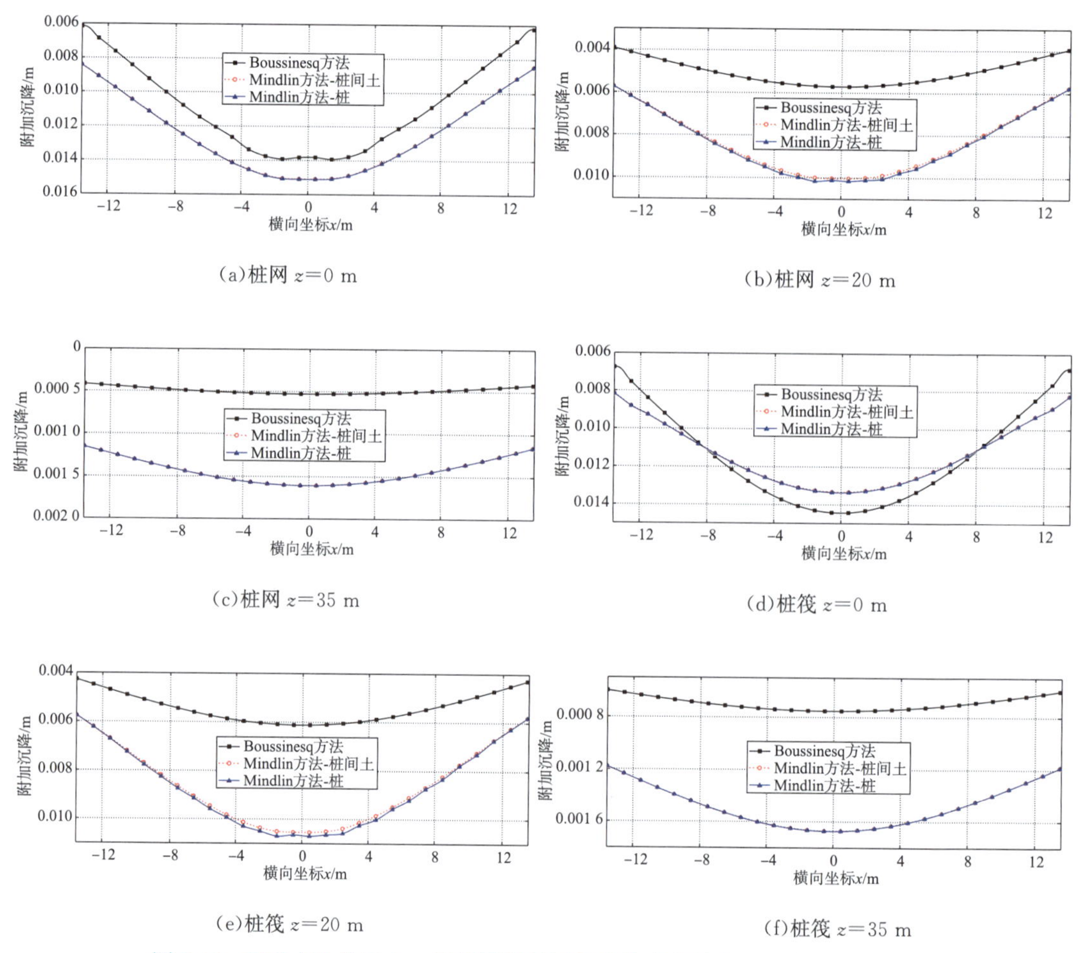

(a)桩网 $z=0$ m　(b)桩网 $z=20$ m

(c)桩网 $z=35$ m　(d)桩筏 $z=0$ m

(e)桩筏 $z=20$ m　(f)桩筏 $z=35$ m

图 5-49　两种方法关于 2 m 桩间距的桩网及桩筏路基结构地基附加沉降对比

图 5-49 中，对于桩筏板复合地基，Boussinesq 方法和 Mindlin 方法关于地基表面位置处的总沉降变形分析结果较为接近；但对于桩网复合地基结构，Mindlin 方法沉降分析结果高于复合模量法。导致这一现象的主要原因在于，桩筏板结构的路基荷载几乎全部通过桩体传递，加载面位于桩端附近，桩端下卧层为主要压缩区，其总体沉降分析结果同 Boussinesq 复合模量法较为接近；桩网复合地基桩顶位置处的桩间土分担一部分荷载，桩体加固区的桩间土也存在进一步的压缩变形，这也导致应用 Mindlin 理论计算桩网复合地基沉降时，实际上存在桩端下卧层和加固区土体两个主压缩区，沉降变形分析结果较复合模量法偏高。对

于桩端以及桩端以下土体的总体沉降，Mindlin 方法分析结果总体高于 Boussinesq 方法。对于桩间土中心断面和桩体位置断面，Mindlin 方法关于桩端附近的两类断面差异沉降相对明显，但对于远离桩端位置的其他区域，桩间土断面和桩体位置断面的沉降基本相同。

综上分析，对于桩网以及桩筏板路基结构的沉降分析，Boussinesq 复合模量方法和 Mindlin 方法均能进行地基总体沉降变形的分析计算。其中，Boussinesq 复合模量方法需准确计算桩基加固区的复合模量，计算过程中存在大量假定，计算结果存在一定误差；Mindlin 理论根据桩承式路基承载机理，将外部荷载的加载面作用于桩端和桩侧，附加应力最大作用位置位于桩端附近，同桩承式路基附加应力传递和衰减规律更为接近。因此，建议在桩承式路基沉降计算中，优选采用 Mindlin 理论进行地基沉降分析计算。

5.4　刚性桩复合地基稳定性分析方法

铁路路基工程中，桩承式路基中的刚性桩不仅直接承担路基本体荷载引起的桩身轴力，还需要抵抗路基本体自重和列车荷载作用下的侧向荷载作用。桩承式路基桩基设计中，主要考虑路基本体荷载的竖向作用开展桩基承载力设计，对桩基特别是边桩承受水平荷载作用的相关影响关注不足，并未有效开展桩承式路基被动基桩稳定性分析评估方面的研究。大量试验和监测数据表明，路基本体引起的地基侧向荷载将使桩承式路基的桩基产生明显的附加变形和弯矩，为桩基承载带来了不利影响。

5.4.1　桩承式路基桩土相互作用机制

桩承式路基地基土体同桩基间存在较大的刚度差异，在路基填土及列车荷载引起的水平荷载作用下，桩体同桩周土体存在一定的侧向位移差，桩体同桩间土体间存在一定程度的荷载分担和荷载相互转移现象，即桩土相互作用。被动基桩受力承载机理区别于一般的竖向抗压桩与抗滑桩。相较于竖向抗压桩，被动基桩需要承担地基土体传递的水平向土压力；相较于抗滑桩，被动基桩的桩身轴力不可忽略，并且桩身轴向压力由于桩身侧挠曲变形，将出现一定的附加荷载，产生桩身内力的“二阶效应”。典型的桩承式路基被动基桩水平受荷承载示意图如图 5-50 所示。

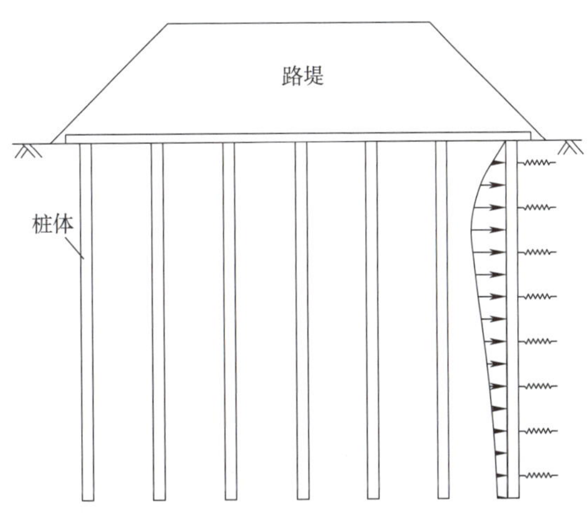

图 5-50　桩承式路基被动基桩水平荷载作用示意图

5.4.2 被动基桩桩身轴力分析

桩承式路基的被动基桩竖向荷载主要为路基本体自重荷载和列车外载，在桩侧摩阻平衡效应作用下，桩身轴力在深度方向上逐渐减小。因此，桩承式路基被动基桩轴力深度方向上的分布主要同桩侧摩阻力实际分布形式相关。被动基桩弹性承载条件下，桩侧摩阻沿深度方向上基本为线性分布，并同土层软硬程度密切相关。关于桩侧摩阻和桩端阻的比例构成及分析计算方法可沿用 5.3.2 节相应内容，由式(5-12)和式(5-13)确定桩侧摩阻分布。参照 5.3.2 节相应算例及地层条件，1 000 kN 外荷载作用下，不计桩身自重影响，分别考虑桩侧摩阻线性分布、层状地基修正以及分段矩形分布三种情形，桩侧摩阻及桩体轴力沿桩身分布如图 5-51 所示。

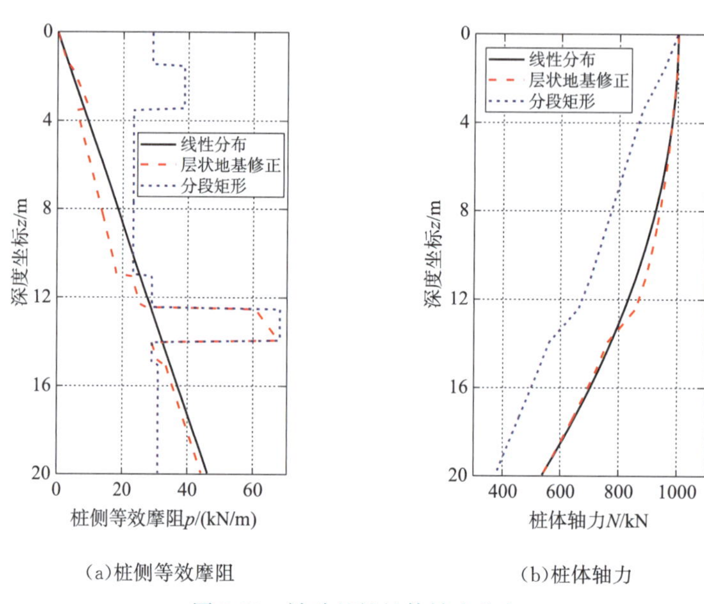

图 5-51 被动基桩桩体轴力分布

图 5-51 中，假定桩侧摩阻线性分布时，桩侧总阻力为 462.37 kN，约占桩顶总荷载的 46.2%；假定桩侧摩阻按照地层区间分段矩形分布时，桩侧总阻力为 642.70 kN，约占桩顶总荷载的 64.3%。此外，考虑地基修正时，桩侧摩阻沿深度方向上总体线性增长，但能够反映出地层相对软弱程度对桩侧摩阻的影响，整体分布形式相较于三角线性分布更为合理。对于采用地层区间分段矩形分布情形，桩侧摩阻构成的侧摩阻力较大，桩端分配荷载相对较小，并且桩侧摩阻分布仅与土层相对软硬程度相关，不能有效反映地层深度的影响。另外，大量实测经验表明，邻近桩顶位置的桩侧摩阻接近于 0，存在一定范围的自由段，采用桩侧摩阻三角线性分布影响更能体现这一规律。

对于桩体轴力深度方向上的分布，不考虑地层参数影响时，桩体轴力沿深度方向上呈二次抛物线平滑递减；而当考虑地层软硬程度影响时，桩体轴力在土层界面出现明显的突变，并且深层土层界面的轴力突变幅度大于浅层。对于桩侧摩阻分段矩形情形，桩体轴力快速减小，并且在土层界面位置出现明显突变。相较而言，采用层状地基修正桩侧摩阻后的桩体轴力分析结果更为合理有效，同时反映层状地基和地基深度的双重影响。

5.4.3　被动基桩水平荷载分布及桩土荷载分析

1. 被动基桩迎土面水平土压力

Boussinesq 提出了半无限空间表面上作用一竖向集中力 P 时，对于半无限空间内任一点 $M(x,y,z)$ 的应力和位移的弹性力学解，其中点荷载集中力引起的地基内部任意点的水平向附加应力表达式为式(5-15)形式。

$$\sigma_x=\frac{3P}{2\pi}\left\{\frac{x^2z}{R^5}+\frac{1-2\nu}{3}\left[\frac{1}{R(R+z)}-\frac{(2R+z)x^2}{R^3\ (R+z)^2}-\frac{z}{R^3}\right]\right\}\tag{5-15}$$

2. 基于 Ito 理论的被动基桩桩土水平荷载分析

(1)基于 Ito 塑性变形模型的桩体实际被动荷载计算方法

图 5-52(a)为 Ito 塑性变形理论模型的桩身荷载作用示意图，BB'界面上作用土压力为地基土体静止侧压力 $q_0(z)=K_0\gamma z$ 和堆载引起的该位置水平附加应力 $q(z)$之和。其中，该位置水平附加应力 $q(z)$可根据前述线荷载附加应力作用图示以及水平向附加应力表达式(5-15)进行计算确定。BB'界面被动土压力荷载能够有效反映路堤填土荷载大小的影响，当路堤填土荷载较小时，桩身实际承担的荷载将小于极限荷载，同路堤填土荷载相互匹配，相较于 Ito 塑性变形理论经典模型，优化后的桩身被动荷载确定方法更为合理有效。

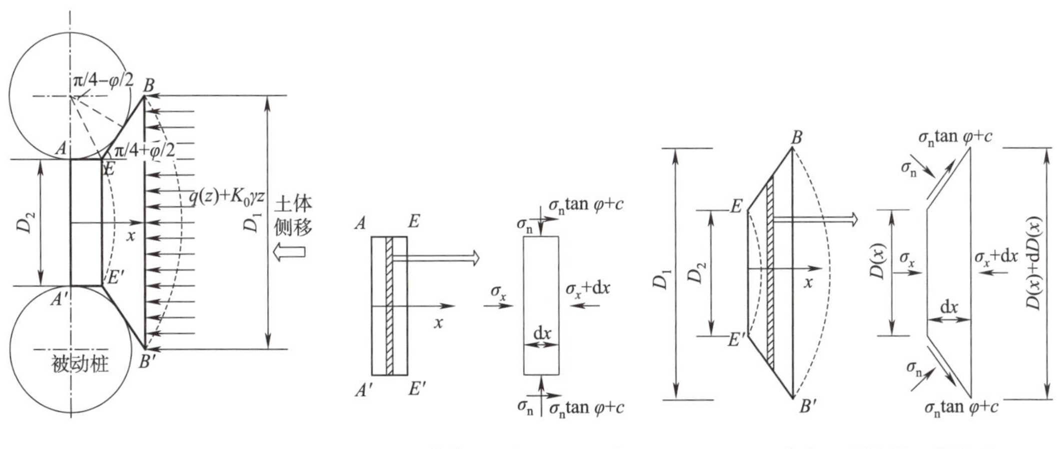

(a)被动桩桩身被动荷载　　(b)$AA'E'E$ 区域塑性区微单元　　(c)$EE'B'B$ 区域塑性区微单元

图 5-52　Ito 被动桩极限荷载计算示意图

图 5-52(a)中，$AEBB'E'A'$为土体位移作用下在相邻两桩之间形成的塑性区，BB'界面

上的实际水平荷载为土层静止侧压力和水平附加应力之和，其表达式为式(5-16)。

$$q_{BB'}(z)=q(z)+K_0\gamma z \tag{5-16}$$

式中 K_0——静止侧压力系数，$K_0=1-\sin\varphi$；

z——计算点深度；

$q(z)$——地面堆载引起的水平附加应力，通过式(5-15)计算获得；

γ——土体容重，计算点位于水位线以下取浮容重。

分别取 $AA'E'E$ 和 $EE'B'B$ 区域内的微单元进行分析，微单元受力分析示意图分别如图 5-52(b)、图 5-52(c)所示，根据塑性区微单元水平方向上的静力平衡条件，可分别得到 $AA'E'E$ 塑性区的静力平衡方程式(5-17)和 $EE'B'B$ 区域内的静力平衡方程式(5-18)。

$$D_2\mathrm{d}\sigma_x=2(\sigma_n\tan\varphi+c)\mathrm{d}x \tag{5-17}$$

$$-D\mathrm{d}\sigma_x-\sigma_x\mathrm{d}D+2[\sigma_n\tan(\pi/4+\varphi/2)+\sigma_n\tan\varphi+c]\mathrm{d}x=0 \tag{5-18}$$

式中 σ_n——单位法向应力，$\sigma_n=\sigma_x N_\varphi+2cN_\varphi^{0.5}$，$N_\varphi=\tan^2(\pi/4+\varphi/2)$；

$\mathrm{d}D$——$\mathrm{d}D=2\mathrm{d}x\cdot\tan(\pi/4+\varphi/2)$。

通过一次微分方程积分方法，分别得到式(5-17)和式(5-18)的解析解。

$$\sigma_{1x}=\frac{C_1\exp(2xN_\varphi\tan\varphi/D_2)-c(2N_\varphi^{1/2}\tan\varphi+1)}{N_\varphi\tan\varphi}\qquad 0\leqslant x\leqslant\frac{D_1-D_2}{2}\tan\left(\frac{\pi}{8}+\frac{\varphi}{4}\right) \tag{5-19}$$

$$\sigma_{2D}=\frac{(C_2D)^{N_\varphi^{1/2}\tan\varphi+N_\varphi-1}-c(2\tan\varphi+2N_\varphi^{1/2}N_\varphi^{-1/2})}{N_\varphi^{1/2}\tan\varphi+N_\varphi-1}\qquad D_2\leqslant D\leqslant D_1 \tag{5-20}$$

式中 σ_{1x}——$AA'E'E$ 区域内横向坐标 x 位置处的水平应力；

σ_{2D}——$EE'B'B$ 区域内竖向长度为 D 处的水平应力。

式(5-19)和式(5-20)中均包含积分参数 C_1 和 C_2 需要通过边界条件确定，BB' 边界上的应力为已知边界条件，将式(5-16)代入式(5-20)得到参数 C_2 后，将 C_2 回代入式(5-20)得到 $EE'B'B$ 区域内任意位置处的水平应力表达式(5-21)。

$$\sigma_{2D}=\frac{1}{G_1}[(D/D_1)^{G_1}(q_{BB'}(z)G_1+cG_2)-cG_2] \tag{5-21}$$

图 5-52(a)中，$AEBB'E'A'$ 塑性区在界面 EE' 连续，将式(5-21)确定的 EE' 边界(边界坐标：$D=D_1$)应力代入式(5-19)[边界坐标：$x=(D_1-D_2)/2\cdot\tan(\pi/8+\varphi/4)$]确定积分参数 C_1，并将 C_1 回代入式(5-19)化简整理后，得到 $AA'E'E$ 区域任意位置 x 处水平向应力表达式(5-22)。

$$\sigma_{1x}=\frac{\exp(2xN_\varphi\tan\varphi/D_2)}{N_\varphi\tan\varphi}\left\{\frac{c(1+2N_\varphi^{0.5}\tan\varphi)}{\exp[(D_1-D_2)G_3/D_2]}+\frac{N_\varphi\tan\varphi}{G_1\exp[(D_1-D_2)G_3/D_2]}\cdot\right.$$
$$\left.[(D_2/D_1)^{G_1}(p_{BB'}(z)G_1+cG_2)-cG_2]\right\}-\frac{c(1+2N_\varphi^{0.5}\tan\varphi)}{N_\varphi\tan\varphi} \tag{5-22}$$

其中，$G_1=N_\varphi^{0.5}\tan\varphi+N_\varphi-1$，$G_2=2\tan\varphi+2N_\varphi^{0.5}+N_\varphi^{-0.5}$，$G_3=N_\varphi\tan\varphi\cdot\tan(\pi/8+\varphi/4)$。

将 $x=0$ 代入式(5-22)，得到 AA' 界面位置处的水平应力表达式(5-23)。

$$q_{AA'}(z)=\frac{1}{N_\varphi \tan\varphi}\left\{\frac{c(1+2N_\varphi^{0.5}\tan\varphi)}{\exp[(D_1-D_2)G_3/D_2]}+\frac{N_\varphi \tan\varphi}{G_1\exp[(D_1-D_2)G_3/D_2]}\cdot\right.$$
$$\left.[(D_2/D_1)^{G_1}(p_{BB'}(z)G_1+cG_2)-cG_2]\right\}-\frac{c(1+2N_\varphi^{0.5}\tan\varphi)}{N_\varphi\tan\varphi} \tag{5-23}$$

根据图 5-52(a)，桩前土体位移引起的桩身被动荷载表达式为式(5-24)形式。

$$Q_{uf}(z)=Q_{BB'}(z)\cdot D_1-Q_{AA'}(z)\cdot D_2=(q(z)+K_0\gamma z)D_1-$$
$$\frac{D_2}{N_\varphi\tan\varphi}\left\{\frac{c(1+2N_\varphi^{0.5}\tan\varphi)}{\exp[(D_1-D_2)G_3/D_2]}+\frac{N_\varphi\tan\varphi}{G_1\exp[(D_1-D_2)G_3/D_2]}\cdot\right.$$
$$\left.[(D_2/D_1)^{G_1}(p_{BB'}(z)G_1+cG_2)-cG_2]\right\}+\frac{cD_2(1+2N_\varphi^{0.5}\tan\varphi)}{N_\varphi\tan\varphi} \tag{5-24}$$

(2)Ito 塑性变形模型极限分析方法

上面主要基于 Ito 塑性变形模型，将 BB' 界面作为已知边界，推导了路堤填土堆载作用下土体位移引起的桩身被动荷载分布，路堤填土荷载较小且桩周土体处于弹性作用阶段时，上述公式完全满足，但当土体水平位移较大，桩周土体发生绕流破坏，作用于桩身的被动荷载将达到极限荷载并不再发生变化。

Ito 塑性变形模型极限应力求解时，以 AA' 界面上的土压力为主动压力作为初始条件，根据图 5-52(a)中 $AEBB'E'A'$ 塑性区的静力平衡条件，同样认为作用于 BB' 界面和 AA' 界面的水平压力差值即为桩身所受的侧向土压力 Q_u，其表达式为式(5-25)形式。

$$Q_u(z)=cD_1\left(\frac{D_1}{D_2}\right)^{G_1}\left\{\frac{1}{N_\varphi\tan\varphi}\left[\exp\left(\frac{D_1-D_2}{D_2}G_3\right)-2N_\varphi^{0.5}\tan\varphi-1\right]+\frac{G_2}{G_1}\right\}+$$
$$\frac{\gamma z}{N_\varphi}\left[D_1\left(\frac{D_1}{D_2}\right)^{G_1}\exp\left(\frac{D_1-D_2}{D_2}G_3\right)-D_2\right]-c\left(D_1\frac{G_2}{G_1}-2D_2N_\varphi^{-0.5}\right) \tag{5-25}$$

式中各符号参数意义同前。

3. 基于水平土拱理论的被动基桩极限侧压力分析

(1)土拱受力分析

设土拱净跨度为 l，桩间距为 s，桩宽度为 a，桩高为 t，亦即土拱厚度为 t，土拱上作用的均布水平荷载为 q，f 为矢高，由于土拱为对称于跨中的抛物线，可取图 5-53(a)中的抛物线形合理拱轴线的一半进行分析。图 5-53(a)中，H 和 R 分别为拱脚处的水平力和竖向力，C 点为拱脚，A 点和 B 点分别为拱顶的前端和后端，其中，以靠近滑坡推力一侧为后端，相应于桩后土体，远离滑坡推力作为前端，相应于桩前土体。

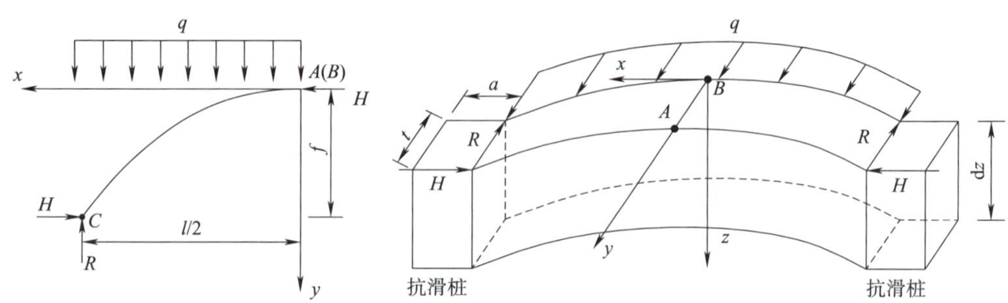

(a)抛物线形式的合理拱轴线　　(b)桩后水平土拱

图 5-53　桩后水平土拱计算模型

图 5-53(a)中,土拱合理拱轴线方程表达式为式(5-26)形式。

$$y=4fx^2/l^2 \qquad 0\leqslant x\leqslant l/2 \tag{5-26}$$

根据力平衡方程,拱脚处的水平受力 H 和竖向受力 R 表达式为式(5-27)形式。

$$H=ql^2/8f; \qquad R=ql/2 \tag{5-27}$$

图 5-53 (b)为深度方向上微段 $\mathrm{d}z$ 厚度的水平土拱作用示意图,土拱拱脚直接作用于被动基桩桩体侧壁,则被动桩侧壁上水平力 H 和竖向力 R 满足式(5-28)中摩尔-库仑准则。

$$R=H\tan\varphi+ct\mathrm{d}z \tag{5-28}$$

式中　c,φ——地基土层中 z 位置土体的黏聚力和内摩擦角。

根据式(5-27)、式(5-28),进一步整理为式(5-29)形式的表达式,包含土拱后缘净线荷载 q 和拱高 f 两个未知量,需要补充一个未知量才能求解。

$$\begin{cases} f=\dfrac{ql^2\tan\varphi}{4ql-8ct\mathrm{d}z} \\ q=\dfrac{8fct\mathrm{d}z}{4fl-l^2\tan\varphi} \end{cases} \tag{5-29}$$

(2)水平土拱强度条件

根据图 5-53(b)中深度方向上土拱微单元结构,土拱最先达到屈服破坏的截面分别为拱顶处截面和拱脚处截面。考虑土拱处于三向应力状态,并考虑地层重力引起的水平侧压力 $K_0\gamma z$ 作用。土拱拱顶截面后缘 B 直接作用拱后土压力荷载,其三向应力表达式为式(5-30)形式。

$$\sigma_x=\frac{ql^2}{8ft\mathrm{d}z}; \qquad \sigma_y=K_0\gamma z+\frac{q}{\mathrm{d}z}; \qquad \sigma_z=\gamma z \tag{5-30}$$

土拱拱顶截面前缘 A 点 y 方向地层重力引起的水平侧压力荷载,其三向应力表达式为式(5-31)形式。

$$\sigma_x=\frac{ql^2}{8ft\mathrm{d}z}; \qquad \sigma_y=K_0\gamma z; \qquad \sigma_z=\gamma z \tag{5-31}$$

土拱拱脚处分别受拱脚切线方向的力(R 与 H 方向的合力)、自重应力以及土体自重引起的侧压力共同作用，处于三向应力状态下。土拱位置 C 点三向应力表达式为式(5-32)。

$$\sigma_x=\frac{ql^2}{8ft\cos\theta dz};\qquad \sigma_y=K_0\gamma z;\qquad \sigma_z=\gamma z \tag{5-32}$$

其中，θ 为拱脚位置合理拱轴线切线同水平方向夹角。

根据式(5-30)、式(5-31)以及式(5-32)，最大主应力和最小主应力相对大小并不容易判断，应通过假定试算方法，并基于式(5-33)摩尔-库仑准则分别确定极限应力状态下所允许的土拱后缘作用的荷载 q 值，并在所有可能中取最小 q 值作为土拱所能传递的最大附加线荷载。

$$\sigma_3=\sigma_1\tan^2\left(45°-\frac{\varphi}{2}\right)-2c\tan\left(45°-\frac{\varphi}{2}\right) \tag{5-33}$$

5.4.4　被动基桩桩后反力分析

1. p-y 曲线方法

(1)经典 p-y 曲线

p-y 曲线法也被称为复合地基应力系数法，其基本思想就是沿桩体深度方向将桩周土体的应力应变关系用一组 p-y 曲线表示，能够有效考虑桩土相互作用的非线性和土体的弹塑性影响，对各种幅度的桩侧位移以及动静荷载均可采用。理论上而言，p-y 曲线法是一种比较理想的方法，配合数值解法，可以实现桩体内力及位移的求解，对于桩身变形较大情形，该方法相较于水平地基系数方法相比具有更大的优越性。

国内外很多学者对该方法进行了深入的研究，并针对不同工况提出了各自的 p-y 曲线形式，比较有代表性且应用较为广泛的有 Matlock 提出的软黏土 p-y 曲线和 Reese 等提出的硬黏土 p-y 曲线法，并已被美国 API 等规范所采用。根据国内相关工程项目特点，国内相继发展出了河海大学黏土统一 p-y 曲线和同济大学黏土 p-y 曲线。对于桩径为 d 的被动桩，典型的 p-y 曲线模型见表 5-8。

表 5-8　典型的 p-y 曲线模型

模型名称	公　式	注　释
Matlock 软黏土 p-y 曲线	$\frac{p}{p_u}=\begin{cases}0.5(y/y_{50})^{1/3} & y/y_{50}\leqslant 8\\ 1 & y/y_{50}>8\end{cases}$ $p_u=\min\begin{cases}(3+\gamma z/c_u+J_s z/d)c_u d & z<z_r\\ 9c_u d & z\geqslant z_r\end{cases}$	p_u为单位桩长土体水平极限抗力；$y_{50}=2.5\varepsilon_{50}d$，$\varepsilon_{50}$为原状土三周不排水试验中的最大主应力差一半时的应变；c_u为原状土不排水抗剪强度，$c_u\leqslant 96$ kPa；γ 为土体有效容重；z_r为土体极限抗力转折点深度，若 c_u 和 γ 不随深度变化，则 $z_r=6c_u d/(\gamma d+J_s c_u)$；$J_s$为经验系数，取 0.25～0.5

续上表

模型名称	公　式	注　释
Reese 等硬黏土 p-y 曲线	$\frac{p}{p_u}=\begin{cases}0.5(y/y_{50})^{0.5} & y/y_{50}\leqslant A_s\\ 0.5(y/y_{50})^{0.5}-0.055[y/(y_{50}A_s)-1]^{1.25} & A_s<y/y_{50}\leqslant 6A_s\\ p/p_u\mid_{y/y_{50}=6A_s}-0.0625(y/y_{50}-1) & 6A_s<y/y_{50}\leqslant 18A_s\\ p/p_u\mid_{y/y_{50}=18A_s} & 18A_s<y/y_{50}\end{cases}$	$p_u=\min\begin{cases}(2+\gamma z/\bar{c}_u+2.83z/d)\bar{c}_u d\\ 11c_u d\end{cases}$；$\bar{c}_u$ 为土体深度 z 范围内平均不排水抗剪强度；A_s 为经验修正系数；$y_{50}=\varepsilon_{50}d$
河海大学黏土统一 p-y 曲线	$\frac{p}{p_u}=\begin{cases}(y/y_{50})/(a+by/y_{50}) & y/y_{50}\leqslant\beta\\ 1 & y/y_{50}>\beta\end{cases}$ $p_u=\zeta A c_u d$	$a=\beta/(\beta+1)$；$b=(\beta-2)/(\beta-1)$；$\beta=\varepsilon_{100}/\varepsilon_{50}$；$\varepsilon_{100}$ 为不排水剪试验最大主应力差所对应的应变；$A=0.05/d+0.2$；$\zeta=100d/(3+8.3d)+4z/[d(1+0.4zd)]$
同济大学法黏土 p-y 曲线	$\frac{p}{p_u}=\begin{cases}0.5(y/y_{50})^{1/3} & y/y_{50}\leqslant 8\\ F_s+(1-F_s)z/z_r & y/y_{50}>8, z<z_r\\ 1 & y/y_{50}>8, z\geqslant z_r\end{cases}$ $p_u=FN_p c_u z$	$N_p=\begin{cases}2.5+6.5z/z_r & z<z_r\\ 9 & z\geqslant z_r\end{cases}$ $z_r=l/4$；$l=3[E_p I_p/(E_s d^{0.5})]^{0.25}$；$y_{50}=4.5\varepsilon_{50}d^{0.75}$；$F$ 为折减系数，根据土质和加荷方式取 0.5～1.0；l 为有效长度；E_s 为整个深度范围内土体变形模量平均值

根据表 5-8 中 p-y 曲线侧向受荷桩的性状分析，一般采用有限差分法或有限杆单元法进行求解。为简化分析，假定桩周土体未达到屈服状态时桩身土体反力 p 与变形 y 呈线性关系，土体屈服以后地基土反力为常数，并采用与 Matlock 和 Reese 等相同的屈服准则，求得水平地基系数为常数时的桩身受力变形的解析解。简化后的 p-y 曲线模型一般被称为理想弹塑性 p-y 曲线（图 5-54），其表达式为式(5-34)形式。

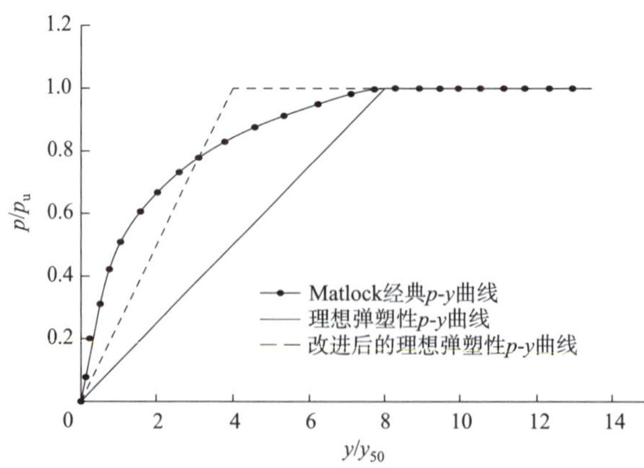

图 5-54　简化后的理想弹塑性 p-y 曲线

$$\begin{cases} p_u = k(z) y_u & y/y_{50} > 8 \\ p = k(z) y & y/y_{50} \leqslant 8 \end{cases} \tag{5-34}$$

式中　y_u——桩侧土体开始屈服时对应的土体变形，即 $y_u = 8y_{50}$。

考虑简化模型中土体开始屈服之前的能量平衡，根据 Matlock 理论中的 p-y 曲线面积等效原则，对临界屈服位移进行修正，得到修正后的理想弹塑性曲线，并得到对应开始屈服时的土体侧向变形 $y_u' = y_u/2$。

(2)理想 p-y 曲线简化确定方法

经典 p-y 曲线为非线性曲线，很多学者也开展了经典曲线简化方法方面的研究，将其简化为折线形曲线。为进一步明确折线形曲线的水平地基系数 k，避免水平地基系数直接测定中的困难，研究提出通过双曲模型参数等效简化方法反推出水平地基系数的具体实施方法，其具体思路和操作流程如下：

①根据表 5-8Matlock 软黏土统一曲线确定地基土层中的土体抗力同变形间关系。

②应变比 β 为三轴试验中最大主应力差应变 ε_{100} 与最大主应力差一半 ε_{50} 的比值，对于软黏土取 $\beta = 8$，对于砂土取 $\beta = 11$。

③土体极限反力一半时的变形 $y_{50} = 2.5\varepsilon_{50} d$，$\varepsilon_{50}$ 为三轴试验中最大主应力差一半时的应变值，当无试验资料时，采用表 5-9 数据确定 ε_{50}。

④弹性变形阶段时的水平地基系数 $k = p_u/y_u$，$y_u = \beta y_{50}$。

表 5-9　ε_{50}取值标准

不排水抗剪强度 c_u/kPa	ε_{50}	不排水抗剪强度 c_u/kPa	ε_{50}
$c_u \leqslant 12$	0.04	$50 < c_u \leqslant 100$	0.007
$12 < c_u \leqslant 25$	0.02	$100 < c_u \leqslant 200$	0.005
$25 < c_u \leqslant 50$	0.01	$200 < c_u \leqslant 400$	0.004

2. 弹性地基梁模型

路基堆载作用下，桩承式路基基桩及桩后土体均发生侧向变形，桩后土体将对桩体施加被动抗力作用。其中，桩承式路基边桩受荷相对最大，在水平荷载作用下也最易发生失稳破坏，桩承式路基边桩位置处的被动基桩荷载作用示意图如图 5-55 所示。假定桩后土体为 Winkler 弹性地基，将桩后土体等效为连续分布的弹簧，根据弹性地基局部变形理论，地基土体对桩体单位长度上的反力 p 与桩体水平位移 y 之间的关系可表达为式(5-35)形式。

$$p = k_s y \tag{5-35}$$

式中　p——桩后地基土体对桩体的反力，kPa；

k_s——水平地基系数，kN/m³，其在 p-y 曲线中表现为某一点的割线模量；

y——桩体的侧向水平位移，m。

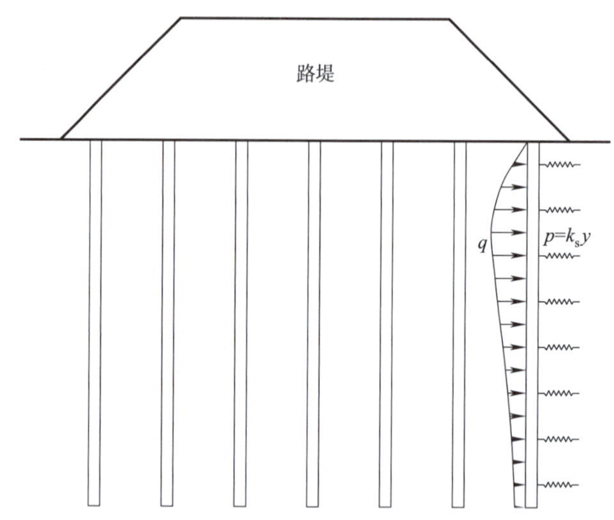

图 5-55 路基堆载引起的被动基桩受荷作用模型

根据图 5-55 中的桩土作用模式示意图，应用 Winkler 弹性地基理论进行桩体变形求解，在不考虑桩体轴向荷载作用时，得到式(5-36)Winkler 弹性地基中桩体水平位移变形曲线微分方程式。

$$EI\frac{\mathrm{d}y^4}{\mathrm{d}z^4}+k_s y=q \tag{5-36}$$

式中 E——桩身钢筋混凝土弹性模量，kN/m^2；

I——桩体截面惯性矩，m^4；

q——因堆载作用于桩上的土压力，kN/m；通过 Boussinesq 方法可以得到桩身上任意位置处的附加应力。

对于均质地基，式(5-36)可采用 m 方法进行求解，得到桩侧位移的解析解答。但是对于分层地基，k_s沿深度方向出现较大变化，应用式(5-36)难以获取解析表达式，需要通过有限差分方法进行求解。此外，地基土体并非严格的线弹性 Winkler 地基，当桩侧位移较大时，地基反力和桩侧位移之间表现为大变形、非线性特点，此种情形下一般采用前面所述的 p-y 曲线确定地基土体实际抗力后，采用数值迭代方法进行解答。

5.4.5 被动基桩应力应变模型及其差分求解

1. 被动基桩基本假定及控制微分方程的建立

基于前述桩承式路基承载桩体水平荷载效应、桩后土体同被动基桩间的相互作用分析，考虑桩顶轴力与桩后土体抗力的影响以及基桩应力应变控制方程解答的通用性，采用图 5-56(a)中的计算模型基桩被动基桩的受力变形分析。

根据图 5-56(a)建立被动基桩应力应变控制微分方程时，采用如下假定条件：

(1)桩承式路基承载桩体在路基本体及列车荷载作用下,基桩竖向承载整体处于弹性工作状态。

(2)桩身弯矩以桩身左侧受拉为正,剪力以构成顺时针力矩为正,基桩水平位移以右向为正,桩侧土压力以右侧受压为正。

(3)桩承式路基被动基桩桩身作用荷载采用 Boussinesq 理论以及 Ito 极限状态理论、水平土拱模型进行计算,桩身荷载沿深度方向上表现为明显的非线性分布特征。

(4)桩侧摩阻、桩体自重随深度方向线性变化,摩阻效应考虑层状地基的土层参数修正,桩身轴力基本满足二次抛物线分布,当桩体轴力在土层界面处出现明显突变时,建议采用最小二乘法将桩体轴力拟合为二次抛物线方程式(5-37)形式。

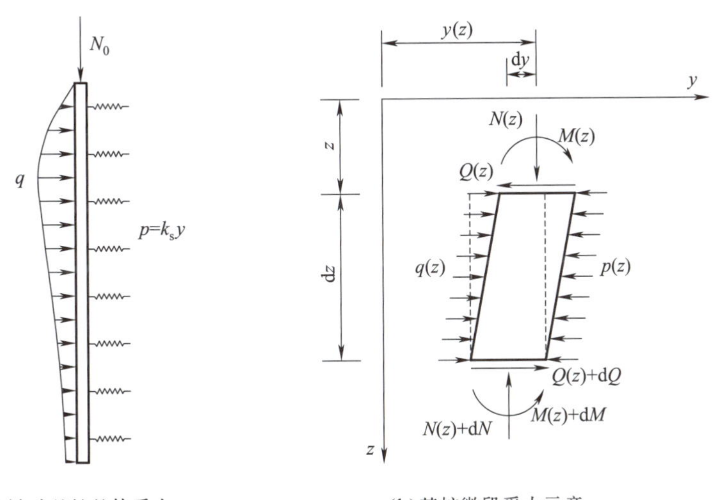

图 5-56 桩承式路基被动基桩整体受力及微段受力示意图

$$N(z)=a_0+a_1z+a_2z^2 \tag{5-37}$$

式中 $N(z)$——桩顶以下 z 位置处的轴力,kN;

z——桩身位置坐标,m;

a_0,a_1,a_2——轴力深度方向上二次抛物线分布方程的拟合系数。

对于图 5-56(b)中的基桩微段受力示意图,在 dz 微段范围内,对微段底面中心取矩。根据力矩平衡条件得到式(5-38)力矩平衡方程。

$$[M(z)+\mathrm{d}M]-M(z)-N(z)\mathrm{d}y-Q(z)\mathrm{d}z+\frac{1}{2}p(z)(\mathrm{d}z)^2-\frac{1}{2}q(z)(\mathrm{d}z)^2=0 \tag{5-38}$$

式中 $M(z)$——桩身坐标 z 位置处的桩身弯矩;

dM——桩身弯矩增量;

$N(z)$——桩身坐标 z 位置处的桩身轴力;

$Q(z)$——桩身坐标 z 位置处的桩身剪力;

$p(z)$——桩身坐标 z 位置处的桩后土体抗力；

$q(z)$——桩身坐标 z 位置处的桩身荷载；

dz——桩身微段长度。

约去式(5-38)中的高次项$(dz)^2$，进一步整理为式(5-39)形式。

$$dM-N(z)dy-Q(z)dz=0 \tag{5-39}$$

根据图 5-56(b)中桩基微段水平向受力平衡条件，得到式(5-40)水平力平衡方程，并进一步整理为式(5-41)形式的简化方程式。

$$Q(z)+dQ-Q(z)-p(z)dz+q(z)dz=0 \tag{5-40}$$

$$\frac{dQ}{dz}=p(z)-q(z) \tag{5-41}$$

式中 dQ——桩身剪力增量。

对于式(5-39)，等式两边同除以 dz，并对桩身坐标 z 取一次导数，化简整理为式(5-43)。

$$\frac{dM}{dz}-\frac{N(z)dy}{dz}-Q(z)=0 \tag{5-42}$$

$$\frac{d^2M}{dz^2}-\frac{dN(z)}{dz}\frac{dy}{dz}-N(z)\frac{d^2y}{dz^2}-\frac{dQ(z)}{dz}=0 \tag{5-43}$$

其中，图 5-56(b)坐标系下，桩身弯矩满足式(5-44)二阶微分方程。

$$EI\frac{d^2y}{dz^2}=-M \tag{5-44}$$

将轴力 $N(z)$的二次抛物方程、剪力 $Q(z)$的一阶偏导方程式(5-41)、M 的二阶偏导方程式(5-44)代入式(5-43)最终化简得：

$$EI\frac{d^4y}{dz^4}+(a_0+a_1z+a_2z^2)\frac{d^2y}{dz^2}+(a_1+2a_2z)\frac{dy}{dz}+p(z)=q(z) \tag{5-45}$$

对于等效宽度为 b 的桩体，式(5-43)可改写为式(5-46)形式。

$$EI\frac{d^4y}{dz^4}+(a_0+a_1z+a_2z^2)\frac{d^2y}{dz^2}+(a_1+2a_2z)\frac{dy}{dz}+k_sby=q(z) \tag{5-46}$$

式中 $q(z)$——被动基桩承担的最终被动荷载，kN/m；主要来自地面堆载引起的水平附加应力传递至桩身的最终作用力，综合应用 Boussinesq 理论、Ito 理论以及水平土拱理论确定；

$p(z)$——桩后土体抗力，$p(z)=k_sby$，可综合采用 p-y 曲线、m 法或 K 法确定。

2. 被动基桩桩身变形微分方程的差分求解

被动基桩桩身变形微分控制方程式(5-46)的直接求解十分困难，需要通过差分求解方法根据边界条件和荷载条件确定桩身位移。沿被动基桩桩身方向均匀分为 n 段，从上至下依次编号为 $0\sim n$，为便于差分法求解，桩顶及桩端位置各增加两个虚拟节点，编号依次为 -2、-1 和 $n+1$、$n+2$，被动基桩桩身离散及有限差分计算模型如图 5-57 所示。

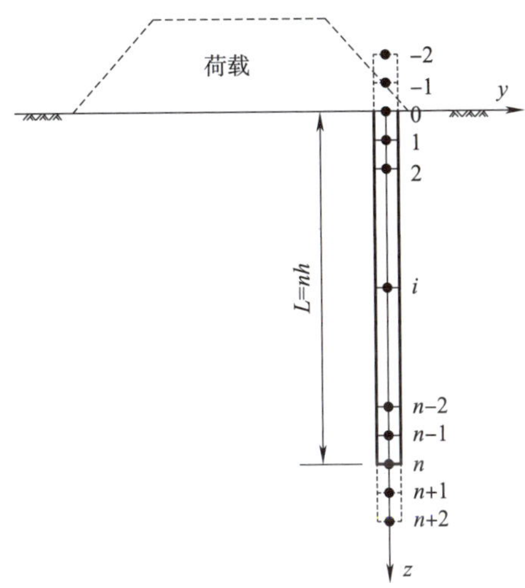

图 5-57　被动基桩桩身离散及有限差分计算模型示意图

应用高斯差分公式，采用 Taylor 级数展开，可以得到 $z=z_{m-1}$ 和 $z=z_{m+1}$ 位置处的被动基桩侧向变形，其表达式形式为式(5-47)和式(5-48)。

$$y_{m+1}=y_m+h\frac{\partial y}{\partial z}+\frac{h^2}{2!}\frac{\partial^2 y}{\partial z^2}+\frac{h^3}{3!}\frac{\partial^3 y}{\partial z^3}+\cdots \tag{5-47}$$

$$y_{m-1}=y_m-h\frac{\partial y}{\partial z}+\frac{h^2}{2!}\frac{\partial^2 y}{\partial z^2}-\frac{h^3}{3!}\frac{\partial^3 y}{\partial z^3}+\cdots \tag{5-48}$$

对式(5-47)和式(5-48)分别进行处理，得到不同阶数的差分表达式(5-49)。

$$\begin{cases}\partial y/\partial z=0.5(y_{m+1}-y_{m-1})/h\\ \partial^2 y/\partial z^2=(y_{m+1}-2y_m+y_{m-1})/h^2\\ \partial^3 y/\partial z^3=0.5(y_{m+2}-2y_{m+1}+2y_{m-1}-y_{m-2})/h^3\\ \partial^4 y/\partial z^4=(y_{m+2}-4y_{m+1}+6y_m-4y_{m-1}+y_{m-2})/h^4\end{cases} \tag{5-49}$$

根据式(5-49)，对被动基桩桩身变形微分控制方程式(5-46)进行差分离散，差分格式转换过程的中间方程为(5-50)形式，并最终得到标准格式的桩身变形差分方程表达式(5-51)。

$$EI\frac{y_{m+2}-4y_{m+1}+6y_m-4y_{m-1}+y_{m-2}}{h^4}+(a_0+a_1z_m+a_2z_m^2)\frac{y_{m+1}-2y_m+y_{m-1}}{h^2}+$$
$$(a_1+2a_2z_m)\frac{y_{m+1}-y_{m-1}}{2h}+k_sby_m=q(z_m) \tag{5-50}$$

$$y_{m-2}+\left[-4+\frac{(a_0+a_1z_m+a_2z_m^2)h^2}{EI}-\frac{(a_1+2a_2z_m)h^3}{2EI}\right]y_{m-1}+\left[6-\frac{2(a_0+a_1z_m+a_2z_m^2)h^2}{EI}+\right.$$
$$\left.\frac{k_sbh^4}{EI}\right]y_m+\left[-4+\frac{(a_0+a_1z_m+a_2z_m^2)h^2}{EI}+\frac{(a_1+2a_2z_m)h^3}{2EI}\right]y_{m+1}+y_{m+2}=q(z_m)\frac{h^4}{EI}$$
$$\tag{5-51}$$

根据图 5-57 中的被动基桩桩身节点和式(5-51)，共可确定 $n+1$ 个线性方程组；但方程

组中共包含 $n+5$ 个未知量，需要根据边界条件分别补充四个线性方程组。根据被动基桩桩顶和桩端约束条件，得到对应的边界条件差分表达式(5-52)～式(5-59)。

①桩顶自由，弯矩 $EI\mathrm{d}^2y/\mathrm{d}z^2=0$，剪力 $EI\mathrm{d}^3y/\mathrm{d}z^3=0$，对应的差分表达式：

$$\begin{cases} y_{-1}-2y_0+y_1=0 \\ -y_{-2}+2y_{-1}-2y_1+y_2=0 \end{cases} \tag{5-52}$$

②桩顶完全固定，位移 $y_0=0$，转角 $\mathrm{d}y/\mathrm{d}z=0$，对应的差分表达式：

$$\begin{cases} y_0=0 \\ -y_{-1}+y_1=0 \end{cases} \tag{5-53}$$

③桩顶铰接，弯矩 $EI\mathrm{d}^2y/\mathrm{d}z^2=0$，位移 $y_0=0$，对应的差分表达式：

$$\begin{cases} y_0=0 \\ y_{-1}-2y_0+y_1=0 \end{cases} \tag{5-54}$$

④桩顶滑移固定，剪力 $EI\mathrm{d}^3y/\mathrm{d}z^3=0$，位移 $y_0=0$，对应的差分表达式：

$$\begin{cases} -y_{-1}+y_1=0 \\ -y_{-2}+2y_{-1}-2y_1+y_2=0 \end{cases} \tag{5-55}$$

⑤桩端自由，弯矩 $EI\mathrm{d}^2y/\mathrm{d}z^2=0$，剪力 $EI\mathrm{d}^3y/\mathrm{d}z^3=0$，对应的差分表达式：

$$\begin{cases} y_{n-1}-2y_n+y_{n+1}=0 \\ -y_{n-2}+2y_{n-1}-2y_{n+1}+y_{n+2}=0 \end{cases} \tag{5-56}$$

⑥桩端完全固定，位移 $y_0=0$，转角 $\mathrm{d}y/\mathrm{d}z=0$，对应的差分表达式：

$$\begin{cases} y_n=0 \\ -y_{n-1}+y_{n+1}=0 \end{cases} \tag{5-57}$$

⑦桩端铰接，弯矩 $EI\mathrm{d}^2y/\mathrm{d}z^2=0$，位移 $y_0=0$，对应的差分表达式：

$$\begin{cases} y_n=0 \\ y_{n-1}-2y_n+y_{n+1}=0 \end{cases} \tag{5-58}$$

⑧桩端滑移固定，剪力 $EI\mathrm{d}^3y/\mathrm{d}z^3=0$，转角 $\mathrm{d}y/\mathrm{d}z=0$，对应的差分表达式：

$$\begin{cases} -y_{n-1}+y_{n+1}=0 \\ -y_{n-2}+2y_{n-1}-2y_{n+1}+y_{n+2}=0 \end{cases} \tag{5-59}$$

根据式(5-51)和被动基桩边界条件确定的被动基桩桩身侧向位移线性方程组虽然满足求解条件，但由于大型线性方程组求解的复杂性，桩体被动侧分担荷载以及土体抗力同桩身变形直接相关，被动基桩桩身变形离散方程组难以直接求解，需通过迭代程序并基于迭代方法进行数值解答。编写的有限差分求解程序的主要步骤如下：

①确定桩承式路基堆载参数和地层参数条件，将被动基桩在桩长范围内等间距离散，满足被动基桩桩身变形微分方程的差分求解条件。

②根据桩承式路基本体荷载条件，采用 Boussinesq 方法或 Mindlin 理论计算隔离桩被

动侧外围 BB'断面位置处的水平向附加应力 $q_{BB'}$，应用 Ito 理论或水平土拱理论确定被动基桩承担的实际被动侧荷载 $q(z)$。

③根据地层参数，综合采用 p-y 曲线法、m 法、K 法进行水平地基系数 k_s计算。其中，选择采用 p-y 曲线法时，应用表 5-9 确定各地层土体的 y_{50}与 p_u。

④应用式(5-51)和桩顶、桩端边界条件构建可求解的线性方程组，采用 m 法、K 法时，无需迭代，直接求解线性方程组就可得到解；当采用 p-y 曲线时，应满足迭代求解条件，并将$(y_{-2},y_{-1},y_0,\cdots,y_i,\cdots,y_n,y_{n+1},y_{n+2})^T=(0,0,0,\cdots,0,\cdots,0,0,0)^T$作为初始位移进行迭代求解。

⑤将步骤④的迭代位移作为初始条件，并基于新计算的桩体位移确定被动基桩变形引起的地基土体实际抗力，重复步骤④和步骤⑤，直至各点位移达到稳定，并不再发生变化。

5.4.6 算例分析计算

桩承式路基被动基桩稳定性分析算例主要针对地基反力系数分布、桩身轴力分布、边界条件、桩体位置以及不同路基结构形式等几个方面因素对被动基桩的影响规律开展，算例基本计算参数保持一致。

5.4.6.1 水平地基系数分布的影响

桩承式路基被动基桩水平位移同桩后水平地基系数直接相关，算例分析中，分别考虑水平地基系数沿深度方向上线性分布(m 法)、均匀分布(K 法)、中部土层硬(非均匀地层 1)、中部土层软(非均匀地层 2)四种模式，具体分析水平地基系数同被动基桩水平承载性能及稳定性间的关系。

1. 基本计算工况

水平地基系数分布对桩承式路基被动基桩承载性能影响规律的算例分析中，被动基桩桩长为 30 m，填土路堤为高度 4.5 m 的标准双线路基，边坡坡度 1∶1.5，被动基桩位于坡脚位置处，桩顶作用 1 000 kN 的竖向荷载，桩侧阻为 30 kPa，桩端阻为 1 500 kPa。桩后水平地基系数采用四种分布模式，并且桩长范围内的水平地基系数平均值均为 6 000 kN/m^3，桩顶和桩端均为自由边界，桩径假定为 1.0 m。另外，被动基桩桩身荷载分析采用 Boussinesq 理论进行不同深度位置处的水平附加应力计算，之后考虑桩体和桩间土体的荷载分担效应，采用基于极限状态理论的水平土拱模型，进行不同深度位置处的桩体分担荷载。此外，桩承式路基被动基桩桩顶荷载、桩基自重荷载以及桩侧摩阻、桩端阻竖向平衡，考虑桩侧摩阻沿深度方向上的线性分布，通过竖向力平衡条件确定桩身轴力分布。为满足桩承式路基被动基桩有限差分方程的求解，应用最小二乘法将轴力拟合为关于深度坐标 z 的二次抛物线方程式。

基于上述分析，水平地基系数分布对桩承式路基被动基桩影响算例中的水平地基系数分布如图 5-58(a)所示，桩长范围内的桩身轴力分布如图 5-58(b)所示，桩身作用水平荷载沿深度方向上分布如图 5-58(c)所示。

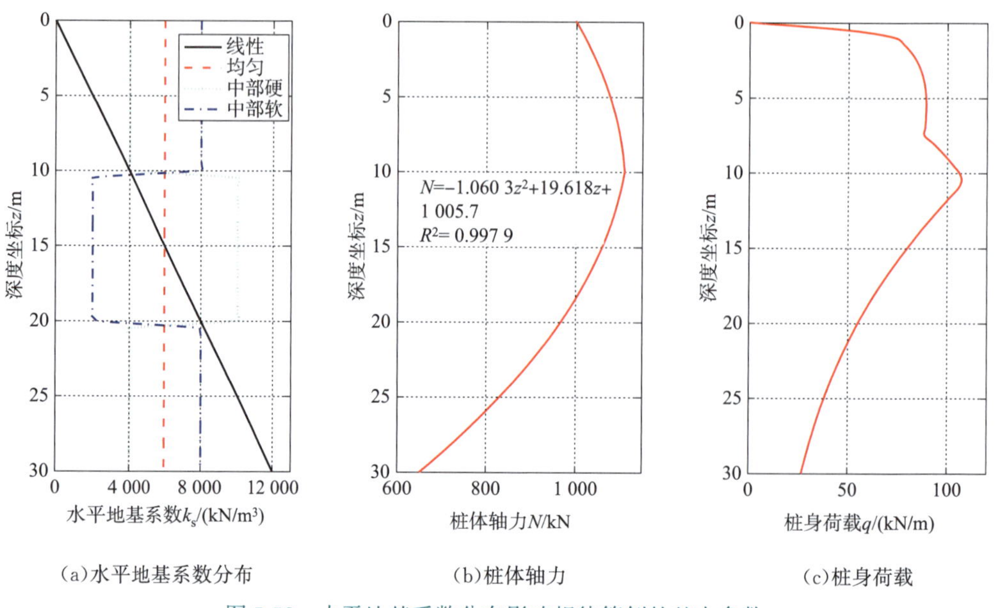

(a)水平地基系数分布　(b)桩体轴力　(c)桩身荷载

图 5-58　水平地基系数分布影响规律算例的基本参数

2. 水平地基系数的影响规律

桩承式路基被动基桩在不同水平地基系数分布情形下的桩体水平位移、桩体弯矩以及剪力分布分析结果如图 5-59 所示。

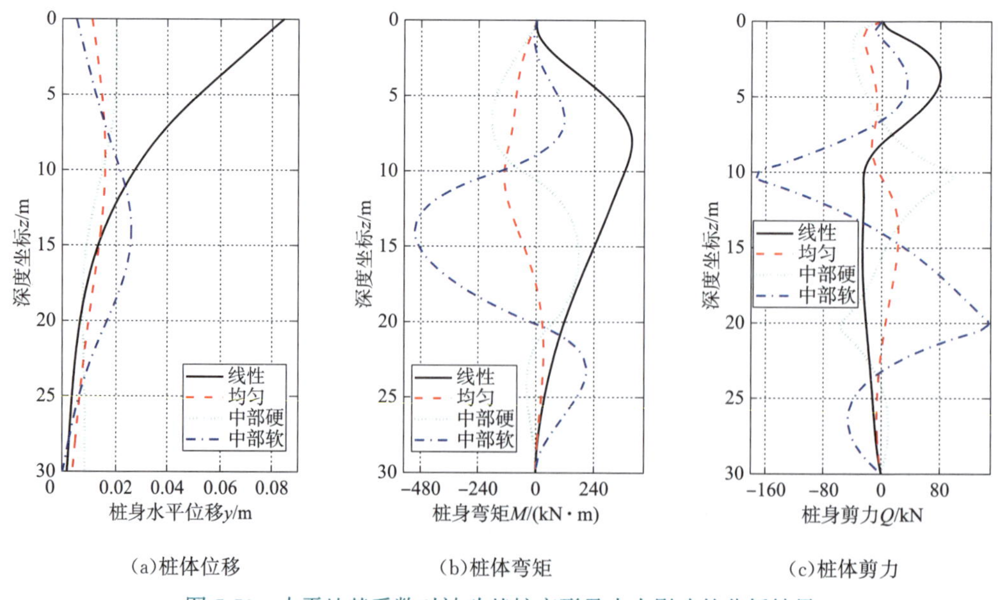

(a)桩体位移　(b)桩体弯矩　(c)桩体剪力

图 5-59　水平地基系数对被动基桩变形及内力影响的分析结果

图 5-59 中,在路基本体引起的地基水平力作用下,水平地基系数沿深度方向上线性分布时,桩体水平位移、弯矩以及剪力远高于均匀分布情形。虽然桩长范围内的水平地基系数均值相同,但由于分布形式的影响,桩体变形及内力均出现较大差异。其中,水平地基系数沿深度方向线性增加时,被动基桩最大变形点位于桩顶,并沿桩身递减,最大弯矩和剪力均位于浅层地表附近,桩身内(左)侧受拉;但当水平地基系数均匀分布时,桩基最大水平位移位于约 1/3 桩身位置处,整体表现为先增大后减小规律,桩身外(右)侧受拉。另外,对于地基土层非均匀分布情形,深层土体存在软弱夹层时,其对桩身变形和内力的影响更为显著,软硬土层界面存在较大的变形及内力突变。

综合上述分析,水平地基系数沿深度方向线性分布时,即 m 法,被动基桩桩体变形及内力相对较大,设计偏于保守,能够最大限度地保障被动基桩的设计安全性;但对于桩长范围内存在明显的软弱夹层时,软弱夹层的影响不可忽略,其影响程度甚至超过单纯 m 法设计结果的安全保障范围,此种情形建议采用分段 K 法,通过软土层和硬土层水平地基系数逐层赋值方法,能够更好地体现软弱夹层对桩基水平承载及稳定性的影响。

5.4.6.2　桩体轴力的影响

桩承式路基被动基桩承担了一部分路基本体荷载,被动基桩应力应变微分控制方程本身包含了桩体轴力因素的影响。桩顶及桩体轴力荷载同桩体的压弯稳定性直接相关,在控制方程的差分求解中,也能反映出桩体轴力的相对影响。关于桩体轴力对被动基桩变形和内力的影响规律研究,算例分析中主要考虑不同桩顶荷载大小,从小至大依次施加于桩顶。

1. 基本计算工况

桩体轴力对桩承式路基被动基桩侧移稳定性的算例分析基本工况同 5.4.6.1 节基本保持一致,但桩顶荷载分别为 0 MN、10 MN、50 MN、100 MN、150 MN,采用 m 法时的地基比例系数 $m=400\ \mathrm{kN/m^4}$,采用 K 法时的水平地基系数 $k_s=6\ 000\ \mathrm{kN/m^3}$。桩体轴力及水平荷载沿深度方向上的分布如图 5-60 所示,对应二次抛物线拟合方程参数见表 5-10。

表 5-10　桩体轴力关于深度坐标的拟合参数

桩顶荷载 N_0/kN	拟合方程:$N=a_0+a_1z+a_2z^2$			相关系数 R^2
	a_0	a_1	a_2	
0	5.676 2	19.618	−0.454 2	0.990 9
10 000	10 006	19.618	−6.514 8	1.000 0
50 000	50 006	19.618	−30.757	1.000 0
100 000	100 006	19.618	−61.06	1.000 0
150 000	150 006	19.618	−91.363	1.000 0

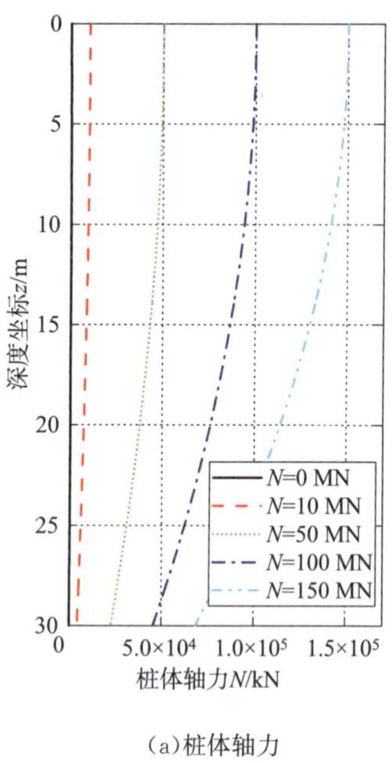

(a)桩体轴力

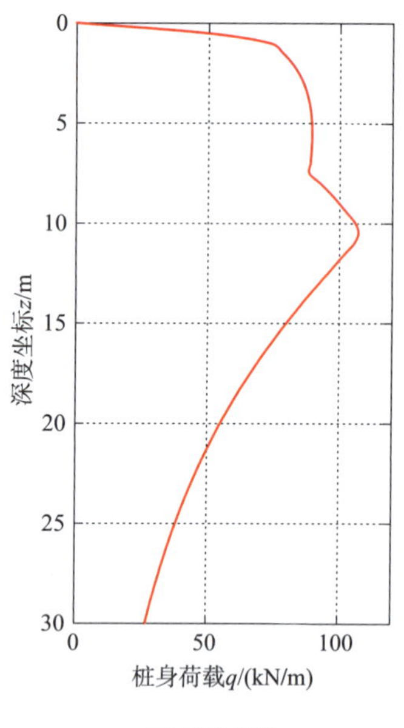

(b)桩身荷载

图 5-60 桩体轴力影响算例中的轴力分布及桩身荷载分布

根据图 5-60 和表 5-10，桩体轴力深度方向上分布基本严格满足二次抛物线特征，区别于赵明华(2008)、张浩(2014)采用的桩体轴力沿深度方向上线性分布的假定。正常情况下，考虑被动基桩自重荷载以及桩侧摩阻线性分布情形下，桩体轴力深度方向上应为非线性分布，严格满足二次抛物线分布规律。

2. 桩体轴力分布的影响规律

不同桩顶荷载作用下，分别采用 m 法和 K 法，桩承式路基被动基桩不同桩体轴力分布下的桩体水平位移、桩体弯矩以及剪力分布分析结果如图 5-61 和图 5-62 所示。

图 5-61 中，采用 m 法分析，桩体水平位移在桩顶位置达到最大值，并且桩体轴力越大，对应的桩体水平位移相对越小，说明在水平地基系数沿深度方向线性分布的情况下，桩体轴力一定程度上限制了桩体的水平位移，桩体弯矩和剪力出现增加，但增加幅度不明显，桩体剪力总体处于较低水平。相较之下，图 5-62 中采用 K 法的分析结果出现一定的差异，桩体水平位移最大值出现于地面下一定深度位置，且桩体变形与内力均随桩体轴力的增加出现明显增大。另外，当桩顶荷载达到 150 MN 时，桩体的变形和内力均出现较为明显的突变，这也意味着桩体承载出现了失稳趋势，桩体轴力作用下的二阶效应更为显著，桩体可能出现压弯失稳破坏。

综合上述分析，桩承式路基被动承载桩桩体轴力对其水平承载性能和稳定性的影响相对较小，仅当桩体轴力数值较大时，桩体轴力分布才会对桩体水平承载性能产生较为明显的影响，出现较为明显的压弯失稳破坏。对于一般工程，桩顶分担荷载相对可控，总体较桩体的压弯失稳荷载小，基本不可能引起桩体的压弯失稳。总体而言，桩承式路基被动基桩的稳定性主要同水平荷载作用相关，桩顶荷载及其引起的桩体轴力分布形态，对桩承式路基稳定性的影响相对较小。

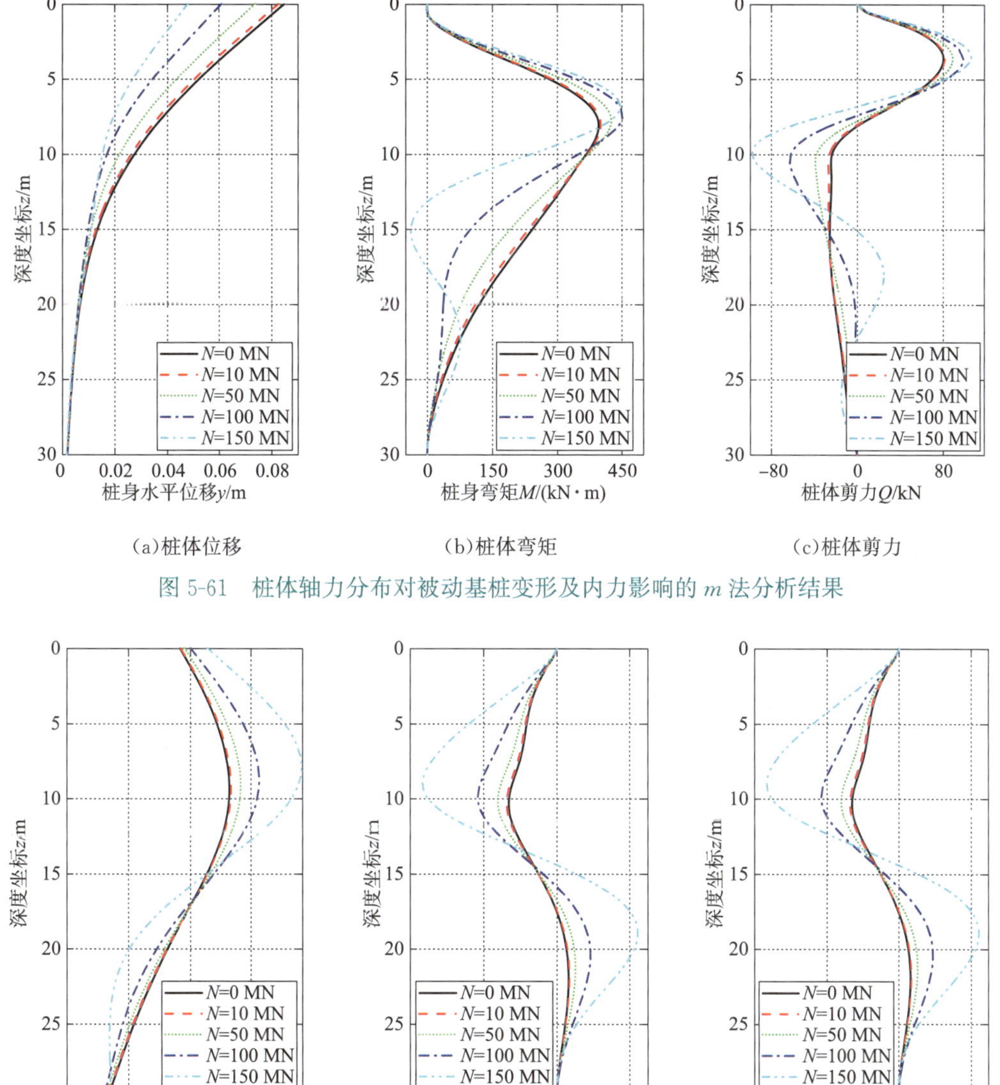

(a)桩体位移　(b)桩体弯矩　(c)桩体剪力

图 5-61　桩体轴力分布对被动基桩变形及内力影响的 m 法分析结果

(a)桩体位移　(b)桩体弯矩　(c)桩体剪力

图 5-62　桩体轴力分布对被动基桩变形及内力影响的 K 法分析结果

5.4.6.3　边界条件的影响

桩承式路基被动基桩桩顶约束主要分为桩顶自由、桩顶铰接以及桩顶固接等情况，其中，桩网复合地基一般采用自由桩顶边界条件，桩筏板路基采用桩顶铰接边界条件，桩板路基结构采用嵌固边界条件。桩端约束一般为自由或铰接两类边界条件，桩端位于土体中一般采用自由边界条件，桩端位于岩石中时，可采用铰接边界条件。

1. 基本计算工况

边界条件对桩承式路基被动基桩侧移稳定性的算例分析基本工况同 5.4.6.1 节基本保持一致，桩顶约束分别为自由、铰接和嵌固，桩端约束为自由和铰接两类，采用 m 法时的地基比例系数 m=400 kN/m^4，采用 K 法时的水平地基系数 k_s=6 000 kN/m^3。不同边界条件下的桩体轴力沿深度方向上的分布如图 5-58(b)所示，深度方向上的桩身水平荷载分布如图 5-58(c)所示。

2. 边界约束条件的影响规律

不同边界约束条件下，分别采用 m 法和 K 法，桩承式路基被动基桩桩顶-桩端组合约束条件下的桩体水平位移、桩体弯矩以及剪力分布分析结果如图 5-63 和图 5-64 所示。

根据图 5-63 和图 5-64，无论 m 法还是 K 法，桩顶约束条件的改变对桩体变形和内力分布均产生更为显著的影响，而桩端约束条件的影响相对较小。特别是对于 m 法，桩端自由和桩端铰接约束条件引起的桩体附近内力及变化很小，几乎可以忽略桩端约束条件差异的影响。对于 K 法，虽然桩端位置处的变形及内力出现一定变化，但桩端约束条件差异对这一影响仍处于较低水平。另外，相较于桩顶自由和桩顶铰接，桩顶嵌固约束条件将引起桩顶附近弯矩和剪力的集中效应，桩顶位置处出现了十分明显的因约束条件改变而引起的弯矩、剪力突变情况。因此，桩承式路基采用桩顶嵌固约束条件时(桩顶同筏板固接)，有必要考虑桩顶位置处的桩体内力集中效应，并进一步检算弯矩、轴力共同作用下的桩体桩顶位置处的安全状态。

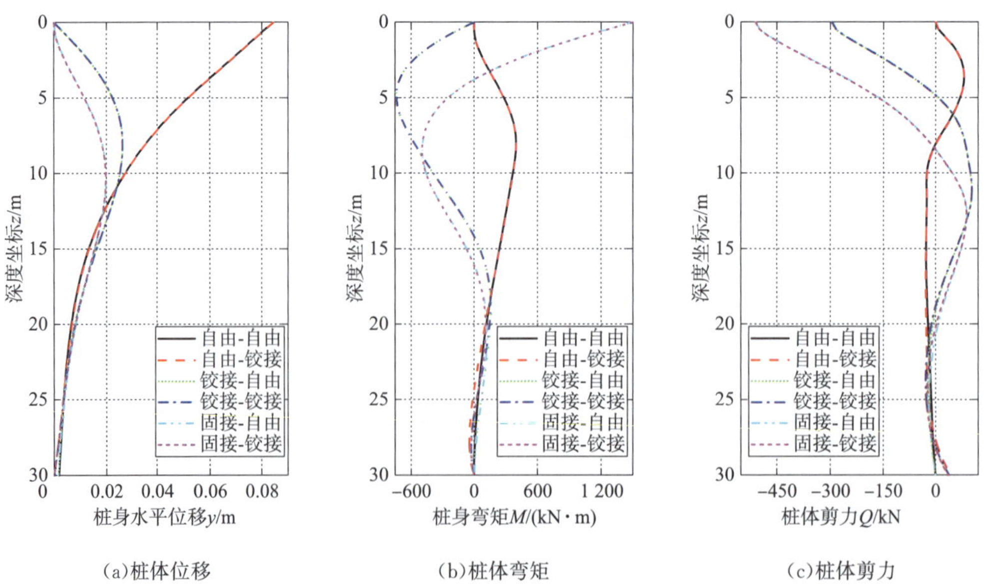

图 5-63　边界约束对被动基桩变形及内力影响的 m 法分析结果

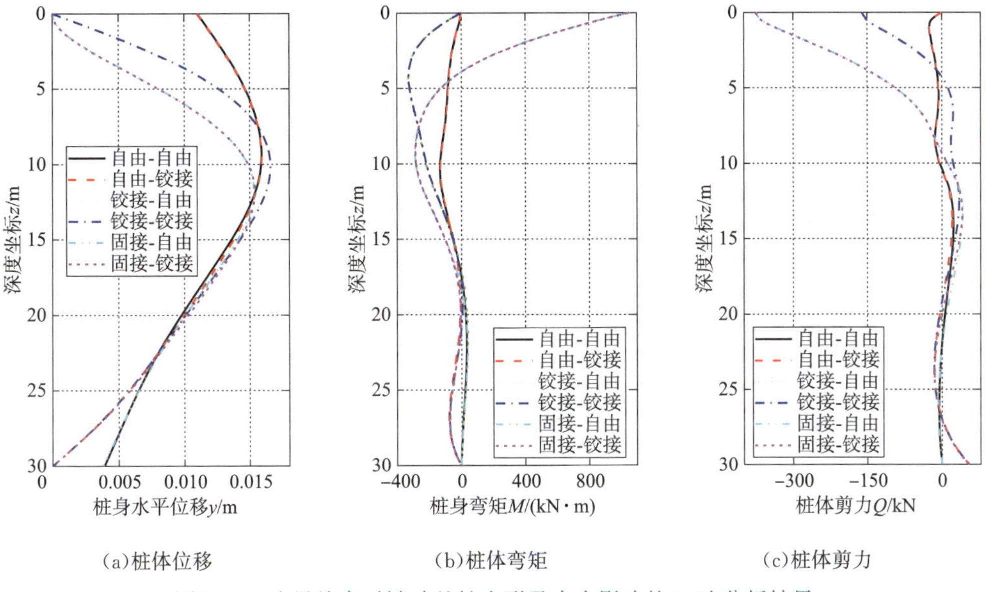

(a)桩体位移　　(b)桩体弯矩　　(c)桩体剪力

图 5-64　边界约束对被动基桩变形及内力影响的 K 法分析结果

综合上述分析，桩承式路基被动承载桩桩顶、桩端边界约束条件对其水平承载性能和稳定性的影响表现为不同的影响规律。其中，桩顶约束条件对被动基桩的影响更为明显，桩顶嵌固约束能够引起更为明显的桩顶弯矩和剪力集中，导致桩头位置出现压弯破坏，设计检算时应着重控制桩板路基结构的桩顶弯矩幅值。其中，桩端位置处约束条件的改变对桩体变形及内力影响相对较小，这也意味着对于大部分的桩承式路基承载基桩，均可以采用桩端自由的边界约束条件，通过层状地基水平地基系数的相对差异来反映桩端约束的影响。

5.4.6.4　被动基桩桩长的影响

被动基桩桩长同桩身荷载分布、桩后抗力直接相关，也一定程度上决定了桩身变形模式，桩长对被动基桩变形及内力分布的影响规律也有必要进一步明确。

1. 基本计算工况

被动基桩桩长对桩承式路基被动基桩侧移稳定性的算例分析基本工况同 5.4.6.1 节基本保持一致，桩体桩长依次设置为 L=10 m、20 m、30 m、40 m 和 50 m，对比分析不同桩长情形下的桩身变形及内力分布规律。其中，采用 m 法时的地基比例系数 m=400 kN/m^4，采用 K 法时的水平地基系数 k_s=6 000 kN/m^3；边界约束条件均采用桩顶自由和桩端自由边界，不同桩长下的桩体轴力沿深度方向上的分布如图 5-65 所

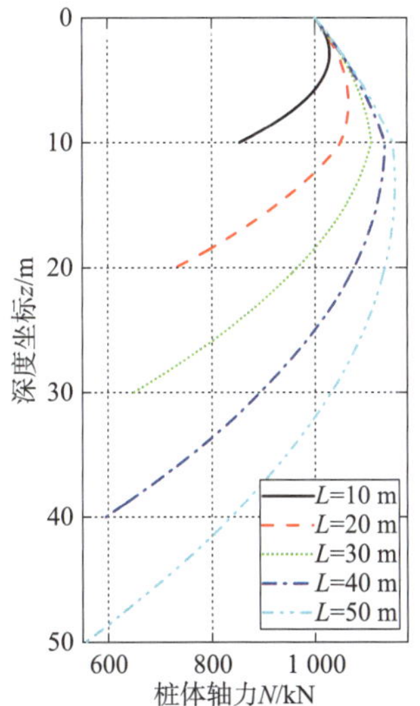

图 5-65　桩体长度影响算例中的轴力分布

示，深度方向上的桩身水平荷载分布如图 5-58(c)所示，不同桩长下的桩体轴力二次抛物线拟合方程参数见表 5-11。

表 5-11　不同桩长下桩体轴力关于深度坐标的拟合参数

桩长 L/m	拟合方程：$N=a_0+a_1z+a_2z^2$			相关系数 R^2
	a_0	a_1	a_2	
10	1 000	19.635	−3.418 1	1.000 0
20	995.77	22.904	−1.820 0	0.999 1
30	1 005.7	19.618	−1.060 3	0.997 9
40	1 015.9	17.193	−0.700 0	0.997 2
50	1 024.2	15.672	−0.505 7	0.997 0

2. 被动基桩桩长的影响规律

不同桩长条件下，分别采用 m 法和 K 法，得到桩承式路基被动基桩桩体水平位移、桩体弯矩以及桩身剪力分布分析结果，如图 5-66 和图 5-67 所示。

根据图 5-66 和图 5-67，无论 m 法还是 K 法，当路基本体引起的水平桩身荷载以及桩体平面布置参数明确后，被动基桩桩长对桩体变形与内力的影响存在限值，当桩长超过一定深度后，桩体水平位移及桩身内力均不再发生明显变化。对于图 5-58(c)，桩身荷载在地面下约 10 m 位置处达到最大值，当桩长达到 20 m 约 2 倍最大水平荷载位置深度时，桩体变形及内力分布将趋于一致。另外，对于 10 m 桩长，桩体变形表现为线性分布规律，桩端位置处出现较大的侧向变形，桩体表现为短桩变形规律，桩长侧向变形的二阶效应基本可以忽略，但其侧向承载及对水平变形的控制能力也大幅减弱。

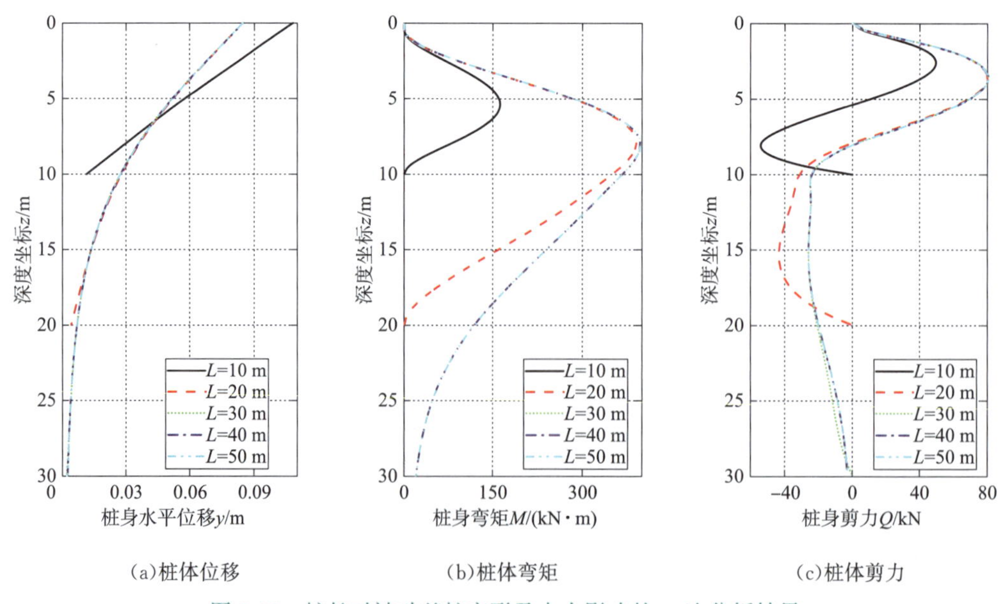

图 5-66　桩长对被动基桩变形及内力影响的 m 法分析结果

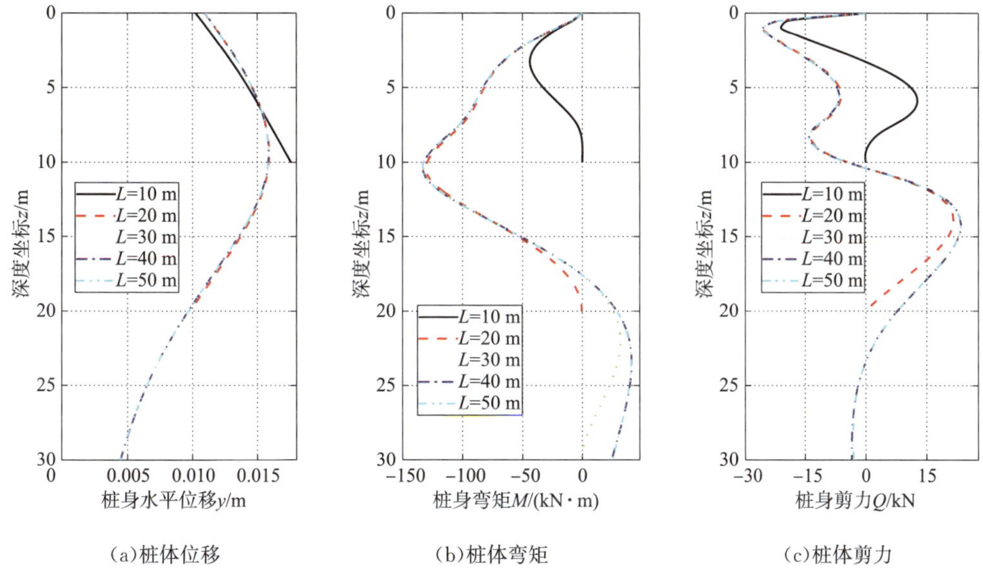

(a)桩体位移　(b)桩体弯矩　(c)桩体剪力

图 5-67　桩长对被动基桩变形及内力影响的 K 法分析结果

综合上述分析，桩承式路基被动承载桩桩长对其水平承载性能和稳定性的影响存在一定限值，当桩长超过最大桩身水平荷载所处位置深度的 2 倍时，桩长的增加对桩身变形及内力的控制效应趋于不变；当桩长相对较小时，被动基桩的二阶效应可忽略，深度方向上的桩体侧向位移为线性分布规律，表现为短桩承载特点。

第 6 章　既有高速铁路路基附加沉降评估技术

随着我国高速铁路建设规模的不断扩大，高速铁路路网不断加密，高速铁路工程建设中出现了越来越多新建铁路与既有高速铁路交叉、并行与接入等情况，但目前针对高速铁路这类大规模线性工程与既有铁路紧邻并行情况的研究并不多见。对于近年来大规模建设的高速铁路，由于其严格的工后沉降控制标准，新建铁路附加荷载将不可避免地以附加应力形式向既有高速铁路地基传递，诱发既有高速铁路的附加沉降变形，如果新建线路地基加固处理失当或既有高速铁路沉降控制不合理，将极易导致既有高速铁路沉降超标，影响高速铁路线路的安全稳定运行。在此背景下，从邻近既有高速铁路的新建铁路路基工程关键设计技术开展研究，着重从新建铁路附加荷载产生的源头控制以及附加应力传递路径控制两方面展开，通过理论分析、现场监测结果对比验证、数值仿真等手段，着重分析新建铁路对邻近既有高速铁路附加沉降的影响规律，提出邻近既有高速铁路附加沉降的评估方法，最终形成成套的邻近既有高速铁路新建铁路路基工程设计关键技术，解决既有高速铁路附加沉降量评估、沉降变形控制等方面的关键技术难题。

6.1　新旧路基临界间距分析方法

6.1.1　现有评价方法概述

线间距是决定新建铁路对既有高速铁路附加沉降影响严重程度的重要指标，当新旧铁路之间距离超过一定限度后，即可不考虑新建铁路对既有铁路附加沉降的影响。但是，当前国内外关于新旧路基临界间距的确定方法尚缺少深入分析和明确的研究结论，主要由国内铁路设计院结合具体工程，采用数值模拟方法对新旧铁路路基线间距进行初步研究，但相关分析方法的合理性仍有待工程验证。

6.1.1.1　基于石济高铁并行京沪高铁的临界线间距的研究成果

石济高铁起自河北省石家庄市，经衡水市、德州市终至济南市，线路全长 323.053 km(图 6-1)。石济高铁德州东至齐河段(DK328＋000～DK401＋000)线路与京沪高速铁路共通路，线路长 73 km，其中有德州东站、平原东站、禹城东站三座车站。在石济高铁设计中，如何保证石济高铁的建设不对京沪高速铁路工程产生影响或影响较小，保证京沪高速铁路长期的运营安全；同时还要尽量压缩两条铁路之间距离，节省占地，成为一个需专题研究解决的问题。中国铁设开展了石济高铁并行既有高铁临界间距方面的专题研究。

关于石济高铁同京沪高铁临界间距的取值问题，该项研究以京沪高铁左线和新建的石济高铁右线线间距为基准，采用有限元软件进行不同线间距下的既有京沪高铁附加沉降计算，京沪高铁附加沉降断面评价以既有京沪高铁桩端沉降为基准。该项研究关于桥桥、桥路、路桥以及路路等工况于不同线间距下的附加沉降分析结果见表 6-1。

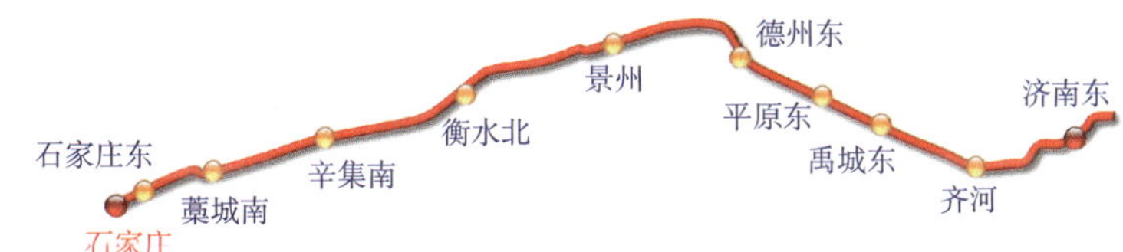

图 6-1　石济高铁线路走向示意图

表 6-1　石济高铁并线京沪高铁临界间距分析结果

项　　目	相邻线间距	指　　标	结果
石济高铁修建桥梁 既有京沪高铁为桥梁	15 m	石济高铁施工造成京沪高铁桩尖以下附加沉降	5.2 mm
	20 m	石济高铁施工造成京沪高铁桩尖以下附加沉降	2.7 mm
	25 m	石济高铁施工造成京沪高铁桩尖以下附加沉降	0.8 mm
石济高铁修建桥梁 既有京沪高铁为路基	25 m	石济高铁施工造成京沪高铁桩尖以下附加沉降	6.4 mm
	30 m	石济高铁施工造成京沪高铁桩尖以下附加沉降	2.8 mm
	35 m	石济高铁施工造成京沪高铁桩尖以下附加沉降	−0.3 mm
石济高铁修建路基 既有京沪高铁为桥梁	25 m	石济高铁施工造成京沪高铁桩尖以下附加沉降	18 mm
	30 m	石济高铁施工造成京沪高铁桩尖以下附加沉降	9 mm
	35 m	石济高铁施工造成京沪高铁桩尖以下附加沉降	2.8 mm
	40 m	石济高铁施工造成京沪高铁桩尖以下附加沉降	1.0 mm
	45 m	石济高铁施工造成京沪高铁桩尖以下附加沉降	略隆起
	50 m	石济高铁施工造成京沪高铁桩尖以下附加沉降	略隆起
石济高铁站场段路基 既有京沪高铁为桥梁	35 m	石济高铁施工造成京沪高铁桩尖以下附加沉降	15 mm
	40 m	石济高铁施工造成京沪高铁桩尖以下附加沉降	1.3 mm
	47 m	石济高铁施工造成京沪高铁桩尖以下附加沉降	略隆起
石济高铁修建区间路基 既有京沪高铁为路基	25 m	石济高铁施工造成京沪高铁桩尖以下附加沉降	60 mm
	30 m	石济高铁施工造成京沪高铁桩尖以下附加沉降	30 mm
	35 m	石济高铁施工造成京沪高铁桩尖以下附加沉降	12 mm
	40 m	石济高铁施工造成京沪高铁桩尖以下附加沉降	略隆起
	50 m	石济高铁施工造成京沪高铁桩尖以下附加沉降	略隆起

基于此，同时考虑吊装钢筋笼时起重机倾覆风险影响，新建铁路同既有铁路线的临界间距按照如下标准控制：

(1)既有京沪高铁为桥梁,石济高铁修建桥梁,推荐相邻线线间距为 25 m。

(2)既有京沪高铁为路基,石济高铁修建桥梁,推荐相邻线线间距为 30 m。

(3)既有京沪高铁为桥梁,石济高铁修建区间路基,推荐相邻线线间距为 40 m。

(4)既有京沪高铁为桥梁,石济高铁修建站场路基,推荐相邻线线间距为 40 m。

(5)既有京沪高铁为路基,石济高铁修建区间路基,推荐相邻线线间距为 40 m。

6.1.1.2 基于曲阜东站接轨京沪高铁的临界间距研究成果

中铁二院在日兰高铁(原鲁南高铁)引入京沪高铁曲阜东站项目设计中,就接轨段路基并行间距问题深入开展了日兰高铁联络线同京沪高铁临界间距确定方法方面的研究。其中,关于既有高铁与新建铁路线间距的取值研究中同样采用数值仿真分析方法,分析软件采用有限差分软件,线间距 L 采用图 6-2 所示的相邻路基中心距。

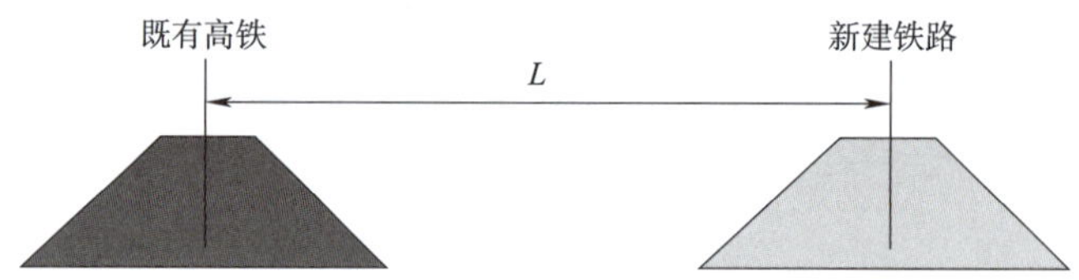

图 6-2 中铁二院路基间距确定方法

临界间距确定方法研究中,设定既有无砟轨道路基竖向、侧向变形均小于 1 mm 时,新建路基对既有无砟路基的影响可忽略不计。结合图 6-2,通过仿真软件对不同的紧邻路基距离进行计算,模型中新建铁路路基地基处理深度为 10 m,普通填料填筑。当紧邻路基距离分别为 15 m、20 m、35 m、40 m、43 m 时,竖向变形分别为 3.44 mm、2.58 mm、1.47 mm、1.12 mm、0.80 mm,侧向变形分别为 1.55 mm、1.16 mm、0.66 mm、0.50 mm、0.36 mm。最终建议路基紧邻临界距离取 50 m,即设计中 L 大于 50 m 时,新建铁路路基与既有无砟路基间可不采取隔离处置措施。

6.1.2 新旧路基临界间距的统一定义

综合上述关于邻近既有高铁路基的临界间距研究成果,其关于邻近高铁路基的临界间距取值分别为 40 m 和 50 m,考虑两种研究方法分别采用内侧线路中心线间距取值和路基中心线间距取值,统一标准后,两者取值基本一致。但是,现有研究成果关于新建铁路对既有高铁附加沉降的影响仍较为简略粗糙,仅适用于标准双线路基情况,并不适用于宽站场车站路基、联络线路基、邻近高铁线路堆载、地基加固等特殊地基处理方式路基,与我国关于高速铁路精细化、智能化设计的整体要求存在一定的差距。鉴于邻近既有铁路间距指标确定标准的不统一,并且不能有效反映路基宽度对线间距取值的影响,深化研究中主要从相邻路基净距角度进行邻近路基间距定义,提出可忽略新建路基对既有路基附加沉降影响的临界间距。根据图 6-3 中关于邻近路基间距的定义,既有路基与新建路基同为直立式路堤结构时，邻近路基间距取为相邻两路基之间的净距；既有路基与新建路基为放坡式结构时，邻近路基间距界限取为路堤边坡的中点位置。

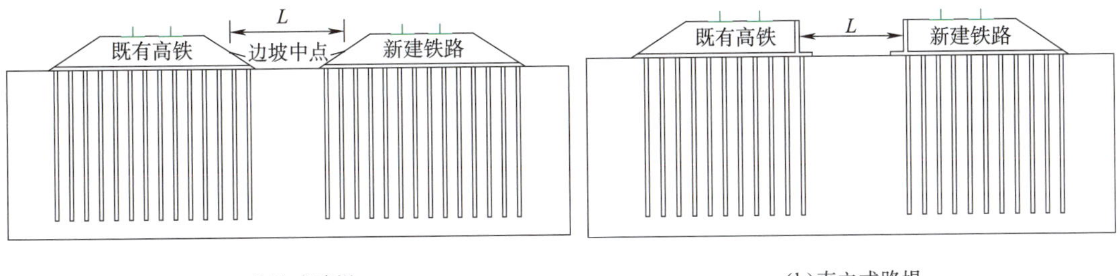

图 6-3　邻近路基间距的定义

6.1.3　基于附加沉降控制的分析方法

附加沉降控制的分析方法主要基于数值仿真模拟，具体分为单一新建路基和邻近既有路基的新建路基附加沉降范围两种分析模式。其中，单一新建路基引起的附加沉降范围分析中，不考虑既有路基影响，具体分析填高、路基宽度的影响规律；邻近既有路基引起的附加沉降范围分析过程中，考虑邻近路基影响。两种分析工况如图 6-4 所示。

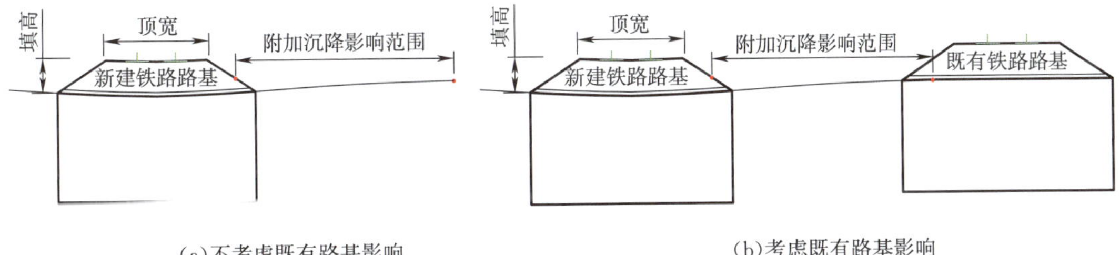

图 6-4　新建路基附加沉降影响范围分析工况

6.1.3.1　新建路基引起的附加沉降范围

新建路基引起的附加沉降范围仿真分析中，采用半宽路基进行建模计算，针对天然地基和刚性桩复合地基两种地基处理方式，分别建立不同填高和顶宽情况下的仿真分析模型，得到不同计算情形下的断面沉降，分别如图 6-5 和图 6-6 所示。

图 6-5 中，新建路基填高相同时，新建路基范围内断面沉降随路基顶宽的增加而增大，当路堤顶宽达到 56 m 后，断面中心沉降趋于不变，而路基中心沉降随其填高表现为线性增加趋势。此外，路基范围外地面邻近路基区域以沉降变形为主，远离新建路基区域出现一定幅度的隆起变形。对于图 6-6 中采用刚性桩复合地基的新建路基，其整体变形趋势及特点同采用天然地基的新建路基断面沉降规律，采用刚性桩复合地基后，路基断面沉降较天然地基减少一半左右。

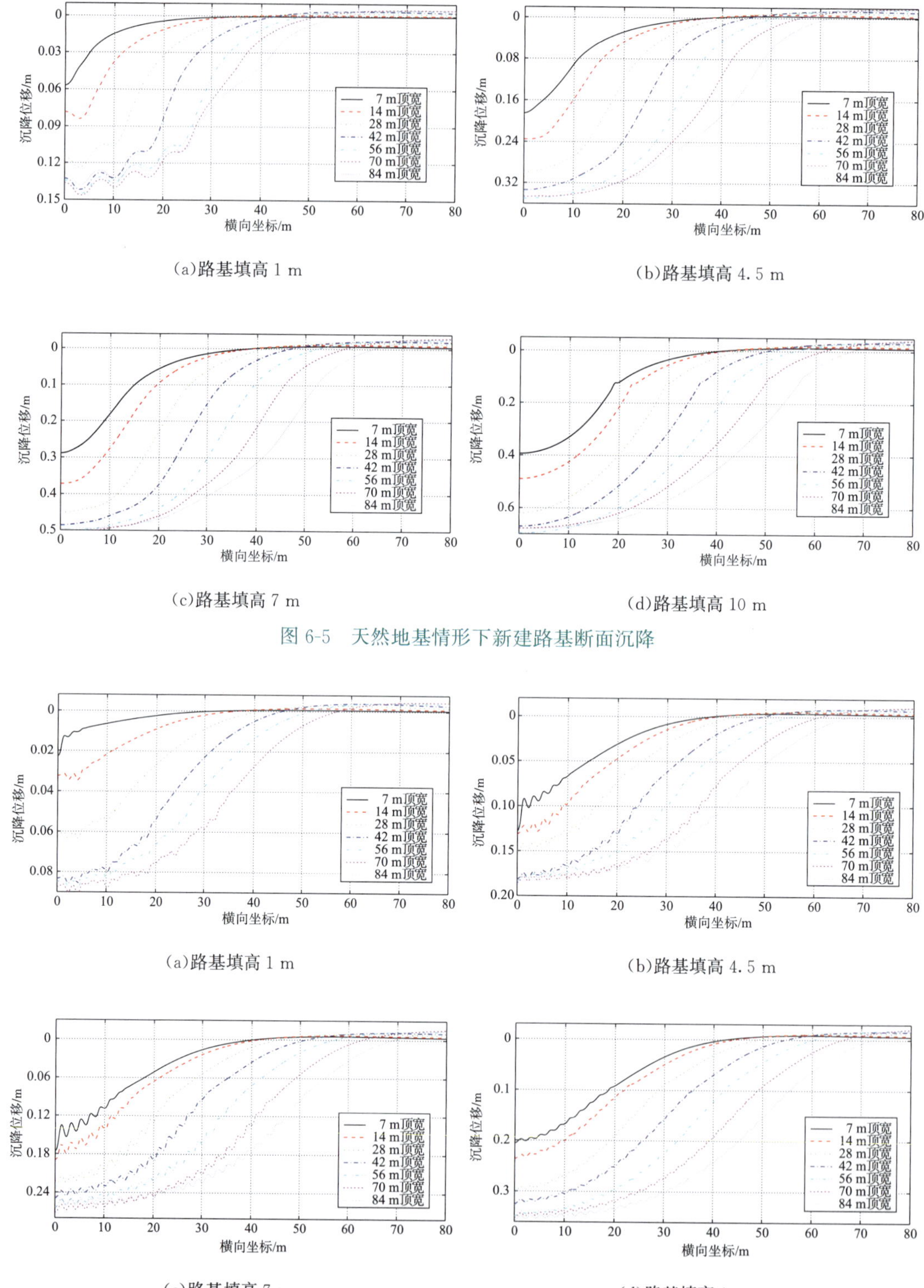

(a)路基填高 1 m

(b)路基填高 4.5 m

(c)路基填高 7 m

(d)路基填高 10 m

图 6-5　天然地基情形下新建路基断面沉降

(a)路基填高 1 m

(b)路基填高 4.5 m

(c)路基填高 7 m

(d)路基填高 10 m

图 6-6　刚性桩复合地基情形下新建路基断面沉降

根据图 6-5 和图 6-6 中不同新建路基填高及顶宽下的断面沉降分析结果，以新建路基边坡中点为坐标原点，以新建路基引起邻近地面竖向沉降位移趋近于 0 为控制标准，得到对应工况下的新建路基附加沉降范围。新建路基分别采用天然地基和刚性桩复合地基情形下的附加沉降影响范围如图 6-7 所示。

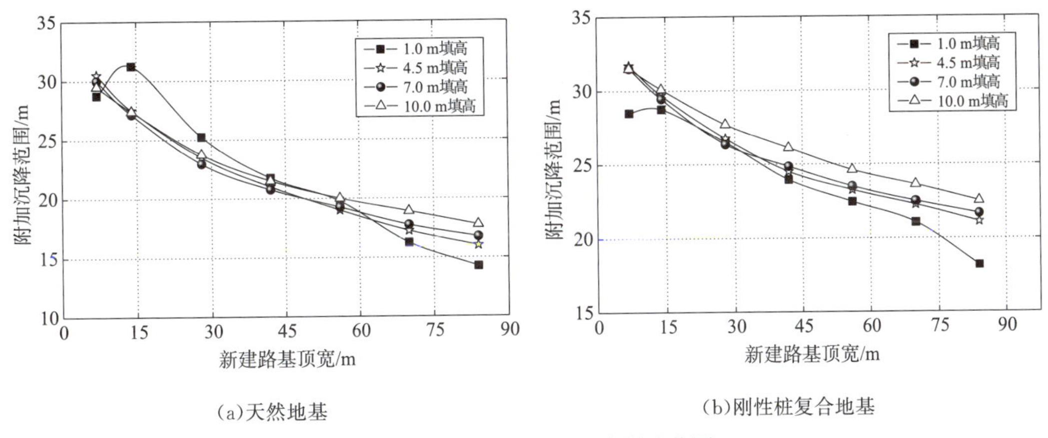

图 6-7　新建路基附加沉降影响范围

根据图 6-7，新建路基无论采用天然地基还是刚性桩复合地基，当路基填高相同时，新建路基引起的邻近地面附加沉降随填筑顶宽表现为递减趋势，即新建路基横向尺寸越大，引起的邻近地面发生附加沉降的范围越小。这一特征主要同路基断面沉降特点匹配，路基填高相同时，路基中心沉降大小及范围均随路基顶宽增大，并逐渐向路基外邻近区域递减，路基中心沉降越大，断面沉降衰减速率越大，导致邻近地面产生竖向沉降的区域相应减小。对于图 6-7(b)中的刚性桩复合地基，新建路基附加沉降范围虽然随新建路基顶宽递减，但递减幅度要小于天然地基，且当地基尺寸完全相同时，采用刚性桩复合地基的新建路基引起的附加沉降范围一般要比天然地基大 5 m 左右，说明刚性桩复合地基通过荷载的深层传递作用，能够引起更大范围的沉降变形。对于新建路基顶宽相同情况，采用刚性桩复合地基的新建路基附加影响范围也随路基填高表现为增加趋势，路基填高越大，路基中心沉降变形增加，相应的附加沉降影响范围也越大。

6.1.3.2　邻近既有路基的新建路基附加沉降范围

邻近既有路基的新建路基附加沉降范围确定同样采用数值仿真分析方法，具体分析天然地基和刚性桩复合地基两种工况下新建路基对既有路基附加沉降范围的影响规律。为进一步明确既有路基附加范围确定方法，新建路基同既有线间距统一采用路堤边坡的坡中距，附加沉降评价控制点取为邻近路基的坡顶角点，当邻近路基边坡角点不发生竖向沉降(0 mm)或沉降不超过允许值(1 mm)时对应的新建线同既有线距离即为临界间距。按照此邻近间距确定思路，仿真分析中共建立 1.0～10.0 m 填高、7～35 m 路基顶宽、0～30 m 坡脚净距以及天然地基与刚性桩复合地基条件下的多种计算工况；既有路基均选取 4.5 m 填高、14 m 路顶宽度的标准路基。

为进一步明确新建线路对邻近路基附加沉降范围的确定方法，以新旧路基均为 4.5 m 填高的天然地基和刚性桩复合地基仿真分析为例，进行临界间距确定流程的说明。新建路基引起的既有路基附加沉降分布曲线如图 6-8 所示，不同路基间距下新建路基引起的附加沉降范围如图 6-9 所示。

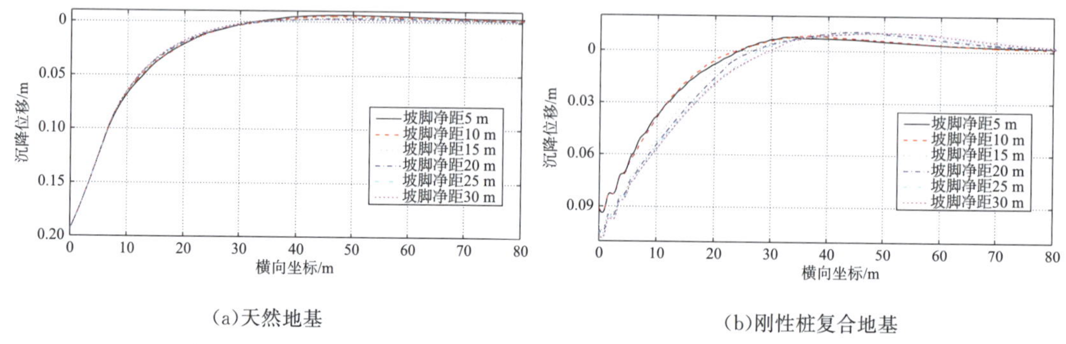

(a)天然地基　　(b)刚性桩复合地基

图 6-8　不同间距的天然地基及刚性桩复合地基断面附加沉降分析结果

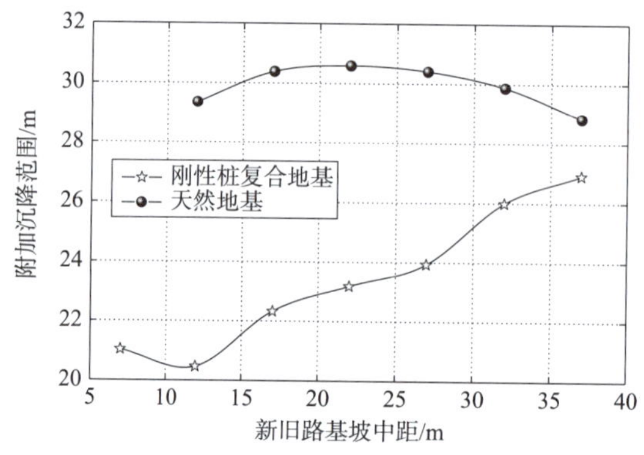

图 6-9　天然地基及刚性桩复合地基附加沉降范围分析结果

对于图 6-8(a)中的天然地基附加沉降分析结果，既有路基对新建路基附加沉降影响相对较小，不同路基间距情形下的附加沉降曲线基本重合，但是，既有路基的存在将引起新建路基附加沉降和范围的增大，其对新建路基沉降变形几乎没有限制作用。对于图 6-8(b)，新建路基同既有路基距离较近时，既有路基的刚性桩复合地基将限制新建路基的横向位移，使得既有路基断面范围内的附加沉降或隆起变形相对较小，随着新旧路基坡脚净距的增大，既有路基的加固基础对新建路基引起的附加沉降限制作用减弱，新旧路基之间范围内的断面沉降相应增加。因此，既有路基采用刚性桩复合地基加固后，既有路基断面范围内的桩土协同工作效应增强，能够一定程度上抵御新建路基引起的附加沉降变形向远端传递，从而控制新建路基引起的附加沉降影响范围。

根据图 6-8 中不同坡脚净距情形下的附加沉降分布曲线，分别采用 0 mm 沉降变形和

1 mm 沉降变形控制标准，能够得到新建路基引起的既有路基附加沉降范围随新旧路基坡中距的变化趋势。其中，0 mm 附加沉降控制标准的线间路基附加沉降影响范围如图 6-9 所示。以既有路基坡顶角点沉降位移为参照对象，得到不影响既有路基的新旧路基最小间距控制标准，其中，对于 4.5 m 填高和 14 m 坡顶宽的新建路基，天然地基的临界间距为 26.9 m，刚性桩复合地基的临界间距为 19.2 m。

图 6-9 中，天然地基条件新建路基引起的附加沉降范围远高于刚性桩复合地基，新旧路基间距越小，两者间差异越大，当新旧路基间距超过一定限度后，两种地基形式条件下新建路基引起的既有路基附加沉降范围趋于相同值，采用刚性桩复合地基加固处理时，新建路基间距越大，刚性桩加固效应影响相对越弱，并最终趋向天然地基作用规律。

采用如上所述的处理步骤，同样可以得到其余计算工况条件下的新旧路基临界间距，其中，采用 0 mm 和 1 mm 沉降控制标准，天然地基条件下的新旧路基临界间距如图 6-10 所示，刚性桩复合地基条件下的新旧路基临界间距如图 6-11 所示。

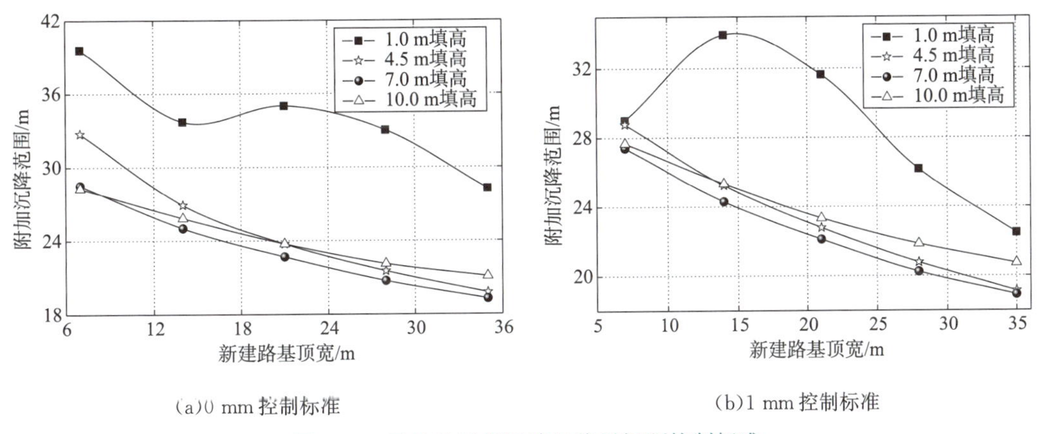

(a)0 mm 控制标准　　(b)1 mm 控制标准

图 6-10　天然地基新旧路基临界间距控制标准

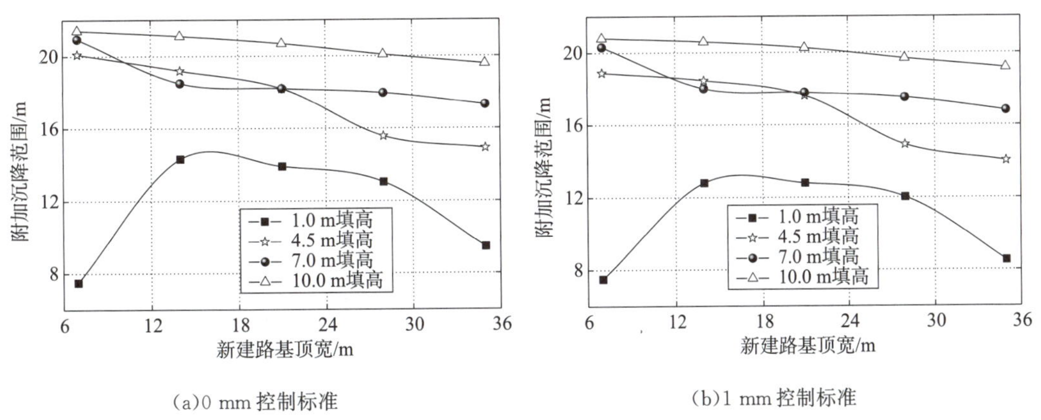

(a)0 mm 控制标准　　(b)1 mm 控制标准

图 6-11　刚性桩复合地基新旧路基临界间距控制标准

图 6-10 中，新建路基及既有路基均为天然地基时，可以忽略新建路基引起的附加沉降影响的新旧路基临界间距随新建路基顶宽整体表现为递减趋势，变化幅度超过 10 m，即新建路基横向尺寸越大，由于新建路基断面范围内较大的沉降变形，其对既有路基附加沉降变形的影响相对较小，既有路基整体表现为轻微的隆起变形。对于新建路堤填高较小时，由于新建路基引起的自身沉降变形相对较小，既有路基表现为沉降变形，其影响范围相对较大。但对于正常的新建路基填高，新旧路基临界间距随路堤顶宽的变化趋势趋同，路堤填高越高，其引起的附加沉降范围相对越大。

图 6-11 中，新旧路基均采用刚性桩复合地基加固后，新旧路基临界间距虽然随新建路基顶宽保持减小趋势，但变化幅度较小，一般不超过 5 m。同时，相较于天然地基，采用刚性桩复合地基结构的新旧路基临界间距远小于天然地基，说明刚性桩复合地基能够有效控制新建路基对邻近范围附加沉降的影响，能够实现更小的新旧路基线间距控制，最大限度提高土体空间的利用率。

此外，关于新旧路基间距采用坡中距表述方法，对于均采用刚性桩加固处理的标准双线路基结构，中国铁设线间距标准换算后的临界坡中距为 28 m，中铁二院路基中心距换算后的临界坡中距为 29 m，相较于前述分析结果均偏大。同时，采用的坡中距定义方法具有更好的适用性，能够满足非标准路基以及大范围邻线填土荷载同既有路基之间临界间距的控制。整体而言，天然地基形式的路基结构临界间距宜控制在 25～30 m 范围，刚性桩复合地基形式的路基结构临界间距控制在 15～20 m 范围，填高大时取大值。

6.1.4 基于附加应力控制的分析方法

填土路基内部附加应力确定主要存在 Boussinesq 和 Mindlin 两种理论分析方法，相较而言，Boussinesq 方法仅适用于荷载作用于半无限空间表面情况，而 Mindlin 方法满足半无限空间内部任意位置作用荷载引起的附加应力计算，具有更广泛的适用性。对于刚性桩复合地基结构，填土路堤荷载通过刚性桩加固区的荷载转移传递效应传递至桩端，其作用机理同 Mindlin 方法计算地基附加应力更为类似。因此，关于基于附加应力控制的分析方法，主要从 Boussinesq 解和 Mindlin 解确定的地基内部附加应力入手，提出通过附加应力临界值确定新建路基附加沉降影响范围的理论分析方法。

其中，应用 Boussinesq 方法和 Mindlin 方法确定填土路基内部任意位置处的附加应力分布如图 6-12 所示。

通过地基内部附加应力进行地基沉降计算主要采用分层总和法，获得地基深度范围内的附加应力分布后，根据地基土体压缩模量，即可实现任意断面位置处地基附加沉降的计算。但是，由于地层压缩模量确定具有较强的经验性，通过压缩模量计算地基沉降量确定新建路基附加沉降影响范围的方法仍存在较大不确定性。因此，采用不同位置的等效附加应力比值方法确定新建路堤附加沉降影响范围。对于 4.5 m 填高、14 m 顶宽的双线高速铁路路基，应用 Boussinesq 方法、Mindlin 方法、数值仿真分析方法得到的地基附加应力分布如图 6-13 所示。

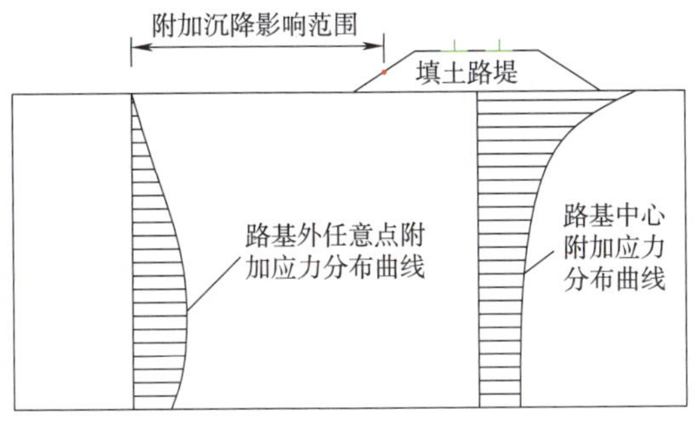

(a)Boussinesq 方法

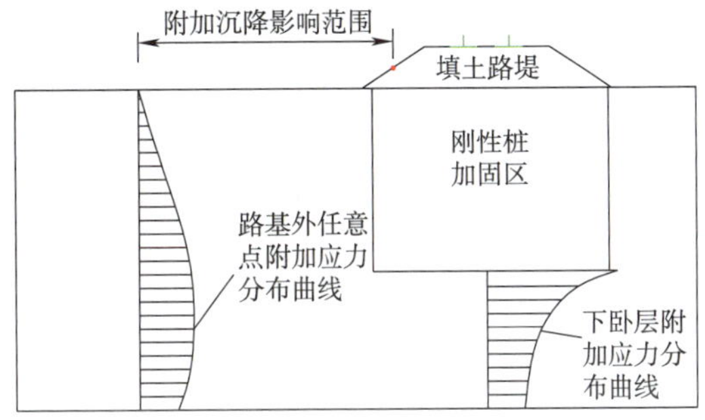

(b)Mindlin 方法

图 6-12　填土路堤内部任意位置处附加应力分布示意图

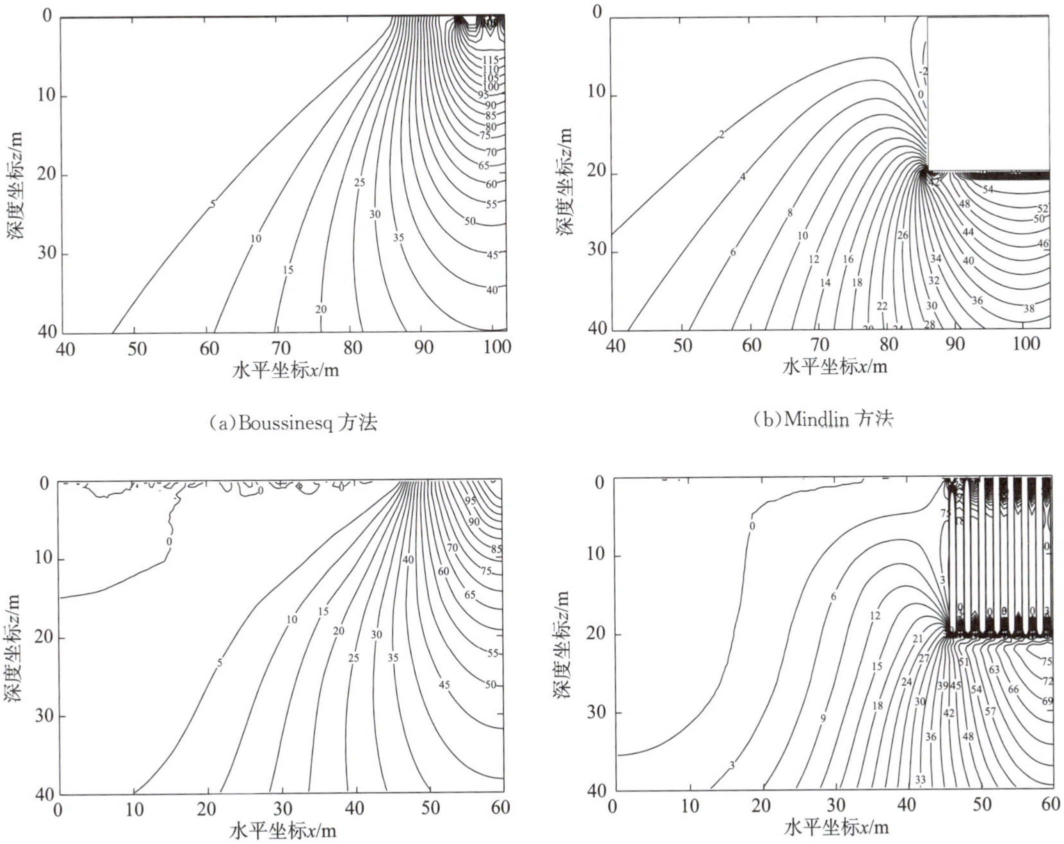

(a)Boussinesq 方法

(b)Mindlin 方法

(c)数值仿真-天然地基

(d)数值仿真-刚性桩复合地基

图 6-13　不同方法确定填土路基附加应力分布

根据图 6-13 不同方法确定的填土路基附加应力分布，Boussinesq 和 Mindlin 方法确定的地基附加应力同数值仿真分析结果十分接近，但 Boussinesq 方法适用于荷载作用于地表的均质地基，而 Mindlin 方法能够应用于刚性桩复合地基分析计算。根据图 6-7(a)，4.5 m 填高、14 m 顶宽的双线高速铁路路基采用天然地基和刚性桩复合地基情形下的附加沉降影响范围分别为 27 m 和 30 m，此位置深度范围内附加应力平均值约为路基中心深度方向上附加应力平均值的 0.1 倍。同时，新建路基中心位置处附加应力分布形式同外侧附加应力分布恰好相反，中心位置从地面位置在深度方向上逐渐衰减，路基外侧附加应力在压缩层深度范围内表现为逐渐增大趋势。

应用 Boussinesq 方法和 Mindlin 方法确定新建路基附加沉降影响范围的关键在于压缩层厚度以及外侧附加应力临界标准的选取。对于下卧层厚度确定，参照分层总和法关于地基压缩层厚度的取值方法，天然地基压缩层厚度取附加应力为 0.1 倍土体自重应力标准，刚性桩复合地基桩端下卧层厚度同样按 0.1 倍土体自重应力标准取值，且桩端下卧层厚度不应小于 0.5 倍的桩长。对于新建路基外侧附加应力临界标准的确定，当填土路基外侧深度方向上下卧层深度范围内附加应力面积同路基中心附加应力面积的比值超过某一临界值时，即可认为填土路基对此区域的附加沉降不再产生影响。基于此标准，新建路基外侧下卧层厚度同路基中心位置下卧层厚度取值相同，既有路基下存在桩基加固时，仅考虑桩端下卧层附加应力分布。此外，新建路基引起的下卧层深度小于既有路基桩基时，既有路基下卧压缩层厚度取为 0。

根据图 6-12，应用深度方向上的附加应力平均值比值以及附加应力分布面积比值确定新建路基附加影响范围的表达式为式(6-1)和式(6-2)形式。采用为式(6-1)和式(6-2)的附加应力判定标准，分析天然地基及路基下存在刚性桩复合地基结构情形下的附加应力分布，最终得到 Boussinesq 方法和 Mindlin 方法确定的邻近路基最小间距控制标准。

$$n_1 = \frac{\sum \sigma_i \Delta z / (z_{\mathrm{n}} - L_{\mathrm{p}})}{\sum \sigma_{0i} \Delta z / (z_{\mathrm{n}} - L_{\mathrm{p0}})} \tag{6-1}$$

$$n_2 = \frac{\sum \sigma_i \Delta z}{\sum \sigma_{0i} \Delta z} \tag{6-2}$$

式中 n_1, n_2——新建路基引起的路基外侧深度方向平均附加应力以及附加应力分布面积同新建路基中心区域最大平均附加应力以及最大分布面积的比值；

σ_i——新建路基引起的任意位置地基附加应力；

σ_{i0}——新建路基中心位置或附加应力最大位置处深度方向上的附加应力；

Δz——单元土层厚度；

z_{n}——新建路基压缩层厚度；

L_{p}——既有路基加固区深度；

L_{p0}——新建路基加固区深度。

不考虑既有路基影响，新建路基如图 6-4(a)所示，分别采用 0.1 倍以及 0.2 倍的附加应力(附加应力分布面积)比值标准,新建路基分别采用天然地基以及 10 m 与 20 m 桩长刚性桩复合地基的附加沉降影响范围分别如图 6-14 和图 6-15 所示。

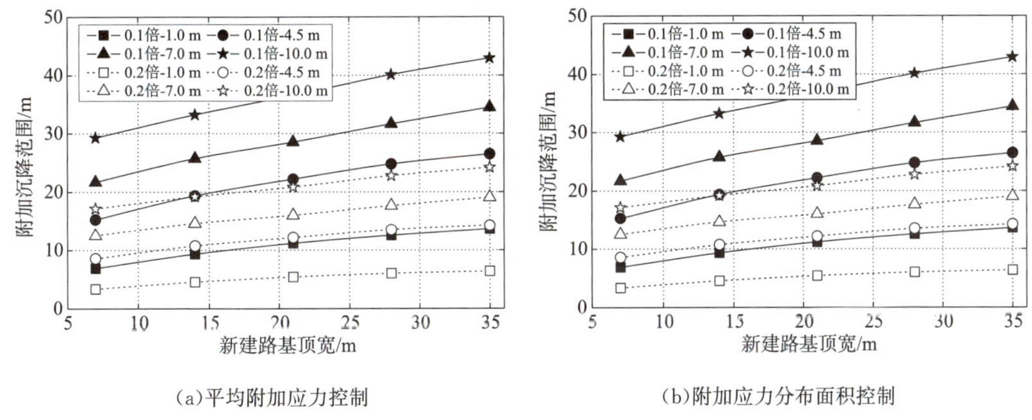

(a)平均附加应力控制

(b)附加应力分布面积控制

图 6-14 新建路基采用天然地基基础形式的沉降影响范围

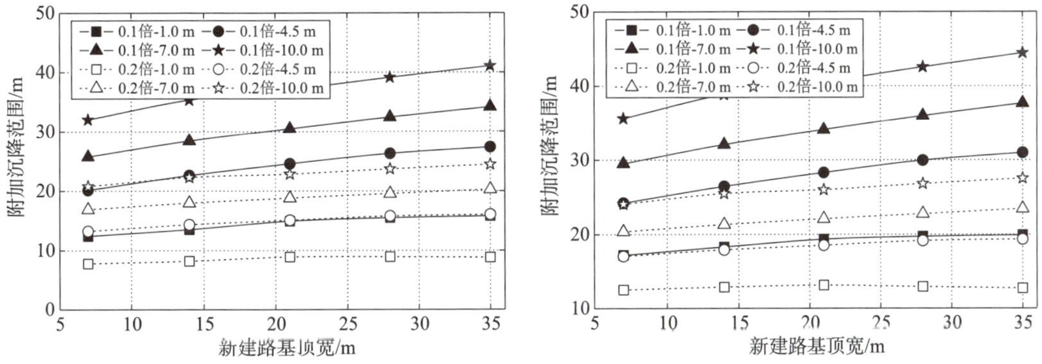

(a)10 m 桩长-平均附加应力控制

(b)10 m 桩长-附加应力分布面积控制

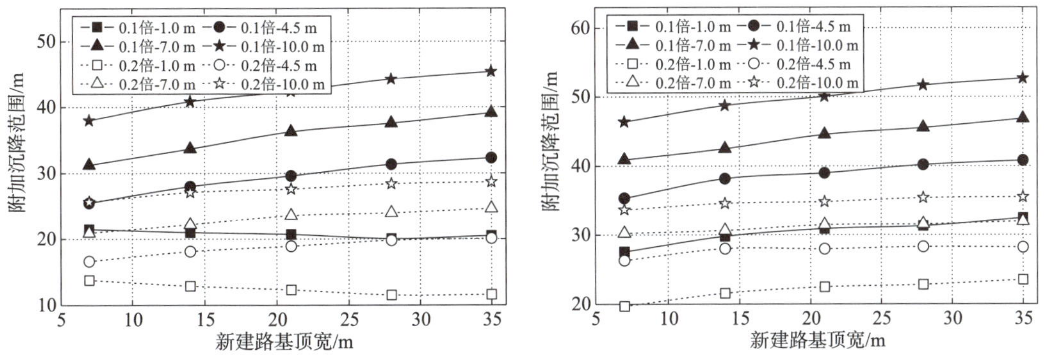

(c)20 m 桩长-平均附加应力控制

(d)20 m 桩长-附加应力分布面积控制

图 6-15 新建路基采用刚性桩复合地基基础形式的沉降影响范围

图 6-14 为天然地基形式的新建路基附加沉降范围分析结果，基于 Boussinesq 附加应力解答确定，由于地基内部不存在刚性桩加固区，不同位置处深度方向上的压缩层厚度取值完全相同，采用平均附加应力和附加应力分布面积评价指标关于新建路基引起的沉降范围分析结果完全相同。采用 0.2 倍临界比值控制指标，确定的路基沉降影响范围要小于 0.1 倍临界比值指标，附加应力比值临界指标的选取需要结合数值仿真分析结果和现场监测结果进一步优化确定。

图 6-15 为采用 10 m 桩长和 20 m 桩长刚性桩复合地基的新建路基附加沉降范围分析结果。相较于天然地基形式，刚性桩复合地基的存在将增大桩顶荷载向桩端以及加固区两侧的传递，引起加固区外围附加应力的相对增大，新建路基引起的附加沉降范围也相应增加。此外，加固区深度范围越大，其对外围影响越明显，引起的地基土体附加沉降范围也相应增大。应用附加应力分布面积比值控制标准时，新建路基范围内以及路基外侧由于加固区的存在，下卧层厚度存在加固区深度差异，新建路基范围内的压缩层厚度小于路基范围外区域，这也使得采用附加应力分布面积比值方法确定的沉降影响范围高于平均附加应力比值方法确定的结果。

综合天然地基形式和刚性桩复合地基形式的新建路基分析结果，沉降影响范围均随新建路基顶宽和填土高度表现为递增趋势，但新建路基宽度对沉降影响范围的变化影响相对较小，新建路基高度对沉降范围的影响更为突出。

考虑存在既有路基影响情形，既有路基设置刚性桩复合地基基础，既有路基同新建路基的位置关系如图 6-4(b)所示，同样采用 0.1 倍以及 0.2 倍的附加应力比值标准，既有路基断面为 4.5 m 填高、14 m 顶宽与 28 m 底宽，刚性桩复合地基加固区深度为 20 m。新建路基分别采用天然地基以及 10 m 与 20 m 桩长刚性桩复合地基的新旧路基临界间距分别如图 6-16 和图 6-17 所示。

图 6-16 为天然地基形式的新建路基同既有路基临界间距分析结果，相当于既有路基临近于天然地基上新建路基。从图中可以看出，新旧路基临界间距表现为同图 6-14 新建路基附加沉降范围相同的变化规律，其中存在部分计算工况临界间距为 0 的情况。其主要原因为，新建路基范围内的下卧层厚度同既有路基加固区下卧层厚度存在差异，当新建路基荷载较小时，可能出现新建线下卧层厚度小于既有路基加固区深度，引起既有路基下卧层为 0 情形，此种情形下，新建路基将不会引起既有路基的附加沉降。此外，采用平均附加应力比值指标得到的新旧路基临界间距要大于单独作用新建路基情形，而应用附加应力分布面积比值指标得到的结果相对更好。

图 6-17 为采用 10 m 桩长和 20 m 桩长刚性桩复合地基的新建路基同既有路基临界间距分析结果。相较不存在既有路基情形，应用平均附加应力比值指标得到的新旧路基临界间距同样偏大，应用附加应力分布面积比值指标得到的结果相对更好。其中，应用 0.1 倍临界比值得到的附加沉降范围和新旧路基间距均高于 0.2 倍临界比值分析结果的 50%左右，

仍需要结合具体工程对指标取值进行优化。

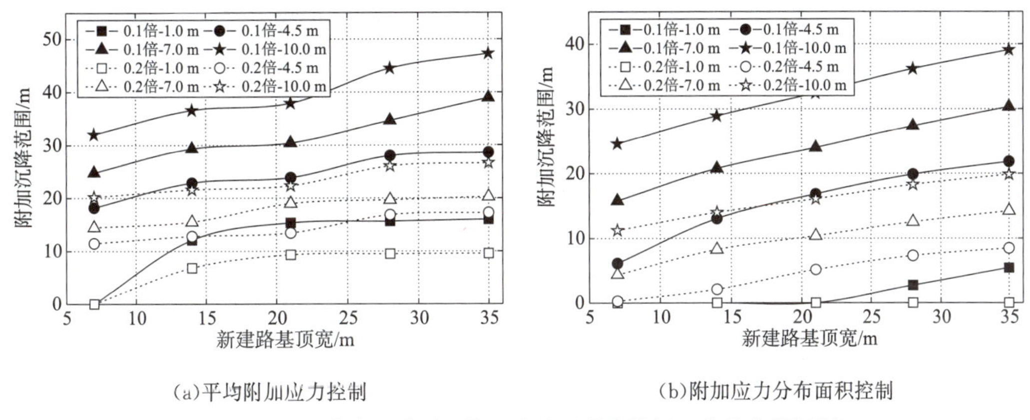

(a)平均附加应力控制　　(b)附加应力分布面积控制

图 6-16　新建路基采用天然地基基础形式的新旧路基临界间距

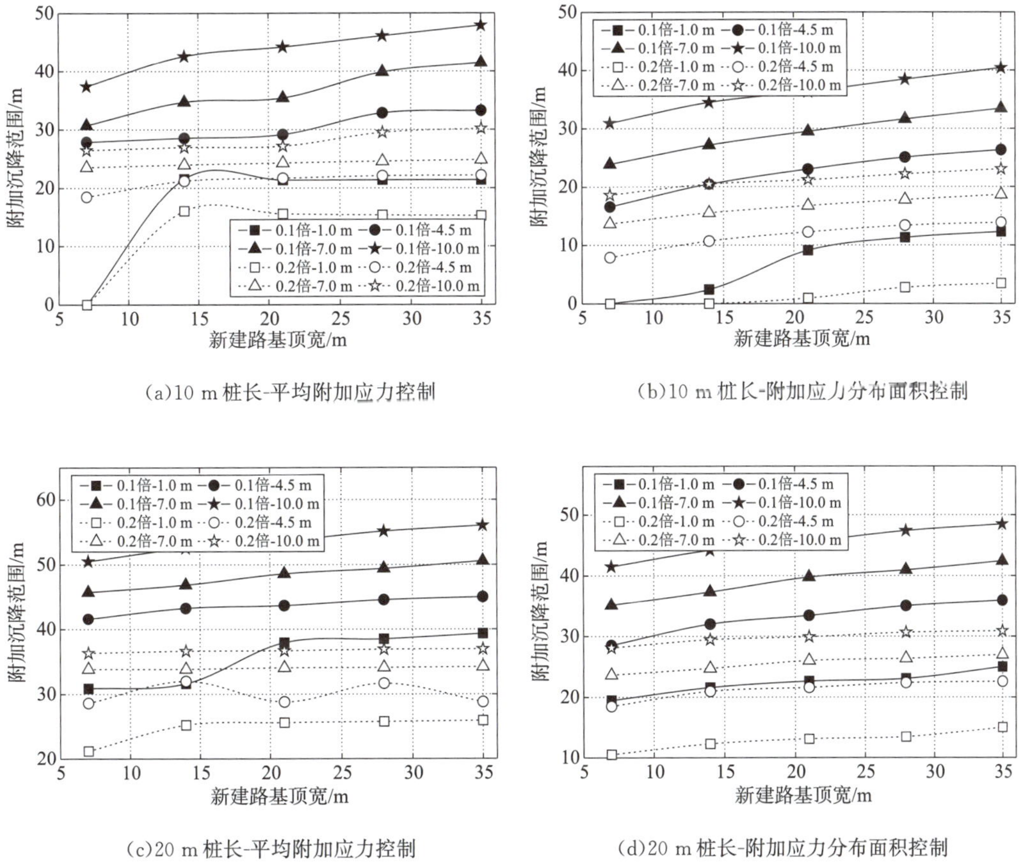

(a)10 m 桩长-平均附加应力控制　　(b)10 m 桩长-附加应力分布面积控制

(c)20 m 桩长-平均附加应力控制　　(d)20 m 桩长-附加应力分布面积控制

图 6-17　新建路基采用刚性桩复合地基基础形式的新旧路基临界间距

此外，根据前述新旧路基临界间距的既有分析成果，采用新提出的基于附加应力控制分析方法，得到 14 m 顶宽、4.5 m 填高的新建路基对应的新旧路基临界间距为 21.0 m，转化为线间距为 34 m,转化为中心距为 42 m,同既有研究成果确立的 40 m 线间距和 50 m 路基中心距指标均较为接近,说明本研究提出的新旧路基临界间距确定方法是合理有效的,且能适应更多和更复杂的分析工况。

综合平均附加应力比值和附加应力分布面积比值两类指标确定的新建路基影响范围以及新旧路基间距,建议统一采用 0.2 倍比值标准的附加应力分布面积比值指标进行附加沉降影响范围的确定,同时采用 0.2 倍平均附加应力分析结果进行校核。

6.2 有限元分层总和法基本原理及应用

6.2.1 基本思路

核心理念:应用数值仿真模型进行复杂工况并线高铁数值建模,依次提取既有高铁线待评估区域深度方向上加载前后的竖向应力,获取对应的附加应力分布,依据铁路路基设计规范中推荐的沉降计算方法,进行既有并线高铁的附加沉降评估。

6.2.2 地基附加应力影响因素分析

6.2.2.1 地基模量及泊松比的影响规律

重点分析地基模量差异对地基中心点及填土外区域附加应力分布的影响,通过同 Boussinesq 理论结果对比,得出地基模量同地层附加应力分布的相关关系。不同模量下,数值模型得到的附加应力分布结果如图 6-18 所示。

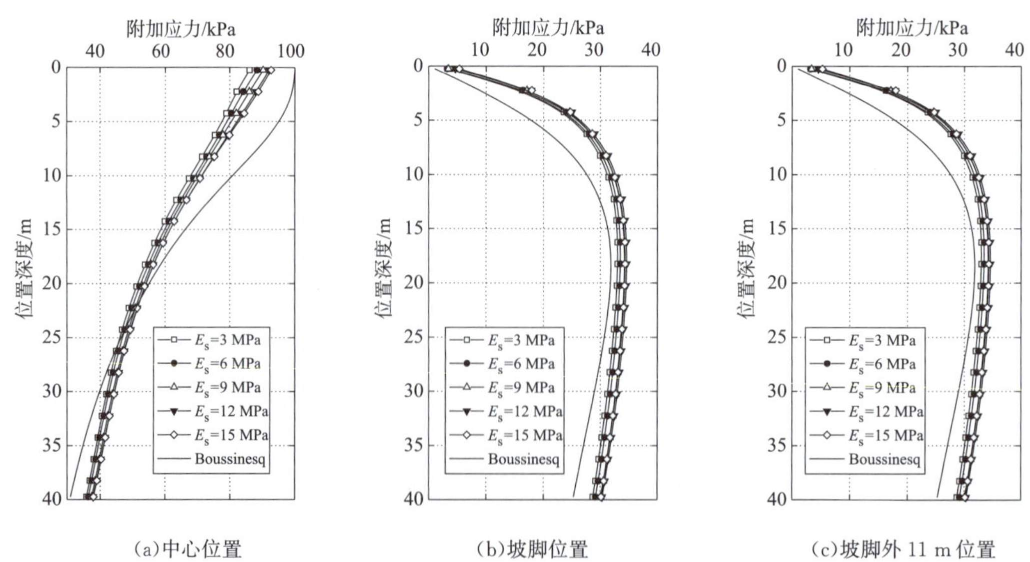

(a)中心位置 (b)坡脚位置 (c)坡脚外 11 m 位置

图 6-18 不同地基模量下的附加应力分布

图 6-18 中，不同地基模量下的附加应力分布趋同，模量越大，地基附加应力数值相对也越大，但其引起的附加应力差异一般不大于 10%，同 Boussinesq 理论解的规律趋于一致，相较于 Boussinesq 理论解的平均偏差最大不超过 20%。因此，应用数值仿真模型提取地基土层附加应力中，地基模量对附加应力分布的影响基本可以忽略，可不考虑地基模量差异，按照地基实际模量确定模型参数。

土体泊松比同竖向水平向变形协调关系相关，同类土体的泊松比数值取值较为固定。为验证泊松比大小对地基附加应力分布的敏感性，采用相同方法进行建模分析，不同地基土层泊松比条件下，数值模型关于附加应力分布结果如图 6-19 所示。

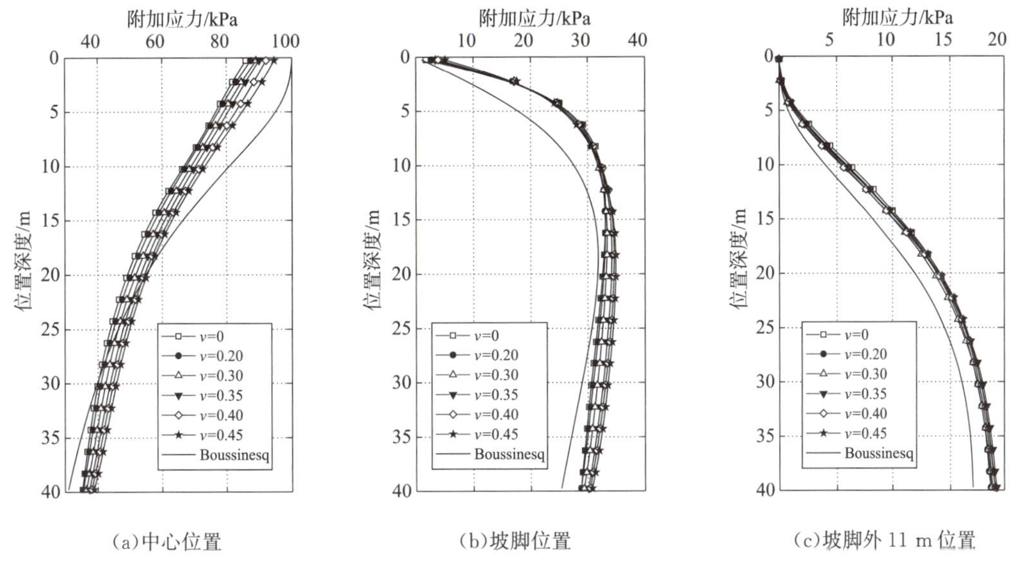

(a)中心位置　(b)坡脚位置　(c)坡脚外 11 m 位置

图 6-19　不同泊松比下的附加应力分布

图 6-19 中，泊松比对路基中心位置处的附加应力分布影响较为明显，泊松比越大，相应的附加应力也较大，坡脚及坡脚以外区域的附加应力分布差异较小。泊松比引起的附加应力平均差异一般不超过 13%，同 Boussinesq 理论解的平均差异最大不超过 20%，当泊松比取值范围在 0.2～0.4 区间时，附加应力分布基本趋于一致。因此，地基土体泊松比对附加应力分布的影响也基本可以忽略。

6.2.2.2　土体本构模型、荷载条件及地下水位影响规律

1. 土体本构模型和荷载条件

Boussinesq 理论本质上是一种弹性解，并将荷载简化为矩形、条形分布荷载，但数值仿真分析中提供了丰富的非线性弹塑性本构模型，能够模拟岩土体复杂的应力应变特征，填土荷载往往以实体模型施加。因此，有必要研究土体本构模型和荷载条件对地基附加应力分布的影响。其中，数值仿真分析中的弹塑性模型采用 Mohr-Columb 模型，荷载条件分为模

型加载和等效荷载加载两种。根据数值模型分析结果，不同本构模型和荷载条件的地基附加应力分布如图 6-20 所示。

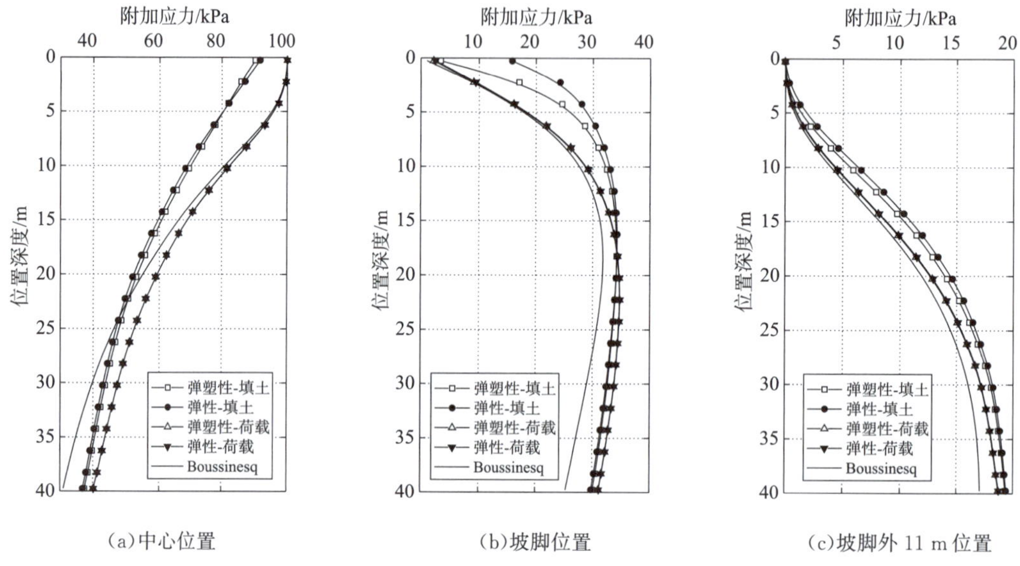

(a)中心位置　(b)坡脚位置　(c)坡脚外 11 m 位置

图 6-20　本构模型和荷载条件对附加应力分布的影响规律

图 6-20 中，在不考虑地下水和相同荷载条件下，弹性和弹塑性本构模型关于附加应力计算结果趋于一致；而采用等效荷载加载方式的浅层地基附加应力分布同 Boussinesq 理论解更为接近。因此，应用数值仿真模型进行地基附加应力分布的研究中，可不考虑本构模型的差异，路堤填土荷载条件相对简单时，采用等效荷载，较为复杂时，仍采用实体模型加载方式。

2. 地下水位影响

地下水位对铁路工程填土路基的影响，主要表现为地下水位以下有效应力的变化，当采用弹塑性模型时，部分区域土体将进入屈服状态，发生明显塑性变形。不同地下水位地基附加应力分布结果如图 6-21 所示。

图 6-21 中，不同地下水位条件下的地基附加应力分布出现明显差异，但仅当地下水位处于 10 m 以内时，其对附加应力分布的影响才较为明显，地下水位大于 10 m 时，附加应力分布趋于一致，且同 Boussinesq 理论解更为接近。由此，地下水位引起的地基土体塑性屈服，主要发生于 10 m 以内的浅层土体。因此，应用数值模型进行地基应力分析中，可不考虑地下水位影响。

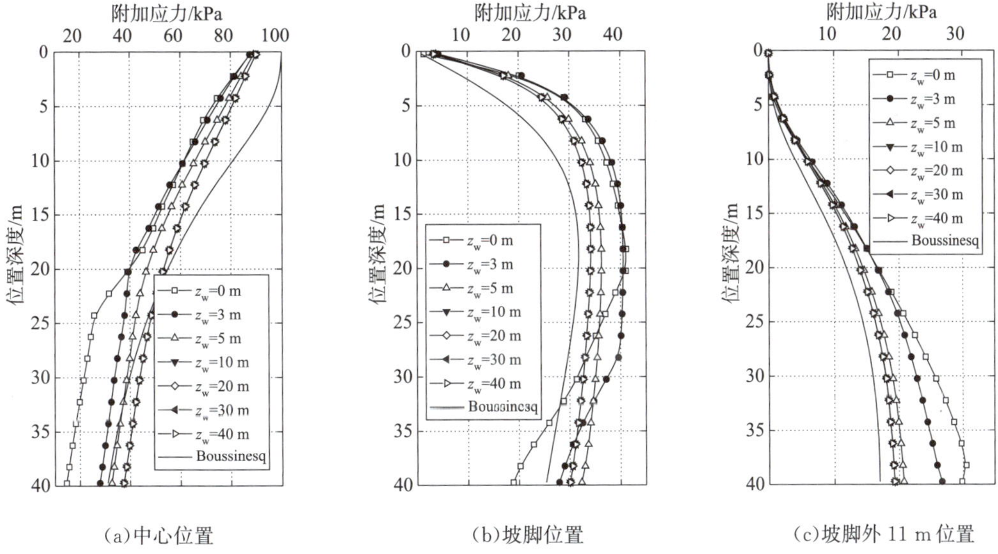

(a)中心位置　　(b)坡脚位置　　(c)坡脚外 11 m 位置

图 6-21　不同地下水位条件下的地基附加应力分布

6.2.3　既有高速铁路附加沉降有限元分层总和法评估流程

综合上述地基土体模量、泊松比、模型横竖向尺寸、本构模型、荷载条件以及地下水位对地基土体附加应力分布规律影响的分析结果，应用数值模型进行地基土体应力提取，获得新建路基及邻近既有铁路线附加应力，并进行并线高铁附加沉降的评估过程中，应采用如下几项数值模型建立原则：

(1)地基土体根据实际地层参数赋值，弹性模量统一取压缩模量的 3 倍，刚性桩复合地基基础采用实体桩或桩单元。

(2)数值模型单方向横向尺寸取填土路堤底宽的 1.5～2.0 倍，竖向尺寸取路堤填土底宽的 2.0 倍。

(3)数值模型土体不考虑本构模型影响，填土荷载可采用等效荷载或实体荷载，不考虑地下水位位置影响。

6.2.4　工程算例分析验证

京沪高铁曲阜东站扩站改造项目中，进站咽喉区出现大范围的高铁线路并线情况，新建车站采用刚性桩复合地基。京沪高铁附加沉降评估中，地勘报告中关于地层模量参数只提供 0.1～0.2 MPa 范围的压缩模量推荐值，直接导入数值模型存在多方面问题，附加沉降评估结果并不可靠。由此，采用有限元分层总和法进行并线高铁附加沉降评估，通过规范推荐的修正系数进行评估结果修正。其中，复合地基复合模量根据《建筑地基处理技术规范》(JGJ 79—2012)确定，取加固范围内各分层天然地基压缩模量的 4.5 倍。京沪高铁曲阜东站并线断面如图 6-22 所示，地层物理力学参数见表 6-2。

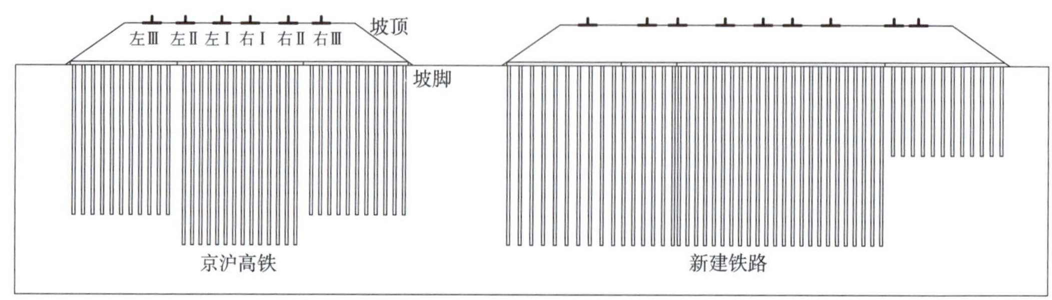

图 6-22　新建线路并行既有高铁示意图

表 6-2　京沪高铁曲阜东站地层基本物理力学参数

编号	名称	厚度/m	ρ/(g/cm^3)	c/kPa	φ	E_s/MPa	ν
1	粉质黏土	2.0	1.90	25	12°	4.00	0.30
2	粉、细砂	1.5	1.90	0	26°	8.17	0.30
3	粉质黏土	9.0	1.85	20	11°	3.75	0.325
4	中砂	1.5	2.00	0	33°	11.73	0.28
5	粉质黏土	11.0	1.90	25	13.5°	6.13	0.30
6	中砂	2.5	2.00	0	33°	11.73	0.28
7	粉质黏土	10.0	1.90	25	15°	8.26	0.30
8	中砂	1.5	2.05	0	35°	14.71	0.26
9	粉质黏土	7.5	1.90	25	15°	8.26	0.30
10	中砂	3.5	2.05	0	35°	14.71	0.26

1. 数值仿真分析

根据图 6-22 中并线京沪高铁的计算断面和表 6-2 中的地层数据，建立数值仿真分析模型，地基土采用弹塑性模型，复合地基采用桩单元，不考虑地下水位影响，相应的数值仿真分析模型及新建线引起的既有高铁附加沉降分析结果如图 6-23 所示。

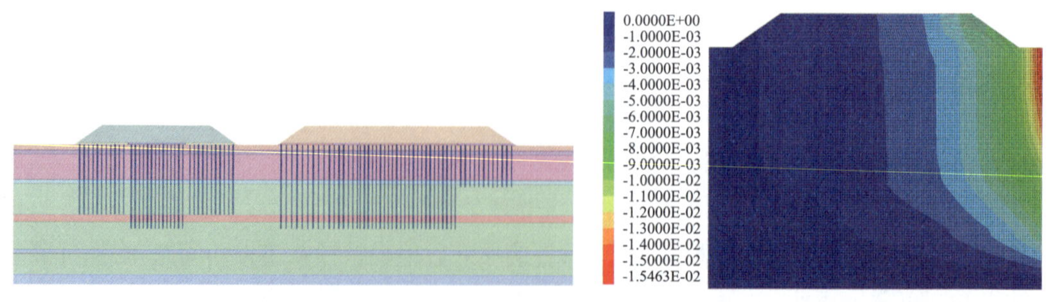

(a)数值仿真分析模型　　(b)京沪高铁附加沉降

图 6-23　数值仿真模型与京沪高铁附加沉降分析结果

2. 基于数值模型应力提取的沉降评估

图 6-23(b)为数值仿真弹性模量基于 6 倍土体压缩模量的结果，邻近新建线路的京沪高铁坡脚位置沉降最大，远离新建线路方向的京沪高铁附加沉降逐渐减小，但由于数值仿真分析模型弹性模量取值的不确定性，数值仿真模型关于京沪高铁附加沉降的分析结果仍表现出较大的不确定性。为克服数值仿真分析结果的上述不确定性，依次提取新建线对既有京沪高铁不同位置处的附加应力，采用《建筑地基处理技术规范》(JGJ 79—2012)中关于复合地基沉降的相关规定方法，进行既有京沪高铁附加沉降的计算和修正。其中，新建线路引起的京沪既有高铁不同位置处的附加应力竖向分布如图 6-24(a)所示，经等效复合模量修正后的既有京沪高铁不同位置处的附加沉降分布如图 6-24(b)所示。

图 6-24(a)中，新建线路引起的京沪高铁不同位置处的附加应力在深度方向上保持递增趋势，但在靠近地表区域出现一定范围的负值分布区，由于地基土不能承受拉应力，且此部分负值附加应力分布区域和数值均较小，运用分层总和法计算既有线路附加沉降时，可忽略此部分负值附加应力的影响。既有京沪高铁复合地基采用复合模量法进行附加沉降评估时，按照承载力提高倍数公式，复合地基地基复合模量提高为天然地基的 4.5 倍，对应的地基沉降修正系数为 0.2。既有京沪高铁附加沉降经修正后，坡脚位置的最大附加沉降为 12 mm，最右侧股道中心沉降 4.65 mm，同图 6-23(b)中取 6 倍土体压缩模量的数值仿真分析结果接近，但验算结果基于规范方法，能够同既有设计经验进行更直观的对比，分析结果更为有效可靠。

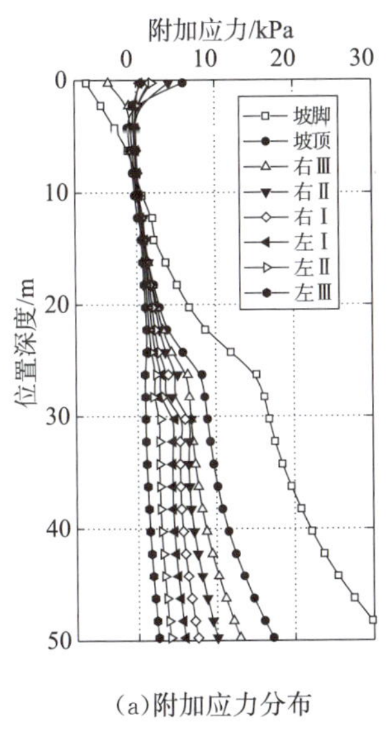

(a)附加应力分布

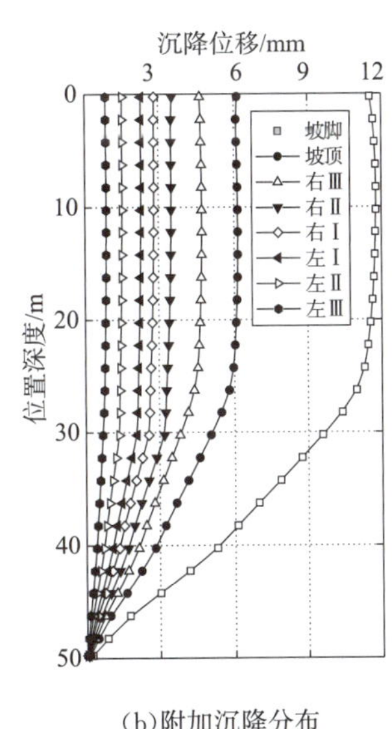

(b)附加沉降分布

图 6-24　并线京沪高铁附加沉降评估结果

通过本算例关于并线京沪高铁附加沉降的分析结果，研究提出的利用仿真模型提取复杂工况下既有高铁附加应力进行附加沉降评估的方法，在理论和实践意义上均可行。通过提取附加应力和分层总和法修正方法，严格按照规范，实现了对复杂工况下既有高铁附加沉降的定量评估，在有效避免数值仿真分析模型参数引起分析结果不确定性的同时，也可对照既有规范和设计经验，实现高标准沉降控制条件下既有高铁沉降评估。

6.3 实体基础 Mindlin 方法原理与应用

6.3.1 高速铁路复合地基实体基础等效方法

高速铁路刚性桩复合地基沉降计算中的复合模量法实际上并未有效考虑刚性桩加固区对路堤填土荷载的传递、转移作用，但模型试验及数值仿真结果均表明，刚性桩加固区具有较好的整体性，刚性桩体及桩间土体表现为协同沉降特点，可将刚性桩加固区以边桩位置的桩土界面和桩端平面为界限划分为刚性桩加固区和未加固区两个部分(图 6-25)。刚性桩复合地基荷载传递分析中，以加固区侧边界和底边界为界限，将刚性桩加固区隔离等效为实体基础，刚性桩加固区受力主要为加固区顶面的路堤填土荷载及列车荷载，加固区侧边界的竖向摩阻力以及桩端平面的下卧层反力。

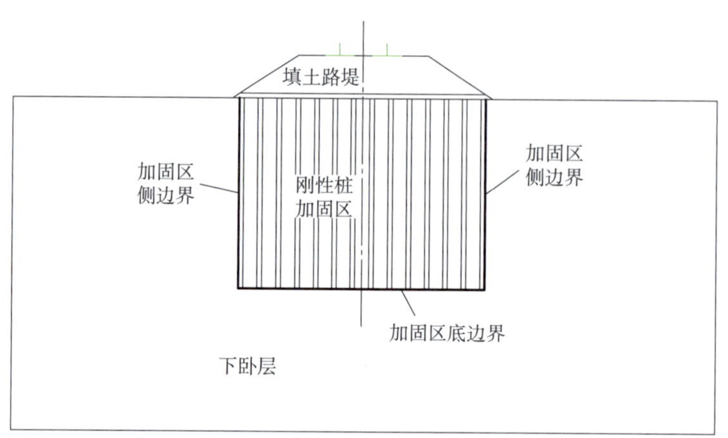

图 6-25　刚性桩复合地基加固范围及实体基础等效示意图

刚性桩加固区桩端平面和侧边界位置处作用力确定方法主要有两种：一是采用 Boussinesq 方法；二是刚性桩加固区静力平衡方法。应用 Boussinesq 方法确定的刚性桩加固区与未加固区边界位置处作用力分布如图 6-26 所示，应用静力平衡法确定的刚性桩加固区与未加固区边界位置处作用力分布如图 6-27 所示。其中，应用 Boussinesq 方法进行边界位置处作用力求解时，以填土路堤荷载和列车荷载为外部附加荷载，加固区上表面为荷载面，按照条形分布荷载叠加计算加固区侧表面和桩端平面处的竖向作用力。

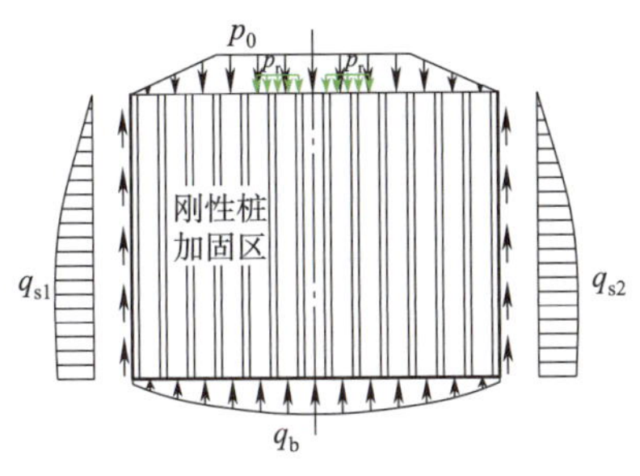

(a)加固区边界位置作用力分布

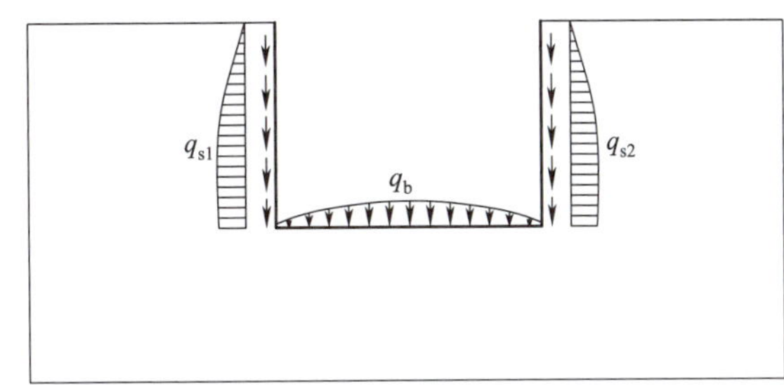

(b)未加固区边界位置作用力分布

图 6-26　Boussinesq 方法确定加固区与未加固区边界位置处作用力

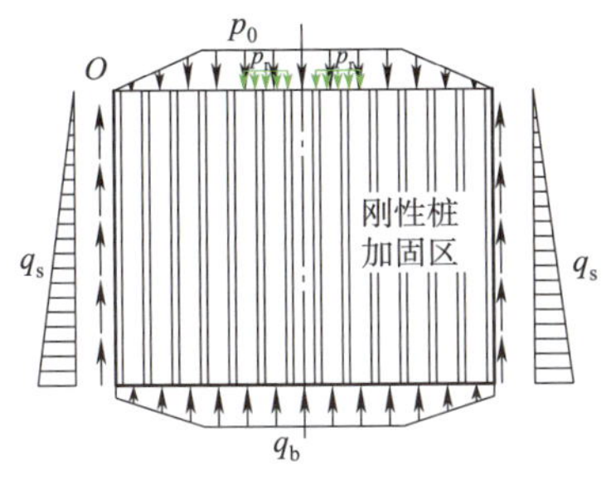

(a)加固区边界位置作用力分布

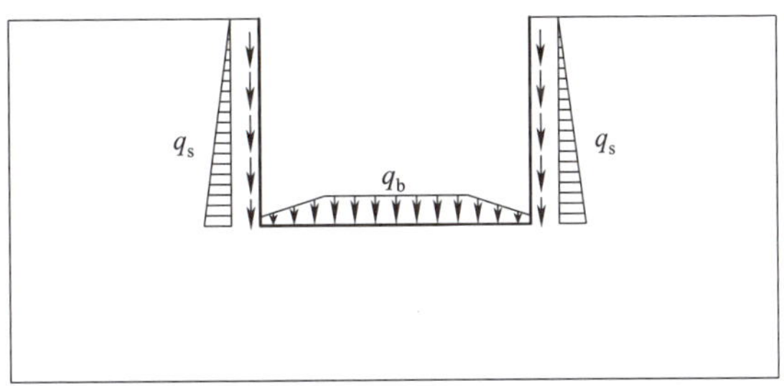

(b)未加固区边界位置作用力分布

图 6-27　静力平衡方法确定加固区与未加固区边界位置处作用力

不同于 Boussinesq 方法可能存在的刚性桩加固区竖向静力不平衡问题，应用静力平衡法进行边界位置处作用力求解时，充分考虑加固区的竖向力平衡及力矩平衡条件，得到最终的侧边界及底端边界作用力。同加固区顶部荷载分布形式对应，桩端平面反力仍假定为梯形分布，桩端平面作用力合力同侧边界作用力合力的比值假定为桩端地基土承载力同加固区侧边界摩阻力加权值的比值。此外，加固区侧边界摩阻力分布应结合地层条件假定为梯形或三角形分布。其中，以沿线路纵向的单位长度为基础，采用静力平衡法确定加固区边界作用力的流程如下：

竖向力平衡条件：

$$Q_b+Q_{s1}+Q_{s2}=P_0+nP_r \tag{6-3}$$

式中　Q_b——桩端平面作用力合力，$Q_b=\sum q_b\Delta_x$；

q_b——桩端平面反力分布荷载；

Δ_x——横向坐标微段；

Q_{s1}——加固区左侧边界作用力合力，$Q_{s1}=\sum q_{s1}\Delta_z$；

q_{s1}——加固区左侧边界摩阻力分布荷载；

Δ_z——竖向坐标微段；

Q_{s2}——加固区右侧边界作用力合力，$Q_{s2}=\sum q_{s2}\Delta_z$；

q_{s2}——加固区右侧边界摩阻力分布荷载；

P_0——填土路堤荷载合力，$P_0=\sum p_0\Delta_x$；

p_0——路堤填土分布荷载；

P_r——列车荷载合力，$P_r=\sum p_r\Delta_x$；

p_r——列车分布荷载；

n——列车荷载数目。

力矩平衡条件：

$$Q_b\frac{B}{2}+Q_{s2}B=P_0\frac{b}{2}+nP_r\frac{b}{2} \tag{6-4}$$

式中　B——刚性桩复合地基加固区横向尺寸；

b——路堤填土荷载底边界横向尺寸。

桩端平面及加固区侧边界关系假定：

$$\frac{Q_b}{Q_{s1}+Q_{s2}}=\frac{\sum f_a\Delta_x}{2\sum f_s\Delta_z} \tag{6-5}$$

式中　f_a——桩端下卧层地基土的承载力特征值；

f_s——刚性桩加固区周围土体加权后的摩阻力特征值。

式(6-3)～式(6-5)联立，可以确定桩端平面及加固区侧向边界位置处的作用力合力，通过相应的分布荷载形式假定，可以确定对应的分布荷载 q_b、q_{s1} 和 q_{s2}。

采用上述两种方法，对 14 m 顶宽、4.5 m 填高的双线高速铁路填土路基进行计算，假定桩端土体承载力特征值 f_a 为 120 kPa，加固区两侧土体摩阻力特征值 f_s 为 30 kPa，得到的加固区边界分布荷载计算结果如图 6-28 所示。

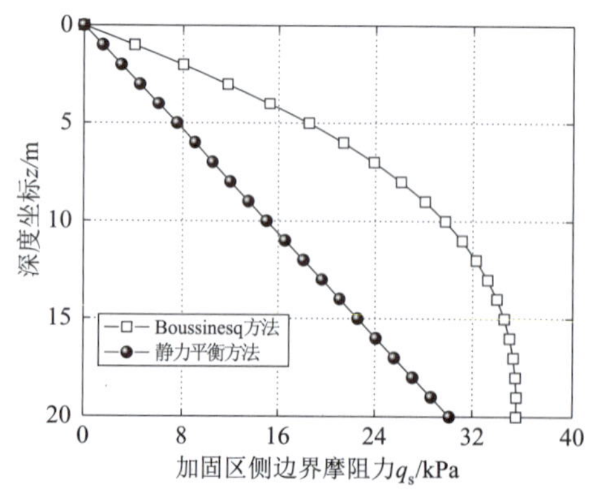

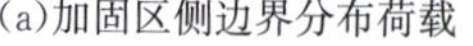

(a)加固区侧边界分布荷载

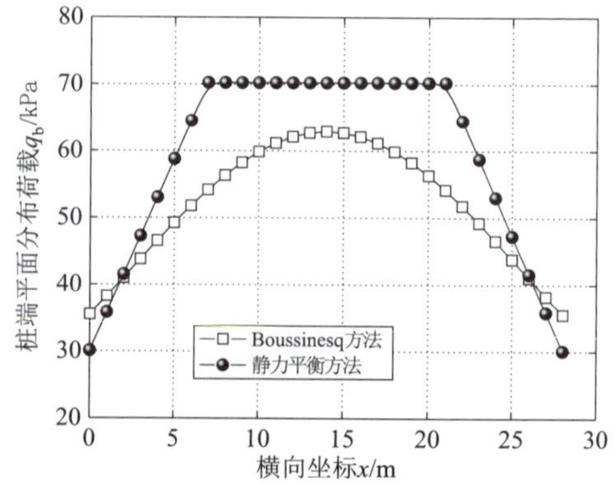

(b)桩端平面分布荷载

图 6-28　两种方法确定的加固区边界位置分布荷载

图 6-28 中 Boussinesq 方法和静力平衡方法确定的刚性桩加固区边界位置处的作用荷载在分布形式和具体数值上均存在明显差别。其中，Boussinesq 方法采用弹性力学原理得到刚性桩加固区内部及边界位置处的附加应力分布，并不能有效反映刚性桩加固特性的影响，仅同填土荷载的大小和分布范围有关，此外，Boussinesq 方法确定的加固区边界荷载并不严格满足竖直方向上的静力平衡条件，计算得到的竖向作用力之和大于路堤填土及列车荷载，两者差异约为加固区上部作用荷载的 8.8%。静力平衡方法则充分考虑桩侧土体和桩端土体的承载特点，通过加固区侧边界合力和桩端平面边界合力比值的假定，提出能够反映加固区承载特点的加固区边界荷载分布，计算得到的加固区边界荷载严格满足竖直方向的静力平衡条件，通过合适的侧边界和桩端边界荷载比值假定以及合理的荷载分布形式，能够得到更为合理的加固区荷载分布，但不容易确定加固区内部不同位置处的附加应力大小。

6.3.2　刚性桩复合地基附加应力计算

应用前述刚性桩复合地基等效方法将刚性桩加固区和未加固区土体分离后，采用 Mindlin 附加应力方法叠加计算不同位置处地基应力。根据图 6-26(b)和图 6-27(b)，Mindlin 附加应力的外部作用荷载主要由左侧边界摩阻力分布 q_{s1}、右侧边界摩阻力分布 q_{s2} 以及桩端平面荷载分布 q_b 三部分组成。由于 Mindlin 附加应力仅给出集中荷载作用下的地基内部任意一点附加应力表达式，对条形面积及矩形面积分布荷载仅能计算角点位置附加应力，因此，利用 Mindlin 方法计算地基内部附加应力时，将摩阻力分布荷载和桩端平面反力分布荷载依次简化为点荷载，利用点荷载叠加方法，实现刚性桩复合地基内部任意一点的附加应力计算。两侧摩阻力和桩端荷载离散及叠加过程如图 6-29 所示。

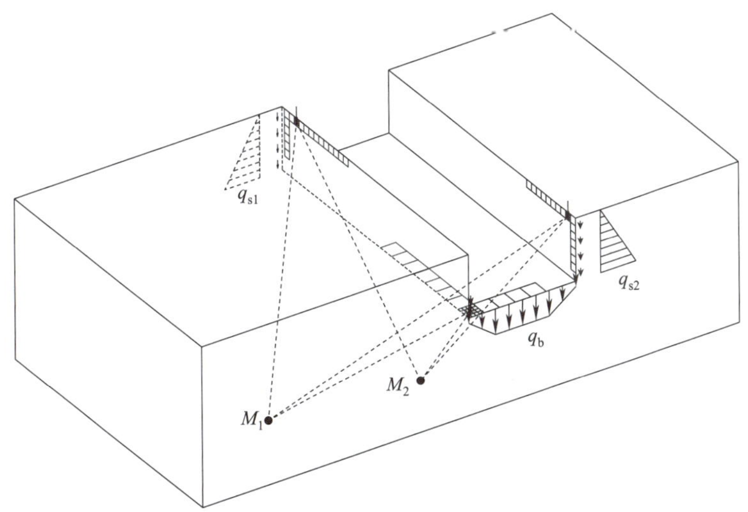

图 6-29　实体基础 Mindlin 方法计算地基土体附加应力示意图

根据图 6-29，地基内部任意一点 M_1 位置处的竖向附加应力及水平向附加应力表达式分别为式(6-6)和式(6-7)形式。

$$\sigma_z = I_{pz}\iint q_b \mathrm{d}x\mathrm{d}y + I_{sz1}\iint q_{s1}\mathrm{d}z\mathrm{d}y + I_{sz2}\iint q_{s2}\mathrm{d}z\mathrm{d}y \tag{6-6}$$

$$\sigma_x = I_{px}\iint q_b \mathrm{d}x\mathrm{d}y + I_{sx1}\iint q_{s1}\mathrm{d}z\mathrm{d}y + I_{sx2}\iint q_{s2}\mathrm{d}z\mathrm{d}y \tag{6-7}$$

式中　I_{pz},I_{px}——点荷载引起的地基内任一点竖向和水平向附加应力系数；

I_{sz1},I_{sx1},I_{sz2},I_{sx2}——加固区侧摩阻力引起的地基内部附加应力系数。

对于式(6-6)和式(6-7)中的积分部分，通过微面积叠加方法同样可实现积分效果，将各微面积上的集中力分别带入第 2 章式(2-21)和式(2-23)即可得到对应的地基内部任意点水平向、竖直向附加应力分布。

6.3.3　实体基础 Mindlin 方法附加沉降评估流程

不同于复合模量法计算路基沉降，实体基础 Mindlin 方法实现的关键在于加固区边界位置处的等效荷载确定，研究中也给出了基于静力平衡方法和 Boussinesq 方法的加固区边界位置处的等效荷载。此外，实体基础 Mindlin 方法计算地基附加应力过程中主要通过点荷载叠加方式实现，荷载作用面附近附加应力存在一定偏差。根据上述实体基础 Mindlin 方法计算路基附加沉降的基本思路和实现方法，其基本评估流程如图 6-30 所示。

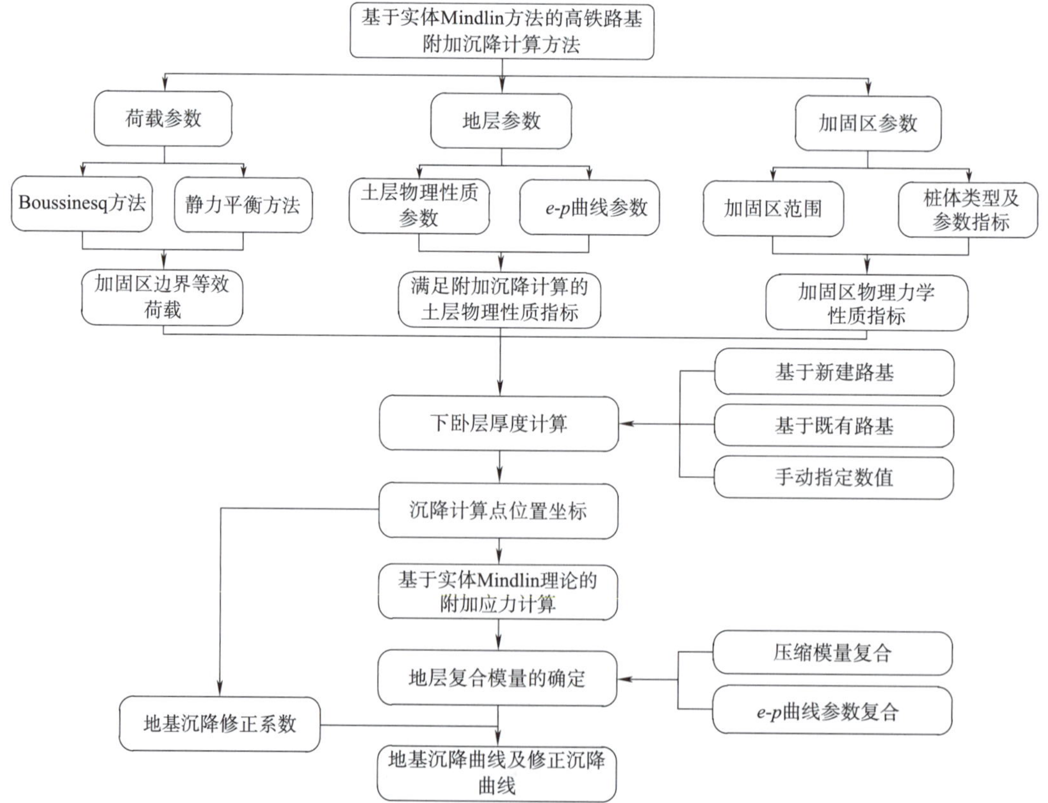

图 6-30　基于实体基础 Mindlin 方法的高铁路基沉降分析基本评估流程

利用实体基础 Mindlin 方法进行既有高铁附加沉降评估过程中，首先确定新建路基加固区和既有路基加固范围，分别汇总加固区的水平边界和竖向边界；之后，利用静力平衡方法和 Boussinesq 弹性解确定边界位置处的等效荷载，并将其简化为单位面积域上的集中荷载；然后，利用集中荷载 Mindlin 方法进行地基附加应力叠加，得到地基内部不包含加固区部分任意位置处的附加应力分布；最后，根据地基附加应力分布以及地基模量相对大小，利用规范方法对地基沉降进行修正，实现对既有高铁附加沉降的量化评估。

6.4　高铁路基沉降分析软件开发

高铁路基沉降计算软件 CRDC-SSAS 是由中国铁设自主研发的一款应用于铁路路基沉降分析计算的软件系统，已更新至 V1.2 版本。该软件作为铁路路基工程设计人员进行铁路路基沉降变形分析评估的辅助手段，有助于铁路路基地基加固措施的优化分析，合理控制铁路路基工后沉降，并可进一步推广应用至新建铁路对周边邻近构筑物附加沉降的评估，提高铁路路基工程及地基加固措施的设计效率和设计方案的合理性。

6.4.1　附加沉降评估软件架构及基本功能

高铁路基沉降计算软件的模块设计框架如图 6-31 所示，主要包括四个程序界面，各程序界面具备的功能如下：

（1）沉降计算软件主程序界面：包括软件授权和计算文件有效性验证模块。

（2）计算参数输入与分析子程序界面：包含路基填土荷载输入输出模块、地层参数输入

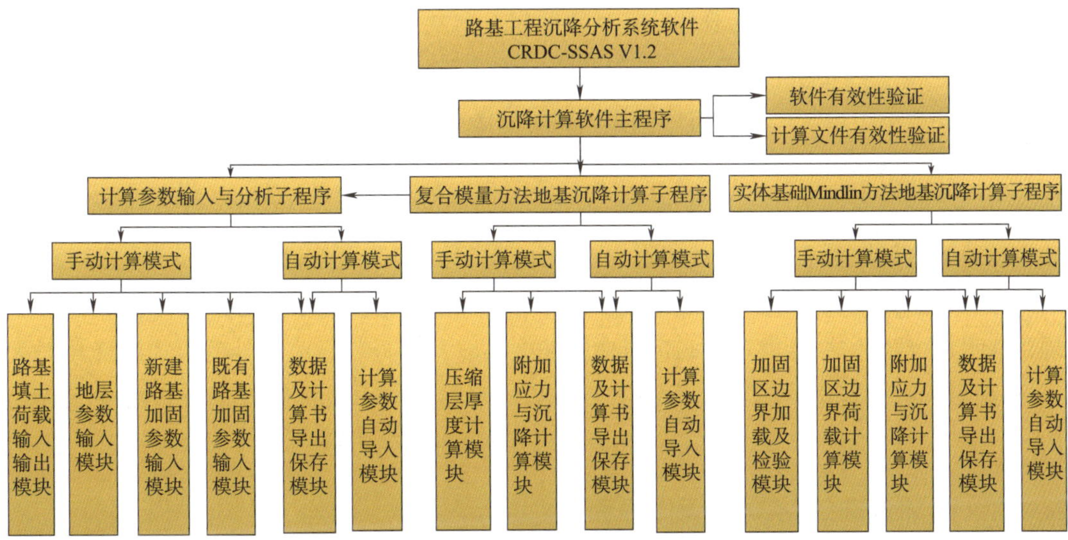

图 6-31　CRDC-SSAS V1.2 模块设计框架

模块、新建路基加固参数输入模块、既有路基加固参数输入模块、数据及计算书导出保存模块、计算参数自动导出模块。

(3)复合模量方法地基沉降计算子程序界面:包括压缩层厚度计算模块、附加应力与沉降计算模块、数据及计算书导出保存模块、计算参数自动导入模块。

(4)实体基础 Mindlin 方法地基沉降计算子程序界面:加固区边界加载及检验模块;加固区边界荷载计算模块;附加应力与沉降计算模块、数据及计算书导出保存模块和计算参数自动导入模块。

6.4.2 附加沉降评估软件的技术特点

(1)界面简洁,易于操作,符合对铁路、公路等交通工程设施路基沉降变形分析评估的实际需求。

(2)基于 CRDC-SSAS V1.2 在路基荷载作用下的地基附加应力以及附加沉降变形分析结果,得到不同地基加固措施情形下的地基最终沉降分析结果,实现了路基附加沉降的分析计算与评估,能够为地基加固措施的进一步优化奠定基础。提供了 Excel 格式的计算文件保存功能,用户可以在软件面板文板框中输入基本计算参数,选择合适的地基变形计算方法,并将得到的地基附加应力以及沉降变形计算结果输出保存。

(3)提供了项目名称、路基荷载参数、地层参数以及地基加固参数的输入功能,包括路基简化线性分布荷载、地下水位置、土层基本物理力学性质参数、e-p 曲线参数、地基加固范围及加固参数等,通过各输入数据的合理区间范围,输入过程中对基本输入参数分别进行合理性判定。

(4)集成了以复合模量方法为代表的路基沉降分析方法。其中,充分考虑新建路基与既有路基的地基加固形式影响,具体分析刚性桩复合地基以及柔性桩复合地基对复合模量取值方法的影响。压缩层厚度取值基于附加应力比限值标准,并可根据计算需求灵活设定;地基沉降同样可基于地层参数自由选取压缩模量方法和 e-p 曲线方法。

(5)研发了以 Mindlin 理论为核心的实体基础 Mindlin 方法,将加固区作为均质实体,通过 Boussinesq 方法或静力平衡方法获取加固区边界荷载,基于 Mindlin 集中荷载迭代方法实现地基内部任意一点位置处的附加应力计算。

(6)实现了路基工程沉降变形的定量化评价。根据不同位置处的地基附加应力计算,实现路基附加沉降评估,能够自由确定新建路基中心以及邻近任意位置处的附加沉降相对大小,实现对邻近构筑物的附加沉降评估。路基地基附加应力及沉降变形分析结果保存为 Excel 格式文件,提供了.txt 格式的计算书文件导出与保存功能。

6.4.3 附加沉降评估软件操作界面

高铁路基沉降计算软件 CRDC-SSAS 软件界面如图 6-32 所示。

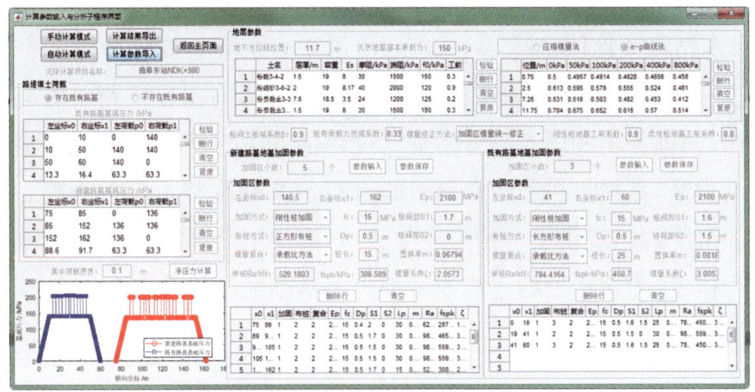

(a)计算参数输入与分析子程序

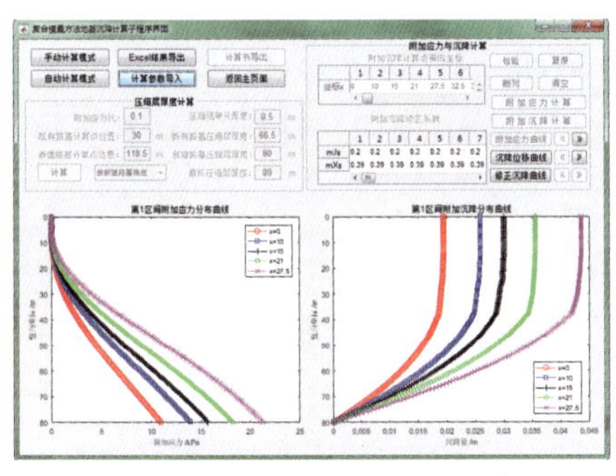

(b)复合模量方法地基沉降计算子程序

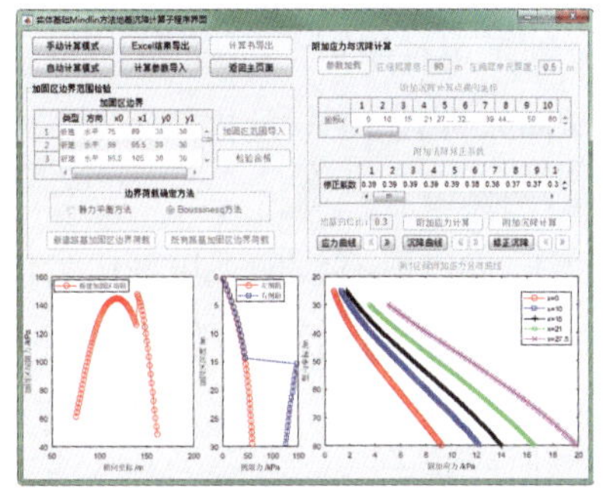

(c)实体基础 Mindlin 方法地基沉降计算子程序

图 6-32 CRDC-SSAS V1.2 沉降计算软件界面

6.5 邻近既有高铁附加沉降安全评估工程算例

6.5.1 日兰高铁引入曲阜东站沉降安全评估

6.5.1.1 工程概况

日兰高速铁路位于山东省南部，线路分为日照至临沂段、临沂至曲阜段、曲阜至菏泽段、菏泽至兰考段，是山东省“三横五纵”高速铁路网的重要组成部分，是国家“八纵八横”高速铁路网的重要连接通道。日兰高铁临沂至曲阜段，正线长 145.24 km，线路等级为客运专线。既有京沪高铁曲阜东站规模为二台六线，全线采用无砟轨道，站场中心里程路基面宽度为 56～58 m，路堤填高约 6.55 m；日兰高铁引入曲阜东站，在既有京沪高铁场东侧分场设日兰高铁场，车场中心与京沪高铁场净距约 6 m，车站规模为四台九线，路基宽度为 96～98 m，路堤填高约为 5.84 m。

根据收集的线形复测成果，京沪高铁曲阜东站段位于地面沉降区域，自通车至2017年12月期间，曲阜东站区间地段沉降20～30 mm，站中心沉降达30～40 mm。日兰高铁曲阜东站的修建将进一步加大既有京沪高铁的附加沉降，为明确新建铁路对既有京沪高铁附加沉降的影响规律，验证提出的既有高铁附加沉降评估方法的可行性，关于日兰项目选择的评估断面主要为站台区，具体分析新建铁路对既有京沪高铁附加沉降的影响。研究成果为既有京沪高铁附加沉降评估提供了一种可靠方法，并提供了全部沉降评估数据，评估结果同现场实测结果较为接近，为该项目的咨询评估提供了基础性的技术支持。

6.5.1.2 断面参数

(1)地基处理措施

既有线：CFG桩加固，桩径0.5 m；主加固区采用桩筏复合地基结构，桩间距1.5 m(纵向)×1.5 m(横向)，桩长30 m；次加固区采用桩＋碎石垫层，桩径0.5 m；从主加固区向两侧依次分别采用桩间距1.5 m(纵向)×1.6 m(横向)、桩长16 m，桩间距1.5 m(纵向)×1.6 m(横向)、桩长20 m及桩间距1.5 m(纵向)×1.6 m(横向)、桩长25 m的CFG桩进行加固处理，两侧设置挡墙。

新建线：靠近既有线侧采用预应力混凝土管桩桩筏复合地基结构，桩径0.4 m，桩间距2.0 m，桩长28 m。然后向右依次采用CFG桩＋碎石垫层，分别采用桩径0.5 m，桩间距1.7 m，桩长30 m；CFG桩筏复合地基结构，桩径0.5 m，桩间距1.5 m，桩长30 m；CFG桩＋碎石垫层，桩径0.5 m，桩间距1.7 m，桩长17 m；CFG＋碎石垫层，桩径0.5 m，桩间距1.6 m，桩长15 m，两侧设置挡墙。

(2)地层参数与计算断面

根据地勘数据，沉降评估断面地层参数见表6-3。

表6-3 沉降评估断面地层参数

地层编号	岩土名称	厚度/m	密度/(g/cm^3)	黏聚力 c/kPa	内摩擦角 φ	基本承载力 f_0/kPa	压缩模量 E_s/MPa	弹性模量 E/MPa	泊松比 ν
1	粉质黏土	2.0	1.90	25	12°	150	8.00	48.00	0.300
2	粉质黏土	4.0	1.85	15	10°	125	3.50	21.00	0.350
3	中砂	1.0	2.00	0	33°	200	11.73	70.38	0.280
4	粉质黏土	12.0	1.90	25	15°	150	8.26	49.56	0.300
5	粉土	1.5	1.90	0	11°	100	4.50	27.00	0.300
6	粉质黏土	16.5	1.90	25	15°	150	8.26	49.56	0.300
7	中砂	2.5	2.05	0	35°	200	14.71	88.26	0.260
8	粉质黏土	3.0	1.90	25	15°	150	8.26	49.56	0.300
9	中砂	3.0	2.05	0	35°	200	14.71	88.26	0.260
10	黏土	4.5	1.90	28	10°	150	7.78	46.68	0.300

6.5.1.3　数值仿真计算与有限元分层总和法

站台区断面数值模型仿真计算中，根据断面实际尺寸建立站台区既有路基和新建路基模型，地基下卧层厚度取值采用 0.1 倍附加应力标准，取为 85 m，地基参数见表 6-3，模型横向尺寸各自沿两侧边墙向外延长 60 m。应用仿真软件建立的站台区断面数值仿真分析模型如图 6-33(a)所示，考虑及不考虑地下水影响的既有京沪高铁附加沉降分析结果分别如图 6-33(b)、图 6-33(c)所示。

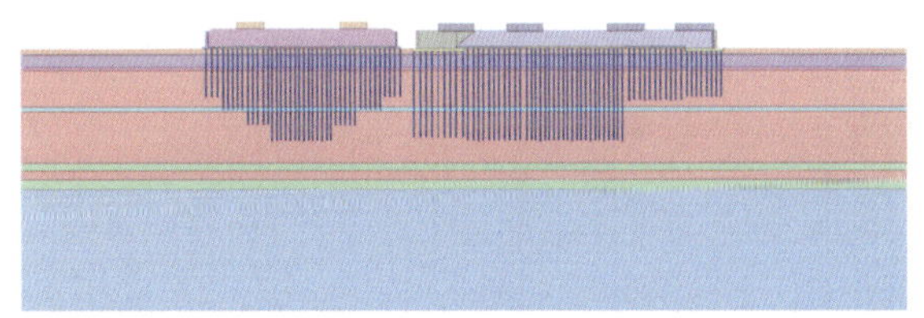

(a)数值模型

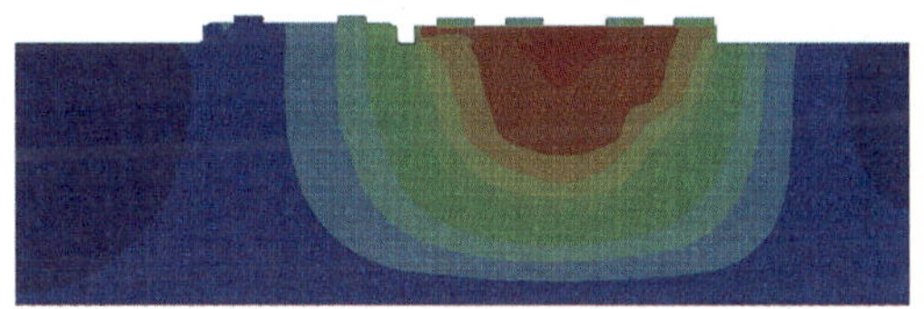

(b)考虑地下水影响的附加沉降分析结果

(c)不考虑地下水影响的附加沉降分析结果

图 6-33　计算断面数值仿真分析模型与附加沉降分析结果

根据站台区计算断面数值仿真分析成果，分别提取既有路基右边墙、Ⅰ～Ⅵ股道以及左边墙位置处的竖向沉降位移与附加应力，得到考虑地下水情形的既有京沪高铁典型位置处的附加沉降与附加应力分布，分别如图 6-34(a)、图 6-34(b)所示。根据前述既有数值模型附加应力提取的邻近既有高铁附加沉降评估思路，采用有限元分层总和法对既有京沪高铁附加沉降进行进一步评估，得到的有限元分层总和法沉降分布曲线如图 6-34(c)所示。

进一步，对于未考虑 12.3 m 地下水的计算情形，经过相同处理得到既有京沪高铁典型位置处的附加沉降与附加应力分布分别如图 6-35(a)、图 6-35(b)所示，利用不考虑地下水数值仿真结果中的附加应力分布，提取对应位置处的地层附加应力，得到有限元分层总和法沉降分布曲线，如图 6-35(c)所示。

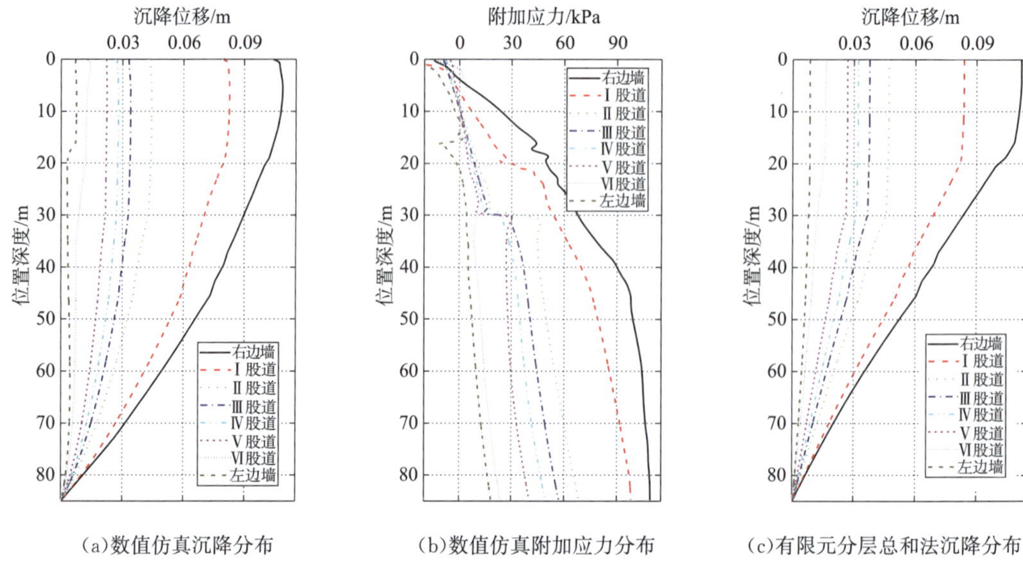

(a)数值仿真沉降分布　(b)数值仿真附加应力分布　(c)有限元分层总和法沉降分布

图 6-34　考虑地下水影响的附加沉降与附加应力分析结果

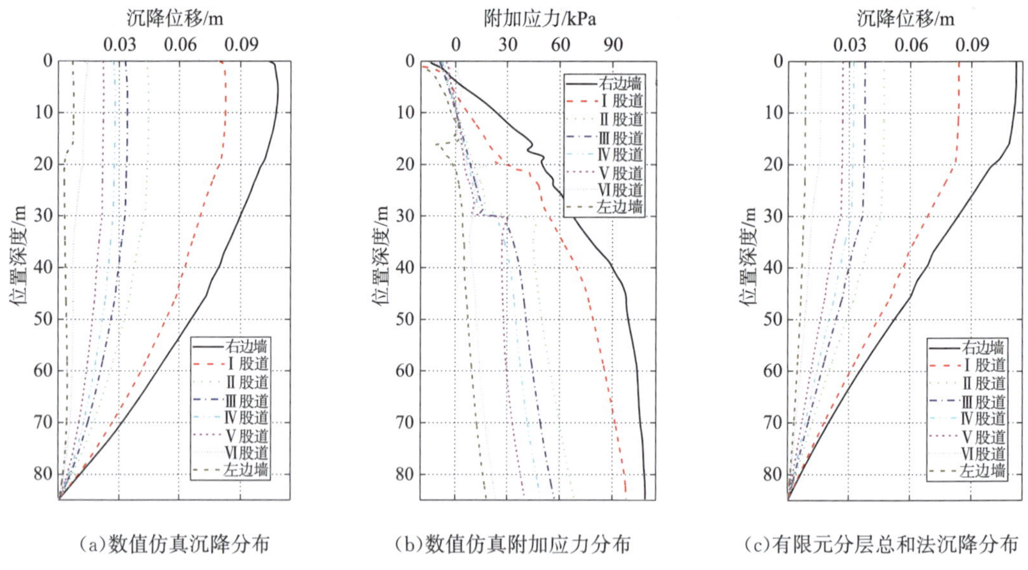

(a)数值仿真沉降分布　(b)数值仿真附加应力分布　(c)有限元分层总和法沉降分布

图 6-35　不考虑地下水影响的附加沉降与附加应力分析结果

6.5.1.4　复合模量法与实体基础 Mindlin 方法

根据前述理论分析方法在既有高铁附加沉降评估中的应用研究成果，利用复合模量法和实体基础 Mindlin 方法对站台区计算断面进行附加沉降评估。其中，Mindlin 方法分析既有京沪高铁附加沉降时，加固区边界位置处的等效荷载采用 Boussinesq 方法进行计算，得到既有京沪高铁附加沉降以及附加应力分析结果如图 6-36 所示。

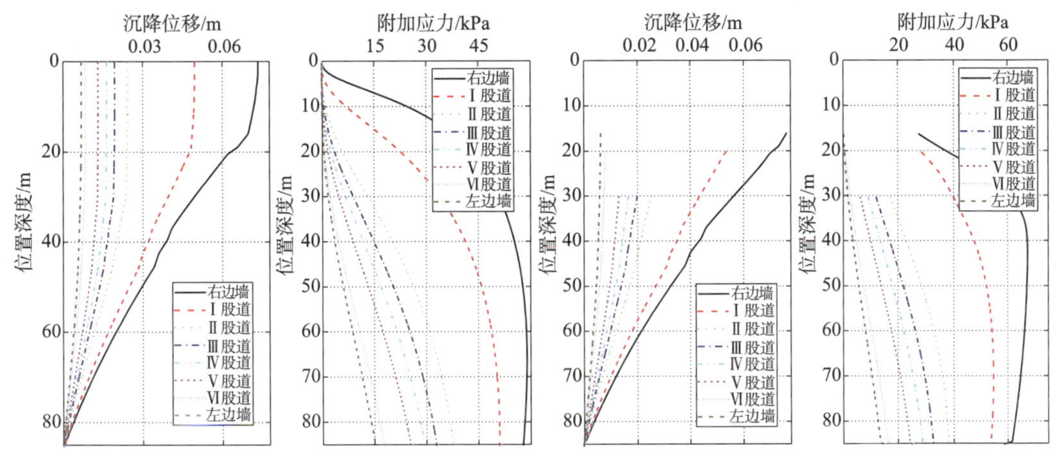

(a)复合模量法沉降分布　(b)复合模量法附加应力分布　(c)实体 Mindlin 沉降分布　(d)实体 Mindlin 附加应力分布

图 6-36　计算断面复合模量法和实体基础 Mindlin 方法计算结果

6.5.1.5　各方法计算结果对比分析

1. 附加沉降分析结果对比

根据数值仿真分析模型、有限元分层总和法、复合模量法以及实体基础 Mindlin 方法关于站台区断面既有京沪高铁附加沉降分析结果，不同方法得到的右边墙、Ⅰ～Ⅵ股道中心以及左边墙位置处的附加沉降量见表 6-4。

表 6-4　站台区断面附加沉降计算结果对比分析

分析方法		沉降变形/mm							
		右边墙	Ⅰ股道	Ⅱ股道	Ⅲ股道	Ⅳ股道	Ⅴ股道	Ⅵ股道	左边墙
考虑地下水	数值仿真分析方法	104.0	79.0	43.0	33.0	27.0	22.0	12.0	7.0
	有限元分层总和法	112.0	84.0	47.0	37.0	32.0	26.0	16.0	8.0
不考虑地下水	数值仿真分析方法	84.0	62.0	34.0	26.0	21.0	17.0	9.0	5.0
	有限元分层总和法	99.0	73.0	40.0	32.0	27.0	22.0	16.0	10.0
复合模量法		74.0	50.0	25.0	20.0	17.0	13.0	9.0	7.0
实体基础 Mindlin 方法		77.0	54.0	25.0	20.0	17.0	13.0	8.0	7.0

根据表 6-4 中各方法获取的不同位置处附加沉降分析结果，对于数值仿真分析结果，地下水对沉降分析结果的影响相对较大，未考虑地下水情形的沉降分析结果较考虑地下水情形的沉降量降低约 20%。基于数值模型附加应力提取的有限元分层总和法沉降分析结果整体大于数值仿真分析方法，其主要同下卧层计算厚度和地基压缩模量取值相关。此外，两种理论分析方法最终结果也较为接近，数值仿真获取的既有高铁附加沉降总体大于复合模量法。其中，有限元分层总和法计算得到的附加沉降数值最大，复合模量法分析结果最小，其主要原因在于数值仿真分析中采用弹塑性理论并基于弹性模量进行沉降变形计算，地基

沉降本身包含竖向沉降与水平变形两方面的耦合关系，而其余几种方法仅分析竖向附加应力，不考虑两个方向变形的耦合影响。此外，数值仿真分析模型中的弹性模量与理论分析方法中的压缩模量并非等价关系，地基土体弹性模量一般为压缩模量的 3～5 倍，两者之间关系的不等价，也是导致地基沉降分析结果差异的主要原因。

2. 附加应力分布分析结果对比

根据数值仿真、复合模量法以及实体基础 Mindlin 方法关于地基附加应力分析结果，得到左边墙、右边墙、Ⅱ股道、Ⅴ股道位置处深度方向附加应力分布，如图 6-37 所示。

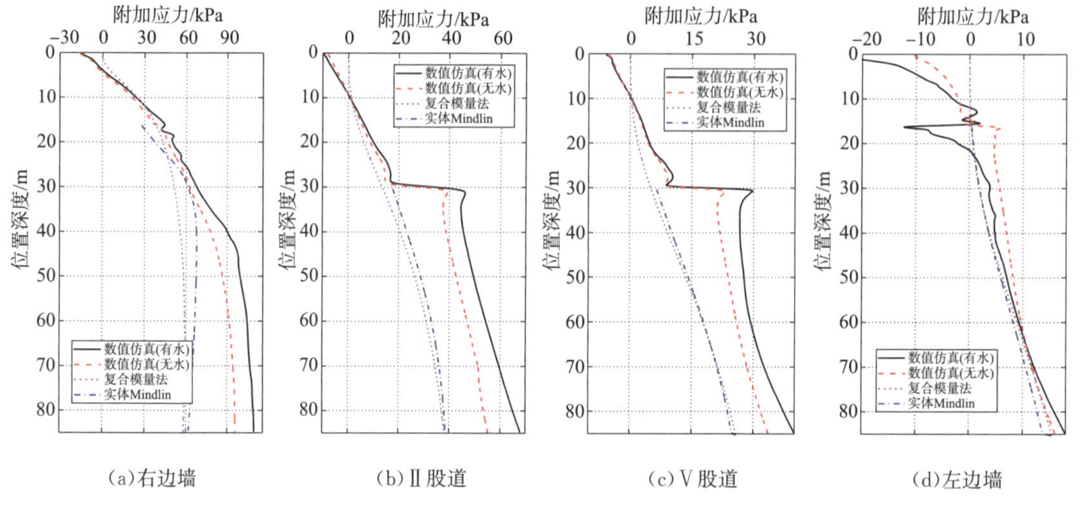

图 6-37　NDK9＋653 断面不同位置处附加应力分析结果对比分析

理论分析方法应用于路基沉降分析的基础在于预先获取地基附加应力，通过深度方向上的附加应力分布以及地基压缩模量获得地基压缩应变，通过沉降变形累加获得竖直方向上的地基总沉降量。相较于地基压缩模量取值和修正方法的不确定性，准确获取地基深度方向上的附加应力分布，对地基沉降变形的准确评估更具有积极意义。根据图 6-37 中不同位置处地基附加应力分析结果，基于数值模型应力提出获得的附加应力分布曲线明显高于复合模量法和实体基础 Mindlin 方法，这也导致有限元分层总和法关于地基附加沉降分析结果较复合模量法和实体基础 Mindlin 方法偏高。数值仿真计算中，如果考虑地下水作用，会一定程度上影响土体屈服状态，导致地基土体过早达到屈服，地基土体计算塑性变形大于不考虑地下水情形。因此，数值仿真分析时不考虑地下水时的分析结果同理论分析结果更为接近。

对于下卧层厚度较大(一般超过 60 m)的路基结构，理论分析方法获取的地基深度方向上平均附加应力大约为数值仿真分析模型提取地基平均附加应力的 0.6 倍，采用有限元分层总和法进行邻近既有铁路地基附加沉降评估时，可采用 0.6 倍的修正系数进行沉降评估修正，以提高有限元分层总和法评估效果的有效性。

6.5.2　石济高铁引入德州东站沉降安全评估

6.5.2.1　工程概况

德州东站为京沪高铁新设客运车站，位于德州市东侧德州经济技术开发区与陵城区之间，车站设在 314 国道和 104 国道之间的王官庄村附近，距既有德州站约 15 km，车站地处冀鲁冲积平原，地势平坦、开阔。车站设到发线 5 条，岛式旅客站台 2 座，侧式基本站台 1 座，旅客地道 2 座，宽度 12 m。在站台左设保养点 1 处，高速车场东侧预留石济高铁车场，规模为到发线 4 条，岛式站台 2 座。设计工点位于德州东站内线路以填方通过冲积平原，地形平坦开阔，局部地段分布沟渠，沟渠内有水。线路中心最大填高 6.29 m，最大填方边坡高为 6.34 m。

德州东站建成运营后，石济高铁站台紧邻既有京沪高铁Ⅶ股道，线路同既有京沪高铁路基边坡局部叠加，线路路堤填土荷载以及Ⅷ股道列车与轨道荷载直接作用于既有路基边坡，导致德州东站Ⅴ股道、Ⅵ股道以及Ⅶ股道在石济高铁建成运营后发生较大沉降，现场监测结果如图 6-38 所示。德州东站站台区断面沉降最大，Ⅶ股道最大沉降超过 25 mm。为进一步验证提出的有限元分层总和法与实体基础 Mindlin 方法，并对比复合模量法对邻近既有铁路附加沉降评估的效果，以德州东站站台区断面为研究对象，开展石济高铁对既有京沪高铁附加沉降影响的评估。

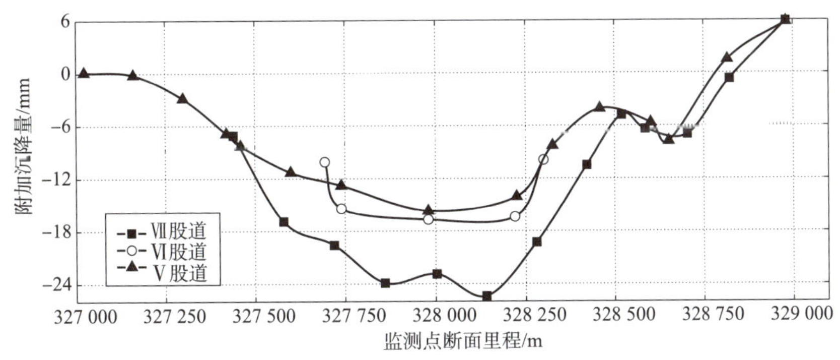

图 6-38　德州东站京沪高铁三股道附加沉降监测结果

6.5.2.2　断面参数

德州东站站台验算断面选择附加沉降监测结果最大的站台区断面，既有京沪高铁设置 7 条到发线，两个双向站台和一个侧向站台，到发线股道编号从左至右依次为Ⅰ～Ⅶ号，石济高铁设置六条到发线和两个双向站台，股道编号从左至右依次为Ⅷ～ⅩⅢ。站台区断面既有京沪高铁和石济高铁路基填高约 6.3 m，站台高度 2.0 m。京沪高铁路基左侧边墙采用混凝土挡墙结构收坡，地基处理方式为 15 m 和 27 m 的 CFG 桩复合地基，桩径 0.5 m，桩间距 2.0 m。石济高铁采用预应力管桩加固，邻近既有线路区域采用 30 m 高强预应力管桩，远离区域采用 22 m 预应力管桩，桩径均为 0.4 m，桩间距为 2.0 m。结合钻孔取样测试结果，获取的地层物理力学性质指标见表 6-5。

表 6-5 德州东站站台区断面地层参数

地层编号	岩土名称	厚度/m	密度/(g/cm³)	黏聚力 c/kPa	内摩擦角 φ	基本承载力 f_0/kPa	压缩模量 E_s/MPa	弹性模量 E/MPa	泊松比 ν
1	粉质黏土	1.0	1.83	29.1	10.6°	120	4.44	26.64	0.35
2	粉土	2.0	1.87	16.4	14.7°	110	6.18	37.08	0.30
3	黏土	3.5	1.84	29.3	11.2°	110	4.36	26.16	0.35
4	粉土	3.0	1.96	16.3	18.0°	130	8.66	51.96	0.30
5	黏土	1.5	1.86	31.1	9.5°	110	5.07	30.42	0.34
6	粉土	3.0	1.99	20.7	17.7°	150	10.37	62.22	0.30
7	黏土	1.0	1.87	34.5	8.8°	130	5.20	31.20	0.33
8	粉土	2.0	1.99	20.7	17.7°	150	10.37	62.22	0.30
9	粉质黏土	1.5	1.97	28.7	7.6°	150	5.28	31.68	0.32
10	粉砂	1.5	1.90	0	30.0°	150	11.20	67.20	0.28
11	粉土	2.0	1.99	20.70	17.7°	150	10.37	62.22	0.30
12	细砂	63.0	1.90	0.00	33.0°	200	14.71	88.26	0.28

6.5.2.3 数值仿真与有限元分层总和法

德州东站站台区断面数值仿真分析中，根据 Boussinesq 理论进行地基不同位置处附加应力分布计算，按照《铁路路基设计规范》(JB 10001—2016)应用 0.1 倍附加应力标准确定下卧层厚度，其中，既有京沪高铁路基沉降计算中的下卧层厚度为 85 m，石济高铁路基沉降计算下卧层厚度为 69 m。为进一步分析下卧层厚度对附加沉降的影响，德州东站站台区断面数值仿真分析采用两种下卧层数值进行建模，地下水位设定为 10.7 m 位置。数值仿真计算完成后，分别提取指定位置处地基深度方向上的附加应力，按照有限元分层总和法进行地基附加沉降计算。

应用数值仿真分析软件，建立 69 m 和 85 m 下卧层厚度的数值仿真分析断面如图 6-39 所示，为简化建模工作量，新建路基与既有路基中的桩基均采用实体桩方式建模，桩土之间不设置接触面。根据两种计算情形的既有京沪高铁路基附加沉降分析结果，进一步得到对应的既有京沪高铁地基附加沉降云图，如图 6-40 所示。

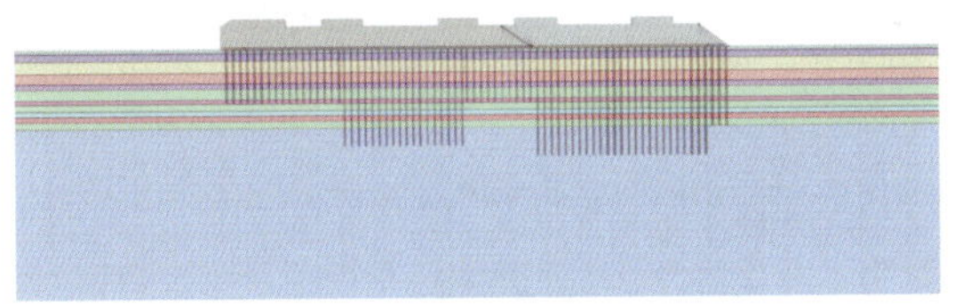

(a)69 m 下卧层厚度

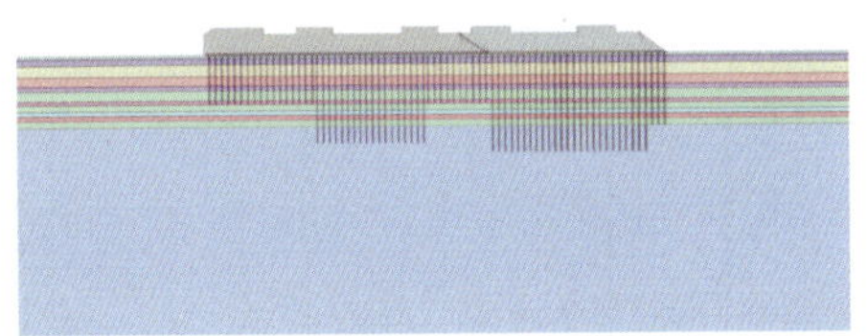

(b)85 m 下卧层厚度

图 6-39　德州东站站台区计算断面数值仿真几何模型

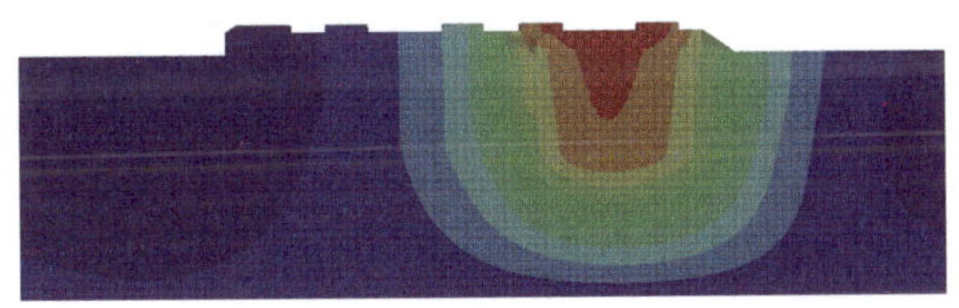

(a)69 m 下卧层厚度附加沉降

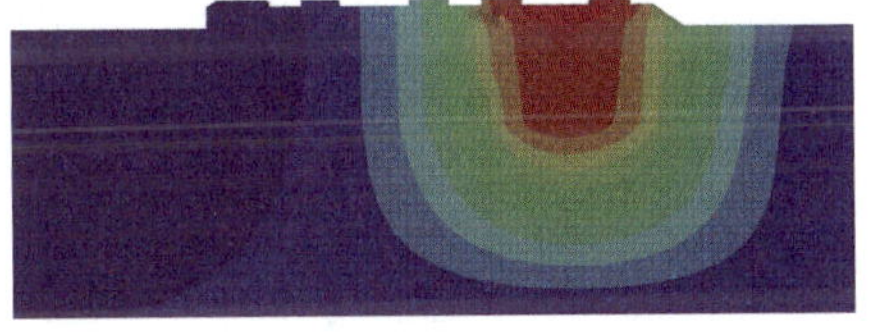

(b)85 m 下卧层厚度附加沉降

图 6-40　德州东站站台区断面附加沉降分析结果

69 m 和 85 m 下卧层厚度的数值仿真分析完成后，分别提取既有京沪高铁路基右坡脚、右坡顶、Ⅶ～Ⅰ股道以及左边墙位置处的附加沉降与附加应力，并具体应用有限元分层总和法进行既有路基附加沉降分析验证，得到 69 m 下卧层厚度的既有京沪高铁地基附加沉降和附加应力分布分析结果，如图 6-41 所示；85 m 下卧层厚度的既有京沪高铁地基附加沉降和附加应力分布分析结果，如图 6-42 所示。

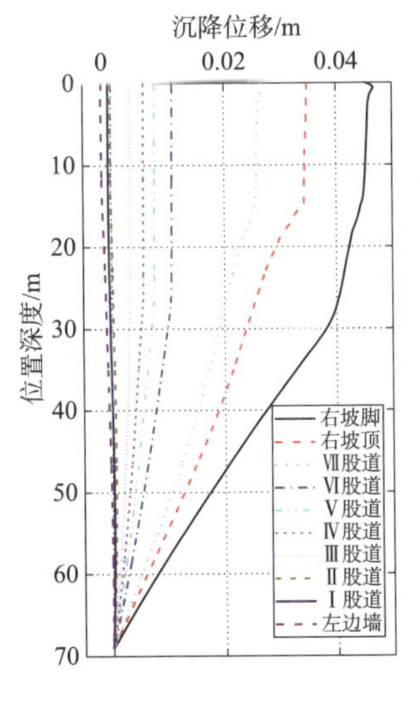

(a)数值仿真沉降分布

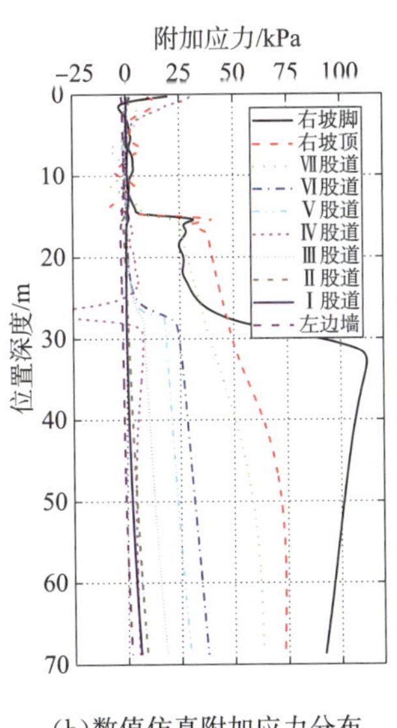

(b)数值仿真附加应力分布

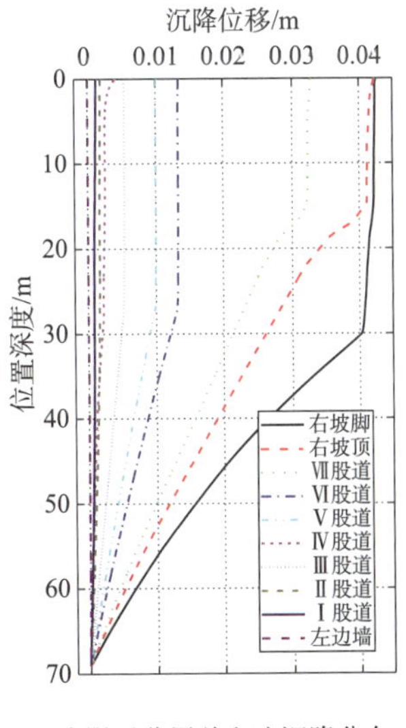

(c)有限元分层总和法沉降分布

图 6-41　德州东站站台区断面 69 m 下卧层厚度附加沉降与附加应力分析结果

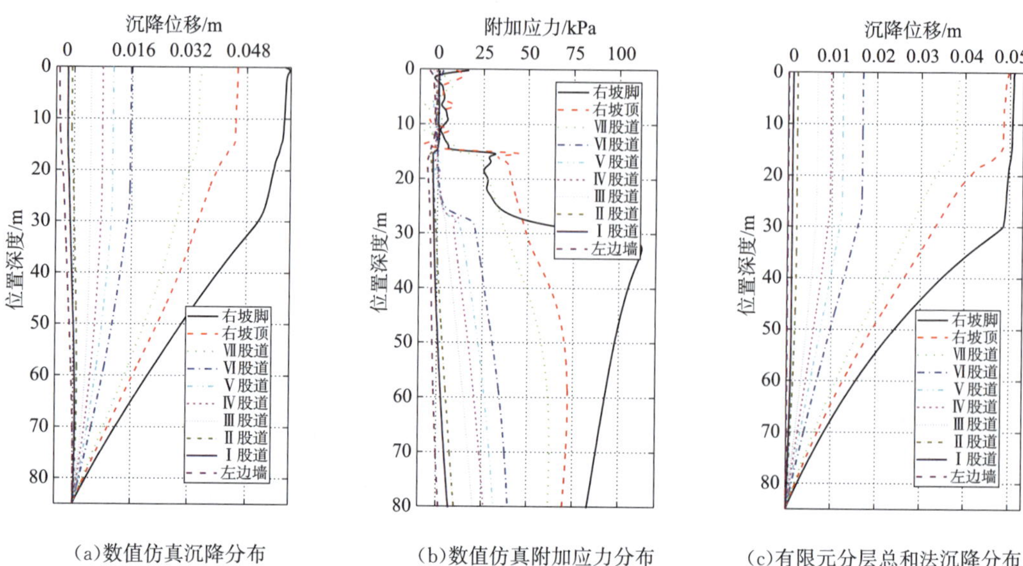

(a)数值仿真沉降分布　(b)数值仿真附加应力分布　(c)有限元分层总和法沉降分布

图 6-42　德州东站站台区断面 85 m 下卧层厚度附加沉降与附加应力分析结果

6.5.2.4　复合模量法与实体基础 Mindlin 方法

根据前述分析，应用两种方法得到的既有京沪高铁附加沉降以及附加应力分析结果如图 6-43 所示。

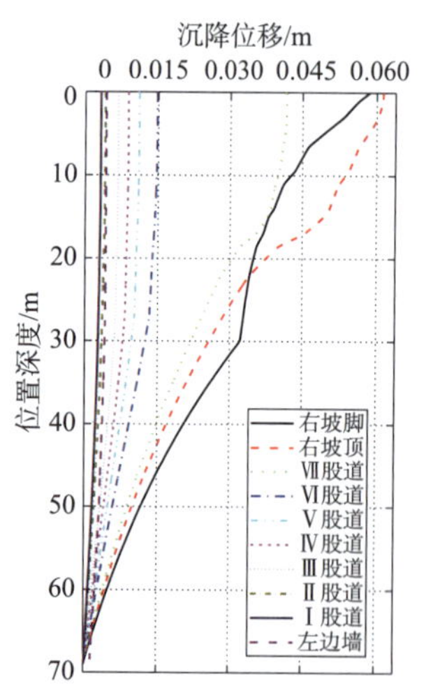

(a)69 m 下卧层复合模量法附加沉降

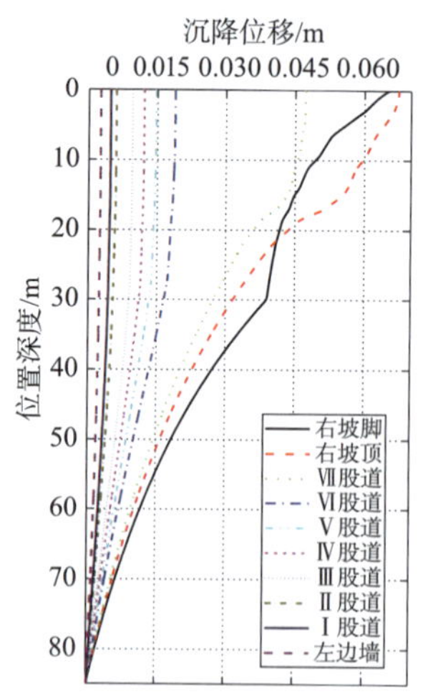

(b)85 m 下卧层复合模量法附加沉降

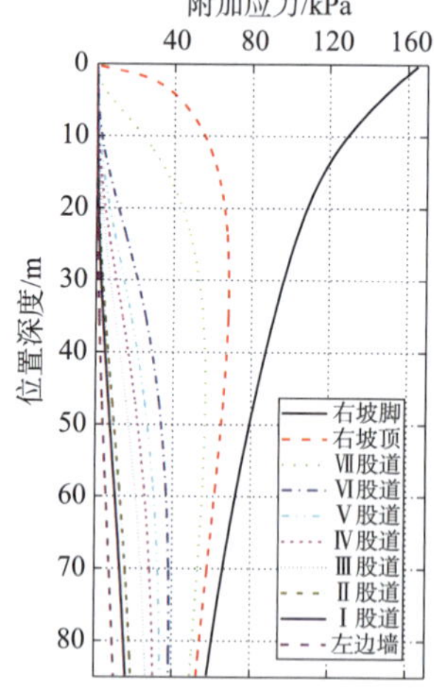

(c)复合模量法附加应力分布

图　6-43

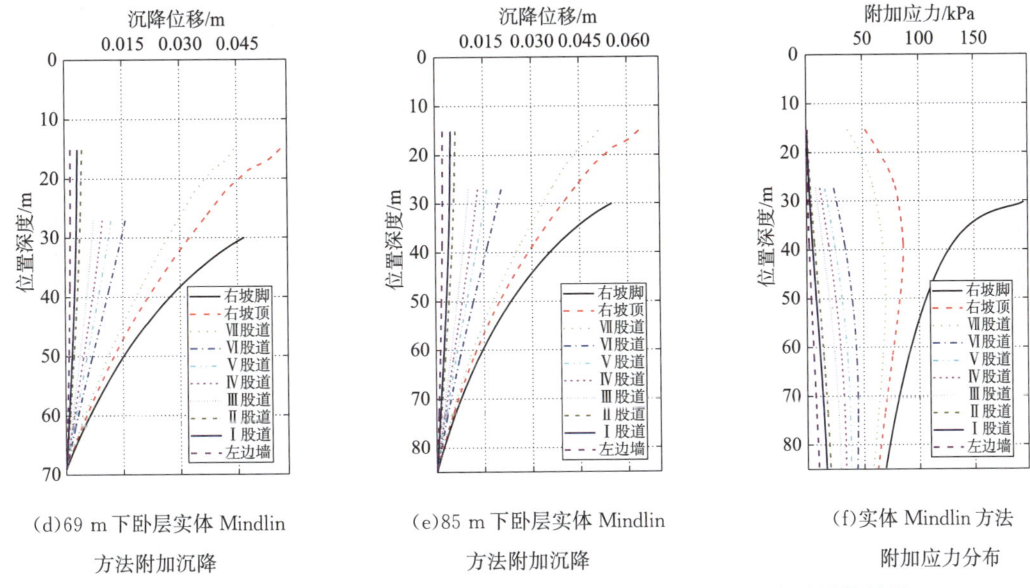

(d)69 m 下卧层实体 Mindlin 方法附加沉降　(e)85 m 下卧层实体 Mindlin 方法附加沉降　(f)实体 Mindlin 方法附加应力分布

图 6-43　德州东站站台区断面复合模量法和实体基础 Mindlin 方法计算结果

6.5.2.5　各方法计算结果对比分析

1. 附加沉降分析结果对比

根据数值仿真模型、有限元分层总和法、复合模量法以及实体基础 Mindlin 方法关于德州东站站台区断面既有京沪高铁附加沉降分析结果，不同方法得到的右坡脚、右坡顶、Ⅶ～Ⅰ股道中心以及左边墙位置处的附加沉降量见表 6-6。

表 6-6　站台区断面各方法附加沉降计算结果对比分析

分析方法		沉降变形/mm									
		右坡脚	右坡顶	Ⅶ股道	Ⅵ股道	Ⅴ股道	Ⅳ股道	Ⅲ股道	Ⅱ股道	Ⅰ股道	左边墙
69 m 下卧层厚度	数值仿真分析方法	45.0	35.0	26.0	11.0	8.0	6.0	3.0	0.0	0.0	−2.0
	有限元分层总和法	43.0	42.0	33.0	13.0	10.0	4.0	5.0	2.0	1.0	0
	复合模量法	59.0	61.0	42.0	15.0	11.0	9.0	7.0	4.0	3.0	2.0
	实体基础 Mindlin 方法	47.0	56.0	44.0	16.0	12.0	10.0	7.0	4.0	3.0	1.0
85 m 下卧层厚度	数值仿真分析方法	58.0	46.0	35.0	16.0	11.0	8.0	5.0	−1.0	−2.0	−4.0
	有限元分层总和法	51.0	50.0	39.0	17.0	12.0	10.0	7.0	2.0	1.0	0
	复合模量法	65.0	67.0	47.0	19.0	15.0	12.0	9.0	6.0	5.0	3.0
	实体基础 Mindlin 方法	55.0	64.0	51.0	21.0	16.0	13.0	10.0	6.0	5.0	2.0

根据表 6-6 中各方法获取的不同位置处附加沉降分析结果，85 m 下卧层厚度附加沉降评估结果整体高于 69 m 下卧层厚度。其中，右坡脚位置由于新建路基荷载，总体处于压缩

变形，不同方法关于右坡脚位置处的附加沉降分析结果相对接近，其中，复合模量法最终分析成果相对最大，其余三种方法较为接近。同日兰高铁两个断面分析结果类似，数值仿真分析中，当附加沉降计算断面远离新建路基时，深度方向上的应力状态并不全部处于受压状态，使得相应位置处地基表现为隆起变形。理论分析方法能够获得更为合理的地基附加应力分布，但由于仅能考虑竖直方向上的压缩变形，分析结果并不能有效反映地基竖向沉降和水平位移间的耦合关系。

根据图 6-38 中德州东站 DK328＋150 断面处Ⅶ股道、Ⅵ股道以及Ⅴ股道实际沉降监测结果，Ⅶ股道、Ⅵ股道以及Ⅴ股道实际发生沉降变形分别达到 25.4 mm、16.7 mm 以及 15.7 mm。对比表 6-6 各方法分析结果，理论分析方法对Ⅵ股道和Ⅴ股道评估结果与实际沉降值较为接近，但对Ⅶ股道评估结果偏大，而数值仿真分析结果关于Ⅶ股道沉降评估结果同实测值更为接近，但对距离更远的Ⅵ股道和Ⅴ股道评估结果同实测值相差更远。此类偏差主要同数值仿真分析方法和理论分析方法的各自特点相关，数值仿真分析计算中的地基附加应力随距离增加，地基附加应力分布快速衰减，而基于 Boussinesq 理论和 Mindlin 理论的理论分析方法关于地基附加应力分析结果随距离衰减水平相对较慢，这也导致理论分析方法关于附加沉降的影响范围分析结果大于数值仿真方法。此外，数值仿真分析中，影响分析结果的因素众多，这也导致仿真结果严重依赖于地层参数，而土体参数变动范围较大，导致仿真分析结果具有较大不确定性。

2. 附加应力分布分析结果对比

根据数值仿真、复合模量法以及实体基础 Mindlin 方法关于德州东站站台区断面不同位置处的地基附加应力分析结果，得到右坡脚、Ⅶ股道、Ⅴ股道以及Ⅱ股道位置处，各方法获取附加应力分布如图 6-44 所示。

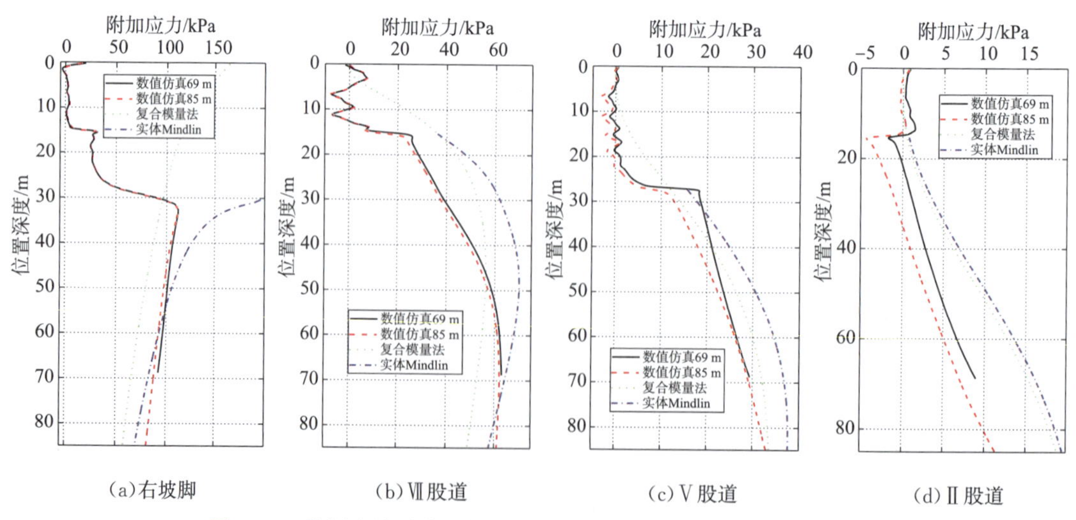

图 6-44　德州东站站台区断面不同位置处附加应力分析结果对比

根据图 6-44 中不同位置处地基附加应力分析结果，右坡脚、Ⅶ股道以及Ⅴ股道位置处不同方法获得的深度方向附加应力分布较为接近，但数值仿真提取的附加应力较理论分析方法偏小。Ⅱ股道位置处的数值仿真提取的附加应力小于复合模量法和实体 Mindlin 方法，且数值仿真提取的Ⅱ股道附加应力分布存在明显的拉应力分布区。

综上，关于德州东站站台区断面的既有京沪高铁站台附加沉降评估结果表明，应用复合模量法和实体 Mindlin 方法能够应用于既有路基的附加沉降评估，但对邻近新建路基区域的附加沉降评估结果相对偏大，对远离新建路基区域的附加沉降变形评估结果更为准确可靠。有限元分层总和法能够充分利用数值仿真分析和理论分析的特点，满足复杂工况下的既有路基附加沉降评估，并能对理论分析结果进行进一步的验证，可以作为既有高铁附加沉降评估的辅助手段。

6.5.3　邻近既有高铁附加沉降评估算例的几点分析

根据日兰高铁曲阜东站、石济高铁德州东站站台区附加沉降评估工程算例对比验证，既有高铁附加沉降评估中必须重点关注和解决如下几方面的问题：

(1)下卧层厚度的确定

下卧层厚度是影响铁路路基附加沉降评估的关键因素，下卧层厚度取值越大，相应的附加沉降评估结果也越大。对于数值仿真模量横向尺寸和竖向尺寸对地基沉降的影响规律进行了部分对比分析，得出了地基竖向尺寸对填土路基地基附加应力分布和附加沉降影响的一般规律。虽然我国《铁路路基设计规范》(TB 10001—2016)关于下卧层厚度确定标准方面具有明确的规定，但对于邻近既有高铁的新建铁路，下卧层厚度可分别基于新建铁路和既有铁路荷载进行确定，两者确定的下卧层厚度最终值往往差别很大，这也导致既有高铁附加沉降评估中缺少统一的下卧层厚度取值标准。德州东站站台附加沉降评估中，分别采用了 69 m(新建铁路荷载)与 85 m(既有铁路荷载)的下卧层厚度，评估结果显示采用基于石济高铁路基荷载确定的下卧层厚度进行既有京沪高铁附加沉降评估时，同实际沉降监测结果更为接近。因此，建议在既有高铁附加沉降评估工程中，统一将新建铁路的下卧层厚度作为既有铁路附加沉降评估的下卧层厚度基准。

(2)地基土层压缩模量与弹性模量数值的确定及相互匹配

对于既有高铁附加沉降评估的各种方法，无论是理论分析方法还是数值仿真方法，或者是综合两者特点的有限元分层总和法，附加沉降评估中均涉及压缩模量和弹性模量的取值问题。两个算例的理论分析与数值仿真结果也表明，仅仅根据地勘报告采用 100～200 kPa 范围内的压缩模量 $E_{s0.1\text{-}0.2}$ 或者 $e\text{-}p$ 曲线进行地基沉降评估得到的附加沉降数值往往严重偏大，必须考虑土体的三向受压应力状态对土层压缩模量进行深度方向上的数值修正。此外，数值仿真分析中的弹性模量一般取为土层压缩模量的 2～5 倍，仿真分析中弹性模量取值的不确定性也往往导致仿真分析结果同理论分析结果相差甚远。因此，针对实际工程的附加沉降评估项目，有必要根据铁路沉降变形实测数值，首先进行地层压缩模量和弹性模量的反演分析，确定与实际沉降变形相匹配的地层参数，之后再进行邻近既有铁路的附加沉降评估工作。

(3)加固区边界等效荷载的确定

曲阜东站和德州东站既有京沪高铁附加沉降评估中均采用了实体基础 Mindlin 方法，相较于基于 Boussinesq 理论的复合模量法，实体基础 Mindlin 方法充分考虑了刚性桩加固区的荷载传递和转移效应，将作用于桩顶的填土荷载等效为作用于加固区侧边界和底部边界的竖向荷载，应用 Mindlin 方法实现地基内部不同位置处的附加应力计算。两个算例的分析结果也表明，相较于 Boussinesq 解，实体基础 Mindlin 方法关于荷载作用位置附近的附加应力更大，并且远离荷载作用面位置的附加沉降更小，这也意味着应用实体基础 Mindlin 方法确定的新建路基附加沉降影响范围相对更小，同实际工程监测结果更为接近。但是，实体基础 Mindlin 方法应用于既有路基附加沉降评估的核心问题在于边界等效荷载的确定问题，由于刚性桩加固区同未加固土体相互作用的复杂性，无论通过 Boussinesq 方法还是荷载等效方法均不能很好模拟加固区侧边界和底部边界的荷载分布，这也导致实体基础 Mindlin 方法的实际应用仍达不到预期效果。

第7章　高速铁路层状地基固结沉降特性及分析预测技术

随着我国经济的蓬勃发展，交通运输及资源输送的需求日益迫切，高速铁路工程应运而生，并开始大规模的建设和投入使用。高速铁路运行速度快、技术标准高、对路基工后沉降要求严格，控制路基变形已经成为高速铁路工程快速、便捷和舒适化的重要体现之一。高速铁路路基沉降具有明显的时间效应，并在路基工程施工完成后继续沉降，表现为明显的固结沉降特征。但是，现阶段对于高速铁路路基工程的沉降分析设计偏重于总沉降量控制，对路基沉降的时间效应并未过多关注。对于部分宽大站场路基，在大规模上部荷载以及邻近荷载作用下，施工阶段的路基固结沉降难以控制，必须对施工以及运营阶段的路基固结沉降历时进行全过程的分析预测，以期合理优化施工工期和地基处理加固措施。本章主要针对高速铁路路基的固结沉降分析预测技术问题，综合运用理论分析、仿真计算以及现场监测验证，开展层状地基一维以及三维固结沉降分析研究，为高速铁路路基固结沉降预测提供全新思路。

7.1　高速铁路路基沉降机理

7.1.1　研究方法及技术路线

1. 研究方法

(1)借助分离变量法、积分变换法及传递矩阵法对固结方程进行显式求解。

(2)借助数学软件对层状地基固结变形特性解析显式解进行数值求解。

2. 研究技术路线

研究技术路线主要包括层状地基沉降机理和固结沉降特性研究两大部分(图7-1)：

(1)层状地基沉降机理研究技术路线：运用颗粒组成理论、固结试验和计算机仿真模拟技术，分析层状地基沉降机理及细颗粒含量对粉细砂地基固结变形的影响机理。

(2)层状地基沉降特性研究技术路线：运用状态变量传递矩阵法和积分变换技术，对层状地基沉降量及沉降随时间的发展历程进行解析计算。

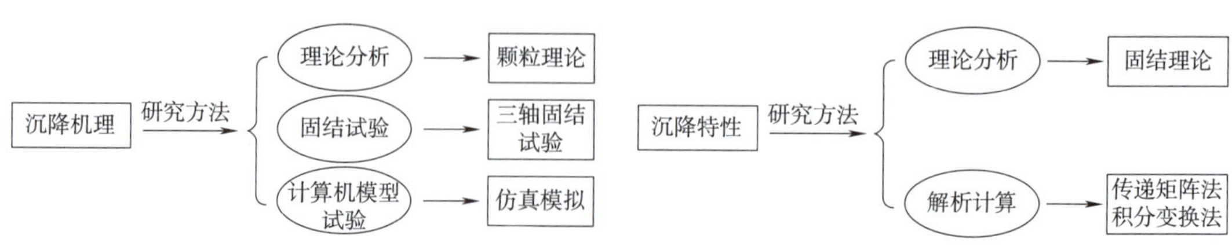

图 7-1 层状地基沉降机理及沉降分析技术研究技术路线

7.1.2 高速铁路路基结构地基沉降机理

1. 高速铁路路基沉降机理研究

高速铁路路基结构的地基变形和强度发生机制本质上是地基土体内部各组成要素之间调整、演变的总体反映。通过运用颗分试验，从地基土体的三相组成要素入手，从内因和外因两个方面对地基发生沉降变形的作用机理进行分析。

从内因上讲，地基沉降主要由土体在外力作用下孔隙发生压缩变形而引起的；从外因上讲，地基沉降由外荷载作用产生的附加应力作用下，促使土体原有的应力状态发生变化而产生竖向、侧向和剪切变形引起的，即地基土体在荷载作用下，应力状态发生改变，从而引起地基沉降变形。

地基沉降变形按产生时间先后可分为瞬时沉降 S_d、固结沉降 S_c和次固结沉降 S_s，则总沉降 S 可以表示为式(7-1)。

$$S=S_d+S_c+S_s \tag{7-1}$$

2. 细颗粒含量对层状地基固结变形特性影响机理

当层状地基土层中的细颗粒和砂粒松散地堆积而处于低能量状态时，作为土体骨架的砂粒间有较大的孔隙，细颗粒零星地分布于砂粒孔隙内和砂粒间接触点面上。当土体颗粒在较小围压下受剪，一方面砂粒间原有孔隙减小，另一方面处于砂粒接触点上的细颗粒在外力作用下滑入砂粒孔隙内，使得地基土层表现出持续的体缩性。当土体颗粒在较高围压下受剪时，较多粉粒受限于砂粒接触点上，由细颗粒滑入砂粒孔隙中所导致的体缩机率减小。其中，层状地基土体颗粒受剪变形示意图如图 7-2 所示。

综上所述，无论细颗粒分布在砂粒孔隙之间或者在砂粒间接触点面上，都会对地基土层的孔隙比和渗透特性产生一定的影响作用，进而对地基土体固结变形产生影响。利用颗粒间相互接触状态及分形理论中反映土体颗粒结构自相似性的分维数变化情况，可进一步探讨细颗粒含量对层状地基土层固结变形特性的影响以及细颗粒含量的临界值。

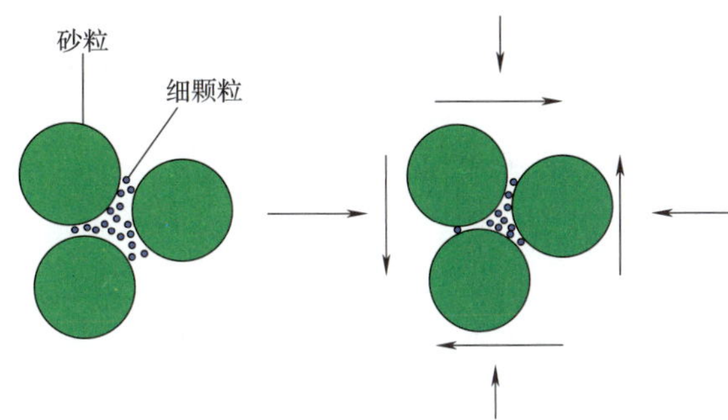

图 7-2　层状地基土体颗粒受剪变形示意图

7.2　层状地基一维固结沉降特性分析

7.2.1　一维固结方程的基本形式

根据物理模型与基本假定，取土体中距排水面某一深度处的土单元体，如图 7-3 所示。由于土骨架对孔隙水的渗流有阻碍作用，因此除了在荷载施加的瞬时及固结完成时刻以外，在固结过程中土单元的上下表面处的超静孔隙水压力是不同的。因此，超静孔隙水压力是时间和深度的函数，即 $u=u(z,t)$。在固结过程中，单元体 dt 时间内沿竖向排出的水量等于单元体在相同时间内的竖向压缩量。Terzaghi 单向固结理论基本假设为：

(1)土是均质的、完全饱和的理想弹性材料。

(2)土体变形是微小的。

(3)土颗粒和孔隙水均不可压缩。

(4)孔隙水渗流服从达西定律，渗透系数为常数。

(5)荷载一次瞬时施加并维持不变，土体承受的总应力不随时间变化。

(6)土体中只发生竖向压缩变形和竖向孔隙水渗流。

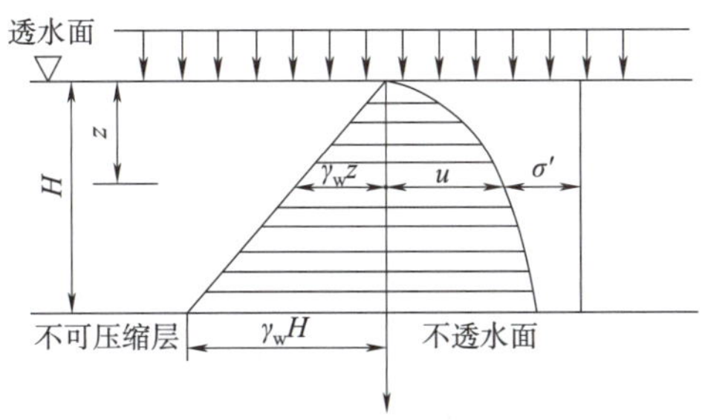

图 7-3　单向固结计算模型

一维固结微分方程为式(7-2)形式。

$$\frac{\partial u}{\partial t}=C_{\mathrm{v}}\frac{\partial^2 u}{\partial z^2} \tag{7-2}$$

式中 C_{v}——地基土层竖向固结系数,$C_{\mathrm{v}}=k(1+e)/(\gamma_{\mathrm{w}}a_{\mathrm{v}})$;

k——地基土层渗透系数,m/s;

e——土体初始孔隙比;

γ_{w}——孔隙水容重,$\mathrm{g/cm^{-3}}$;

a_{v}——土的压缩系数,$\mathrm{MPa^{-1}}$。

7.2.2 状态变量传递矩阵法

1. 传递矩阵法基本思想

为了克服在求解固结方程中存在的问题,根据多层地基链状体系的特点,研究采用状态变量传递矩阵法和积分变换法对层状地基的固结变形特性进行求解。从状态空间变量传递矩阵法入手,结合传统方法中的一些思想,对层状地基利用状态空间变量传递矩阵法进行分析,建立了轴对称荷载下单层和多层地基的传递矩阵,从而简便、快捷地求解出地基内各点在任意时刻应力和位移。

2. 传递矩阵法的主要内容

状态变量传递矩阵法的主要内容包括以下五个方面:

(1)根据研究对象的受力状况,选取适当的应力、位移分量作为状态变量。

(2)对固结方程进行 Laplace 或 Hankel 变换,将偏微分方程组转化为关于状态变量的常微分矩阵方程,建立各种受力状态下的状态空间传递矩阵及传递矩阵方程,这是状态空间变量传递矩阵法的核心。

(3)根据边界处已知的状态变量,利用层间连续性和状态空间传递方程求解未知边界的状态变量,进而得到任意层的全部状态变量在变换空间中的解。

(4)最终运用 Hankel 逆变换或 Laplace 逆变换,得到各状态变量的真实解。

(5)由求得的状态变量可求出其他需要的变量。

3. 状态变量传递矩阵法的优势

状态变量传递矩阵法较其他解析计算方法具有如下优势:

(1)状态变量传递矩阵法采用严格固结方程进行公式推导,其间鲜有简化假设的引入。

(2)状态变量传递矩阵法是以多层地基的一层作为计算单元,取层面上的状态变量(应力、位移)为未知量。用其分析层状结构时,结构层数的增加并不增加未知量的个数,只是增加传递矩阵相乘的次数。

(3)状态变量传递矩阵法利用 Laplace 逆变换直接得到任意时间域内的解析解,无需迭代、递推和逐渐逼近，大大降低了计算误差。

7.2.3　Laplace 变换及逆变换

1. Laplace(拉氏)变换及逆变换定义及定理

(1)定义在[0,∞]区间的函数 $f(t)$，其对应的拉氏变换式为式(7-3)。

$$F(s)=\int_{0^-}^{\infty} f(t)\mathrm{e}^{-st}\,\mathrm{d}t \tag{7-3}$$

其中，$s=\sigma+\mathrm{j}\omega$ 为复数，亦称复频率；$F(s)$是 $f(t)$的象函数(为复频域)，$f(t)$是 $F(s)$的原函数(时域)。

(2)拉氏变换存在定理：

①在 $t\geqslant 0$ 的任一有限区间均分段连续。

②存在正的有限值常数 M、c，使得 $|f(t)|\leqslant M\mathrm{e}^{ct}$，则总可以找到合适的 s 值，使得$f(t)\mathrm{e}^{-st}$的积分收敛。

(3)拉氏逆变换：

$$f(t)=\frac{1}{2\pi \mathrm{j}}\int_{C-\mathrm{j}\infty}^{C+\mathrm{j}\infty} F(s)\mathrm{e}^{st}\,\mathrm{d}s \tag{7-4}$$

2. 拉氏变换及逆变换解微分方程的求解过程

首先通过拉氏变换将微分方程化为象函数的代数方程，进而解出象函数，然后由拉氏逆变换求得微分方程的解，其具体求解过程如图 7-4 所示。

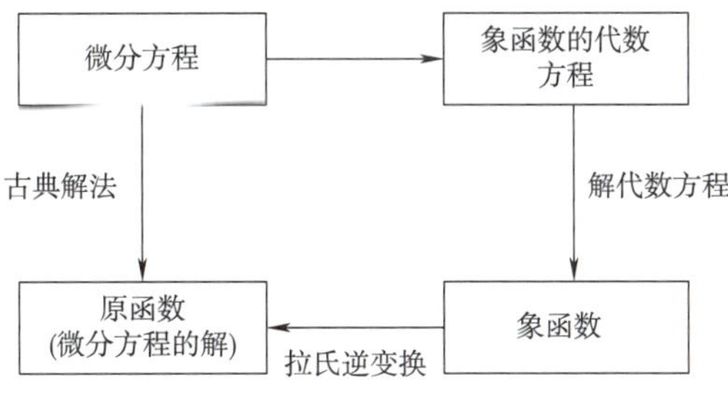

图 7-4　拉氏变换法求解线性微分方程的过程

7.2.4　单层地基一维固结方程初参数解

1. 单层地基固结方程 Laplace 变换及逆变换

以一维固结方程为例，将有效应力作为状态变量，运用传递矩阵法对固结偏微分方程进行 Laplace 变换及逆变换求解。假设作用于单层地基的总应力为 p，根据一维固结理论相关假定以及有效应力原理，由式(7-2)得到关于有效应力 σ 的固结方程式(7-5)。

$$\frac{\partial\sigma}{\partial t}=C_{\mathrm{v}}\frac{\partial^2\sigma}{\partial z^2} \tag{7-5}$$

借助分步积分式(7-6),引入 Laplace 变换将式(7-5)左边、右边对时间 t 进行 Laplace 变换分别得到式(7-7)。

$$\int_a^b u\,\mathrm{d}v = [uv]_a^b - \int_a^b v\,\mathrm{d}u \tag{7-6}$$

$$\begin{cases} L\left[\dfrac{\partial \sigma_i(z,t)}{\partial t}\right] = \displaystyle\int_0^{\infty} \dfrac{\partial \sigma_i(z,t)}{\partial t} \mathrm{e}^{-st}\mathrm{d}t = \mathrm{e}^{-st}\sigma_i(z,t)\Big|_0^{\infty} + s\displaystyle\int_0^{\infty}\sigma_i(z,t)\mathrm{e}^{-st}\mathrm{d}t = s\tilde{\sigma}_i(z,s) - \tilde{\sigma}_i(z,0) \\ L\left[C_{vi}\dfrac{\partial^2 \sigma_i(z,t)}{\partial z^2}\right] = \displaystyle\int_0^{\infty} C_{vi}\dfrac{\partial^2 \sigma_i(z,t)}{\partial z^2}\mathrm{e}^{-st}\mathrm{d}t = C_{vi}\dfrac{\partial^2 \tilde{\sigma}_i(z,s)}{\partial z^2} \end{cases} \tag{7-7}$$

根据式(7-7),两式相等,得到恒等式(7-8)。

$$s\tilde{\sigma}(z,s) - \tilde{\sigma}(z,0) = C_v \frac{\partial^2 \tilde{\sigma}(z,s)}{\partial z^2} \tag{7-8}$$

其中,$\tilde{\sigma}(z,s)$为有效应力函数 $\sigma(z,t)$的 Laplace 变换象函数,其表达式为式(7-9)。

$$\tilde{\sigma}(z,s) = \int_0^{\infty} \mathrm{e}^{-st}\sigma(z,t)\mathrm{d}t \tag{7-9}$$

象函数 $\tilde{\sigma}(z,s)$对应的逆变换原函数可写成式(7-10)形式。

$$\sigma(z,t) = \frac{1}{2\pi \mathrm{i}}\int_{a-\mathrm{i}\infty}^{a+\mathrm{i}\infty} \mathrm{e}^{st}\,\tilde{\sigma}(z,s)\mathrm{d}s \tag{7-10}$$

2. 传递矩阵元素确定及矩阵建立

(1)传递矩阵元素的确定

假设层状地基中的土层为饱和多孔介质,各土层由水平层状、均匀、各向同性材料组成,即同层内的 C_v、E 为常数。考虑层与层的交界面是完全接触的,其应力、位移及流量等场变量的连续性,选取接触面上的有效应力和单位面积渗流量 Q 这两个量为基本未知量,即矩阵元素。

(2)传递矩阵的建立

将一维固结方程的初始值条件 $\sigma(z,0)=0$ 代入式(7-8),整理为式(7-11)。

$$\frac{\partial^2 \tilde{\sigma}(z,s)}{\partial z^2} - \frac{s}{C_v}\tilde{\sigma}(z,s) = 0 \tag{7-11}$$

运用分离变量法求解常微分方程式(7-11)的复频域一般通解表达式(7-12)。

$$\tilde{\sigma}(z,s) = c_1\mathrm{e}^{\beta z} + c_2\mathrm{e}^{-\beta z} \tag{7-12}$$

其中,$\beta=(s/C_v)^{0.5}$,c_1 和 c_2 为常微分方程的积分常数,可由边界条件决定,不同的边界条件使得积分常数的取值有较大不同。

由此,式(7-12)就是 Laplace 变换复数域内单层地基一维固结有效应力函数 $\sigma(z,t)$的初参数解。将式(7-12)对 z 求偏导并同式(7-12)联立构成一组二维线性方程组,并可进一步整理为式(7-13)矩阵格式。

$$\begin{pmatrix} \tilde{\sigma}(z,s) \\ \dfrac{\partial\tilde{\sigma}(z,s)}{\partial z} \end{pmatrix} = \begin{pmatrix} e^{\beta z} & e^{-\beta z} \\ \beta e^{\beta z} & -\beta e^{-\beta z} \end{pmatrix} \begin{pmatrix} c_1 \\ c_2 \end{pmatrix} \tag{7-13}$$

进而利用二阶矩阵求逆的原理,求解式(7-13)中的积分常数 c_1 和 c_2 为式(7-14)形式。

$$\begin{pmatrix} c_1 \\ c_2 \end{pmatrix} = \begin{pmatrix} e^{\beta z} & e^{-\beta z} \\ \beta e^{\beta z} & -\beta e^{-\beta z} \end{pmatrix}^{-1} \begin{pmatrix} \tilde{\sigma}(z,s) \\ \partial\tilde{\sigma}(z,s)/\partial z \end{pmatrix} = \begin{pmatrix} 0.5e^{-\beta z} & 0.5\beta^{-1}e^{-\beta z} \\ 0.5e^{\beta z} & -0.5\beta^{-1}e^{\beta z} \end{pmatrix} \begin{pmatrix} \tilde{\sigma}(z,s) \\ \partial\tilde{\sigma}(z,s)/\partial z \end{pmatrix} \tag{7-14}$$

根据层状地基的初始条件,当 $z=0$ 时,式(7-13)改写为式(7-15)形式。

$$\begin{pmatrix} \tilde{\sigma}(0,s) \\ \partial\tilde{\sigma}(0,s)/\partial z \end{pmatrix} = \begin{pmatrix} 1 & 1 \\ \beta & -\beta \end{pmatrix} \begin{pmatrix} c_1 \\ c_2 \end{pmatrix} \tag{7-15}$$

将式(7-14)代入(7-15),由矩阵相乘特性,得到层状地基有效应力传递矩阵关系式(7-16)。

$$\begin{pmatrix} \tilde{\sigma}(0,s) \\ \partial\tilde{\sigma}(0,s)/\partial z \end{pmatrix} = \begin{pmatrix} 0.5(e^{-\beta z}+e^{\beta z}) & 0.5\beta^{-1}(e^{-\beta z}-e^{\beta z}) \\ 0.5\beta(e^{-\beta z}-e^{\beta z}) & 0.5(e^{-\beta z}+e^{\beta z}) \end{pmatrix} \begin{pmatrix} \tilde{\sigma}(z,s) \\ \partial\tilde{\sigma}(z,s)/\partial z \end{pmatrix} = \boldsymbol{T}_{2\times 2} \begin{pmatrix} \tilde{\sigma}(z,s) \\ \partial\tilde{\sigma}(z,s)/\partial z \end{pmatrix} \tag{7-16}$$

$\boldsymbol{T}_{2\times 2}$ 被称为传递矩阵,其中包含的元素列于式(7-17)。

$$\begin{cases} T_{11}=T_{22}=0.5(e^{-\beta z}+e^{\beta z}) \\ T_{12}=0.5\beta^{-1}(e^{-\beta z}-e^{\beta z}) \\ T_{21}=0.5\beta(e^{-\beta z}-e^{\beta z}) \end{cases} \tag{7-17}$$

7.2.5　层状地基一维固结方程传递矩阵数值解

1. 层状地基一维固结方程传递矩阵解

下面采用传递矩阵法来进行图 7-5(a)多层地基的一维固结分析,各层土体假定为均质体,各土层间的固结沉降参数满足连续性条件,可应用图 7-5(b)传递矩阵法进行固结参数的分析求解。

对于图 7-5(a)中多层地基,根据层间应力接触条件及单位截面积渗流量连续条件得出式(7-18)。

$$\begin{cases} \tilde{\sigma}(H_i,s)=\tilde{\sigma}(H_{i+1},s) \\ v=k\cdot i=\dfrac{k_i}{\gamma_w}\cdot\dfrac{\partial\tilde{\sigma}(H_i,s)}{\partial z}=\dfrac{k_{i+1}}{\gamma_w}\cdot\dfrac{\partial\tilde{\sigma}(H_{i+1},s)}{\partial z} \end{cases} \tag{7-18}$$

式中　v——土层孔隙水的渗流速度,cm/s;

k——土层的渗透系数,cm/s;

i——水力梯度。

将式(7-16)应用于每一层,并注意到层间的应力接触条件及单位截面积内渗流量连续条件,可整理为式(7-19)形式。

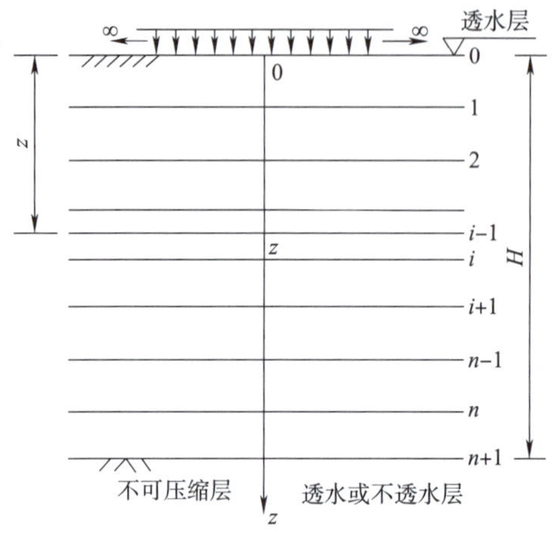

(a)层状地基几何参数

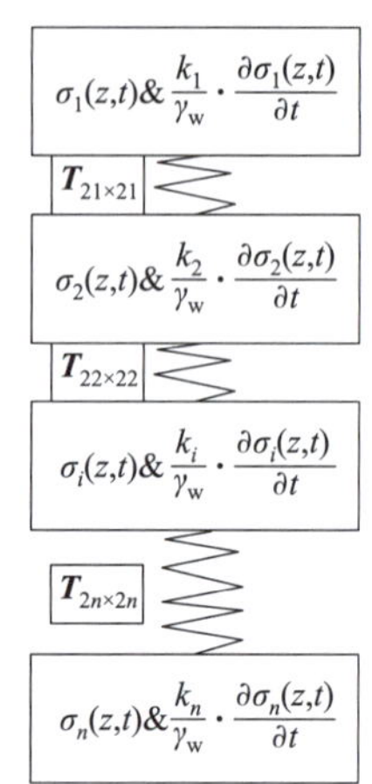

(b)传递矩阵法工作原理

图 7-5 层状地基传递矩阵法求解示意图

$$\begin{pmatrix} \tilde{\sigma}(0^+,s) \\ \partial\tilde{\sigma}(0^+,s)/\partial z \end{pmatrix} = \begin{pmatrix} A_{11} & A_{12} \\ A_{21} & A_{22} \end{pmatrix} \begin{pmatrix} \tilde{\sigma}(H_n^-,s) \\ \partial\tilde{\sigma}(H_n^-,s)/\partial z \end{pmatrix} = \boldsymbol{A} \begin{pmatrix} \tilde{\sigma}(H_n^-,s) \\ \partial\tilde{\sigma}(H_n^-,s)/\partial z \end{pmatrix} \tag{7-19}$$

其中，$\boldsymbol{A}=\boldsymbol{T}(\Delta H_1)\boldsymbol{T}(\Delta H_2)\cdots\boldsymbol{T}(\Delta H_{n-1})\boldsymbol{T}(\Delta H_n)$。

考虑固结土层上、下边界排水条件和荷载条件，对式(7-19)进行 Laplace 逆变换即可得到多层地基一维固结的有效应力解。特别的，当每一层的参数都相同时，多层地基固结分析将退化为单层地基的一维固结问题。

2. 不同边界条件下层状地基一维固结方程传递矩阵解

依据可压缩地基土层的排水边界条件和初始荷载分布条件，对成层粉砂地基的固结问题[式(7-16)、式(7-18)和式(7-19)]进行解析解答。一般情况下，层状地基的固结边界条件主要包括上边界排水、下边界不排水和上下均为排水边界两种工况，层状地基固结过程中的土层排水渗流方向如图 7-6 所示。

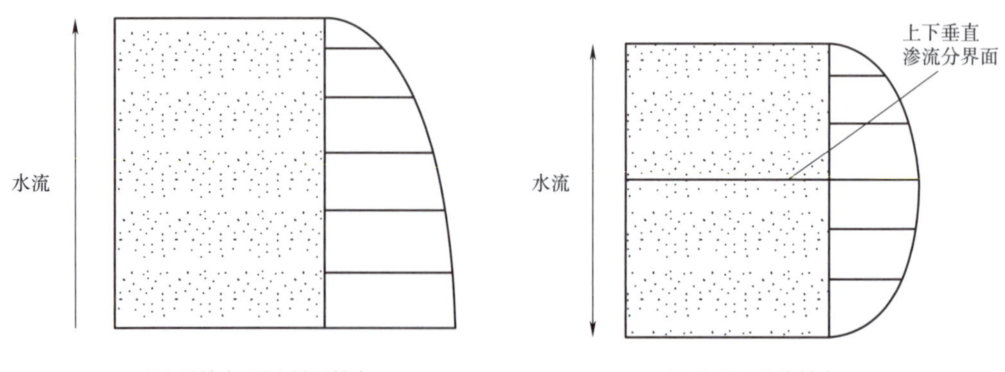

(a)上边界排水、下边界不排水　　(b)上下边界均排水

图 7-6 不同顶底排水条件下界面垂直渗流示意图

(1)第一种情形:上边界排水、下边界不排水

对于图 7-6(a)中的情形,其边界条件表达式为式(7-20)。

$$\begin{cases} p(t)-\sigma(0,s)=0 & z=0 \\ \partial\sigma(H_n,t)/\partial z=0 & z=H_n \end{cases} \tag{7-20}$$

对上述边界条件进行 Laplace 变换得到式(7-21)。

$$\begin{cases} \tilde{\sigma}(0,s)=p(t)/s & z=0 \\ \partial\tilde{\sigma}(H_n,s)/\partial z=0 & z=H_n \end{cases} \tag{7-21}$$

结合上述边界条件,由式(7-19)可求得:

$$\tilde{\sigma}(H_n,s)=p/(A_{11}s) \tag{7-22}$$

求得 $\tilde{\sigma}(H_n,s)$后,则第 i 层深度 z 处的有效应力值便可获得。由此类推,从深度 z 处向下递推可得递推关系式(7-23)。

$$\begin{aligned} \begin{pmatrix} \tilde{\sigma}(z^+,s) \\ \dfrac{\partial\tilde{\sigma}(z^+,s)}{\partial z} \end{pmatrix} &= \boldsymbol{T}(\Delta H_i-z)\boldsymbol{T}(\Delta H_{i+1})\cdots\boldsymbol{T}(\Delta H_{n-1})\boldsymbol{T}(\Delta H_n)\begin{pmatrix} \tilde{\sigma}(H_n^-,s) \\ \dfrac{\partial\tilde{\sigma}(H_n^-,s)}{\partial z} \end{pmatrix} \\ &= \begin{pmatrix} B_{11} & B_{12} \\ B_{21} & B_{22} \end{pmatrix}\begin{pmatrix} \tilde{\sigma}(H_n^-,s) \\ 0 \end{pmatrix} \end{aligned} \tag{7-23}$$

由式(7-23)可解得有效应力象函数表达式(7-24)。

$$\tilde{\sigma}(z,s)=B_{11}\tilde{\sigma}(H_n^-,s)=\frac{B_{11}}{A_{11}}\cdot\frac{p}{s} \tag{7-24}$$

对式(7-24)进行 Laplace 逆变换即可得到多层地基一维固结的有效应力解。

同理,运用状态变量传递矩阵法同样可以获得层状地基多维固结压缩特性解析解的解答。式(7-24)便是层状地基任一层任意深度处的有效应力复频域解,通过对其进行 Laplace 逆变换即可得到时频域内的有效应力一般解。

(2)第二种情形:上、下边界均排水

图 7-6 对应的边界条件表达式为式(7-25)。

$$\begin{cases} p(t)-\sigma(0,s)=0 & z=0 \\ p(t)-\sigma(H_n,s)=0 & z=H_n \end{cases} \tag{7-25}$$

对上述边界条件进行 Laplace 变换得到表达式(7-26)。

$$\begin{cases} \tilde{\sigma}(0,s)=p(t)/s & z=0 \\ \partial\tilde{\sigma}(H_n,s)/\partial z=p(t)/s & z=H_n \end{cases} \tag{7-26}$$

结合上述边界条件,由式(7-16)和式(7-18)可求得:

$$\tilde{\sigma}(H_n,s)=[1-A_{12}\cdot\partial\tilde{\sigma}(z,s)/\partial z]\cdot p(t)/(A_{11}s) \tag{7-27}$$

求得 $\tilde{\sigma}(H_n,s)$后,从深度 z 处向下递推可得递推关系式(7-28)。

$$\begin{pmatrix} \tilde{\sigma}(z,s) \\ \partial\tilde{\sigma}(z,s)/\partial z \end{pmatrix} = \begin{pmatrix} \psi_{11} & \psi_{12} \\ \psi_{21} & \psi_{22} \end{pmatrix} \begin{pmatrix} \tilde{\sigma}(H_n,s) \\ \partial\tilde{\sigma}(H_n,s)/\partial z \end{pmatrix} = \boldsymbol{\psi} \begin{pmatrix} \tilde{\sigma}(H_n,s) \\ \partial\tilde{\sigma}(H_n,s)/\partial z \end{pmatrix} \tag{7-28}$$

其中，$\boldsymbol{\psi}=\boldsymbol{T}(H_i-z)\boldsymbol{T}(H_{i+1})\cdots\boldsymbol{T}(H_{n-1})\boldsymbol{T}(H_n)$。

由式(7-28)可解得对应的有效应力象函数表达式(7-29)。

$$\tilde{\sigma}(z,s)=\frac{B_{11}(1-A_{12}\cdot\partial\tilde{\sigma}(z,s)/\partial z)}{A_{11}}\cdot\frac{p}{s} \tag{7-29}$$

对式(7-29)进行 Laplace 逆变换即可得到多层地基一维固结的有效应力解。特别的，当成层地基每一层土参数都相同时，该问题将退化为单层地基的一维固结问题。

3. 层状地基一维固结方程数值解

运用 Laplace 变换方法对层状地基固结问题进行解答后，需要采用 Laplace 逆变换技术进行真实应力状态和沉降变形求解。固结方程式(7-16)、式(7-22)、式(7-24)表达式较为复杂，常规的 Laplace 逆变换技术无法对其求解，需借助数值方法对其进行逆变换求解，经过多方法比较，最终选择 Stehfest 算法作为 Laplace 数值逆变换，反演计算公式为式(7-30)～式(7-32)。

$$f(t)=\frac{\ln 2}{t}\sum_{i=1}^{N}V_iF(s_i) \tag{7-30}$$

$$V_i=(-1)^{\frac{N}{2}+1}\sum_{k=\mathrm{int}\left(\frac{i+1}{2}\right)}^{\min\left(i,\frac{N}{2}\right)}\frac{k^{0.5N+1}(2k)!}{(0.5N-k)!k!(k-1)!(i-k)!(2k-i)!} \tag{7-31}$$

$$s_i=\frac{\ln 2}{t}i \tag{7-32}$$

式中，N 为偶数，Stehfest 推荐 N 在 4～32 之间选取，一般情况下取 16；或者 N 取 6～18 之间的偶数，N 取 8、10 或 12 比较合适，当 $N>16$ 时计算精度会降低。

4. 层状地基一维固结方程数值实现

根据 Laplace 逆变换的数值求解式(7-30)～式(7-32)虽然给出了求解形式，但在解决具体工程实际问题时，固结过程解答在数值上的实现还必须借助计算机编程技术。数值计算程序实现方法和步骤如下：

(1)输入层状地基土层参数，包括高程、弹性模量、泊松比、渗透系数及作用荷载。

(2)对于某一 s 值，需要求计算点 z 处的下列变量：

①求各层的传递矩阵 $\boldsymbol{T}$，按式(7-19)计算矩阵 $\mathbf{A}$。

②由已知边界条件和层间连续条件，按式(7-16)和式(7-18)求出 $z=0$ 处经 Laplace 变换后的固结基本量 $\tilde{\sigma}(0,s)$。

③求计算点 z 深度至 $z=0$ 处的传递矩阵，再乘以 $\tilde{\sigma}(0,s)$，即得到 $\tilde{\sigma}(z,s)$值。

(3)采用 Stehfest 方法来实现 Laplace 逆变换，求出有效应力分布数值解 $\sigma(z,t)$。

7.2.6 层状地基一维固结理论模型的分析验证

1. 基于经典解析理论的分析验证

通过工程实例，分别采用《土工原理与计算》（钱家欢、殷宗泽主编）列述的一维固结沉降经典理论和前述传递矩阵方法进行计算对比验证。算例计算中，假设单层地基的厚度为 10 m，为了体现该地基的成层特性，将地基土层划分为 3 层（各层的厚度分别为 1 m、3 m、6 m），每一层土体的参数均相同。其中，地基土层压缩模量 E_s 为 15 MPa，固结系数 $C_v = 3.5\times10^{-2}$ cm/s，外部荷载为 200 kPa。

采用一维固结沉降经典理论和传递矩阵逆变换方法，获得对应层状地基任意深度处的有效应力、孔隙水应力及固结沉降随固结时间发展历程，如图 7-7 所示。

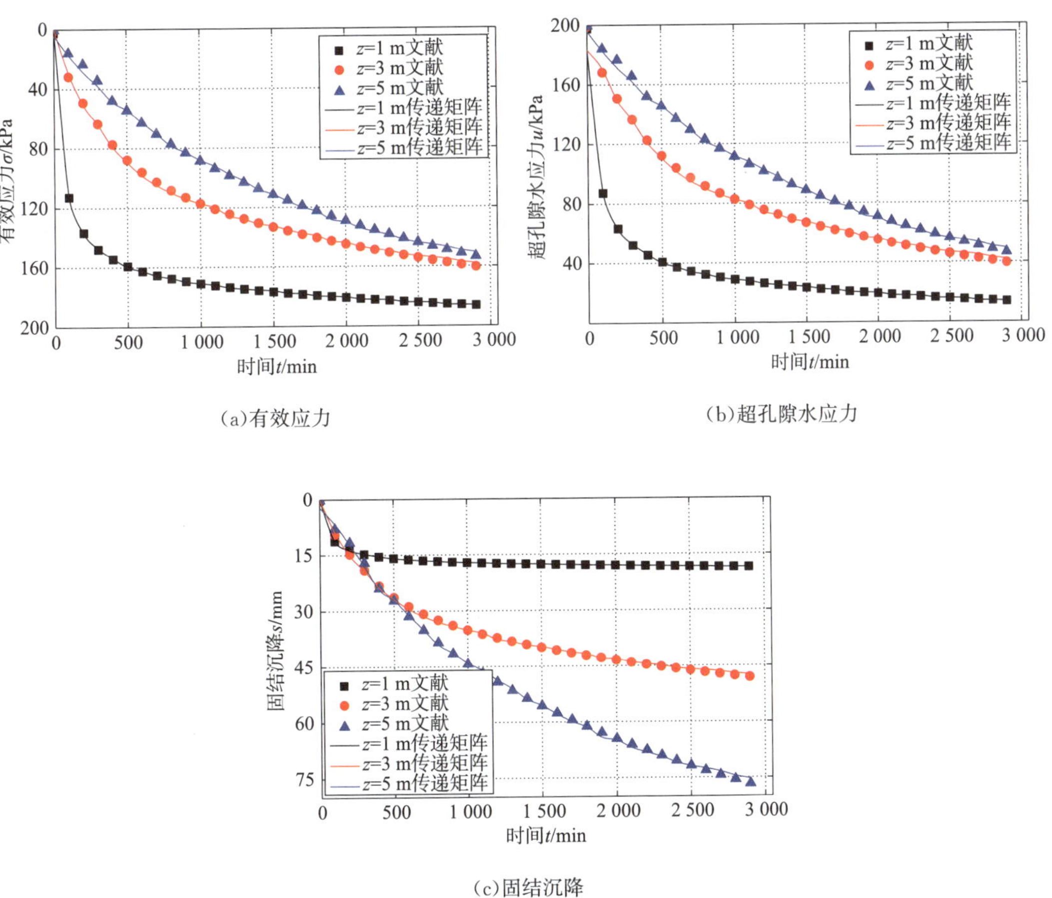

(a)有效应力

(b)超孔隙水应力

(c)固结沉降

图 7-7 对比分析算例固结参数分析结果

根据图 7-7，在 $p(t)=200$ kPa 荷载作用下，运用传递矩阵法对层状地基的有效应力、孔隙水应力和固结沉降求解结果和文献中的结果十分吻合，有效验证了传递矩阵法在求解成层状地基固结问题的可靠性与适用性。稍有不同的是传递矩阵法的求解结果在初始时间段内，成层地基有效应力和沉降变形收敛较快，这是由于在进行 Laplace 逆变换过程中，公式中每一项均含有指数项，使得初始阶段收敛较快。并且图 7-7 中传递矩阵法的求解结果具有微小的振荡，主要由于采用 Stehfest 算法进行 Laplace 逆变换过程中指数函数和三角函数的叠加引起的，但其对计算结果的整体趋势及具体数值影响很小，基本可以忽略。在此基础上，分别提取 t=200 min、500 min 和 800 min 时间节点不同深度处对应的有效应力和超孔隙水应力，如图 7-8 所示。

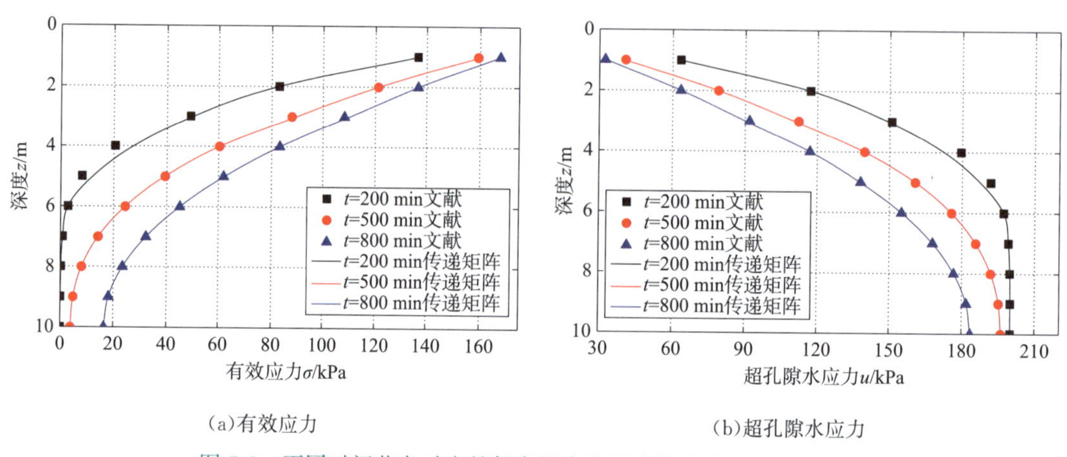

(a)有效应力　　(b)超孔隙水应力

图 7-8　不同时间节点对应的任意深度处的有效应力和孔隙水应力

根据图 7-8，层状地基中有效应力随深度变化的传递矩阵求解结果和文献中数据基本一致。在相同的时间节点内，随着深度的增加，层状地基中有效应力逐渐降低，对应的孔隙水应力增加，这也意味着单面排水条件下，超孔隙水从底边界附近向上消散，排水边界附近的有效应力增加和发展相对较快。另外，在初始时间段内，传递矩阵法关于有效应力和超孔隙水应力分布的发展变化速率的分析结果快于文献计算结果。

2. 基于有限元仿真的分析验证

对上述算例运用有限元方法进行仿真分析验证，得到传递矩阵法和仿真方法关于地基深度 z=1.0 m 时的超孔隙水应力、固结沉降时程曲线，如图 7-9 所示。

根据图 7-9，通过对比有限元分析结果和传递矩阵计算结果可知，地基土层的超孔隙水消散曲线以及地基土层固结沉降发展变化曲线的理论分析结果和数值仿真结果基本吻合，这也进一步验证了传递矩阵法求解层状地基固结问题的可靠性和工程适用性。

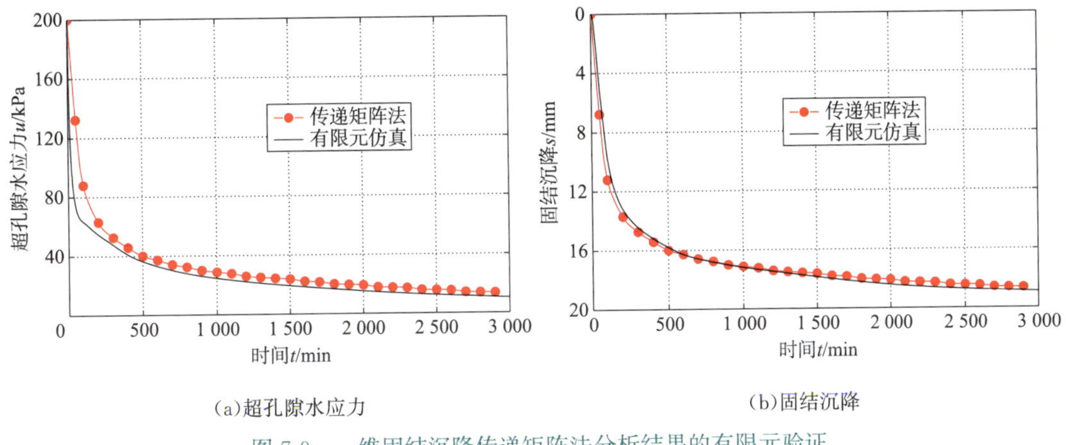

(a)超孔隙水应力　　(b)固结沉降

图 7-9　一维固结沉降传递矩阵法分析结果的有限元验证

7.3　层状地基固结压缩特性的仿真分析

7.3.1　有限元数值模拟过程

结合层状地基情形下的高速铁路路基工程设计概况，运用大型非线性有限元分析软件，对层状地基的固结变形特性进行数值模拟分析，以期获得层状地基竖向位移、水平位移及孔隙水压力的发展历程等固结压缩特性。

1. 选取合适的有限元计算模型

为分析层状地基在上部堆载作用下的固结压缩特性，结合蒙辽客专现场实际设计计算模型及施工技术、施工条件所决定的影响范围，选择典型粉土、粉细砂地基工点 DK77＋990.00 作为计算断面。重点分析典型工点中层状地基在上部堆载作用下的固结压缩特性及其影响因素。需要说明的是，选定的 DK77＋990.00 计算断面为深厚粉土、粉细砂层状地基，承载能力较为理想，未进行地基加固。

(1)计算模型尺寸确定

有限元计算断面采用标准双线断面。根据横断面尺寸，层状地基分析模型计算域的深度取地基可压缩深度，计算域的宽度一般取加载宽度的 2～2.5 倍。

(2)材料参数选择

材料参数以室内试验结果和不同里程路基设计计算参数为准，进行有限元计算土体单元材料参数选取。其中，地基土层弹性模量和压缩模量间满足关系见式(7-33)。

$$E=E_s\left(1-\frac{2\nu^2}{1-\nu}\right) \tag{7-33}$$

式中　E——有限元分析中的地基土层弹性模量；

E_s——室内常规固结压缩试验获得的土体的压缩模量；

ν——土体泊松比。

2. 荷载及边界条件施加

应力场的建立与选择直接关系到有限元数值分析结果的正确性和有效性。因此，应力场符合现场实际是必须要考虑的。

正如在土力学中介绍的那样，孔隙中水压力（简称孔压）通常有两种表示方式，即总孔压或超孔压。超孔压指的是超出静水压力的那部分。仿真分析中的流体渗透/应力耦合分析中可以基于总孔压，也可基于超孔压进行分析。当模型的重力载荷采用 GRAV（gravity load）分布荷载类型进行定义时，将基于总孔压进行分析；若模型重力通过施加体力（body force）来实现，则采用的是超孔压。荷载施加方法采用有限元软件中的生死单元进行添加，通过单元的实际激活状态实现路基荷载的逐步施加过程以及上部荷载的施加过程。

在运用有限元软件进行高速铁路层状地基沉降特性的数值模拟分析中，边界条件的选择对计算结果同样有着重要的影响。本次有限元数值模拟过程中，边界条件分为两大类，一类是位移控制，根据成层地基压缩层厚度的计算结果及荷载对地基的影响范围，对计算模型处的位移、自由度等边界条件进行控制。另一类是透水边界条件控制，在有限元分析软件中，通过在边界处施加孔压函数（可以是常数，亦可以是随时间、深度的函数）来模拟模型的透水、不透水和半透水边界条件。

根据上述轴对称荷载作用下路基有限元分析尺寸的讨论，在远离尺寸效应影响的计算模型横向和底部边界设置滚动支座，固定 x 和 y 方向的位移。模型的表面采用透水边界条件，并在有碎石桩加固的地基模型中，考虑碎石桩的排水能力为无限大。

7.3.2 仿真模拟结果

结合现场监测试验和理论分析模型的主要研究内容，层状地基固结沉降现场监测的主要分析内容如下：

（1）路基填筑荷载施加，结合现场实际施工方案，路基荷载的施加分为三级，每级荷载的施加分为填筑期和晾晒期（即消散期）进行考虑。

（2）数值模拟中成层粉土、粉细砂地基的沉降量及分层沉降的大小。

（3）成层粉土、粉细砂地基孔隙水压力变化发展规律。

7.3.2.1 计算断面分步加载数值模拟结果

1. 计算模型及计算参数

根据前述建模分析内容，应用有限元软件建立的几何仿真模型如图 7-10 所示，地基土层基本参数见表 7-1。

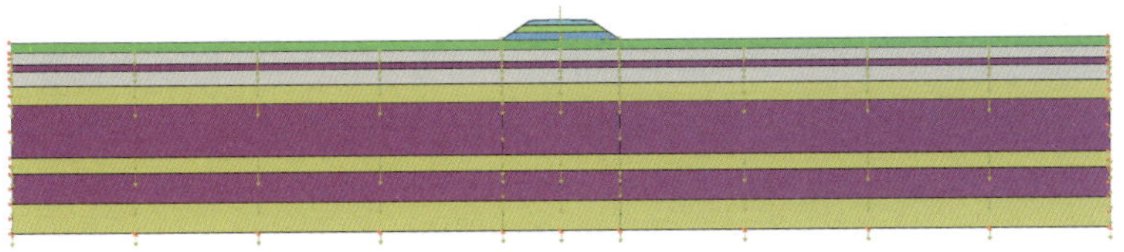

图 7-10　计算断面数值仿真分析几何模型

表 7-1　有限元计算中的地基土层参数

层号	土层名称	层厚 h/m	容重/(kN/m³)	压缩模量 E_s/MPa	泊松比 ν	渗透系数 k/(cm/s)
1	粉砂(松散)	2.2	17.4	10.4	0.25	9.44×10^{-4}
2	粉砂(中密)	2.5	19.2	23.0	0.20	3.79×10^{-4}
3	粉土(密实)	1.5	19.9	10.5	0.25	3.51×10^{-5}
4	粉砂(中密)	3.3	19.2	23.0	0.20	3.79×10^{-4}
5	粉砂(密实)	4.0	22.1	28.0	0.20	1.15×10^{-4}
6	粉土(密实)	11.3	19.9	10.5	0.25	3.51×10^{-5}
7	粉砂(密实)	3.4	22.1	28.0	0.20	1.15×10^{-4}
8	粉土(密实)	6.4	19.9	10.5	0.25	3.51×10^{-5}
9	粉砂(密实)	6.4	22.1	28.0	0.20	1.15×10^{-4}

注:1. 表中压缩模量为室内试验结果,需依照公式进行转换。

2. 密实粉土的黏聚力和内摩擦角分别为 16.4 kPa 和 25.8°;砂土的黏聚力和内摩擦角分别为 0.01 kPa 和 25°~28°,其中,密实粉砂取大值,松散粉砂取小值。

2. 层状地基固结沉降发展历程

图 7-10 中的有限元仿真模型建立后,路基填土分层加载,路基填筑高度历时如图 7-11 所示,分析得到的地基总沉降变形分布云图如图 7-12 所示;路堤填土荷载作用下,不同深度位置处的地基分层固结沉降以及浅层地基压缩变形时程曲线如图 7-13 所示。

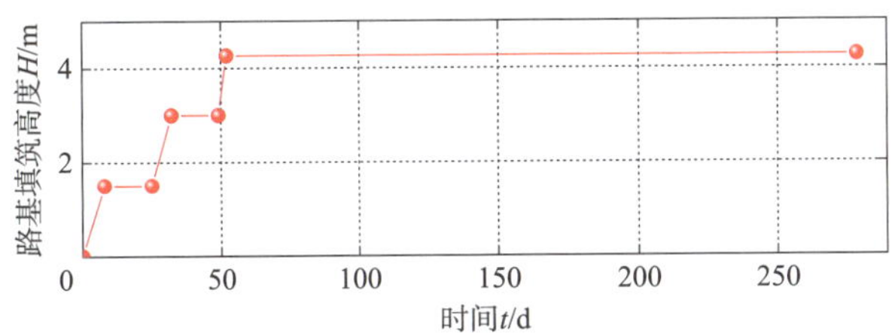

图 7-11　路基填筑高度时程曲线

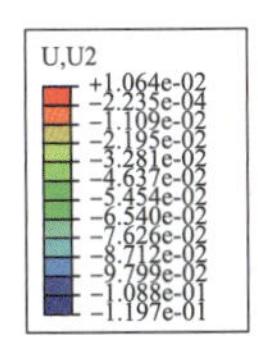

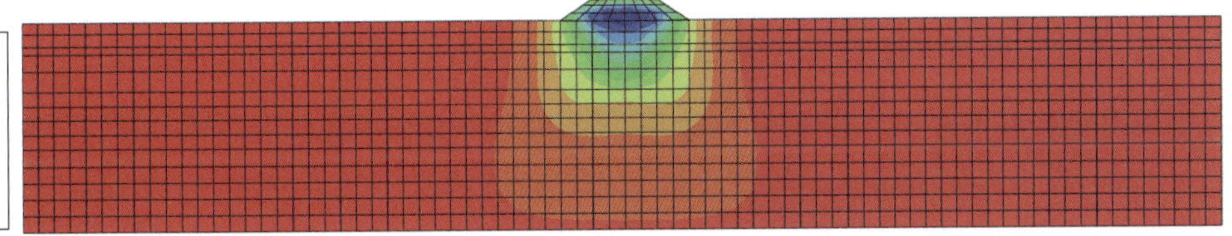

图 7-12　计算断面总固结沉降位移云图

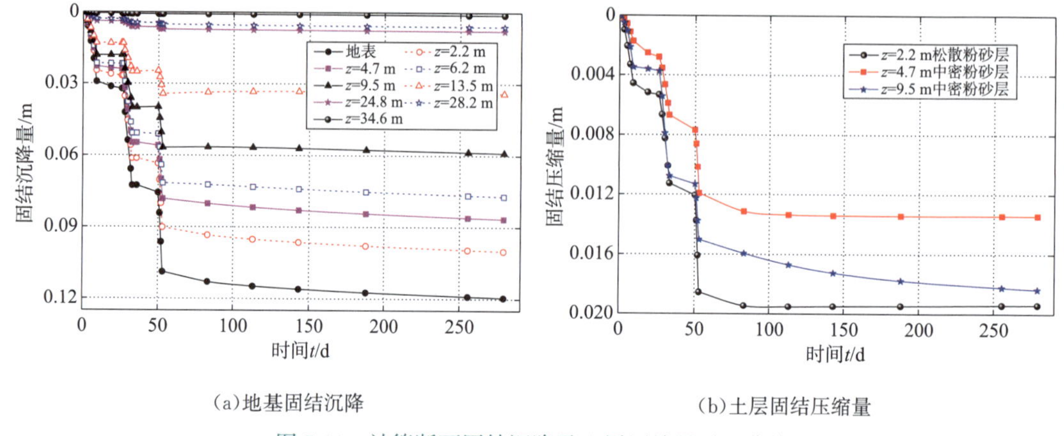

(a)地基固结沉降　　(b)土层固结压缩量

图 7-13　计算断面固结沉降及土层压缩量时程曲线

图 7-13(a)计算表明，随着深度的增加，粉土、粉细砂成层地基的竖向位移逐渐减小，沉降稳定速率越快。从地基表面沉降曲线可看出，刚开始填土初期，沉降呈线性变化，随着填土间歇期，沉降曲线呈缓和状，并很快趋于稳定。随着后期填土荷载的逐级增加，沉降量相应逐步增大，后期填筑速率相对较快，沉降曲线相对更陡。在填筑期间引起地表的最大沉降为 108.8 mm，最终沉降量为 119.5 mm，填筑期间沉降占总沉降的 91.05%。此外，层状地基在路基填筑完成后放置 226 d 后，沉降完全稳定下来，且位于地基深度为 13.5 m 处的粉砂土层的沉降稳定时间更短，沉降量更小。

图 7-13(b)为深度 $z=2.2$ m、$z=4.7$ m 和 $z=9.5$ m 处厚度分别为 2.2 m、2.5 m 和 3.3 m 的松散粉砂、中密粉砂的单层分层沉降和填筑高度与时间的关系曲线。根据仿真分析结果，在土层厚度相当的情况下，位于 $z=4.7$ m 处的中密粉砂较位于 $z=2.2$ m 松散粉砂产生的竖向沉降小很多。且位于 $z=9.5$ m 处的 3.3 m 厚中密粉砂层总沉降量为 17.0 mm，发生在填筑期的沉降量为 15.0 mm，占该中密粉砂土层总沉降的 88%，这表明处于中密状态粉砂土层的沉降发生、发展较快，绝对沉降量较小，这一规律和室内试验结果较为一致。

3. 层状地基横断面范围沉降随深度变化

由图 7-14 可知，各深度路基横断面剖面沉降曲线总体呈现“锅底状”，路基中心沉降较大，向左右坡脚处发展沉降逐渐减小，左右坡脚处沉降最小。在地基深度 13.5 m 处，路基横断面剖面曲线“锅底”形状趋于弱化，这是由随着横向宽度、纵向深度的增加，上部路基荷载对于地基作用减小，相应的竖向沉降量也逐渐减小等主导因素引起的。

4. 层状地基水平向位移数值计算结果

路基侧向位移的大小及其变化速率是控制路堤填筑过程中能否满足变形与稳定性要求的主要参量，也是影响路基最终沉降量大小的重要因素。其中，分析计算断面层状地基的侧向水平位移与时间的变化关系如图 7-15 所示。

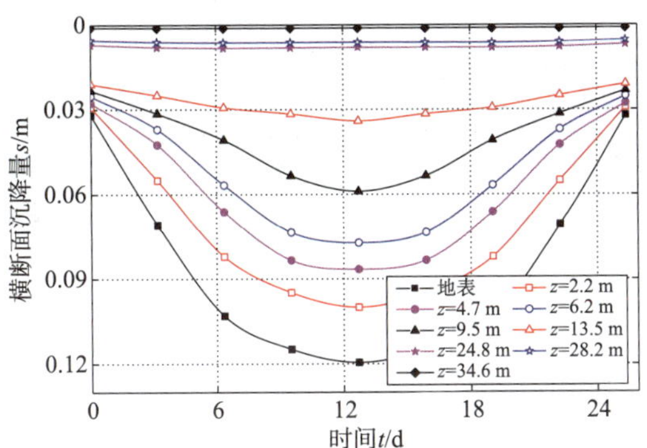

图 7-14　路基横断面范围内沉降、深度变化曲线

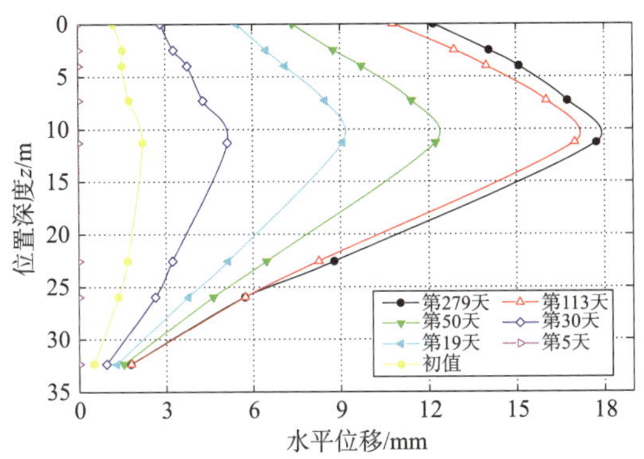

图 7-15　DK77＋990 计算断面水平位移变化

根据图 7-15，在填筑期间，水平位移随着填土高度的增加而增大，且不同深度处，产生明显差异位移。计算断面最大水平位移发生在地面以下 11 m 处，最大位移量为 17.7 mm，且随着深度的增加侧向位移逐渐减小。在整个填筑过程中，地基水平位移整体处于较低水平，也没有突变发生，表明由剪应力产生的剪切位移，并没有产生过大的侧向变形，能够满足填筑过程中路基的稳定性。

综上分析，在路堤荷载作用下，地基土不仅产生垂直变形，还会产生侧向变形。但是由于粉土、粉细砂层状地基土体的特殊性，在上部荷载作用下，其具有很好的整体约束和抗变形的能力。

5. 层状地基孔隙水应力数值计算结果

填土路基荷载作用下，根据有效应力原理，地基内部将产生相应水平的超孔隙水应力，并通过孔隙水的排出而逐渐消散。其中，路基填土引起的地基计算断面超孔隙水应力分布云图如图 7-16 所示。

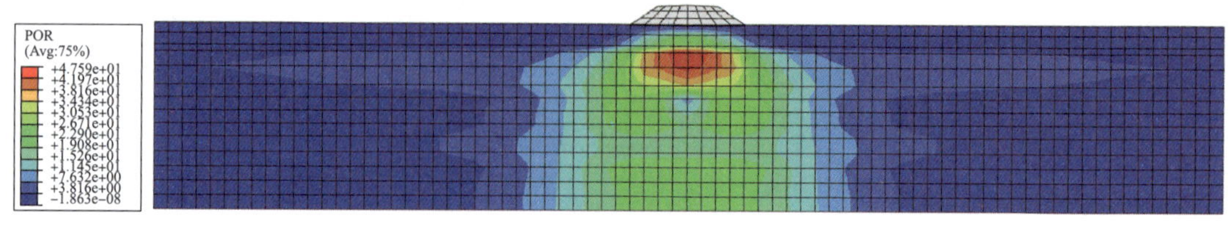

图 7-16　计算断面孔隙水应力分布云图

图 7-16 中，地基土层超孔隙水应力主要集中于地表下浅层土层范围内，并存在较高水平的超孔隙水应力集中，中下位置的地基超孔隙水应力相对较小，地表位置处的超孔隙水应力几乎为 0。高速铁路路基填土引起地基土层超孔隙水应力的上述分布特征，主要同地基土层类型和排水边界条件相关，地基表层为排水边界，相应的超孔隙水应力水平为 0；中下地基土层均为砂层，相当于半排水边界条件，底边界位置的附加应力相对也较低。另外，浅层及深层地基土层不同位置处的超孔隙水应力随固结时间的消散曲线如图 7-17 所示。

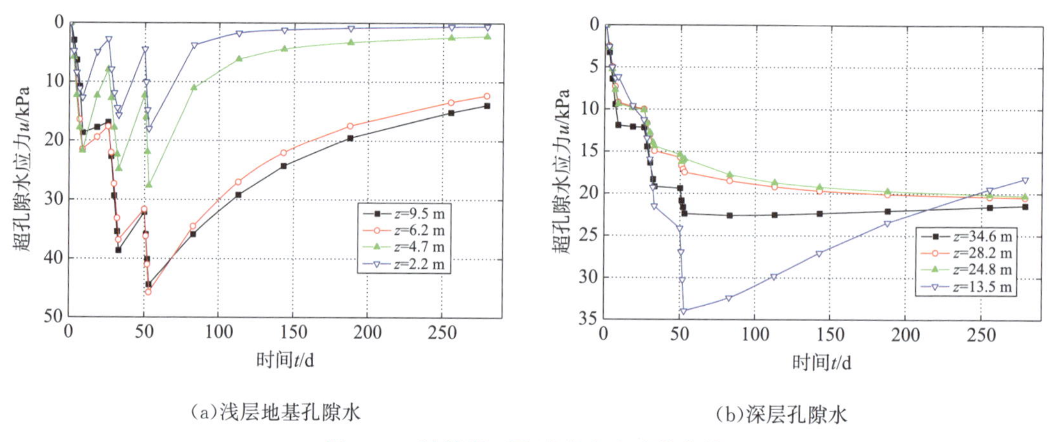

图 7-17　计算断面孔隙水应力消散曲线

图 7-17，在路基填筑的过程中，地基深度 13.5 m 处以上土层中的超孔隙水应力显著增加，并在加载间歇期快速减小；路基填筑完成后，土层中的超孔隙水应力亦迅速消散完成。在地基深度 13.5 m 以下土层中的超孔隙水压力则呈现出逐渐减小的规律。由于附加应力影响深度有限，并且下层土排水路径相对较长，超孔隙水应力变化曲线消散过程比较稳定，后期消散过程趋缓。

整体而言，层状地基土层中的孔隙水压随着路堤的增高而增大，地基土层主要为砂层时，地基超孔隙水应力在放置期内迅速消散，并在路基填筑完成后趋于稳定。

7.3.2.2　计算断面一次性加载数值模拟结果

1. 成层粉土、粉细砂地基竖向沉降发展历程

路基填筑工艺的不同，对于层状地基的沉降和孔压发展历程有着十分重要的影响。现

通过采用逐级一次性施加路基荷载的方式，研究荷载填筑工艺的不同，对层状地基沉降和孔隙水压力发展历程的影响规律。其中，一次加载情形下的地基固结沉降曲线、土层固结压缩量曲线如图 7-18 所示。

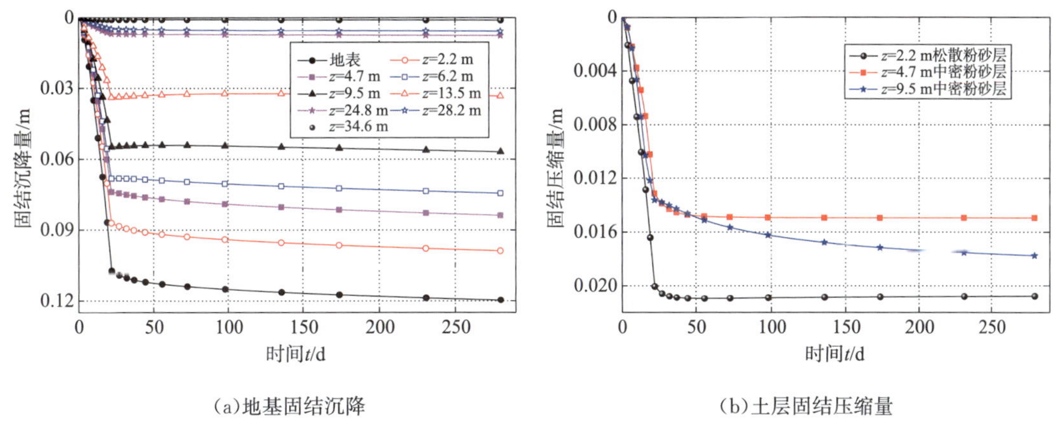

(a)地基固结沉降　　(b)土层固结压缩量

图 7-18　计算断面一次加载固结沉降及土层压缩量时程曲线

图 7-18(a)分析结果表明，随着深度的增加，层状地基不同深度处的土层依然呈现竖向沉降逐渐减小，沉降稳定速率越快的规律。稍有不同的是，一次加载填土施工历时更短，地基竖向沉降的增长较分级堆载稍快，且自填筑完成后，地基沉降趋于稳定的时间有所减少。这说明，对于包含砂土层的层状地基而言，随着路基填筑期的缩短，其趋于稳定所需要的放置期则相对更短，对于工期要求较高的路基工程，这一分析结果具有较大的工程指导意义。

类似的，图 7-18(b)中深度 $z=2.2$ m、$z=4.7$ m 和 $z=9.5$ m 处厚度分别为 2.2 m、2.5 m 和 3.3 m 的松散粉砂、中密粉砂的分层固结压缩变形和填筑高度随时间的发展规律与图 7-13(b)基本相同。分级加载和一次加载分析结果的差异之处在于，一次加载情形下位于 $z=4.7$ m 深度及 $z=9.5$ m 处的中密粉砂达到稳定的时间拐点相同，这主要是由土层具有相同的固结系数引起；另外，地基浅部区域的中密粉砂固结沉降稳定历时远远短于深层的中密粉砂。

2. 层状地基孔隙水应力数值计算结果

应用数值仿真分析方法，得到一次加载情形下的地基土层不同深度位置处的超孔隙水应力时程曲线分布，如图 7-19 所示。

已有研究结果表明，路基一次或分次填筑工艺对层状地基超孔隙水应力的形成、发展及规律的影响相对更为显著。图 7-19 中，在路基一次填筑过程中，地基深度 13.5 m 处以上土层中的超孔隙水应力同样呈现出显著增加，后逐渐快速减小，路基填筑完成后，土层中的孔压亦迅速消散完成的规律。和分级加载有所不同的是，由于消散时间的缩短，对于相同深度处的土层，一次性施加荷载引起的超孔隙水应力相对更大，其消散所需时间则相对延长许多。地基深度 13.5 m 以下土层中的超孔隙水应力则同样呈现逐渐减小的规律，并且超孔隙水应力变化曲线稳定历时明显缩短。

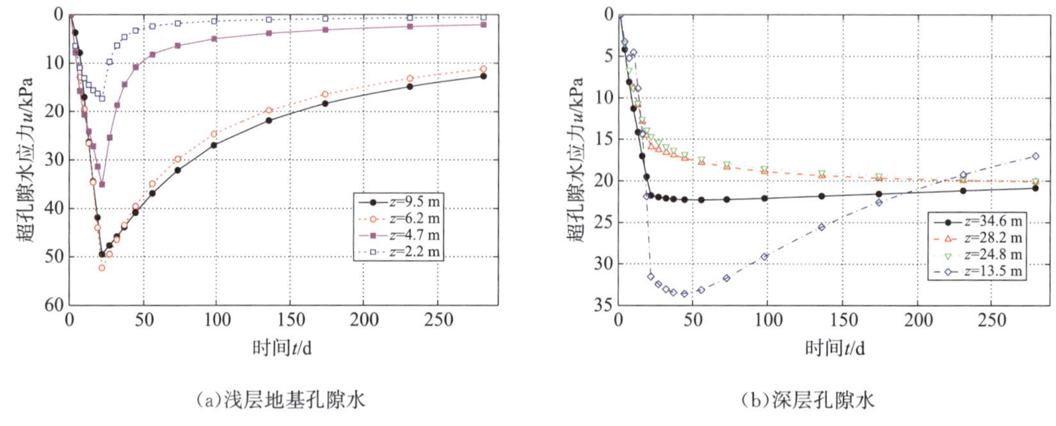

(a)浅层地基孔隙水　　(b)深层孔隙水

图 7-19　一次加载地基土层超孔隙水应力消散曲线

7.3.3　理论计算和有限元计算对比分析

对于前述有限元分析工况,通过有限元仿真分析对前述建立的一维固结理论矩阵传递法分析结果进行进一步对比验证,以充分验证建立的传递矩阵法层状地基理论分析模型。其中,不同地基深度位置处的地基有效应力、固结沉降位移时程曲线如图 7-20 所示。

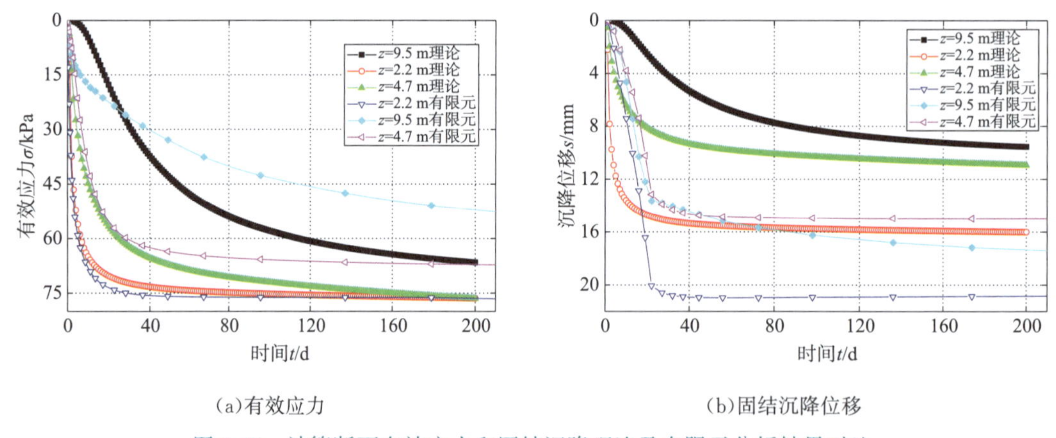

(a)有效应力　　(b)固结沉降位移

图 7-20　计算断面有效应力和固结沉降理论及有限元分析结果对比

图 7-20(a)中,同一深度处,地基土层有效应力随时间发展变化的理论分析结果和有限元计算结果具有良好一致性,地基有效应力在较短时间快速增长并趋于稳定收敛,理论计算和有限元计算方法互为佐证,表明了两者在求解计算层状地基竖向有效应力时是可靠的、适用的。另外,浅层区域 $z=2.2$ m 时地基有效应力的有限元结果同理论结果最为接近,随着地基深度的增加,地基附加应力的理论分析结果一般要高于有限元结果,但整体发展变化趋势趋同。

图 7-20(b)，同一深度位置处的地基土层固结沉降有限元分析结果同理论分析结果的整体发展变化趋势趋于一致，地基固结沉降短时间内基本稳定收敛，固结沉降历时较短。但是，有限元关于固结稳定阶段的地基沉降位移分析结果总体高于理论分析结果，这主要同采用的地基应力应变本构模型相关，并且有限元分析结果中存在较为明显的地基侧向移动，而一维固结理论忽略了地基侧向变形的影响，地基土层沉降位移分析结果相对较小。

7.4　典型层状地基固结沉降特征的现场监测

典型层状地基固结沉降特征的现场监测工点选定为新通高速铁路新民北站试验段，结合承载地基的地层分布特征，通过对试验段内路基变形监测方案的实施以及对监测数据的归纳分析，分析研究运营期间层状地基固结沉降特征及其发展规律。提出了基于数据自动采集及无线传输的路基沉降监测方法和沉降发展预测方法，揭示高速铁路层状地基在路堤填筑期间和预压期间的工程性质及沉降发展规律。

7.4.1　固结沉降监测方案

1. 监测参数的选择

根据新通高速铁路新民北站试验段铁路路基的特殊地质环境条件，以及监测项目的拟定，研究方案确定的四个监测参数分别为：地基不同深度的竖向沉降量、地基整体沉降量、地基水平位移量以及地基不同深度处的孔隙水应力值。其中，地基竖向沉降量为主要监测参数。

2. 监测系统及监测仪器的选择

由于依托工程为已运营工程，传统的路基沉降监测方法，如水准仪监测、沉降板、观测桩等不能满足运营要求。同时，路基沉降的变形规律是一个长期的过程，需要大量的沉降数据为之支撑，在监测时间、监测数据数量、监测数据的时效性和监测数据分析处理等方面都有更高的要求，如果依靠人工每天用测量仪器采集数据，其成本高，而且准确度不高。这就需要一个能长期、实时和方便的路基沉降监测系统。因此，本研究选择具有监测数据自动采集和无线传输功能的监测系统。

该系统利用 GPRS 或 CDMA 等无线公用网络进行数据传输，实现远程无线数据采集和监控。采集箱自动化数据采集系统通过无线模块接入 Internet 网，监控主机只要接入 Internet 网就可进行远程数据采集和监控。

3. 监测方案描述

本次典型层状地基工点现场监测试验包括两个监测断面。根据监测目的，在监测断面相应位置布置了相应的仪器设备，具体说明如下：

(1)单点沉降计的布置,在路基中心线和路肩线下各布置一个,连接杆设置深度为 41.0 m (DK77+990.00 和 DK77+560.00 断面),沉降计安装及现场埋设如图 7-21 所示。施工期间一般每填筑一层,应进行观测,如果两次填筑间隔较长时,每天至少观测一次。路堤经过分层填筑达到设计高程后,在预压期的前 2~3 个月内及其后续监测频率均采用每天观测一次,一直观测到预压期末或沉降稳定,观测后及时整理绘制沉降量-填土高度-时间关系曲线图。

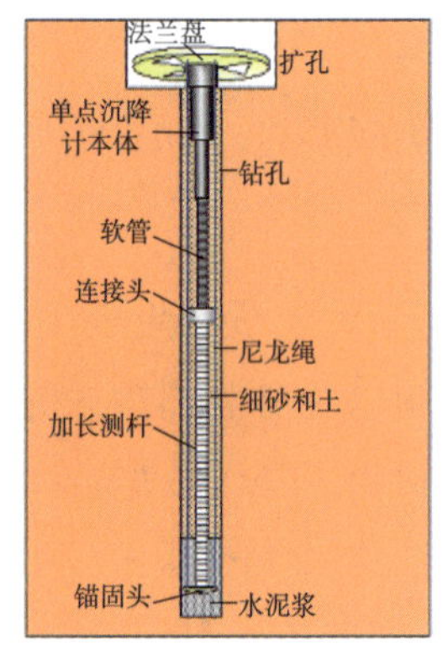

(a)单点沉降计安装

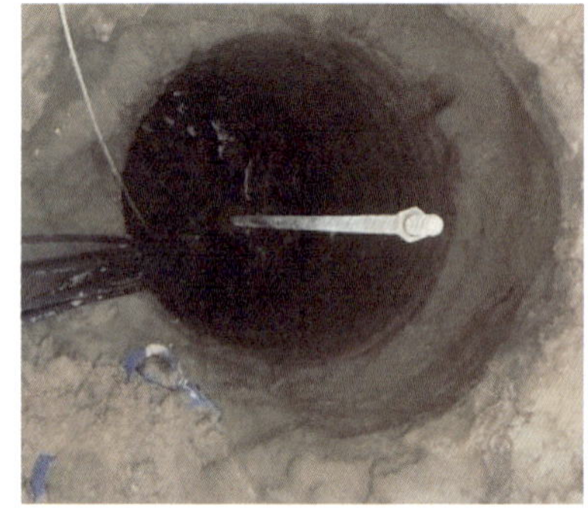

(b)钻孔埋设

(c)埋设完成

图 7-21 单点沉降计安装与埋设

(2)多点沉降计的埋设以各个土层的顶部作为埋设起点,共设置 7 个监测点,连接杆埋置深度同单点沉降计埋设深度。

(3)测斜管布置在路堤坡角处,相应监测点同样布置在各个土层的顶部,共设置 5 个监测点,连接杆埋置深度同单点沉降计埋设深度。

(4)孔隙水应力计布置在路基中心地基底面下 3 m 处,先布置一个,其余间隔 3 m 设置一个,共设置 6 个,连接杆埋置深度同上。图 7-22 为孔隙水应力计实物及线路埋设示意图。

(a)孔隙水应力计

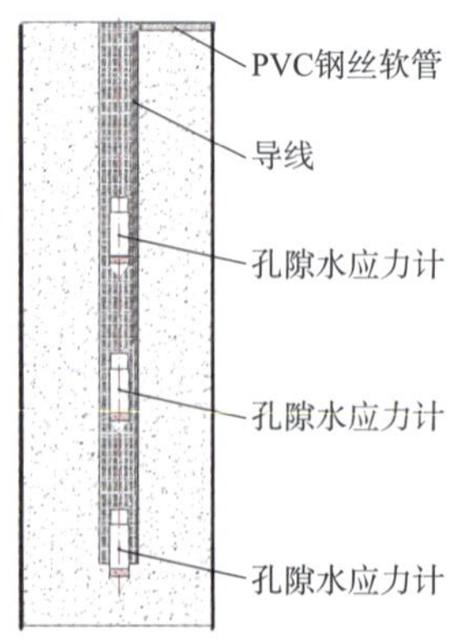

(b)线路埋设

图 7-22 孔隙水应力计及线路埋设示意图

此外，监测断面参数见表 7-2，监测断面元器件埋设位置如图 7-23 所示。

表 7-2　现场监测断面地基处理参数

监测断面	地基处理措施	设计参数
DK77＋560.00	碎石桩	桩径 0.50 m，正三角形布置，桩间距 1.30 m
DK77＋990.00	无加固处理	重型振动碾压

粉砂 松散
粉砂 中密
粉土 密实
粉砂 中密
测斜管 沉降计
孔隙水应力计 粉砂 密实
粉土 密实
粉砂 密实
粉土 密实
粉砂 密实
41.0 m

(a)DK77＋990.00 断面

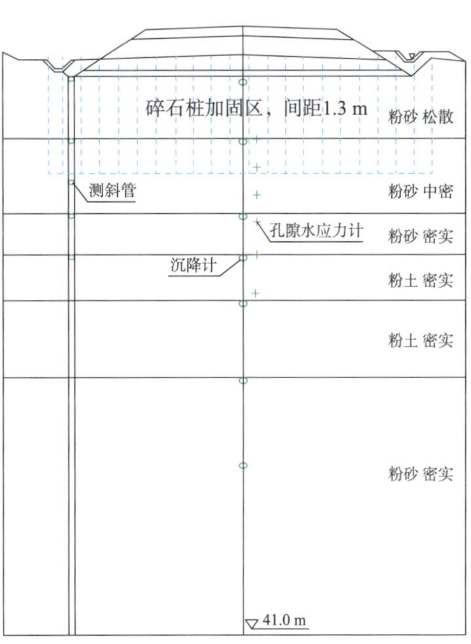

(b)DK77＋560.00 断面

图 7-23　监测断面沉降观测仪器布置

7.4.2　固结沉降监测结果整理

1. 地基整体沉降

现场监测试验里程为 DK77＋990.00 和 DK77＋560.00 两个典型断面。路基填筑至监测完成共历时 150 d，路基填筑时程曲线如图 7-24 所示，监测断面一路基填土填筑速度快于监测断面二。根据单点沉降及监测结果，两监测断面路基中心及路肩位置处的地基总沉降量随时间发展变化曲线如图 7-25 所示。

根据图 7-25(a)，刚开始填土初期，由于地基粉砂层的快速固结和侧向变形引起的瞬时变形，使得沉降发展较快，沉降呈线性变化，随着填土间歇期，沉降曲线呈缓和状，并很快趋于稳定。随着后期填土荷载的逐级增加，沉降量相应逐步增大，后期填筑很快，沉降曲线较陡。在路基荷载填筑完成，此时路基中心沉降为 48.52 mm，路肩沉降为 37 mm，在填筑期完成后，除去初始阶段的沉降变化稍快，此后沉降缓慢发展，并趋于稳定。稳定后路基中心和路肩处地基表面最大沉降分别为 56 mm 和 45 mm，故而得填筑期沉降约为观测总沉降的 86.6%。同时，对同一断面的左路肩和路基中心两处的路基单点沉降的施工期观测结果可知，同一断面内路基中心和路肩处地基沉降大致呈线性发展，发展趋势相似，中间部位沉降大，逐步向左、右两侧递减，两者相差有 12 mm 左右，且两者的观测曲线整体呈现平稳态势，无突变或沉降速率过大的现象，这也说明了在路基填筑期间，地基土层变化平稳，处于稳定状态。

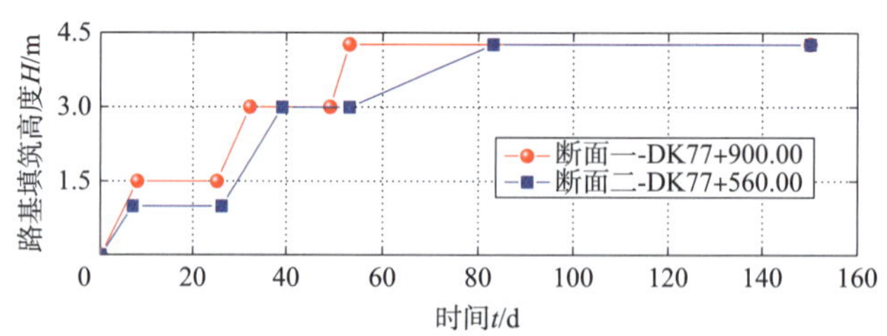

图 7-24　两监测断面的路基填筑时程曲线

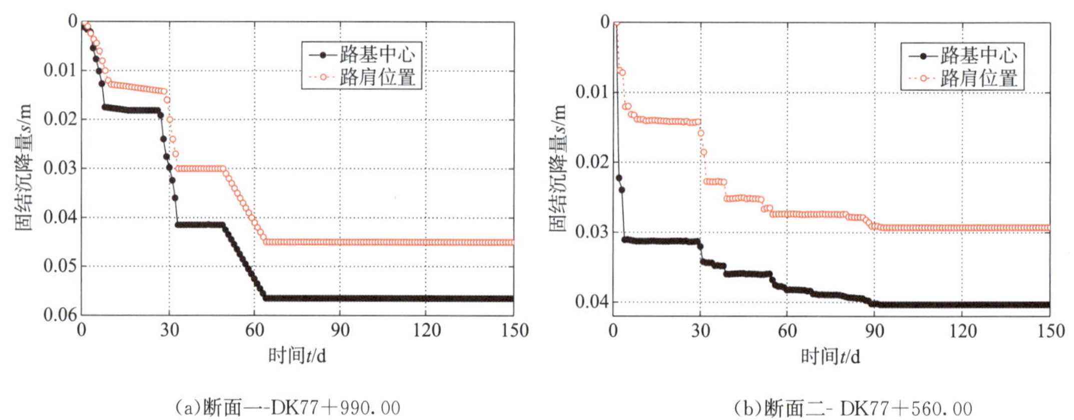

图 7-25　两监测断面单点沉降监测结果

图 7-25(b)实际上为经碎石桩加固处理后的监测断面二路基中心和路肩处地基表面整体沉降单点沉降计监测结果。从实测沉降曲线整体的发展趋势来看，断面二和断面一沉降曲线发展趋势相似，随着填土荷载的增加，其沉降量皆呈线性逐步增大，略有不同的是，经过碎石桩加固处理后的层状地基的沉降曲线逐步呈现缓和状态。这表明复合地基土体在上部填土荷载作用下，土体逐渐被压缩的过程中，复合地基的压缩性逐渐提高，沉降变形逐渐减小。在路基荷载填筑完成时，路基中心和路肩处地基整体沉降分别为 38 mm 和 27 mm，此后沉降缓慢发展，并趋于稳定。稳定后路基中心和路肩处地基表面最大沉降分别为 40.33 mm 和 29.25 mm，故而得填筑期沉降约为观测总沉降的 94.2%。这说明经碎石桩加固处理后的成层粉土、粉细砂地基的固结速度较快，地基沉降达到稳定状态的时间得以大大缩减。

同时，在施工观测期内，同一断面的左路肩和路基中心两处的路基单点沉降大致呈线性发展,发展比较均匀,不均匀差异沉降较小。

对比监测断面一沉降的发展,两个断面沉降发展基本相似,但是经过碎石桩加固后的监测断面二的沉降量相对较小,发展更为平缓、均匀,路基整体呈现出更为稳定的趋势。由此可知,经碎石桩加固处理以后,路基沉降很小,变形得以控制,满足设计和施工要求,表明地基处理方法的有效性和可靠性。

2. 分层沉降

为了研究地基深层土在路基荷载作用下不同层位的垂直变形,需要进行分层沉降观测。监测采用分层沉降监测计可高效获得地基内部不同土层在路基荷载作用下的竖向变形,整理得到的监测断面一和监测断面二分层沉降随时间的变化关系曲线如图 7-26 所示。

图 7-26 中,两个断面的分层沉降趋势较为相似,在分级加载初始期,从地基不同深度的分层沉降来看,沉降曲线很陡,固结压缩发生很快,随着分级荷载的进一步施加,沉降曲线逐渐变缓。处于表层松散和中密粉砂层的沉降量较大,而处于 9.5 m 深度处的中层中密粉砂和密实粉砂的压缩量相对较小,并逐步减少。随着上部荷载的不断增加,附加应力向深度传递,中层的密实粉土和中密粉砂的压缩量与时间呈线性关系,即相对土质较均匀,且随着深度增加,相应的沉降量逐步缓慢减少。

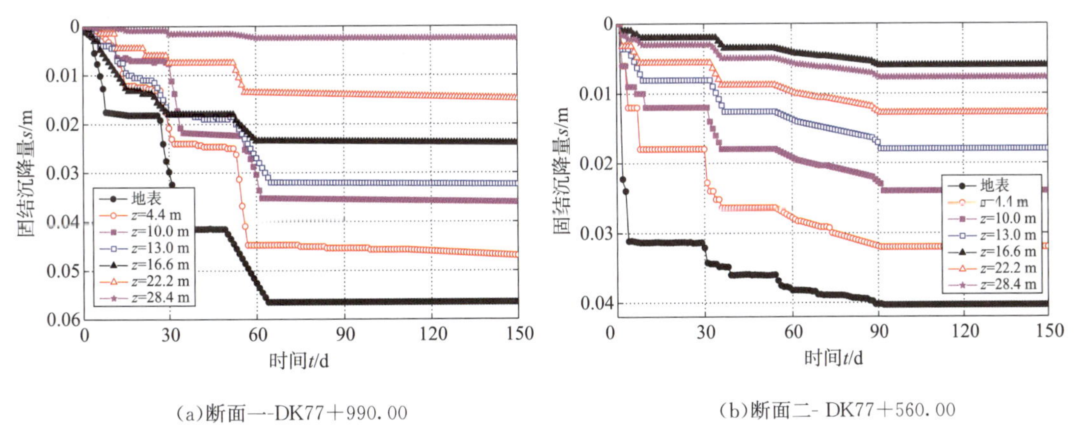

(a)断面一-DK77+990.00　　(b)断面二- DK77+560.00

图 7-26　两监测断面分层沉降监测结果

根据分层沉降监测计的基本工作原理,进一步获得表 7-3 中不同深度土层的压缩变形沉降量。

表 7-3 中,相应应变为地基中各土层的沉降量与土层厚度的比值。浅层的松散粉砂和中密粉砂的压缩性较大,处于中层的中密粉砂和密实粉砂压缩性则相对较小。因此,结合处于中密状态粉砂土层的沉降发生、发展较快,绝对沉降量较小的室内试验、理论研究和有限元研究结果,在进行位于中层的中密粉砂以及中层和深层密实粉砂有砟轨道高速铁路地基处理设计时,可对其不采取较强的加固措施甚或不予处理亦可满足地基稳定的相关要求。而位于中层的密实粉土的压缩性相对较高,需要进行加固处理。同时,对比表 7-3 中经过碎

石桩加固处理后 DK77＋560 断面的松散和中密粉砂沉降量，加固后的粉砂层的抗压缩性显著提高，沉降量大幅降低，地基承载系统稳定性增强，均满足设计和施工要求，这说明碎石桩加固处理松散粉砂和中密粉砂的效果明显。

表 7-3　各土层相应沉降量统计

试验断面	土层	测量厚度/m	相应沉降量/mm	相应应变
监测断面一 DK77＋990	松散粉砂(振动碾压)	2.2	9.5	0.43%
	中密粉砂	2.5	10.9	0.44%
	密实粉土	1.5	3.6	0.24%
	中密粉砂	3.3	8.5	0.26%
	密实粉砂	4.0	9.0	0.23%
	密实粉土	11.3	12.42	0.11%
	密实粉砂	16.2	2.5	0.02%
监测断面二 DK77＋560	松散粉砂(碎石桩加固)	4.4	8.3	0.19%
	中密粉砂	5.6	8.0	0.14%
	密实粉砂	3.0	6.0	0.20%
	密实粉土	3.6	5.2	0.14%
	密实粉土	5.6	5.1	0.09%
	密实粉砂	6.2	1.7	0.03%
	密实粉砂	12.6	6.0	0.05%

3. 水平向位移

地基水平向位移及其变化速率一方面可以反映层状地基的沉降特性，另一方面可以即时反馈路堤填筑过程中能否满足变形与稳定性的要求。其中，监测断面一和监测断面二不同深度位置处的侧向水平位移竖向分布以及发展变化曲线如图 7-27 所示。

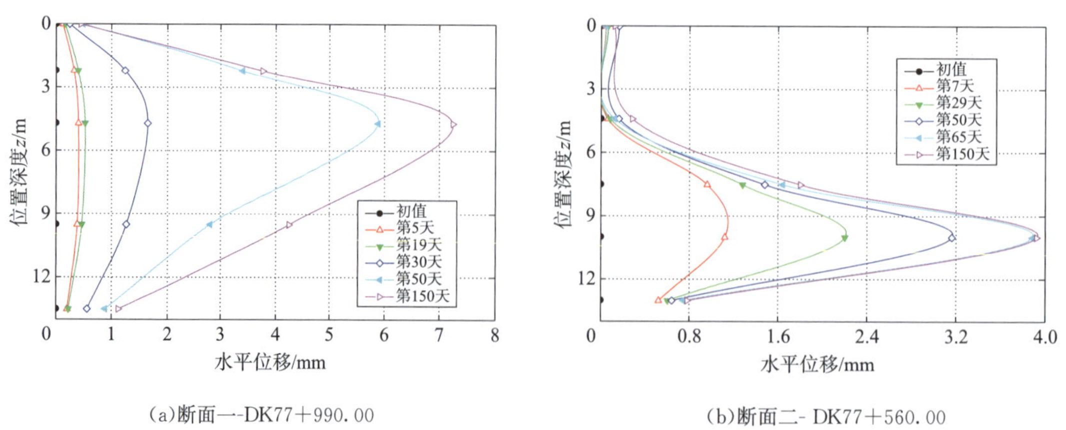

图 7-27　两监测断面深度方向侧向位移监测结果

根据图 7-27，在填筑期间，水平位移呈整体向外偏移，水平位移随着填土高度的增加和时间的推移，偏移量加大，且不同深度处，产生明显差异位移，水平位移呈明显的弓形分布，最大水平位移位于深度 5 m 处，累计最大水平位移量介于 7.0～7.5 mm，随着深度的增加水平位移逐渐减小。另外，经过碎石桩加固处理后，监测断面二最大水平位移向深处发展，最大位移发生在地面以下 10.0 m 处，且最大水平位移量介于 3.5～4.0 mm，这是由于经过碎石桩加固处理后，断面浅层密度增大，模量大幅度提高，在碎石桩加固处理的有效影响范围内，水平位移较未处理断面要小得多。在整个填筑过程中，两个断面的水平位移都不是很大，也无突变发生，表明由剪应力产生的剪切位移并没有产生过大的侧向变形，能够满足填筑过程中路基的稳定性。

值得说明的是，经过碎石桩加固处理后的监测断面二粉土、粉细砂层状地基在路堤荷载作用下产生的侧向变形小于监测断面一未加固地基，这说明碎石桩竖向增强体的设置能够很好地提高整体的约束和抗变形能力，保证填筑过程中路基的稳定性。

4. 孔隙水应力

根据简述两个监测断面的监测方案，分别埋设了孔隙水应力计，研究层状地基结构在施工期间和预压期间超孔隙水应力发展变化情况。根据监测结果，整理得到监测断面一和监测断面二超孔隙水应力变化曲线，如图 7-28 所示。

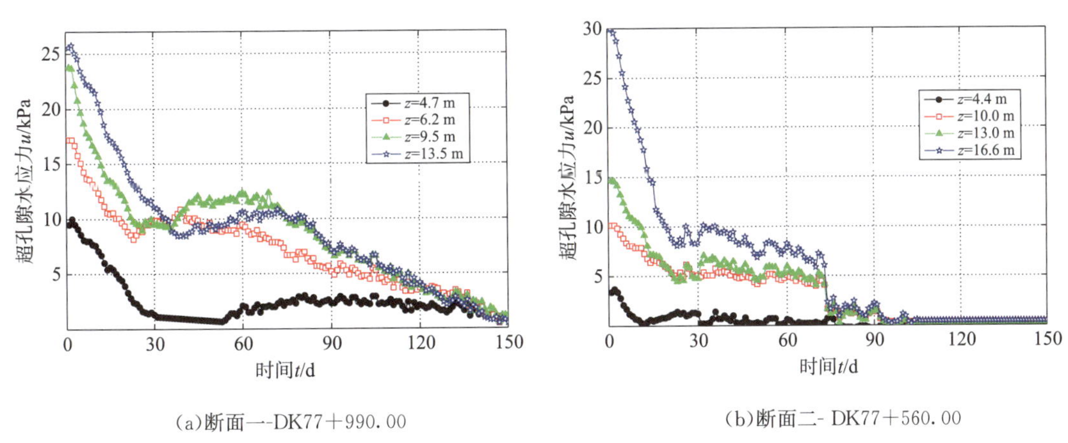

(a)断面一-DK77＋990.00　　(b)断面二- DK77＋560.00

图 7-28 两监测断面地层超孔隙水应力监测结果

图 7-28(a)中，监测断面一浅层地基土层的孔隙水应力总体变化不大，在路基填筑的过程中，由上部荷载引起的孔隙水应力不断减小，且随着路堤的增高，孔隙水应力逐渐消散，后期填筑完成后趋于稳定。浅层土的孔隙压力由于受路堤填高过程中孔隙水应力消散较快的影响，孔隙压力变化并不是很明显。深层土的孔隙水应力由于距离孔压消散通道较远及附加应力影响深度有限，其变化曲线呈现为缓慢消散，相对比较稳定。图 7-28(b)中，监测断面二孔隙水应力在某一段时间内出现消散缓慢，甚至增加的趋势。其原因主要在于地基土层中设置了大量的碎石桩排水通道，使得在后期分级荷载施加的过程中，原本应快速增加的

孔隙水应力得以快速消散，故而上部荷载作用引起的增长和消散并存，孔隙水应力出现平缓状态，并在碎石桩排水通道的“帮助”下，快速进入稳定并接近完全消散状态。

7.4.3 固结沉降预测分析

高速铁路路基填土逐层填筑情形下，层状地基在上部填土荷载作用下的沉降位移具有明显的时间效应，可以采用前述建立的固结沉降模型进行地基固结沉降预测。同时，地基固结沉降位移监测结果通常符合一定的函数分布规律，工程实践中为简化分析，通常采用双曲线函数、指数曲线函数等进行地基沉降曲线拟合，通过拟合函数确定地基沉降位移变化趋势，并进行短期地基沉降量的预测分析。

既有研究结果表明，含有粉土、粉细砂的层状地基固结沉降位移曲线同指数曲线函数更为相似。基于此，结合两监测断面现场监测资料，对路基中心沉降位移-时间关系曲线进行指数函数拟合分析，建立层状地基沉降位移-时间关系曲线的预测模型，进而对层状地基沉降位移的发生、发展变化过程进行预测，确定层状地基的整体沉降量，最终指导和优化现场施工进程和工序。

指数曲线函数法拟合过程中，以路基填筑完成后的时间节点作为预测曲线模型的起点，采用指数曲线函数式(7-34)，对两监测断面路基中心沉降-时间关系现场实测曲线进行拟合。

$$S=a+b\exp(ct) \tag{7-34}$$

式中 a,b,c——拟合曲线的相关曲线参数，运用数值方法予以确定。

指数函数模型前提假定是只考虑上部荷载填筑完成后的路基沉降发展规律，即假定所有的填筑过程皆为一次性施加的，但实际工程中，路基填土填筑过程一般采用分阶段填筑方式，上述两个监测断面路基中心沉降曲线呈现较为明显的“台阶状”。如果直接采用式(7-34)进行填筑路基的地基沉降曲线拟合，施工阶段中的层状地基沉降拟合曲线将同现场监测结果存在较大偏差。由于地基沉降曲线实际累计沉降的“台阶状”特点，使得很难采用适用的函数曲线来拟合地基整体沉降过程。为此，将指数函数式(7-34)进行改进，即将路堤荷载分为若干加载阶段，同时将各级荷载增量所引起的沉降量予以叠加，具体的修正指数曲线函数表达式为式(7-35)形式。

$$S=\sum_{i=1}^{m}\left\{a+b\exp[c(t_i-t_{i-1})]\right\} \tag{7-35}$$

式中 m——分级加荷的总级数；

t_i-t_{i-1}——第 i 级荷载施加与第 $i-1$ 级荷载施加时间间隔。

同样地，将指数函数式(7-35)应用于上述两个监测断面路基中心的地基沉降-时间关系曲线拟合中，对应拟合结果如图 7-29 所示。

根据图 7-29，监测断面一和监测断面二路基中心整体沉降随时间发展趋势的预测模型呈现指数函数形式,且 R^2 均大于 0.9。如此便形成了统一的指数函数关系表达式(7-35),并可进一步获得高速铁路层状地基整体沉降遵循指数曲线函数的发展规律,具有一定的工程应用价值,可以很好地综合指导实际工程的设计优化与施工控制。

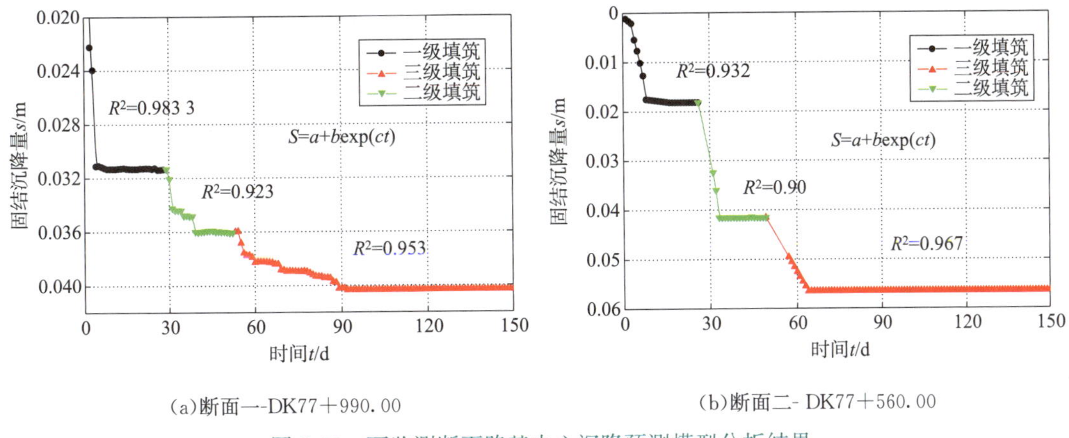

(a)断面一-DK77+990.00 (b)断面二- DK77+560.00

图 7-29 两监测断面路基中心沉降预测模型分析结果

7.4.4 现场监测结果的有限元对比分析

为进一步对比分析验证两监测断面的地基沉降变形趋势,采用有限元方法对两监测断面路基中心沉降进行建模分析,得到的路基中心沉降随时间变化关系曲线如图 7-30 所示,深度方向上的地基土体分层沉降随时间的变化曲线分别如图 7-31、图 7-32 所示。

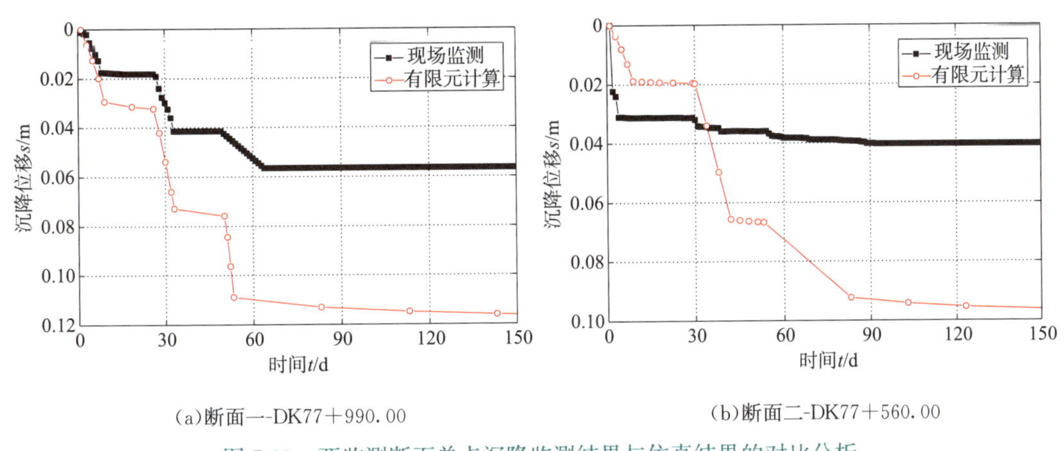

(a)断面一-DK77+990.00 (b)断面二-DK77+560.00

图 7-30 两监测断面单点沉降监测结果与仿真结果的对比分析

根据图 7-30 可知,现场监测试验和有限元分析得到的路基中心整体沉降的发展趋势具有良好的一致性。稍有不同的是有限元分析结果较现场监测试验结果大,这是由于土层在实际发生固结压缩的过程中,压缩模量随着固结度的变化是逐渐增加的,在进行有限元分析时尚未考虑这一变化所致。另外,通过试验方法获取的地基土层压缩模量整体偏小,转弹性模量后同土层实际弹模存在一定的误差。但是，在路基填筑施工的关键节点，沉降与时间的关系曲线皆存在相应的变化，变化趋势较为一致，从而验证了有限元分析结果具有一定的可靠性和适用性。

图 7-31 和图 7-32 中，现场监测试验和有限元分析得到的路基中心分层沉降的发展趋势具有良好的一致性，且单一土层的相对沉降的变化亦较为一致，对应的发展趋势也符合路基填筑施工的关键节点，即每逢分级堆载时，路基中心处地基分层沉降曲线便出现线性增加的趋势，且分层沉降曲线的这种发展较为一致。

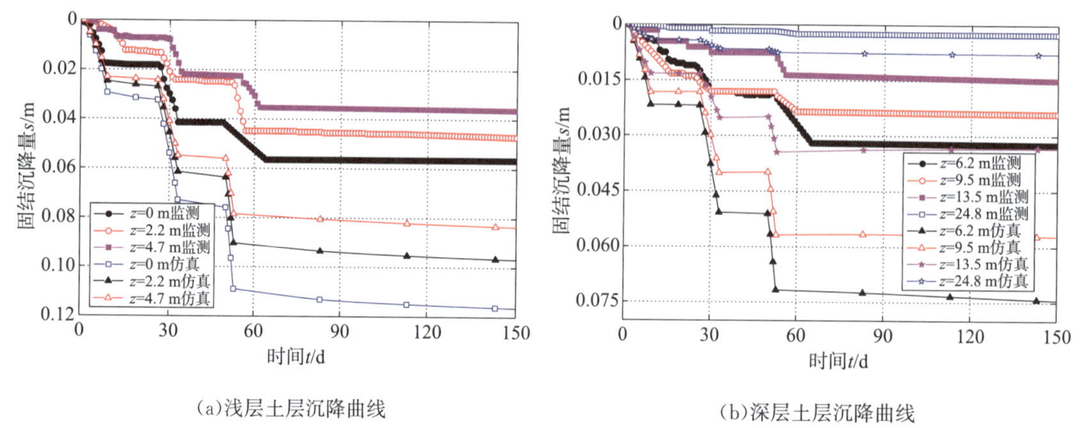

(a)浅层土层沉降曲线　　(b)深层土层沉降曲线

图 7-31　监测断面一地基分层沉降时程曲线

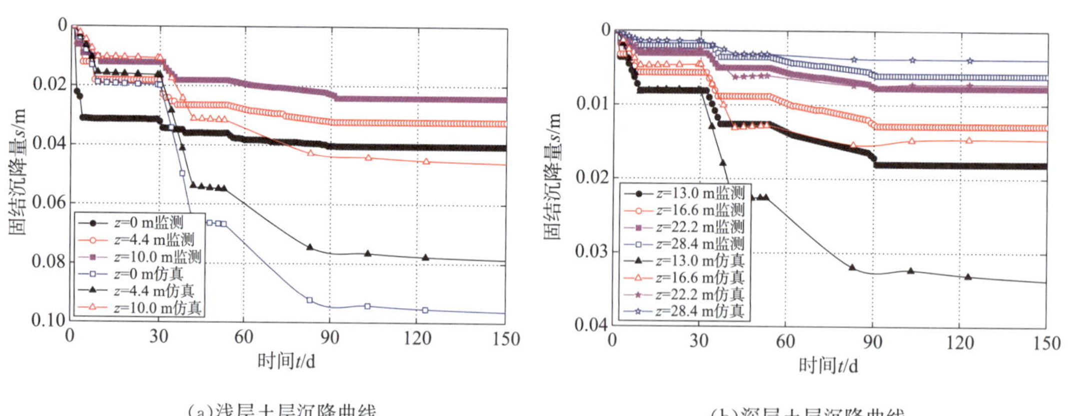

(a)浅层土层沉降曲线　　(b)深层土层沉降曲线

图 7-32　监测断面二地基分层沉降时程曲线

第 8 章 高速铁路新型路基结构研发及其在沉降控制中的应用

高速铁路传统填土路基采用分层压实的梯形路基本体结构，路基本体自重大、占地宽，为了更好地控制工后沉降，必须进行大规模的地基加固处理，导致工程造价不断攀升，但高速铁路路基工后沉降仍难以控制。与此同时，我国高速铁路工程建设正在开展深层次建设理念的变革，工程建设智能化、工业化、绿色化已深入人心，高速铁路传统路基结构如何开展智能化、工业化建造是值得进一步思考和研究的问题。因此，为提高高速铁路路基生命力、拓展传统路基结构的工程适用性能，基于高速铁路工业化、智能化建造理念，在岩土工程和结构工程深度专业融合的基础上，研发以钢筋混凝土结构为主体的新型路基结构以及各类沉降控制技术措施势在必行。新型路基结构的研发可有效降低工程造价，提高传统路基生命力，为我国高速铁路路基的未来发展提供全新思路，为高速铁路路基建设的工业化、信息化、智能化奠定基础。

8.1 高速铁路新型路基结构形式及工业化建造技术

高速铁路悬臂 U 形路基结构形式有多种类型，新结构形式研发的核心思想在于通过直立挡土墙和悬挑路肩的设置，最大限度地减小路基本体宽度，通过减小地基处理面积和路基填方方式，在控制地基沉降变形的基础上保证铁路路基的正常使用功能。

8.1.1 高速铁路悬臂 U 形路基结构

1. 常规 U 形路基结构

我国高速铁路工程建设中，U 形槽路基结构(图 8-1)在部分特殊工点已有应用，轨道以及列车荷载通过槽内填土将上部荷载间接传递至 U 形槽侧壁板和底板，经平衡分配后传递至板下地基，地基承载可采用复合地基或灌注桩基。该结构充分利用了 U 形槽的收坡作用，有效减少地基占地面积和路堤填土量，在填料缺乏地区、邻近既有线的新建铁路路基工程中得到了初步应用。但是，图 8-1 中的 U 形槽路基断面宽度仍较大，存在进一步优化的空间，通过路肩悬挑方式减小路基本体横向尺寸，有利于 U 形槽路基减重。

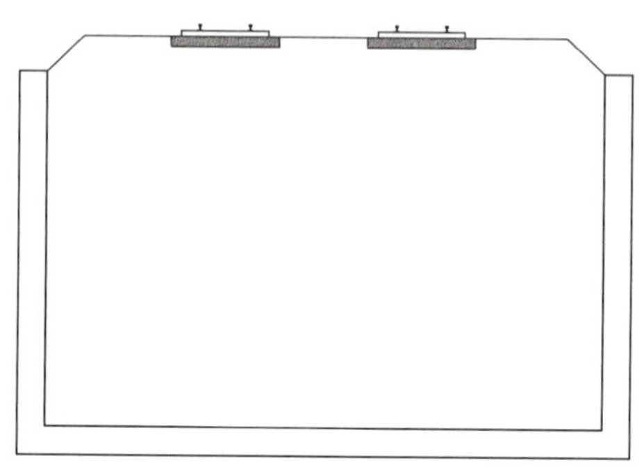

图 8-1 U 形槽路基结构示意图

2. 新型 U 形路基结构

通过将高速铁路两侧路肩悬挑，减小路基本体横向尺寸，图 8-1 中的 U 形槽路基可优化为类似于桥梁断面形式的悬臂 U 形路基结构[图 8-2(a)]，电缆槽、接触网立柱、栏杆、遮板、检查便道、排水管等可直接设置于悬挑路肩之上。为保证路基结构的地基承载性能和抗侧移、抗倾覆稳定性，底板两端可以设置同悬挑路肩等宽的墙趾板[图 8-2(b)]，减小悬臂 U 形路基底板的附加压力。

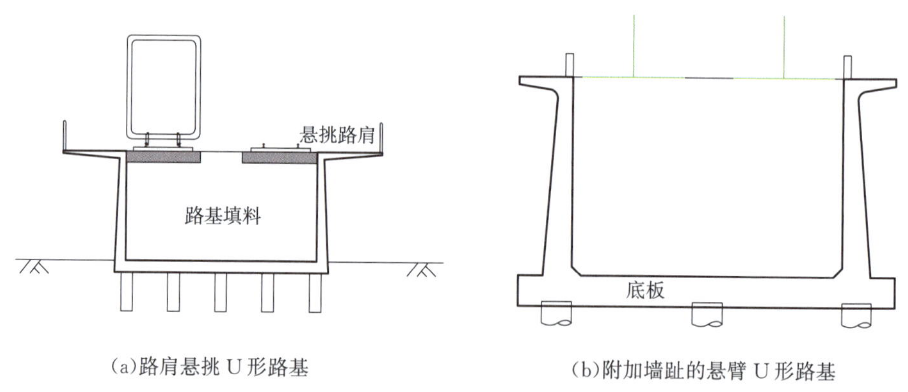

(a)路肩悬挑 U 形路基　　(b)附加墙趾的悬臂 U 形路基

图 8-2 悬臂 U 形路基结构

图 8-2 中的悬臂 U 形路基为静定结构，槽内填土侧向土压力荷载、轨道及列车引起的侧向静/动土压力荷载将直接作用于侧壁板，侧壁内力将随悬臂高度表现为非线性增加趋势。悬臂高度超过 6 m 时，侧壁内力与变形急剧增大，直接采用静定的悬臂 U 形路基结构将不再合适，需要从增加侧壁支撑或减小槽内填土侧向土压力两个方面对悬臂 U 形路基结构进行优化。减小悬臂 U 形路基侧壁土压力的措施可采用图 8-3(a)中的土工格栅加筋结构，土工格栅逐层包裹槽内填土，增强填土散粒体材料的整体性，减小槽内填土对侧壁墙的土压力，实现悬臂 U 形路基的设计承载要求。

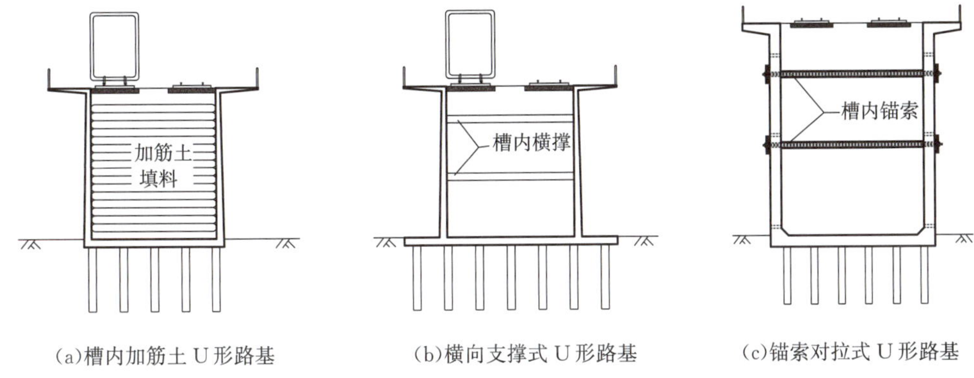

(a)槽内加筋土 U 形路基　　(b)横向支撑式 U 形路基　　(c)锚索对拉式 U 形路基

图 8-3　加筋填料及设置横向支撑的 U 形路基结构

高悬臂 U 形路基横向约束的设置可采用两种方式，第一种施加横向约束的方式是在 U 形槽两侧壁之间设置一道或多道连系梁，形成横向支撑式 U 形路基，断面结构形式如图 8-3(b)所示，将静定结构形式的悬臂 U 形路基转换为超静定结构，通过钢筋混凝土连系梁的抗拉承载能力减小 U 形槽侧壁的水平位移和结构内力，能有效提高悬臂 U 形路基结构的整体性和整体承载性能。第二种施加横向约束的方式是在悬臂 U 形槽的两侧壁板之间设置一道或多道预应力锚索，形成锚索对拉式 U 形路基结构，断面结构形式如图 8-3(c)所示，通过锚索张拉和预应力水平控制，保证悬臂 U 形路基的侧壁板水平位移和结构内力处于设计承载能力范围之内。相较而言，锚索对拉式 U 形路基对施工过程的影响相对更小，能够有效平衡工程造价、施工工期和侧边墙变形及结构内力控制之间的关系。

8.1.2　高速铁路半悬臂 U 形路基结构

悬臂 U 形路基结构相较于 U 形槽路基虽具有一定优势，但对于宽站场路基、联络线路基、邻近既有铁路的新建路基等特殊工点并不完全适用，如果采用悬臂 U 形路基结构的半跨作为挡土墙结构，将能更好地适用于高速铁路路基工程建设。

1. Z 形挡土墙

Z 形挡土墙由悬挑路肩、侧壁墙、底板和凸榫四个基础部分组成，悬挑路肩、侧壁墙以及底板整体构成"Z"形，悬挑路肩同悬臂 U 形路基的功能基本一致，能够最大程度地发挥 Z 形挡土墙的收坡功能。根据 Z 形挡土墙工程应用高度，当挡土墙不超过 6 m 且应用于单侧收坡时，作用类型同悬臂式挡土墙相同，如图 8-4 所示，其通过侧壁板侧壁和底板提供的抗滑移、抗倾覆能力，实现对墙后填土的支挡和收坡功能。

墙高大于 6 m 的单侧收坡 Z 形挡土墙采用加筋土或锚定板挡土墙进行墙体变形控制，如图 8-5 所示。加筋土 Z 形挡土墙墙后填土逐层铺设土工格栅，减小填土对侧壁墙的土压力，该种路基结构可应用于邻近既有铁路等施工场地狭小并对地基附加沉降十分敏感的地段，通过 Z 形挡土墙最大限度收坡，增大新建路基同既有路基或构筑物之间的间距，减小新建路基对既有结构的影响。

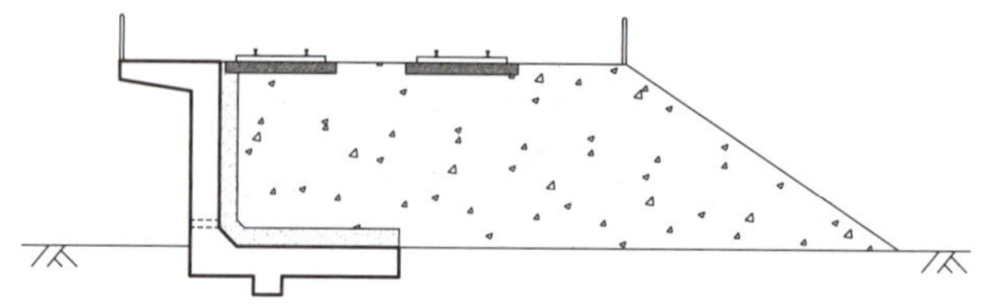

图 8-4　墙高小于 6 m 的 Z 形挡土墙

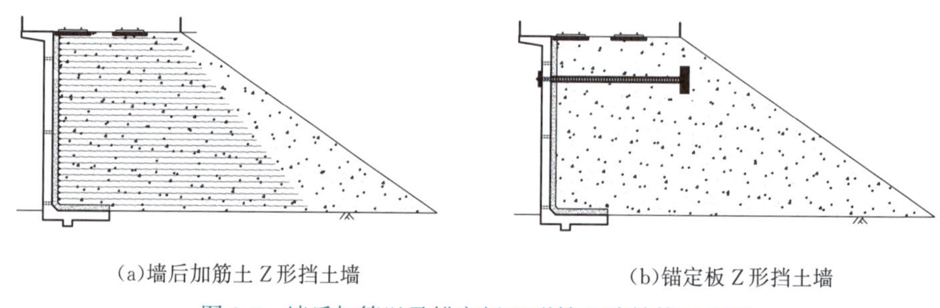

(a)墙后加筋土 Z 形挡土墙　　(b)锚定板 Z 形挡土墙

图 8-5　墙后加筋以及锚定板 Z 形挡土墙结构示意图

2. Z 形挡土墙组合式 U 形路基结构

Z 形挡土墙除可应用于图 8-5 中的单侧收坡，也可应用于高速铁路路基的双侧收坡，如图 8-6 所示。相较于整体性的 U 形路基，Z 形挡土墙组合式 U 形路基的作用效果也基本一致，但应用范围更为宽泛，可应用于所有的悬臂式挡土墙应用领域。此外，Z 形挡土墙应用于装配式施工时，单体预制块的重量更容易控制，方便预制结构的运输和拼装。

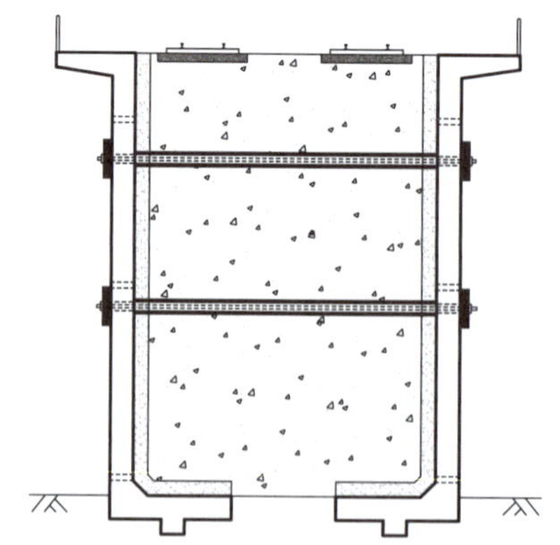

图 8-6　Z 形挡土墙组合式 U 形路基结构

8.1.3　高速铁路悬臂箱形路基结构

高速铁路悬臂箱形路基结构是在悬臂 U 形路基结构的基础上，进一步创新形成的新型路基结构。箱形路基完全取消槽内填土，列车和轨道荷载直接作用于箱形路基的顶板之上，并通过顶板—侧壁板/内支撑体系—底板传递至箱形路基的地基基础。根据箱形路基的内支撑设置情况，具体分为空箱形路基、格构箱形路基、分体式箱形路基等结构形式。

1. 空箱形以及格构箱形路基结构

(1)空箱形路基结构

空箱形路基是在图 8-2 悬臂 U 形槽的基础上，增设箱体顶板形成封闭箱体结构的一种新型路基结构形式(图 8-7)，主要适用于路堤高度较小、横断面宽度较窄(高度不超过 6 m 的联络线路基)的地段。相较于内部填土的 U 形路基结构，空箱形路基自重小，对地基基础的加固处理要求远小于内部填土的悬臂 U 形路基结构，可采用桩基或复合地基加固处理，通过箱形路基结构优化，其在特殊应用工点具有更好的经济性。

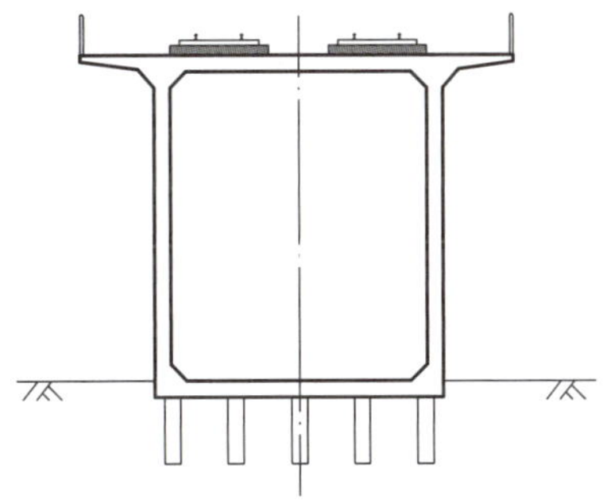

图 8-7　空箱形路基结构示意图

(2)竖向格构式箱形路基结构

竖向格构式箱形路基结构主要适用于高悬臂路基，在空箱内设置内支撑系统，内支撑系统均为竖向格板并形成十字交叉，十字交叉轴线同线路方向垂直，并为竖向格构式箱形路基提供可靠的竖向支撑，其断面结构形式如图 8-8(a)所示。为减轻竖向格构式箱形路基结构重量，控制工程造价，在保证格板支撑能力的基础上，内支撑系统的纵向和横向格板可设置孔洞。竖向格构式箱形路基结构的制作施工可采用混凝土现浇和预制两种方式，现浇工艺应采用整体式模板，侧壁板和内支撑格板一次成型；预制拼装工艺采用节段预制方式，每一节段包括一个完整的内支撑系统，通过预应力锚索张拉方式以保证各预制节段的整体性能。竖向格构式箱形路基结构基本预制拼装单元的横断面如图 8-8(b)所示，相应预制节段三维拼装效果如图 8-8(c)所示。

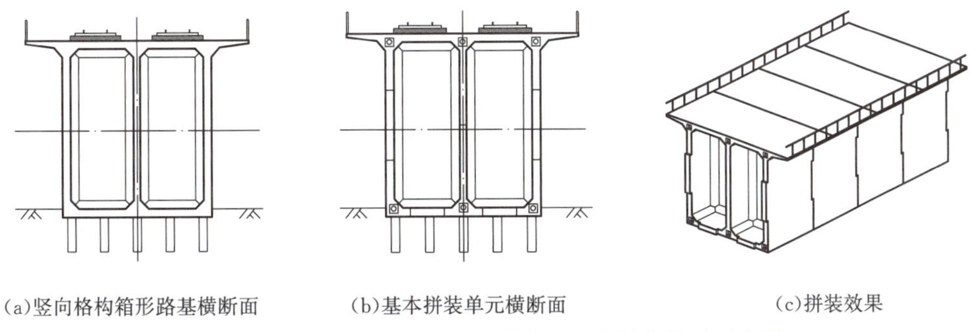

(a)竖向格构箱形路基横断面　(b)基本拼装单元横断面　(c)拼装效果

图 8-8　竖向格构式箱形路基结构及基本拼装单元示意图

(3)水平格构式箱形路基结构

水平格构式箱形路基结构同样适用于高悬臂路基，承载性能同竖向格构式箱形路基结构基本相当，空箱内的内支撑系统由水平格板和竖向格板形成十字交叉，十字交叉轴线同线路方向平行，其断面结构形式如图 8-9(a)所示。为减轻横向格构式箱形路基结构重量，控制工程造价，在保证格板支撑能力的基础上，内支撑系统的竖直和水平设置的横向格板可设置孔洞。水平格构式箱形路基结构的制作施工可采用混凝土现浇和预制两种方式，现浇工艺应采用整体式模板，侧壁板和内支撑格板一次成型；预制拼装工艺采用节段预制方式，为保证预制节段的整体性，预制节段内支撑系统接缝位置处设置凸榫-凹槽结构，并通过预应力锚索张拉以及凸榫-凹槽嵌合结构的抗剪性能保证各预制节段的整体性。水平格构式箱形路基结构基本预制拼装单元的横断面如图 8-9(b)所示，相应预制节段单元最终拼装效果如图 8-9(c)所示。

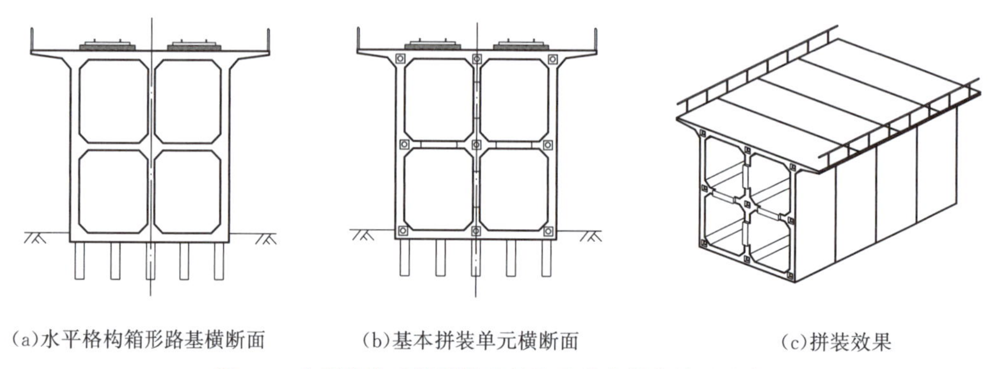

(a)水平格构箱形路基横断面　(b)基本拼装单元横断面　(c)拼装效果

图 8-9　水平格构式箱形路基结构及基本拼装单元示意图

2. 分体式箱形路基结构

分体式箱形路基结构是采用两个小型空箱形路基并列并独自承载的一种新型路基结构，如图 8-10 所示。分体式箱形路基两侧路肩及路基中心区域均为悬挑结构，两箱形结构的内悬臂之间设置阻尼橡胶填充层，在保持两箱形路基柔性连接的同时，封闭止水，特别适用于道岔区路基以及联络线接轨区等路基断面形式发生剧烈变化的区域。相较于独立的空箱形路基结构，分体式箱形路基的结构自重大幅降低，结构形式布置更为自由灵活，对地基的加固处理要求降低，适用于复合地基和桩基承载等地基处理形式，相对也更容易实现长节段路基结构的装配拼装。

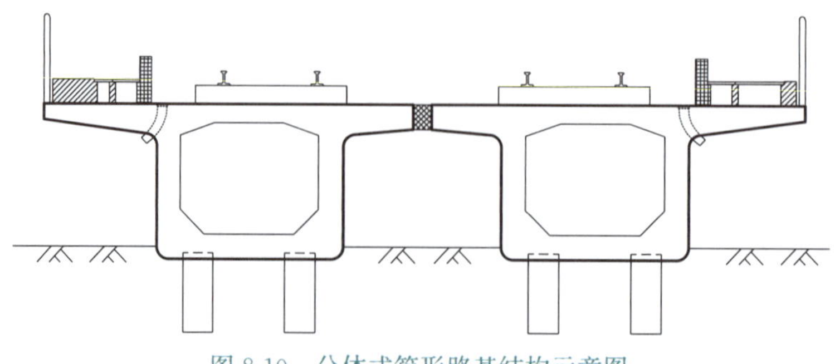

图 8-10　分体式箱形路基结构示意图

8.1.4　高速铁路悬臂 U 形路基工业化建造方案

针对高速铁路悬臂 U 形路基的结构特点和承载方式，其工业化建造方案主要围绕两点展开：一是高速铁路悬臂 U 形路基整体式预制拼装方案；二是高速铁路悬臂 U 形路基分体式预制拼装方案。

8.1.4.1　完整节段工业化建造方案

根据《铁路路基支挡结构设计规范》(TB 10025—2019)，槽形挡土墙每 15～20 m 设置沉降缝、伸缩缝，缝宽宜为 20～30 mm，缝内填塞材料可采用沥青麻筋、沥青木板、胶条或橡胶条等。基于此，采用节段式工业化建造方案时，单节悬臂 U 形路基长度不宜超过 20 m，单节长度一般为 10 m 或 20 m。对于路基高度 $H=5.2$ m 的路基，常规设计中的悬臂 U 形槽断面面积 17.98 m^2，20 m 长的整体预制节段混凝土方量约为 359.63 m^3，总重量 899 t，单节预制段如图 8-11(a)所示，三节段组装效果如图 8-11(b)所示。

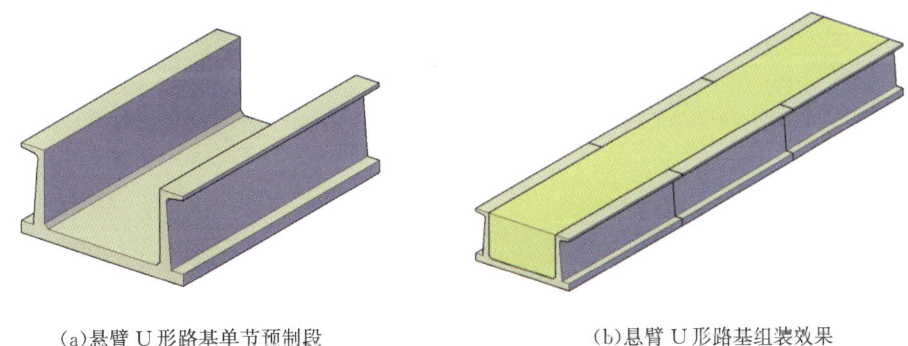

(a)悬臂 U 形路基单节预制段　　(b)悬臂 U 形路基组装效果

图 8-11　悬臂 U 形路基完整节段工业化建造方案

1. 悬壁 U 形路基完整节段工业化建造方案

悬臂 U 形路基完整节段工业化建造方案中，悬臂 U 形路基悬挑路肩、侧边墙和底板一体化预制，按照整节段预制方式制作预制段，单节预制段即对应一个完整的悬臂 U 形路基承载段。此外，悬臂 U 形路基中的各完整预制段功能同设置沉降缝后的现浇式结构完全相同，各预制段独自承载且接缝位置处无需施加预应力锚固措施和剪力键，各完整节段通过组装方式，形成高速铁路路基结构。根据单节预制段长度的差异，5.2 m 高悬臂 U 形路基单节重 450～899 t(10～20 m 节段长度)，需要专门运输和起重吊装设备，工程造价高。因此，采用整节段工业化建造方案时，现场施工速度快，工程施工流水能力强，施工作业环境友好。但是，预制场地与组装实施现场不宜过远，对施工现场的场地道路要求条件较高，主要适用于工期紧张、造价控制较为宽松的铁路工程项目建设。

2. 悬臂 U 形路基小节段工业化建造方案

小节段工业化建造方案基于完整意义上的预制拼装理念，将完整的悬臂 U 形路基节段离散为 2～5 m 一节的小段，单节重量不超过 100 t。各节段接缝位置设置纵向预应力锚孔和断面剪力键，通过预应力钢棒/锚索提供的预应力和断面剪力键及摩阻力，保证拼装后的悬臂 U 形路基节段的整体性。其中，悬臂 U 形槽小节段接缝断面上的剪力键凸榫和凹槽结构分别如图 8-12(a)、图 8-12(b)所示，接缝位置处均设置凸榫-凹槽结构，通过预应力锚索提供的纵向锚固力，增强拼装后的悬臂 U 形路基抗剪承载能力。对于 $H=5.2$ m 的路基，悬臂 U 形槽断面面积 17.98 m^2，2 m 长的整体预制节段混凝土方量约为 35.963 m^3，总重量 89.9 t，五节预制段拼装效果如图 8-12(c)所示，槽内填土效果如图 8-12(d)所示。

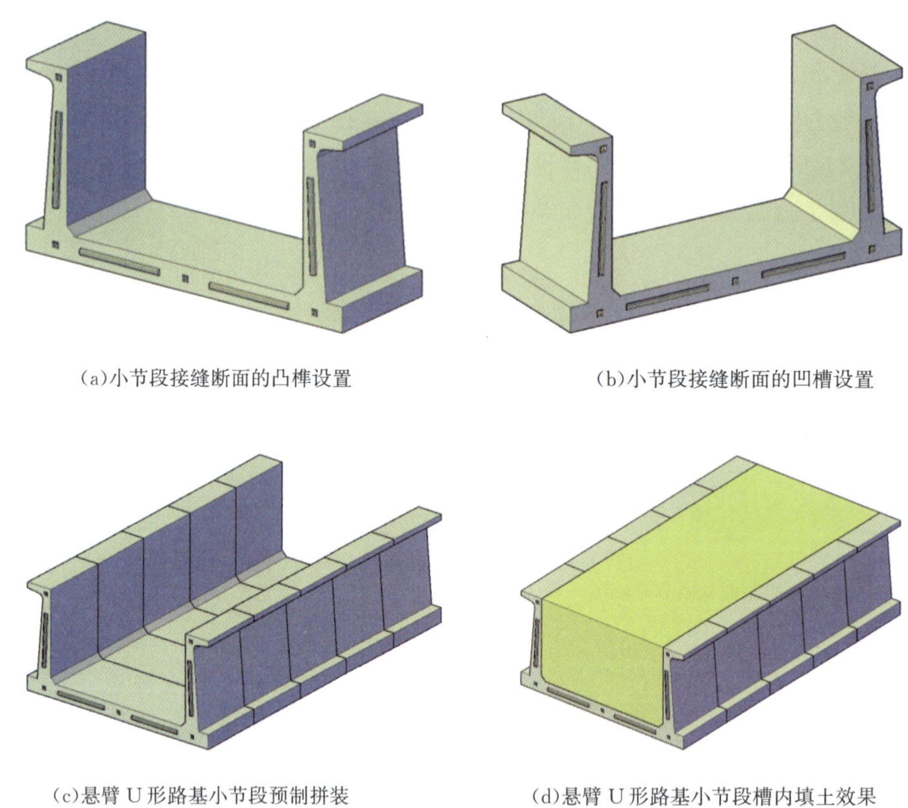

(a)小节段接缝断面的凸榫设置　(b)小节段接缝断面的凹槽设置

(c)悬臂 U 形路基小节段预制拼装　(d)悬臂 U 形路基小节段槽内填土效果

图 8-12　悬臂 U 形路基小节段工业化建造方案

相较于图 8-11 完整节段的工业化建造方案，悬臂 U 形路基小节段方案的节段重量大幅降低，对运输吊装设备的性能要求有所降低，方便新型路基结构预制节段的预制制作和吊装转运，施工现场的适用能力更强，也是悬臂 U 形路基结构工业化建造技术的重点发展方向。现场拼装过程中，首先，通过多设备协同起吊方式，对小节段预制段精准定位和吊放；之后，通过锚孔穿设预应力锚索/钢棒并施加预应力方式，对悬臂 U 形路基小节段的位置进行精调和定位，并使接缝位置处的凸榫-凹槽剪力键结构完全嵌合，通过锚索提供的预应力以及剪力键共同作用保证悬臂 U 形路基接缝位置的抗剪能力；最后，进行悬臂 U 形槽内填土压实，施工路基面上层结构和附属设施。

8.1.4.2　分体式预制拼装方案

高速铁路悬臂 U 形路基整体式预制方案中，无论是整节段预制还是小节段预制，均存在预制节段重量大的特点，很难将单一预制结构重量控制在 30～50 t，预制构件的现场吊装、转运仍存在较大困难。因此，高速铁路悬臂 U 形路基预制拼装技术研发中，仍需要进一步研发和优化分体式预制拼装方案，通过悬臂 U 形路基结构的进一步分体和离散，降低单一预制结构的体积和重量，方便预制构件的现场转运和运输，使得预制构件的现场拼装更为便捷高效。高速铁路悬臂 U 形路基分体式预制拼装方案主要有两种：一种是将悬臂 U 形路基离散为左右对称的 Z 形挡土墙结构；另一种是将悬臂 U 形路基充分离散为小型预制块结构。

1. Z 形挡土墙分体组装

(1)Z 形挡土墙底板等分方案

高速铁路悬臂 U 形路基第一种分体式预制拼装方案具体包括两类，第一类为 Z 形挡土墙等分式分体组装方案，其核心思想为将悬臂 U 形路基沿底板纵向中轴线等分，形成两个对称的 Z 形挡墙结构，通过 Z 形挡土墙的预制、运输与吊运拼装，实现悬臂 U 形路基结构的装配化施工。悬臂 U 形路基结构离散后的 Z 形挡土墙接缝处仍设置凸榫-凹槽剪力键[图 8-13(a)、图 8-13(b)]，并在角点位置处预留预应力锚索孔，通过后穿的预应力锚索提供紧固力，以保证装配式悬臂 U 形路基结构的整体性。两 Z 形挡土墙在底板接缝位置处通过湿接缝连接[图 8-13(c)]，湿接缝宽度 0.3～0.5 m，接缝位置配置封闭 U 形钢筋，并通过双面对焊方式，增强湿接缝位置钢筋连接的有效性。

Z 形挡土墙节段纵向长 2～4 m，5.2 m 高路基单节重 42.3～84.6 t，通过对底板和悬臂结构的尺寸优化，可进一步降低单节段预制构件的重度，满足悬臂 U 形路基的现场转运拼装要求。Z 形挡土墙底板中部的湿接缝采用现浇方式，拼装时对底板接缝处的外伸封闭 U 形钢筋焊接锚固，形成的核心混凝土封闭区穿插纵向钢筋以提高湿接缝核心混凝土的抗剪承载能力。

高速铁路悬臂 U 形路基 Z 形挡土墙分体组装方案具体实施过程：首先，根据悬臂 U 形路基设计图纸预制 Z 形挡土墙，养护至设计龄期后备用；其次，开展悬臂 U 形路基的地基加固处理，复合地基桩顶设置 0.2～0.5 m 素混凝土垫层；再次，转运 Z 形挡土墙预制节段至现场，吊装第一节 Z 形挡土墙预制块，并使得 Z 形挡土墙底板位置处的环形钢筋交错搭接，定位精确后通过地锚栓压重等方式固定第一节 Z 形挡土墙；之后，继续吊装第二节 Z 形挡土墙预制块，穿插预应力钢棒，通过钢棒的锚固力定位第二节预制节段，重复此步骤直至拼装完成同一施工段的所有预制块；最后，焊接湿接缝位置处的锚固钢筋，浇筑接缝混凝土，养护至设计龄期后，填筑槽内土体。悬臂 U 形路基最终填筑效果如图 8-13(d)所示。

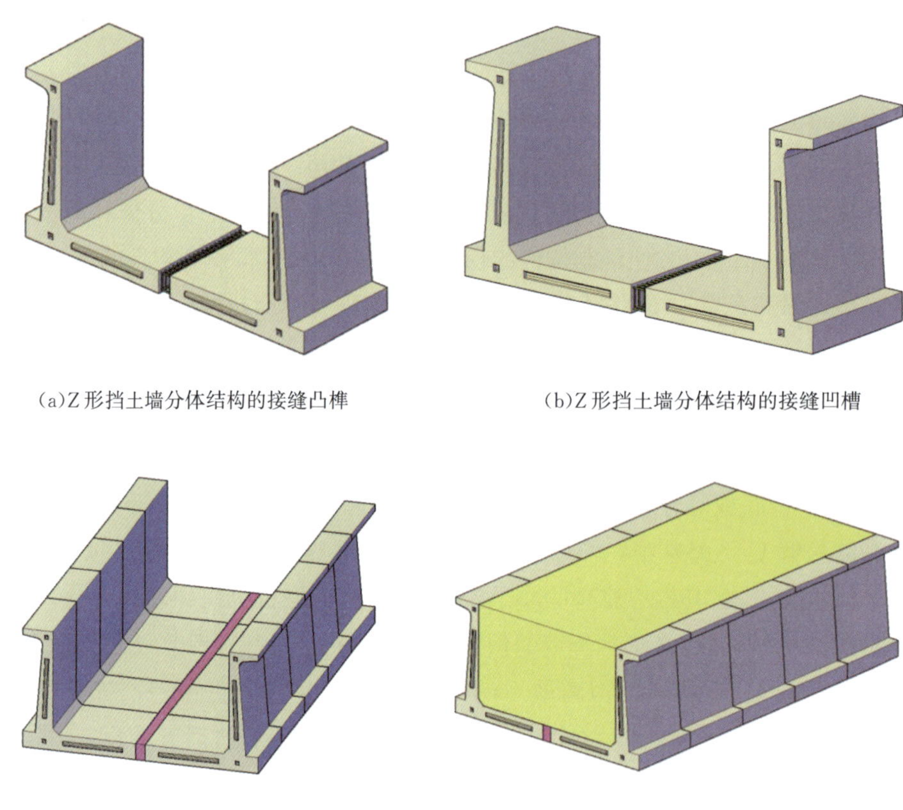

(a)Z形挡土墙分体结构的接缝凸榫　　(b)Z形挡土墙分体结构的接缝凹槽

(c)Z形挡土墙的拼装与湿接缝拼接　　(d)填土完成后的悬臂U形路基

图 8-13　悬臂U形路基Z形挡土墙底板等分组装方案示意图

(2)Z形挡土墙底板不等分方案

高速铁路悬臂U形路基第一种分体式预制拼装方案中的第二类为Z形挡土墙底板不等分分体组装方案，其核心思想为悬臂U形路基底板设置两道分割线，将悬臂U形路基分为左右对称的Z形挡土墙和一块混凝土底板，以进一步减小各预制块的尺寸和重量。Z形挡土墙预制块和底板预制块纵向尺寸相同，并沿线路方向错置半个底板预制块长度，悬臂U形路基结构离散后的Z形挡土墙侧壁板接缝位置处仍设置凸榫-凹槽剪力键[图 8-14(a)、图 8-14(b)]，并在Z形挡土墙角点位置处预留预应力锚索孔，通过后穿的预应力锚索提供紧固力，以保证装配式悬臂U形路基结构的整体性。两Z形挡土墙同中间位置的底板预制块通过两道湿接缝连接[图 8-14(c)]，湿接缝宽度 0.3～0.5 m，接缝位置配置封闭U形钢筋，并通过双面对焊方式，增强湿接缝位置钢筋连接的有效性。

Z形挡土墙和底板预制块纵向长度均为 2～4 m，5.2 m 高路基Z形挡土墙预制块重 31.3～62.5 t，底板预制块重 20.0～40.0 t，基本可以满足大型混凝土预制块的现场拼装转运要求。高速铁路悬臂U形路基Z形挡土墙底板不等分组装方案具体实施过程：首先，根据悬臂U形路基设计图纸制作Z形挡土墙预制块、底板预制块，接缝位置处预留封闭U形锚固钢筋，养护至设计龄期后备用；其次，完成现场的地基加固处理，复合地基桩顶需要设置 0.2～0.5 m 素混凝土垫层；再次，转运 Z 形挡土墙预制节段至现场，吊装第一节 Z 形挡土墙预制块和底板预制块，底板预制块为半块以确保底板和 Z 形挡土墙在接缝位置处的交错搭接，定位精确后通过地锚栓压重等方式固定第一节 Z 形挡土墙和底板预制块；之后，继续吊装第二节 Z 形挡土墙和底板预制块，穿插预应力钢棒，通过钢棒的锚固力定位第二节预制节段，重复此步骤直至拼装完成同一施工段的所有 Z 形挡土墙和底板预制块；最后，焊接湿接缝位置处的锚固钢筋，浇筑接缝混凝土，养护至设计龄期后，填筑槽内土体。采用底板不等分组装方式的悬臂 U 形路基最终填筑效果如图 8-14(d)所示。

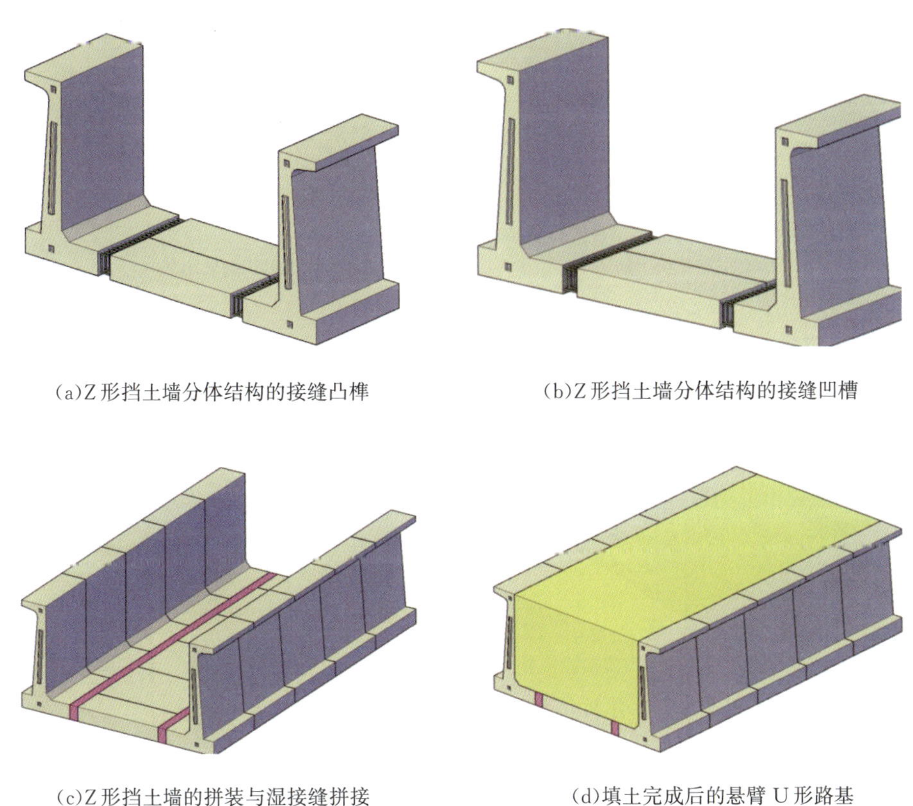

(a)Z 形挡土墙分体结构的接缝凸榫　(b)Z 形挡土墙分体结构的接缝凹槽

(c)Z 形挡土墙的拼装与湿接缝拼接　(d)填土完成后的悬臂 U 形路基

图 8-14　悬臂 U 形路基 Z 形挡土墙底板不等分组装方案示意图

2. 小型预制块分体组装

高速铁路悬臂 U 形路基第二种分体式预制拼装方案为小型预制块分体组装方案，其核心思想为将悬臂 U 形路基的侧壁板、底板充分离散为小型预制块，通过预制块连接钢构件、混凝土湿接缝、凸榫-凹槽剪力键、预应力锚索等连接各预制块，并最终实现悬臂 U 形路基的现场拼装。采用小型预制块分体组装方式，单个预制块重量一般不超过 40 t，可满足小型预制块的现场运输和吊运拼装要求。悬臂 U 形路基结构充分离散后，侧壁板水平接缝位置处采用灌浆套筒钢构件连接，钢构件直径 50 mm，有效锚固长度不小于 0.3 m，底板接缝位置仍采用焊接后的封闭 U 形钢筋湿接缝方式连接。具体拼装过程中，侧壁板上半预制块同下半预制块错缝搭接，中部位置的底板预制块同两侧预制块错缝搭接，湿接缝做法同前述几种结构完全相同。其中，悬臂 U 形路基小型预制块分体组装方案中的预制块分解如图 8-15(a)所示，小型预制块的拼装过程如图 8-15(b)所示，底板湿接缝位置以及槽体结构拼装效果如图 8-15(c)所示，槽内填土填筑完成后的悬臂 U 形路基效果如图 8-15(d)所示。

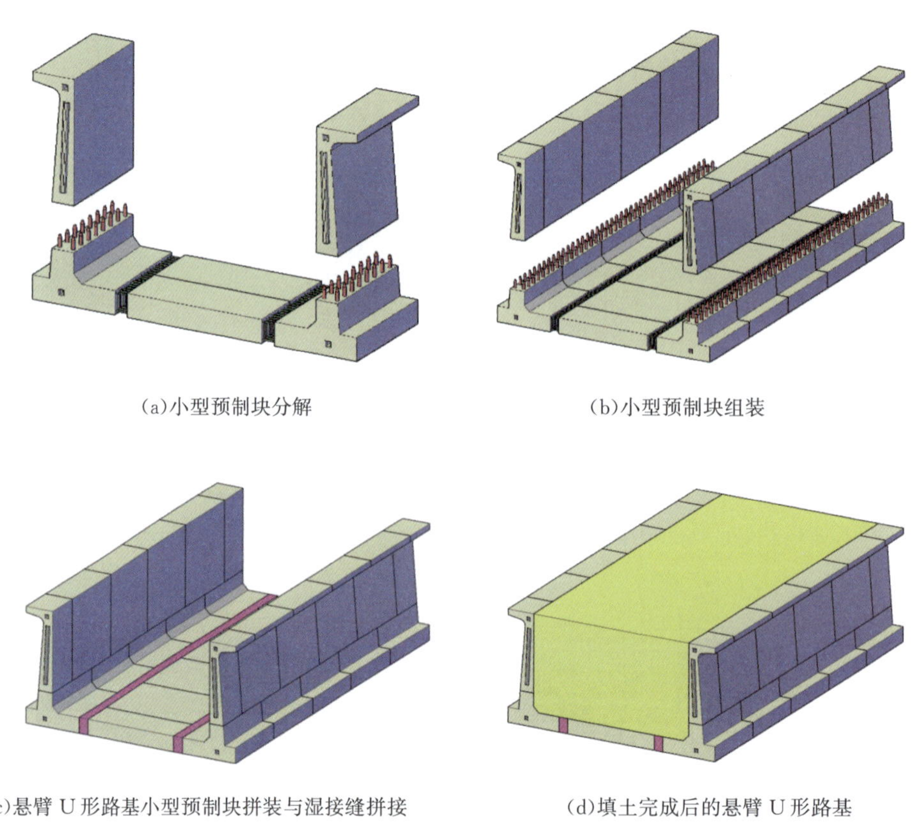

(a)小型预制块分解　(b)小型预制块组装

(c)悬臂 U 形路基小型预制块拼装与湿接缝拼接　(d)填土完成后的悬臂 U 形路基

图 8-15　悬臂 U 形路基小型预制块分体组装方案示意图

Z 形挡土墙节段纵向长 2～4 m，5.2 m 高路基的侧壁板上半预制块单体重 15～30 t，下半预制块单体重 16.3～32.5 t，底板预制块单体重 20～40 t，各预制块单体重量基本满足常规条件下的运输吊装要求。另外，侧壁板上半预制块和下半预制块之间采用注浆钢构件连接，在保证上下预制块连接锚固可靠性的基础上，也兼顾了混凝土预制块拼装的便利性。相较于悬臂 U 形路基整体式拼装方案，分体式拼装出现的侧壁板和底板拼接缝较多，会一定程度上影响结构的防水、防渗性能，通过接缝位置设置止水橡胶圈、外贴止水带和后灌孔等方式，也能一定程度上保证预制拼装完成后结构体的防水密闭性。

8.1.4.3　预制拼装方案优化分析

综合上述提出的悬臂 U 形路基整体式和分体式预制拼装方案，各方案各有特点，但基于现有吊装转运设备的技术条件，都不能很好解决预制块吊装便利性指标和结构拼装可靠性指标之间的矛盾，需要随着吊装转运设备技术的革新，对悬臂 U 形路基预制拼装方案进行进一步的优化。高速铁路悬臂 U 形路基预制拼装方案的优化方向主要集中于以下几个方面：

(1)预制块单体重量的控制

悬臂 U 形路基断面尺寸较大，20 m 长预制节段自重将近 900 t，基本适用于节段拼装；离散为 2～4 m 的小型节段，单节段重量仍达到 100 t 左右，现场拼装仍较困难。因此，悬臂 U 形路基预制块单体重量的控制仍需要从截面尺寸优化和预制节段的深层次离散两个方面进行，确保预制块单体重量不超过 30 t 以利于现场的预制、装运、吊装和拼装。

(2)预制块结构单体的离散

如前所述，悬臂 U 形路基结构要实现主体结构的预制拼装，必须对 U 形槽结构进一步深层次的离散，离散后的预制块形状应相对规整、尺寸较为统一，且离散后的预制块接缝位置应选择结构内力较小的位置。悬臂 U 形路基的侧臂墙主要受弯矩、剪力和轴向压力作用，侧壁板根部内力最大，侧壁板预制块的离散应在侧壁板根部以上超过 1 m 的位置处。悬臂 U 形路基底板主要承担弯矩、剪力和轴向拉力作用，两端同侧壁板固接位置处的内力最大，悬臂 U 形路基底板预制块的离散应远离固接位置 1 m 以上。

(3)接缝位置处的锚固连接

悬臂 U 形路基预制拼装结构共采用注浆套筒钢构件锚固和湿接缝锚固两种方式，其中，注浆套筒钢构件锚固需要在侧壁板上、下预制构件设置对应的套筒和钢构件，并需考虑上、下构件的错缝锚固，对钢构件的位置和拼装定位要求很高，并且接缝位置处的锚固钢构件造价相对较高。混凝土湿接缝连接是预制构件嵌固的重要方式，具有造价低、连接可靠的优点，但是接缝位置处的钢筋一般需要焊接并且需要一定的混凝土养护龄期，对悬臂 U 形路基结构的快速施工存在一定影响。

(4)装配式结构的造价控制

装配式结构的工程造价影响因素主要有两类：一是预制构件的运输吊装费用，二是接缝位置的锚固费用。相较之下，小型预制构件更容易预制、运输和吊装，但是预制块接缝多、拼装工艺较为复杂，会一定程度上影响结构的承载能力和可靠性；大型预制构件整体性好，具有独立承载的优势，但结构自重大，吊装运输及拼装定位极为复杂，两者之间仍需要通过工程造价控制来完成进一步的平衡。

8.2　悬臂 U 形路基极限状态设计方法

现阶段，高速铁路路基工程设计已全面转向极限状态理论，通过承载能力极限状态和正常使用极限状态下的荷载组合分析，完成路基结构配筋计算与安全性分析。高速铁路悬臂U形路基作为一种新型路基结构形式，其承载特点和荷载作用方式不同于常规路基，针对该新型路基结构的荷载分类与组合、结构内力分析等需要进一步的研究和完善。极限状态设计方法就是针对工程结构在极限状态下工作时，围绕结构体承载能力、结构材料状态、安全状态等采取的一种基于概率统计理论的可靠性分析方法。其中，高速铁路路基工程的极限状态设计分为承载能力极限状态、疲劳极限状态和正常使用极限状态三种。

8.2.1 高速铁路悬臂U形路基极限状态设计方法

8.2.1.1 承载能力极限状态设计

工程结构构件达到最大承载能力或者达到不适于继续承载的变形状态，即为承载能力极限状态。具体表现为结构、构件或连接超过材料强度，或过度变形不适于继续承载；结构或结构的一部分作为刚体失去平衡；结构体系转变为机动体系；结构或构件失稳；地基失去承载能力；影响结构安全的其他特定状态。对于悬臂U形路基结构，悬挑板、侧壁板以及底板承载能力极限状态主要涉及结构体破坏或过度变形而不适于继续承载，按承载能力极限状态设计的作用组合可采用基本组合、偶然组合和地震组合。

其中，持久设计状况和短暂设计状况可采用基本组合，作用效应设计值采用式(8-1)。

$$S_{\mathrm{d}}=\gamma_{\mathrm{sd}}\left(\sum_{i=1}^{n}\gamma_{\mathrm{G}i}S_{\mathrm{Gk}i}+\gamma_{\mathrm{Q1}}\gamma_{\mathrm{L1}}S_{\mathrm{Qk1}}+\sum_{j=2}^{m}\gamma_{\mathrm{Q}j}\psi_{\mathrm{c}j}\gamma_{\mathrm{L}j}S_{\mathrm{Qk}j}\right) \tag{8-1}$$

式中 S_{d}——结构作用效应设计值；

γ_{sd}——计算模型的不确定系数，可取1.0；

$\gamma_{\mathrm{G}i}$——第i个永久作用的分项系数；

$S_{\mathrm{Gk}i}$——第i个永久作用的标准值；

γ_{Q1}——主导可变作用的分项系数；

S_{Qk1}——主导可变作用的标准值；

$\gamma_{\mathrm{Q}j}$——第j个其他可变作用的分项系数；

$\gamma_{\mathrm{L1}},\gamma_{\mathrm{L}j}$——第1个和第$j$个考虑结构设计使用年限的荷载调整系数，应按有关规定采用，对设计使用年限和设计基准期相同的结构，可取1.0；

$\psi_{\mathrm{c}j}$——第j个可变作用的组合值系数；

$S_{\mathrm{Qk}j}$——第j个其他可变作用的标准值效应。

偶然设计状况应采用作用的偶然组合，作用效应设计值的计算应符合式(8-2)。

$$S_{\mathrm{d}}=\sum_{i=1}^{n}S_{\mathrm{Gk}i}+S_{\mathrm{Ad}}+(\psi_{\mathrm{f1}}\ \text{或}\ \psi_{\mathrm{q1}})S_{\mathrm{Qk1}}+\sum_{j=2}^{m}\psi_{\mathrm{q}j}S_{\mathrm{Qk}j} \tag{8-2}$$

式中 S_{Ad}——偶然作用的设计值；

ψ_{f1}——主导可变作用的频遇值系数；

ψ_{q1}，ψ_{qj}——主导可变作用和其他可变作用的准永久系数。

地震设计状况采用地震组合，应根据重现期 475 年的地震作用确定，按式(8-3)计算。

$$S_d = \sum_{i=1}^{n} S_{Gki} + \gamma_1 S_{AEk} + \sum_{j=1}^{m} \psi_{qj} S_{Qkj} \tag{8-3}$$

式中　γ_1——地震作用重要性系数，取 1.0；

S_{AEk}——根据重现期为 475 年的地震作用(基本烈度)确定的地震作用标准值，当考虑水平地震作用和竖向地震效应组合时，主要地震效应组合系数取 1.0，次要地震效应组合系数取 0.5。

8.2.1.2　疲劳极限状态设计

工程结构构件在重复荷载累计损伤作用下，达到疲劳极限状态主要表现为，一是影响安全使用的疲劳裂纹，二是影响安全使用的变形。对于悬臂 U 形路基结构，列车动载为重复性荷载，侧壁板上部在列车动土压力作用下表现为疲劳荷载作用特征。疲劳极限状态设计时采用等效等幅重复应力法，按式(8-4)、式(8-5)、式(8-6)进行疲劳极限状态验算。

$$\gamma_0 \gamma_{cek} \sigma_{cek} \leqslant f_{cek} / \gamma_{cf} \tag{8-4}$$

$$\gamma_0 \gamma_{pek} \Delta\sigma_{pek} \leqslant f_{pek} / \gamma_{pf} \tag{8-5}$$

$$\gamma_0 \gamma_{sek} \Delta\sigma_{sek} \leqslant f_{sek} / \gamma_{sf} \tag{8-6}$$

式中　γ_{cek}，γ_{pek}，γ_{sek}——混凝土、预应力钢筋、钢筋的疲劳作用分项系数；

σ_{cek}，$\Delta\sigma_{pek}$，$\Delta\sigma_{sek}$——混凝土结构验算部位的混凝土等效疲劳应力标准值、预应力钢筋等效疲劳应力幅标准值、钢筋等效疲劳应力幅标准值(计入运营动力系数、离心力)；

f_{cek}，f_{pek}，f_{sek}——混凝土结构验算部位的混凝土、预应力钢筋、钢筋的等幅疲劳强度标准值；

γ_{cf}，γ_{pf}，γ_{sf}——混凝土、预应力钢筋、钢筋的疲劳抗力分项系数。

8.2.1.3　正常使用极限状态设计

结构或构件达到正常使用或耐久性能中某项规定限度的状态称为正常使用极限状态。具体表现为结构或构件出现了影响正常使用的变形；影响正常使用或耐久性能的裂缝、局部损坏；影响正常使用和舒适性的振动；影响正常使用的其他特定状态等。对于悬臂 U 形路基结构，悬挑板、侧壁板以及底板正常使用极限状态主要涉及结构体裂缝、挠度变形过大，影响其正常功能的正常发挥和使用，可采用标准组合、频遇组合和准永久组合进行结构设计。

其中，标准组合的作用效应设计值的计算可采用式(8-7)。

$$S_d = \gamma_{sd} \left(\sum_{i=1}^{n} S_{Gki} + S_{Qk1} + \sum_{j=2}^{m} \psi_{cj} S_{Qkj} \right) \tag{8-7}$$

频遇组合的作用效应设计值的计算可采用式(8-8)。

$$S_{\mathrm{d}}=\gamma_{\mathrm{sd}}\left(\sum_{i=1}^{n}S_{\mathrm{Gk}i}+\psi_{\mathrm{f1}}S_{\mathrm{Qk1}}+\sum_{j=2}^{m}\psi_{\mathrm{q}j}S_{\mathrm{Qk}j}\right) \tag{8-8}$$

准永久组合的作用效应设计值的计算可采用式(8-9)。

$$S_{\mathrm{d}}=\gamma_{\mathrm{sd}}\left(\sum_{i=1}^{n}S_{\mathrm{Gk}i}+\sum_{j=1}^{m}\psi_{\mathrm{q}j}S_{\mathrm{Qk}j}\right) \tag{8-9}$$

8.2.2 高速铁路悬臂 U 形路基荷载类型及确定方法

悬臂 U 形路基计算荷载主要涉及土压力荷载、轨道结构自重荷载、列车荷载、列车振动荷载、运梁车荷载、摇摆力荷载、风荷载、侧壁板及悬挑板自重荷载、悬挑板竖向等效荷载、悬挑板竖向等效活载、检修荷载、雪荷载、接触网立柱荷载等,需要对各项荷载的大小、分布范围、作用位置等进行具体分析计算,通过荷载组合方式分别进行承载能力极限状态、疲劳极限状态和正常使用极限状态设计。

8.2.2.1 永久作用荷载

1. 结构自重荷载

悬臂 U 形路基结构自重荷载以及由自重荷载直接引起的其他荷载(侧压力荷载、摩阻力荷载等),是永久作用荷载的核心组成部分。对于悬挑板和侧壁板结构的内力分析,结构自重荷载主要来源为悬挑板自重、侧壁板自重、悬挑板附属结构自重等;对于底板结构的内力分析,结构自重荷载主要来源为悬挑板自重、侧壁板自重、底板自重、悬挑板附属结构自重、轨道自重荷载、线间荷载以及槽内填土自重荷载等。悬挑板附属结构自重主要包括悬挑路肩上设置的电缆槽、接触网立柱与基础、防护墙、人行道栏杆、声屏障等。其中,接触网立柱及基础荷载与声屏障荷载分别按照表 8-1 和表 8-2 确定。

表 8-1 接触网立柱荷载及基础尺寸

支柱型号	基础代号	工况	垂直力/kN	弯矩/(kN·m)		剪力/kN		扭矩/(kN·m)	荷载组合	支柱基础尺寸
				垂直线路	平行线路	垂直线路	平行线路			顺线路×垂直线路/(mm×mm)
GH240	QJ-A1	风向垂直线路	30～100	120	0	20	0	2～10	主+附	1 000×700
		风向平行线路		90	45	12	7			
GH260	QJ-A2	风向垂直线路	30～100	150	0	20	0	2～10	主+附	1 000×700
		风向平行线路		90	45	12	7			
GH280	QJ-B	风向垂直线路	30～100	200	0	27	0	2～10	主+附	1 000×700
		风向平行线路		120	45	16	7			
GH300 GHT240	QJ-C	风向垂直线路	30～100	240	0	32	0	2～10	主+附	1 000×700
		风向平行线路		144	45	19	7			

表 8-2　整体式预制混凝土声屏障荷载

序号	控制荷载	工　况	竖向力 N/(kN/m)	横向力 F/(kN/m)	弯矩/(kN·m/m)
1	主力	声屏障自重＋列车脉动力(正压)	17.00	—	—
2		声屏障自重＋列车脉动力(负压)	17.00	—	—
3	主力＋附加力	声屏障自重＋列车脉动力(正压)＋风荷载(20 m/s)	17.00	11.90	30.31
4		声屏障自重＋列车脉动力(负压)＋风荷载(20 m/s)	17.00	−13.35	−24.99
5	主力＋特殊附加力	声屏障自重＋风荷载(正向)(50 m/s,h=3.05 m 含加高部分)	17.00	10.52	27.29
		声屏障自重＋风荷载(负向)(50 m/s,h=3.05 m 含加高部分)	17.00	−11.80	−19.06
		声屏障自重＋风荷载(正向)(60 m/s,h=2.05 m)	16.25	10.84	22.38
		声屏障自重＋风荷载(负向)(60 m/s,h=2.05 m)	16.25	−12.69	−14.66

注:h 为声屏障高。

2. 等效恒载

悬挑板和侧壁板上作用的由其他结构自重荷载产生的间接荷载,可等效为局部均布恒载。其中,悬挑板上表面电缆槽荷载及槽内电缆自重恒载合并等效为 12.5 kPa 的局部分布荷载;接触网立柱产生的弯矩在基础底面范围内等效为局部弯矩 53.3 kN·m/m;填土与侧壁板之间由于相互错动产生的摩阻力,同样等效为沿侧壁板内表面分布的恒载。

3. 土压力荷载

根据《铁路路基支挡结构设计规范》(TB 10025—2019),作用在槽形挡土墙边墙上土压力可按主动土压力计算,并乘以 1.1～1.25 的模型不确定系数,当严格限制槽形挡土墙边墙墙顶的水平位移时,宜按静止土压力计算。对于槽内填土表面以上的轨道荷载、轨间荷载,根据《铁路路基设计规范》(TB 10001—2016)分别采用图 8-16 中的两种方法计算确定。

$$\sigma_{hi}=\frac{\gamma h_0}{\pi}\left[\frac{bh_i}{b^2+h_i^2}-\frac{(b+l_0)h_i}{h_i^2+(b+l_0)^2}+\arctan\left(\frac{b+l_0}{h_i}\right)-\arctan\frac{b}{h_i}\right] \tag{8-10}$$

式中　σ_{hi}——荷载产生的水平土压力,kPa;

b——荷载内边缘至面板的距离,m;

h_i——墙背距路肩的垂直距离,m;

h_0——荷载换算土柱高度,m;

l_0——荷载换算宽度,m。

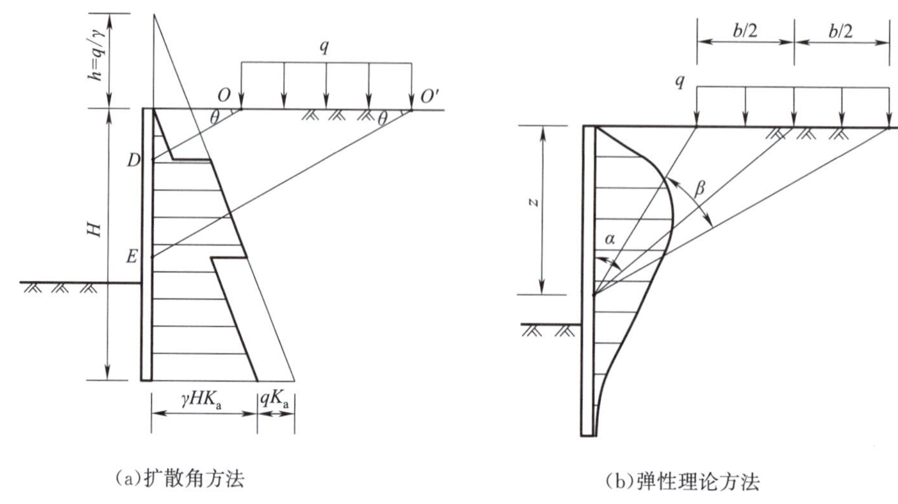

(a)扩散角方法　　(b)弹性理论方法

图 8-16　局部分布荷载引起的挡土墙土压力分布

8.2.2.2　可变作用荷载

1. 列车荷载作用效应

(1)列车荷载

根据《铁路路基设计规范》(TB 10001—2016),轨道和列车荷载采均用等效土柱方式,取值见表 8-3。

表 8-3　高速铁路列车和轨道等效土柱均布荷载

轨道形式	分布宽度 b/m	轨道、列车荷载					线间荷载 q_0/(kN/m²)
		轨道自重 q_1/(kN/m²)	列车荷载 q_2/(kN/m²)		总荷载 q/(kN/m²)		
			ZK 普通荷载	ZK 特种荷载	ZK 普通荷载	ZK 特种荷载	
CRTS Ⅰ型板式无砟轨道	3.0	12.6	41.7	52.0	54.3	64.6	13.2
CRTS Ⅱ型板式无砟轨道	3.25 (2.95)	11.6 (14.3)	38.5 (42.4)	50.1 (53.0)	50.1 (56.7)	61.7 (67.3)	14.1 (12.0)
CRTS Ⅲ型板式无砟轨道	3.1	13.7	40.4	50.4	54.1	64.1	2.3
CRTS Ⅰ型双块式无砟轨道	3.4	13.7	36.8	46.0	50.5	59.7	15.1
有砟轨道	3.4	17.3	36.8	46.0	54.1	63.3	10.7

注:1. CRTS Ⅱ 型板式无砟轨道栏中,括号内为摩擦板范围内的荷载值,括号外为摩擦板范围以外的荷载值。
2. 双线铁路线间荷载的分布宽度 b_0 为线间距与轨道和列车荷载分布宽度 b 的差值。

悬臂 U 形路基结构设计中,除根据表 8-3 考虑列车荷载的竖向影响外,还需进一步考虑列车摇摆力、动土压力、脱轨荷载等可变荷载对侧壁板的影响。

(2)水平动土压力的计算

列车荷载引起的侧壁板土压力采用式(8-10)进行计算，动土压力在列车荷载土压力的基础上，考虑动土压力随土压力作用点至振源距离的衰减，其计算公式为式(8-11)，水平动土压力计算深度取路基表层下 3 m 范围。

$$\sigma_{vd}=\sigma_0\xi x^{-0.96} \tag{8-11}$$

式中　σ_{vd}——考虑列车动力作用的土压力，kPa；

σ_0——按照常规方法计算得到的土压力，kPa；

x——土压力作用点至振源(轨底)的距离，m；

ξ——速度系数，当 $v\leqslant 100$ km/h 时，$\xi=1$；当 $v>100$ km/h 时，$\xi=(v/100)^{0.25}$；

v——列车运行速度，km/h。

(3)摇摆力引起的水平土压力计算

根据《高速铁路设计规范》(TB 10621—2014)，横向摇摆力按 100 kN 集中力水平作用于钢轨顶面计算，根据《铁路桥涵设计规范》(TB 10002—2017)，横向摇摆力可以简化为四个 25 kN 的集中力，为进一步考虑轨道板对横向摇摆力的均布效应，将四个集中力等效为线路方向 4.0 m 和土柱宽度合围矩形区域内的水平均布荷载。关于摇摆力引起的挡土墙水平土压力计算，采用 Boussinesq 方法，计算作用于填土面顶面水平分布荷载引起的侧向土压力。

(4)离心力及其引起的水平土压力计算

悬臂 U 形路基曲线段，列车离心力计算采用式(8-12)，通过同摇摆力计算水平附加应力的相同方式，可进一步得到离心力产生的侧壁板水平土压力分布。

$$F_c=fCq_2b=fv^2q_2b/(127R) \tag{8-12}$$

式中　F_c——列车离心力标准值，kN/m；

C——离心力率，其值应不大于 0.15；

q_2——列车等效荷载，kPa；

b——列车等效荷载的分布宽度，m；

R——曲线半径，m；

v——列车设计速度，km/h；

f——列车竖向荷载折减系数，按照式(8-13)确定：

$$f=1.00-\frac{v-120}{1\,000}\left(\frac{814}{v}+1.75\right)\left(1-\sqrt{\frac{2.88}{L}}\right) \tag{8-13}$$

其中，L——悬臂 U 形路基曲线段长度，m；

f 值计算结果大于 1.0 时，f 取 1.0；铁路设计运营速度大于 250 km/h 时，按 250 km/h 计算；当 $L\leqslant 2.88$ m 或列车设计运营速度 $v\leqslant 120$ km/h 时，f 取 1.0；当曲线段长度 $L>150$ m 时，按 $L=150$ m 计算；对于城际铁路和重载铁路，f 取 1.0。

2. 其他可变荷载

悬挑板上表面的等效活载，主要为便道上的移动荷载、积水等，按照规范取值；悬挑板端部的等效弯矩和水平力荷载，主要为悬挑板板端附属结构在风、冲击力等荷载作用下的活载；雪荷载，分布面积为悬挑板上表面，根据地域条件按规范取值；风荷载，作用对象包括声屏障、栏杆、接触网及立柱、侧壁板外表面等位置，根据地域位置和场地条件等按规范取值；温度荷载，根据悬挑板和侧壁板温度长期温升、温降和构件截面温度梯度条件，分析温度荷载变化引起的结构构件温度力和挠度变形。

8.2.2.3 特殊荷载

1. 地震荷载

(1)结构构件地震水平力

根据《铁路工程抗震设计规范》(GB 50111—2006)，挡土墙第 i 个截面以上墙身质心处的水平地震力应按式(8-14)计算。

$$F_{ihE}=\eta A_g \eta_i m_i \tag{8-14}$$

式中 F_{ihE}——第 i 个截面以上墙身质心处水平地震力，kN；

η——水平地震作用修正系数，岩石地基取 0.20，非岩石地基取 0.25；

m_i——第 i 个截面以上墙身质量，t；

η_i——水平地震作用沿墙高增大系数，当墙高 H 不超过 12 m 时，$\eta_i=1.0$；大于 12 m 时，$\eta_i=1+h_i/H$；

A_g——地震动峰值加速度，m/s^2；

h_i——第 i 个截面以上墙身质心至墙底的高度，m。

(2)地震土压力计算

根据《铁路工程抗震设计规范》(GB 50111—2006)，地震荷载作用下，挡土墙墙后填土产生的主动土压力和被动土压力分别采用考虑地震角的土压力系数计算。

2. 短暂及临时荷载

运梁车荷载大小的确定按照《高速铁路设计规范》(TB 10621—2014)进行计算，运梁车荷载计算时按照式(8-15)换算为两个均布荷载。

$$q=0.5(W+G)/(nBL) \tag{8-15}$$

式中 W——运梁车自重，kN；

G——箱梁重，kN；

n——运梁车纵向轴线数；

B——荷载分布宽度，m，为每悬挂两相邻轮胎间距与轮胎着地宽度之和；

L——相邻轴线间距，m。

3. 脱轨荷载

悬臂 U 形路基设计时，应将车辆脱轨作为一种偶然荷载考虑，应按列车脱轨后一侧车轮仍停留在桥面轨道范围内和列车脱轨后已离开轨道范围但仍停留在悬臂 U 形路基边缘的两种情形进行考虑，并按照式(8-10)计算线荷载引起的侧壁板侧向土压力。

第一种情形，列车脱轨后一侧车轮仍停留在桥面轨道范围内，将脱轨荷载转化为两条平行于线路中线、相距为 1.4 m 的线荷载，作用于线路中线一侧不超过挡砟墙或防护墙内侧的最不利位置上。该线荷载在线路方向 6.4 m 长度范围内为 50 kN/m，前后各接以 25 kN/m，计算简图如图 8-17(a)所示。第二种情形，列车脱轨后已离开轨道范围但仍停留在悬臂 U 形路基边缘时，列车脱轨荷载应考虑竖向脱轨荷载。竖向脱轨荷载为一条长度为 20 m 平行于线路中线的线荷载，作用位置位于挡砟墙内侧，离线路中心的最大距离为线路中线一侧不超过挡砟墙或防护墙内侧的距离，如图 8-17(b)所示。

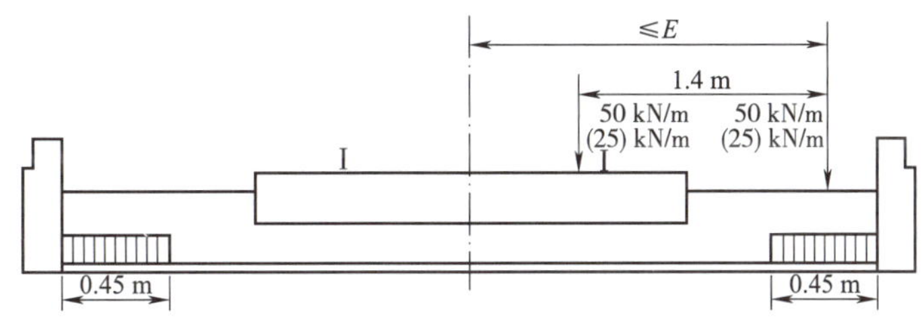

(a)第一种情形脱轨荷载分布

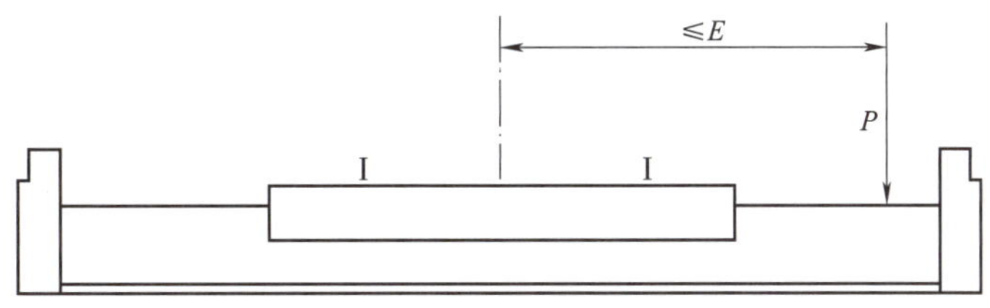

(b)第二种情形脱轨荷载分布

图 8-17　列车竖向脱轨荷载计算简图

8.2.2.4　高速铁路悬臂 U 形路基荷载组合计算工况

悬臂 U 形路基结构设计中考虑设计使用年限内出现的永久作用、可变作用及偶然作用，设计工况仅存在永久作用和可变作用两类荷载，并按照 U 形路基结构的功能要求和设计状况采用适当的作用组合。根据悬臂 U 形路基结构荷载作用特点，结合《铁路路基支挡结构设计规范》关于槽形支挡结构荷载组合的相关要求，常用设计状况的荷载作用组合见表 8-4。

表 8-4　铁路路基支挡结构常用设计状况下的作用组合

<table>
<tr><td rowspan="4">组合分类</td><td colspan="4">承载能力极限状态</td><td colspan="2">正常使用极限状态</td></tr>
<tr><td>组合Ⅰ
（持久组合）</td><td>组合Ⅱ
（短暂组合）</td><td>组合Ⅲ
（偶然组合）</td><td>组合Ⅳ
（地震组合）</td><td>组合Ⅴ
（标准组合）</td><td>组合Ⅵ
（准永久组合）</td></tr>
<tr><td>永久荷载</td><td rowspan="2">Ⅰ＋短暂可变荷载</td><td rowspan="2">Ⅰ＋偶然荷载</td><td rowspan="2">Ⅰ＋地震荷载</td><td rowspan="2">荷载采用标准值</td><td rowspan="2">主可变荷载采用准永久值</td></tr>
<tr><td>永久荷载＋主可变荷载</td></tr>
<tr><td>实例</td><td>一般地区和浸水地区常水位工况</td><td>施工荷载作用</td><td>浸水地区
洪水位工况</td><td>地震作用</td><td>裂缝宽度检算</td><td>结构挠度变形或位移检算</td></tr>
</table>

注：冻胀力和冰压力不与波浪压力同时计算；水和地震作用不同时考虑。

根据悬臂 U 形路基结构承载特点，在不考虑地震、洪水等偶然效应影响时，设计验算主要围绕承载能力极限状态、疲劳极限状态和正常使用极限状态进行荷载组合，荷载组合工况及适用范围见表 8-5，各计算工况涉及的具体计算荷载类型、分项系数及组合系数取值见表 8-6。

表 8-5　悬臂 U 形路基结构荷载组合工况

组合类型	组合内容	适用对象
基本组合Ⅰ	永久＋可变荷载设计值	营运状态结构承载能力验算
短暂组合Ⅱ	永久＋运梁车荷载设计值	施工阶段结构承载能力检算
标准组合Ⅴ	永久＋可变荷载标准值	运营状态下的结构裂缝及挠度变形检算
疲劳组合Ⅶ1、Ⅶ2	永久荷载标准值及永久＋可变荷载标准值	运营状态下的侧壁板混凝土和受力钢筋的疲劳检算
列车动载组合Ⅷ	列车动荷载组合	列车引起的结构物变形检算

表 8-6　悬臂 U 形槽结构计算荷载分类及荷载参数

作用分类		荷载名称	分项系数	组合系数	准永久系数
永久作用	自重荷载	悬挑板自重	1.35	1.0	1.0
		接触网立柱自重	1.35	1.0	1.0
		侧壁板自重	1.35	1.0	1.0
	等效荷载	悬挑板上表面等效恒载	1.35	1.0	1.0
		填土摩擦力	1.35	1.0	1.0
		接触网立柱等效弯矩	1.0	1.0	1.0
	土压力	槽内填土水平压力	1.35	1.0	1.0
		轨道结构水平土压力	1.35	1.0	1.0

续上表

作用分类		荷载名称	分项系数	组合系数	准永久系数
可变作用	主要	列车荷载水平土压力	1.4	1.0	1.0
		列车振动荷载水平土压力	1.4	1.0	1.0
		摇摆力荷载	1.4	1.0	1.0
	其他	悬挑板上表面等效活载	1.2	1.0	1.0
		悬挑板端部等效弯矩活载	1.2	1.0	1.0
		悬挑板端部等效水平活载	1.2	1.0	1.0
		雪荷载	1.2	1.0	1.0
		风荷载	1.2	1.0	1.0
	短暂	运梁车荷载	1.3	1.0	1.0
		检修荷载	1.3	1.0	1.0

8.2.3　高速铁路悬臂 U 形路基上部结构内力分析模型

8.2.3.1　悬臂 U 形路基上部结构设计分析方法

1. 荷载作用模式

悬臂 U 形路基典型断面如图 8-18(a)所示，在悬挑板附属荷载和土压力荷载作用下，悬挑板和侧壁板共同变形，侧壁板底部与底板固接。悬臂 U 形路基结构杆件单元简化时，侧壁板按照中轴线位置简化为一条斜向直线，考虑悬挑板荷载以及土压力荷载的实际作用位置，悬挑板同样按构件中轴线简化为直线杆件。简化后的侧壁板杆件单元以侧壁板定点为坐标原点，水平右向为 x 轴正方向，竖直向下为 y 轴正方向，以此确定杆件单元的空间坐标。根据悬挑板、侧壁板承载变形特点，侧壁板作用荷载可简化为水平及竖向分布荷载、水平及竖向集中荷载、力偶弯矩荷载等，其对应的荷载作用简化模式如图 8-18(b)所示。

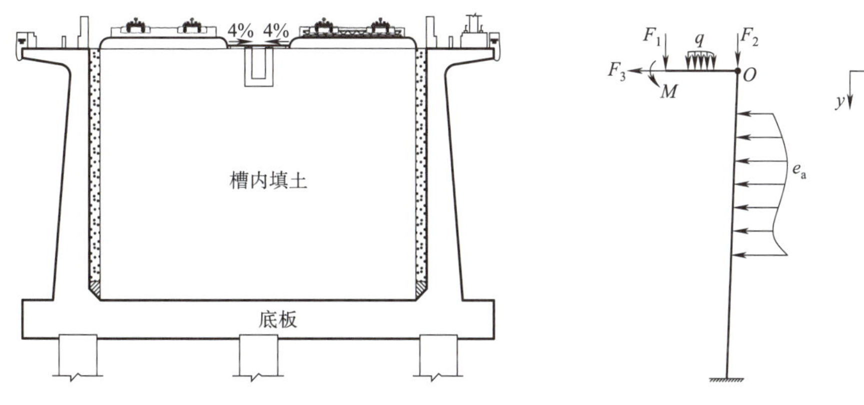

(a)悬臂 U 形路基结构断面　　(b)侧壁板荷载作用模式简化

图 8-18　高速铁路悬臂 U 形路基结构及侧壁板荷载作用模式简化示意图

2. 内力分析方法

(1)水平分布荷载引起的结构内力计算

图 8-18(b)中，水平分布荷载主要为侧壁板上的土压力，表现为明显的非线性分布特征，难以采用解析方法计算侧壁板断面任意位置处的内力。实际分析中，采用微段离散方法，通过长度 Δy 的微段荷载 $e_a(y)$ 叠加，得到任意截面 A 位置处的弯矩、剪力和轴力。其中，侧壁板内力计算中的微段离散叠加方法计算简图如图 8-19(a)所示，侧壁板任意截面 A 位置处的内力计算表达式为式(8-16)形式，悬挑板上内力为 0。

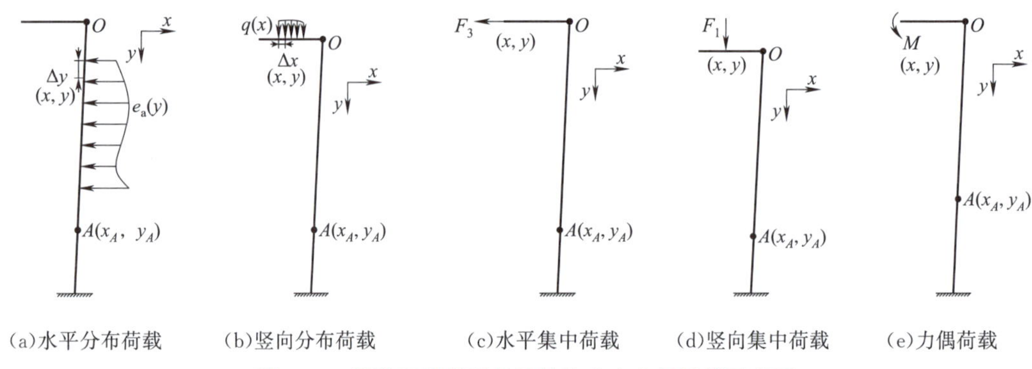

(a)水平分布荷载　(b)竖向分布荷载　(c)水平集中荷载　(d)竖向集中荷载　(e)力偶荷载

图 8-19　侧壁板荷载引起的结构内力分析计算示意图

$$M_{A1}=\sum_{i=1}^{n}e_a(y)\Delta y(y_A-y);\qquad V_{A1}=\sum_{i=1}^{n}e_a(y)\Delta y;\qquad N_{A1}=0 \tag{8-16}$$

式中　M_{A1}，V_{A1}，N_{A1}——水平分布荷载引起的侧壁板截面 A 位置处计算弯矩、剪力、轴力，kN·m/m、kN/m、kN/m；

$e_a(y)$——各微段中心水平土压力，kPa；

Δy——荷载分布微段长度；

y——第 i 个微段的竖向坐标，m；

y_A——内力计算截面竖向坐标，m；

i——截面 A 以上水平分布荷载的微段编号；

n——截面 A 以上水平分布荷载的微段总数。

(2)竖向分布荷载引起的结构内力计算

竖向分布荷载主要为悬挑板附属结构自重荷载，将直接引起悬挑板和侧壁板的结构内力，其中，竖向分布荷载对悬挑板内力的影响表现为弯矩和剪力，对侧壁板内力的影响表现为弯矩和轴力。竖向荷载结构内力计算中仍采用离散微段内力叠加方法，通过微段集中力荷载引起的结构内力叠加，得到任意位置处的结构内力，对应的竖向分布荷载引起的结构内力计算简图如图 8-19(b)所示。其中，竖向分布荷载引起的悬挑板或侧壁板任意截面 A 位置处的结构内力计算采用式(8-17)。

$$M_{A2}=\sum_{i=1}^{n}q(x)\Delta x(x_A-x);\qquad V_{A2}=\sum_{i=1}^{n}q(x)\Delta x;\qquad N_{A2}=0\text{ 或 }N_{A2}=\sum_{i=1}^{n}q(x)\Delta x \tag{8-17}$$

式中　M_{A2},V_{A2},N_{A2}——竖向分布荷载引起的截面 A 位置处计算弯矩、剪力、轴力,kN·m/m、kN/m、kN/m;

$q(x)$——竖向分布荷载离散微段的竖向力,kPa;

Δx——荷载分布的微段长度;

x——第 i 个微段水平坐标,m;

x_A——截面 A 水平坐标,m;

i——截面 A 以上(侧壁板)或左侧(悬挑板)竖向分布荷载微段编号;

n——截面 A 以上(侧壁板)或左侧(悬挑板)竖向分布荷载的微段总数。

(3)水平集中荷载引起的结构内力计算

水平集中荷载主要为悬挑板板端等效的风荷载、水平推力荷载、防撞墙水平冲击荷载等,根据水平集中荷载的作用点位置,可直接得到悬挑板和悬臂墙任意位置处的内力分布。其中,水平集中荷载对悬挑板的内力表现为轴力、弯矩的影响,对侧壁板表现为弯矩和剪力的影响,引起的结构内力计算简图如图 8-19(c)所示。其中,水平集中荷载引起的悬挑板或侧壁板任意截面 A 位置处的结构内力计算采用式(8-18)。

$$M_{A3}=F_3(y_A-y);\qquad V_{A3}=0\text{ 或 }V_{A3}=F_3;\qquad N_{A1}=F_3\text{ 或 }N_{A1}=0 \tag{8-18}$$

式中　M_{A3},V_{A3},N_{A3}——水平集中荷载引起的截面 A 计算弯矩、剪力、轴力,kN·m/m、kN/m、kN/m;

F_3——水平集中荷载数值,kN/m;

y——水平集中荷载竖向坐标,m;

x_A——截面 A 的水平坐标,m。

(4)竖向集中荷载引起的结构内力计算

竖向集中荷载主要为悬挑板板端等效栏杆、遮板、声屏障等,根据竖向集中荷载的作用点位置,得到悬挑板和悬臂墙任意位置处的内力分布。其中,竖向集中荷载对悬挑板的内力表现为剪力、弯矩的影响,对侧壁板表现为轴力和弯矩的影响,对应的竖向集中荷载引起的结构内力计算简图如图 8-19(d)所示。竖向集中荷载引起的悬挑板或侧壁板任意截面 A 位置处的结构内力计算采用式(8-19)。

$$M_{A4}=F_1(x_A-x);\qquad V_{A4}=F_1\text{ 或 }V_{A4}=0;\qquad N_{A4}=0\text{ 或 }N_{A4}=F_1 \tag{8-19}$$

式中　M_{A4},V_{A4},N_{A4}——竖向集中荷载引起的截面 A 计算弯矩、剪力、轴力,kN·m/m、kN/m、kN/m;

F_1——竖向集中荷载数值,kN/m;

x——竖向集中荷载的水平坐标,m;

x_A——截面 A 的水平坐标，m。

(5)力偶弯矩荷载引起的结构内力计算

力偶弯矩集中荷载主要为声屏障、接触网立柱在其同悬挑板固接位置处的弯矩荷载。力偶作用下，悬挑板及侧壁板不同截面位置处的内力表现为弯矩作用，剪力和轴力均为 0，对应的集中力偶荷载引起的结构内力计算简图如图 8-19(e)所示。其中，力偶集中荷载引起的悬挑板或侧壁板任意截面 A 位置处的结构内力计算采用式(8-20)。

$$M_{A5}=M;\qquad V_{A5}=0;\qquad N_{A5}=0 \tag{8-20}$$

式中　M_{A5}，V_{A5}，N_{A5}——集中力偶荷载引起的截面 A 位置处计算弯矩、剪力、轴力，kN·m/m、kN/m、kN/m；

M——集中力偶荷载数值，kN·m/m。

3. 典型工况分析计算

对于图 8-18 中的悬臂 U 形路基典型计算断面及作用荷载简化图，悬挑板上表面等效附属荷载见表 8-7，均为竖向分布荷载，接触网立柱位置作用集中力偶弯矩荷载。根据上述关于悬挑板分布荷载和集中荷载的内力分析计算流程，忽略悬挑板轴力，应用离散微段荷载叠加方法可以得到悬挑板荷载引起的悬挑板内力分布，如图 8-20 所示。

表 8-7　H=6.5 m 悬臂 U 形槽结构等效荷载

荷载类型	左坐标 x_0/m	右坐标 x_1/m	左荷载/kPa	右荷载/kPa
1	−1.1	−0.45	12.5	12.5
1	−2.0	−1.75	68	68
1	−0.45	−0.2	25	25
2	−1.6	−0.45	2	2
3	−1.6	−0.45	4	4
4	−2.0	−0.05	1	1
5	−1.65	−0.95	33	33

注：恒载类型为 1，活载类型为 2，检修荷载为 3，雪荷载为 4，接触网底座等效荷载为 5。

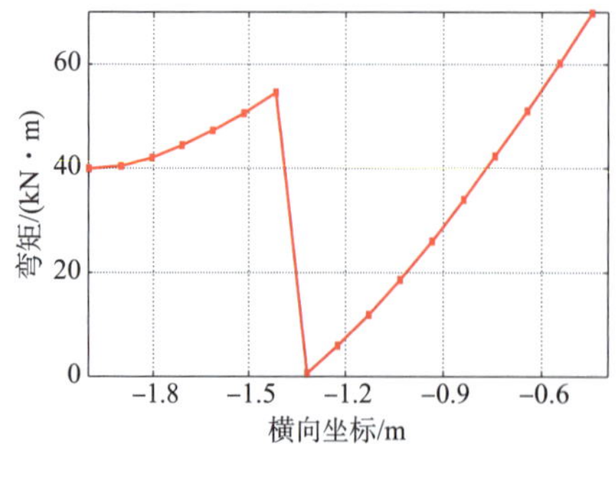

(a)弯矩分布

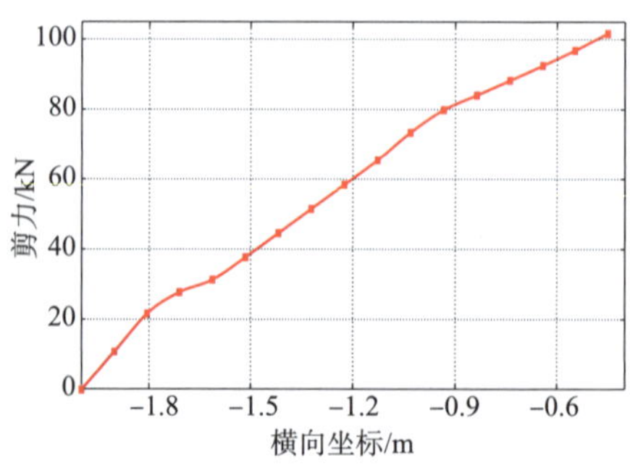

(b)剪力分布

图 8-20　基于离散微段荷载叠加方法的悬挑板内力分析结果

根据图 8-20 悬挑板内力分析结果，由于接触网立柱集中弯矩的存在，悬挑板弯矩水平分布出现突变，悬挑板和侧壁板固接位置处的弯矩最大，并且悬挑板剪力在水平方向上单调递增。分析结果也表明，通过悬挑板分布荷载的离散微段荷载叠加方法，可以满足悬挑板内力精确分析计算的需求。

相较之下，侧壁板水平荷载主要为考虑轨道板、列车以及轨间荷载、摇摆力等产生的水平土压力，侧壁板水平土压力分布如图 8-21(a)所示。其中，除库仑土压力表现为明显的线性递增关系外，其他水平土压力均为非线性分布，难以通过解析表达式准确计算。采用上述离散微段荷载叠加方法，得到在侧壁板水平力以及悬挑板传递至侧壁板板顶荷载的共同作用下，侧壁板弯矩、剪力以及轴力分析结果，分别如图 8-21(b)～图 8-21(d)所示。通过离散微段荷载叠加方法可直接得到非线性分布荷载作用下的侧壁板弯矩、剪力以及轴力分布，并且侧壁板板顶内力已包含悬挑板传递至板顶的相应荷载，这为侧壁板的结构内力分析、承载能力验算提供了可靠的计算基础。根据侧壁板内力分析结果，侧壁板弯矩、剪力和轴力均随位置深度非线性增加，由于侧壁板沿墙高方向为变截面构件，侧壁板弯矩和轴力分布曲线的曲率逐渐增大，表现为加速增加趋势。

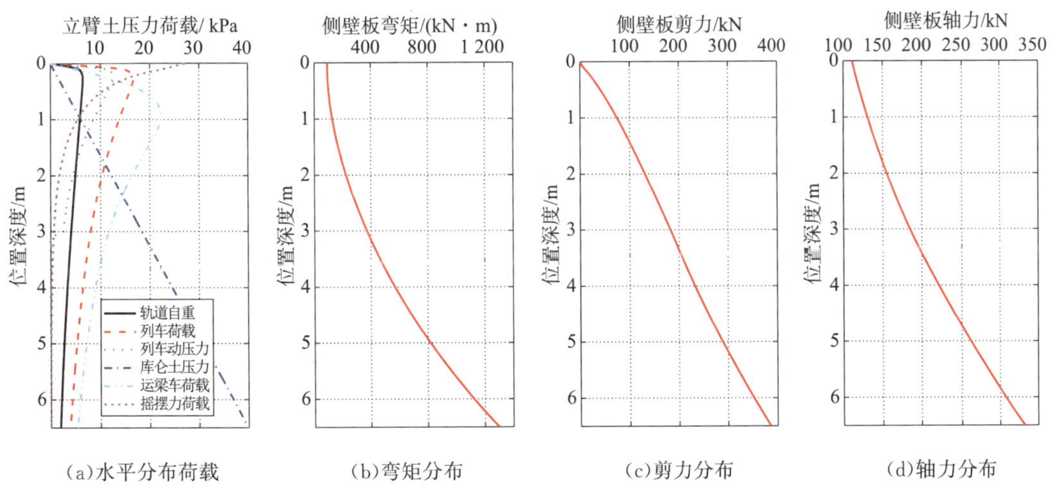

图 8-21　基于离散微段荷载叠加方法的侧壁板内力分析结果

8.2.3.2　混凝土构件配筋设计

悬臂 U 形路基混凝土配筋设计主要涉及悬挑板、侧壁板、底板以及桩体的抗压、抗弯、抗剪、抗冲切计算，依据《混凝土结构设计规范》(GB 50010—2010)进行构件正截面、斜截面配筋设计。

1. 纯弯构件配筋设计

对于矩形截面纯受弯构件，其正截面受弯承载力应符合式(8-21)。

$$M \leqslant \alpha_1 f_c bx(h_0 - 0.5x) + f'_y A'_s (h_0 - a'_s) \tag{8-21}$$

混凝土受压区高度 x 按式(8-22)确定，应满足 $x \leqslant \xi_b h_0$ 和 $x \geqslant 2a_s'$ 受压区高度尺寸要求。

$$\alpha_1 f_c bx = f_y A_s - f_y' A_s' \tag{8-22}$$

式中 M——弯矩设计值；

α_1——混凝土受压区等效矩形应力图形系数；

f_c——混凝土轴心抗压强度设计值；

b——矩形截面的宽度；

h_0——截面有效高度；

A_s，A_s'——受拉区、受压区纵向普通钢筋的截面面积；

a_s'——受压区纵向普通钢筋合力点至截面受压边缘的距离；

f_y，f_y'——普通钢筋抗拉、抗压强度设计值。

对于有屈服点的普通钢筋，纵向受拉钢筋屈服与受压区混凝土破坏同时发生时的相对界限受压区高度 ξ_b 按式(8-23)确定。

$$\xi_b = \beta_1 / [1 + f_y / (E_s \varepsilon_{cu})] \tag{8-23}$$

式中 β_1——混凝土受压区高度 x 和中和轴高度 x_c 的比值；

E_s——钢筋弹性模量；

ε_{cu}——非均匀受压时的混凝土极限压应变。

对于受弯构件，为充分发挥混凝土受压能力，减少配筋量，令 $\xi = \xi_b$，由弯矩平衡方程得受压钢筋截面积表达式(8-24)。

$$A_s' = [M - \alpha_1 f_c bh_0^2 \xi_b (1 - 0.5\xi_b)] / [f_y'(h_0 - a_s')] \tag{8-24}$$

如果根据式(8-24)计算得到的受压钢筋截面积 $A_s' < 0$，应不考虑受压钢筋对混凝土承载能力的影响，按单筋梁计算受拉钢筋截面积，并可直接由式(8-21)和式(8-22)计算确定。

2. 压弯构件配筋设计

侧壁板同时承担弯矩、剪力以及轴力作用，属于典型的压弯构件。配筋设计时，受压钢筋及受拉钢筋面积分别采用式(8-25)和式(8-26)确定。

$$A_s' = [Ne - \alpha_1 f_c bh_0^2 \xi_b (1 - 0.5\xi_b)] / [f_y'(h_0 - a_s')] \tag{8-25}$$

$$A_s = (\alpha_1 f_c bh_0 \xi_b - N) / f_y + A_s' f_y' / f_y \tag{8-26}$$

$$e = M/N + e_a + h/2 - a \tag{8-27}$$

式中 $A_s'(A_s)$，$f_y'(f_y)$——受压(受拉)钢筋面积和抗压(抗拉)强度；

M，N——弯矩和轴力；

e——轴力作用点至受拉钢筋合力点距离；

α_1——受压区等效矩形系数；

f_c——混凝土抗压强度设计值；

b——单位宽度；

h，h_0——截面高度和有效高度；

ξ_b——相对界限受压区高度；

e_a——附加偏心距；

a, a_s'——受拉、受压钢筋合力点至截面近边缘距离。

3. 抗剪构件配筋设计

斜截面承载力验算时，在不考虑弯起钢筋的条件下，同样可以确定箍筋配置数量，采用式(8-28)计算确定，当计算结果小于 0 时，按照构造配筋确定。

$$A_{sv}/s=(V-\alpha_{cv}f_t bh_0)/(f_{yv}h_0) \tag{8-28}$$

式中　A_{sv}——同一截面内箍筋各肢截面积总和；

s——箍筋沿构件长度方向间距；

V——截面剪力设计值；

α_{cv}——混凝土受剪承载力系数；

f_t——混凝土抗拉强度；

f_{yv}——箍筋抗拉强度。

8.2.3.3　混凝土构件裂缝验算

对于混凝土压弯构件，混凝土受拉边缘在拉应力作用下将出现裂缝，应采用荷载标准组合下的结构最大裂缝宽度 w_{max} 按照式(8-29)计算裂缝大小。

$$w_{max}=\alpha_{cr}\psi\sigma_s(1.9c_s+0.08d_{eq}/\rho_{te})/E_s \tag{8-29}$$

$$\psi=1.1-0.65f_{tk}/(\rho_{te}\sigma_s) \tag{8-30}$$

式中　α_{cr}——构件受力特征系数，对于混凝土压弯构件取 1.0；

ψ——裂缝间纵向受拉钢筋应变不均匀系数；

σ_s——荷载标准组合下的钢筋拉应力；

E_s——钢筋弹性模量；

c_s——最外层纵向受拉钢筋外边缘至受拉区外缘距离；

ρ_{te}——按有效混凝土受拉截面计算的受拉钢筋配筋率；

d_{eq}——纵向受拉钢筋等效直径；

f_{tk}——混凝土轴心抗拉强度标准值。

8.2.3.4　混凝土构件挠度变形验算

悬臂 U 形路基结构的侧壁板挠度变形检算分为正常运营工况和列车动载单独作用工况两种，其中，正常运营工况采用标准组合Ⅴ和准永久组合Ⅵ，列车动载单独作用工况采用列车动荷载组合Ⅷ。根据土压力及列车荷载作用下侧壁板弯矩、剪力及轴力分析结果，侧壁板内力表现为明显的非线性分布特征，且侧壁板截面沿墙高方向连续变化。侧壁板挠度变形计算时，需要应用分段图乘法确定侧壁板任意位置处的挠度变形。其中，悬挑板及侧壁板任意位置竖向及水平单位力作用下的侧壁板弯矩分布如图 8-22 所示。

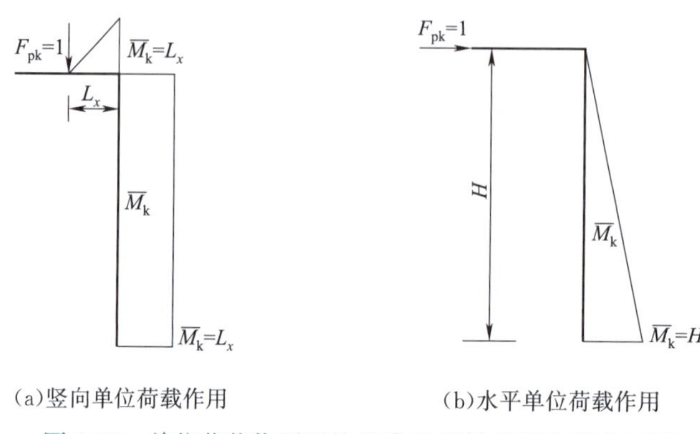

图 8-22　单位荷载作用下的悬臂 U 形路基侧壁板弯矩图

根据图 8-22 以及混凝土构件截面弯矩、轴力分布，忽略截面剪切变形，考虑受压或受拉构件轴向变形，由式(8-31)得到悬挑板和侧壁板任意截面位置处水平及竖向位移。

$$\Delta_{kp}=\int_H \overline{M}_k M_p/B_i \mathrm{d}s+\int_L \overline{N}_k N_p/(EA_i)\mathrm{d}s \tag{8-31}$$

式中　Δ_{kp}——混凝土构件截面计算位置的水平或竖向位移；

$\overline{M}_k,\overline{N}_k$——水平或竖向单位荷载引起的悬挑板及侧壁板轴向弯矩、轴力；

M_p,N_p——标准组合Ⅴ(或Ⅷ)工况的悬挑板及侧壁板弯矩和轴力；

B_i,A_i——悬挑板、侧壁板截面长期刚度和截面面积，也可根据钢筋混凝土截面刚度 EI 直接进行等效折算；

E——钢筋混凝土弹性模量。

温度荷载将引起混凝土构件温度变形，由式(8-32)计算温度改变引起的结构构件位移。

$$\Delta_{kt}=\sum\int_L \overline{M}_k\alpha\Delta t/h\mathrm{d}s+\sum\int_L \overline{N}_k\alpha t\mathrm{d}s \tag{8-32}$$

式中　Δ_{kt}——温度变化引起的混凝土构件水平或竖向位移；

α——混凝土构件的线膨胀系数；

Δt——混凝土构件内外温差；

t——构件中心平均温度；

h——混凝土构件截面高度。

8.3　悬臂 U 形路基沉降与稳定性分析

8.3.1　复合地基加固的悬臂 U 形路基沉降分析方法

复合地基加固的悬臂 U 形路基由于设置褥垫层，底板和刚性桩桩顶脱离，可以将刚性桩加固后的复合地基作为均质体考虑，应用复合模量进行地基沉降变形求解。应用复合模量法进行悬臂 U 形路基沉降分析求解的关键点有三：一是地基附加应力的准确求解；二是加固区复合模量的确定；三是底板附加压力分布的精确计算。

8.3.1.1　悬臂 U 形路基底板附加压力的计算

对于采用复合地基加固的悬臂 U 形路基，可应用 Winkler 弹性地基梁理论求解，得到底板的弹性变形和内力分布，同时，根据底板变形与 Winkler 地基系数 k_0 得到底板反力，即悬臂 U 形路基上部结构和外部荷载引起的基底附加压力，进而得到不同地基系数下的地基反力（附加压力分布），如图 8-23 所示。其中，采用复合地基加固的悬臂 U 形路基底板附加压力同底板变形的分布规律保持一致，表现为两端大中间小的分布趋势。地基系数 k_0 的相对大小也同基底压力直接相关，地基系数越大，对应的基底反力非线性分布越明显，地基系数越小，底板附加压力愈趋近于均匀分布。此外，不同地基系数条件下的底板附加压力平均值相同，即相同悬臂 U 形路基上部荷载引起的竖向地基反力总和是相同的，其同地基系数的相对大小无关，仅存在分布形式上的差异。

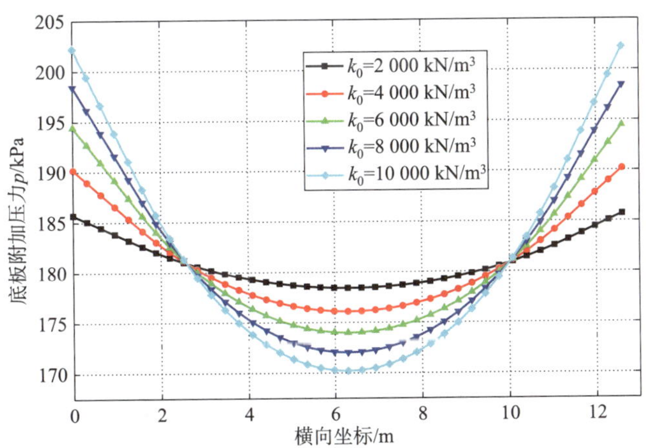

图 8-23　复合地基加固的悬臂 U 形路基底板附加荷载分布

8.3.1.2　复合地基加固的悬臂 U 形路基基本计算工况

复合地基加固的悬臂 U 形路基附加应力及沉降对比分研究中，以 6.5 m 高悬臂 U 形和传统梯形路基为研究对象，两种路基断面形式与尺寸如图 8-24 所示。其中，梯形路基断面的坡比为 1∶1.5，路基顶面宽度 13.4 m，底面宽度 33 m；加固后的复合地基压缩模量取 20 MPa，地基沉降量修正系数取 0.2，U 形路基压缩层厚度为 35 m，梯形路基压缩层厚度为 41 m。悬臂 U 形路基的底板压力采用图 8-23 中地基系数 4 000 kN/m^3 的计算结果，梯形路基直接采用梯形荷载等效方式确定路基本体底部的竖向压力荷载。

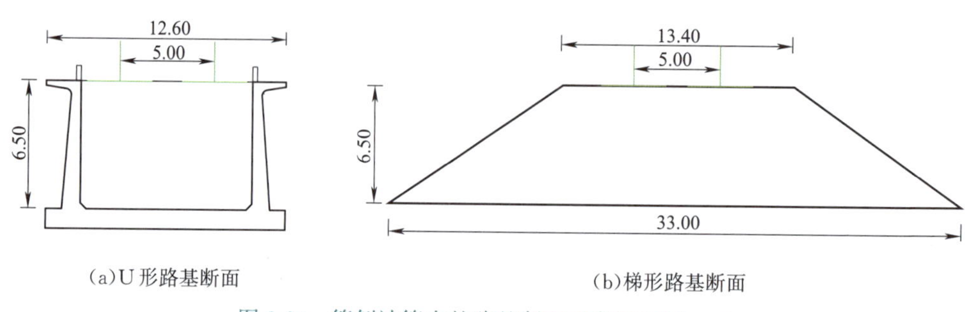

(a)U 形路基断面　　(b)梯形路基断面

图 8-24　算例计算中的路基断面示意图(单位:m)

8.3.1.3　复合地基情形下的深层附加应力对比分析

根据图 8-23 中的路基断面确定的基底荷载压力,利用 Boussinesq 方法可以得到任意位置处路基本体和列车荷载引起的地基附加应力,整理得到不同深度位置处的地基附加应力断面分布如图 8-25 所示。图 8-25(a)中,悬臂 U 形路基地表附近的附加应力分布同基底压力保持一致,底板外边缘处附加应力达到最大值,并在底板范围以外快速衰减,随着地基深度的增加,附加应力的影响范围逐渐增大,路基中心位置处的附加应力成为极大值点。图 8-25(b)中,梯形路基的附加应力分布特征同悬臂 U 形路基基本保持一致,地表附近的附加应力极值点位于路基中心附近,随着地基深度的增加,地基附加应力在断面方向上表现为锅底形分布特征。对比不同深度位置处的悬臂 U 形和梯形路基附加应力分布,梯形路基引起的地表附近以及深层最大附加应力均高于悬臂 U 形路基。其中,$z=20$ m 深度路基中心位置处,梯形路基最大附加应力较悬臂 U 形路基高 60%,附加应力分布宽度也相对更宽。

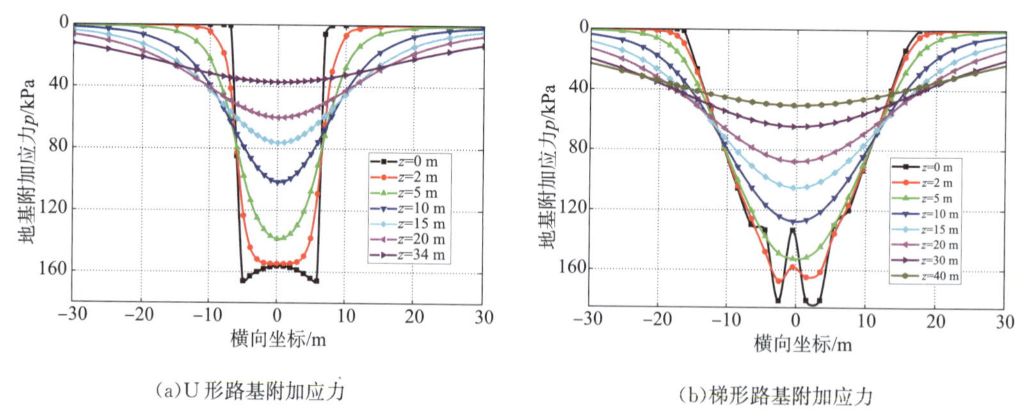

(a)U 形路基附加应力　　(b)梯形路基附加应力

图 8-25　悬臂 U 形路基与梯形路基附加应力分析结果

8.3.1.4　复合地基情形下的深层附加沉降对比分析

根据悬臂 U 形路基和传统梯形路基关于地基附加应力的分析结果,依据分层总和法基本原理,得到图 8-26 横断面范围内部的悬臂 U 形路基以及梯形路基沉降曲线。

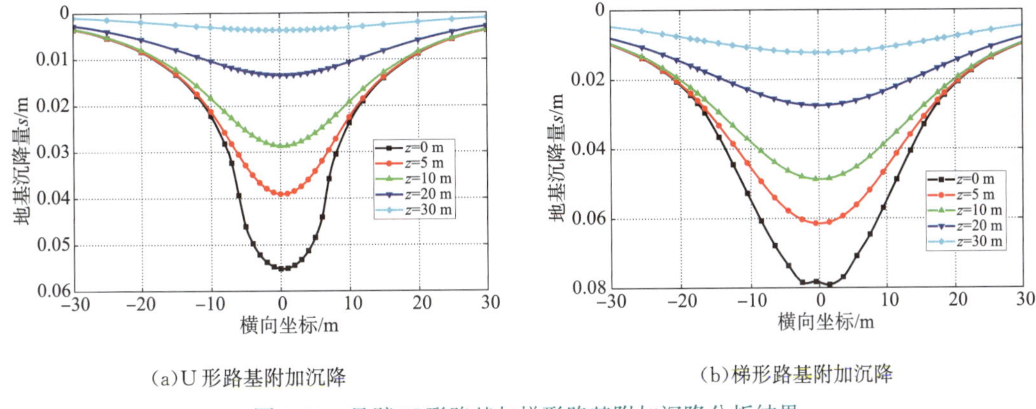

(a)U 形路基附加沉降　　(b)梯形路基附加沉降

图 8-26　悬臂 U 形路基与梯形路基附加沉降分析结果

图 8-26 中，悬臂 U 形路基和梯形路基引起的地基附加沉降断面分布均为中间大、外围小的开口向上的抛物线分布，但悬臂 U 形路基附加沉降影响范围和沉降量数值远小于梯形路基。其中，梯形路基引起的地表附近最大沉降达到 79.1 mm，路基基底最大不均沉降为 37.8 mm；而悬臂 U 形路基地表附近最大沉降达到 55.1 mm，路基基底最大不均匀沉降 15.8 mm，仅为等高度传统梯形路基地基最大沉降量的 70%，沉降差为传统路基的 40%，悬臂 U 形路基对地基沉降具有更好的控制效果。对于两种路基结构引起的深层沉降，悬臂 U 形路基最终作用效果远小于梯形路基，$z=20$ m 深度位置处，悬臂 U 形路基与梯形路基引起的地基沉降量分别为 13.5 mm 和 27.5 mm，悬臂 U 形路基对地基的深层位移控制效果更好。综上分析，悬臂 U 形路基相较等高的传统梯形路基自重减轻约 50%，占地面积减小超过 60%，其引起的地基附加沉降量和影响范围均大幅降低，地基沉降变形得到很好控制，悬臂 U 形路基对地基沉降控制的整体性能优于放坡式梯形路基。

8.3.2　桩基加固的悬臂 U 形路基沉降分析方法

1. 桩基加固的悬臂 U 形路基基本计算工况

桩基加固的悬臂 U 形路基附加应力及沉降对比分析中，U 形路基高度为 6.5 m，板底由三排桩支撑路基本体，桩径 1.0 m，横向桩间距 5 m、纵向桩间距 4.25 m，节段长度 20 m，纵向边跨位置的底板悬挑 1.5 m。桩顶轴力荷载采用力矩分配法确定，对于中间的代表性断面，横向边桩轴力 3 236 kN，中心桩轴力 3 204 kN；纵向边桩断面，两侧边桩轴力按照单排桩底板等效面积折算，边桩轴力 2 760 kN，中心桩轴力 2 733 kN，路基横断面如图 8-27(a)所示。桩基加固的悬臂 U 形路基沉降计算采用 Mindlin 方法，压缩层厚度取 40 m，土层压缩模量取 20 MPa，地基沉降修正系数取 0.2，悬臂 U 形路基取 3 节共 60 m，计算断面区分为桩基断面和桩间断面，路基节段尺寸以及计算断面位置如图 8-27(b)所示。

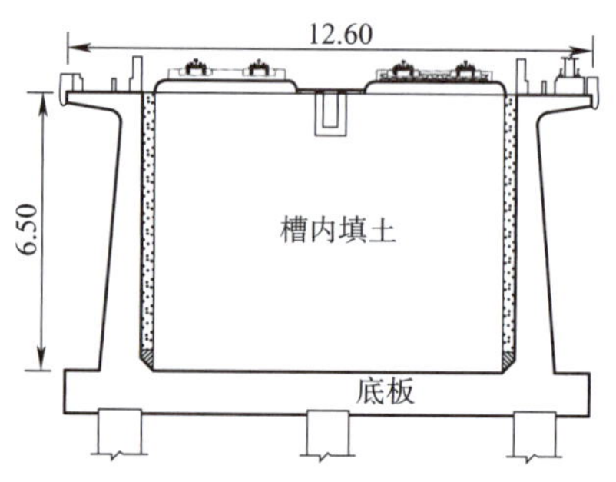

(a)典型的悬臂 U 形路基断面示意图

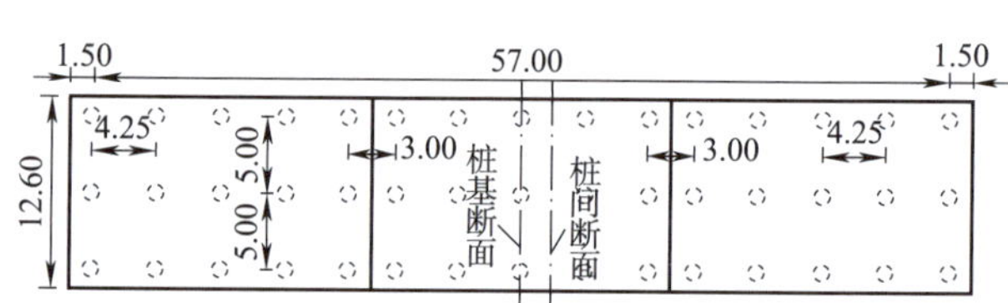

(b)悬臂 U 形路基节段及桩体平面设置

图 8-27　桩基加固的悬臂 U 形路基横断面及沉降位移计算断面(单位:m)

2. 桩基加固情形的深层附加应力对比分析

根据图 8-27(b)中的桩体平面布置以及桩顶荷载,采用 Mindlin 集中点荷载叠加方法,得到不同深度位置处桩基断面以及桩间断面附加应力分布,如图 8-28 所示。根据分析结果,悬臂 U 形路基底板宽度范围内,桩基加固区地基的附加应力为负值,说明桩顶荷载主要通过桩体向下传递,加固区几乎不产生压缩变形。桩端附近的附加应力达到最大值,并随着深度的增加逐渐衰减,意味着桩体主要将桩顶荷载传递至桩端以下地基,此过程荷载不会消失,只是因为作用面积的增大而相应的减小。桩基计算断面,桩体位置处的附加应力出现较大突变,其主要同桩端集中力效应相关,在桩端集中荷载下,Mindlin 理论确定的桩端邻近区域附加应力偏大,应通过荷载等效或考虑桩径影响等方式,减小桩端集中效应的影响。相较之下,桩间计算断面地基附加应力变化更为平缓,桩体引起的附加应力集中效应相对较弱。因此,应用 Mindlin 点荷载叠加方法计算地基附加沉降时,建议选择桩间断面进行附加应力和沉降位移计算。

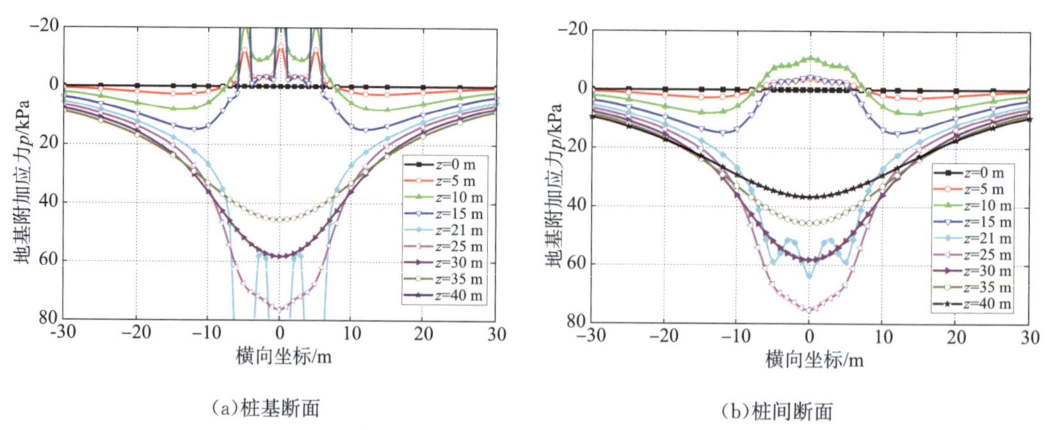

(a)桩基断面　　(b)桩间断面

图 8-28　横断面地基深层附加应力分布

根据桩基加固的悬臂 U 形路基附加应力分析结果,对比等高的复合地基以及梯形路基引起的地基深层附加应力，不同位置处地基附加应力在深度方向的分布如图 8-29 所示。

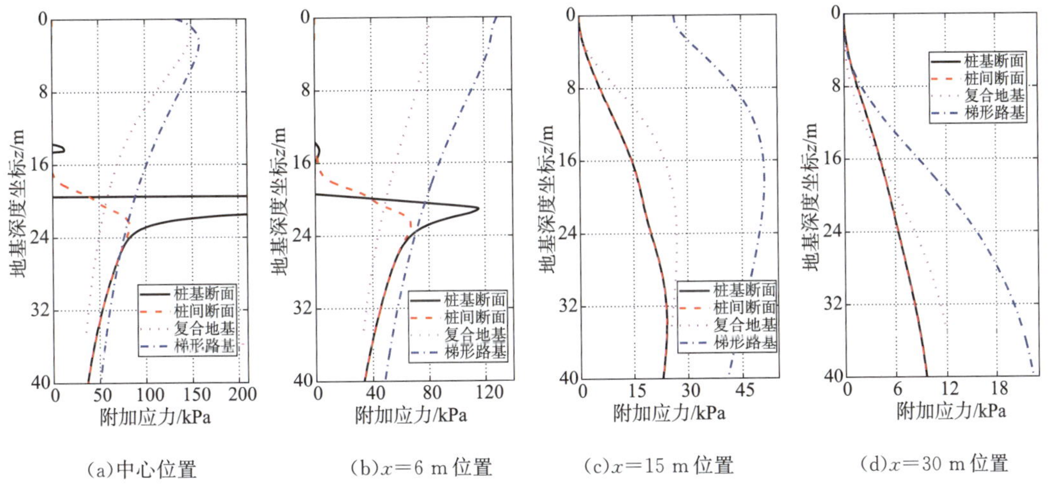

(a)中心位置　(b)$x=6$ m 位置　(c)$x=15$ m 位置　(d)$x=30$ m 位置

图 8-29　不同路基结构引起的地基附加应力对比结果

图 8-29 中，桩基断面和桩间断面处的地基附加应力差异仅存在于桩端邻近，当附加应力计算点远离桩体加固区，两个计算断面关于附加应力的计算结果几乎完全相同。此外，路基中心及路基外边缘 $x=6$ m 位置处，桩基加固的悬臂 U 形路基附加应力分析结果均大于复合地基加固形式，但小于传统梯形路基，说明桩基加固区更多的将桩顶荷载传递至桩端，在桩体加固区范围内的附加应力衰减效应较弱。对于远离悬臂 U 形路基的区域，桩基加固的悬臂 U 形路基引起的地基附加应力是最小的，说明桩基加固的悬臂 U 形路基对外围区域影响小，附加应力沿水平方向上衰减快，对邻近区域的影响相对更小。

3. 桩基加固情形的深层附加沉降对比分析

根据桩基加固的悬臂 U 形路基附加应力分析结果，应用分层总和法得到地基沉降位移分布，其中，桩基断面和桩间断面上的地基沉降位移分析结果如图 8-30 所示。桩长加固深度范围内的桩基沉降基本保持一致，说明桩基加固区表现为共同沉降特征，悬臂 U 形路基的沉降主要由桩端以下的下卧土层压缩变形引起，并且核心压缩区位于桩端附近(桩端以下 5 m)。桩端以下，地基断面沉降随着深度的增加而逐渐减小，断面沉降表现为典型的锅底形沉降特征。此外，桩基断面上的桩体位置沉降存在突变，主要同桩端集中荷载引起邻近区域的较大压缩变形有关，具体表现为桩体的整体刺入，通过选用更为合理的桩端土体应力应变模型，或改变桩体受力条件，或将桩端置于可靠的持力层上，可有效降低桩端刺入变形，控制桩基加固悬臂 U 形路基的整体沉降。

根据桩基加固的悬臂 U 形路基横断面附加沉降分析结果，对比等高的复合地基以及梯形路基沉降位移，不同深度位置处横断面方向上的地基沉降分布如图 8-31 所示。

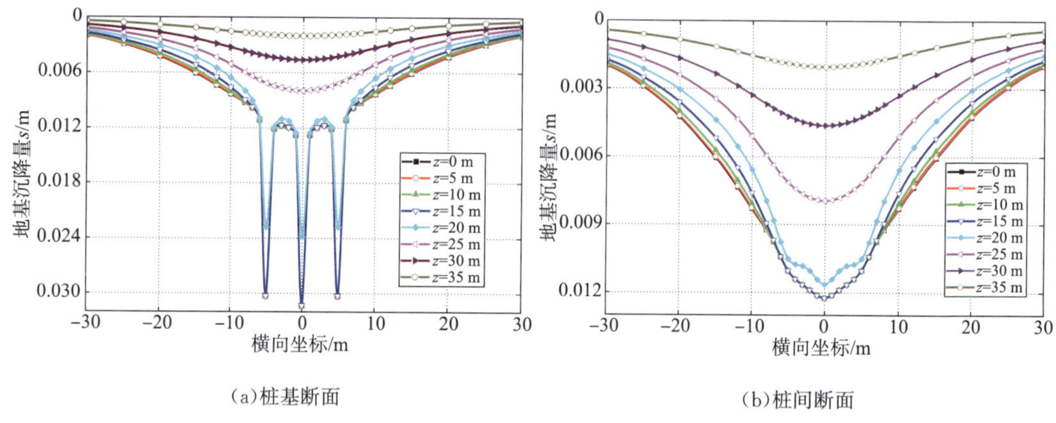

(a)桩基断面　(b)桩间断面

图 8-30　横断面地基深层沉降位移分布

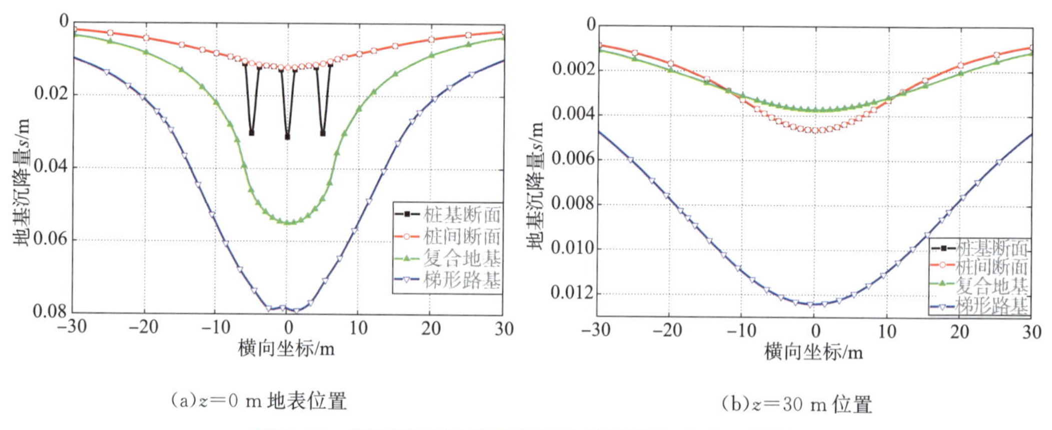

(a)$z=0$ m 地表位置　(b)$z=30$ m 位置

图 8-31　不同路基结构引起的地基沉降位移对比结果

图 8-31 中,在相同的地基压缩模量条件下,桩基加固的悬臂 U 形路基中心位置处最大沉降量仅为 12.2 mm,为复合地基加固的悬臂 U 形路基沉降量的 22%、梯形路基中心沉降量的 15.4%,在沉降位移控制方面优势突出。此外,桩基加固的悬臂 U 形路基对邻近区域的沉降变形影响也最小,远低于另两种路基结构。特别的,对于 $z=30$ m 位置处的地基沉降,桩基加固的悬臂 U 形路基沉降大于复合地基,这也证明了桩基加固的悬臂 U 形路基沉降位移主要出现在桩端以下的深层地基,而其他两种路基主要以地面下的浅层沉降为主,深层地基持力条件较好时,桩基加固的悬臂 U 形路基在地基沉降控制效果上更为突出。

8.3.3　高速铁路悬臂 U 形路基稳定性分析

高速铁路悬臂 U 形路基稳定性主要涉及两个方面:一是地基承载力不足导致的地基承载失稳,具体涉及天然地基、复合地基在路基荷载作用下引起的地基局部剪切破坏、冲剪破坏等,桩顶竖向荷载作用下引起的桩基失稳破坏等;二是考虑水平、竖向地震效应引起的悬臂U形路基结构滑移或倾覆失稳破坏等。针对上述两种破坏形式，有必要针对悬臂U形路基地基承载力确定方法、桩基设计方法以及地震作用下的悬臂U形路基抗滑移、抗倾覆能力等进行系统分析。

8.3.3.1　悬臂U形路基地基承载稳定性分析

1. 天然地基与复合地基失稳破坏

地基条件较好时，悬臂U形路基可直接采用天然地基或复合地基基础，在路基本体荷载作用下，地基基础可能出现图8-32所示的局部剪切破坏和冲剪破坏。为防止地基土体出现剪切破坏，路基上部荷载引起的基底压力必须小于修正后的地基承载力特征值 f_a，根据底板荷载偏心情况，轴心受压时采用式(8-33)验算，偏心受压时采用式(8-34)验算。

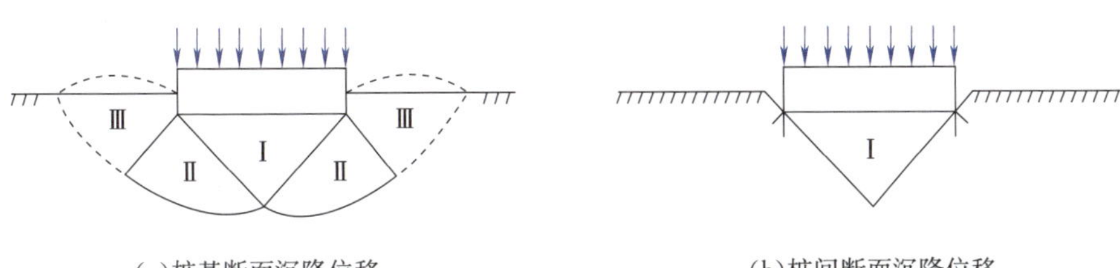

图8-32　地基局部剪切破坏与冲剪破坏特征示意图

$$p_k \leqslant f_a \tag{8-33}$$

$$p_{kmax} \leqslant 1.2f_a \tag{8-34}$$

式中　p_k——相应于荷载效应标准组合时的基础底面平均压力值，kPa；

f_a——修正后的地基承载力特征值，kPa；

p_{kmax}——相应于荷载标准组合时的基础底面边缘最大压力值，kPa。

对于基础宽度大于3 m或底板埋置深度大于0.5 m工况，根据载荷试验、原位测试及经验值等确定的地基承载力特征值，应考虑基础宽度和埋置深度影响，按式(8-35)修正。

$$f_a = f_{ak} + \eta_b \gamma (b-3) + \eta_d \gamma_m (d-0.5) \tag{8-35}$$

式中　f_a——修正后的地基承载力特征值，kPa；

f_{ak}——地基承载力特征值，kPa；

η_b，η_d——基础宽度和埋深的地基承载力修正系数，按照表8-8取值；

γ——基础以下土的容重，kN/m^3；

b——基础底面宽度，m；当基础宽度小于3 m时按3 m取值，大于6 m时按6 m取值；

γ_m——基础底面以上土的加权平均容重，kN/m^3；

d——基础埋置深度，m。

表 8-8　地基承载力修正系数

土的类别		η_b	η_d
淤泥和淤泥质土		0	1.0
人工填土 e 或 I_L 大于等于 0.85 的黏性土		0	1.0
红黏土	含水比 $a_w>0.8$	0	1.2
	含水比 $a_w\leqslant 0.8$	0.15	1.4
大面积压实填土	压实系数大于 0.95、黏粒含量 $\rho_c\geqslant 10\%$ 的粉土	0	1.5
	最大干密度大于 2.1 t/m^3 的级配碎石	0	2.0
粉土	黏粒含量 $\rho_c\geqslant 10\%$ 的粉土	0.3	1.5
	黏粒含量 $\rho_c<10\%$ 的粉土	0.5	2.0
e 或 I_L 均小于 0.85 的黏性土		0.3	1.6
粉砂、细砂(不包括很湿和饱和时的稍密状态)		2.0	3.0
中砂、粗砂、砾砂和碎石土		3.0	4.4

注:1. 强风化和全风化岩石,可参照风化成的相应土类取值,其他状态下的岩石不修正。
2. 地基承载力特征值按深层平板载荷试验确定时,埋深修正系数 η_d 取 0。

2. 桩基失稳破坏

高速铁路悬臂 U 形路基结构采用桩基支撑后,在桩顶荷载作用下,桩基可能出现轴心受压失稳破坏和偏心受压破坏两种形式。其中,轴心受压失稳破坏的桩基一般出现于高承台桩基、桩身穿越可液化土或不排水抗剪强度小于 10 kPa(地基承载力特征值小于 25 kPa)的软弱土层基桩。正常设计情况下,桩侧土体可以给予桩体在桩长范围内的可靠横向支撑,一般不需要考虑桩体轴心受压失稳情形。

8.3.2.2　地震工况下悬臂 U 形路基结构整体稳定性分析

地震作用下,悬臂 U 形路基将产生水平和竖向地震力,引起路基结构的倾覆或侧向滑移破坏,根据底板承载条件的不同,采用复合地基加固以及桩基加固的悬臂 U 形路基将呈现不同的破坏特征。对于天然地基和复合地基,悬臂 U 形路基结构将以倾覆和侧向滑移破坏为主;对于桩基,则表现为桩基剪断失稳破坏。

1. 地震荷载作用下的天然地基与复合地基稳定性分析

为分析地震作用下悬臂 U 形路基的稳定性,分别对路基高度为 10 m、8 m、6 m、4 m、2 m 的悬臂 U 形路基水平地震力及竖向地震力进行对比分析。其中,对于 20 m 长 U 形路基节段,五种高度的路基本体自重分别为 6 052 t、5 066 t、4 112 t、3 190 t、2 300 t,应用式(8-14)得到不同等级地震下的路基本体水平地震力。计算中采用的地震动峰值加速度根据《铁路工程抗震设计规范》(GB 50111—2006)中相关规定,按表 8-9 确定。

表 8-9　地震抗震设防烈度和地震动峰值加速度值对应关系

抗震设防烈度/度	6	7		8		9
地震动峰值加速度值	0.05g	0.10g	0.15g	0.20g	0.30g	0.40g

注:表中 g 为重力加速度。

对于不同高度的悬臂 U 形路基，不同等级峰值加速度作用下，路基本体水平地震力大小如图 8-33(a)所示。水平地震力作用下，考虑趾板在集中荷载下的破碎，以侧壁板外边缘为支点，路基本体产生抗倾覆力矩，相应抗倾覆安全系数如图 8-33(b)所示，悬臂 U 形路基的抗滑移安全系数如图 8-33(c)所示，抗滑移计算中的基底摩擦系数 f 取 0.25。

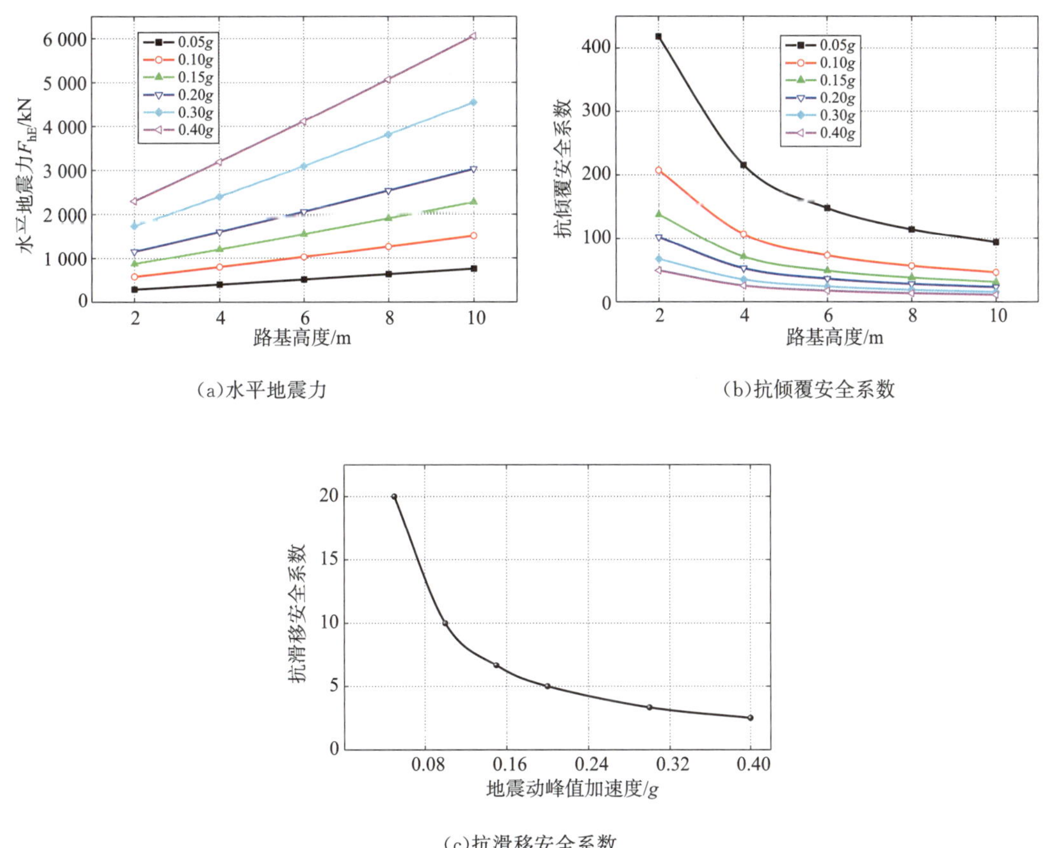

(a)水平地震力

(b)抗倾覆安全系数

(c)抗滑移安全系数

图 8-33　悬臂 U 形路基地震稳定性分析结果

根据图 8-33(a)，水平地震作用力同路基填高保持正相关关系，路基高度越高，自重越大，地震作用下产生的水平地震力相应也越大，并且水平地震力同地震动峰值加速度为线性相关关系。根据图 8-33(b)水平地震力作用下的悬臂 U 形路基抗倾覆分析结果，路基高度越大，路基重心距地面越高，相应的抗倾覆安全系数越小，但即使为 10 m 高路基，在 0.40g 地震动峰值加速度作用下，悬臂 U 形路基抗倾覆安全系数仍高于 10.0，说明悬臂 U 形路基在高烈度地震荷载作用下，路基本体具有足够的抗倾覆能力，不会出现倾覆失稳破坏。地震荷载下悬臂 U 形路基抗滑移分析中，考虑悬臂 U 形路基底板同天然地基或刚性桩复合地基上部垫层的直接接触，在摩阻系数一定的情况下，底板摩阻力仅同路基本体的自重直接相关，不同高度的悬臂 U 形路基抗滑移安全系数保持一致。

图 8-33(c)中，悬臂 U 形路基底板抗滑移安全系数随地震动峰值加速度表现为非线性

递减关系，0.40g 地震动峰值加速度作用下，悬臂 U 形路基抗滑移安全系数为 2.5，能够保证悬臂 U 形路基的抗滑移稳定性，但远小于其抗倾覆安全系数，说明在高等级地震荷载作用下，悬臂 U 形路基更可能出现侧向滑移破坏，整体倾覆失稳破坏的可能性极低。

2. 地震荷载作用下的桩基稳定性分析

对于桩基加固的悬臂 U 形路基，地震产生的水平地震力直接作用于桩顶，使得桩体产生剪断失稳破坏。因此，悬臂 U 形路基桩基设计时，应着重检算桩基的水平承载力。根据《建筑桩基技术规范》(JGJ 94—2008)，受水平荷载的一般建筑物和水平荷载较小的高大建筑物，单桩基础和群桩基础中基桩应满足式(8-36)。

$$H_{ik}\leqslant R_{h} \tag{8-36}$$

式中 H_{ik}——在荷载效应标准组合下，作用于基桩 i 桩顶处的水平力；

R_h——单桩基础或群桩中基桩的水平承载力特征值，对于单桩基础，可取单桩的水平承载力特征值 R_{ha}。

对于缺少单桩水平静载试验资料，采用式(8-37)估算桩身配筋率小于 0.65%的灌注桩单桩水平承载力特征值。

$$R_{ha}=0.75\alpha\gamma_m f_t W_0(1.25+22\rho_g)[1\pm\zeta_N N_k/(\gamma_m f_t A_n)]/\upsilon_M \tag{8-37}$$

式中 α——桩体水平变形系数，按式(8-38)确定；

R_{ha}——单桩水平承载力特征值，±号根据桩顶竖向力性质确定，受压取“+”，受拉取“−”；

γ_m——桩截面模量塑性系数，圆形截面取 2.0，矩形截面取 1.75；

f_t——桩身混凝土抗拉强度设计值；

W_0——桩身换算截面受拉边缘截面模量，圆形截面 $W_0=\pi d/32[d^2+2(\alpha_E-1)\rho_g d_0^2]$，方形截面 $W_0=b/6[b^2+2(\alpha_E-1)\rho_g b_0^2]$，$d$、$d_0$ 分别为扣除保护层厚度前后的桩体直径，b、b_0 分别为扣除保护层厚度前后的桩体宽度，α_E 为钢筋混凝土弹性模量和混凝土弹性模型的比值；

υ_M——桩身最大弯矩系数，按表 8-10 取值；

ρ_g——桩身配筋率；

A_n——桩身换算截面面积，圆形截面 $A_n=\pi d^2/4[1+(\alpha_E-1)\rho_g]$，方形截面 $A_n=b^2[1+(\alpha_E-1)\rho_g]$；

ζ_N——桩顶竖向力影响系数，竖向受压取 0.5，竖向受拉取 1.0；

N_k——荷载效应标准组合下的桩顶竖向力。

其中，桩的水平变形系数表达式为式(8-38)。

$$\alpha=\sqrt[5]{mb_0/EI} \tag{8-38}$$

式中 m——桩体土体水平抗力系数的比例系数；

b_0——桩身的计算宽度，圆形桩：当直径 $d \leqslant 1$ m 时，$b_0=0.9(1.5d+0.5)$，当直径 $d>1$ m 时，$b_0=0.9(d+1)$；方形桩：当边宽 $b \leqslant 1$ m 时，$b_0=1.5b+0.5$，当边宽 $b>1$ m 时，$b_0=b+1$。

表 8-10　桩顶(身)最大弯矩系数 v_M 和桩顶水平位移系数 v_x

桩顶约束情况	桩的换算埋深(αh)	最大弯矩系数 v_M	桩顶水平位移系数 v_x
铰接、自由	4.0	0.768	2.441
	3.5	0.750	2.502
	3.0	0.703	2.727
	2.8	0.675	2.905
	2.6	0.639	3.163
	2.4	0.601	3.526
固接	4.0	0.926	0.940
	3.5	0.934	0.970
	3.0	0.967	1.028
	2.8	0.990	1.055
	2.6	1.018	1.079
	2.4	1.045	1.095

注：铰接(自由)的 v_M 为桩身最大弯矩系数，固接的 v_M 为桩顶的最大弯矩系数；当 $\alpha h>4$ 时，取 $\alpha h=4$。

当桩体的水平承载力由水平位移控制，且缺少单桩水平静载试验资料时，可按式(8-39)估算预制桩、钢桩、桩身配筋率不小于 0.65% 的灌注桩单桩水平承载力特征值。

$$R_{ha}=0.75\alpha^3 EI\chi_{0a}/v_x \tag{8-39}$$

式中　EI——桩身抗弯刚度，一般取 $EI=0.85E_cI_0$，E_c 为混凝土弹性模量，I_0 为桩身截面换算惯性矩，圆形截面 $I_0=W_0d_0/2$，矩形截面 $I_0=W_0b_0/2$；

χ_{0a}——桩顶允许水平位移；

v_x——桩顶水平位移系数，按表 8-10 取值。

悬臂 U 形路基底板下的桩基础本质上属于大规模的群桩基础，应考虑由于底板、桩群、土体相互作用产生的群桩效应，并按照式(8-40)对单桩水平承载力特征值强度折减。

$$R_h=\eta_h R_{ha} \tag{8-40}$$

当考虑地震作用且 $s_a/d \leqslant 6$ 时，按照以下各式确定群桩水平承载力特征值的折减系数。

$$\eta_h=\eta_i\eta_r+\eta_l \tag{8-41}$$

$$\eta_i=(s_a/d)^{0.015n_2+0.45}/(0.15n_1+0.10n_2+1.9) \tag{8-42}$$

$$\eta_l=m\chi_{0a}B_c'h_c^2/(2n_1n_2R_{ha}) \tag{8-43}$$

$$\chi_{0a}=R_{ha}v_x/(\alpha^3 EI) \tag{8-44}$$

对于其他情况，按照以下各式确定群桩水平承载力特征值的折减系数。

$$\eta_h=\eta_i\eta_r+\eta_l+\eta_b \tag{8-45}$$

$$\eta_b=\mu P_c/(n_1 n_2 R_{ha}) \tag{8-46}$$

$$B_c'=B_c+1 \tag{8-47}$$

$$P_c=\eta_c f_{ak}(A-nA_{ps}) \tag{8-48}$$

式中 η_h——群桩效应综合系数(折减系数);

η_i——桩的相互影响效应系数;

η_r——桩顶约束效应系数,按表 8-11 取值;

η_l——侧向土水平抗力效应系数(外围回填土为松散状态时,取 $\eta_l=0$);

η_b——底板底部的摩阻效应系数;

s_a/d——沿水平荷载方向的距径比;

n_1,n_2——沿水平荷载方向与垂直水平荷载方向每排桩中的桩数;

m——侧向土水平抗力系数的比例系数;

χ_{0a}——桩顶允许水平位移,当以位移控制时,可取 $\chi_{0a}=10$ mm;当以强度控制时,按照式(8-44)确定;

B_c'——受侧向土抗力一边的计算宽度;

B_c——底板宽度;

h_c——底板高度;

μ——底板同地基土体之间的摩擦系数;

P_c——地基土体分担的竖向总荷载标准值;

η_c——底板承台效应系数;

A——底板总面积;

A_{ps}——桩身截面面积。

表 8-11 桩顶约束效应系数 η_r

换算埋深 αh	2.4	2.6	2.8	3.0	3.5	≥4.0
位移控制	2.58	2.34	2.20	2.13	2.07	2.05
强度控制	1.44	1.57	1.71	1.82	2.00	2.07

注:h 为桩体的入土深度,单位 m。

对于图 8-33 中 10 m、8 m、6 m、4 m 以及 2 m 高度的悬臂 U 形路基水平地震力计算结果,可以得到平均每根桩分担的水平地震力,应用式(8-39)~式(8-48)可以得到考虑悬臂 U 形路基底板承台效应和不考虑承台效应两种情形下的单桩水平承载力特征值。根据前述基本计算工况,分别考虑桩径为 1.0 m、0.8 m 两种情形,得到两种桩径下的不同高度悬臂 U 形路基单桩分担的水平力以及单桩承载力特征值,如图 8-34 所示。

图 8-34 中,考虑悬臂 U 形路基底板承台效应后,单桩水平承载力特征值 R_h 较未考虑承载效应的单桩水平承载力特征值 R_{ha} 提高 75%~100%,说明底板承台效应对桩基水平承载

力的提高影响显著，考虑底板承台效应后，常规设计的桩基水平承载能力基本可以满足 9 度及以下地震设防烈度情形下的悬臂 U 形路基抗震设计。此外，桩体直径大小与桩体的水平承载力直接相关，桩径越大，相应的桩基水平承载力特征值越高。若不考虑承台效应，采用 1.0 m 桩径的灌注桩加固，可满足 8 度及以下地震设防烈度情形下的绝大多数悬臂 U 形路基抗震设计；采用 0.8 m 桩径的灌注桩加固，可满足地震动峰值加速度 0.20g、8 度以下地震设防烈度情形。

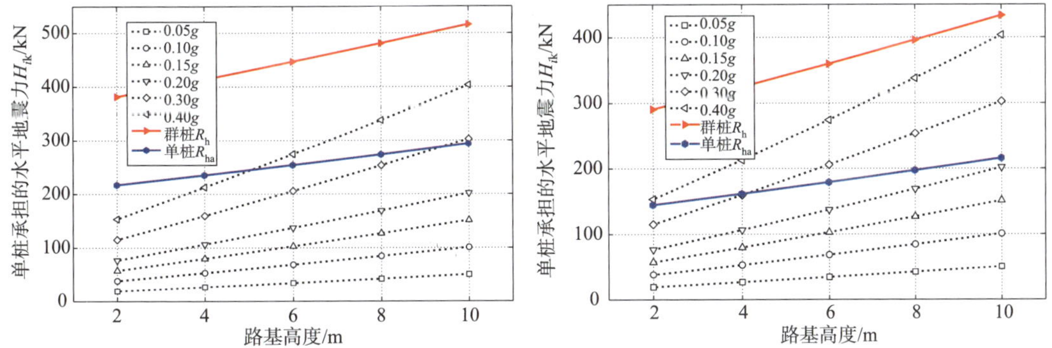

(a)1.0 m 桩径单桩分担水平力及水平承载力特征值　(b)0.8 m 桩径单桩分担水平力及水平承载力特征值

图 8-34　桩基加固的悬臂 U 形路基地震稳定性分析结果

8.4　悬臂 U 形路基结构优化

高速铁路悬臂 U 形路基设计中，需着重考虑多重因素，包括悬挑板、侧壁板以及底板尺寸，附加墙趾、预应力锚索设置、板底支撑方式等，通过对各影响因素作用效果的分析，确定满足悬臂 U 形路基承载的合理尺寸。针对昌景黄高速铁路试验段，按照高速铁路悬臂 U 形路基结构的一般性设计思路，完成试验段的施工图设计和承载能力和正常使用极限状态下的结构检算，为高速铁路悬臂 U 形路基结构设计的标准化、定量化奠定基础。

8.4.1　趾板的影响

悬臂 U 形路基趾板优化主要针对复合地基支撑底板的形式，假定墙趾长度 L_1，计算路基高度 H=6.5 m 情形下(图 8-35)的底板变形、弯矩和剪力，根据底板内力和变形的对比分析，提出悬臂 U 形路基墙趾长度的确定方法。计算中，底板上表面荷载、地基参数同 8.3.1.2 节相同，根据弹性地基梁通用解法，得到 H=6.5 m 路基底板变形、底板反力、底板弯矩、剪力如图 8-36 所示。

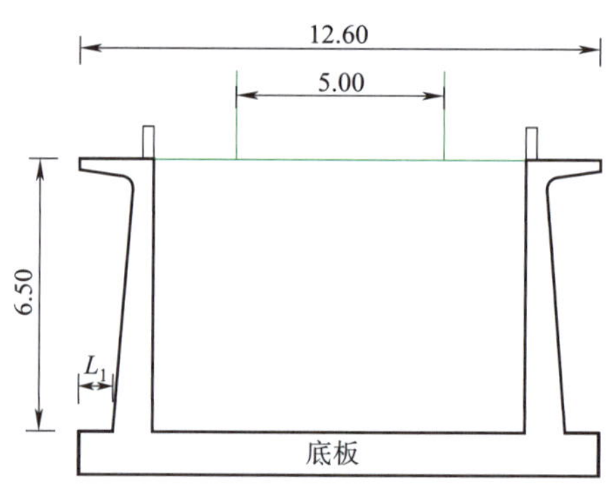

图 8-35　H=6.5 m 悬臂 U 形路基断面形式及尺寸(单位:m)

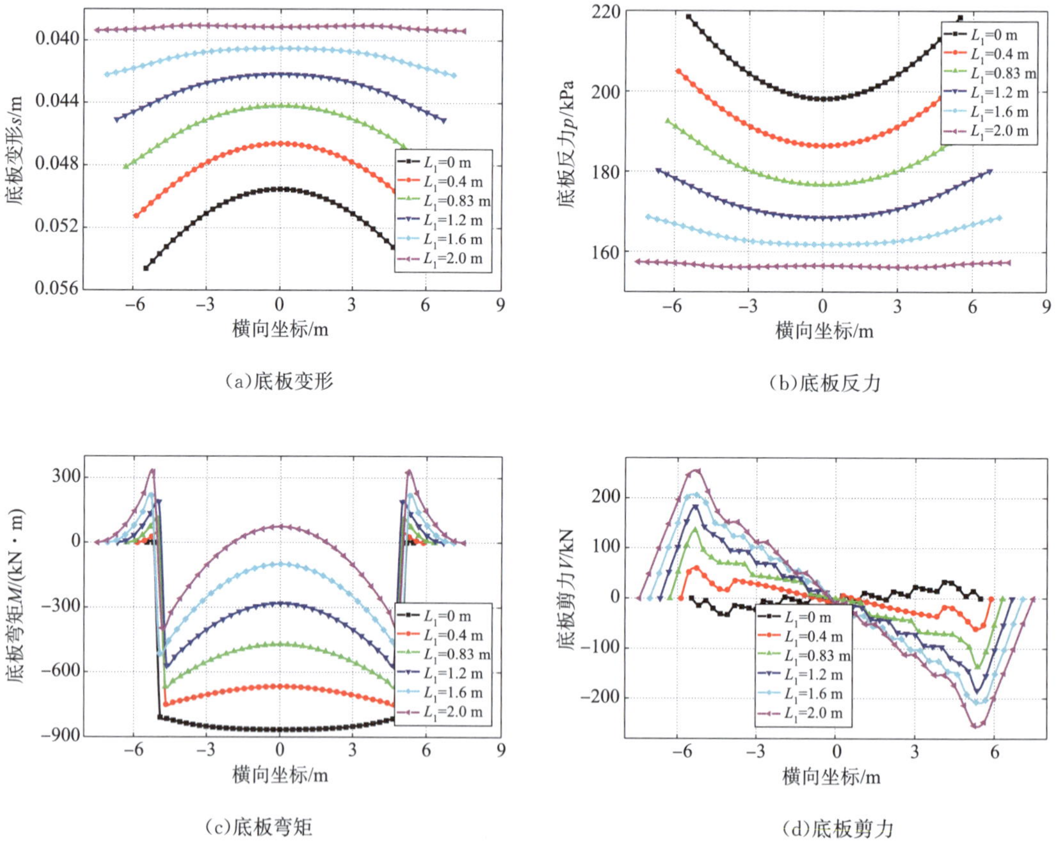

(a)底板变形

(b)底板反力

(c)底板弯矩

(d)底板剪力

图 8-36　H=6.5 m 高 U 形路基趾板长度对底板影响的分析结果

图 8-36 中,随着墙趾板长度的增加,底板中部弯矩的变化最为明显,当趾板长度超过一定值时,底板中部弯矩出现反转,从板顶受拉转变为板底受拉状态。随着趾板长度的增加,底板剪力逐渐增大,并且侧壁板根部附近的剪力达到最大值。对比墙趾板对底板弯矩和剪力的影响,其对底板两内力指标的影响表现为相反的影响趋势,趾板长度的增加在减小底板

跨中弯矩的同时，将引起底板剪力的同步增加，趾板长度应适当控制。对于不同填高的悬臂U形路基，当保持底板横向尺寸同路基上部等宽时，底板横向跨中弯矩基本不会出现弯矩数值的反向，并且侧壁板根部附近单位长度上的剪力数值一般不超过 150 kN/m。因此，建议对于采用复合地基加固的悬臂 U 形路基，应充分考虑路基趾板的影响，设置附加墙趾，同时应尽量保持横断面方向上底板横向尺寸同路基上部尺寸的一致，以控制底板弯矩和剪力于合理范围之内。

8.4.2　侧壁板倾角及形式的影响

1. 侧壁板内表面倾角的影响

悬臂 U 形路基侧壁板倾角同槽内填土压力直接相关，侧壁板内表面倾角的变化除改变槽内土压力作用形式外，侧壁板的相对位置以及 U 形路基结构形式也将发生明显变化。悬臂 U 形路基侧壁板倾角影响规律的研究中，设定悬臂 U 形路基结构的侧壁板顶宽为 0.45 m、底宽 1.0 m、路基高度 6.5 m，侧壁板内表面倾角 ε 变化范围为−7.02°(内倾)、−3.52°(内倾)、0°、3.52(外倾)和 7.02°(外倾)。其中，典型的悬臂 U 形路基结构断面如图 8-37 所示。

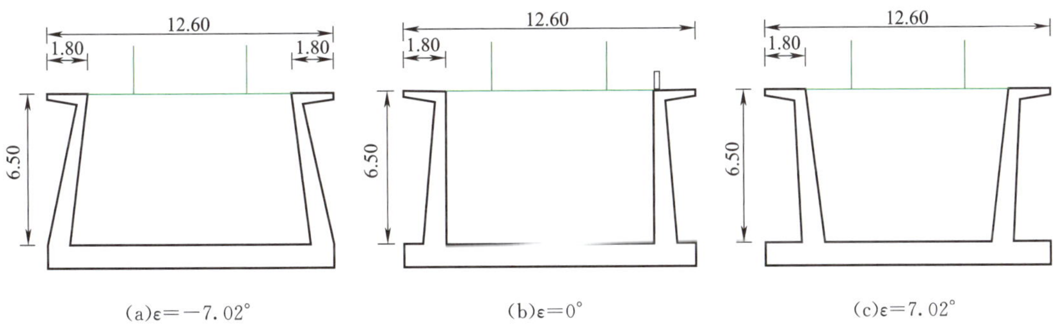

图 8-37　不同侧壁板内表面倾角情形下的悬臂 U 形路基断面形式(单位:m)

根据悬臂 U 形路基极限状态分析方法和结构内力分析计算模型，分别计算不同侧壁板内表面倾角的侧壁板变形与内力，侧壁板内表面土压力及截面弯矩如图 8-38 所示。

图 8-38(a)中，墙后土压力随着侧壁板内表面倾角的增加而增大，即侧壁板内表面外倾时，作用在侧壁板内表面上的土压力明显高于侧壁板内表面竖直和内倾情形。其中，侧壁板内表面外倾时的根部最大土压力较竖直情形增加 16%、较内倾情形增加 38.5%，说明侧壁板倾角在土压力控制方面具有一定的优势。对比图 8-38(b)中侧壁板截面弯矩，侧壁板外倾时的弯矩数值最大，侧壁板根部弯矩较侧壁板内表面竖直、内倾情形分别增加 20.3%和 48.9%，说明侧壁板内表面倾角的相对大小对结构受力产生更明显的影响，影响显著程度大于其对槽内填土侧向土压力的影响。导致此现象的原因主要有两点：一是侧壁板内表面倾角本身直接影响了侧壁板内表面土压力的大小；二是侧壁板倾角大小和方向将改变侧壁板截面中心的相对位置，进而引起悬挑板荷载引起的侧壁板截面附加弯矩的增加，使得侧壁板

截面弯矩变化率高于槽内填土侧向土压力变化率。

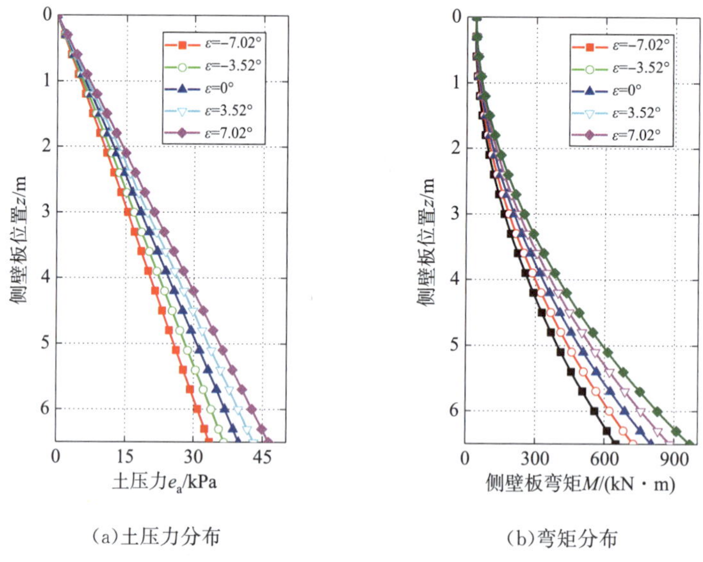

(a)土压力分布　　(b)弯矩分布

图 8-38　侧壁板内表面倾角对土压力及侧壁板截面弯矩的影响规律

2. 侧壁板结构形式的影响

侧壁板结构形式分为等截面和变截面两种，其中，变截面侧壁板又可细分为侧壁板内表面直立和侧壁板外表面直立两种。在保证侧壁板板顶厚度和底板厚度不变的情形下，侧壁板配筋参数保持一致，通过比较三种侧壁板结构形式的内力及挠度变形计算结果，得到侧壁板结构形式对悬臂 U 形路基承载的一般性影响规律。其中，悬臂 U 形路基侧壁板结构形式对侧壁板弯矩、剪力、挠度变形以及裂缝宽度的影响规律如图 8-39 所示。

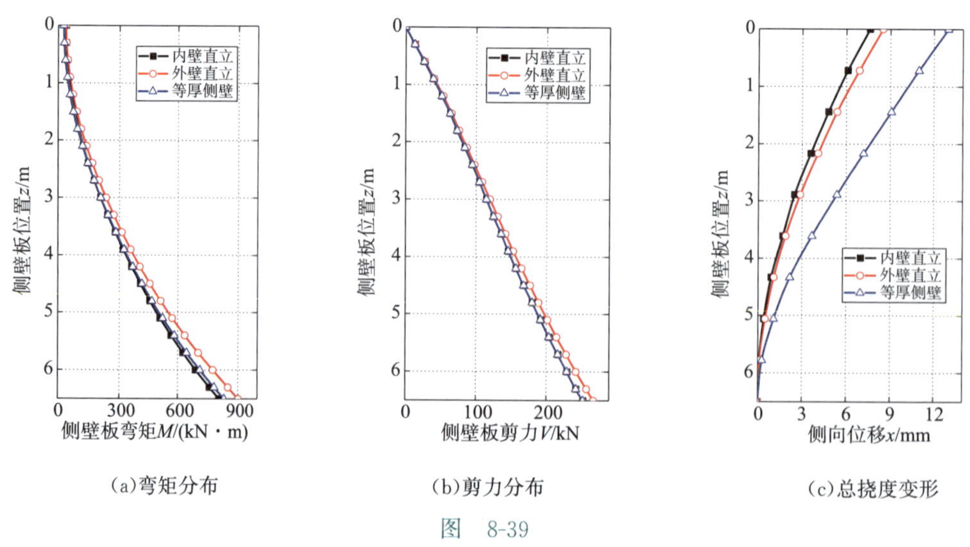

(a)弯矩分布　　(b)剪力分布　　(c)总挠度变形

图　8-39

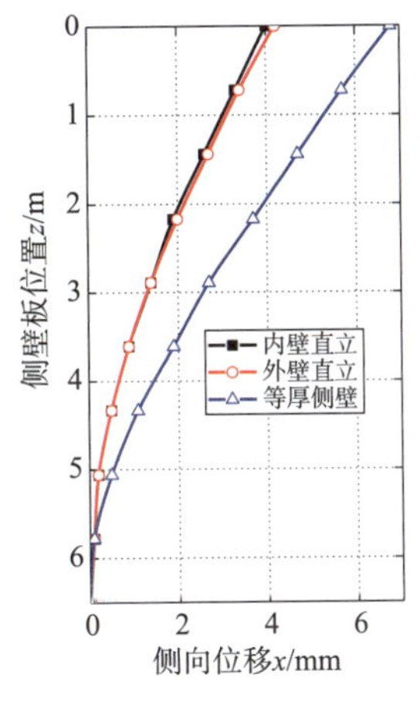

(d)列车单独作用引起的挠度变形

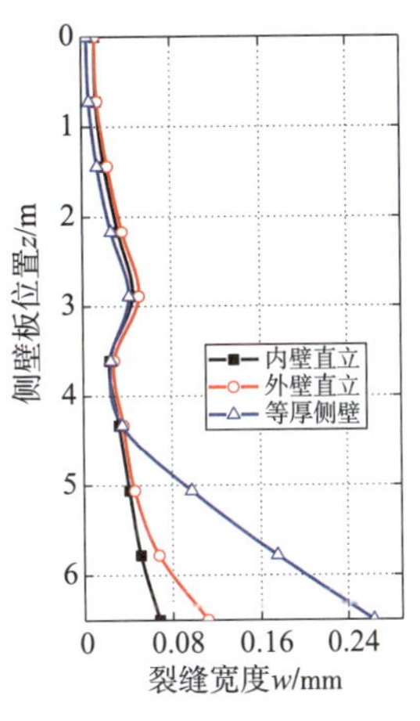

(e)裂缝宽度

图 8-39　侧壁板结构形式对悬臂 U 形路基影响的分析结果

图 8-39(a)、图 8-39(b)中，悬臂 U 形路基采用外表面直立结构形式时，侧壁板弯矩和剪力分析结果最大，弯矩结果较其他计算情形偏大 12.3%，而内表面直立以及等截面形式的侧壁板结构弯矩、剪力内力分析结果十分接近，说明侧壁板内表面的直立状态仍旧是影响侧壁板结构内力的关键影响指标，其通过影响槽内填土侧向压力的形式决定了侧壁板内力的相对大小。对于侧壁板内表面直立的变截面侧壁板以及等截面侧壁板，侧壁板剪力分布基本相同，内表面直立的侧壁板弯矩略小于等截面结构，说明当侧壁板内表面倾角相同时，侧向土压力保持一致，弯矩分析结果差异主要由侧壁板截面中心的相对变化引起。

对于图 8-39(c)～图 8-39(e)中不同侧壁板结构形式的侧壁板挠度变形、裂缝宽度分析结果，虽然侧壁板内表面直立或外表面直立情形的侧壁板截面内力存在差异，但由于采用变截面结构形式，侧壁板的整体挠度变形、列车单独作用引起的挠度变形均远小于等截面结构形式。对于侧壁板截面裂缝，侧壁板受拉侧钢筋采用并筋+截筋方式，裂缝宽度计算结果存在突变。整体而言，等截面形式的侧壁板能较好控制侧壁板上半部分截面裂缝，但由于侧壁板根部尺寸较小，根部裂缝宽度远高于内表面或外表面直立的变截面情形。

综上，悬臂 U 形路基结构设计中，侧壁板内力沿路基高度方向表现为非线性增大趋势，侧壁板截面形式选择时，建议采用侧壁板内表面直立的变截面形式，能够更好地控制截面尺寸和变形。如果采用侧壁板外表面直立方式，在侧壁板截面尺寸不变的情形下，侧壁板弯矩将出现 10%以上的增大，相应的结构配筋也将增加 10%以上。

8.5　昌景黄高速铁路悬臂 U 形路基工程设计案例

昌景黄高速铁路跨洋墩洲昌江特大桥路桥过渡段为岩溶地基，设计方案中采用悬臂 U 形路基结构，过渡段区域长度约 60 m，分为长度 20 m 的三个节段。

8.5.1 试验段工程概况

悬臂 U 形路基内部填土，侧壁板在列车荷载、槽内填土及附属荷载作用下，侧壁板沿墙脚产生“外翻”趋势。为优化悬臂 U 形路基结构形式，方便同桥梁段过渡，参照高速铁路桥梁断面，悬臂 U 形路基横断面尺寸为 12.6 m，悬挑板宽度为 1.8 m，轨道板同侧壁板内边缘间距 0.3 m。悬臂 U 形路基两侧路肩悬挑，悬挑板上布设接触网立柱基础、电缆槽、遮板栏杆、防撞墙、便道等设施；侧壁板内表面直立，外侧临空面坡度 1∶0.08，槽内净宽 9.0 m，悬臂 U 形路基底板采用钻孔灌注桩支撑，并同桩顶嵌固连接。

试验段总长约 60 m，纵向布置三个节段，同桥台过渡节段的路基高度为 6.0 m，中间节段路基高度 5.2 m，同传统梯形断面路基过渡节段的路基高度为 4.5 m。每节段采用 15 根桩支撑，横向三排桩，纵向 5 排桩，边桩内边缘同底板内表面平齐，沿线路方向距底板边缘 1.5 m，三维效果图如图 8-40 所示。

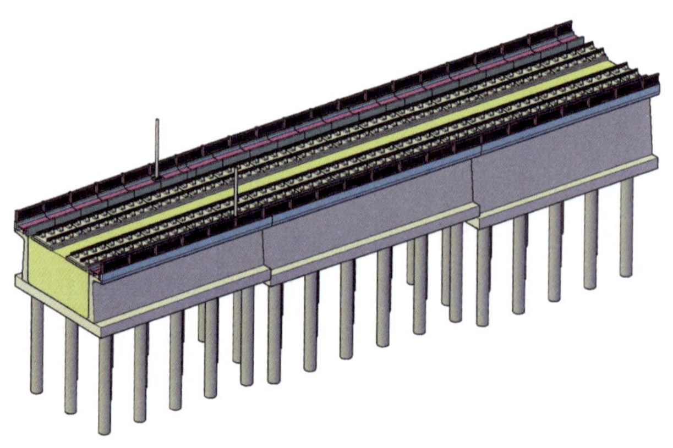

图 8-40　昌景黄高速铁路试验段悬臂 U 形路基三维效果

8.5.2 U 形槽结构受力特征

根据图 8-40 悬臂 U 形路基结构形式，路基表面外荷载类型、大小及分布如图 8-41(a)所示，槽内填土、列车及上覆荷载引起的侧壁板土压力分布如图 8-41(b)所示。为简化计算，工程设计案例主要围绕 $H=6.0$ m 的第三节段开展。

图 8-41(b)中，各类荷载引起的侧壁板侧向土压力分布形式基本相同，主要表现为沿侧壁板位置深度的递增或递减关系，其中，槽内填土自重引起的库仑土压力在深度方向上线性增大，其他由路基表面荷载引起的侧向土压力均为先增大后减小或逐渐递减趋势。

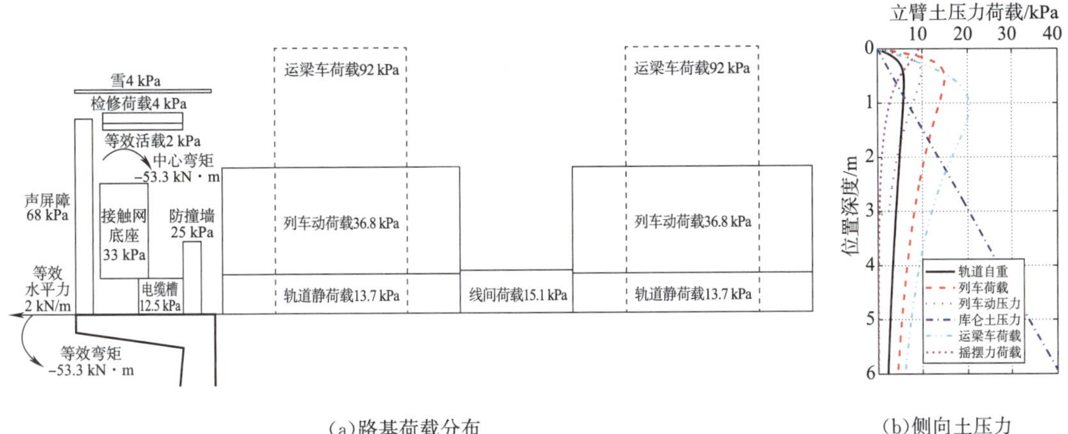

(a)路基荷载分布　　(b)侧向土压力

图 8-41　悬臂 U 形路基外部荷载及引起的侧向土压力分布

8.5.3　悬臂 U 形路基极限状态设计

8.5.3.1　承载能力极限状态设计

1. 上部结构承载能力极限状态的设计检算

悬臂 U 形路基上部结构主要包括悬挑板和侧壁板，通过各设计荷载组合情形下的结构内力计算，确定悬臂 U 形路基结构上部结构的承载能力极限状态，完成结构配筋计算。

试验段三个悬臂 U 形路基节段的悬挑板受力相同，相应悬挑板结构内力也完全相同。其中，考虑接触网立柱荷载作用的悬挑板弯矩、剪力分布如图 8-42 所示。

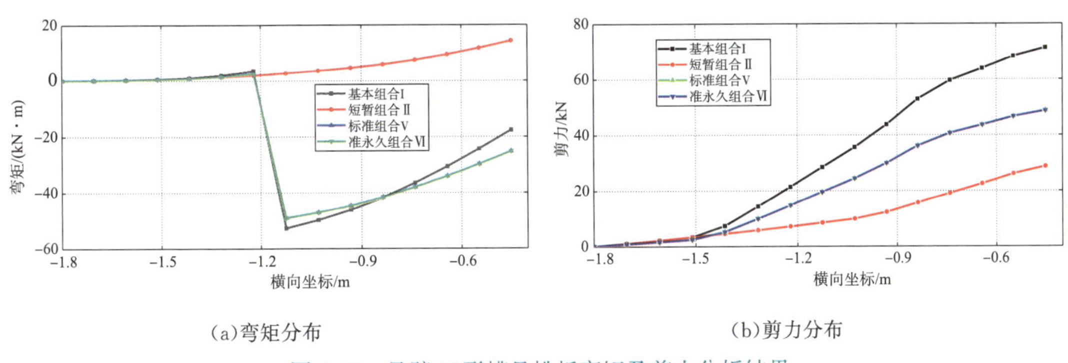

(a)弯矩分布　　(b)剪力分布

图 8-42　悬臂 U 形槽悬挑板弯矩及剪力分析结果

图 8-42 中，单位宽度上的悬挑板弯矩和剪力均较小，最大弯矩不超过 60 kN·m，并且由于接触网立柱竖向荷载和弯矩的作用，接触网立柱中心存在弯矩突变。根据悬挑板弯矩和剪力分析结果，按照纯弯构件进行悬挑板截面配筋设计。

悬臂 U 形路基侧壁板为最主要的竖向和侧向承载构件，主要承担悬挑板传递至侧壁板的板顶荷载、侧向土压力荷载等。试验段 $H=6.0$ m 悬臂 U 形路基侧壁板结构内力分析结果如图 8-43 所示。

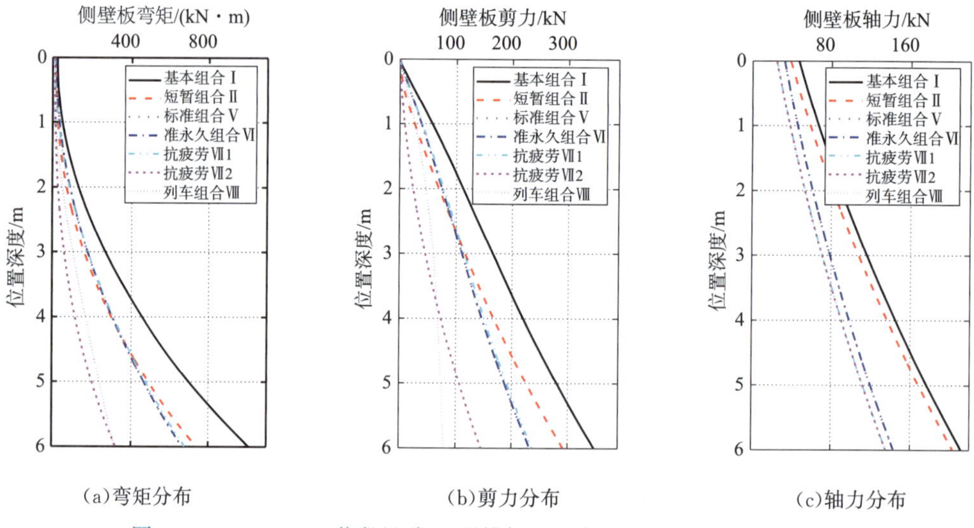

(a)弯矩分布　　(b)剪力分布　　(c)轴力分布

图 8-43　H=6.0 m 节段悬臂 U 形槽侧壁板弯矩、剪力及轴力分析结果

2. 侧壁板抗疲劳承载能力极限状态的设计检算

侧壁板抗疲劳承载能力极限状态分析，主要进行侧壁板在列车动载循环作用下的混凝土以及受拉钢筋的抗疲劳验算。其中，试验段 H=6.0 m 节段的悬臂 U 形路基结构侧壁板抗疲劳承载力分析结果见表 8-12。

根据悬臂 U 形路基侧壁板受压混凝土和受拉钢筋的抗疲劳验算分析结果，混凝土最大应力均小于混凝土抗疲劳强度设计值，受拉钢筋应力幅也均小于受拉钢筋容许应力幅，悬臂 U 形路基的抗疲劳验算满足要求。

3. 悬臂 U 形路基底板承载能力极限状态的设计检算

悬臂 U 形路基承载能力极限状态检算主要基于 MIDAS CIVIL 有限元软件，将底板和桩体均简化为杆件单元，并共同构成刚架结构。

根据 H=6.0 m 节段悬臂 U 形路基的底板上表面荷载，得到横断面和纵断面方向的底板弯矩及剪力分布如图 8-44 所示。

配筋计算中，底板横断面顶面最大弯矩为 1 052 kN·m/m，底面最大弯矩为 423 kN·m/m。顶面配筋 ϕ25@100，底面配筋 ϕ20@100，箍(拉)筋直径 10 mm。底板纵断面顶面最大弯矩为 738 kN·m/m，底面最大弯矩为 266 kN·m/m，取顶面与底面配筋均为 ϕ18@100。

8.5.3.2　正常使用极限状态设计

1. 上部结构正常使用极限状态的设计检算

根据标准和准永久荷载组合工况，可以得到标准及准永久组合工况下的悬挑板不同位置处裂缝宽度、水平及竖向挠度变形，相应结果见表 8-13。

表 8-12　H=6.0 m 悬臂 U 形槽结构侧壁板抗疲劳验算结果

截面坐标/m	截面高度/m	恒荷载+活载组合Ⅶ1		恒荷载组合Ⅶ2		实际受拉配筋/mm²	混凝土疲劳验算				受拉钢筋疲劳验算				
		弯矩/(kN·m)	轴力/kN	弯矩/(kN·m)	轴力/kN		最大应力/MPa	最小应力/MPa	疲劳应力比	设计值/MPa	最大应力/MPa	最小应力/MPa	应力幅/MPa	疲劳应力比	容许应力幅/MPa
0.00	0.50	12	24	12	24	5 686	0.33	0.33	1.00	19.1	5.5	5.5	0.0	1.00	31
0.67	0.55	18	33	12	33	5 686	0.43	0.31	0.71	19.1	7.6	5.0	2.6	0.66	93
1.33	0.61	43	43	17	43	5 686	0.80	0.36	0.45	17.8	16.0	6.2	9.8	0.39	138
2.00	0.66	85	53	28	53	5 686	1.32	0.49	0.37	16.4	28.6	9.3	19.3	0.33	146
2.67	0.71	143	65	47	65	5 686	1.90	0.68	0.36	16.4	43.9	14.3	29.7	0.32	146
3.33	0.77	217	77	75	77	5 686	2.52	0.94	0.37	16.4	61.3	21.2	40.2	0.35	144
4.00	0.82	307	90	115	90	5 686	3.15	1.25	0.40	16.4	80.2	30	50.2	0.37	140
4.67	0.87	413	104	168	104	5 686	3.78	1.61	0.43	17.8	100.5	40.8	59.7	0.41	136
5.33	0.93	538	119	236	119	5 686	4.43	2.02	0.46	17.8	122.2	53.6	68.7	0.44	132
6.00	0.98	681	135	320	135	5 686	5.09	2.47	0.49	17.8	145.4	68.4	77.1	0.47	127

表 8-13 H=6.0 m 悬臂 U 形槽结构悬挑板配筋及裂缝、位移计算结果

x 坐标 /m	截面高度 /m	M/(kN·m)	Q/kN	计算配筋			实际配筋			标准组合			准永久组合			列车荷载组合	
				$A_{s压}$ /mm²	$A_{s拉}$ /mm²	A_{sv} /mm²	$A_{s压}$ /mm²	$A_{s拉}$ /mm²	d_{eg} /mm	w /mm	$s_{竖向}$ /mm	$s_{水平}$ /mm	w /mm	$s_{竖向}$ /mm	$s_{水平}$ /mm	$s_{竖向}$ /mm	$s_{水平}$ /mm
−1.80	0.25	0	0	375	0	0	2 011	2 545	18	0.000	3.9	10.3	0.000	3.9	10.3	2.0	5.4
−1.65	0.27	0	2	0	408	0	2 011	2 545	18	0.000	3.5	10.3	0.000	3.5	10.3	1.8	5.4
−1.50	0.29	1	3	0	442	0	2 011	2 545	18	0.000	3.1	10.3	0.000	3.1	10.3	1.5	5.4
−1.35	0.32	1	6	0	475	0	2 011	2 545	18	0.000	2.7	10.2	0.000	2.7	10.2	1.3	5.4
−1.20	0.34	3	10	0	508	0	2 011	2 545	18	0.001	2.3	10.2	0.001	2.3	10.2	1.1	5.3
−1.05	0.36	4	13	0	542	0	2 011	2 545	18	0.001	1.8	10.2	0.001	1.8	10.2	0.9	5.3
−0.90	0.38	6	18	0	575	0	2 011	2 545	18	0.002	1.4	10.1	0.002	1.4	10.1	0.7	5.3
−0.75	0.41	10	25	0	608	0	2 011	2 545	18	0.003	1.0	10.1	0.003	1.0	10.1	0.5	5.3
−0.60	0.43	14	32	0	642	0	2 011	2 545	18	0.004	0.6	10.1	0.004	0.6	10.1	0.3	5.3
−0.45	0.45	19	37	0	675	0	2 011	2 545	18	0.006	0.2	10.0	0.006	0.2	10	0.1	5.3

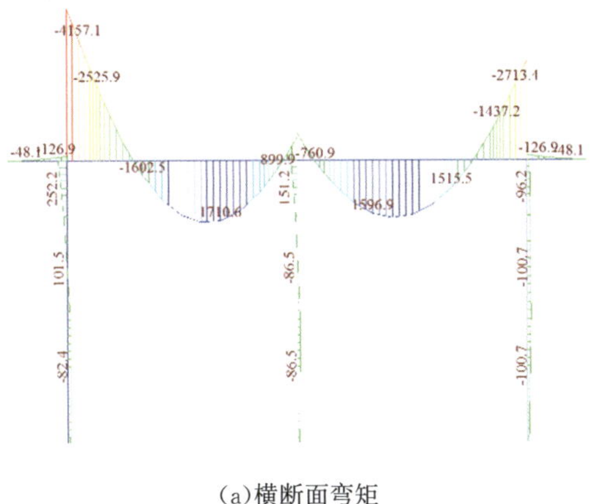

(a)横断面弯矩

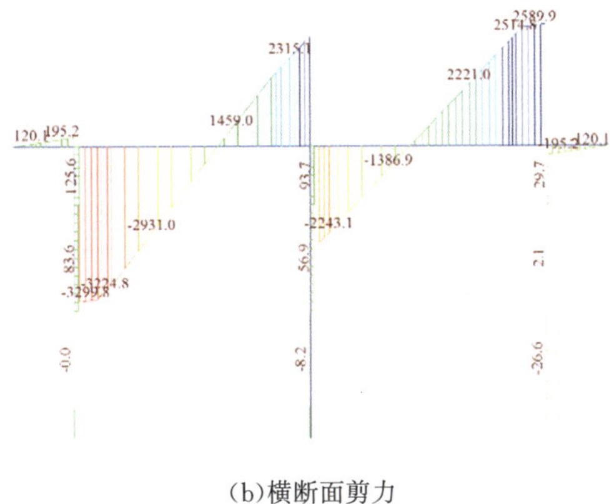

(b)横断面剪力

(c)纵断面弯矩

图 8-44　H=6.0 m 节段悬臂 U 形路基底板内力分析结果

根据标准和准用久荷载组合工况，同样可以得到标准及准永久组合工况下的侧壁板不同位置处裂缝宽度、水平及竖向挠度变形，相应结果见表 8-14。

2. 悬臂 U 形路基底板正常使用极限状态的设计检算

悬臂 U 形路基底板正常使用极限状态检算主要针对底板受拉混凝土裂缝宽度开展，不同高度的悬臂 U 形路基在正常使用过程中的弯矩计算结果如图 8-45 所示。

表 8-14 H=6.0 m 悬臂 U 形槽结构侧壁板配筋及裂缝、位移计算结果

z 坐标/m	截面高度/m	M/(kN·m)	Q/kN	N/kN	计算配筋			实际配筋			标准组合			准永久组合			列车荷载组合	
					$A_{s压}$/mm²	$A_{s拉}$/mm²	A_{sv}/mm²	$A_{s压}$/mm²	$A_{s拉}$/mm²	d_{eg}/mm	w/mm	$s_{竖向}$/mm	$s_{水平}$/mm	w/mm	$s_{竖向}$/mm	$s_{水平}$/mm	$s_{竖向}$/mm	$s_{水平}$/mm
0.00	0.50	25	0	47	1 000	1 500	0	2 011	5 686	26.9	0.002	−0.4	10.7	0.002	−0.4	10.7	−0.2	5.6
0.67	0.55	35	37	60	1 107	1 660	0	2 011	5 686	26.9	0.002	−0.3	8.9	0.002	−0.3	8.9	−0.2	4.6
1.33	0.61	72	76	74	1 213	1 820	0	2 011	5 686	26.9	0.005	−0.2	7.2	0.005	−0.2	7.2	−0.1	3.7
2.00	0.66	132	112	90	1 320	1 980	0	2 011	5 686	26.9	0.009	−0.2	5.5	0.009	−0.2	5.5	−0.1	2.8
2.67	0.71	217	148	107	1 427	2 140	0	2 011	5 686	26.9	0.015	−0.1	4.0	0.015	−0.1	4.0	−0.1	2.0
3.33	0.77	325	183	125	1 533	2 300	0	2 011	5 686	26.9	0.022	−0.1	2.7	0.022	−0.1	2.7	−0.1	1.3
4.00	0.82	456	220	145	1 640	2 460	0	2 011	5 686	26.9	0.030	0.0	1.6	0.030	0.0	1.6	0.0	0.8
4.67	0.87	613	259	166	1 747	2 620	0	2 011	5 686	26.9	0.039	0.0	0.7	0.039	0.0	0.7	0.0	0.3
5.33	0.93	796	302	188	1 853	2 780	0	2 011	5 686	26.9	0.050	0.0	0.2	0.050	0.0	0.2	0.0	0.1
6.00	0.98	1 008	348	212	1 960	2 940	0	2 011	5 686	26.9	0.062	0.0	0.0	0.062	0.0	0.0	0.0	0.0

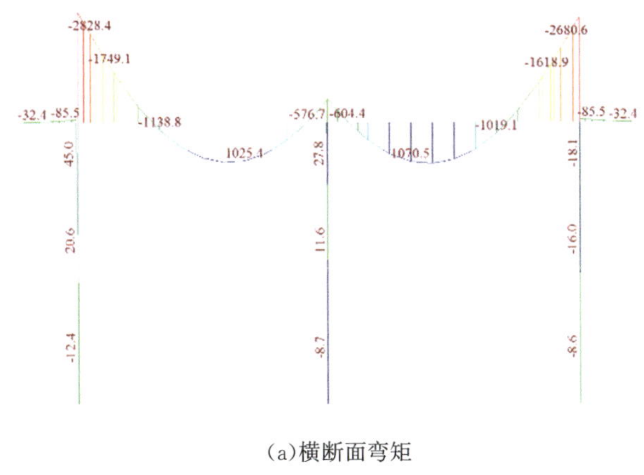

(a)横断面弯矩

(b)纵断面弯矩

图 8-45　$H=6.0$ m 节段悬臂 U 形路基正常使用极限状态弯矩分析结果

对于 $H=6.0$ m 的悬臂 U 形路基，底板横断面顶面最大弯矩为 738 kN·m/m，底面最大弯矩为 266 kN·m/m。顶面配筋 ϕ25@100，底面配筋 ϕ20@100，计算得到底板顶面裂缝值为 0.12 mm，底板底面裂缝值为 0.06 mm，裂缝宽度小于最大裂缝宽度限值 0.2 mm，满足要求。底板纵断面顶面最大弯矩为 495 kN·m/m，底面最大弯矩为 178 kN·m/m。顶面配筋为 ϕ20@100，底面配筋为 ϕ18@100，计算得到底板顶面裂缝值为 0.12 mm，底板底面裂缝值为 0.06 mm，裂缝宽度均小于最大裂缝宽度限值 0.2 mm，满足要求。

8.5.3.3　特殊作用工况的结构安全性验算

高速铁路悬臂 U 形路基特殊作用工况主要包括列车脱轨和列车撞击两种。其中，列车脱轨细分为两种情况：一种情况是列车脱轨后一侧车轮仍停留在轨道范围内，荷载为两条平行于线路中心、相距 1.4 m 的线荷载；第二种情况是列车脱轨后已离开轨道范围但仍停留在路基面边缘，列车脱轨荷载应考虑竖向脱轨荷载和水平脱轨荷载作用。对于第二种脱轨荷载作用图式，可同时考虑 200 kN/m 的横向冲击力，作用位置为挡砟墙或防护墙墙顶。脱轨荷载作用时，不计动力系数，多线轨道只考虑单线脱轨荷载作用，其他线路不作用列车活载。对于两种脱轨荷载作用图式以及横向撞击力作用，同时得到悬臂 U 形路基的侧壁板弯矩和剪力，如图 8-46 所示。

当不考虑列车横向撞击力时，两种脱轨模式下侧壁板根部的最大弯矩约 800 kN·m，侧壁板截面配筋可满足承载要求；当考虑挡砟墙顶 200 kN/m 的横向撞击荷载时，侧壁板底部弯矩超过 2 400 kN·m，将超过侧壁板根部的承载能力，需加强侧壁板根部配筋。

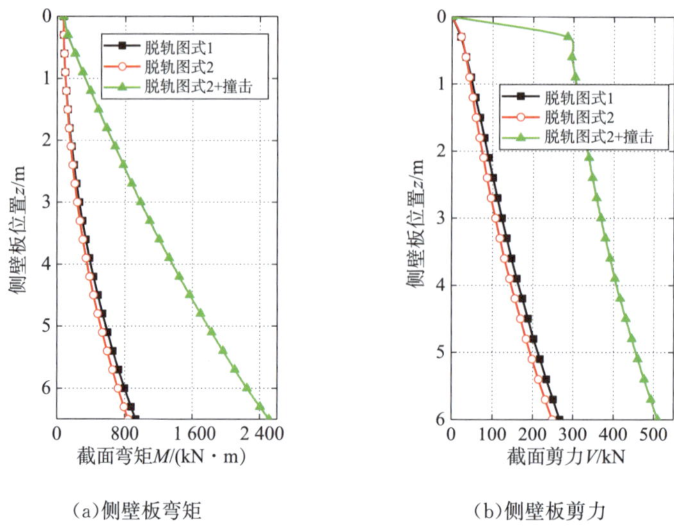

(a)侧壁板弯矩　　(b)侧壁板剪力

图 8-46　考虑列车脱轨荷载的悬臂 U 形路基侧壁板内力分析结果

8.5.4　试验段沉降分析

试验段采用灌注桩桩基支撑加固,灌注桩穿透岩溶槽层,设计桩长 36～52 m,适于应用 Mindlin 理论进行桩基础的沉降分析。根据试验段地层条件,整理得到的基本地层参数见表 8-15。

表 8-15　试验段地层参数

层厚/m	容重/(kN/m³)	E_s/MPa	摩阻 q_s/kPa	端阻 q_b/kPa
4.0	20.00	6.74	50.0	1 000.0
5.0	20.00	28.00	90.0	2 560.0
8.0	19.10	6.74	80.0	1 500.0
2.5	19.50	28.00	90.0	2 560.0
11.0	18.80	7.00	80.0	1 500.0
2.5	23.00	166.67	170.0	2 200.0
17.0	25.00	333.33	240.0	2 800.0

依据图 8-40(b)中的桩体平面布置,以第二节段的中心桩断面为 y 坐标零点,横断面方向为 x 坐标方向,灌注桩横向间距为 5.0 m,纵向间距为 4.0～4.2 m 不等。桩顶竖向分担荷载确定主要基于悬臂 U 形路基高度及相应上部结构荷载作用,同时考虑边桩位置以及桩间距相对大小的影响,依次得到桩体编号 1～45 的桩顶竖向分担荷载。其中,桩体编号、位置坐标及桩顶荷载计算结果见表 8-16。

表 8-16　试验段桩体位置坐标以及桩体分担荷载

桩体编号	坐标 x /m	坐标 y /m	桩顶荷载 /kN	桩体编号	坐标 x /m	坐标 y /m	桩顶荷载 /kN	桩体编号	坐标 x /m	坐标 y /m	桩顶荷载 /kN
1	−5.0	−28.2	2 102	16	−5.0	−8.4	2 276	31	−5.0	11.4	2 524
2	0.0	−28.2	2 514	17	0.0	−8.4	2 631	32	0.0	11.4	2 777
3	5.0	−28.2	2 080	18	5.0	−8.4	2 250	33	5.0	11.4	2 494
4	−5.0	−24.0	2 452	19	−5.0	−4.2	2 655	34	−5.0	15.4	2 885
5	0.0	−24.0	2 934	20	0.0	−4.2	3 069	35	0.0	15.4	3 173
6	5.0	−24.0	2 427	21	5.0	−4.2	2 625	36	5.0	15.4	2 850
7	−5.0	−19.8	2 452	22	−5.0	0.0	2 655	37	−5.0	19.4	2 885
8	0.0	−19.8	2 934	23	0.0	0.0	3 069	38	0.0	19.4	3 173
9	5.0	−19.8	2 427	24	5.0	0.0	2 625	39	5.0	19.4	2 850
10	−5.0	−15.6	2 452	25	−5.0	4.2	2 655	40	−5.0	23.4	2 758
11	0.0	−15.6	2 934	26	0.0	4.2	3 069	41	0.0	23.4	3 034
12	5.0	−15.6	2 427	27	5.0	4.2	2 625	42	5.0	23.4	2 725
13	−5.0	−11.4	2 102	28	−5.0	8.4	2 276	43	−5.0	27.4	2 917
14	0.0	−11.4	2 514	29	0.0	8.4	2 631	44	0.0	27.4	3 209
15	5.0	−11.4	2 080	30	5.0	8.4	2 250	45	5.0	27.4	2 882

根据桩顶分担荷载、桩长以及表 8-15 中的地层参数，采用桩侧摩阻等效方法得到桩侧摩阻的等效线荷载 p，其沿桩侧深度方向上在均质地层中保持线性分布规律，并受土层参数的影响。沉降计算中，地基压缩层厚度统一取 60 m，支撑灌注桩桩端已嵌入承载灰岩，选择桩间断面为代表性断面，得到第一节段(H=4.5 m)、第二节段(H=5.2 m)、第三节段(H=6.0 m)以及纵断面附加沉降曲线，如图 8-47 所示。

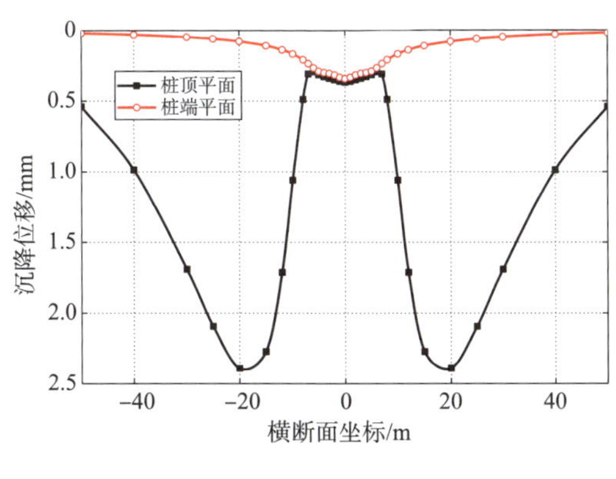

(a)第一节段横断面

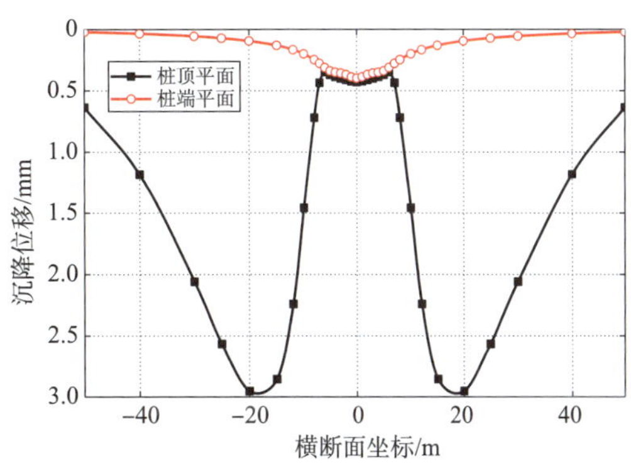

(b)第二节段横断面

图　8-47

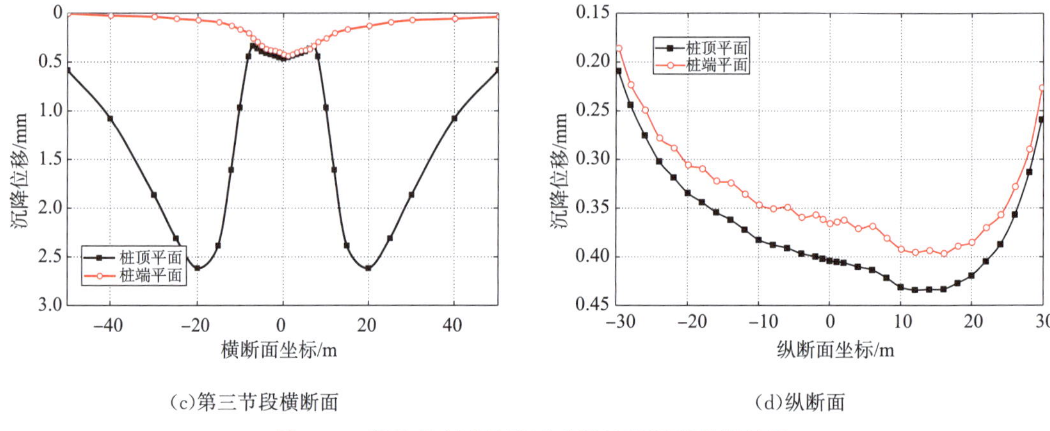

(c)第三节段横断面　　(d)纵断面

图 8-47　昌景黄高速铁路试验段地基沉降分析结果

图 8-47 中,桩顶和桩端平面位置沉降曲线表现为不同的分布特点,其中,桩顶平面的地基沉降表现为 W 形状,即灌注桩加固范围内悬臂 U 形路基沉降相对最小,地面沉降最大值出现于远离悬臂 U 形路基一定距离位置处;桩端平面的地基沉降表面为明显的锅底形(U 形),即路基中心位置处沉降最大,路基以外区域的地基沉降随同路基中心距离的增大而逐渐减小。此外,支撑灌注桩已完全嵌入支撑灰岩,悬臂 U 形路基断面范围内的沉降较小,最大不超过 0.5 mm,说明采用现有布桩方案能够很好地控制地基沉降变形。根据图 8-47(d)中悬臂 U 形路基纵断面沉降分析结果,第一节段的地基沉降相对最小,最大沉降变形出现于第三节段,最小沉降出现于第一、第三节段的外侧边缘位置,说明悬臂 U 形路基地基沉降最主要控制因素为路基高度和位置,路基高度越高,沉降位置越靠近路基总断面中心,相应的地基沉降变形越大。此外,悬臂 U 形路基纵断面最大沉降约 0.44 mm,最小沉降约为 0.19 mm,沉降差仅为 0.25 mm,能够满足地基总沉降及相对沉降差的控制要求,这也证明了悬臂 U 形路基在地基沉降控制方面具有较好的优越性。

第9章 高速铁路路基沉降监测与评估方法

为保证高速铁路路基工程建设和运营阶段的安全性，必须对高速铁路路基沉降变形以及沉降影响范围进行实时变形监测，并提供及时、有效、可靠的预警信息。高速铁路路基变形监测包含横断面沉降变形以及纵断面不平顺性监测，分别采用不同元器件实施监测过程。路基沉降监测数据通常为包含一定误差的数据序列，必须通过必要的数据预处理方式获取真实的沉降位移数据序列，并基于监测结果对路基未来变形趋势进行必要的预测分析。本章主要针对高速铁路路基沉降监测与评估方法开展研究，总结当前路基沉降监测中的常用技术，提出工程适用的监测数据预处理和分析预测方法，为高速铁路路基沉降安全性评估奠定基础。

9.1 高速铁路路基沉降监测方法

9.1.1 高速铁路路基沉降监测方案设计的总体原则

为确保高速铁路路基沉降位移的总体可控，不影响列车正常运营，高速铁路路基沉降变形监测的总体原则为重点路基、兼顾桥隧，立体监控、信息化监测快速传递数据，成果可控。

实施过程中应重点做到“数据精确、准确、可靠、及时、连续”，加强过程控制，规范元器件的埋设和保护，并应遵守如下的具体实施原则：

(1)简单原则：高速铁路运营安全监控系统面向的用户是调度人员，要求人机界面简单明了，提供的信息简单、快捷和准确，便于调度人员快速判断决策。

(2)可靠原则：监控系统发出的每一个报警信息都与行车安全和效率密切相关，要求系统必须具有极高的可靠性，切实降低误报发生概率。

(3)系统集成原则：高速铁路安全监控子系统类型多，具体涉及变形监测、土压力监测、水位监测等，现场设施较为分散，为减少成本，便于维护管理，各子系统应尽可能整合集成，当条件许可时还应与其他系统设备共享资源。

9.1.2 常规沉降监测方法

1. 沉降板

沉降板由钢板或钢筋混凝土板、测杆和保护套管组成，当沉降板所在土层发生沉降后底板及测杆也随之沉降，通过对露在外部的测杆进行水准测量，前后两次高程差即为底板所在土层的沉降值。沉降观测采用水准仪进行，测量沉降板测杆杆顶高程作为初始读数，随着路基填筑施工逐渐接高沉降板测杆和保护套管，接长前后测量杆高变化量确定接高量。沉降板的安装与现场埋设如图 9-1 所示。

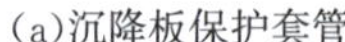

(a)沉降板保护套管

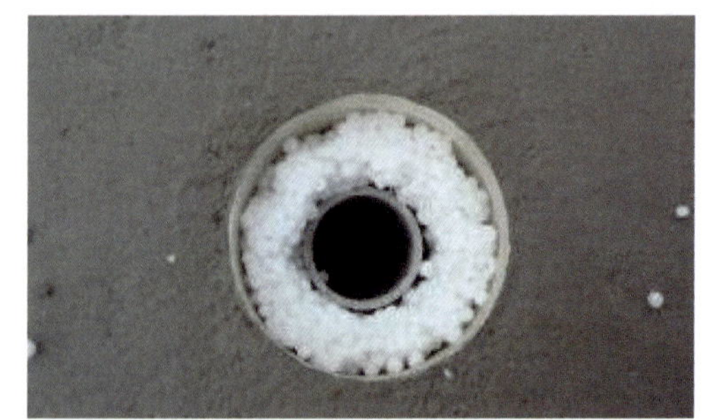

(b)沉降板测杆与保护套管的埋设

图 9-1　沉降板安装与埋设

2. 组合式沉降板

组合式沉降观测装置主要由沉降板和连接管组成，主要适用于路堤施工阶段，观测时量测各沉降板到出露于地面的管口的距离，同时测量管口的高程，从而得到各沉降板位置的沉降值。

3. 沉降观测桩

沉降观测桩布置方法如图 9-2 所示。选择直径 20 mm 的钢筋，顶部磨圆，底部焊接弯钩，待基床表层级配碎石施工完成后，在观测断面通过测量埋置在设计位置，埋置深度不小于 0.3 m，桩周 0.15 m 用 C15 混凝土浇筑固定。路基面两侧观测桩一般设在距左右线路中心 3.2 m 处。观测点钢筋头为半球形，高出埋设表面 5 mm，表面做好防锈处理。完成埋设后测量桩顶高程作为初始读数。

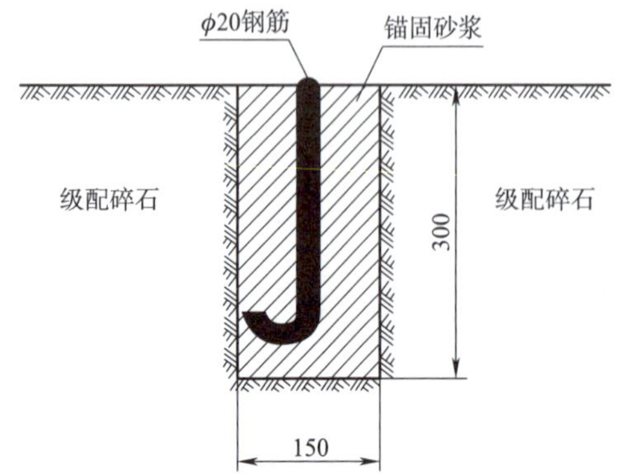

图 9-2　沉降观测桩的埋设布置(单位:mm)

4. 常规观测主要技术指标要求

高速铁路路基沉降变形观测的主要技术指标见表 9-1～表 9-3，沉降水准测量的重复精度不低于±1 mm，读数取位至 0.1 mm。

表 9-1　沉降变形观测网主要技术要求

变形等级	相邻基准点高差中误差/mm	每站高差中误差/mm	往返较差、附合或环线闭合差/mm	监测已测高差较差/mm	使用仪器、观测方法的要求
三等	1.0	0.3	$\leqslant 0.6n^{0.5}$	$\leqslant 0.8n^{0.5}$	DS05 或 DS1 型仪器，按二等水准测量的技术要求施测

注：n 为测点数目。

表 9-2　沉降变形观测点的精度要求和观测方法

变形等级	高程中误差/mm	相邻点高差中误差/mm	观测方法	往返较差、附合或环线闭合差/mm
二等	±0.5	±0.3	按国家一等精密水准测量	$\leqslant 0.3n^{0.5}$

表 9-3　一、二等水准测量仪器及主要技术要求

等级	仪器	视线长度/m	前后视距差/m	在任一测点上前后视距差累计/m	视线高度（下丝读数）/m
一等	DSZ05、DS05	≤30	≤0.5	≤1.5	≥0.5
二等	DS1、DS05	DS1≤50、DS05≤60	≤1.0	≤3.0	≥0.3

9.1.3 传感器监测方法

1. 单点沉降计

电感调频位移计是利用电磁感应原理，与测杆固接的导磁体活塞杆插入螺管线圈并可来回移动，线圈的电感量与导磁体活塞杆插入线圈的长度有关。当发生位移时，将引起线圈电感量的变化，电感调频电路将线圈电感量的变化变换成频率信号，通过读数仪即可显示位移值。位移计底层锚头锚固到基岩（相对不动点），当基础下沉时，沉降板随基础一起下沉，使传感器与测杆之间发生相对滑移，输出信号，从而获取位移读数。单点沉降计主要由位移计、锚头、法兰沉降盘、测杆等部件组成，如图 9-3 所示。

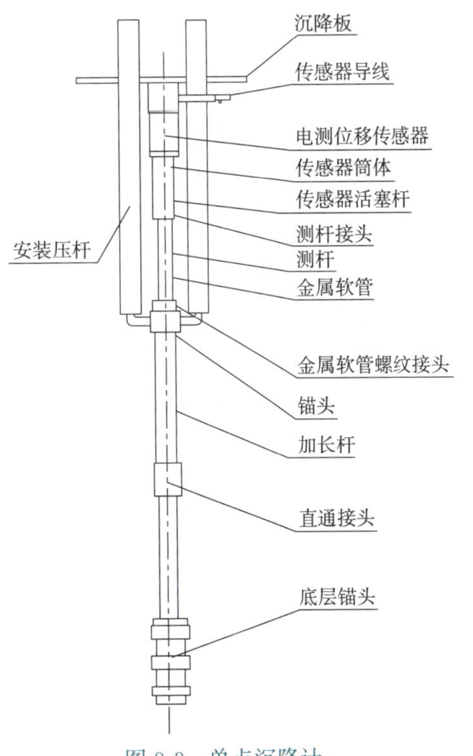

图 9-3　单点沉降计

2. 沉降传感器

沉降传感器采用固态压力传感技术和连通器原理，通过对液面高度差测量，实现参考点与被测点相对沉降观测。实际应用时，相关测点的传感器通过一个液体管道彼此相连，一个或部分传感器作为参考点，其他传感器用于相对沉降测量。沉降传感器外形如图 9-4(a)所示，由传感器、连接管线和液体构成，沉降传感器和保护碟内部结构如图 9-4(b)、图 9-4(c)所示。

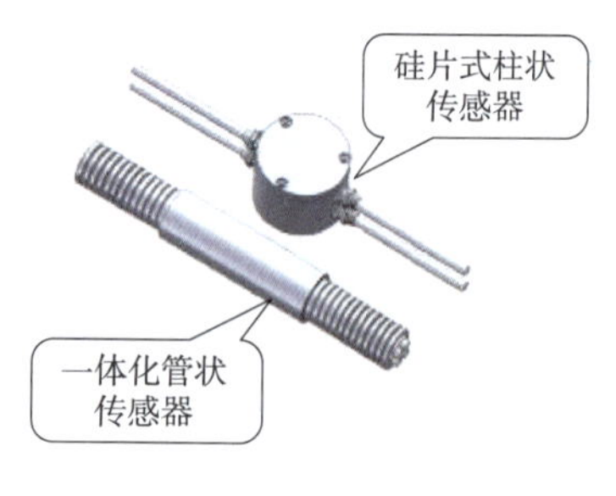

(a)外形

(b)内部构造

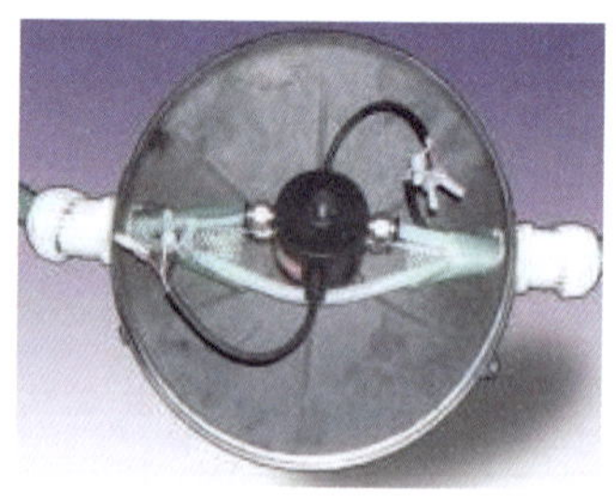

(c)保护碟内部构造

图 9-4　沉降传感器外形及内部构造

3. 剖面沉降仪

(1)测试系统组成

剖面沉降仪系统主要由测头、电缆和剖面管组成，典型的剖面沉降仪系统构成如图 9-5 所示。其中，测头上下有两组导轮，便于沿剖面沉降管的导槽滑动，测头尾部有一吊环，便于与拉绳连接。电缆把测头和测试仪连接起来，它除了向内部倾角传感器供电和传输信号外，还是测头测试的刻度尺和测头拉动的绳索。为了使电缆在负重时有最小的长度变化，采用了特制的设有加强钢芯的专用电缆。电缆上每 0.5 m 的间距有标记，标记所示距离从测头的两组导轮中点起记。

(a)测头、电缆与读数仪

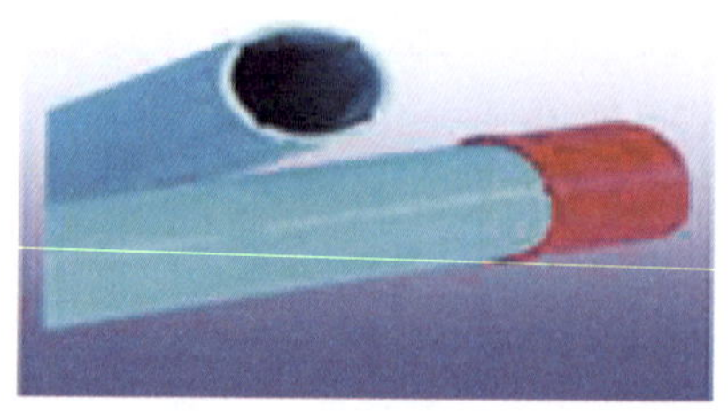

(b)剖面管

图 9-5　剖面沉降仪系统构成

(2)工作原理

路基断面水平埋设有测斜导管，测头沿管中导槽缓缓滑动，有一定柔性的测斜管与地面同步沉降，将形成一定的倾角，测头的传感器可以测出在某一处的倾角。测头的信号是以测斜管导槽为方向基准，在某一处测头上下导轮标准间距(0.5 m)的倾角正弦函数即为沉降量。

4. 横剖面沉降观测

横剖面沉降观测方法主要利用连通器原理(如以往的水杯法)，将沉降装置位置发生的沉降，通过液体面高度或压力的变化反映到路基体外。此套测试仪器利用横剖管与滑动剖面沉降测试压力计(横剖仪)相配合，系统构成如图 9-6 所示。剖面沉降测试压力计分为滑动式压力计和定点式两类，管壁光滑无梯形导槽，堆载时受力均匀，既能准确反映土体沉降又不会出现碎裂，横剖管采用直径为 70 mm 的全塑高精度专业管材，耐腐蚀，寿命长。

(a)滑动剖面沉降测试压力计

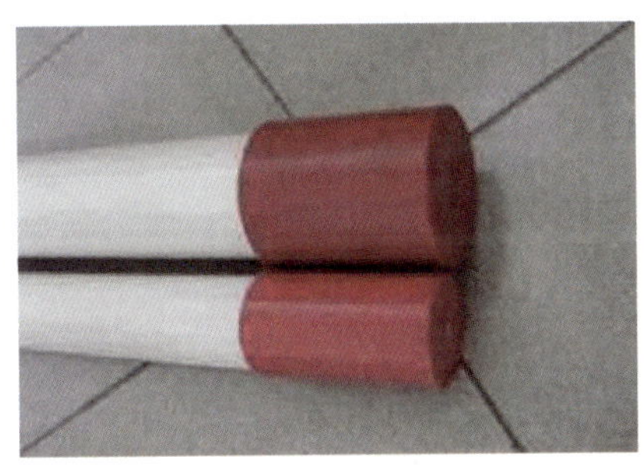

(b)横剖管

图 9-6　横剖测试系统

5. 分层沉降仪

除了沉降板法和横剖测试法，路基沉降监测中还有一种较为常见的分层沉降监测方法，该方法可以测定不同地基深度的变形值，对研究影响深度和地基变形机理有很大帮助，主要用于监测基坑、边坡、坝体、地基深部不同层位的沉降。

分层沉降仪由精密水准仪、水准标尺、电磁式沉降仪、沉降管、沉降环及其他配套设备构成，系统构成如图 9-7 所示，也被称为磁环式法。所用传感器是根据电磁感应原理设计，将磁感应沉降环预先通过钻孔方式埋入地下待测的各点位，当传感器通过磁感应环时，产生电磁感应信号送至地面仪表显示，同时发出声光警报。读取孔口标记点上对应钢尺的刻度数值，即为沉降环的深度。每次测量值与前次测量值相减即为该测点的沉降量。

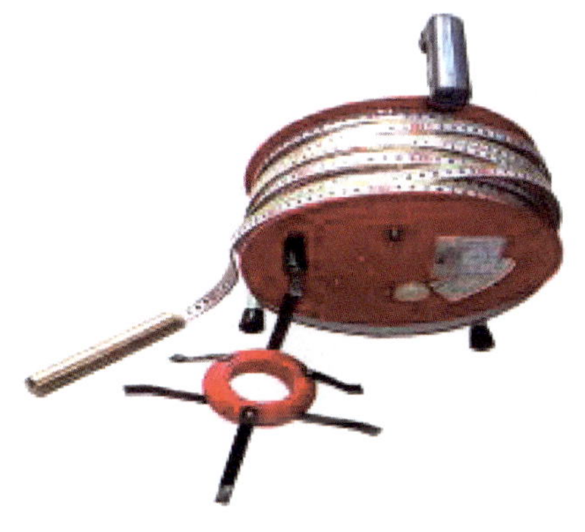

图 9-7　分层沉降仪

6. 多点沉降计

多点沉降计相对于单点沉降计，也被称为分层沉降计，由多个位移计、锚头、法兰沉降盘、测杆等部件串联组成(图 9-8)，是一种埋入式智能数码电感调频的位移计。电感调频位移计是应用电磁感应原理，利用电感调频位移计的活动导磁体在其磁通感应线圈内的相对位移，改变线圈的电感量，再通过电感调频电路将线圈电感量的变化变换成频率信号输出，由读数仪接收测读位移值。

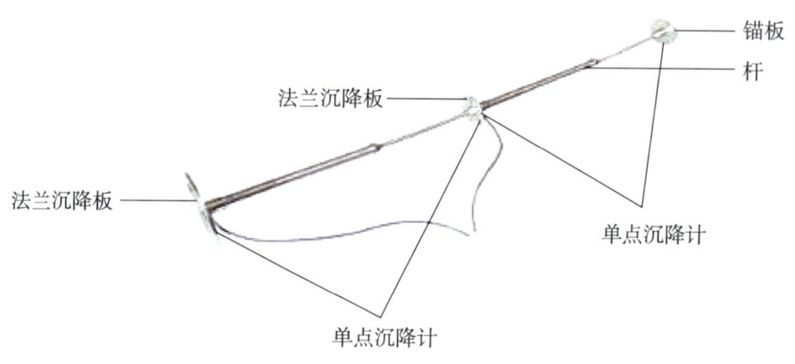

图 9-8　串联式多点沉降计

7. 液位沉降计

一般路基沉降监测中多采用埋入式连通液位沉降计，也称静力水准仪，是一种智能数码电感调频的总线型位移计，由液缸、浮筒、精密液位计、保护罩等部件组成，如图 9-9 所示。

连通液位沉降计沉降监测(静力水准)系统特别适合于要求高精度监测垂直位移或沉降的场合，测量参考点与测试点之间土体的相对位移，主要用于路堤、大坝的单点沉降、线形沉降和剖面沉降等精密测量。也适用于结构与土体的相对沉降变形监测以及其他结构之间相对沉降变形监测，可多点监测。基准罐置于一个稳定的水平基点，其他储液罐置于高程大致相同的不同位置，当其他储液罐相对于基准罐发生升降时，将引起该罐内液面的上升或下降。通过测量液位的变化，了解被测点相对水平基点的升降变形。

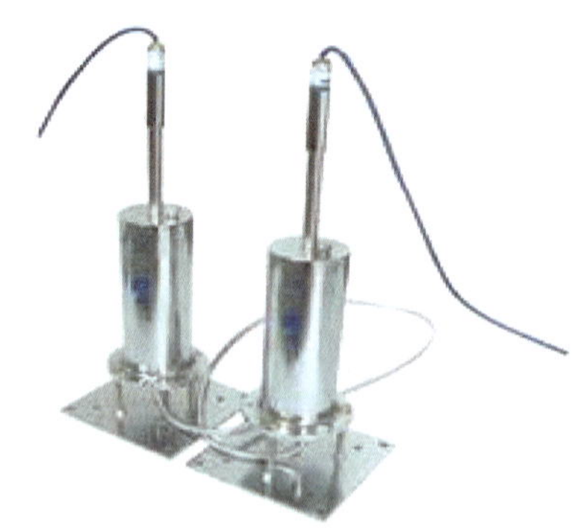
图 9-9　埋入式连通液位沉降计

9.2　路基沉降监测数据处理分析方法

9.2.1　路基沉降监测误差概述

路基沉降监测中产生的误差，是监测中采用的仪器设备、监测周边环境条件、操作人员技术水平和工作态度等多种因素的综合反映，整体可分为偶然性误差和非偶然性误差两大类。偶然性误差主要指监测数据中的随机性误差部分，大量的偶然误差通常被认为服从或近似服从正态分布，可应用数理统计方法建立偶然误差的统计分析模型，并且偶然误差基本不影响变形趋势和稳定状态评估，通过位移监测曲线平滑方法得到边坡真实位移变形状态，消除偶然误差影响。非偶然误差主要包括仪器设备和传感器的系统误差、周期规律性误差以及外部环境引起的边坡监测结果粗差等多种类型。非偶然误差将引起监测结果的突变，影响沉降位移变化趋势的判定，对路基沉降稳定状态判定和评估产生极其严重的影响。因此，非偶然误差的判定和消除还原工作，是路基沉降监测数据预处理方法研究中的重要内容。

9.2.2　原始监测数据序列粗差剔除方法研究

原始监测数据序列的粗差剔除采用窗口移动方法，设定原始数据序列为包含大量粗差数据和偶然随机误差的含噪序列，通过设定一系列的粗差剔除窗口，从前至后依次剔除每一个窗口内的超过偶然随机误差标准的粗差数据。粗差剔除方法实现过程主要步骤和相关假定列述如下：

(1)原始数据序列元素个数达到 10^2 级，其中包含粗差数据和偶然随机数据。

(2)沿原始数据序列方向设定一系列的去噪窗口，每个窗口内数据具有单调趋势，能够应用线性或高次方程拟合，得到各窗口内数据的拟合方程，并将其作为该窗口微段内去除含噪数据后的真实值。

(3)通过窗口内的原始数据序列和窗口内数据序列的拟合值，得到窗口数据序列的一次残差，并假定窗口内拟合数据的依次残差满足正态分布。

(4)采用莱茵达准则，当原始数据点和拟合数据点间残差超过 $E+3\sigma$ 时，判定该数据点为粗差，并用拟合结果代替原始数据，通过循环检验方法直至每一个窗口内的所有数据完全满足莱茵达准则，剔除原始数据序列中的全部粗差数据序列。

9.2.2.1　粗差剔除窗口的设定

根据位移监测数据原始序列，沿时间长度设定粗差剔除窗口数目 M，且各窗口前后连续，并保证每一个粗差剔除窗口中包含的元素数目满足数理统计要求。图 9-10 为原始数据序列粗差剔除窗口的设定过程，在保证每一个窗口时间长度相同的基础上，从前至后完成每一个窗口内的数据处理和分析。此外，窗口数目的选择应用与原始数据序列的数据量以及每一个窗口中包含数据个数相匹配，并尽力确保每一个窗口内数据呈现单调变化趋势，便于应用线性或非线性拟合公式完成数据的拟合分析。

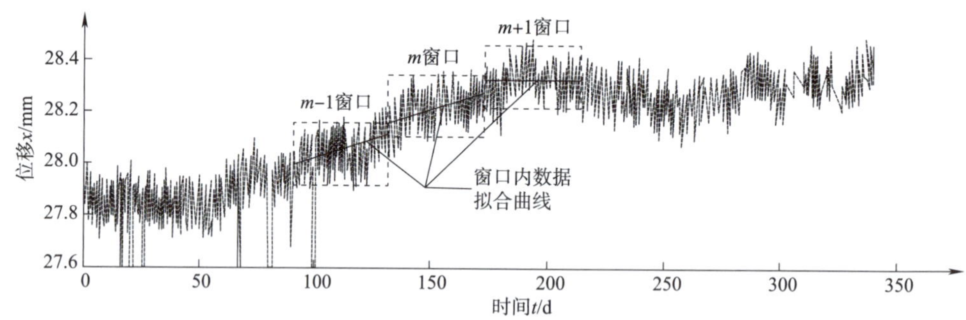

图 9-10 粗差剔除窗口的设定方法

设原始监测数据序列为 x_0，时间序列为 t_0，监测数据元素个数为 N，则得到式(9-1)形式的粗差剔除窗口时间分割点 T_b 表达式。相应的，第 m 个窗口包含的原始数据序列时间范围为$[T_b(m), T_b(m+1)]$。

$$T_b(m)=(m-1)t_0(N)/M \quad 1\leqslant m\leqslant M \tag{9-1}$$

式中 $T_b(m)$——第 m 个窗口的初始时间分割点；

m——窗口编号；

M——粗差剔除窗口总数目；

N——原始数据序列元素总数目；

t_0——原始数据序列中的时间序列。

9.2.2.2 窗口内数据序列的多项式拟合

图 9-10 中，各窗口内原始监测数据序列虽然表现为较高强度的随机性，但整体上仍表现出一定的线性或非线性变化趋势。其中，粗差剔除窗口内的时间间距足够小情况下，窗口内数据即可统一拟合为线性表达式，而当粗差剔除窗口时间间距较大，窗口内原始数据序列线性趋势不明显时，可采用二次抛物分布方程拟合。假定第 m 个粗差剔除窗口内原始数据序列元素数目为 N'，原始位移监测数据序列为 $x_0'(n)$，对应的时间序列为 $t_0'(n)$，应用最小二乘法将其分别拟合为线性分布方程和二次抛物分布方程。

1. 线性分布方程拟合表达式

假定各窗口内原始监测数据序列的线性分布方程拟合形式为式(9-2)，根据最小二乘法拟合过程，可由窗口内数据确定式(9-2)线性方程的系数 A_0、A_1 表达式，其具体求解过程见式(9-3)。

$$A_0+A_1t_0'=x_0' \tag{9-2}$$

$$\begin{cases}(n+1)A_0+\sum_{n=1}^{N'}t_0'(n)A_1=\sum_{n=1}^{N'}x_0'(n)\\ \sum_{n=1}^{N'}t_0'(n)A_0+\sum_{n=1}^{N'}t_0'^2(n)A_1=\sum_{n=1}^{N'}t_0'(n)x_0'(n)\end{cases} \tag{9-3}$$

求解式(9-3)得到线性方程系数 A_0、A_1 数值，将其回代入式(9-2)即可得到粗差剔除窗口内的数据序列线性拟合方程表达式。

2. 二次抛物分布方程拟合表达式

类似的，假定粗差剔除窗口内检测数据序列的二次抛物分布方程拟合形式为式(9-4)，最小二乘法拟合过程中，构造式(9-5)形式的二次抛物方程拟合函数。

$$A_0+A_1t_0'+A_2t_0'^2=x_0' \tag{9-4}$$

$$\begin{cases}A_0B_1+A_1B_2+A_2B_3=B_4\\ A_0B_2+A_1B_3+A_2B_5=B_6\\ A_0B_3+A_1B_5+A_2B_7=B_8\end{cases} \tag{9-5}$$

通过式(9-5)的方程组联立求解，得到最小二乘拟合抛物方程式(9-4)的系数表达式，相应的各项参数表达为式(9-6)形式。通过最小二乘拟合处理，可自动得到各粗差剔除窗口内原始监测数据序列拟合方程。

$$\begin{cases}B_1=N';B_2=\sum_{n=1}^{N'}t_0'(n);B_3=\sum_{n=1}^{N'}t_0'^2(n);B_4=\sum_{n=1}^{N'}x_0'(n)\\ B_5=\sum_{n=1}^{N'}t_0'^3(n);B_6=\sum_{n=1}^{N'}t_0'(n)x_0'(n);B_7=\sum_{n=1}^{N'}t_0'^4(n);B_8=\sum_{n=1}^{N'}t_0'^2(n)x_0'(n)\end{cases} \tag{9-6}$$

9.2.2.3 窗口内数据的一次残差分析与莱茵达准则判定

由前述分析，根据各粗差剔除窗口内的原始数据序列$\{t_0'(n),x_0'(n)\}$和拟合后的近似真实数据序列$\{t_0'(n),x_0''(n)\}$，两者之间的差值序列即可有效反映出含噪原始数据序列和真实数据序列之间的差异，且差值序列 $\Delta x_0'(n)$的平均期望值 E''应接近于 0，分布形式近似正态分布。其中，第 m 个粗差剔除窗口中的差值序列表达式为式(9-7)。

$$\Delta x_0'(n)=x_0'(n)-x_0''(n) \tag{9-7}$$

相应的，得到差值序列 $\Delta x'(n)$的平均期望值 E''和均方差 σ''表达式(9-8)和式(9-9)。

$$E''=\left[\sum_{n=1}^{N'}\Delta x_0'(n)\right]\Big/N' \tag{9-8}$$

$$\sigma''=\sqrt{\left\{\sum_{n=1}^{N'}[x_0'(n)-E'']^2\right\}\Big/(N'-1)} \tag{9-9}$$

路基沉降自动监测数据元素数目一般超过 100 个，在原始监测数据粗差剔除过程中，选用莱茵达准则进行粗差剔除，假定监测数据同真实值之间误差 $\Delta x_0'(n)$满足标准正态分布规律。统计学上的莱茵达准则认为统计值超过$[E''-3\sigma'',E''+3\sigma'']$出现的概率是接近于 0 的小概率事件，相对于大量的趋势性和随机性监测数据，粗差数据量很少且不影响监测数据的整体发展变化趋势。因此，假定原始数据序列和真实值数据序列之间残差满足标准正态分布规律，应用莱茵达准则选择$[E''-3\sigma'',E''+3\sigma'']$范围作为粗差判定和剔除的阈值。

对于图 9-11 中的原始监测数据序列，通过上述处理过程尽量保留原始监测数据序列趋势项中的随机误差，并尽可能剔除序列中不影响监测数据序列总体趋势的粗差和奇异数据点。经过此过程中原始监测数据粗差剔除，获得包含随机偶然误差的原始监测数据序列，为后续的监测数据趋势线提取和发展趋势预测及分析奠定基础。

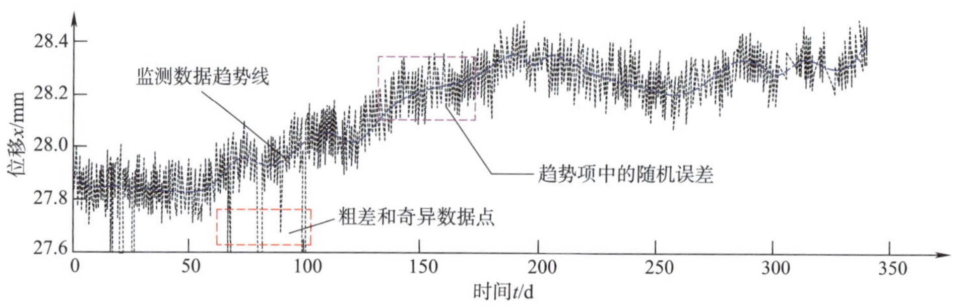

图 9-11 原始监测数据中的粗差和随机误差

9.2.2.4 含噪原始序列的粗差判定及剔除过程算例

含噪序列的粗差判定及剔除算例选用路基沉降自动监测数据，选用的四个测点编号依次为 X05、X10、X25、X45，总监测历时 340 d，监测数据采用频率为非等时距，大部分数据点的采样频率均为 1 h，四个测点的总数据点数目均为 10 578 个。根据四个测点沉降位移原始监测数据和对应的监测时间，得到四个测点的水平位移时程曲线，如图 9-12 所示。

图 9-12 中，X05、X10、X25、X45 四个测点沉降位移时程曲线均具有明显的发展变化趋势，前期和后期变形相对稳定，中间施工期变形明显，且位移时程曲线中均包含随机偶然误差和粗差两部分因素的影响。其中，各测点水平位移时程曲线中的随机误差并不影响位移变形趋势判定，通过曲线降噪平滑方法可有效滤除对应的随机误差，而时程曲线中的粗差数据点变异性极大，且平滑过程中将会影响邻近数据的平滑降噪结果。因此，必须对原始数据序列中的粗差数据点进行预先判定和剔除。

据前所述，监测数据曲线中的粗差数据剔除过程中采用窗口移动平滑方法，由于窗口大小和窗口内包含的粗差数据数值相对大小均会影响窗口内数据真实值的拟合结果，一次粗差判定并不足以剔除窗口内的所有粗差数据，因此采用循环判定剔除方法，直至窗口内所有数据均能满足莱茵达准则。

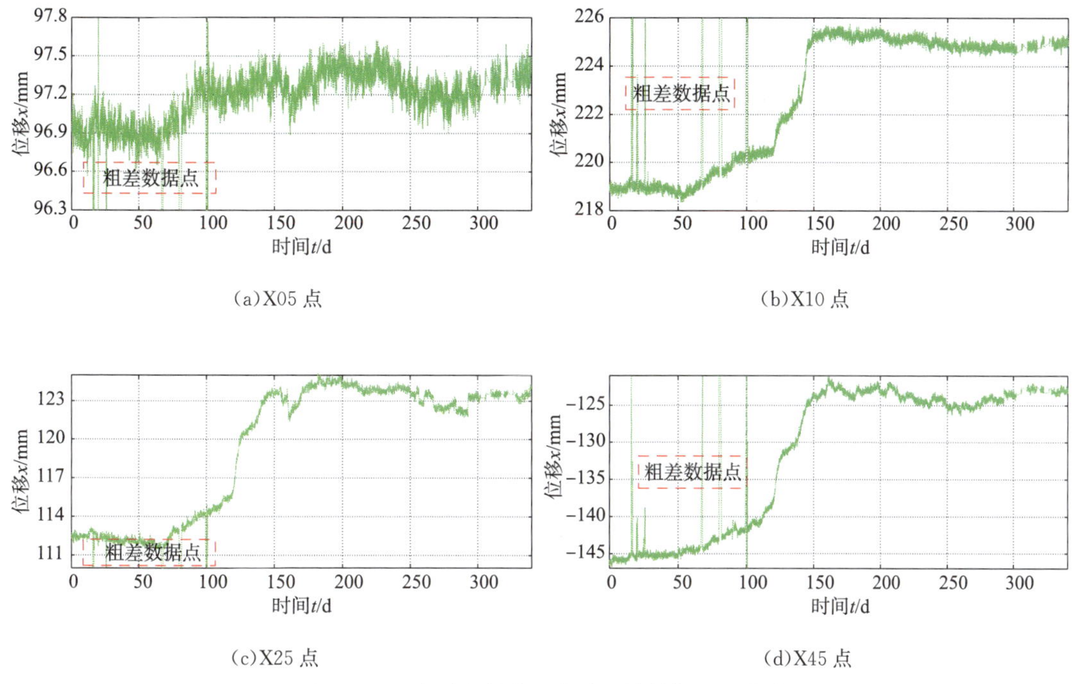

(a)X05 点　(b)X10 点

(c)X25 点　(d)X45 点

图 9-12　四个测点的水平位移原始数据时程曲线

对 X05、X10、X25、X45 测点采用相同方式进行粗差数据剔除处理，得到图 9-13 中各组数据序列随粗差剔除循环次数的变化趋势，其中，图 9-13(a)为四个测点粗差数据点数目随循环次数变化曲线，图 9-13(b)为相对于各测点粗差数据点初始数目的粗差数据点百分比随循环过程的变化曲线。

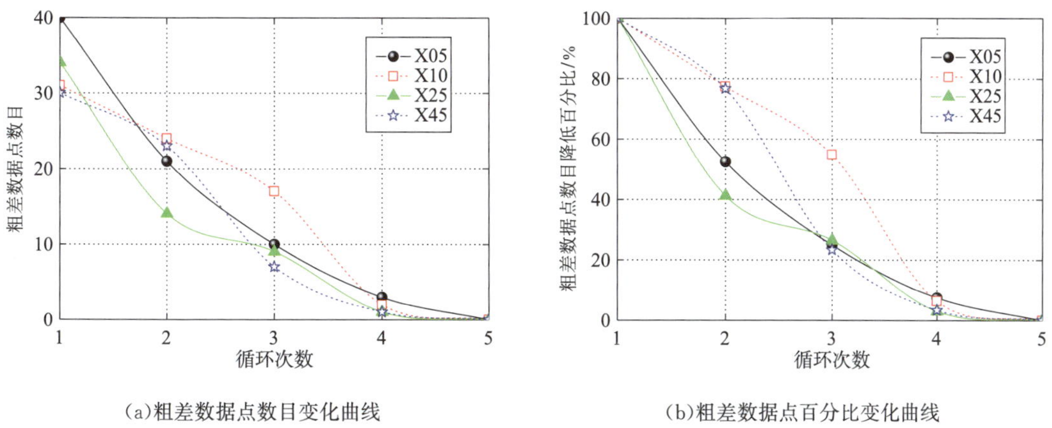

(a)粗差数据点数目变化曲线　(b)粗差数据点百分比变化曲线

图 9-13　粗差数据点随粗差剔除过程循环次数的变化趋势

图 9-13 中，X05、X10、X25 和 X45 测点水平位移的原始监测数据经过一次粗差剔除，各自的粗差数据点分别为 40、31、34 和 30 个，随粗差剔除循环过程，各数据序列中的粗差数据

点持续降低，经过四次左右的循环，粗差数据点数目降低为初始粗差数据点总数目的 5%左右，而经过五次循环过程，所有数据序列的粗差数据点基本完全消除，且所有粗差数据点均得到准确的判定、识别和剔除，处理效率极高。因此，采用莱茵达准则进行粗差数据判定和剔除是十分有效的，设定的$[E''-3\sigma'', E''+3\sigma'']$粗差剔除区间可以满足粗差剔除要求。另外，受限于粗差数据的极强跳跃性，一次处理并不能剔除所有数据点，而应通过设定一定次数的粗差剔除循环，充分保证原始数据序列中的粗差数据完全剔除。

进一步，利用上述原始数据序列粗差剔除方法，经过五次左右的粗差剔除循环过程，得到图 9-14 中四个测点原始数据序列曲线、粗差剔除序列曲线和趋势曲线。其中，各测点的位移数据趋势线通过随机误差消除平滑方法获取。

根据图 9-14 四个测点的粗差剔除处理过程和最终结果，四个测点粗差剔除后的数据序列均有效保留了原始数据序列中的有效信号，同时也完全去除了原始数据序列中的粗差数据点，且粗差剔除后的数据线获取的测点水平位移变形趋势线也基本反映出各测点位移的总体变形趋势，实际应用效果良好。这也一定程度上证明了研究提出的粗差剔除方法是合理有效的，能够应用于具体数据的预处理，为后续的等时距序列转换、随机偶然误差消除、平滑方法的实现、变形趋势线的获取以至后续变形预测模型的建立等深化研究奠定了基础。

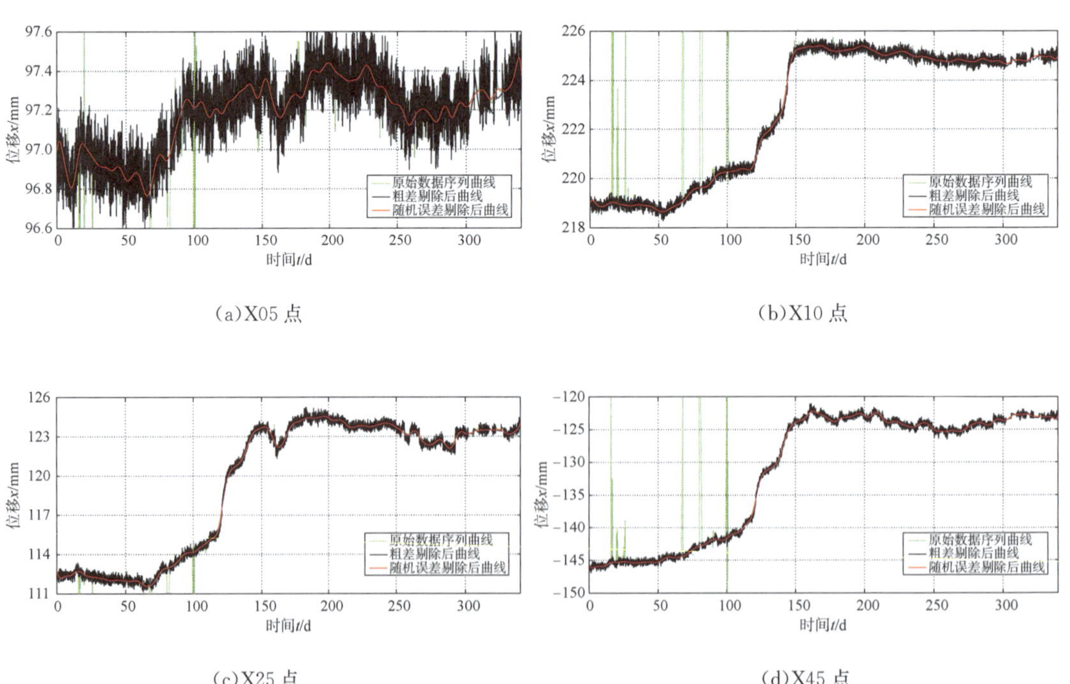

(a)X05 点　　(b)X10 点

(c)X25 点　　(d)X45 点

图 9-14　粗差剔除后的四个测点时程曲线和趋势曲线

9.2.3 位移监测数据的平滑降噪方法

1. 平滑降噪方法概述

波动数据的降噪处理已有多种方法，其中广泛使用的是最小二乘多项式平滑方法、傅里叶变换平滑、分箱技术及小波变换降噪技术等。考虑实际工程应用效果，研究中主要采用最小二乘多项式平滑降噪方法，以期通过相对简单有效的方法实现对路基沉降位移原始监测数据的高效快速处理。

2. 最小二乘多项式平滑降噪实现流程

设一组含噪声的数据为 $a_0, a_1, a_2, \cdots, a_n$，对应的时间节点数据序列分别为 $t_0, t_1, t_2, \cdots, t_n$，应用 m 次多项式拟合监测数据关于时距节点数据，得到对应拟合关系式(9-10)。

$$a(x)=A_0+A_1x+A_2x^2+\cdots+A_mx^m \tag{9-10}$$

最小二乘法确定式(9-10)方程待定系数，得拟合数据和目标数据间方差表达式(9-11)。

$$\sum_{i=0}^{n} R_i^2 = \sum_{i=0}^{n}\left[\sum_{j=0}^{m}(A_i x_i^j - a_i^2)\right] \tag{9-11}$$

最小二乘法求解中，应使式(9-11)数值最小，应分别对 $a_i(i=0,1,\cdots,m)$ 求偏导数，并令各偏导数为 0，可得到式(9-12)形式的正规方程组。

$$\sum_{i=0}^{n} a_i x_i^k = \sum_{j=0}^{m} A_j \sum_{i=0}^{n} x_i^{k+1} \quad (k=0,1,\cdots,m) \tag{9-12}$$

由方程式(9-12)最终得到 $n+1$ 数据对应的多项式拟合值，应用最小二乘法原理进行多项式拟合后可依次解得 $A_1, A_2, \cdots, A_m$。相应的二次抛物线和三次抛物线五点平滑公式分别为式(9-13)和式(9-14)，其中 $i=1,2,\cdots,n-2$。

$$\begin{cases}\hat{a}_0=(31a_0+9a_1-3a_2-5a_3+3a_4)/35\\ \hat{a}_1=(9a_0+13a_1+12a_2+6a_3-5a_4)/35\\ \hat{a}_i=[-3(a_{i-2}+a_{i+2})+12(a_{i-1}+a_{i+1})+17a_i]/35\\ \hat{a}_{n-1}=(9a_n+13a_{n-1}+12a_{n-2}+6a_{n-3}-5a_{n-4})/35\\ \hat{a}_n=(31a_n+9a_{n-1}-3a_{n-2}-5a_{n-3}+3a_{n-4})/35\end{cases} \tag{9-13}$$

$$\begin{cases}\hat{a}_0=(69a_0+4a_1-6a_2+4a_3-a_4)/70\\ \hat{a}_1=(2a_0+27a_1+12a_2-8a_3+2a_4)/35\\ \hat{a}_i=[-3(a_{i-2}+a_{i+2})+12(a_{i-1}+a_{i+1})+17a_i]/35\\ \hat{a}_{n-1}=(2a_n+27a_{n-1}+12a_{n-2}-8a_{n-3}+2a_{n-4})/35\\ \hat{a}_n=(69a_n+4a_{n-1}-6a_{n-2}+4a_{n-3}-a_{n-4})/70\end{cases} \tag{9-14}$$

此外，应用比较多的还有三点平滑法，其实质上是一种取算术平均的数学方法，计算相对简单，具体形式为式(9-15)。

$$\begin{cases}\hat{a}_0=(3a_0+a_1)/4\\ \hat{a}_i=(a_{i-1}+2a_i+a_{i+1})/4\\ \hat{a}_n=(a_{n-1}+3a_n)/4\end{cases} \tag{9-15}$$

考虑沉降位移监测数据序列可能存在较大时间间隔，研究中关于沉降位移原始监测数据处理，最终选用三次抛物线平滑方法进行插值完成后等时距位移序列的平滑降噪。

3. 含噪序列平滑降噪效果评价指标

平滑效果指标主要有均方根误差 RMSE、信噪比 SNR 和平滑度指标 r，各平滑效果指标表达式依次为式(9-16)、式(9-17)和式(9-18)。

$$\text{RMSE}=\sqrt{\sum_{i=1}^{n}[f(i)-\hat{f}(i)]^2/n} \tag{9-16}$$

$$\text{SNR}=10\log\left\{\sum_{i=1}^{n}f^2(i)\Big/\sum_{i=1}^{n}[f(i)-\hat{f}(i)]^2\right\} \tag{9-17}$$

$$r=\sum_{i=2}^{n}[\hat{f}(i)-\hat{f}(i-1)]^2\Big/\sum_{i=2}^{n}[f(i)-f(i-1)]^2 \tag{9-18}$$

式中 $f(i)$——原始序列；

$\hat{f}(i)$——降噪平滑后的重构序列；

n——序列数据点数目。

均方差体现了原始数据与降噪后数据间的差异，均方差越小表示降噪结果越接近原始序列；信噪比是原始数据能量和噪声数据能量的比值，信噪比越大，降噪后序列平滑度越好；平滑度指标反映出降噪后序列的相对平滑性能，平滑度指标越小，降噪效果越好。

实际应用中发现，上述三个指标并不能很好地统一判定不同监测数据降噪后的平滑效果，主要原因在于不同原始数据序列噪声特点不一样，导致三个指标大小与原始数列分布特点相关，不同数据得到的降噪效果评价指标差别极大，故很难基于统一指标进行平滑效果判断。因此，研究中拟根据典型变形监测数据进行不同循环次数的平滑，由三个指标随平滑次数变化规律，确定统一的沉降原始数据五点二次抛物线平滑操作循环次数。

4. 含噪序列平滑降噪效果算例分析

表 9-4、表 9-5 分别为岩土结构物变形室内监测数据和某水库大坝边坡沉降监测数据，通过两表中 18 组初始位移监测数据的平滑降噪效果对比分析，获得相对合理的平滑次数控制指标。

表 9-4 岩土结构物变形室内模型试验数据 mm

期号	测点															
	1 号	2 号	3 号	4 号	5 号	6 号	7 号	8 号	9 号	10 号	11 号	12 号	13 号	14 号	15 号	16 号
1 期	81.9	82.5	72.3	70.1	0.8	8.8	65.2	69.1	5.4	10.3	64.7	25.3	28.4	65.2	64.4	67.8
2 期	81.5	72.3	69.9	69.0	0.7	8.0	64.5	68.7	5.3	11.4	64.4	25.3	27.2	64.4	64.8	67.3
3 期	77.8	69.3	67.9	66.9	0.6	8.5	76.7	71.9	10.6	13.8	61.2	25.9	29.6	59.5	59.7	61.7
4 期	74.1	66.2	65.9	64.7	0.5	9.0	59.0	63.8	4.9	9.4	57.8	25.3	27.8	57.0	58.0	60.5
5 期	77.2	70.5	68.5	66.1	0.7	12.1	61.2	65.4	5.1	12.9	60.2	25.6	29.0	60.5	61.3	65.9
6 期	78.6	69.0	69.0	67.9	0.6	9.6	62.5	67.0	4.9	11.1	61.9	25.0	29.0	61.5	62.3	64.3
7 期	78.4	70.4	68.8	67.6	0.6	8.8	63.4	67.3	4.9	8.6	62.8	24.9	27.4	62.4	62.9	66.1
8 期	79.3	70.1	69.5	68.5	0.6	7.2	63.8	67.7	5.0	9.8	63.2	24.9	25.8	63.5	63.7	66.6
9 期	80.5	71.9	69.6	68.1	0.5	6.5	63.8	68.0	4.9	11.9	63.1	24.8	28.2	63.0	63.6	66.7
10 期	80.2	72.3	69.6	68.3	0.5	9.0	63.3	67.5	4.8	11.9	63.2	24.8	27.9	63.7	63.8	67.0
11 期	79.4	70.1	69.4	68.4	0.6	6.2	63.3	67.4	4.9	11.8	63.5	24.8	25.6	63.9	64.0	67.0
12 期	80.0	71.8	69.4	67.7	0.6	9.4	63.4	67.4	5.0	10.5	63.8	24.9	28.5	63.4	64.2	67.2
13 期	80.9	73.0	69.8	68.2	0.7	7.2	63.8	68.1	5.0	8.6	63.7	24.9	25.1	63.8	63.9	66.7
14 期	79.8	70.7	69.9	68.2	0.7	8.7	63.5	68.1	5.0	8.9	63.8	24.9	28.6	63.8	64.3	66.9
15 期	81.0	71.4	69.3	68.3	0.6	6.0	63.7	67.5	5.0	11.9	63.9	24.9	25.4	63.6	63.8	67.1
16 期	79.7	69.7	69.3	67.8	0.6	8.9	62.8	66.9	5.0	10.3	63.1	24.8	28.1	63.1	63.7	66.0
17 期	80.3	73.3	69.3	67.5	0.6	8.7	63.1	67.3	4.9	11.6	63.2	24.8	27.5	64.1	64.2	66.9
18 期	79.8	69.4	69.0	67.5	0.6	7.6	63.4	67.3	4.9	9.8	63.6	24.8	26.9	63.6	63.9	66.7
19 期	79.6	69.9	69.1	68.2	0.5	6.5	63.0	67.9	4.9	8.3	63.3	24.8	27.8	63.8	64.3	66.5

表 9-5 边坡沉降监测数据 mm

100 号测点										200 号测点									
1 期	0	9 期	2.2	17 期	14.0	25 期	21.2	33 期	25.1	1 期	0	9 期	10.47	17 期	15.6	25 期	20.0	33 期	25.3
2 期	0.2	10 期	3.4	18 期	13.6	26 期	20.7	34 期	25.0	2 期	3.22	10 期	11.74	18 期	15.9	26 期	21.15	34 期	25.4
3 期	0.1	11 期	2.0	19 期	14.7	27 期	20.4	35 期	27.0	3 期	4.48	11 期	11.84	19 期	16.5	27 期	22.28	35 期	25.4
4 期	0.12	12 期	4.8	20 期	16.0	28 期	20.1	36 期	30.0	4 期	5.02	12 期	11.98	20 期	16.7	28 期	22.84	36 期	26.2
5 期	0.24	13 期	5.5	21 期	17.6	29 期	20.5	37 期	32.0	5 期	6.47	13 期	12.05	21 期	17.1	29 期	23.1	37 期	26.4
6 期	0.4	14 期	8.8	22 期	20.0	30 期	22.1	38 期	33.0	6 期	6.71	14 期	13.3	22 期	18.3	30 期	23.5	38 期	26.6
7 期	1.8	15 期	11.4	23 期	21.0	31 期	22.0	39 期	35.1	7 期	7.22	15 期	14.1	23 期	19.47	31 期	24.4	39 期	27.1
8 期	1.5	16 期	12.5	24 期	20.0	32 期	24.8	40 期	38.2	8 期	9.16	16 期	15.2	24 期	19.8	32 期	25.0	40 期	28.2

经过不同平滑次数下的 18 组变形数据平滑结果如图 9-15 所示，基本涵盖路基沉降变形监测数据的各种随机分布形态，包括单一趋势型、单一极值型和多极值型等。图 9-15 中各组监测数据平滑结果也可说明，采用五点二次抛物线平滑方法能够适用于各种形态下的原始监测数据的降噪处理，经过一定循环次数下的监测数据平滑，平滑后曲线能够反映出原

始监测数据的基本变化趋势。

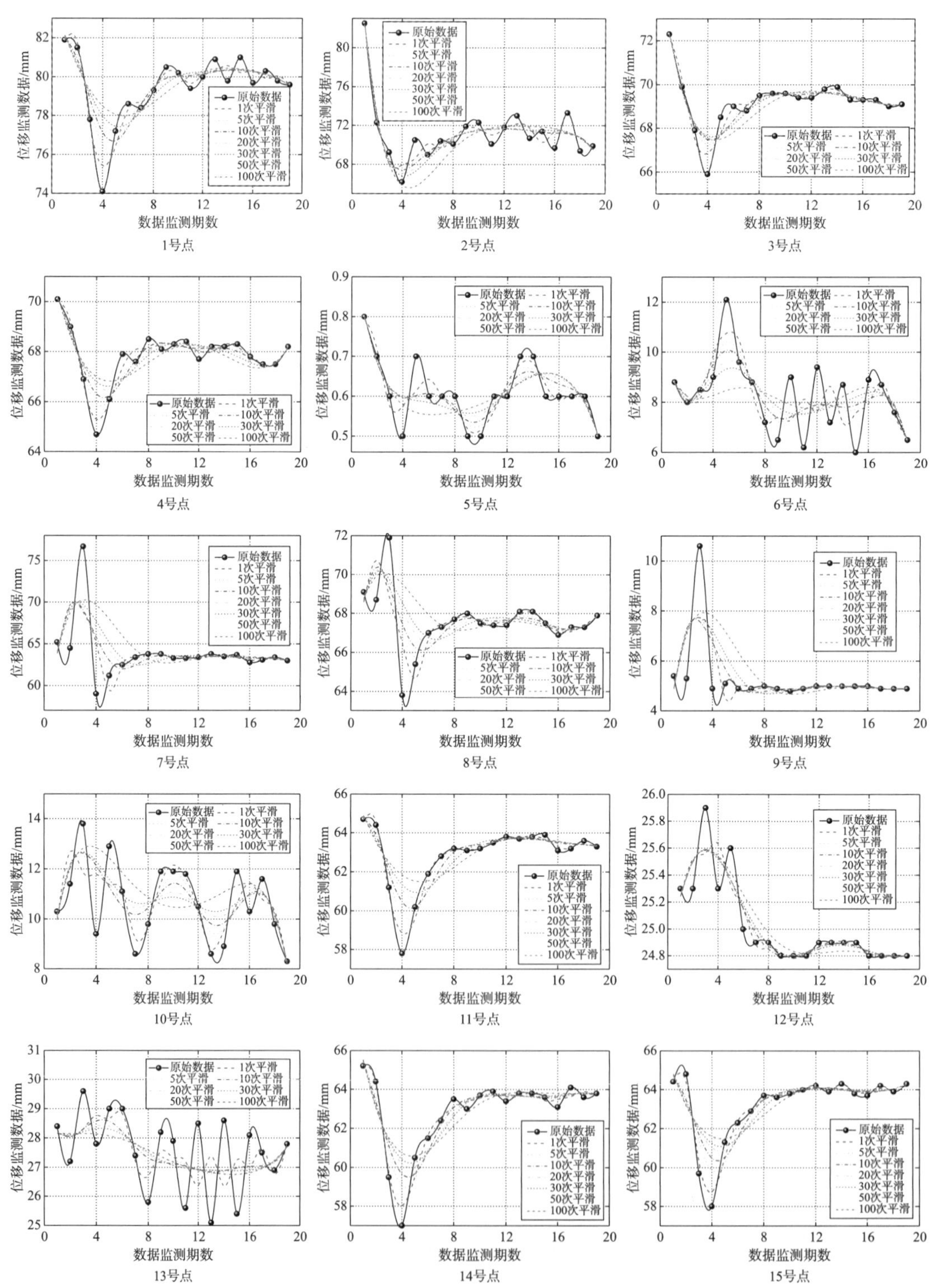

图 9-15

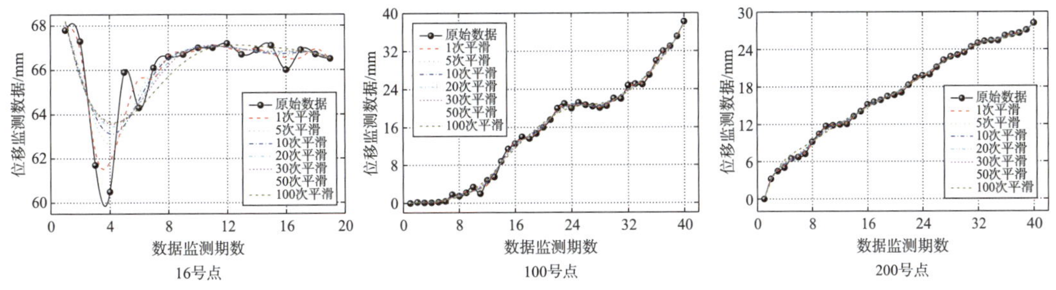

图 9-15　不同平滑次数下的原始监测数据平滑曲线

应用五点二次抛物线平滑方法时，存在较大跳跃极值情况下，极值将对周边数据的最终平滑值产生较大影响，且随平滑次数的增加而增大，平滑后数据相较于原始数据及原始数据变化趋势存在一定的误差。

图 9-16 为根据式(9-16)、式(9-17)和式(9-18)得到的 18 组数据均方根误差 RMSE、信噪比 SNR 和平滑度 r 随原始监测数据平滑次数的变化曲线。从中可看出，不同数据处理计算得到均方根误差 RMSE、信噪比 SNR 和平滑度 r 的绝对数值差别极大，针对边坡原始监测数据的初始降噪指标并不能提出简单的统一降噪效果指标，故根据式(9-16)、式(9-17)和式(9-18)的计算结果只能评价降噪效果的相对好坏，并不能作为最终评判循环次数的指标。但是，根据三个指标随循环次数变化趋势，初始几次平滑处理将大幅提高数据平滑度，同时并不严重影响原始监测数据的趋势性；当循环次数超过一定范围后，三个指标随循环次数的增加变化并不明显，因此，可将降噪效果指标变化率开始减小对应的循环次数作为原始监测数据平滑次数的控制指标。

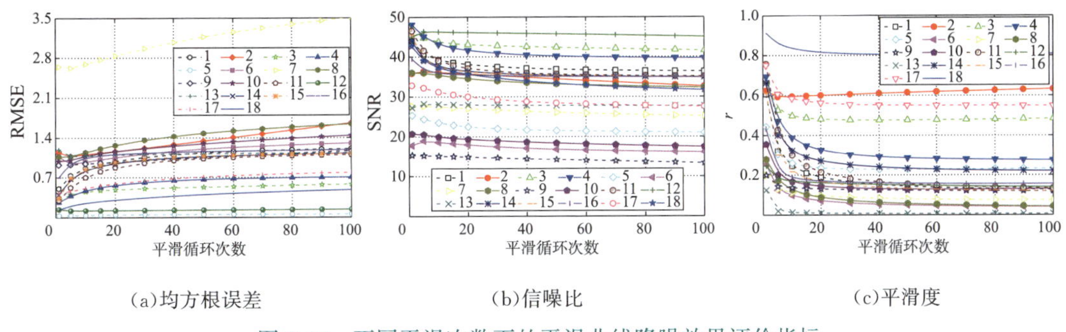

(a)均方根误差　(b)信噪比　(c)平滑度

图 9-16　不同平滑次数下的平滑曲线降噪效果评价指标

图 9-16 也表明，不同监测数据组平滑循环次数达到 20 次时，三个平滑指标变化趋于稳定，因此，采用五点二次抛物线平滑方法进行初始监测数据的降噪处理时，可连续进行 20 次平滑以得到相对平稳的实际监测曲线。因此，在监测数据的降噪处理中均统一采用 20 次的平滑降噪次数。

9.2.4 基于正态分布的监测数据动态预警域模型

应用理论模型预测或评价路基沉降位移发展趋势时，主要有两方面误差影响模型预测精度，一是监测仪器或现场干扰因素的随机性影响，二是理论模型的预测精度。而这两方面因素引起的偏差，可通过原始监测数据的平滑处理以及预测模型同建模数据间的预测参数残差获得，并且两部分偏差均基本满足正态分布规律，可应用正态分布模型估计不同范围内的偏差分布概率。在此基础上，通过两部分偏差概率叠加方法，得到最终偏差满足95%保证率的叠加偏差区间范围，作为最终的沉降变形监测过程动态预警域。

1. 标准正态分布模型的建立

插值变换等时距处理后的监测数据序列为 $x_2^{(0)}(1),x_2^{(0)}(2),\cdots,x_2^{(0)}(N)$，平滑处理后的相应数据序列为 $x_3^{(0)}(1),x_3^{(0)}(2),\cdots,x_3^{(0)}(N)$，则插值变换等时距序列同平滑降噪处理后序列间初始偏差 $\varepsilon_0(K)$：

$$\varepsilon_0(K)=x_2^{(0)}(K)-x_3^{(0)}(K) \tag{9-19}$$

平滑处理后数据序列 $X^{(0)}$ 实际上是插值变换后的等时距序列的移动平均，降低原始序列的随机因素影响，变换后等时距序列同平滑后序列间的偏差 $\varepsilon_0(K)$ 实际上反映了测量误差的随机分布，而随机分布因素一般应满足正态分布特征。因此，可采用正态分布函数描述平滑降噪后时间序列的初始偏差分布特征。

标准正态分布的概率密度函数为式(9-20)。

$$\varphi(t)=\exp(-t^2/2)/\sqrt{2\pi} \tag{9-20}$$

式中 $\varphi(t)$——标准正态分布密度函数；

t——概率度。

令 $t=(\bar{\varepsilon}_0-\varepsilon_0)/\sigma$，则式(9-20)转换为一般数据序列情形下的概率密度函数表达式(9-21)。

$$\varphi(\varepsilon_0)=\exp[-0.5(\varepsilon_0-\bar{\varepsilon}_0)^2/\sigma^2]/(\sigma\sqrt{2\pi}) \tag{9-21}$$

式中 $\bar{\varepsilon}_0$——初始偏差 $\varepsilon_0(K)$ 中各元素的平均值；

σ——初始偏差 $\varepsilon_0(K)$ 中各元素的标准差。

具体求解中一般应用初始偏差 $\varepsilon_0(K)$ 中各元素的均方差替代，其计算公式为式(9-22)。

$$\sigma=\sqrt{\sum_{K=1}^{N}[\varepsilon_0(K)-\bar{\varepsilon}_0]^2/(N-1)} \tag{9-22}$$

进一步，假定初始偏差 $\varepsilon_0(K)$ 中通过积分方法得到介于偏差分布区域 $\varepsilon_{01}\sim\varepsilon_{02}$ 的分布概率 $P(\varepsilon_{01}\leqslant\varepsilon_0\leqslant\varepsilon_{02})$，其积分区域如图9-17所示，式(9-23)为相应的概率积分表达式。

$$P(\varepsilon_{01}\leqslant\varepsilon_0\leqslant\varepsilon_{02})=\int_{\varepsilon_{01}}^{\varepsilon_{02}}\varphi(\varepsilon_0)\mathrm{d}\varepsilon_0=\int_{\varepsilon_{01}}^{\varepsilon_{02}}\exp[-0.5(\varepsilon_0-\bar{\varepsilon}_0)^2/\sigma^2]\mathrm{d}\varepsilon_0/(\sigma\sqrt{2\pi}) \tag{9-23}$$

类似的，建立的沉降位移理论预测模型预测结果同平滑值间的初始残差同样可建立相应的正态分布模型，其建模分析过程基本相同。

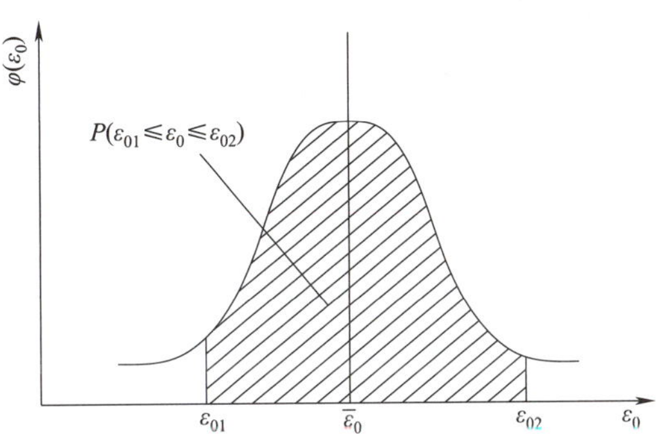

图 9-17　区间概率积分过程图示

2. 动态预警域的建立

根据原始监测数据平滑后的 $\varepsilon_0(K)$ 和预测模型初始残差 $\varepsilon_1(K)$ 正态分布模型，分别得到该测点仪器或人为随机测量误差以及理论模型预测误差的分布域。当新测数据偏差位于两区间并具有一定保证率时，认为新测数据是可靠的，否则就需要分析新测数据偏差产生原因，若仪器或外界因素为明显干扰影响，应采取相应防护措施。此外，新测数据的可接受测试偏差或不引起边坡或结构破坏的偏高数据偏差应不断加入初始偏差分布域 $\varepsilon_0(K)$ 和初始残差域 $\varepsilon_1(K)$，实时扩充 $\varepsilon_0(K)$ 和 $\varepsilon_1(K)$。

必须说明的是，为保证最终的监测数据动态预警域范围内偏差满足最低 95% 的保证率要求，则初始随机误差分布域 $\varepsilon_0(K)$ 和预测模型初始残差分布域 $\varepsilon_1(K)$ 应分别满足 97.5% 的要求。根据式(9-20)中标准正态分布概率函数满足 97.5%($t=2.23$) 分布区间的偏差分布范围，可以得到初始随机误差和模型预测残差的各自对应范围，两者叠加作为最终的变形监测数据预警域($\varepsilon_{0\,min}+\varepsilon_{1\,min}$，$\varepsilon_{0\,max}+\varepsilon_{1\,max}$)。其中，$\varepsilon_{0\,min}=\bar{\varepsilon}_0-2.23\sigma_0$，$\varepsilon_{0\,max}=\bar{\varepsilon}_0+2.23\sigma_0$，$\varepsilon_{1\,min}=\bar{\varepsilon}_1-2.23\sigma_1$，$\varepsilon_{1\,max}=\bar{\varepsilon}_1+2.23\sigma_1$。当监测变形未来某一时刻超过上述预警域范围时，应当检查现场监测设备情况并注重施工现场的巡查，若新测变形远远超过上述范围(2.0 倍左右)时，应报警并启动紧急处置预案。

以表 9-5 中 100 号和 200 号测点数据为例建立相应的初始偏差 $\varepsilon_0(K)$ 正态分布模型，得到原始监测数据平滑前后的初始偏差 $\varepsilon_0(K)$ 分布，如图 9-18(a)所示；由六次多项式函数回归 100 号和 200 号平滑降噪后的数据点，得到相应六次多项式回归方程，得到拟合方程式和平滑数据点间残差 $\varepsilon_1(K)$，其分布如图 9-18(b)所示。

图 9-18 中，100 号和 200 号测点初始偏差平均值 $\bar{\varepsilon}_0$ 分别为 0.018 5 mm 和 −0.017 6 mm，预测残差平均值 $\bar{\varepsilon}_1$ 分别为 −0.035 8 mm 和 −0.000 9 mm，由式(9-22)计算得到相应的初始偏差分布序列的标准值 σ_0 分别为 0.602 9 mm 和 0.310 0 mm，残差序列标准值 σ_1 分别为 0.426 5 mm 和 0.289 1 mm。根据标准差数值大小，可以看出 200 号测点初始偏差和预测

残差分布区域相对集中，而 100 号测点偏离平均值的数据点相对较大，分布区域更为分散。应用式(9-21)，可得到 100 号测点和 200 号测点概率密度分布函数，两测点初始偏差及预测残差对应的正态分布曲线如图 9-19 所示。

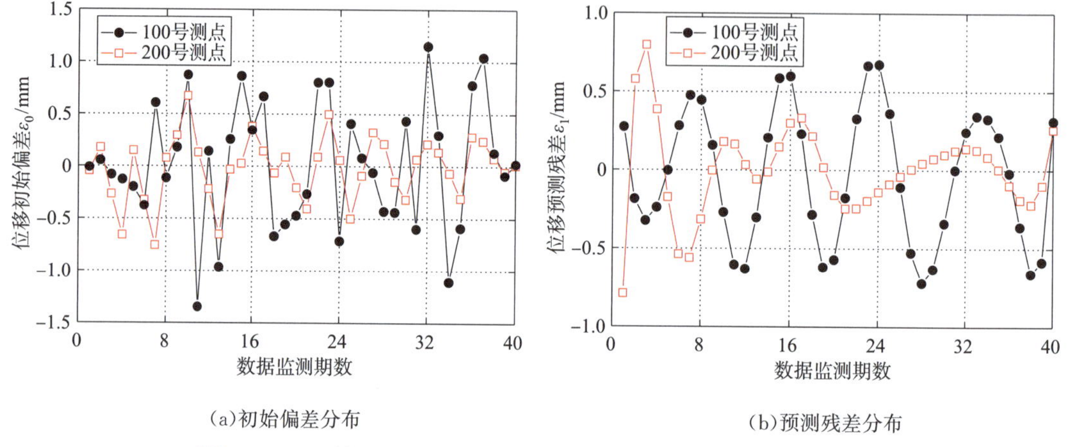

(a)初始偏差分布　　(b)预测残差分布

图 9-18　100 号和 200 号测点初始平滑偏差及多项式拟合残差分布

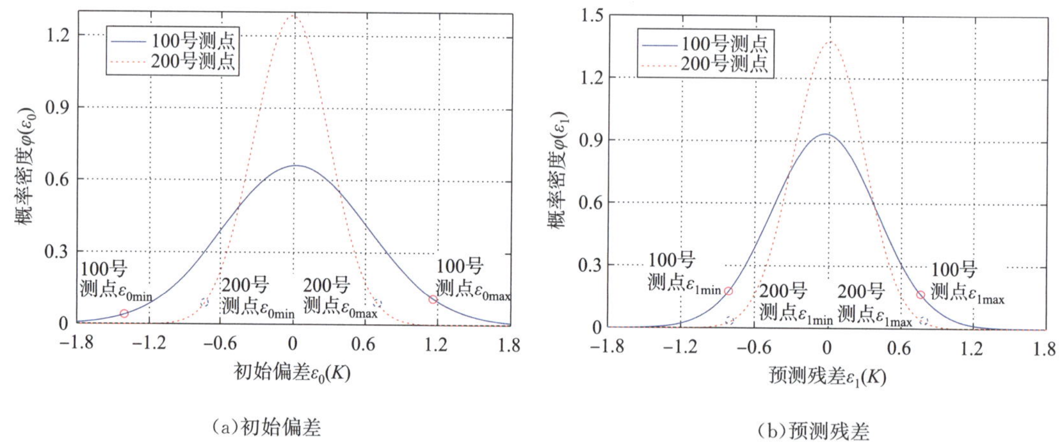

(a)初始偏差　　(b)预测残差

图 9-19　100 号和 200 号测点初始平滑偏差及预测残差概率密度正态分布曲线

100 号测点初始偏差 $\varepsilon_0(K)$ 的最大及最小值分别为 1.152 2 mm 和 −1.347 0 mm，200 号测点初始偏差 $\varepsilon_0(K)$ 的最大及最小值分别为 0.674 0 mm 和 −0.754 2 mm。应用式(9-23)得到 100 号测点和 200 号测初始偏差位于最大和最小值范围内的概率分别为 95.81%和 97.91%，说明根据现有监测数据得到的初始偏差基本位于 95%的保证率范围之内，而 97.5%保证率对应的 100 号监测点初始偏差分布区间为$(\bar{\varepsilon}_0-2.23\sigma_0, \bar{\varepsilon}_0+2.23\sigma_0)=(-1.326\ 0, 1.363\ 0)$，200 号监测点初始偏差分布区间为$(\bar{\varepsilon}_0-2.23\sigma_0, \bar{\varepsilon}_0+2.23\sigma_0)=(-0.708\ 9, 0.673\ 7)$。进一步，结合预测残差相应的区间分布规律，具有 97.5%保证率的 100 号监测点预测残差分布区间具体为$(\bar{\varepsilon}_1-2.23\sigma_1, \bar{\varepsilon}_1+2.23\sigma_1)=(-0.987\ 0, 0.915\ 4)$，相应

的 200 号监测点预测残差分布区间具体为$(\bar{\varepsilon}_1-2.23\sigma_1,\bar{\varepsilon}_1+2.23\sigma_1)=(-0.6457,0.6439)$。

将具有 97.5%保证率的初始随机偏差和预测残差分布区间分别叠加，得到 95%保证率的监测数据动态预警域，100 号监测点的动态预警域为$(\varepsilon_{0\,min}+\varepsilon_{1\,min},\varepsilon_{0\,max}+\varepsilon_{1\,max})=(-2.310,2.2784)$，200 号监测点的动态预警域为$(\varepsilon_{0\,min}+\varepsilon_{1\,min},\varepsilon_{0\,max}+\varepsilon_{1\,max})=(-1.3546,1.3176)$。新监测数据评估过程中，当新测数据同预测数据间偏差不满足 95%保证率预警域区间时应注意分析偏差产生原因；当新测数据同预测数据间偏差超过 2.0 倍预警域时(保证率接近 100%，发生概率基本为 0)，应进行报警并采取相应工程预案措施。

9.3　路基沉降监测数据趋势预测方法

9.3.1　灰色系统理论模型基本研究思路

1. 灰色理论概述

灰色模型(gryal model)简称 GM 模型，是灰色系统理论的基本模型，也是灰色控制理论的基础。将时间数列在时间数据平面上的连续曲线或逼近曲线与时间轴合围区域定义为灰色模块，而灰色模型就是以灰色模块为基础，通过微分拟合方法建立的模型。灰色模块中，由预测值的上下界限间的部分作为灰色平面，而灰平面的大小由各个未来时刻预测值的灰区间决定。因此，灰区间是由现在已知原点向未来时刻呈喇叭形展开(图 9-20)，即预测时间越长，未来时间预测值的灰区间越大。同时，模型对系统的描述将因时间的逐渐外推而逐渐失真，为此，灰色系统理论提出一系列调整和修止模型的方法，以进一步提高灰色模型的预测精度。

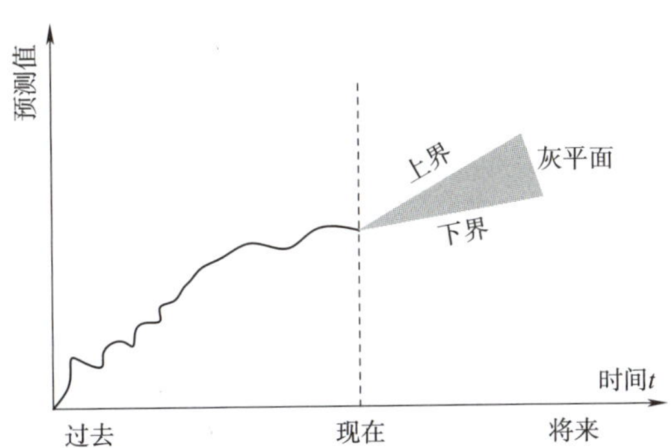

图 9-20　灰色系统模型预测过程图示

2. 灰色模型改进思路

GM(1,1)模型的主要特点是建模过程相对简单，建模样本数据相对很少，预测公式简单，易于求解。但模型建立和应用过程中也存在着一系列的缺陷，如当发展系数绝对值较大时，模型偏差较大，无法用于中长期预测，甚至不能进行较为准确的短期预测。GM(1,1)模型预测精度的改进大致分为如下几个方面：

(1)原始数据插值与降噪平滑处理。

(2)GM(1,1)模型参数(发展系数和灰作用量)的估计与求解方法。

(3)GM(1,1)模型白化背景值取值方法方面的改进。

(4)响应函数初始值取值方法改进(等维灰数递补和新陈代谢模型)。

9.3.2 传统 GM(1,1)模型建模方法

1. GM(1,1)建模序列检验

对于插值转换和光滑处理后的等时距数列 $x_3^{(0)}$，通过最大最小值归一化处理，将 $x_3^{(0)}$ 中各元素数据转换为[0,1]区间内数值，构造新数据序列 $X^{(0)}$，归一化转换采用式(9-24)。

$$X^{(0)}(K)=\frac{x_3^{(0)}(K)-\min\{x_3^{(0)}\}}{\max\{x_3^{(0)}\}-\min\{x_3^{(0)}\}} \tag{9-24}$$

对于归一化转换完成后新构造的等数据数列 $X^{(0)}$，其是否满足 GM(1,1)模型序列要求，一般采用序列级比 $\kappa^{(0)}(K)$判断，其中 $2<K<N$，N 为转换和光滑处理后的等时距序列 $X^{(0)}$ 中元素个数。对于序列 $X^{(0)}=\{X^{(0)}(1),X^{(0)}(2),\cdots,X^{(0)}(N)\}$，相邻两数的级比表达式为式(9-25)。

$$\kappa^{(0)}(K)=\frac{X^{(0)}(K)}{X^{(0)}(K-1)} \tag{9-25}$$

相应的，预先检验原始序列能否进行 GM(1,1)建模的判定标准为式(9-26)。

$$e^{-\frac{2}{N+1}}<\kappa^{(0)}(K)<e^{\frac{2}{N+1}} \tag{9-26}$$

若原始数列 $X^{(0)}$ 中所有相邻元素级比均能满足式(9-26)，则可认为 $X^{(0)}$ 可应用 GM(1,1)模型建模预测。对于级比检验不合格序列，应进行数据变换，常规变换方法主要有平移变换、对数变换、方根变换、初值归一化等。若变换处理后数据能满足序列级比要求，证明该序列经重新生成后的新数据序列具有准指数规律，可建立较高精度的 GM(1,1)模型。

2. GM(1,1)模型建立流程

光滑处理完成且级比检验合格的等时距序列 $X^{(0)}=\{X^{(0)}(1),X^{(0)}(2),\cdots,X^{(0)}(N)\}$，经过一次累加处理后，得到新累加序列为 $X^{(1)}=\{X^{(1)}(1),X^{(1)}(2),\cdots,X^{(1)}(N)\}$，其累加格式为式(9-27)。

$$X^{(1)}(K)=\sum_{i=1}^{K}X^{(0)}(i) \tag{9-27}$$

根据传统灰色 GM(1,1)模型基本建模流程，相应灰微分方程表达式为式(9-28)。

$$X^{(0)}(K)+aZ^{(1)}(K)=b \quad K=2,\ 3,\cdots,N \tag{9-28}$$

式中 a——灰微分方程的发展系数，表现为预测序列的发展态势；

b——灰色作用量,代表数据变化的关系;

$Z^{(1)}(K)$——$X^{(1)}$的紧邻均值生成序列。

$$Z^{(1)}(K)=0.5X^{(1)}(K)+0.5X^{(1)}(K-1) \quad K=2,3,\cdots,N \tag{9-29}$$

对于式(9-30)中灰微分方程,应用最小二乘法求解方程参数 a 和 b,将 $X^{(0)}$ 和 $Z^{(1)}$ 数据依次代入得到超定方程组表达式(9-30)。

$$\begin{cases} X^{(0)}(2)+aZ^{(1)}(2)=b \\ X^{(0)}(3)+aZ^{(1)}(3)=b \\ \quad\vdots \\ X^{(0)}(N)+aZ^{(1)}(N)=b \end{cases} \tag{9-30}$$

应用最小二乘法求解式(9-30),可以得到参数 a 和 b 的表达式,见式(9-31)。

$$\begin{cases} a=\dfrac{\sum\limits_{K=2}^{N}Z^{(1)}(K)\sum\limits_{K=2}^{N}X^{(0)}(K)-(N-1)\sum\limits_{K=2}^{N}Z^{(1)}(K)X^{(0)}(K)}{(N-1)\sum\limits_{K=2}^{N}\left[Z^{(1)}(K)\right]^2-\left[\sum\limits_{K=2}^{N}Z^{(1)}(K)\right]^2} \\ b=\dfrac{\sum\limits_{K=2}^{N}X^{(0)}(K)\sum\limits_{K=2}^{N}\left[Z^{(1)}(K)\right]^2-\sum\limits_{K=2}^{N}Z^{(1)}(K)\sum\limits_{K=2}^{N}Z^{(1)}(K)X^{(0)}(K)}{(N-1)\sum\limits_{K=2}^{N}\left[Z^{(1)}(K)\right]^2-\left[\sum\limits_{K=2}^{N}Z^{(1)}(K)\right]^2} \end{cases} \tag{9-31}$$

灰微分方程对应的白化方程式为式(9-32)。

$$\mathrm{d}X^{(1)}(t)/\mathrm{d}t+aX^{(1)}(t)=b \tag{9-32}$$

进一步,得到非齐次偏微分方程式(9-32)的解析解表达式(9-33)。

$$\hat{X}^{(1)}(t)=\left[X^{(1)}(t)-b/a\right]\mathrm{e}^{-at}+b/a \tag{9-33}$$

式(9-33)对应的离散形式累加序列方程为式(9-34)形式。

$$\hat{X}^{(1)}(K+1)=\left[X^{(1)}(1)-b/a\right]\mathrm{e}^{-aK}+b/a=\left[X^{(0)}(1)-b/a\right]\mathrm{e}^{-aK}+b/a \tag{9-34}$$

经过一次累减还原,得到原始序列表达式(9-35)。

$$\hat{X}^{(0)}(K+1)=\hat{X}^{(1)}(K+1)-\hat{X}^{(1)}(K)=(1-\mathrm{e}^{a})\left[X^{(0)}(1)-b/a\right]\mathrm{e}^{-aK} \quad K=1,2,\cdots,N-1 \tag{9-35}$$

由此,即由灰色模型理论建立起原等时距序列 $X^{(0)}$ 的预测拟合表达式,可进行原数据的误差检验并对 $K>N$ 的原序列发展趋势进行预测。

3. GM(1,1)模型预测结果检验

通过 GM(1,1)模型求解完成各数据元素 $X^{(0)}(K)$ 对应的预测值 $\overline{X}^{(0)}(K)$ 后,应运用后验差检验方法进行原序列的灰色模型预测精度检验,模型精度主要决定指标为后验差比值 C、小误差概率 P 和最大相对误差 $\alpha_{\max}$。根据原始序列与对应灰色模型预测序列的差异,得到灰色模型的预测残差 $\varepsilon(K)$,其为原始序列数据和预测序列数据之差的绝对值

[式(9-36)],根据原数据序列 $X^{(0)}$ 平均值[式(9-37)]及标准差 S_1[式(9-38)]、残差 $\varepsilon(K)$序列的平均值 $\bar{\varepsilon}$[式(9-39)]及标准差 S_2[式(9-40)],由两参数定义式得到灰色预测模型后验差比值 C[式(9-41)]和小误差概率 P[式(9-42)]。根据式(9-36)中误差序列,同样可以构造相对误差序列式(9-43),相对误差临界值 α 定义为最大相对误差应满足的某一限值。

$$\varepsilon(K)=X^{(0)}(K)-\hat{X}^{(0)}(K) \tag{9-36}$$

$$\overline{X}^{(0)}=\left[\sum_{K=1}^{N}X^{(0)}(K)\right]\Big/N \tag{9-37}$$

$$S_1=\sqrt{\left\{\sum_{K=1}^{N}\left[X^{(0)}(K)-\overline{X}^{(0)}\right]^2\right\}\Big/N} \tag{9-38}$$

$$\bar{\varepsilon}=\left[\sum_{K=1}^{N}\varepsilon(K)\right]\Big/N \tag{9-39}$$

$$S_2=\sqrt{\left\{\sum_{K=1}^{N}\left[\varepsilon(K)-\bar{\varepsilon}\right]^2\right\}\Big/N} \tag{9-40}$$

$$C=S_2/S_1 \tag{9-41}$$

$$P=P\{|\varepsilon(K)-\bar{\varepsilon}|<0.674\,5S_1\} \tag{9-42}$$

$$\Delta=\{\Delta_1,\Delta_2,\Delta_3,\cdots,\Delta_N\}=\left\{\left|\frac{\varepsilon(1)}{X^{(0)}(1)}\right|,\left|\frac{\varepsilon(2)}{X^{(0)}(2)}\right|,\left|\frac{\varepsilon(3)}{X^{(0)}(3)}\right|,\cdots,\left|\frac{\varepsilon(N)}{X^{(0)}(N)}\right|\right\} \tag{9-43}$$

$$\Delta_{\text{avg}}=\frac{\sum_{i=1}^{N}\Delta_i}{N}<\alpha \text{ 且 } \Delta_N<\alpha \tag{9-44}$$

式(9-44)对灰色模型预测结果完全满足时,则建立起的 GM(1,1)模型为残差合格模型。根据灰色模型预测后验指标中的后验差比值 C、小误差概率 P 和最大相对误差 $\alpha_{\max}$ 可综合评价模型精度。后验差比值 C 越小,说明原数据序列虽然相对离散,但预测值同实际值间差异分布相对集中;小误差概率 P 越大,说明残差与残差平均值之间越接近;残差序列相对误差 α_{avg} 越小,证明灰色模型预测结果同原始序列越接近。灰色模型预测精度同后验差比值 C、小误差概率 P 及相对误差临界值 α 间的关系见表 9-6。

表 9-6　灰色 GM(1,1)模型预测精度等级划分

预测精度等级	相对误差临界值 α	小误差概率 P	后验差比值 C
好(一级)	$\alpha\leqslant 0.01$	$P\geqslant 0.95$	$C\leqslant 0.35$
合格(二级)	$0.01<\alpha\leqslant 0.1$	$0.80\leqslant P<0.95$	$0.35<C\leqslant 0.50$
勉强(三级)	$0.1<\alpha\leqslant 0.2$	$0.70\leqslant P<0.80$	$0.50<C\leqslant 0.65$
不合格(四级)	$\alpha>0.2$	$P<0.70$	$C>0.65$

9.3.3　基于背景值修正的无偏 GM(1,1)区段新息模型

1. GM(1,1)模型偏差特性分析与无偏模型的建立

设原始数据序列为严格指数序列,其表达式为式(9-45)。

$$X^{(0)}(K)=Me^{m(K-1)} \quad K=1,2,\cdots,N \tag{9-45}$$

通过前述传统 GM(1,1)模型建模流程，由式(9-31)得到式(9-46)中的 a 和 b 参数。

$$\begin{cases} a=2(1-e^{m})/(1+e^{m}) \\ b=2M/(1+e^{m}) \end{cases} \tag{9-46}$$

将式(9-46)代入式(9-35)最终整理得到 $\hat{X}^{(0)}(K)$ 表达式。

$$\hat{X}^{(0)}(K)=-Me^{m}(1-e^{a})e^{-a(K-1)}/(1-e^{m}) \tag{9-47}$$

对比预测序列式(9-47)和原始指数序列式(9-45)发现存在明显差异，这也说明通过严格 GM(1,1)建模流程得到的灰色预测模型并不能精确还原原始序列，仅是一定意义上的接近。但是，通过式(9-46)反推，同样由式(9-48)可以得到以灰色微分方程参数 a、b 表达的原始指数序列参数 M 和 m，进一步地将 M 和 m 参数回代入式(9-45)，将得到灰色 GM(1,1)预测模型的无偏还原序列表达式(9-49)。

$$\begin{cases} m=\ln(2-a)-\ln(2+a) \\ M=2b/(2+a) \end{cases} \tag{9-48}$$

$$\hat{X}^{(0)}(K)=Me^{m(K-1)}=\frac{2b}{2+a}e^{(K-1)\ln\frac{2-a}{2+a}}=\frac{2b}{2+a}\left(\frac{2-a}{2+a}\right)^{(K-1)} \quad K=1,2,\cdots,N \tag{9-49}$$

将传统 GM(1,1)灰色预测模型预测式(9-35)中的 $K+1$ 参数用 K 代换后，对比式(9-49)发现，无偏模型实际上是对传统预测模型初值取值方法和指数系数的重新修正。一般情况下，边坡位移监测数据并不满足指数分布规律，应用无偏模型求解时常引起初始时刻实际数值和预测数据的较大偏差。因此，如何更好地应用无偏模型进行 GM(1,1)模型的优化改进以及适用范围仍需要进一步的深入研究和对比分析。

2. GM(1,1)模型背景值优化改进方法

根据式(9-34)和式(9-38)，新构造序列 $Z^{(1)}$ 实际上是$[K,K+1]$区域内 $dX^{(1)}/dt$ 对应的背景值，传统模型中将 $Z^{(1)}(K)$ 取为 $X^{(1)}(K-1)$ 和 $X^{(1)}(K)$ 的均值，反映在累加序列 $X^{(1)}$ 趋势线上就是图 9-22 中$[K-1,K]$区间的梯形面积。GM(1,1)本质上是指数曲线，其在$[K-1,K]$区间上与坐标轴合围面积 $\int_{K-1}^{K}X^{(1)}(t)dt$ 总小于对应梯形面积 $Z^{(1)}(K)=0.5X^{(1)}(K-1)+0.5X^{(1)}(K)$，当原数据序列变化相对平缓时，实际面积接近于梯形面积，应用梯形面积构造背景函数偏差较小，选用传统 GM(1,1)模型背景值构造方法是合理的。但当数据序列变化急剧时，图 9-21 中两种背景值构造方法中的差异面积(阴影部分)显著增

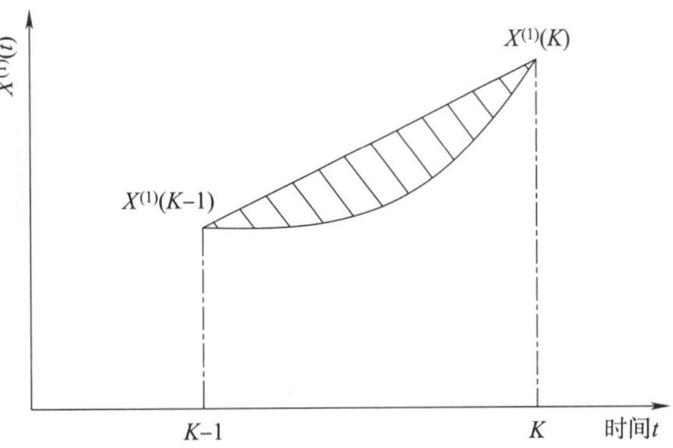

图 9-21　GM(1,1)灰色模型背景值构造方法

大，若仍采用图 9-21 中均值平均的梯形面积值，将产生较大模型预测偏差。

根据无偏模型建立的基本假定，原始数据序列 $X^{(0)}$ 满足严格指数分布规律，根据式(9-45)中 $X^{(0)}(K)$ 表达式，得到相应的一次累加序列表达式(9-50)。

$$X^{(1)}(K)=\sum_{i=1}^{K}X^{(0)}(K)=M(1-\mathrm{e}^{mK})/(1-\mathrm{e}^{m}) \tag{9-50}$$

由图 9-21 中的 $X^{(1)}(K)$ 积分方法得到灰色模型背景值 $Z^{(1)}(K)$，其表达式为

$$Z^{(1)}(K)=\int_{K-1}^{K}X^{(1)}(t)\mathrm{d}t=\int_{K-1}^{K}M(1-\mathrm{e}^{mt})/(1-\mathrm{e}^{m})\mathrm{d}t=M/(1-\mathrm{e}^{m})+[M\mathrm{e}^{m(K-1)}]/m \tag{9-51}$$

根据式(9-45)，$X^{(0)}(K)$ 和 $X^{(0)}(K-1)$ 间的关系为

$$X^{(0)}(K)/X^{(0)}(K-1)=\mathrm{e}^{m} \tag{9-52}$$

由此可得到指数参数 m 值，其表达式为

$$m=\ln X^{(0)}(K)-\ln X^{(0)}(K-1) \tag{9-53}$$

同样的，将式(9-53)代入式(9-45)得到参数 M 的表达式。

$$M=X^{(0)}(K)/\mathrm{e}^{m(K-1)}=[X^{(0)}(K-1)]^{K-1}/[X^{(0)}(K)]^{K-2} \tag{9-54}$$

式(9-54)和式(9-53)回代入背景值积分公式(9-51)，最终整理为式(9-55)。

$$Z^{(1)}(K)=\frac{[X^{(0)}(K-1)]^{K}}{[X^{(0)}(K-1)-X^{(0)}(K)][X^{(0)}(K)]^{K-2}}+\frac{X^{(0)}(K)}{\ln X^{(0)}(K)-\ln X^{(0)}(K-1)} \tag{9-55}$$

特别的，$X^{(0)}(K-1)$ 与 $X^{(0)}(K)$ 数值相等时，背景值积分表达式为式(9-56)。

$$Z^{(1)}(K)=\int_{K-1}^{K}X^{(1)}(t)\mathrm{d}t=X^{(1)}(K) \tag{9-56}$$

对比式(9-53)、式(9-54)及无偏模型中的式(9-48)，三个表达式中的 M、m 参数确定方法并不一致，式(9-53)和式(9-54)的 M、m 参数直接决定于原数据序列中的相邻两个数值 $X^{(0)}(K)$ 和 $X^{(0)}(K-1)$，即两公式中的 M、m 参数实际上是随原始序列数据连续变化，并不具有普适意义，其主要目的在于构造相对准确的背景函数值 $Z^{(1)}(K)$。而式(9-48)中的 M、m 参数实际上是利用背景函数值构造的超定方程组由最小二乘解答的灰微分方程参数 a、b 回代无偏还原得到的，相对于原始数列而言其为同灰参数 a、b 相关的近似唯一值。因此，应用式(9-53)、式(9-54)及无偏模型中的式(9-48)求解不同情况下的 M 和 m 值时，应注意不同应用情形下的具体区分。

3. 区段新息 GM(1,1)模型改进方法

实际工程中，路基填筑施工期间或失稳状态的路基沉降时程曲线于不同时间段往往表现出完全不同的变化规律，其中，图 9-22 为较为典型的施工阶段路基沉降位移时程曲线。从中可以看出，路基填筑期间的沉降位移具有明显的阶段性，路基填筑过程中的沉降速率远高于填筑间歇期或填筑完成期。此种情况下，很难采用相对单一的曲线回归模型或 GM(1,1)灰色

模型建立精度较高的沉降位移预测方程。理论上而言，路基沉降位移发展具有阶段性特点，前期位移变化特征并不能很好地代表时间间隔很长的后续时段特征，因此应用最新时段监测数据进行后续变形的预测就显得更为合理和必要。

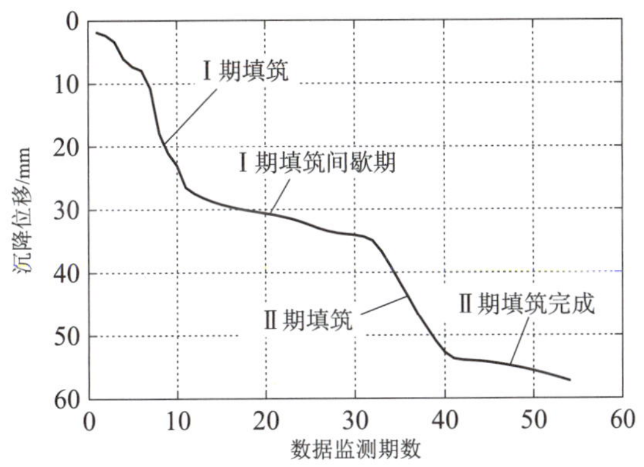

图 9-22　典型路基沉降位移时程曲线

对于原始数据序列 $X^{(0)}=\{X^{(0)}(1),X^{(0)}(2),\cdots,X^{(0)}(N)\}$，若采用传统 GM(1,1)模型建立起来的灰色预测模型称为全数据 GM(1,1)模型；通过原始数据序列中的部分数据 $X^{(0)}=\{X^{(0)}(K_0),X^{(0)}(K_0+1),\cdots,X^{(0)}(K_0+N)\}$ 建立起的灰色预测模型称为部分数据 GM(1,1)模型；对于新监测信息 $X^{(0)}(N+1)$，将其补充进入原序列，并去除原数据的第一个数据点，构造新数据序列 $X^{(0)}=\{X^{(0)}(K_0),X^{(0)}(K_0+1),\cdots,X^{(0)}(K_0+N),X^{(0)}(K_0+N+1)\}$，那么由此建立起的预测模型可称为新陈代谢 GM(1,1)模型。

相较而言，新陈代谢模型是较为理想的模型，在去除不能反映边坡最新变形特征老数据的同时，根据监测数据的最新发展变化信息建立 GM(1,1)灰色模型将具有更高的预测精度。新陈代谢 GM(1,1)灰色模型建立过程中是严格按照去新加一个新数据，去掉一个旧数据进行建模预测的，用于预测建模的数据长度(序列元素个数)相对固定，并于整个建模分析过程中保持不变，确定过程相对机械。对于部分具有明显跳动性和随机性的监测数据序列，较短的数据序列有可能仅是局部跳动的随机数据，数据点过少极可能导致错误的预测数据序列趋势和严重偏离的预测结果。因此，研究提出了一种区段新息模型，该模型建立过程中并不严格依照去一旧信息、加一新信息的建模规则，而是应用新数据时间段百分比建模方法，建模数据序列始终取平滑处理后原始数据全序列最新 1/4 或 1/3 时间段进行 GM(1,1)模型的建模预测和分析。

4. 原始残差及平滑序列多项式拟合方法

设原始数据和各种 GM(1,1)模型优化方法得到的原始残差为 ε_1，式(9-57)为原始残差序列数据表达式。

$$\varepsilon_{1K}=X^{(0)}(K)-\hat{X}^{(0)}(K) \tag{9-57}$$

为避免回归后系数自变量和原始残差量级不匹配导致的回归方程系数过大或过小问题，将自变量数列和原始残差序列分别归一化，得到归一化数列$\{x\}$和$\{E\}$。

$$x_K=(K-N)/(N-1) \qquad K=1,2,\cdots,N \tag{9-58}$$

$$E_K=\left(\varepsilon_{1K}-\min\{\varepsilon_1\}\right)\Big/\left(\max\{\varepsilon_1\}-\min\{\varepsilon_1\}\right) \qquad K=1,2,\cdots,N \tag{9-59}$$

对于自变量序列和拟合项数列$\{x_K,E_K\}(K=0,1,\cdots,N)$，应用式(9-60)形式的 n 次多项式拟合，并使得式(9-61)成立。

$$P_n(x)=a_0+a_1x+\cdots+a_nx^n=\sum_{k=0}^{n}a_kx^k \tag{9-60}$$

$$Q=\sum_{K=1}^{N}[P_n(x_K)-E_K]^2=\sum_{K=1}^{N}\left(\sum_{k=0}^{n}a_kx_K^k-E_K\right)^2 \tag{9-61}$$

实际上，Q 可以作为系数a_0，a_1，…，a_n的多元函数，式(9-61)成立时，即可归结为多元函数的极值问题。由多元函数极值的必要条件，$a_k(k=0,1,\cdots,n)$应满足式(9-62)，进一步可变换为式(9-63)，对应的矩阵形式为式(9-64)。

$$\frac{\partial Q}{\partial a_k}=2\sum_{K=1}^{N}\left(\sum_{k=0}^{n}a_kx_K^k-E_K\right)x_K^j=0 \qquad j=0,\ 1,\cdots,n \tag{9-62}$$

$$\sum_{k=0}^{n}\left(\sum_{K=1}^{N}x_K^{k+j}\right)a_k=\sum_{K=1}^{N}x_K^jE_K \qquad j=0,1,\cdots,n \tag{9-63}$$

$$\begin{pmatrix} N & \sum\limits_{K=1}^{N}x_K & \cdots & \sum\limits_{K=1}^{N}x_K^n \\ \sum\limits_{K=1}^{N}x_K & \sum\limits_{K=1}^{N}x_K^2 & \cdots & \sum\limits_{K=1}^{N}x_K^{n+1} \\ \vdots & \vdots & & \vdots \\ \sum\limits_{K=1}^{N}x_K^n & \sum\limits_{K=1}^{N}x_K^{n+1} & \cdots & \sum\limits_{K=1}^{N}x_K^{2n} \end{pmatrix}\begin{pmatrix} a_0 \\ a_1 \\ \vdots \\ a_n \end{pmatrix}=\begin{pmatrix} \sum\limits_{K=1}^{N}E_K \\ \sum\limits_{K=1}^{N}x_KE_K \\ \vdots \\ \sum\limits_{K=1}^{N}x_K^nE_K \end{pmatrix} \tag{9-64}$$

应用高斯消去或迭代求解，可得到 $a_k(k=0,1,\cdots,n)$数值解，进而确定式(9-60)中$P_n(x)$表达式。一般情况下，采用六次函数($n=6$)即可得到较好拟合效果，若精度不满足要求，可以考虑将拟合数列$\{x_K,E_K\}$分段拟合，最终得到分段修正的 GM(1,1)灰色模型拟合方程。

5. 优化后 GM(1,1)模型建模分析基本流程

根据前述关于原始数据序列的插值平滑处理方法、初始偏差正态分布报警域的建立方法、传统 GM(1,1)模型及相关优化改进方法(无偏改进、背景值优化、区段新息模型等)，最终形成关于路基沉降位移监测数据的预处理及基于背景值优化的无偏 GM(1,1)区段新息模型建模方法，其基本分析流程如图 9-23 所示。

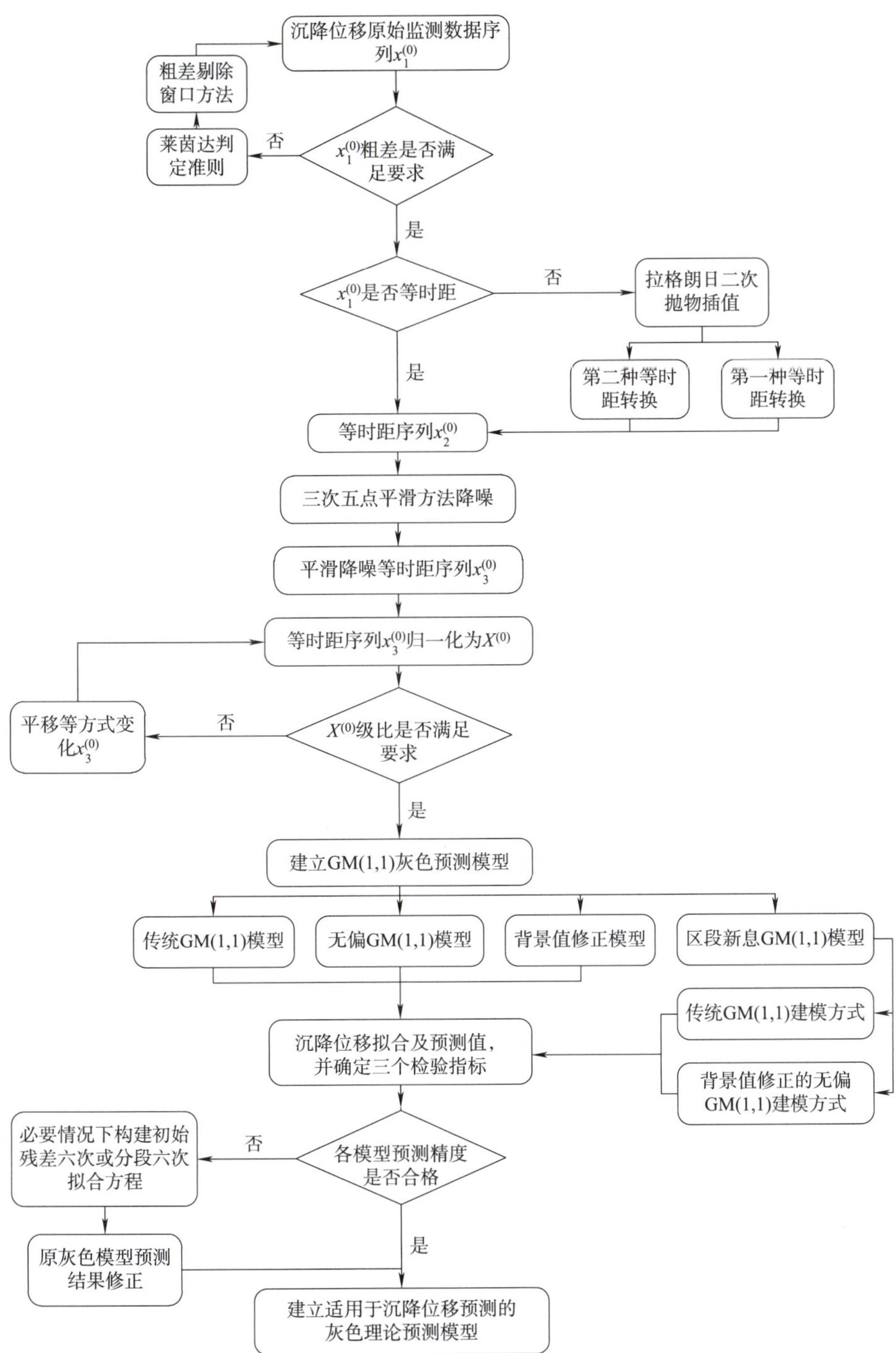

图 9-23　沉降监测数据的处理与 GM(1,1)模型预测流程

9.4 高速铁路路基沉降监测案例分析

9.4.1 忻州西站并站工程概况

忻州西站为大西高速铁路同雄忻铁路的交汇点，其中，大西高速铁路是从山西大同至陕西西安的一条客运铁路，也是我国“八纵八横”高速铁路网中呼南通道和京昆通道的重要组合成部分。雄忻高速铁路，线路以填方通过运城盆地，段内地势平坦，多辟为耕地和居民区，线路中心最大填高 8 m，基底采用 CFG 桩＋水泥土挤密桩或 CFG 桩＋冲击碾压加固处理，CFG 桩和水泥土挤密桩正方形布置。水泥土挤密桩桩长 6～7 m，CFG 桩桩长 27～30 m。CFG 桩加固范围至路基坡脚，水泥土挤密桩加固范围至坡脚外 4 m。无砟轨道混凝土底座应力扩散影响线以内基底范围设 0.5 m 厚的钢筋混凝土板，其余地段基底设 0.8 m 厚的水泥改良土垫层，垫层内夹铺一层双向高强土工格栅。

9.4.2 忻州西站现场监测方案

忻州西站大西线既有铁路路基沉降采用自动监测方案，监测点位于忻州西站北侧，采用物位计监测系统。具体监测方案列述如下：

(1)在路基左线和右线轨道板外 0.5 m 纵向布设测线，共布设 4 条测线，里程范围：DIIK199＋795～DK199＋980 左线左侧(L1)、DK200＋425～DK200＋515 右线右侧(L2)、DK200＋530～DK200＋635 左线左侧(L3)、DIIK199＋795～DK200＋040 右线右侧(L4)。

(2)每条测线在适当部位设置 1 个基准点，L1～L4 测点沿线路纵向间距 15 m。

(3)每个基准点需固定在地基稳定的结构部位或钻孔灌注桩桩顶，本次监测 L1 和 L4 测线基准点设置于既有桥台上，L2、L3 测线基准点设置钻孔灌注桩桩顶，钻孔深度根据地质条件并考虑路基沉降深度确定，钻孔灌注桩采用孔内现浇钢管混凝土，钢管间连接不能松动，钻孔直径 108 mm，钢管外径 48 mm，壁厚 4.25 mm。

(4)测点安装前，需在设定位置开槽，开槽深度和大小为元器件能嵌入槽内，盖板扣盖后与周围地面平齐为准，测点上下表面需铺设缓冲垫，防止外界冲击损坏元器件。

(5)原则上在每条测线基准点附近设置 1～2 套采集系统，由太阳能供电，储液罐设在采集系统内，在不影响行车安全的情况下采集系统可放在接触网杆底座上，若不具备条件需在测线基准点附近制作稳固平台安装采集系统，各监测设备不得侵入限界。

(6)各元器件安装应保证牢靠稳固，以免线路运营后危及行车安全，并且运营后应定期检查其是否稳固，如有问题应及时拆除或加固。

9.4.3 忻州西站既有大西高速铁路路基沉降监测结果

忻州西站既有大西高速铁路路基布置的 L1～L4 测线采用自动化监测方案，数据采集周期为一天，分别分析各测线路基沉降监测结果随监测时间以及测点相对位置的发展变化规律。其中，测线沿线路方向的沉降分布主要反映不同沉降历时的线路纵向不平顺问题，选取 2018 年 6 月 25 日、7 月 25 日、8 月 25 日、9 月 25 日、10 月 25 日及 11 月 25 日共六个时间点（如果部分时间点监测数据缺失或异常，选取临近时间点监测数据递补）的沉降数据，主要涉及既有大西高速铁路线路运行的安全性评估。根据四个测线上各测点沉降监测结果，整理得到 L1 测线、L2 测线、L3 测线以及 L4 测线不同监测点位置的路基沉降位移随时间以及线路方向的分布规律，如图 9-24～图 9-27 所示。

图 9-24 L1 测线采用邻近桥台作为基准点，各测点沉降位移随时间表现为单调递增趋势，沉降速率逐渐减小，既有路基最大沉降约 6.0 mm。根据各测点沉降沿线路方向分布，L1-2 和 L1-3 测点处的沉降相对最大，均超过 6 mm，其余测点沉降位移约为 4.0 mm。此外，2018 年 9 月 18 日至 2018 年 10 月 6 日期间，由于供电太阳能板被遮盖，沉降数据采集失败，但经过数据校核，新采集数据点同原采集数据整体变化趋势保持一致。

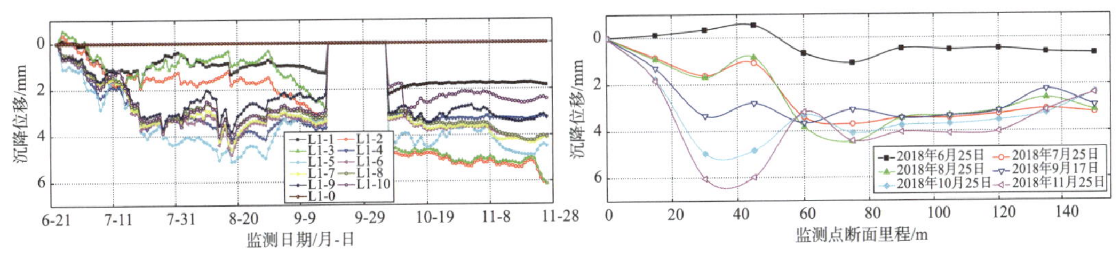

(a)L1 测线各测点沉降时程曲线　　(b)L1 测线各测点沉降线路方向分布

图 9-24　忻州西站既有大西高速铁路路基 L1 测线沉降监测结果

图 9-25 L2 测线采用钻孔灌注桩作为位移监测基准点，各测点沉降位移在监测初期表现为隆起变形，但随着时间增加，隆起变形逐渐减小，最终表现为整体性的沉降趋势。相较于 L1 测线，L2 测线各测点的绝对沉降量相对较小，一般均不超过 2 mm，沉降速率也相对更小，线路整体变形趋势更为平稳。根据各测点沉降位移沿线路方向的分布，L2-4 测点位置处的沉降位移最小，在整个监测期间均未发生较大变化。

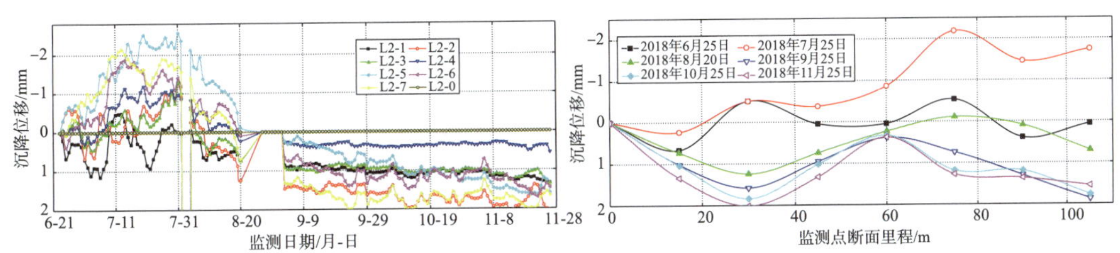

(a)L2 测线各测点沉降时程曲线　　(b)L2 测线各测点沉降线路方向分布

图 9-25　忻州西站既有大西高速铁路路基 L2 测线沉降监测结果

图 9-26 L3 测线同样采用钻孔灌注桩作为位移监测基准点，各测点沉降位移在 2018 年

8 月 10 日之前相对较小，后期各测点出现较明显的沉降位移，最大沉降量达到 4 mm。根据各测点沉降位移沿线路方向的分布情况，2018 年 9 月以后，L3-6 和 L3-7 测点位置处的沉降位移明显增大，可能会影响既有线路的纵向平顺性。

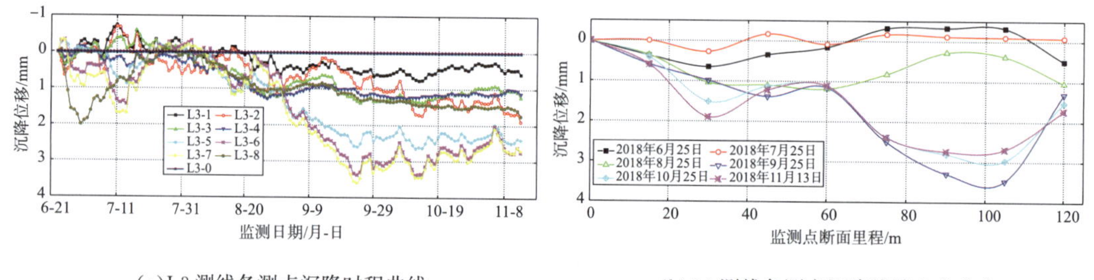

(a)L3 测线各测点沉降时程曲线

(b)L3 测线各测点沉降线路方向分布

图 9-26 忻州西站既有大西高速铁路路基 L3 测线沉降监测结果

图 9-27 L4 测线采用邻近的桥台作为位移监测基准点，同 L1 测线各测点沉降位移随时间的变化规律类似，各测点沉降位移随监测时间表现为单调递增趋势，但沉降速率逐渐减小，既有路基最大沉降超过 6.0 mm。根据各测点沉降位移沿线路方向的分布，既有大西高速铁路路基沿线路方向表现为波浪式沉降规律，波峰-波谷差异接近 5 mm，必须对线路的纵向不平顺性进行进一步评估。

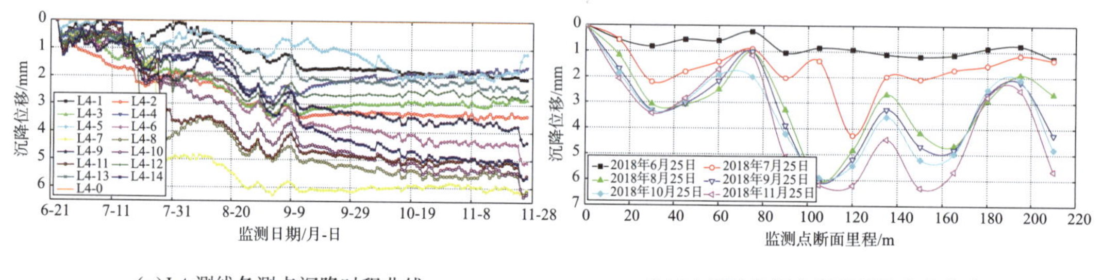

(a)L4 测线各测点沉降时程曲线

(b)L4 测线各测点沉降线路方向分布

图 9-27 忻州西站既有大西高速铁路路基 L4 测线沉降监测结果

综合以上忻州西站大西高速铁路既有路基附加沉降现场监测结果，新建雄忻高速铁路对既有路基变形存在明显影响，对既有线路安全性运营的影响主要表现为绝对沉降量和纵向沉降差两个方面。新建雄忻高速铁路修建引起的既有大西高速铁路路基的最大附加沉降超过 6 mm，随着新建线路路基填筑加载的完成，既有路基附加沉降在 2018 年 9 月 30 日以后趋于稳定，后期变形相对较小。此外，L1 和 L4 测线采用邻近的桥梁桥台结构作为基准点，得到的测线上各测点沉降曲线更为规律，测点的既有路基附加沉降同真实值更为接近。而 L2 和 L3 测线虽然采用 45 m 深的钻孔混凝土灌注桩作为基准点，但由于路基结构本身沉降变形的影响，后打设的预制桩基准点仍可能出现位移沉降，导致 L2 和 L3 测点的沉降位移相对偏小。因此，采用物位计进行既有高速铁路附加沉降变形监测时，必须对基准点位置进行合理选择，如果采用预制桩基准点，则必须通过线位外基准点对新设基准点坐标在监测过程中进行多次校核，提高既有路基附加沉降监测结果的准确性和有效性。

9.5　基于沉降监测的高速铁路运营安全性评估方法

9.5.1　基于纵向不平顺分析的高速铁路路基纵向不平顺特征及评估思路

根据高速铁路轨道不平顺的波长特征，具体可分为短波、中波、长波不平顺三类。各国划分的波长范围不尽相同，其中，我国的波长划分范围见表 9-7。

表 9-7　轨道不平顺波长划分标准

类型	波长范围	幅值范围	不平顺种类	主要影响
短波	数毫米至数十毫米	0.02～1.0 mm	轨面擦伤、剥离掉块、波纹磨耗、焊缝	轮轨作用力，噪声，运营成本费（高速时影响大增）
	数百毫米	0.1～2.0 mm	波浪形磨耗，轨枕间距	
中波	2～3.5 m 周期性	0.1～2.0 mm	新轨轨身不平顺	快速、高速列车振动舒适性
	3～30 m 非周期性	1～40 mm	高低、轨向、扭曲、水平、轨距	轮轨作用力，噪声，安全，平稳，舒适性，运营成本费（高速时影响大增）
长波	30～100 m	1～60 mm	路基、道床不均匀沉降，中跨桥梁挠曲变形，桥梁、隧道头尾刚度差异	快速、高速列车振动舒适性

根据短波、中波及长波的不平顺种类及主要影响特征，高速铁路路基附加沉降主要属于路基、道床的不均匀沉降，属于长波评估类型。因此，高速铁路路基纵向不平顺评估应主要采用长波标准。另外，对于新建铁路，依据《高速铁路设计规范》(TB 10621—2014)，正线轨道静态铺设精度应满足表 9-8 要求。

表 9-8　高速铁路正线轨道静态铺设精度标准

项目	容许偏差	备　注
水平	2 mm	不包含曲线、缓和曲线上的超高值
高低	2 mm	弦长 10 m
	2 mm/(5 或 8a)m 10 mm/(150 或 240a)m	基线长(30 或 48a)m 基线长(300 或 480a)m

注：a 为无砟轨道扣件节点间距。

高速铁路路基沉降变形评估中，断面沉降计算主要通过地质勘测孔确定的地层进行沉降分析，勘测孔纵向间距一般为 50 m，因此，高速铁路路基沉降分析中的断面间距一般也取为 50 m，按照 50 m 间距的路基断面沉降分析结果确定地基处理措施；对于并站高速铁路，由于线路长度方向上的荷载变化较大，建议采用 30 m 基线长标准进行评估。如果应用附加断面沉降分析结果进行高速铁路路基附加沉降纵向不平顺性评估，须采用长波标准(30～100 m)基线长标准，并应用 10 mm/(150 或 240a)m 以及 2 mm/10 m 弦长的容许偏差对高速铁路路基附加沉降的影响幅度进行评价。

研究提出的基于纵向不平顺分析的高速铁路路基沉降变形评估方法，主要解决以下三个方面的问题：

(1)解决高速铁路路基附加沉降主要依赖绝对沉降量指标导致附加沉降控制过于严格的问题。目前，高速铁路路基沉降安全性评估主要基于绝对沉降量标准，保证既有高速铁路运营安全的绝对沉降量控制标准十分严格，一般不超过 4 mm，否则，将进行沉降位移超标报警。但是，我国已经施工完成和正在建设的并线高速铁路工程实践均表明，帮宽和邻近情形的新建铁路引起的高速铁路路基附加沉降量往往会超过这一限值，但并未影响既有高速铁路的实际运营安全。因此，仅采用绝对沉降量标准进行高速铁路路基附加沉降的安全性评估并不合理。研究提出的基于纵向不平顺分析的高速铁路路基附加沉降评估技术，参照高速铁路桥梁纵向不平顺评估方法，采用长波不平顺评估基准，避免因绝对沉降超标而引起的高速铁路路基运营安全标准过于严格的问题。

(2)解决高速铁路路基附加沉降控制措施设计手段和设计方法存在盲目性的问题。高速铁路路基附加沉降控制措施设计时，一般基于绝对沉降量基准，导致高速铁路路基附加沉降控制措施设计过于保守。引入高速铁路路基附加沉降纵向不平顺性评估方法后，允许高速铁路路基附加沉降沿线路方向进行一定的平顺过渡，绝对沉降量标准放宽，能够更好地对高速铁路附加沉降控制措施进行合理优化和改进。

(3)解决高速铁路路基附加沉降现场监测结果分析手段相对单一的问题。针对高速铁路附加沉降现场监测结果的评估分析，采用附加沉降纵向评估方式，能够解决单一沉降监测点沉降超标报警的问题，通过线路方向的附加沉降平顺性评估，提高高速铁路路基附加沉降监测数据评估结果的可靠性。

9.5.2 基于纵向不平顺分析的高速铁路路基附加沉降评估方法

采用基于纵向不平顺分析的高速铁路路基附加沉降评估方法进行路基附加沉降控制措施优化和监测结果分析时，其具体实施方法和流程列述如下：

(1)高速铁路路基纵向不平顺性波长判定标准的确定。对于新建高速铁路路基采用 100 m 基线波长，对于并站、并线高速铁路路基采用 30 m 基线波长，其中，100 m 基线波长的容许偏差为 10 mm/(150 或 240a)m；30 m 基线波长的容许偏差为 2 mm/10 m。

(2)高速铁路路基附加沉降计算断面的选择。高速铁路路基附加沉降计算断面间隔不宜大于 50 m，附加沉降较为敏感并站高速铁路应减小计算断面间隔至 20 m 左右，通过内插方法获取 10 m 基线波长的沉降量，之后通过长波高低限值评估高速铁路路基纵向平顺性是否超标。

(3)高速铁路路基附加沉降控制措施的优化。基于高速铁路路基附加沉降纵向不平顺性评估结果，对高速铁路路基工程防护措施进行优化，沉降严重位置加大工程防护措施(隔离桩、地基处理措施、泡沫轻质土、路基间距等)，沉降较小区域适当降低工程防护措施，达到工程设计层次的高速铁路路基附加沉降控制优化。

(4)高速铁路路基附加沉降监测结果的二次评估。高速铁路路基附加沉降实施监测的区域，应对监测结果进行纵向不平顺性评估，纵向监测点间距一般不超过 20 m；纵向不平顺性评估超标地区进行不平顺超标报警，并通过降速、工程防护等措施保证高速铁路运营安全。

参考文献

[1] AVRAMIDIS I E, MORFIDIS K. Bending of beams on three parameter elastic foundation[J]. International Journal of Solids and Structures, 2006, 43(2): 357-375.

[2] BAKER R, GARBER M. The oretical analysis of the stability of slopes[J]. Geotechnique, 1978, 28(4): 395-411.

[3] BIOT M A. General theory of three-dimensional consolidation[J]. Journal of Applied Physics, 1941, 12: 155-165.

[4] CARD G B, CARTER G R. Case history of a piled embankment in London's Docklands[J]. Engineering Geology of Construction, 1995, (10): 79-84.

[5] CHOW Y K, CHIN J T, LEE S L. Negative skin friction on pile groups[J]. International Journal for Numerical and Analytical Methods in Geomechanics, 1990, 14: 75-91.

[6] COOKE R W. Piled raft foundations on stiff clays: a contribution to design philosophy[J]. Geotechnique, 1986, 36(2): 169-203..

[7] DAWN T M, STANWORTH C G. Ground vibration from passing trains[J]. Journal of Sound and Vibrations, 1979, 66(3): 355-362.

[8] DUMAS J C, BEATON N F, MOREL J F. Dynamic compaction of saturated silt and silty sand-a case history[J]. ASCE, Geotechnical Special Publication, 1994, 45(10): 9-13.

[9] KUNHANANDAN NAMBIAR E K, RAMAMURTHY K. Air-void characterisation of foam concrete[J]. Cement and Concrete Research, 2007, 37(2): 221-230.

[10] LIANG F Y, CHEN L Z, SHI X G. Numerical analysis of composite piled raft with cushion subjected to vertical load[J]. Computers and Geotechnics, 2003, 30(6): 443-453.

[11] DAVIS E H, POULOS H G. The settlement behaviour of single axially loaded incompressible piles and piers[J]. Géotechnique, 1968, 18(3): 351-371.

[12] GEORGIANNOU V N, BURLAND J B, HIGHT D W. The undrained behaviour of clayey sands in triaxial compression and extension[J]. Geotechnique, 1990, 40(3): 431-449.

[13] HUSSEY M J L, GIBSON R E, ENGLAND G L. The theory of one-dimensional consolidation of saturated clays: 1. finite non-linear consolidatioin of thin homogeneous layers[J]. Geotechnique, 1967, 17(3): 261-273.

[14] GOH A T C, WONG K S, TEH C I, et al. Pile response adjacent to braced excavation[J]. Journal of Geotechnical and Geoenvironmental Engineering, 2003, 129(4): 383-386.

[15] GRAY H. Simultaneous consolidation of contiguous layers of unlike compressible soils[J]. Transactions of the American Society of Civil Engineers, 1945, 110: 1327-1356.

[16] GUO W D, GHEE E H. Behavior of axially loaded pile groups subjected to lateral soil movement[C]// Proceedings of Sessions of GeoShanghai. Shanghai: GSP, 2006, 153: 174-181.

[17] HAIN S J, LEE I K. The analysis of flexible pile-raft systems[J]. Geotechnique, 1978, 28(1): 65-83.

[18] POULOS H G, RANDOLPH M F. Pile group analysis: a study of two methods[J]. Journal of Geotechnical Engineering, 1983, 109(3): 355-372.

[19] HOOPER J A. Observation on the behavior of a piled raft foundation on London clay[J]. Proceedings of International Civil Engineering, 1973, 55 (4): 855-877.

[20] HAN J, GABR M A. Numerical analysis of geosynthetic-reinforced and pile-supported earth platforms over soft soil[J]. Journal of Geotechnical and Geoenvironmental Engineering, 2002, 128(1): 44-53.

[21] XU K J, POULOS H G. General elastic analysis of piles and pile groups[J]. International Journal for Numerical and Analytical Methods in Geomechanics, 2000, 24(15): 1109-1138.

[22] YAMAMURO J A, LADE P V. Static Liquefaction of very loose sands[J]. Canadian Geotechnical Journal, 1997, 34(6): 905-917.

[23] KAYNIA A M, MADSHUS C, ZACKRISSON P. Ground vibration from high-speed trains: prediction and countermeasure[J]. Journal of Geotechnical and Geoenvironmental Engineering, 2000, 126(6): 531-537.

[24] LANG J. Ground-borne vibrations caused by trams, and control measures[J]. Journal of Sound and Vibration, 1988, 120(2), 407-412.

[25] LEE C Y. Pile groups under negative skin friction[J]. Journal of Geotechnical Engineering, 1993, 119 (10): 1587-1600.

[26] LEE P K K, XIE K H, CHEUNG Y K. A study on one dimensional consolidation of layered systems[J]. Numerical and Analytical Methods in Geomechanics, 1992, 16 (11): 815-832.

[27] LEUNG C F, LIM J K, SHEN R F, et al. Behavior of pile groups subject to excavation-induced soil movement[J]. Journal of Geotechnical and Geoenvironmental Engineering, 2003, 129(1): 58-65.

[28] LOW B K, TANG S K, CHOA V. Arching in piled embankments[J]. Journal of Geotechnical Engineering, 1994, 120(11): 1917-1938.

[29] ABDELKRIM M, BONNET G, BUHAN P D. A computational procedure for predicting the long term residual settlement of a platform induced by repeated traffic loading[J]. Computers and Geotechnics, 2003, 30: 463-467.

[30] MINDLIN R D. Force at a point in the interior of a semi-infinite solid[J]. Physics, 1936, 7: 195-202.

[31] OKUMURA Y, KUNO K. Statistical analysis of field data of railway noise and vibration collected in an urban area[J]. Applied Acoustics, 1991, 33 (4): 263-280.

[32] POLITO C P, MARTIN II J R. Effects of nonplastic fines on the liquefaction resistance of sands[J]. Journal of Geotechnical and Geoenvironmental Engineering, 2001, 127(5): 408-415.

[33] POULOS H G. Ground movements-a hidden source of loading on deep foundations[J]. DFI Journal, 2007, 1(1): 37-53.

[34] CHEN S L, SONG C Y, CHEN L Z. Two-pile interaction factor revisited[J]. Canadian Geotechnical Journal, 2011, 48(5): 754-766.

[35] SCHIFFMAN R L, STEIN J R. One-dimensional consolidation of layered systems[J]. Soil Mechanics and Foundation Division Journal, 1970, 96 (4): 1499-1504.

[36] WONG S C,POULOS H G. Approximate pile-to-pile interaction factors between two dissimilar piles[J]. Computers and Geotechnics,2005,32(8):613-618.

[37] TERZAGHI K. Theoretical soil mechanics[M]. New York:John wiley & Sons,1943.

[38] MENDONCA A V,PAIVA J B DE. A boundary element method for the static analysis of raft foundations on piles[J]. Engineering Analysis with Boundary Elements,2000,24(3):237-247.

[39] GUO W D. Vertically loaded single piles in Gibson soil[J]. Journal of Geotechnical and Geoenvironmental Engineering,2000,126(2):189-193.

[40] CHOW Y K. Discrete element analysis of settlement of pile groups[J]. Computers & Structures, 1986,24(1):157-166.

[41] LEE C Y,POULOS H G. Axial response analysis of piles in vertically and horizontally non-homogeneous soils[J]. Computers and Geotechnics,1990,9(3):133-148.

[42] 毕宗琦,宫全美,周顺华,等.高速铁路桩承式路基土拱安定性分析[J].铁道学报,2016,38(11):102-110.

[43] 边学成,陈云敏,胡婷.基于 2.5 维有限元方法模拟高速列车产生的地基振动[J].中国科学,2008,38(5):600-617.

[44] 蔡袁强.变荷载下成层地基的固结计算[D].杭州:浙江大学,1998.

[45] 曹明,陈胜立.层状地基中群桩基础弹性理论解法及参数分析[J].土木建筑与环境工程,2012,34(2):1-6.

[46] 曾俊茎.桩基托梁挡土墙分析与计算方法优化[D].成都:西南交通大学,2016.

[47] 常世清.列车振动荷载下路基-地基应力应变分析[J].铁道标准设计,2017,61(3):32-36.

[48] 陈福全,黄伟达.基于 Poulos 弹性理论的被动桩改进算法[J].岩土力学.2008(4):905-910.

[49] 陈根媛.多层地基的一维固结计算方法与沙井地基计算的改进建议[J].水利水运科学研究院学报,1988(2):1-13.

[50] 陈光敬,赵锡宏.横观各向同性非均质地基的 Biot 固结轴对称问题求解[J].土木工程学报,1999,32(1):14-20.

[51] 陈洪运,宋绪国,郭帅杰.基于单桩载荷试验的铁路路基桩筏基础沉降计算[J].铁道勘察,2019,45(6):30-35.

[52] 陈列,朱颖,谢毅,等.400 km/h 莫斯科至喀山高速铁路土建工程设计研究综述[J].高速铁路技术,2021,12(2):27-32.

[53] 陈龙珠,曹明,陈胜立.桩筏基础的相互作用系数解法及参数分析[J].岩土工程学报,2008(2):155-159.

[54] 陈仁朋,许峰,陈云敏,等.软土地基上刚性桩—路堤共同作用分析[J].中国公路学报.2005,18(3):7-13.

[55] 陈云敏,贾宁,陈仁朋.桩承式路堤土拱效应分析[J].中国公路学报,2003,17(4):1-6.

[56] 程龙,张晓梅.小波神经网络模型在高铁路基沉降预测中的应用研究[J].测绘与空间地理信息,2016,39(4):218-221,224.

[57] 池灯军.邻近既有高速铁路施工全自动监测技术分析[J].工程技术研究,2019,4(24):19-20,206.

[58] 邓友生，龚维明，苏骏．基于 Mindlin 应力解的超大群桩基础沉降计算[J]．铁道学报，2009(1)：121-125.

[59] 邓宇洁，梁发云，贾亚杰．刚性桩复合地基地震响应的拟静力简化计算方法[J]．防灾减灾工程学报，2019，39(2)：236-243.

[60] 丁兆锋，吴沛沛．U 形槽结构设计与分析[J]．铁道工程学报，2009，26(4)：13-16.

[61] 董亮，赵成刚，蔡德钩，等．高速铁路路基的动力响应分析方法[J]．工程力学，2008，25(11)：231-236.

[62] 方诗圣，王建国，王秀喜．层状饱和土 Biot 固结问题状态空间法[J]．力学学报，2003，35(2)：206-212.

[63] 冯昌明，木林隆，孙志伟，等．基于两阶段法的堆载对公路桥梁桩基础影响分析[J]．岩土力学．2014(S2)：528-534.

[64] 冯君，孟少伟．桩间土为非饱和土的刚性桩复合地基复合模量计算[J]．铁道科学与工程学报，2017，14(4)：762-768.

[65] 傅珍，王选仓，陈星光，等．新旧地基不同固结程度对拓宽路基差异沉降的影响[J]．公路，2008(5)：10-12.

[66] 葛春庚，黄波，刘海龙．路基沉降变形无线监测预警系统应用研究[J]．公路交通科技(应用技术版)，2017，13(2)：121-123.

[67] 宫全美．基于 Mindlin 位移解的群桩沉降计算[J]．地下空间，2001，21(3)：167-172.

[68] 宫跃航，李明宝，郑俊杰．三角形布桩下桩承式加筋路堤荷载传递效率研究[J]．岩土力学，2021(11)：1-9.

[69] 龚晓南．复合地基理论及工程应用[M]．北京：中国建筑工业出版，2002.

[70] 贡金鑫，赵国藩．国外结构可靠性理论的应用与发展[J]．土木工程学报，2005，38(2)：1-8.

[71] 顾成权．大型平板载荷试验对沪昆客运专线土体强度参数的研究[J]．长江科学院院报，2011，28(4)：32-35.

[72] 顾尧章，金波．轴对称荷载下多层地基的 Biot 固结及变形[J]．工程力学，1992，9(3)：81-94.

[73] 郭光照，谢敏，吕义辉．被动桩基现场试验研究现状与分析[J]．路基工程，2014(6)：16-20.

[74] 郭帅杰，宋绪国，陈洪运．高速铁路悬臂 U 形路基结构设计分析方法研究[J]．铁道标准设计，2021，65(4)：14-19.

[75] 郭帅杰，宋绪国，罗强，等．基于荷载传递理论的刚性桩复合地基沉降计算[J]．铁道工程学报，2015，32(10)：44-50.

[76] 郭帅杰，宋绪国．新建铁路对既有高铁附加沉降影响的分析方法研究[J]．铁道标准设计，2020，64(2)：1-5，14.

[77] 韩自力，张千里．既有线提速路基动应力分析[J]．中国铁道科学，2005，26(5)：1-5.

[78] 何春保，王林彬，李高扬．基于 Mindlin 解的矩形均布荷载作用下的附加应力[J]．岩土工程学报，2018，40(3)：533-539.

[79] 何结兵，洪宝宁，邱国锋．高速公路 CFG 桩复合地基褥垫层作用机理研究[J]．岩土力学，2004，25(10)：1663-1666.

[80] 胡敏云，陆雨珂，陈小雨，等．穿越软土层嵌岩桩筏基础沉降特征与计算方法[J]．岩土工程学报，2019，41(S2)：221-225.

[81] 胡润乾.某高速铁路路基帮宽段沉降控制方案研究[J].铁道标准设计,2017,61(5):58-61.

[82] 胡雪. 桩基托梁挡土墙设计理论研究[D]. 北京:中国地质大学,2015.

[83] 黄晚清,陆阳,罗书学,等.秦沈客运专线路涵过渡段动应力测试与分析[J].西南交通大学学报,2005,40(2):220-223.

[84] 黄宇华,徐林荣,周俊杰,等.基于改进 Terzarghi 方法的桩网地基桩土应力计算[J].岩土力学,2020,41(2):667-675.

[85] 贾海莉,王成华,李江红.关于土拱效应的几个问题[J].西南交通大学学报,2003,38(4):398-402.

[86] 姜彦彬,何宁,汪璋淳,等.加筋路堤下刚性桩复合地基若干有限元建模类型分析[J].岩土工程学报,2020,42(11):2106-2114.

[87] 蒋刚,宰金珉,陈国兴,等.复合桩基设计与沉降分析[J].岩土力学, 2003(3):405-409.

[88] 金波,唐锦春,孙炳楠.层状地基轴对称问题的 Mindlin 解[J].计算结构力学及其应用,1996,13(2):187-192.

[89] 金永涛,杨桦,李峰利.桩筏共同作用的改进 Geddes 计算模型与变刚度调平设计[J].岩土力学.2010,31(12):3875-3879.

[90] 靳鹏伟,何永红.改进灰色模型高铁隧道路基沉降分析与预测[J].铁道科学与工程学报,2016,13(12):2355-2359.

[91] 柯宏发,陈永光,吴金亮.一种新的基于 GM(1,1)模型的粗大误差判别模型[J].系统工程与电子技术,2008,30(10):2003-2006.

[92] 赖紫辉. 桩基托梁挡土墙托梁受力分析[J]. 路基工程,2008(6):48-49.

[93] 郎瑞卿,闫澍旺,孙立强,等.考虑水平摩阻力和大变形的刚性桩网复合地基桩土应力比计算方法[J].天津大学学报(自然科学与工程技术版),2018,51(10):1086-1095.

[94] 乐天晗,吴永军,吴湘华,等.优化 GM(1,1)与 SVM 组合模型的路基冻胀预测应用[J].铁道科学与工程学报,2017,14(11):2345-2351.

[95] 雷华阳,章纬地,薄钰,等.不同水化学环境条件下吹填土的自重固结特性[J].岩石力学与工程学报,2020,39(S1):3049-3057.

[96] 冷伍明,艾希,徐方,等.新型预应力路基水平向附加应力扩散规律研究[J].岩土工程学报,2019,41(8):1445-1454.

[97] 李传宝.桩板结构处理高铁采空区路基变形监测研究[J].铁道工程学报,2019,36(2):33-37,87.

[98] 李光熠,汪彬.钢管桩负摩阻力及水平位移的测定明[J].岩土力学,1988,9(2):89-97.

[99] 李海光.新型支挡结构设计与工程实例[M].北京:人民交通出版社,2004.

[100] 李厚恩,泰四清,孙强,等.挡土墙发生位移情况下的土压力计算[J].岩土力学,2006,27(S2):115-118.

[101] 李晖,毕宗琦,黄建丹,等.高周次列车荷载作用下桩网结构路基桩土应力比计算方法及特性研究[J].铁道学报,2021,43(2):152-159.

[102] 李井元,陈伟志,李宁.引入既有无砟高铁接轨段路基工程关键技术[J].铁道工程学报,2017(8):22-27.

[103] 李连祥,黄佳佳,成晓阳,等.刚性桩复合地基与临近基坑支护结构相互影响的离心模型试验[J].岩石力学与工程学报,2017,36(S2):4142-4150.

[104] 李强，郑健龙. 桩承土工格网褥垫层的承载特性与设计计算[J]. 公路，2005(5)：6-9.

[105] 李秀珍，孔纪名，王成华. 中心逼近式灰色GM(1，1)模型在滑坡变形预测中的应用[J]. 工程地质学报，2007，15(5)：673-676.

[106] 李懿. 铁路U形结构路基复合地基的沉降与力学特性研究[D]. 北京：北京交通大学，2014.

[107] 李忠诚，梁志荣. 大面积堆载土体侧移模式及对邻近被动桩影响分析[J]. 岩土工程学报. 2010，32(S1)：128-134.

[108] 梁波，罗红，孙常新. 高速铁路振动荷载的模拟研究[J]. 铁道学报，2006，28(4)：89-94.

[109] 梁发云，袁强，李家平，等. 堆载作用下土体分层特性对地铁隧道纵向变形的影响研究[J]. 岩土工程学报，2020，42(1)：63-71.

[110] 廖进星. 怀化南站沪昆场引入方案对既有路基影响研究[J]. 铁道工程学报，2020，37(12)：49-53.

[111] 廖俊展，黄茂松，王卫东. 设置抗浮抗拔桩深基坑的三维数值仿真分析[J]. 岩土工程学报，2006(S1)：1370-1373.

[112] 林飞，甄龙，张胜，等. GM(1，1)模型在高铁软土路基沉降监测中的应用[J]. 地理空间信息，2016，14(3)：97-98，101.

[113] 林志强，黄伟达，姜彦彬，等. 长短桩复合地基工程事故原因分析与预防措施[J]. 岩土工程学报，2017，39(1)：185-191.

[114] 凌建明，钱劲松，黄琴龙. 路基拓宽工程处治技术及其效果[J]. 同济大学学报(自然科学版)，2007，35(1)：45-49.

[115] 刘府生. 苏锡常区域地面沉降发展趋势及其对京沪高铁的影响分析[J]. 铁道勘察，2011(1)：33-37.

[116] 刘吉福，陈忠平，汪建斌. 软土地区刚性桩复合地基路堤施工监测稳定评估方法研究[J]. 公路，2018，63(11)：101-104.

[117] 刘金砺，邱明兵，秋仁东，等. Mindlin解均化应力分层总和法计算群桩基础沉降[J]. 土木工程学报，2014，47(5)：118-127.

[118] 刘劲. 自动择维灰色模型的研究及其在隧道变形监测中的应用[D]. 上海：华东理工大学，2013.

[119] 刘俊飞，赵国堂，马建林. 桩网复合地基桩顶土拱形态分析[J]. 铁道学报，2011，33(6)：82-87.

[120] 刘黎，何昌荣，谯春丽，等. 桩基托梁挡土墙结构托梁内力的合理计算[J]. 水电站设计，2005，21(3)：26-28.

[121] 刘明振. 含有自重湿陷性黄土夹层的场地上群桩负摩擦力的计算[J]. 岩土工程学报，1999，21(6)：749-752.

[122] 刘鹏，杨光华，范泽，等. 刚性桩复合地基尺寸效应试验研究[J]. 岩石力学与工程学报，2016，35(1)：187-200.

[123] 刘松玉，经绯. 软土地基上分期施工的路堤沉降预测方法(英文)[J]. 岩土工程学报，2003，25(2)：228-232.

[124] 刘洋，吴顺川，周健. 循环荷载下砂土变形的细管数值模拟[J]. 岩土工程学报，2007，29(11)：1676-1682.

[125] 刘源浩，胡仲春，任高峰，等. 既有线路基帮宽施工的形变分析及方案优化[J]. 武汉工程大学学报，2018，40(2)：190-196.

[126] 陆明生. 桩基表面负摩擦力的试验研究及经验公式[J]. 水运工程，1997，(5)：54-58.

[127] 陆清元，罗强，蒋良潍. 路堤下刚性桩复合地基桩-土应力比计算[J]. 岩土力学，2018，39(7)：2473-2482.

[128] 罗军，王桂尧，匡波. 含水量对粉土强度影响的试验研究[J]. 路基工程，2010(1)：116-118.

[129] 罗强，张敏静，张良，等. 路堤荷载作用下高强度桩复合地基土中的应力[J]. 西南交通大学学报，2010(5)：780-786.

[130] 罗如平，杨敏，杨军. 刚性筏板下群桩基础共同作用实用分析方法[J]. 湖南大学学报(自然科学版)，2018，45(11)：54-61.

[131] 吕玺琳，马泉，方航. 高铁桩网复合结构路基长期运营沉降模型试验研究[J]. 岩土工程学报，2017，39(S1)：140-144.

[132] 马争锋，王青志. 非等时距灰色模型在冻土路基沉降预测中的应用[J]. 广西大学学报(自然科学版)，2019，44(5)：1341-1347.

[133] 毛坚强，蒋媛. 基于单桩静载试验结果的群桩基础沉降计算方法[J]. 铁道学报，2017，39(1)：97-103.

[134] 梅国雄，宰金珉，赵维炳，等. 横观各向同性三维比奥固结有限层解法[J]. 中国工程科学，2004，6(7)：43-47.

[135] 孟美丽，高海彬. 封闭式路堑 U 形槽结构的设计和计算[J]. 铁道建筑，2011(8)：81-83.

[136] 孟长江，赵海粟，储团结. 郑武客运专线地基土沉降与变形规律的试验研究[J]. 铁道工程学报，2007(S1)：13-16.

[137] 聂如松，冷伍明. 软土地区桥台桩基负摩阻力试验研究[J]. 岩土工程学报，2005(6)：642-645.

[138] 裴觉民. 数值流形方法与非连续变形分析[J]. 岩石力学与工程学报，1997，16(3)：279-292.

[139] 钱家欢，殷宗泽. 土工原理与计算[M]. 2 版. 北京：中国水利水电出版社，1996.

[140] 强小俊，赵有明，张长生. 桩承地基土拱高度计算方法的研究分析[J]. 铁道建筑，2012，(5)：90-94.

[141] 邱明兵，高文生. Mindlin 解积分的方形荷载竖向应力系数初等解[J]. 应用力学学报，2021，38(2)：655-662.

[142] 饶为国. 桩-网复合地基的沉降机理及设计方法研究[D]. 北京：北京交通大学，2002.

[143] 任庆昌. 桩基悬臂式挡墙在路基帮宽工程中的应用[J]. 铁道工程学报，2015，32(2)：43-47，63.

[144] 芮瑞，孙义，朱勇，等. 刚性基础下复合地基褥垫层细观工作机制[J]. 岩土力学，2019，40(2)：445-454.

[145] 商拥辉，徐林荣，陈钊锋. 高铁 CFG 桩-筏复合地基固结解析解及特性[J]. 中国铁道科学，2021，42(1)：1-8.

[146] 宋绪国，董捷，张志民，等. 加筋水泥土桩承载特性试验研究[J]. 铁道工程学报，2013，30(12)：23-28.

[147] 宋绪国，郭帅杰，陈洪运. 基于数值模型应力提取的并线高铁沉降计算[J]. 铁道标准设计，2019，63(3)：1-7.

[148] 宋绪国，王铸. 斜向水泥土桩加固路基设计计算方法探讨[J]. 铁道工程学报，2013(8)：40-44.

[149] 苏昭. 组合去噪分析-趋势分析在路基沉降监测数据分析中的应用[J]. 中外公路，2019，39(4)：20-25.

[150] 隋孝民，陆征然. 列车荷载在高速铁路路基中传递规律研究[J]. 铁道工程学报，2012(7)：1006-2106.

[151] 孙晓立，杨敏. 由单桩载荷试验预测桩筏基础沉降的简化分析方法[J]. 岩土工程学报，2006，28(8)：1013-1018.

[152] 唐广辉. 架空结构在新建高铁引入既有高铁车站的应用[J]. 铁道标准设计,2019,63(4):58-63.

[153] 田乙,吴文兵,蒋国盛,等. 连续排水边界下分数阶黏弹性饱和土体一维固结分析[J]. 岩土力学,2019,40(8):3054-3061.

[154] 屠毓敏,王建江. 邻近堆载作用下排桩负摩擦力特性研究[J]. 岩土力学,2007,28(12):2652-2656.

[155] 万里,陈群,何昌荣,等. 桩基托梁挡土墙原型观测研究[J]. 水电站设计,2009,25(4):82-86.

[156] 汪波,何川,夏讳洋. 爆破施工新建地铁隧道与既有运营地铁的相互动力响应研究[J]. 中国铁道科学,2011,32(5):64-70.

[157] 汪凯,邓正宇,陈云,等. 刚性桩复合地基桩土应力比计算方法研究[J]. 土工基础,2017,31(1):73-79.

[158] 王朝阳,许强,范宣梅,等. 灰色新陈代谢 GM(1,1)模型在滑坡变形预测中的应用[J]. 水文地质工程地质,2009(2):108-111.

[159] 王川川,朱忠林,李泰灃,等. 高速铁路桩网复合地基桩端下刺机理研究[J]. 铁道建筑,2017(2):91-94,101.

[160] 王惠昌,王斌,蒋仁贵,等. 用桩顶垫层压缩量法计算刚性桩复合地基最大沉降量[J]. 岩土力学,2016,37(S2):442-448.

[161] 王明慧,王作钰,高玉明,等. 基于改进型灰色理论模型的山区高速铁路路基沉降变形分析[J]. 铁道标准设计,2017,61(12):5-9.

[162] 王士杰,张梅,张吉占. 对 Mindlin 解求地基附加应力的进一步探讨[J]. 四川建筑科学研究,2000(1):51-54.

[163] 王涛,刘金砺,王旭. Mindlin 解均化应力法计算桩基沉降及工程应用[J]. 土木工程学报,2019,52(2):78-85,96.

[164] 王翔,王波,汪正兴. 高速铁路运营期基础沉降长期监测技术研究[J]. 铁道工程学报,2017,34(5):11-14,64.

[165] 王新辉,缪林昌,高健康,等. Laplace 变换解双层地基固结问题[J]. 岩土力学,2005,26(5):833-836.

[166] 王兴荣. 客运专线路基帮宽工程的设计与实践[J]. 铁道标准设计,2014,58(1):38-41.

[167] 王铸,宋绪国. 斜向水泥土桩法加固既有铁路路基施工技术研究[J]. 铁道标准设计,2013(1):17-20.

[168] 魏永幸. 我国无砟轨道铁路路基技术的进步与发展[J]. 高速铁路技术,2020,11(2):33-39,53.

[169] 吴云峰. 变电站高填土边坡桩基托梁挡土墙应用研究[D]. 南宁:广西大学,2013.

[170] 肖宇松. 钢筋混凝土 U 型结构在路基工程中的应用[J]. 路基工程,1999(3):16-17.

[171] 谢康和,潘秋元. 变荷载下任意层地基一维固结理论[J]. 岩土工程学报,1995,17(5):82-87.

[172] 谢良根,钮浩. 高速铁路站场路基帮宽施工控制技术[J]. 铁道建筑技术,2019,(12):121-125.

[173] 谢芸菲,迟世春,周雄雄. 复杂环境中大规模桩筏基础的优化设计方法研究[J]. 岩土力学,2019,40(S1):486-493.

[174] 熊林敦. 高速铁路路基设计中有关问题的回顾与思考[J]. 铁道标准设计,2011(8):1-4.

[175] 徐志英. 以明特林(Mindlin)公式为根据的地基中垂直应力的计算公式[J]. 土木工程学报,1957,4(4):485-497.

[176] 薛新华,魏永幸. 桩-网复合地基附加应力的 Boussinesq-Mindlin 联合解法[J]. 高速铁路技术,2010(3):1-4.

[177] 杨光华,徐传堡,李志云,等. 软土地基刚性桩复合地基沉降计算的简化方法[J]. 岩土工程学报,2017,39(S2):21-24.
[178] 杨敏,王树娟,王伯钧,等. 使用 Geddes 应力系数公式求解单桩沉降[J]. 同济大学学报(自然科学版),1997,25(4):379-385.
[179] 杨敏,朱碧堂,陈福全. 堆载引起某厂房坍塌事故的初步分析[J]. 岩土工程学报,2002,24(4):446-450.
[180] 杨学林. 黄土地区高速铁路高边坡路基帮宽沉降分析[J]. 铁道勘察,2020,46(2):15-21.
[181] 姚志勇,程谦恭,孟祥龙. 观音堂隧道高边坡抗滑桩现场监测分析[J]. 路基工程,2010(3):95-97.
[182] 叶阳升,蔡德钩,张千里,等. 高速铁路路基结构设计方法现状与发展趋势[J]. 中国铁道科学,2021,42(3):1-12.
[183] 尹紫红,高雪,赵丰年. 灰色模型在铁路软基沉降预测中的应用[J]. 路基工程,2017(5):140-144.
[184] 余闯. 路堤荷载下刚性桩复合地基理论与应用研究[D]. 南京:东南大学,2006.
[185] 俞建霖,李俊圆,王传伟,等. 考虑桩体破坏模式差异的路堤下刚性桩复合地基稳定分析方法研究[J]. 岩土工程学报,2017,39(S2):37-40.
[186] 袁灯平,黄宏伟,程泽坤. 软土地基桩侧负摩阻力研究进展初探[J]. 土木工程学报. 2006,39(2):53-60.
[187] 宰金珉. 第七届全国土力学及基础工程学术会议论文集[C]. 北京:中国建筑工业出版社,1994.
[188] 张栋梁. 深厚层软土路基桩网复合结构地基沉降机理及计算方法研究[D]. 上海:同济大学,2007.
[189] 张浩. 路堤堆载作用下邻近被动桩与路基疏桩抗侧稳定分析[D]. 南京:东南大学,2014.
[190] 张建勋,陈福全,简洪钰. 桩承土工织物加筋地基的研究与工程应用综述[J]. 福建工程学院学报,2003,1(3):10-15.
[191] 张劲松. 托盘式 U 型路基结构机理研究[J]. 路基工程,2012(4):118-122.
[192] 张敬宇. 桩承式路堤土拱效应下的荷载传递机制离散元分析[J]. 公路,2020,65(2):5-11.
[193] 张敏. 桩基托梁挡土墙设计理论与工程应用研究[D]. 成都:西南交通大学,2007.
[194] 张乾青,李振宝,马彬,等. 刚性与柔性桩承式路堤竖向承载特性分析[J]. 岩土工程学报,2021,43(6):991-999.
[195] 张树明,蒋关鲁,廖祎来,等. 加固范围及边坡坡率对 CFG 桩-网复合地基受力变形特性影响分析[J]. 岩石力学与工程学报,2019,38(1):192-202.
[196] 张万涛. 高速铁路路基帮填沉降变形控制及监测技术应用探讨[J]. 铁道标准设计,2017,61(4):47-50.
[197] 张振超,张军,袁德宝,等. 优化背景值的时变参数 GM(1,1)在铁路沉降中的应用[J]. 测绘科学,2020,45(3):39-45.
[198] 赵国堂,赵如锋,刘俊飞. 高速铁路路基工后沉降变形源、变形传递与轨道不平顺控制方法[J]. 铁道学报,2020,42(12):127-134.
[199] 赵明华,雷勇,刘晓明. 基于剪切位移法的基桩负摩阻力计算[J]. 湖南大学学报(自然科学版),2008,35(7):1-6.
[200] 郑刚,杨新煜,周海祚,等. 基于渐进破坏的路堤下刚性桩复合地基的稳定性分析及控制[J]. 岩土工程学报,2017,39(4):581-591.

[201] 周镜,叶阳升,蔡德钩.国外加筋垫层桩支承路基计算方法分析[J].中国铁道科学,2007,28(2):1-6.

[202] 周龙翔,王梦恕,张顶立,等.复合地基土拱效应与桩土应力研究[J].土木工程学报,2011,44(1):93-99.

[203] 朱学敏,崔晓艳.桩承式加筋路堤中土工格栅加筋效应的室内试验研究[J].河北工程大学学报(自然科学版),2020,37(1):35-40.

[204] 朱彦博,凌贤长,闫穆涵,等.高速列车荷载下桩网结构路基竖向动应力传递分析[J].铁道建筑,2020,60(9):93-96.

高速铁路基础研究与技术创新丛书

第一期(16 册)

(一)基础理论与基础技术系列

高速铁路散体道床宏细观力学行为 赵春发 翟婉明 张 徐 著

ISBN 978-7-113-28857-0

高速铁路线路系统动力学 龙许友 时 瑾 王英杰 编著

ISBN 978-7-113-28997-3

高速铁路弓网关系研究 韩通新 著

ISBN 978-7-113-28941-6

(二)动车组系列

高速列车轻量化设计 李 明 伊召锋 米莉艳 等编著

ISBN 978-7-113-28972-0

(三)供电系列

高速铁路受电弓 韩通新 编著

ISBN 978-7-113-28975-1

高速铁路接触网检测技术 韩通新 著

ISBN 978-7-113-28961-4

(四)工程设计系列

高速铁路桥梁抗震设计 陈兴冲 张永亮 编著

ISBN 978-7-113-28964-5

高速铁路轨道工程 BIM 正向设计软件开发及实践 姚 力 刘大园 董凤翔 等编著

ISBN 978-7-113-28934-8

(五)工程施工与组织系列

高速铁路桥梁 BIM 技术研究与实践 盛黎明 苏 伟 刘延宏 宋树峰 编著

ISBN 978-7-113-28938-6

高速铁路岩溶路基边坡变形与稳定 白明洲 师 海 田 岗 等编著

ISBN 978-7-113-28880-8

高速铁路工程地质灾害超前预报图形判别和解译 李　忠　郝娜娜　等编著

ISBN 978-7-113-28935-5

(六)通信与列控系列

高速铁路宽带无线信道测量与建模技术 周　涛　何睿斯　艾　渤　编著

ISBN 978-7-113-28930-0

(七)测量与检测系列

(八)高铁运营与经济系列

高速铁路社会效益研究——基于时空经济分析 李红昌　夏璇璇　著

ISBN 978-7-113-28942-3

(九)现代信息技术系列

高速铁路物联网技术 史天运　孙　鹏　张惟皎　陈瑞凤　编著

ISBN 978-7-113-29029-0

(十)安全·健康·维护系列

高速铁路道砟飞溅机理及防治 高　亮　石顺伟　殷　浩　著

ISBN 978-7-113-28906-5

高速列车多目标均衡综合节能技术 张　雷　李　明　司志强　等编著

ISBN 978-7-113-28976-8

第二期(23 册)

(一)基础理论与基础技术系列

高速列车空气动力学数值模拟——基于 STAR-CCM＋软件

李　明　李　田　戴志远　等编著

ISBN 978-7-113-30059-3

高速铁路沿线地面沉降研究与防治 李国和　黄大中　尚海敏　王少林　编著

ISBN 978-7-113-30176-7

高速铁路路基智能填筑技术 王同军　闫宏业　杨　斌　尧俊凯　等著

ISBN 978-7-113-30047-0

季冻区高速铁路路基服役性能与孕灾风险研究

叶阳升　蔡德钩　毕宗琦　李善珍　等著

ISBN 978-7-113-29934-7

高速铁路隧道内附属设施气动效应及安全性研究

彭立敏　杨伟超　施成华　雷明锋　著

ISBN 978-7-113-30104-0

高速铁路钢轨打磨理论与技术　　王文健　郭　俊　周　坤　著

ISBN 978-7-113-30061-6

高速列车动态性能正向设计　　周劲松　宫　岛　孙文静　著

ISBN 978-7-113-30050-0

高速列车自动驾驶控制理论　　宿　帅　李开成　唐　涛　袁　磊　等编著

ISBN 978-7-113-30147-7

高速铁路行车调度与控制一体化　　唐　涛　宿　帅　孟令云　阴佳腾　编著

ISBN 978-7-113-30112-5

高速铁路无砟轨道结构水泥基材料理论与技术

龙广成　曾晓辉　马昆林　谢友均　著

ISBN 978-7-113-30056-2

(二)动车组系列

高速列车空气动力学设计技术　　丁叁叁　著

ISBN 978-7-113-30055-5

(三)供电系列

高速铁路电力牵引供电工程智能建造技术

胡志华　陈建明　奚金柱　吴命利　等编著

ISBN 978-7-113-30205-4

(四)工程设计系列

现代铁路枢纽规划设计　　许佑顶　高丰农　吴学全　李传勇　等编著

ISBN 978-7-113-27468-9

高速铁路隧道底部结构动力响应特性及设计方法

彭立敏　施成华　黄　娟　丁祖德　著

ISBN 978-7-113-30133-0

(五)工程施工与组织系列

高速铁路工程勘察技术创新与实践　　陈则连　著

ISBN 978-7-113-30189-7

高速铁路工程质量系统管理(第 2 版) 卢春房 等著

ISBN 978-7-113-30108-8

高速铁路路基沉降分析与控制技术 宋绪国 郭帅杰 编著

ISBN 978-7-113-30154-5

深埋高速铁路地下车站施工关键技术 杨新安 马明杰 李路恒 罗 驰 编著

ISBN 978-7-113-30001-2

高速铁路施工组织创新与实践 魏 强 编著

ISBN 978-7-113-30136-1

高速铁路路基沥青混凝土防水封闭结构 蔡德钩 闫宏业 楼梁伟 石越峰 等著

ISBN 978-7-113-30033-3

(六)通信与列控系列

高速铁路信号系统雷电防护技术研究 向念文 徐宗奇 阳 晋 编著

ISBN 978-7-113-30135-4

(七)测量与检测系列

(八)高铁运营与经济系列

(九)现代信息技术系列

智能高速铁路图像大数据分析技术及应用 李 平 李 瑞 赵 冰 编著

ISBN 978-7-113-30134-7

(十)安全·健康·维护系列

高速列车横风效应及气动安全控制动力学 毛 军 柳润东 郗艳红 著

ISBN 978-7-113-30028-9